商　　法

下

鄭快永 著

머리말

어음·수표법과 상법의 보험편 및 해상편을 묶어『상법 (하)』로 출간한다.『상법 (상)』은 지금까지 진행되어 왔던 상법 상행위편과 회사편의 개정이 어느 정도 마무리되면 발간할 생각 아래 그 출간을 잠시 미루고, 우선 본서부터 내놓게 되었다.

최근 상법분야에서도 법이론의 급속한 발전과 대법원 판례의 누적으로 많은 교재에서 심오하고 복잡한 이론이 전개되고 그 양도 방대한 실정이다. 그리하여 상법을 처음 접하는 학생들로서는 상법을 공부함에 있어서 큰 부담을 느끼게 된다. 대학에서 20여년간 상법을 강의해 오면서 학생들이 특히 상법의 공부에 적잖은 어려움을 겪는 모습을 지켜보았다. 일반학생들의 부담을 최소화하면서 학습효과를 극대화할 수 있는 교재의 필요성을 절실히 느끼지 않을 수 없었다.

본서는 독자들이 어음·수표법과 상법 보험편 및 해상편의 전체적인 구조를 쉽게 이해하고 그 내용을 용이하게 파악할 수 있도록 하는데 중점을 두고 있다. 본서는 이들 분야의 이론을 간단·명료하게 기술함으로써 상법을 공부하는 학생들과 수험준비생들은 물론 일반인들도 이들 법 분야의 구조와 원리를 효과적으로 이해할 수 있도록 꾸미려고 애썼다. 본문 중에 관련 판례도 일부 인용해 학습에 참고할 수 있도록 했다. 이러한 노력에도 불구하고 필자의 얕은 학식과 역부족으로 선학제현들의 학문적 업적을 자칫 오도한 것은 아닌지 걱정스럽다. 본서의 출간을 계기로 더욱 분발하여 학문에 정진할 것을 새삼 다짐한다.

본서를 집필함에 있어서 정동윤 저「商法 下」, 정찬형 저「商法講義 (下)」, 강위두·임재호 저「商法講義 (下)」, 이철송 저「어음·手票法」, 서헌제 저「사례중심체계 商法講義 [下]」, 최준선 저「어음·手票法」과「保險法·海商法」등을 많이 참고했다.

본서의 출간을 흔쾌히 허락해 주시고 출간되기까지 물심양면으로 도와주신 도서출판 21세기사의 이범만 사장님과 편집·교정에 애쓰신 편집부 임직원 여러분들에게 깊은 감사를 드린다. 이 자리를 빌려 훌륭한 양서를 출판하는 21세기사의 앞날에 무궁한 발전이 있기를 기대한다.

2009. 8.

저 자

차 례

제1편 어음 · 手票法

제1장 | 序 論

제2장 | 어음 · 手票法 通則

제4장 | 約束어음

제5장 | 手 票

제6장 | 電子어음

제2편 保險法

제1장 | 序 論

제2장 | 保險契約

제5장 | 海上運送證書

제6장 | 海上危險

제7장 | 海上企業金融

1

어음 · 手票法

제1장

序 論

제1절 有價證券의 槪念

제1. 總 說

유가증권이란 사법상의 권리를 표창한 증서로서 권리의 발생·이전·행사의 전부 또는 일부에 증서의 소지를 필요로 하는 것을 말한다.

현행법상 유가증권에 관한 일반법은 존재하지 않으며, 각 법률에서 개별적으로 규정하고 있다. 어음과 수표에 관하여는 어음법과 수표법에서 규정을 하고, 민법은 지시채권과 무기명채권에 관한 통칙규정을 두고 있다(민법 §508, §523). 상법은 제65조에서 유가증권 일반에 관해 규정하고 유가증권에 대한 민법의 통칙규정과 배서에 관한 어음법의 일부규정을 준용하고 있으며, 화물상환증·창고증권·주권·채권·선하증권에 관하여 각각 따로 규정하고 있다.

제2. 有價證券의 意義

1. 學 說

유가증권이 물권이나 채권 또는 사원권 등 사법상의 권리를 표창하는 증권이라는 점에 대해서는 일치하나, 증권의 소지가 요구되는 범위와 관련하여 학설이 대립되고 있다. 먼저 우리나라의 다수설은 유가증권을 사법상의 재산적 가치가 있는 사권이 표창된 증권으로서 권리의 발생, 행사 또는 이전의 전부 또는 일부에 증권의 소지를 필요로 하는 것이라고 한다. 그러나 이에 대하여 권리의 발생에만 증권의 발행이 필요하거나, 또는 권리의 행사에는 증권의 소지를 요하고 그 이전에는 증권의 소지를 요하지 않는 증권은 없다는 점에서 유가증권을 제대로 파악하지 못한다는 비판이 있다.

이와는 달리 유가증권을 사법상의 권리를 표창한 증권으로서 권리의 이전과 행사를 위하여 증권의 소지를 필요로 한다는 설이 있다. 이 설에 의하면 대부분의 유가증권을 포괄할 수 있으나 권리의 행사에 증권의 소지를 요하지 않는 기명주권이 유가증권으로부터 제외된다는 문제가 있다.

또한 유가증권은 사법상의 권리를 표창하는 증권으로서 권리의 이전에 증권의 소지가 필요하다는 설이 있다. 이 설에 의하면 기명주권은 유가증권에 포함되나, 배서금지어음이나 기명식 창고증권에 대해서는 유가증권이 아니라고 하게 된다.

이 밖에 유가증권은 사법상의 권리를 표창하는 증권으로서 권리의 행사를 위하여 증권의 소지가 필요하다는 설이 있다. 그러나 이 설에 의하면 기명증권과 예금통장은 유가증권에 포함되나 기명주권은 제외된다는 문제점이 있다.

생각건대 어느 설에 의하더라도 유가증권의 개념을 정확하게 정의하는 것은 곤란하다. 또 각 유가증권에 관하여 개별법에서 규정하고 있는 상황에서 모든 유가증권에 관한 통일적인 정의를 내릴 실익도 사실상 없다. 따라서 일반적으로 다수설에 따라 유가증권을 정의하는 것이 무방하다고 생각된다.

2. 有價證券의 概念分析

(1) 財産的 價値가 있는 私權을 표창하는 證券

유가증권이 표창하는 권리는 재산적 가치가 있는 사권으로서 경제적 거래의 대상이 되는 것이어야 한다. 구체적으로 채권 · 물권 · 주주권 · 재산상의 이익을 수령할 수 있는 권한 등이 해당하며, 신분상의 권리나 공법상의 권리 · 지위는 그 범위에 포함되지 아니한다. 유가증권은 이러한 재산적 가치 있는 사권이 증권에 화체(化體)되어 있다는 점에 그 현저한 특징이 있다.

(2) 表彰된 權利의 行使 · 移轉과 證券의 所持

유가증권에 표창되어 있는 권리를 행사하거나 이전하는 경우에는 증권을 소지하지 않으면 안 된다. 따라서 증권의 소지는 권리의 행사와 이전에 필요한 최소한의 요건이 된다. 이와 관련하여 권리의 행사와 이전에만 증권의 점유를 필요로 하는 것은 불완전유가증권이고, 권리의 발생과 행사 및 이전의 전부에 증권의 점유를 필요로 하는 증권을 완전유가증권이라 한다. 유가증권에는 이 밖의 권리자의 지정요건에 따라 무기명증권과 기명증권 및 지시증권 등으로 그 유형이 구분된다.

(3) 證券의 證書

유가증권의 증서는 그 소지와 이전이 용이한 것이면 반드시 종이로 된 증서가 아니라도 무방하나, 일반적으로 일정한 형식을 갖춘 종이문서가 이용되어 왔다. 그러나 주권과 채권 등의 투자증권의 경우 증권대체결제제도에 의하여 소지가 장부상의 기재로 대신하고, 특히 전자어음과 전자선하증권 등은 그 발행과 권리의 이전 및 행사가 전자적 방법에 의하여 이루어진다. 이처럼 종래 종이 증서로 이용되었던 유가증권이 정보통신기술의 급속한 발전에 따라 전자적 등록 또는 전자문서 형태로 이용되는 유가증권의 무권화(無券化) 현상이 점차 증가되고 있다.

제3. 有價證券의 種類

1. 證券上의 權利에 따른 分類

유가증권은 표창된 권리의 종류에 따라 채권적 유가증권과 물권적 유가증권, 사원권적 유가증권, 권한증권으로 구분된다.

채권적 유가증권은 금전의 지급이나 물건의 인도 등 일정한 채권적 청구권을 표창하는 유가증권을 말한다. 증권에 기재된 일정한 금액의 지급청구권을 표창하는 유가증권(약속어음, 인수된 환어음, 사채권), 특정한 물건의 인도청구권을 표창하는 유가증권(화물상환증, 창고증권, 선하증권), 증권에 기재된 권면액에 상당하는 물건의 인도청구권을 표창하는 유가증권(상품권) 등이 이 유가증권에 속한다.

물권적 유가증권은 일정한 물권을 표창하는 유가증권을 말한다. 독일의 저당증권, 토지채무증권 등이 그 대표적인 예이나, 우리나라에서는 이러한 유가증권이 인정되지 않는다. 다만 선하증권과 창고증권 등 특정 물건의 인도청구권을 표창하는 유가증권에는 물권적 효력이 있으므로 그 한도에서 이 유가증권의 범주에 속한다.

사원권적 유가증권은 사원권을 표창하는 유가증권으로서 주권을 말한다. 권한증권은 일정한 행위를 할 수 있는 권한을 표창하는 유가증권으로서, 인수되지 아니한 환어음이 그 예이다.

2. 證券上의 權利者의 指定方法에 따른 分類

유가증권은 증권상의 권리자를 결정하는 방법에 따라 기명증권, 지시증권, 무기명증권 및 선택무기명증권으로 구분된다.

기명증권은 증권상의 권리자가 특정되어 있는 것으로 배서양도가 인정되지 아니하며 민법상의 지명채권양도방법에 의하여서만 증권상의 권리를 양도할 수 있다. 이것을 지명증권이라고도 한다. 지시증권은 증권상에 기재된 자 또는 그가 지시(배서·교부)한 자가 권리자로 되는 증권이다. 증권상에 지시금지문언이 없는 한 법률상 당연히 배서로 양도할 수 있는 증권을 '법률상 당연한 지시증권'이라 한다.

무기명증권은 증권상의 권리자가 지정되어 있지 않고 증권의 정당한 소지인이 권리자로 되는 증권이다. 이것을 소지인출급증권이라고도 한다. 선택무기명증권은 증권상의 권리자로 지정된 자는 물론 증권의 정당한 소지인도 권리자로 되는 증권으로서 지명소지인출급증권이라고도 한다.

3. 證券上의 權利와 原因關係에 따른 分類

유가증권에 있어서 증권상의 권리가 그 원인인 법률관계의 영향을 받지 않고 이와는 별개 독립의 것으로 취급되는 증권을 무인증권 또는 추상증권(抽象證券)이라 하며, 그 반대의 것을 요인증권(要因證券) 또는 유인증권(有因證券)이라 한다.

4. 證券上의 權利의 發生에 따른 分類

증권의 발행에 의하여 증권상의 권리가 발생되는 유가증권을 설권증권(設權證券)이라 하며, 이와는 달리 이미 발생된 권리를 표창하고 있는데 지나지 않는 유가증권을 비설권증권(非設權證券) 또는 선언증권(宣言證券)이라고 한다.

5. 證券上의 權利內容의 결정에 따른 分類

유가증권에 표창된 권리의 내용이 오로지 증권에 기재된 문언에 따라 결정되는 증권을 문언증권(文言證券), 증권상의 기재 이외에 실질적인 법률관계에 의하여 그 권리의 내용이 결정되는 증권을 비문언증권(非文言證券)이라 한다.

6. 經濟的 目的에 따른 分類

유가증권이 금전의 지급 또는 신용거래의 수단으로 이용되는 경우에 이를 '지급 및 신용거래의 유가증권'이라 하고, 회사의 자본조달이나 자본투자의 목적으로 거래되는 증권을 '자본시장의 유가증권' 또는 투자증권이라 한다. 증권에 기재된 재화의 처분 수단으로 이용되는 증권을 '재화 유통의 유가증권' 또는 물품증권이라 한다.

제4. 類似證券과의 구별

1. 證據證券

증거증권은 사법상 법률관계의 존부 또는 그 내용을 증명하기 위한 서면을 말한다 증거증권은 실질적인 법률관계의 유무나 내용에 관계없이 어느 법률관계의 존부나 그 내용의 입증을 용이하게 하는 증거법적 기능을 한다. 차용증서, 영수증, 운송장, 여객항공권, 보험증권, 기명식 승선표 등이 그 예이다.

또한 신용카드는 회원가입계약에 기하여 발행되고, 신용카드회원이 가맹점에서 물품을 구입하거나 용역을 제공받은 대금을 신용카드회사가 지급하고 회원은 신용카드회사에 그 금액을 상환하는 바, 이 신용카드는 재산상의 권리를 표창하는 것이 아니라 회원자격을 증명하는 증표이므로 증거증권이다.

직불카드도 직불카드회원과 가맹점 사이에 전자 또는 자기적 방법에 의하여 금융거래계좌에 이체하는 등의 방법에 의하여 물품 또는 용역의 제공과 대금결제가 동시에 이행될 수 있도록 신용카드사가 발행한 증표로서 이 역시 증거증권에 속한다.

그러나 선불카드는 카드사가 미리 받은 대금에 해당하는 금액을 기록하여 발행하고, 회원은 가맹점에서 그 금액의 한도에서 물품 또는 용역을 제공받을 수 있는데, 그 권리의 발생·행사·이전에 이 증표의 소지가 요구되므로 유가증권에 속한다.

2. 免責證券

채무자가 악의 또는 중대한 과실없이 증권의 소지인에게 채무를 이행하면 그 소지인이 정당한 권리자가 아닌 경우라도 채무를 면하게 되는 증권을 면책증권 또는 자격증권이라 한다. 동종의 채권자가 다수이고 그 권리행사가 집단적으로 이루어지는 경우에 채무이행을 원활하게 하기 위하여 발행된다. 예금통장, 의복 및 휴대품보관증,

신발표, 철도수하물상환증, 개찰 후의 승차권 등이 이에 해당한다.

면책증권은 채무이행의 편의를 위한 것이므로 채무자는 채권자에 대하여 권리의 입증을 요구할 수 있고, 소지인은 일반원칙에 따라 자기가 실질적인 권리자임을 증명하여야 그 권리를 행사할 수 있다. 즉 유가증권에는 증권의 소지에 자격수여적 효력이 있어 증권에 의하여 형식적 자격이 인정되는 때에는 실질적 권리자로 추정되나, 이러한 권리추정적 효력은 면책증권에는 인정되지 않는 것이다. 면책증권에 의하여 표시되는 채권을 양도하는 경우에는 민법의 지명채권양도방법과 그 효력에 의하여야 한다.

3. 金額券

금액권은 증권 그 자체가 법률상 일정한 금전적 가치를 가지고 있는 것으로서 금전에 갈음하는 효력이 있다. 지폐와 우표 또는 수입인지 등이 이에 속한다. 금액권은 제권판결절차에 의한 권리회복이 인정되지 않으며 그 자체의 물리적 멸실에 의하여 그 가치가 소멸된다.

제2절 어음 · 手票의 槪念과 機能

제1. 어음 · 手票의 意義

환어음은 발행인이 지급인에 대하여 증권상의 금액을 만기에 증권상의 권리자인 수취인 또는 그 지시인에게 지급할 것을 무조건으로 위탁하는 금전지급위탁증권이다. 약속어음은 발행인 자신이 만기에 증권상의 금액을 수취인 또는 그 지시인에게 지급할 것을 약속하는 금전지급약속증권이다.

수표는 발행인이 지급인인 은행에 대하여 수취인 및 그 정당한 소지인에게 수표상의 금액을 지급할 것을 위탁하는 금전지급위탁증권이다. 환어음과 약속어음은 본질적 기능이 신용증권인데 반하여, 수표는 금전지급증권이란 점에 특징이 있다.

제2. 어음·手票의 法的 性質

1. 完全有價證券

어음과 수표가 표창하는 권리는 일정한 법정요건을 갖춘 어음 또는 수표 증권의 발행에 의하여 발생되며, 증권상의 권리의 이전 및 행사에는 반드시 증권의 소지를 필요로 한다.

2. 金錢債權證券

어음과 수표는 증권면에 기재된 일정한 금전채권을 표창한다.

3. 無因證券(抽象證券)

어음과 수표상의 법률관계는 그 원인인 실질관계로부터 독립되어 있어 실질관계의 존부나 그 효력에 의하여 어음상의 권리 또는 수표상의 권리는 원칙적으로 아무런 영향을 받지 아니한다.

4. 設權證券

어음과 수표상의 권리는 어음 또는 수표라는 증권의 발행에 의하여 비로소 발생된다.

5. 要式證券

어음과 수표의 기재사항은 법정되어 있고 어음요건 또는 수표요건을 갖추지 못한 경우에는 증권 자체가 원칙적으로 무효로 된다.

6. 文言證券

어음과 수표상의 권리관계는 실질관계와는 관계없이 증권상의 문언에 의해서만 결정된다.

7. 指示證券

어음과 수표상의 권리는 배서금지어음(수표)의 경우를 제외하고 민법상의 지명채권 양도방법 등에 의할 필요 없이 법률상 당연히 배서·교부에 의하여 양도되므로 어음과 수표는 법률상 당연한 지시증권이다.

8. 提示證券

어음채무나 수표채무는 추심채무이므로 어음(수표)상의 권리를 행사할 때에는 지급인 기타 어음(수표)채무자에게 증권을 제시하여야 하며, 어음(수표)상의 채무자도 증권의 제시가 없는 때에는 지급할 필요가 없다.

9. 相換(還受)證券

어음(수표)상의 채무자가 증권상의 채무를 이행할 때에는 일부지급의 경우를 제외하고 증권을 환수하여야 하며, 그렇지 않으면 선의취득에 의한 이중지급의 위험을 부담하게 된다.

제3. 어음 · 手票의 經濟的 機能

1. 어음의 經濟的 機能

어음에는 어음할인 또는 융통어음 등에 의하여 경제적 신용을 얻는 신용기능, 금전의 지급을 위한 금전지급기능, 어음대부의 경우와 같이 어음이 채무의 담보수단으로 이용되는 담보기능, 원격지에 금전을 송금하는 송금기능, 원인관계상의 채권 추심을 위한 추심기능 등이 있다.

2. 手票의 經濟的 機能

수표의 주된 기능은 금전의 지급기능에 있으나, 이 밖에 어음의 경우와 같은 송금기능과 신용기능 등도 있다.

제4. 어음 · 手票의 濫用

1. 要式性의 濫用

어음(수표)은 엄격한 요식증권으로서 어음(수표)요건을 갖추지 않은 경우에는 무효가 되는데, 어음(수표)행위자가 고의로 요건이 갖추어지지 않은 어음(수표)를 발행하여 교부한 후 요건 흠결을 이유로 어음(수표)의 무효를 주장하는 경우이다.

2. 抽象性의 濫用

어음(수표)의 무인성(추상성)을 악용하여 공서양속이나 강행법규에 위반한 법률행위로 발생한 채권을 은폐하는 경우이다. 이러한 어음(수표)도 제3자가 선의로 취득하게 되면 어음(수표)행위자는 증권상의 책임을 면할 수 없다.

3. 善意取得의 濫用

어음(수표)의 선의취득제도나 인적 항변의 절단제도를 이용해 위조나 변조 또는 어음(수표)에 의한 사기행위를 저지르는 경우가 있다.

4. 虛無어음의 發行

가설인이나 무자력자를 지급인, 발행인 등의 어음(수표)관계자로 기재하여 발행된 어음(수표)을 허무어음이라 한다. 이러한 어음이 자금융통을 위하여 유통되거나 어음할인이 되어도 만기에 지급의 가능성이 없다. 이러한 허무어음을 지하실어음 또는 연공(煙空)어음이라고도 한다.

5. 어음騎乘

자력이 없는 상인 간에 각기 상대방을 지급인으로 하는 어음을 발행하여 서로 인수하고 이를 유통시켜 만기까지 어음의 신용을 이용하는 경우이다. 이런 어음을 특히 기승어음(Reitwechsel)이라 한다.

제3절 어음·手票의 경제적 分類

제1. 어음의 經濟的 分類

어음은 법률상 환어음과 약속어음으로 구분되나 실제 거래에 있어서는 경제적 목적에 따라 여러 가지의 다른 명칭을 갖는다.

1. 原因關係에 따른 分類

(1) 商業어음(商品어음)

상업어음은 실제의 상거래를 원인으로 하여 발행된 어음을 말한다. 이 어음의 지급은 비교적 확실하므로 진정(眞正)어음 또는 실(實)어음이라고도 한다. 상업어음 중에서도 상품의 매매를 원인으로 하여 발행된 어음을 특히 상품어음이라고 한다.

(2) 融通어음

융통어음은 아무런 원인관계 없이 타인으로 하여금 제3자로부터 자금을 융통할 수 있도록 하기 위하여 발행한 어음을 말한다. 대(貸)어음, 공(空)어음, 차(借)어음이라고도 한다. 융통어음은 상업어음의 경우와 같은 실제의 거래관계 없이 발행된 것으로서, 수취인이 상업어음의 할인이나 은행대출 등을 받을 수 없는 경우에 은행 이외의 타인으로부터 자금의 융통을 받을 수 있도록 하기 위하여 주로 발행된다. 따라서 융통어음은 타인에게 신용을 줄 목적으로 발행하는 어음이므로, 후술하는 기업어음이나 할인어음 등과 같이 자기가 자금을 융통하기 위하여 대가관계 없이 발행하는 어음과는 구별된다.

융통어음은 어음의 유통을 전제로 발행된 것이므로 이 어음을 취득한 제3자가 융통어음이라는 사실을 알고 있는 경우에도 어음채무자는 어음의 지급의무를 부담한다.

2. 銀行 등의 去來關係에 의한 分類

(1) 貸付어음

대부어음은 금융기관 등이 금전소비대차를 하는 경우 대금채권의 지급을 확보하기 위하여 차용증서 대신에 또는 차용증서와 함께 차용자로부터 받는 어음을 말한다.

(2) 割引어음

할인어음이란 어음의 현금화를 위하여 만기 전에 할인받은 어음이다. 어음의 할인이라 함은 어음금액에서 만기까지의 이자 기타 비용을 공제한 금액을 지급받고 어음상의 권리를 양도하는 것을 말한다. 한번 할인한 어음을 다시 할인하는 경우를 재할인이라 하는데, 특히 중앙은행에서 재할인을 받을 수 있는 어음을 적격(適格)어음이라고 한다.

⑶ 企業어음(CP어음)

기업어음은 기업의 신용도를 조사하여 일정한 기준에 의하여 선정된 우량적격업체가 발행하는 정액화되어 있는 융통어음을 말한다. 이 어음은 만기가 발행일로부터 1년 미만인 약속어음으로서 기업이 단기자금을 용이하게 조달하기 위한 수단으로 발행하여 종합금융회사에 매각을 의뢰하고, 종합금융회사가 그 어음에 무담보배서를 하여 투자자에게 매각한 후 그 대금을 발행기업에 인도하는 방식으로 이용된다.

이 어음에 있어서 종합금융회사는 무담보배서를 하므로 만기에 지급이 거절되어도 어음법상 상환의무를 지지는 않으나, 학설은 어음의 매도인으로서 민법상의 담보책임을 지며, 또 적격업체 선정에 있어서 고의 또는 과실이 있는 경우에는 민법상 불법행위책임도 부담한다고 보고 있다. 그러나 대법원 판례는 단자회사의 무담보배서에 대해 배서인으로서의 상환의무 뿐만 아니라 매매계약상의 채무불이행책임과 하자담보책임까지 배제하기로 한 취지로 보아야 한다고 하였다(대판 1984.11.15, 84다카1227).

⑷ 擔保어음

담보어음은 채무를 담보하기 위하여 발행된 어음이다. 은행이 차주의 채무이행을 담보하기 위하여 채무자 또는 보증인으로부터 받는 경우가 많다. 이를 공탁어음이라고도 한다. 당좌대월계약 또는 계속적인 고용계약에 있어서 채무자의 채무 이행을 확보하기 위하여 주로 이용된다.

⑸ 銀行渡어음

어음발행인이 은행과 약정을 체결하여 은행을 환어음의 지급인 또는 약속어음의 지급담당자로 기재하여 발행하는 어음을 은행도어음이라 한다. 은행이 지급인 또는 지급담당자로 되어 있는 경우에는 은행이 지급책임을 부담하지는 않으나, 그 어음이 부도로 처리될 경우 발행인은 거래정지처분을 받게 되는 결과 소지인으로서는 그 지급의 확실성을 어느 정도 기대할 수 있으므로 상대적으로 그 신용도가 높다고 할 수 있다.

⑹ 貿易어음

무역어음은 수출상이 외국환은행 등의 인수기관과 일정한 약정을 맺고, 수입상으로부터 받은 신용장에 기하여 수출대금의 범위 내에서 외국환은행 등의 인수기관을 지급인으로 하여 발행하는 자기지시환어음을 말한다. 수출상인 무역어음의 발행인은 지급인인 인수기관으로부터 환어음의 인수를 받은 후 금융기관에서 어음을 할인받음으로써 필요한 자금을 조달할 수 있으며, 금융기관은 이 어음을 다시 일반투자자에게 배서하여 할인을 받게 된다.

무역어음은 수출물건의 선적 전에 무역금융의 원활을 위하여 발행된다는 점에서 화환어음과 다르다. 수출상이 수출물건을 선적한 후에는 선하증권 등 선적서류에 기하여 화환어음을 발행하여 할인을 받음으로써 수출대금 상당액을 조기에 회수하는 효과를 거둘 수 있다. 그러나 수출상품을 선적하기 전에는 이러한 화환어음을 이용할 수 없으므로, 무역어음을 발행하여 자금의 융통을 꾀하고 그 선적 후에 화환어음을 발행하여 무역어음의 결제자금을 상환하게 되는 것이다.

⑺ 表紙어음

금융기관이 할인하여 보유하고 있는 상업어음과 무역어음을 근거로 어음금액을 소액으로 분할하고 지급기간과 금리 등을 신축적으로 정하여 발행한 후 일반 투자자에게 판매하는 약속어음을 표지어음이라 한다. 표지어음은 금융기관이 무역어음 등의 어음할인자금을 신속히 회수함으로써 자금운용의 탄력을 기할 수 있게 한다.

3. 기타 分類

⑴ 委託어음

위탁어음은 발행인이 제3자의 계산으로 발행한 어음을 말한다. 이 어음은 위탁자가 신용이 없는 경우에 발행인에게 지급자금을 제공하여 그 명의로 어음을 발행하게 하는 것이다. 이러한 위탁은 어음의 실질관계에서 인정되는 것이므로 어음에 위탁어음 문언을 기재하여도 어음상 그 효력이 없다.

⑵ 前渡金어음

전도금어음은 공사의 도급 또는 물품의 제조가공을 의뢰할 때 미리 전도금의 지급수단으로 교부하는 어음을 말한다. 이 어음은 수급자가 일을 착수하는데 필요한 자금조달에 관하여 신용을 제공할 목적으로 교부되는 것이다.

(3) 專어음

전어음은 상품의 할부판매대금의 지급을 위하여 어음전용당좌계정 아래 발행되는 약속어음을 말한다. 매수인이 할부대금 상당액을 각각 어음금액으로 하고 그 지급기일을 만기로 한 약속어음을 발행하여 매도인에게 교부하고, 매도인은 이 어음을 할인하여 금융을 얻고 할인자는 이를 정기적으로 추심하여 대금을 회수하게 된다.

제2. 手票의 경제적 分類

1. 當座手票

당좌수표는 은행과 당좌거래관계가 있는 법인 또는 개인이 발행한 수표로서 개인수표라고도 한다. 당좌수표를 발행하기 위해서는 당좌수표 발행인과 특정 은행사이에 당해 은행을 지급인으로 하는 당좌수표를 발행할 수 있다는 수표계약과 당좌거래약정을 체결하고, 이 계약에 따라 수표발행인이 발행한 수표를 지급할 수 있는 수표자금이 그 지급은행에 있어야 한다.

2. 自己앞手票

자기앞수표는 지급인과 발행인이 동일한 수표를 말한다. 이를 보증수표라고도 한다. 일반적으로 자기앞수표는 은행이 수표금을 현금으로 받거나 예금지급에 대체하여 자기를 지급인으로 하여 발행된다. 따라서 자기앞수표는 지급자금의 부족으로 지급을 거절하는 일이 있을 수 없으므로 그 지급의 확실성이 보장되며, 제시기간이 경과된 후에도 유통된다.

3. 家計手票

가계수표는 은행과 가계종합예금거래관계에 있는 봉급생활자 또는 개인사업자가 그 예금에 기하여 발행한 수표를 말한다. 수표면에 발행금액의 한도가 기재되어 있어 그 한도액을 초과하여 발행할 수 없고 일상생활에 소액으로 이용할 수 있다는 점에 그 특징이 있으나, 당좌수표의 경우와 같이 ㅗ 발행을 위해서는 은행과의 사이에 가계수표의 발행에 관한 수표계약과 수표자금이 있어야 한다.

4. 送金手票

송금수표는 금전을 송금하는 수단으로 이용되는 수표를 말한다. 격지자에게 송금하려는 자가 송금액을 은행에 지급하고 은행으로부터 환거래은행을 지급인으로 하는 수표를 교부받아 상대방에게 송부하고, 이를 송부받은 상대방은 이를 지급은행에 제시하여 송금액을 수령하게 된다.

5. 郵便(對替)手票

우편수표는 체신관서가 자기를 지급인으로 하거나 우편대체계좌에 기하여 발행한 수표를 말한다.

6. 旅行者手票

여행자수표는 해외여행자가 여행 중에 여행지에서 현금화할 목적으로 발행하는 수표이다. 이 수표는 대금의 지급결제를 위한 것이 아니라, 여행자가 여행 시 현금의 소지에 따른 분실·도난 등의 위험을 피하기 위하여 발행은행에서 매입하여 서명을 한 후 여행지에서 이 수표와 상환하여 당해 지역의 화폐로 현금화하는 것이다.

여행자수표는 보통 선택무기명식으로 발행되는데, 여행자가 은행에서 여행자수표를 매입하는 때에는 보통 그 상단에 서명을 하게 된다. 이 때 그 서명은 자기를 수취인으로 지정하는 행위이며, 그 서명에 의하여 여행자수표는 기명식으로 된다. 여행자수표의 양도는 기명식의 경우에는 배서에 의하여 양도할 수 있으나, 선택무기명식인 경우에는 단순한 교부에 의하여 양도할 수 있다.

여행자수표의 법적 성질에 관하여 수표라는 견해(정동윤(어),545)와 관습법에 의해 인정되는 자기앞수표와 유사한 유가증권이라고 보는 견해(정찬형(하),50, 최준선(어),50)가 있다. 여행자수표는 은행이 매매약관에 근거하여 발행하며, 증권면에 지급약속문언이 있고, 지급지 및 발행일의 기재가 없으므로 현행법상의 어음이나 수표와는 다르다는 점을 감안하면 후자의 견해가 타당하다.

7. 國庫手票

국고수표는 예산회계법에 의하여 정부 각 중앙관서의 장 또는 지출관이 그 소관 세출예산에 의하여 자금을 지출할 때에 한국은행을 지급인으로 하여 발행·교부하는 수표이다.

제2장

어음 · 手票法 通則

▌제1절 어음(手票)行爲 ▌

제1. 어음(手票)行爲의 意義

어음행위와 수표행위의 개념을 어떻게 정의할 것인가에 관하여 학설이 대립하고 있다. 형식적으로 정의하는 설에 의하면 어음、수표행위는 기명날인 또는 서명을 요건으로 하는 요식의 증권적 법률행위 또는 서면행위라고 한다. 실질적으로 정의하는 설에 의하면 어음、수표행위는 어음、수표상의 채무의 발생 원인이 되는 행위라고 한다. 절충설에 의하면 어음、수표행위는 기명날인 또는 서명을 요건으로 하는 요식의 서면행위로서 그 결과 어음、수표상의 채무를 부담하게 되는 행위라고 한다.

생각건대 어음、수표행위는 일정한 방식을 갖추어야 하며 행위자의 기명날인 또는 서명을 불가결의 요소로 하는 서면행위이나, 그 행위자의 채무부담에 있어서는 차이가 있다. 즉 약속어음의 발행과 보증, 환어음의 인수와 보증, 수표의 지급보증과 보증은 당사자의 의사에 의하여 채무를 부담하게 된다. 그러나 배서의 경우에는 배서인은 상환의무를 부담하나 그것은 당사자의 의사에 의한 것이 아니라 법률의 규정에 의한 것이며, 특히 무담보배서나 추심위임배서의 경우에는 배서인은 이러한 상환의무도 부담하지 않으므로, 그 행위자에게 채무부담의 의사가 있는 것으로 취급하기는 곤란하다.

이러한 점을 고려하면 어음、수표행위는 그 행위의 종류에 따라 채무부담의 측면에서 상당한 차이가 있으므로, 그 형식적 특징을 고려하여 형식적으로 정의하는 설이 타당하다.

제2. 어음(手票)行爲의 種類

환어음의 어음행위는 발행과 인수, 배서, 참가인수, 보증의 다섯 가지이며, 약속어음의 어음행위는 발행과 배서 및 보증의 세 가지이다. 수표행위는 발행과 배서 및 보증, 그리고 지급보증의 네 가지이다. 이러한 어음행위와 수표행위는 일반 법률행위에 비하여 현저하게 다른 여러 가지 특징을 가지고 있다.

제3. 어음(手票)行爲의 特性

1. 實質的 特性

(1) 手段的 性質

어음(수표)행위는 매매, 소비대차 기타 실질적인 거래에 의하여 생기는 법률관계에서 그 대금을 결제하기 위한 금전지급수단에 관한 행위로서 고도의 기술적 특성을 갖는다.

(2) 共同的 性質

어음(수표)행위는 그 행위자의 주관적 의도에서 그 자체 독립하여 행해지나, 객관적으로나 전체적으로는 각 어음(수표)행위의 행위자가 동일한 어음(수표)상의 지급의무를 부담하게 되므로, 어음(수표)상의 책임에 있어서 약간의 차이가 있지만, 어음(수표)의 지급이란 목적을 중심으로 하나의 어음(수표)단체를 구성한다. 어음(수표)행위의 이러한 공동적 성질에 기하여 당사자 자격의 겸병이 인정되며, 수인의 행위자는 합동책임을 진다.

2. 形式的 特性

(1) 要式性(定型性)

어음(수표)행위는 어음(수표)의 유통을 전제로 하는 엄격한 요식의 서면행위이므로, 행위의 종류별로 고유한 방식을 갖추고 기명날인 또는 서명을 하여야 하며, 일반 사법상의 사적 자치나 방식의 자유는 제한된다.

⑵ 無因性(抽象性)

어음(수표)행위는 어음(수표)를 수수하는 당사자 사이의 원인관계 및 발행인과 지급인 사이의 자금관계와 분리되어, 비록 그 원인관계 또는 자금관계에 부존재 · 무효 · 취소 등의 사유가 있더라도 그에 상관없이 어음(수표)행위는 그 자체에 흠이 없는 이상 유효하게 존속한다.

⑶ 文言性

어음(수표)은 불특정 다수인 사이에 유통되는 것이므로 어음(수표)상의 법률관계는 어음(수표)에 기재되어 있는 문언에 따라 결정되며, 어음(수표)상의 문언과 진실과의 불일치는 직접의 당사자 사이에서나 악의의 취득자에 대한 관계에서만 인적 항변사유로 될 뿐이다.

⑷ 獨立性

어음(수표)행위는 다른 어음(수표)행위와 독립하여 효력을 가진다. 이하에서 자세히 설명한다.

3. 어음(手票)行爲獨立의 原則

⑴ 意 義

어음(수표)행위독립의 원칙은 어음(수표)행위를 한 자는 그 선행하는 타인의 어음(수표)행위가 방식의 하자 이외의 사유로 무효가 되어도 그 선행행위의 효력에 의한 영향을 받지 않고 자신의 어음(수표)행위에 기하여 독립하여 어음(수표)상의 채무를 부담하는 것을 말한다. 어음(수표)채무독립의 원칙이라고도 한다.

⑵ 根 據

어음(수표)행위독립의 원칙에 관한 성문법상의 근거로서 어음법 제7조, 제32조 제2항, 제77조 제2항과 제3항, 수표법 제10조, 제27조 제2항이 있으나, 이론적 근거에 관하여 견해가 대립되고 있다. 즉 어음(수표)거래의 안전과 유통성을 확보하기 위하여 법이 인정한 특칙이라는 정책설, 각 어음(수표)행위는 다른 어음(수표)행위와 관계없이 그 기재에 따라 채무를 부담하는 문언적 행위이므로 이 원칙은 문언성에서 오는 당연한 귀결이라는 문언성설, 발행과 인수의 경우에는 행위자가 법정책임(어음법 §9, §28, 수표법 §12)을 부담하므로 당연한 사리를 정한 것이지만, 다른 어음(수표)행위를 전제로 하는 배서 · 보증 · 참가인수 등에 관해서는 법이 예외적으로 인정한 특례라는 절충설이 있다. 정책설이 다수설이다.

(3) 適用範圍

1) 適用되지 않는 경우 어음(수표)행위 독립의 원칙은 선행 행위가 불필요한 행위와 방식에 하자가 있는 행위, 어음(수표)상의 채무가 소멸한 후의 행위에는 적용되지 않는다.

① **先行行爲가 없는 경우**: 어음(수표)행위독립의 원칙은 선행 행위의 실질적인 하자가 후행 행위의 효력에 영향을 미치지 않는다는 것이므로 다른 선행 어음(수표)행위를 전제로 하지 않는 어음(수표)의 발행에는 이 원칙이 적용되지 않는다.

② **方式에 瑕疵가 있는 경우**: 선행행위에 방식의 하자가 있는 경우에는 후행행위는 당연히 무효로 되므로 후행행위의 독립성은 인정되지 않는다.

③ **어음(手票)上의 債務가 소멸한 경우**: 어음(수표)행위독립의 원칙은 어음(수표)채무의 유효한 존속을 전제로 하며, 어음(수표)상의 채무가 소멸한 때에는 후행행위의 효력도 무효이므로 이 원칙은 적용되지 않는다.

2) 適用되는 경우

① **引受** 환어음의 인수에 어음행위독립의 원칙이 적용되는가에 대하여 학설이 나뉘고 있다. 부정설에 의하면 인수는 발행 등 다른 어음행위를 전제로 하지 않으며, 인수인은 어음법 제28조에 의하여 법정책임을 지므로 이 원칙이 적용되지 않는다고 한다. 이에 대해 긍정설은 인수에 의하여 부담하는 채무의 내용은 발행에 의하여 특정되므로 발행은 인수의 전제가 되는 선행행위이며, 따라서 인수에도 어음행위독립의 원칙이 적용된다고 한다. 긍정설이 다수설이고, 타당하다.

② **背書** 배서는 발행 또는 직전의 배서를 선행행위로 하므로 어음(수표)행위독립의 원칙이 적용된다. 다만 배서의 경우 권리이전에 있어서는 앞의 배서가 무효이면 뒤의 배서도 무효가 되는데, 이는 배서의 권리이전적 효력에 관한 것으로서 어음(수표)행위독립의 원칙과는 무관하다. 어음(수표)행위독립의 원칙은 어음(수표)채무의 부담에 관한 원칙이므로 배서의 담보적 효력에 관한 것이다. 그리하여 선행하는 배서가 실질적으로 무효이더라도 그에 이은 배서인은 어음(수표)행위독립의 원칙에 의하여 그 선행 배서와는 독립하여 그 후자에게 상환의무를 부담하는 것이다.

③ **保證** 환어음 · 약속어음 · 수표의 보증은 피보증인의 어음(수표)행위를 전제로 하므로 어음(수표)행위독립의 원칙이 적용된다. 특히 어음법과 수표법은 피보증채

무가 방식의 하자 이외의 사유로 무효가 된 때에도 보증행위의 효력에는 영향이 없다는 명문규정을 두고 있다(어음법 §32②, §77③, 수표법 §27②).

④ **支給保證** 수표의 지급보증은 수표의 발행을 전제로 하므로 어음(수표)행위독립의 원칙이 적용된다.

⑤ **參加引受** 환어음의 참가인수는 피참가인의 어음행위를 전제로 하므로 어음(수표)행위독립의 원칙이 적용된다.

3) **惡意取得者에 대한 適用與否** 증권에 실질적으로 무효인 기명날인 또는 서명이 있음을 알고 어음(수표)을 취득한 악의의 취득자에 대하여도 어음(수표)행위독립의 원칙이 적용되는가에 관하여 부정설과 긍정설이 대립하고 있다.

부정설에 의하면 이 원칙은 어음(수표)거래의 안전을 고려한 특례이므로 악의취득자에 대해서는 거래의 안전을 고려할 필요가 없으므로 이 원칙이 적용될 수 없다고 한다. 이에 대해 긍정설은 이 원칙이 어음(수표)행위의 확실성을 높이고 어음(수표)의 신용을 유지하기 위한 제도이므로 선의취득자 뿐만 아니라 악의취득자에 대해서도 적용되어야 한다고 한다. 긍정설이 다수설이다.

생각건대 어음(수표)행위독립의 원칙은 어음(수표)행위자는 선행행위가 실질적인 무효라도 형식적인 하자가 없는 어음(수표)에 어음(수표)행위를 한 이상 독립하여 어음(수표)상의 책임을 진다는 것이며, 그 악의의 취득자가 어음(수표)상의 권리를 행사할 수 있는지 여부는 선의취득 여부에 의하여 결정되는 별개의 문제이다. 가령 어음이 A로부터 B, C에게 순차로 배서된 경우 A가 무능력을 이유로 자신의 배서를 취소하고, B는 그 사실을 알고 있는 C에게 배서한 때에도 B는 자신이 스스로 한 배서에 대해 어음행위독립의 원칙에 기하여 상환의무를 지는 것이다.

이 경우에 C가 B에게 권리를 행사할 수 있는가에 관하여는 C가 선의취득을 하지 못하는 한 어음상의 권리를 취득하지 못하므로 상환청구권을 행사할 수 없는 것이다. 그러나 이 경우 이 어음이 C로부터 다시 D에게 양도배서되고 D가 선의취득의 요건을 갖춘 경우에는 D는 B에게 상환청구권을 행사할 수 있는 것이다. 따라서 어음행위독립의 원칙은 악의취득자에 대해서도 적용된다고 보는 긍정설이 타당하다.

4. 合同責任

(1) 意 義

수인의 어음(수표)행위자가 어음(수표)소지인에 대하여 어음(수표)상의 채무를 부담하는 경우에 이들은 어음(수표)법상 소지인에 대하여 합동책임을 진다(어음법 §47①, §77①, 수표법 §43①). 즉 2인 이상이 공동으로 발행하여 인수된 환어음에 제3자가 발행인을 위하여 보증을 한 후 배서한 경우에 그 공동발행인과 인수인 및 배서인, 보증인과 피보증인 등은 주채무자이든 상환의무자이든 또 그 채무부담의 순서에 관계없이 무작위로 소지인의 청구에 따라 어음(수표)금 지급의무를 부담하는 것이다. 합동책임은 어음법과 수표법에 특유한 것으로서 민법상 연대책임과 유사하나, 다음의 몇 가지 점에서 다르다.

(2) 連帶責任과의 區別

1) **債務의 發生原因** 연대채무는 원칙적으로 당사자간의 계약에 의하여 성립되며, 그 채무의 발생원인이 각 채무자에게 공통되나, 어음(수표)채무자들의 합동책임은 그 발생원인이 다르다. 즉 약속어음의 발행인과 배서인, 보증인 등 각 채무자의 행위는 발행、배서、보증 등으로 그 발생원인이 다르나, 이들 각 채무자는 상환청구단계에서 소지인에 대하여 모두 합동책임을 지는 것이다.

2) **履行請求의 效力** 연대채무에 있어서는 채권자가 연대채무자 중 1인에게 이행의 청구를 하면 그 이행지체와 시효중단 등의 효력은 모든 채무자에게 발생하나, 어음(수표)채무에 있어서는 채무자마다 그 채무의 발생원인을 달리 하므로 어음(수표)채무자 1인에 대한 청구는 다른 어음(수표)채무자에 대한 청구에 영향을 미치지 아니한다(어음법 §47④, §77①, 수표법 §43④). 따라서 어음(수표)소지인이 가령 약속어음의 발행인에 대해 청구를 하여 시효가 중단되더라도, 배서인이나 보증인 등 다른 어음(수표)채무자에 대해서는 별도로 시효중단조치를 취하지 않으면 그 책임은 시효로 소멸되는 것이다.

3) **債務履行 등의 效果** 소지인은 각 어음(수표)채무자에 대하여 그 채무부담의 순서에 관계없이 그 중 어느 1인이나 수인 또는 전원에 대하여 어음(수표)금을 청구할 수 있다(어음법 §47②, §77①, 수표법 §43②). 이 경우 어느 1인이 변제하면 소지인의 권리는 소멸되나, 그 소멸의 정도가 다르다. 즉 연대채무에 있어서는 연대채무자 중 어느 1인이 변제하면 채권자에 대한 관계에서는 모든 채무가 소멸된다. 그러나 합동책임에 있어서는 어음(수표)채무자중 1인이 변제하면 변제한 자 및 그 후자의 채무는 소멸되

나, 그 전자는 변제한 자에 대하여 여전히 어음(수표)상의 채무를 부담하는 것이다. 다만 어음(수표)상의 주채무가 변제 등으로 소멸된 경우에는 모든 어음(수표)채무가 소멸되나, 이 경우를 제외하고는 어음(수표)채무의 면제 · 경개 · 상계 등도 이러한 상대적 효력이 있을 뿐이다. 따라서 주채무자 이외의 어음(수표)채무자가 변제 등을 통해 어음(수표)을 환수하면 자기의 전자에 대하여 어음(수표)상의 권리를 행사할 수 있다(어음법 §47③, §77①, 수표법 §43③).

4) 求償關係 연대채무에 있어서는 채무자 사이에 부담부분이 있으며, 연대채무자 중 1인이 채무를 이행한 경우에 다른 채무자 전원에 대하여 각자의 부담부분에 대한 구상권을 행사할 수 있다(민법 §424 이하). 그러나 어음(수표)채무에 있어서는 채무자 사이에 부담부분이 없으므로 어느 채무자가 변제 등을 하더라도 다른 상환의무자에 대한 구상권이 생기지 않는다.

5. 어음(手票)行爲의 解釋

(1) 外觀解釋의 原則

어음(수표)은 불특정다수인 사이에 유통되어 미지의 당사자 간에 법률관계를 형성하는 것이므로 어음(수표)행위의 해석은 오로지 증권상의 문언에 의하여 객관적으로 해석하여야 하며, 증권면에 나타나지 않는 사실에 의하여 행위자의 의사를 추지하거나 어음(수표)의 기재를 보충하거나 변경하여 해석해서는 안 된다. 다만 이 외관해석의 원칙은 어음(수표)행위의 성립과 효력 여부는 어음(수표)상의 기재에 따라 정해야 하며, 어음(수표) 외의 실질관계에 기하여 해석해서는 안 된다는 것이지, 실질관계에 기한 항변사유까지 어음(수표)상의 기재에 따라야 한다는 것은 아니다. 따라서 어음(수표)행위자는 직접의 상대방 또는 악의의 취득자에 대하여는 어음(수표)외의 인적항변사유도 얼마든지 주장할 수 있는 것이다.

(2) 有效解釋의 原則

어음(수표)의 요식성을 해치지 않는 범위 내에서, 증권에 기재된 문언 자체의 해석은 신의성실의 원칙에 따라 가능한 한 유효하게 해석하여야 한다. 그리하여 가령 어음의 발행일자가 2010년 2월30일로 기재되어 있는 경우에는 그 발행일을 2010년 2월 말일로 해석하여야 한다.

[판례] 대법원 2000.12.8, 선고 2000다33737 판결

어음행위의 내용은 어디까지나 어음상의 기재에 의하여 객관적으로 해석하여야 하는 것이지, 어음 외의 사정에 의하여 어음상의 기재를 변경하는 방식으로 해석하여서는 아니 된다고 할 것이다. 기록에 의하면, 소외 김수성은 이재수로부터 교부받은 이 사건 약속어음의 배서란에 배서인으로 서명날인하면서 소외 배종윤의 성명을 그 피배서인란에 기재하였음을 알아 볼 수 있는바, 김수성의 위와 같은 피배서인란 기재의 의미는 어디까지나 어음상의 기재 자체에 의하여 객관적으로 해석하여야 하는 것이지 그의 내심의 의사 등과 같은 어음 외의 사정을 들어 그 기재와 달리 해석할 수는 없는 것이므로, 김수성의 위 배서는 그 어음상의 기재대로 배종윤을 피배서인으로 하여 한 기명식 배서로 보아야 한다고 할 것이고, 따라서 위 배서에 이은 배종윤의 적법한 배서가 없는 이 사건에서는 배서의 연속이 흠결되어 원고를 이 사건 약속어음의 적법한 권리자로 추정할 수 없을 뿐만 아니라, 위 배서에 의하여 이 사건 약속어음의 어음상의 권리가 김수성으로부터 원고에게로 실질적으로 이전되었다고 할 수도 없다고 할 것이다.

제2절 어음(手票)行爲의 成立要件

제1. 어음(手票)行爲의 形式的 要件

1. 要式性

어음(수표)행위는 요식의 서면행위이므로 어음(수표)행위가 유효하게 성립되기 위해서는 어음(수표)법에서 정하는 방식에 따라 행위자가 증권상에 어음(수표)요건 기타 일정한 법정사항을 기재하고 기명날인 또는 서명을 하여야 한다.

2. 記名捺印

(1) 自然人의 記名捺印

자연인이 어음(수표)행위를 하는 경우에는 어음(수표)행위자는 자기의 명칭을 표시하고 그 인장을 찍어야 한다. 기명은 반드시 본명과 일치하여야 하는 것은 아니며 상호나 아호, 예명 등 거래상 자기를 표시하는 명칭이면 무방하다. 기명방법도 자필, 활자, 고무인 등의 어느 방법에 의하든 아무런 제한이 없다.

기명날인에 있어서 날인에 사용하는 도장도 그 종류나 인장의 명의와 기명자의 명의의 동일성 여부를 묻지 않는다. 다만 기명의 명의와 날인의 명의가 다른 경우에는

누가 어음(수표)행위자인가에 관해서는 기명부분에 표시된 자를 어음(수표)행위자로 보아야 할 것이다.

기명이나 날인이 없는 어음(수표)행위의 효력에 관하여 어음(수표)행위에 기명만이 있고 날인이 없는 경우에는, 현행법상 서명만으로도 어음(수표)행위를 할 수 있으므로, 서명으로서의 유효성이 인정되는 때에는 유효하다고 보아야 할 것이다. 기명이 없고 날인만이 있는 어음(수표)행위는 원칙적으로 무효라고 할 것이나, 그 날인을 한 어음(수표)행위자가 어음(수표)소지인으로 하여금 보충시킬 의사가 있는 것으로 인정되는 때에는 준백지어음(수표)로 보아 후일 그 보충이 가능하다고 본다.

무인(拇印) 또는 지장(指章)에 의한 어음(수표)행위의 효력에 관하여는 자필인 경우는 물론 타필(他筆)인 경우라도 무인만큼 확실한 것이 없으므로 유효하다고 보아야 한다는 유효설도 있으나, 통설과 판례는 무인이나 지장은 특수한 기구와 기능에 의하지 않고는 육안으로 쉽게 식별할 수 없으므로 무효라고 보고 있다.

(2) 法人의 記名捺印

회사 기타 법인이 어음(수표)행위를 하는 경우에는 그 대표기관이 법인의 명칭을 기재하고 그 대표관계를 표시하여 대표기관 자신의 기명날인을 하여야 한다. 따라서 회사의 대표기관이 단순히 그 개인명의만 기재하고 대표기관의 직인을 압날하거나 대표관계를 표시하지 않고 어음(수표)행위를 한 경우에는 회사를 대표하여 한 행위로 볼 수 없다.

(3) 民法上 組合의 記名捺印

민법상 조합의 어음(수표)행위에 있어서는 조합원 전원이 어음(수표)에 기명날인하는 것이 원칙이나, 대표조합원이 조합의 명칭과 대표자격을 표시하고 조합원 전원을 대리하여 기명날인하는 방법도 유효하다는 것이 대법원의 판례이다.

3. 署 名

어음(수표)행위는 서명만으로 할 수 있다. 서명은 어음(수표)행위자가 자필로 자신의 성명을 기재하는 것을 말한다. 종래 어음(수표)행위에는 행위자의 기명날인만이 인정되고, 외국인에 한하여 「외국인의 서명날인에 관한 법률」에 의하여 서명만으로 어음(수표)행위를 할 수 있었으나, 1995년에 어음법과 수표법이 개정됨으로써 내국인의 어음(수표)행위에 대해서도 서명이 무제한으로 허용되었다.

그리하여 그 개정 이후에는 자연인은 물론이고 법인의 대표기관이나 대표조합원도 기명날인 대신 서명만으로 어음(수표)행위를 할 수 있다. 서명은 행위자가 자신의 성명을 자필로 기재하여 어음(수표)행위자가 누구인가를 나타내는 것으로서 외관상 그 성명의 식별이 가능해야 한다. 따라서 자필 이외에 인쇄, 타자, 스탬프 등의 방식으로 성명 또는 성명의 일부만 표시하거나 성명을 도형화하여 표시하는 것은 서명이라 할 수 없다.

제2. 어음(手票)行爲의 實質的 要件

1. 어음(手票)權利能力

민법상 권리능력을 가지는 자는 자연인이든, 법인이든 어음(수표)권리능력을 가진다.

⑴ 自然人

자연인은 누구나 권리능력이 있으므로 당연히 어음(수표)권리능력이 있다.

⑵ 法 人

영리법인에 있어서 권리능력이 정관에서 정하는 목적의 범위내로 제한되는가에 관하여 학설은 제한설과 무제한설로 나뉘어 있으나, 어음(수표)행위는 지급자금 결제를 위한 수단적 행위에 지나지 않으므로 제한설에서도 어음(수표)행위에 대해서는 법인의 권리능력이 인정되고 있다.

비영리법인은 민법상 정관에서 정하는 목적의 범위 내에서 권리능력을 가지며(민법 §34), 어음(수표)행위는 그 수단적 성질로 인하여 그 목적의 범위 내에 속하는 행위에 포함된다. 어음(수표)행위가 정관에서 정하는 목적의 범위를 벗어난 목적을 위하여 행해진 경우에도 어음(수표)행위의 추상성으로 말미암아 그 효력에는 영향이 없으며, 다만 정관 위반은 원인관계에 기한 인적 항변사유가 될 뿐이다.

이와 관련하여 학교법인 산하에 있는 사립학교의 장이 어음(수표)행위를 한 경우에 그 효력이 문제된다. 사립학교는 그 학교가 소속되어 있는 학교법인이 경영하는 교육시설에 지나지 않으므로 스스로 어음(수표)행위를 할 수 있는 권리능력이 없다. 사립학교의 어음(수표)행위는 그 소속 학교법인의 대표자 명의로 하여야 하며, 학교장이 학교를 대표하여 한 어음(수표)행위는 학교장 개인의 행위에 지나지 않으며, 학교 또는 학교법인의 행위로서의 효력이 없다.

[판례] 대법원 1971. 2. 23 선고, 70다2981 판결

학교법인의 사업체에 불과한 학교 자체로서는 권리의무의 주체가 될 수 없으니 위의 약속어음이 「청구대학장 최해청」이란 직명으로 발행되었다 할지라도 결국 위 직명의 표시는 권리의무의 주체로서의 표시가 될 수 없는 것이므로 최해청 개인 이름으로 발행된 것으로 보아야 한다. …피고가 당시 청구대학장 겸 동 학교법인의 이사였다 하더라도 사립학교법의 적용을 받는 학교법인은 그 이사들 중에서 선출된 이사장만이 그 학교법인을 대표함은 사립학교법 제19조에 의하여 명백할 뿐만 아니라 어음법상 권리관계는 그 문언증권성에 의하여 오로지 그 어음상에 표시된 문언에 의하여서만 정하여 지는 것이므로 '청구대학장 최해청'이라는 이름으로 발행된 약속어음을 곧 위 학교법인이 발행한 것이라고는 볼 수 없다.

(3) 特殊法人

특별법에 의하여 설립된 비영리법인에 있어서는 그 근거법에서 자금차입 기타 채무부담행위를 제한하고 있는 경우가 많다(농업협동조합법 §57 ②③). 이러한 특수법인의 대표자가 타인으로부터 자금을 차입하기 위하여 어음을 발행하거나 어음에 배서·보증을 함으로써 채무를 부담하는 행위는 그 개인자격에서 한 행위로 볼 수 있을지라도 당해 법인의 행위로서의 효력은 없다.

(4) 權利能力 없는 社團(財團)

권리능력 없는 사단에도 어음(수표)상의 권리능력이 인정되는가에 대하여 학설이 나뉜다. 대표자책임설은 권리능력 없는 사단에 대해서는 권리능력이 부동산등기능력·소송능력 등 제한적인 범위 내에서 인정되므로 어음(수표)상의 권리능력은 인정되지 않으며, 그 대표자가 사단을 대표하여 어음(수표)행위를 한 경우에는 대표자 개인의 어음(수표)행위로 보아야 한다고 한다.

이에 대해 사단책임설은 권리능력 없는 사단에 있어서도 그 대표자가 사단 명의로 어음(수표)행위를 할 수 있으며, 이 경우에 그 행위의 효력은 사단의 구성원들에게 총유적으로 귀속하되, 어음(수표)금 지급책임은 사단 자체의 재산을 한도로 하므로 권리능력 없는 사단도 어음(수표)상의 권리능력을 가진다고 본다. 이 사단책임설이 다수설이다.

권리능력 없는 재단에 있어서는 그 대표자인 관리자가 어음(수표)행위를 한 경우에는 구성원이 없으므로 그 행위의 효력은 관리자 개인에게 귀속된다.

(5) 民法上의 組合

민법상의 조합은 법인격이 없을 뿐만 아니라 사단으로서의 실체도 없으므로 어음(수표)상의 권리능력이 없다. 따라서 민법상 조합이 어음(수표)행위를 하는 경우에는 조합원 전원이 기명날인 또는 서명을 하는 것이 원칙이나, 실무에서는 편의상 대표조합원이 그 대표자격을 표시하여 기명날인 또는 서명을 하고 있으며, 대법원 판례도 그 유효성을 인정하고 있다. 이와 같이 민법상 조합의 대표자가 그 대표자격을 표시하여 어음(수표)행위를 한 경우에 그 대표자의 행위는 조합원 전원을 위한 대리행위이므로, 어음(수표)금 지급에 대해서는 조합원 전원이 합동책임을 진다.

[판례] 대법원 1992.7.10. 선고, 92다2431 판결

민법상 조합의 명칭을 가지고 있는 단체라 하더라도 고유의 목적을 가지고 사단적 성격을 가지는 규약을 만들어 이에 근거하여 의사결정기관 및 집행기관인 대표자를 두는 등의 조직을 갖추고 있고, 기관의 의결이나 업무집행방법이 다수결의 원칙에 의하여 행해지며, 구성원의 가입, 탈퇴 등으로 인한 변경에 관계없이 단체 그 자체가 존속되고, 그 조직에 의하여 대표의 방법, 총회나 이사회 등의 운영, 자본의 구성, 재산의 관리 기타 단체로서의 주요사항이 확정되어 있는 경우에는 비법인사단으로서의 실체를 가진다고 할 것이다. 돌이켜 이 사건에 있어, 원심이 확정한 사실과 그 채택증거에 의하면 소외 조합은 앞에서 본 기준에 비추어 볼 때 원심이 판시한 단체의 목적사업의 내용, 단체재산의 출연, 관리 귀속의 면을 감안하더라도 조합이 아니라 비법인사단으로서의 실체를 갖추고 있음이 명백하다. 따라서 소외 조합의 대표자인 소외 하경수의 위임에 따른 소외 서홍섭의 이 사건 어음행위로 인한 어음금의 지급책임은 독립한 권리의무의 주체인 소외 조합에게 귀속되는 것이지 그 구성원인 피고들이 부담하는 것은 아니라 할 것이다.

2. 어음(手票)行爲能力

어음(수표)행위능력은 행위능력에 관한 민법의 일반원칙에 의한다. 따라서 의사무능력자의 어음(수표)행위는 당연히 무효이다. 미성년자와 한정치산자가 법정대리인의 동의를 얻지 않고 어음(수표)행위를 한 경우에는 취소사유가 된다. 미성년자나 한정치산자가 법정대리인의 허락을 얻어 특정 재산을 처분하거나 영업을 하는 경우에는 그 한도에서 어음(수표)행위능력을 가진다. 금치산자의 어음(수표)행위는 법정대리인의 동의에 관계없이 항상 취소할 수 있다.

다만 행위능력의 흠결로 취소할 수 있는 어음(수표)행위라도 법정대리인 또는 능력을 취득한 본인이 추인한 때에는 취소할 수 없다. 행위무능력자의 어음(수표)행위에 대한 취소 또는 추인의 의사표시는 취소사유가 있는 행위의 직접의 상대방뿐만 아니라 그 후의 취득자에 대하여도 할 수 있다.

3. 意思와 表示의 不一致 기타

민법의 진의 아닌 의사표시, 통정한 허위의 의사표시, 착오로 인한 의사표시에 관한 규정은 어음(수표)행위에 그대로 적용된다. 선의의 어음(수표)취득자를 보호하기 위한 것이다. 민법상 사기나 강박으로 인한 의사표시도 취소할 수 있으나 선의의 제3자에게 대항하지 못한다는 규정도 어음(수표)행위에 그대로 적용된다. 그러나 공서양속에 관한 민법 제103조와 제104조는 어음(수표)행위에 적용되지 않는다. 다만, 이 두 규정은 어음(수표)행위의 원인행위에는 적용되나, 이것은 인적 항변사유로 되는데 그친다.

제3. 證券의 交付

1. 어음理論

어음(수표)을 작성하여 교부하는 행위가 어음(수표)행위의 성립요건인가, 설권증권인 어음(수표)상의 권리가 어느 시점에서 성립되는가에 관한 것이 어음이론의 핵심이다. 이에 관하여 계약설과 단독행위설이 있는데, 단독행위설은 다시 창조설과 발행설로 나누어지고 있다. 이와 함께 거래안전을 위해 선의취득을 중요시하는 권리외관설이 있다.

2. 어음學說

(1) 契約說

어음(수표)발행인이 증권에 기명날인 또는 서명하여 어음(수표)을 작성하고, 그 어음(수표)을 상대방에게 교부하는 교부계약을 체결함으로써 어음(수표)행위가 완성되어 어음(수표)상의 채권、채무가 발생한다는 설이다.

(2) 創造說

어음(수표)행위는 어음(수표)행위자가 방식을 갖춘 어음(수표)증권에 기명날인 또는 서명을 함으로써 완성된다는 설이다. 즉 어음(수표)행위는 단독행위로서 어음(수표)행위자가 불특정다수인에 대한 채무부담의 의사표시를 함으로써 완성되며 증권의 교부는 요하지 않는다고 한다.

(3) 發行說

어음(수표)행위를 단독행위로 보면서, 어음(수표)상의 채권、채무는 어음(수표)행위자가 증권의 작성 후 그 의사에 의한 점유이전이 있는 때에 발생된다고 한다. 교부계약이 필요하지 않다는 점에서 교부계약설과 다르고 점유이전이 필요하다는 점에서 창조설과 다르다.

(4) 權利外觀理論

어음(수표)행위의 성립에는 교부계약을 요하지만, 교부계약이 없이 증권이 유통되어도 증권작성자는 그 작성행위에 의하여 어음채무를 부담한 것과 같은 외관을 만들어 내고 제3자의 신뢰를 야기시킨 것이므로 권리외관에 기인한 책임을 져야 한다는 설이다. 이 설에 의하면 기명날인 또는 서명에 의한 외관의 작출은 의사표시가 아니므로 의사표시에 관한 민법 규정은 여기에 적용되지 않으며, 어음(수표)상의 의사표시가 무효 또는 취소되어도 어음(수표)행위자는 선의의 제3취득자에 대하여 외관에 따른 어음(수표)상의 책임을 진다.

[판례] 대법원 1999.11.26, 선고 99다34307 판결

어음을 유통시킬 의사로 어음상에 발행인으로 기명날인하여 외관을 갖춘 어음을 작성한 자는 그 어음이 도난 · 분실 등으로 인하여 그의 의사에 의하지 아니하고 유통되었다고 하더라도, 배서가 연속되어 있는 그 어음을 외관을 신뢰하고 취득한 소지인에 대하여는 그 소지인이 악의 내지 중과실에 의하여 그 어음을 취득하였음을 주장 · 입증하지 아니하는 한 발행인으로서의 어음상의 채무를 부담한다고 할 것이다.

제3절 어음(手票)行爲의 代理

제1. 總 說

어음법과 수표법은 무권대리인의 책임에 관해서 1개의 규정을 두고 있을 뿐이므로(어음법 §8, §77, 수표법 §11), 어음(수표)행위의 대리에 관해서는 대리에 관한 민법의 일반원칙과 상법의 특별규정이 어음(수표)의 특수성을 고려하여 적용된다. 회사의 대표에 있어서도 별다른 규정이 없는 이상 대리에 관한 규정에 의한다.

제2. 形式的 要件-代理의 方式

어음(수표)행위의 대리에 있어서는 대리인이 본인 및 대리관계를 표시하고 자신의 기명날인 또는 서명을 하여야 한다. 대표에 있어서는 대표기관이 법인의 명칭과 그 대표관계를 표시하고 대표기관 자신의 기명날인 또는 서명을 해야 한다.

1. 本人의 表示

어음(수표)행위를 대리할 때에는 반드시 본인을 표시하여야 한다. 또 법인의 대표기관이 법인을 대표하여 어음(수표)행위를 하는 때에는 반드시 그 법인을 표시하여야 한다. 어음(수표)행위는 증권적 행위로서 그 법률관계는 증권상의 문언에 따라 해석하게 되므로, 어음(수표)행위의 대리에는 엄격한 현명주의의 원칙이 적용된다. 따라서 현명주의의 예외를 정한 민법 제115조 단서규정과 상행위의 대리에 있어서 비현명주의를 정한 상법 제48조의 규정은 어음(수표)행위의 대리에 적용되지 않는다.

2. 代理關係의 表示

대리인이 본인을 위하여 어음(수표)행위를 하는 경우에 대리관계의 표시에 있어서는 '대리인' 외에도 수임인, 후견인, 지배인, 지사장, 지점장, 경리과장 등의 표시도 무방하며, 대표자가 법인의 어음(수표)행위를 하는 경우에 대표관계의 표시에 있어서도 주식회사와 유한회사의 경우에는 '대표이사', 합명회사와 합자회사에서는 '대표사원' 등이 바람직하나, 이 외에도 '회장', '사장' 등의 직함을 표시하여도 유효하다. 다만 대표관계의 표시가 명시되어야 하는가에 관하여 대법원 판례는 대표자의 날인 안에 대표자격의 표시가 들어 있는 경우에는 대표관계의 표시로서 유효하다고 하였다(대판 1969.9.23, 69다930).

[판례] 대법원 1969.9.23, 선고 69다930 판결

원심이 확정한 사실에 의하면 화성건설주식회사가 피고 회사로 상호가 변경되었고 소외 전명형은 피고 회사의 대표이사로 재직하는 동안에 어음발행 함에 있어서 명의표시와 날인형식의 예에 따라 피고 회사 대표이사 자격으로 "화성건설주식회사 전명형"이라고 표시하고 등록된 "대표이사 전명형인"이라고 된 회사 대표이사 직인을 날인하여 이 사건 어음2장을 발행하였다는 것이므로 피고 회사는 어음상의 의무가 있다고 할 것이며 …원심의 사실인정 과정에 아무런 위법이 없으므로 …회사 대표의 법률행위에 대한 법리를 오해한 위법이 있다는 논지는 이유 없다.

3. 代理人의 記名捺印 또는 署名

대리인이 본인을 위하여, 또는 대표자가 법인을 위하여 어음(수표)행위를 하는 경우에는 대리인 또는 대표자 자신의 기명날인 또는 서명을 하여야 한다. 어음(수표)행위의 대리에 있어서는 대리인 자신이, 대표에 있어서는 대표자가 어음(수표)행위를 하므로 그 대리인 또는 대표자 자신의 기명날인 또는 서명이 반드시 있어야 한다. 따라서 법인의 경우 법인의 명칭에 법인의 직인만 찍혀 있는 어음(수표)행위는 무효이다. 대리인 또는 대표자의 기명날인에 있어서 기명의 명의와 날인의 명의가 다른 경우에는 자연인의 경우와 같이 유효하다.

제3. 實質的 要件

1. 代理權의 존재

대리인이 본인을 위하여 어음(수표)행위를 하기 위해서는 대리권이 있어야 하고, 법인의 대표기관이 회사를 위하여 어음(수표)행위를 하는 데는 대표권이 있어야 한다. 대리권 또는 대표권의 존부와 그 범위는 대리 또는 대표에 관한 민법과 상법 기타 실체법의 규정에 의하여 결정된다.

2. 代理權의 制限

(1) 代理權制限規定의 적용 여부

어음(수표)행위에 대하여 민법의 대리인에 의한 자기계약 및 쌍방대리금지에 관한 규정(민법 §124)이나, 상법상 회사의 이사 또는 무한책임사원의 자기거래 제한규정(상법 §199, §398)이 적용되는가에 관하여 학설이 대립하고 있다.

부정설은 어음(수표)행위가 무색적·수단적 행위로서 이해 상충의 우려가 없으며, 민법 제124조 단서의 채무이행행위로 볼 수 있으므로 이들 규정이 적용되지 않는다고 한다. 긍정설은 어음(수표)행위는 단순한 결제수단이 아니라 신용수단으로서 이용되고 있으며, 어음(수표)행위에 의하여 원인관계와 분리된 엄격한 어음(수표)상의 채무가 발생되며 이 채무에는 항변의 절단과 입증책임의 전환, 부도제재의 위험 등이 있어 이해상충의 우려가 크기 때문에 이들 규정은 어음(수표)행위에도 적용되어야 한다고 한다. 긍정설이 다수설 및 판례의 입장이다.

⑵ 代理權制限規定의 적용 범위

민법 제124조가 자기계약과 쌍방대리를 모두 금지하는데 비해, 상법 제398조는 법문상 자기계약의 제한에 대해서만 규정하나, 통설은 쌍방대리의 제한도 포함하는 것으로 해석하고 있다. 또 이 두 규정은 본인과 대리인 또는 회사와 이사 간의 직접거래에 있어서는 물론이고, 본인 또는 회사와 제3자간의 거래라도 본인과 대리인 또는 회사와 이사 간에 이해충돌의 우려가 있는 간접거래에도 적용된다는 것이 통설과 판례이다.

⑶ 違反의 效力

대리인이 민법 제124조와 상법 제398조 등의 대리(대표)권제한규정에 위반하여 어음(수표)행위를 한 경우에 이에 위반한 어음(수표)행위의 효력에 관하여 절대적 무효설과 상대적 무효설 및 유효설이 있다. 다수설과 판례는 상대적 무효설을 취하고 있다. 즉 상대방이 악의인 경우에는 그 어음(수표)행위는 무효이나, 선의의 제3자에 대해서는 본인이 그 행위가 무효라고 대항할 수 없다.

제4절 어음(手票)行爲의 無權代理

제1. 表見代理

1. 民法上의 表見代理

어음(수표)행위의 대리에 있어서 대리인에게 대리권이 없더라도 민법상의 표현대리가 인정되는 경우에는 표현대리의 법리에 따라 본인은 어음(수표)상의 책임을 지게 된다. 민법 제125조, 제126조, 제129조가 이 경우에 적용된다.

2. 商法上의 表見代理(表見代表)

상법의 표현지배인, 부실등기된 지배인, 권한이 제한된 지배인 등의 표현대리와 표현대표이사, 부실등기된 대표이사, 권한이 제한된 대표이사 등의 표현대표에 관한 규정은 어음(수표)행위에도 그대로 적용된다.

3. 表見代理의 效果

(1) 本人의 어음(手票)上의 責任

어음(수표)행위의 표현대리(표현대표)가 성립되는 경우에 어음(수표)의 문언성에 따라 본인은 당연히 어음(수표)상의 책임을 부담한다(어음법 §8, 수표법 §11).

(2) 表見代理人의 責任

대리(대표)권없이 어음(수표)행위를 대리한 표현대리인(표현대표자)도 어음(수표)상의 책임을 면할 수 없다. 따라서 어음(수표)소지인은 본인이나 표현대리인 또는 표현대표자에게 선택적으로 어음(수표)상의 권리를 행사할 수 있다(어음법 §8, 수표법 §11).

(3) 第3者의 範圍

표현대리 또는 표현대표에 관한 민법과 상법 규정의 적용에 있어서 제3자는 표현대리인 또는 표현대표자의 직접 상대방뿐만 아니라 그 후자인 제3취득자도 포함한다. 따라서 무권대리 또는 무권대표 행위의 직접의 상대방에게 표현대리 또는 표현대표가 성립하지 않더라도 그 후의 제3취득자에게 표현대리 또는 표현대표의 요건이 구비되면 본인은 그 제3취득자에 대하여 어음(수표)상의 책임을 부담한다.

제2. 狹義의 無權代理

1. 總 說

무권대리인은 권한 없는 대리행위에 관하여 본인의 추인이 없는 경우에는 어음(수표)상의 책임을 진다. 무권대리인이 지는 어음(수표)상의 책임은 대리권이 없는데도 대리관계가 존재하는 듯이 증권에 표시한 데 따른 법정의 담보책임이다. 무권대리인은 민법상으로는 상대방의 선택에 따라 이행 또는 손해배상의 책임을 지지만, 어음법과 수표법상으로는 이행책임만 진다. 어음(수표)은 문언증권이므로 그 책임의 내용이 증권의 문언에 따라 정해질 뿐만 아니라, 선의취득자를 보호함으로써 어음의 유통성을 높이기 위한 것이다. 이하의 설명은 무권대표에 대해서도 동일하다.

2. 無權代理人의 責任要件

(1) 代理方式의 記名捺印 또는 署名

무권대리인의 어음(수표)상 책임이 발생하기 위해서는 무권대리인이 어음(수표)에 대리방식을 갖추고 대리인으로서 기명날인 또는 서명을 하여야 한다. 대행권 없이 타인의 기명날인 또는 서명을 한 경우에는 그 어음(수표)행위는 위조이며 그 대행자는 위조자로서 책임을 진다.

(2) 代理權의 欠缺과 本人의 追認 拒絶

무권대리가 되기 위해서는 대리권이 없어야 하고, 그 무권대리행위에 대해 본인의 추인이 없어야 한다. 본인이 추인을 하면 사후에 유권대리가 되므로 그 행위의 효과는 본인에게 귀속된다. 이에 관하여 무권대리인의 책임은 무권대리행위 시에 발생하고 본인의 추인은 이 무권대리인의 책임을 소멸시킨다는 해제조건설과, 무권대리인의 책임은 본인의 추인 거절에 의하여 비로소 발생된다는 정지조건설이 대립되고 있다. 정지조건설에 의하면 협의의 무권대리에 있어서 본인의 추인이 있을 때까지 책임을 지는 자가 명백하지 않으며, 협의의 무권대리인의 책임은 무권대리행위를 한 때에 발생한다고 보아야 하므로 해제조건설이 타당하다. 이 설이 다수설이다.

(3) 表見代理要件의 欠缺

표현대리의 요건이 흠결되어야 한다. 무권대리행위가 표현대리의 요건을 갖춘 때에는 본인이 어음(수표)소지인에 대하여 어음(수표)상의 책임을 부담하기 때문이다.

(4) 相對方 또는 어음(手票)所持人의 善意

상대방 또는 어음(수표)소지인이 무권대리임을 알지 못해야 한다. 그 알지 못한데 대한 과실 여부는 묻지 아니한다. 상대방이 악의인 경우에도 그 후자가 선의인 때에는 무권대리인은 그 후자에 대한 책임을 면하지 못한다.

(5) 代理行爲 자체에 瑕疵가 없을 것

무권대리인의 책임은 본인이 무권리자인 경우는 물론 무능력자 또는 가설인인 경우에도 인정된다. 다만, 무권대리인 자신이 무능력자인 경우에는 민법의 일반원칙에 따라 무권대리행위를 취소함으로써 그 책임을 면하게 된다.

3. 無權代理人의 責任

(1) 責任의 內容

무권대리인은 정당한 어음(수표)소지인에 대하여 그 대리권이 있었더라면 본인이 부담하는 책임과 동일한 어음(수표)상의 책임을 부담한다. 따라서 약속어음의 발행을 무권대리한 경우에는 주채무자로서의 책임을 져야 하고, 배서를 무권대리한 경우에는 배서인의 상환의무를 지게 된다. 따라서 무권대리인은 상대방의 선택에 좇아 계약의 이행 또는 손해배상의 책임이 있다는 민법 제135조 제1항은 어음(수표)행위의 무권대리에는 적용되지 아니한다.

무권대리인이 본인과 동일한 어음(수표)상의 책임을 부담하는 경우에 무권대리인은 어음(수표)소지인에 대하여 어음 자체에 관한 항변과 함께 그 행위가 적법한 유권대리행위였더라면 본인이 가졌을 항변을 원용할 수 있다. 무권대리인이 원용할 수 있는 본인의 항변은 무권대리행위에 의한 어음관계 및 그 원인관계에 관한 것이므로, 본인이 어음관계 또는 원인관계와 관계없이 소지인에 대하여 가지는 항변은 무권대리인이 원용할 수 없다.

(2) 책임의 보전

어음(수표)소지인이 무권대리인의 책임을 추궁하기 위해서는 무권대리인에게 상환청구권 보전 또는 시효중단 절차를 밟아야 한다. 그러나 당초 무권대리의 사실을 알지 못하는 소지인은 일반적으로 본인에 대하여 이러한 권리보전절차를 취하게 되는데, 그 후 무권대리 사실이 밝혀진 때에는 무권대리인에 대한 권리 보전의 시기를 놓쳐 무권대리인의 책임을 추궁할 수 없게 될 우려가 있다. 그러므로 선의의 소지인을 보호하기 위해서는 소지인이 본인에 대하여 취한 상환청구권 보전이나 시효중단 절차는 무권대리인과 그 밖의 다른 상환의무자에 대해서도 효력이 있다고 보아야 한다.

(3) 책임의 범위

무권대리인에게 대리권이 전혀 없는 경우에는 무권대리인은 어음(수표)상의 문언에 따라 책임을 지게 된다. 그런데 대리인이 수권의 범위를 넘어 어음(수표)행위를 한 월권대리의 경우에 민법 또는 상법상의 표현대리가 성립되는 때에는 본인이 어음(수표)금 전액에 대하여 책임을 질 것이나, 이러한 표현대리가 성립되지 않는 때에 무권대리인이 지는 책임의 범위에 관하여는 학설이 대립하고 있다. 즉 대리인이 전액에 대한 책임을 지고, 본인도 대리권을 수여한 범위 내에서 책임을 진다는 책임병존설, 대리인은 권한을 넘는 부분에 대해서만 책임을 지고 본인은 대리권을 수여한 범위 내에서 책임을 진다는 책임분담설, 대리인만이 전액에 대해 책임을 지고 본인은 책임을 지지 아니한다는 본인무책임설이 있다. 어음(수표)불가분의 원칙과 권리행사의 편의성, 어음(수표)소지인의 이익을 보호해야 할 필요성 등을 종합적으로 고려할 때 책임병존설이 타당하다. 이 설이 통설이며, 판례이다.

[판례] 대법원 2001. 2. 23. 선고 2000다45303, 45310 판결

어음행위의 대리 또는 대행권한을 수여받은 자가 그 수권의 범위를 넘어 어음행위를 한 경우에 본인은 그 수권의 범위 내에서는 대리 또는 대행자와 함께 어음상의 채무를 부담한다고 할 것인바, 원심이 인정한 사실관계에 의하더라도, 소외 1과 2는 원고로부터 금 10,000,000원의 범위 내에서는 원고를 대리하여 연대보증계약을 체결할 권한을 수여받았다는 것이므로, 소외 1과 2가 그 수권의 범위를 벗어나 그들의 피고에 대한 금 60,000,000원의 손해배상채무를 원고가 연대보증한다는 의미에서 이 사건 약속어음에 발행인으로 원고의 날인을 대행한 것이므로, 수권의 범위를 넘은 부분에 대하여는 원고에게 그 어음행위의 효력이 미치지 않는 것이지만, 수권의 범위 내인 금 10,000,000원 부분에 대하여는 원고가 어음상의 채무를 부담한다고 할 것이다.

4. 責任을 이행한 無權代理人의 地位

무권대리인이 어음(수표)상의 책임을 이행한 때에는 유권대리였더라면 본인이 취득할 수 있는 내용과 동일한 어음(수표)상의 권리를 취득한다(어음법 §8, §77, 수표법 §11). 다만 무권대리인이 이러한 권리를 취득하는 것은 배서나 보증의 무권대리와 같이 그 책임의 이행 후에 전자에 대한 권리가 잔존하는 때에 한한다. 따라서 약속어음의 발행이나 환어음의 인수를 무권대리한 경우에는 전자에 대한 어음(수표)상의 권리를 취득할 수 없다. 무권대리인으로부터 어음(수표)상의 청구를 받은 자는 무권대리인에 대한 항변은 물론 당해 어음(수표)관계와 직접 관련된 본인에 대한 항변을 무권대리인에게 주장할 수 있다.

배서의 무권대리에 있어서 무권대리인이 그 후 선의의 취득자에게 어음(수표)상의 책임을 이행하여 어음(수표)을 환수한 경우에는 무권대리인이 어음(수표)상의 권리를 취득하지만, 이와 동시에 배서의 무권대리에 의하여 어음(수표)의 소지를 상실한 본인은 무권대리인에 대하여 어음(수표)의 반환을 청구할 수 있다. 이 때에는 무권대리인에 대한 본인의 반환청구권이 무권대리인의 권리에 우선한다.

5. 本人의 責任

어음(수표)행위의 무권대리에 있어서 표현대리가 성립되지 않는 한 본인은 원칙적으로 책임을 지지 않는다. 그러나 본인이 무권대리인의 어음(수표)행위를 추인한 때에는 유권대리의 경우와 동일한 책임을 지게 된다. 따라서 무권대리행위의 상대방이나 그 어음(수표)소지인은 본인에 대하여 추인여부에 대한 확답을 최고할 수 있다(민법 §131). 본인은 추인 또는 거절의 의사표시를 직접의 상대방뿐만 아니라 모든 어음(수표)소지인에 대하여 할 수 있다.

제5절 어음(手票)行爲의 代行

제1. 總 說

어음(수표)행위의 대행은 어음(수표)행위를 하는 경우에 직접 본인의 이름으로 기명날인을 하는 것을 말한다. 대행에는 대행자가 본인을 위한 어음(수표)행위에 있어서 그 기명날인을 대행하는 기명날인의 대행과 타인의 명의를 차용하여 그 명의대여자의 이름으로 어음(수표)행위를 하는 명의대여에 의한 어음(수표)행위의 대행이 있다.

제2. 記名捺印의 代行

1. 意 義

기명날인의 대행은 대행자가 본인을 위하여 어음(수표)행위를 하는 경우에 직접 본인의 이름으로 기명날인하는 것을 말한다. 대리가 법률행위에 있어서 본인과 대리관계를 표시하고 대리인이 자신의 기명날인을 하는 방식인데 비하여, 대행은 대행자가 본인의 기명날인이라는 사실행위를 직접 하는 것이라는 점에서 양자 사이에는 법적 성질상 차이가 있다.

2. 代行의 種類

(1) 固有의 代行

고유의 대행은 대행자가 본인의 지시에 따라 본인의 수족과 같이 직접 본인 명의로 어음(수표)행위를 하는 것을 말한다. 이것은 기관방식에 의한 대행으로서 그 어음(수표)행위의 효과의사는 본인이 결정하고 대행자의 대행행위는 본인의 행위로서의 의미를 가진다.

(2) 代理的 代行

대리적 대행은 본인으로부터 대행자에게 일정한 대행권이 부여되고 대행자가 그 대행권의 범위 내에서 자기의 의사결정에 따라 본인의 명의로 어음(수표)행위의 기명날인을 하는 것이다. 대리적 대행은 대행자가 어음(수표)행위를 함에 있어서 그 효과의사를 스스로 결정한다는 점에서 대리와 유사하나, 대행자가 직접 본인의 기명날인을 한다는 점에서 대리와 다르다.

3. 代行의 效果

(1) 有權代行

어음(수표)행위의 대행에 있어서 고유의 대행이든 대리적 대행이든 그 대행자에게 직접 본인의 명의로 어음(수표)행위를 할 수 있는 대행권이 있는 때에는 그 대행자의 대행은 본인 자신의 어음(수표)행위로서의 효력이 있다.

(2) 無權代行

대행자가 본인의 지시를 받지 아니하거나 또는 대행권 없이 어음(수표)행위를 대행한 경우에는 어음(수표)행위의 위조가 된다. 따라서 이 때에 본인은 사용자책임(민법 §756)을 지는 경우를 제외하고는 원칙적으로 어음(수표)상의 책임을 지지 아니한다.

다만 대리적 대행의 무권대행에 있어서도 무권대리에 관한 어음법 제8조, 수표법 제11조를 유추적용하여 무권대행자에게 그 어음(수표)행위를 할 수 있는 권한이 있다고 제3자가 믿을 만한 사유가 있고 본인에게 이에 대한 귀책사유가 있는 경우에는 본인이 어음(수표)상의 책임을 진다는 것이 통설 · 판례의 입장이다. 이러한 표현책임이 인정되지 않는 경우에는 본인의 추인에 의한 책임이 인정되는가에 관하여 후술하는 피위조자의 책임에서 보는 바와 같이 학설이 대립하고 있다.

제3. 名義貸與에 의한 어음(手票)行爲

1. 意 義

타인으로 하여금 자기의 명의를 사용하여 어음(수표)행위를 하도록 허락한 경우에 명의를 대여한 자와 그 명의를 사용한 자의 어음(수표)상의 책임이 문제된다. 이 경우 명의대여는 상법 제24조와 관련하여 명의대여자가 명의차용자에게 자기의 영업을 하도록 허락한 경우와 단순히 개별적인 어음(수표)행위에 그 명의를 사용하도록 허락한 경우로 나누어진다.

2. 名義貸與者의 責任

명의대여자가 자기의 명의를 사용하여 영업을 할 것을 명의차용자에게 허락하고 명의차용자가 명의대여자의 명의로 어음(수표)행위를 한 경우에 명의대여자는 상법 제24조에 의하여 어음(수표)상의 책임을 진다.

명의대여자가 명의차용자에게 자기의 명의를 사용하여 영업을 할 것을 허락한 것이 아니라 명의차용자의 어음(수표)행위에 자기의 명의를 사용하도록 허락한 경우에도 명의대여자가 어음(수표)상의 책임을 부담하는지 문제된다. 그러나 명의대여자가 어음(수표)행위에 자기의 명의를 사용하도록 명의차용자에게 허락함으로써 소지인으로 하여금 행위 주체에 관하여 오인을 하도록 그 원인을 제공한 만큼 그에 대한 책임을 부담하여야 한다. 그리하여 다수설은 어음(수표)소지인이 명의대여자를 어음(수표)행위자로 오인한 경우에 상법 제24조를 유추적용하여 명의대여자의 책임을 인정하고 있다.

3. 名義借用者의 責任

명의대여자의 명의를 사용하여 어음(수표)행위를 한 명의차용자의 책임에 관하여 부정설이 있으나, 기명날인의 대행과는 달리 명의차용자는 자기를 표시하기 위한 의사로써 명의대여자의 명의로 어음(수표)행위를 하는 것이므로 어음(수표)행위자로서 어음(수표)상의 책임을 부담한다고 보아야 한다.

4. 兩者의 責任關係

명의대여자와 명의차용자는 소지인에 대해 합동책임을 진다.

제6절 어음(手票)의 僞造와 變造

제1. 總 說

어음(수표)행위의 실제에 있어서는 타인이 권한 없이 대리방식으로 기명날인 또는 서명을 하는 경우와, 타인이 권한 없이 직접 기관방식으로 하는 때가 있다. 전자의 경우는 무권대리이며, 후자의 경우가 어음(수표)의 위조인 것이다. 이에 비하여 타인이 한 어음(수표)상의 기재를 권한 없이 변경하는 것을 변조라고 한다.

위조 또는 변조된 어음(수표)은 어음(수표)의 거래안전을 해치며 소지인에게 불의의 손해를 입히게 되므로 특별한 법적 규율이 필요하다. 또한 이러한 어음(수표)의 위조와 변조는 어음(수표)거래의 유통질서를 해치는 가벌적 행위이기 때문에 형법상으로 유가증권에 관한 범죄를 구성한다(형법 §214 이하).

제2. 어음(手票)의 僞造

1. 意 義

어음(수표)의 위조는 아무런 권한 없이 타인의 기명날인 또는 서명을 위작하여 그 타인이 어음(수표)행위를 한 것과 같은 외관을 어음(수표)상에 작출하는 것을 말한다. 위조의 대상은 모든 어음(수표)행위로서 발행 · 인수 · 배서 · 보증 · 참가인수 등을 포함한다. 여기서 타인이라고 함은 실재하는 사람은 물론 죽은 사람이나 가설인이라도 무방하다.

위조는 어음(수표)행위자가 타인임을 나타내기 위하여 그 타인의 기명날인 또는 서명을 권한 없이 나타내는 것이므로, 타인의 기명날인이라도 행위자가 자기를 표시하기 위하여 사용하는 경우에는 그 허락 유무에 관계없이 자신의 기명날인 또는 서명이 되므로 위조가 아니다(정찬형(하), 109).

위조의 방법에는 제한이 없다. 기명날인의 경우 타인의 인장을 도용하거나 또는 타인의 인장을 새로 만들어서 찍거나, 보관 중인 타인의 인장을 그 동의 없이 임의로 찍는 것을 포함한다. 서명에 있어서도 타인의 서명을 모방하는 등 피위조자가 직접 서명을 한 것과 같이 나타내는 것이면 위조가 된다.

2. 僞造의 效果

(1) 被僞造者의 責任

어음(수표)행위가 위조된 경우에 피위조자는 전혀 어음(수표)행위를 하지 않았고 또 위조자에게 대행권을 수여하지 않았으므로 피위조자의 과실 유무나 상대방의 선의 여부에 관계없이 물적 항변으로 되어 누구에 대해서도 어음(수표)상의 책임을 지지 않는다. 다만 다음의 경우에는 피위조자도 책임을 진다.

1) **表見責任** 위조자가 피위조자와 일정한 관계에 있어 제3자가 위조자에게 피위조자의 어음(수표)행위를 할 권한이 있다고 믿을만한 정당한 사유가 있고, 제3자의 신뢰에 대하여 피위조자의 귀책사유가 인정되는 때에는 표현대리 또는 표현대표에 관한 민법·상법의 규정을 유추적용하여 피위조자의 어음상의 책임을 인정하는 것이 통설·판례이다. 표현대표이사나 표현지배인 또는 부분적포괄대리권을 가진 사용인 등이 영업주 또는 대표이사 명의로 어음이나 수표를 발행하거나 배서하는 등의 경우가 이에 해당한다.

2) **追認에 의한 責任**

① **僞造에 대한 追認** 피위조자가 위조된 어음(수표)행위를 추인한 경우에 어음(수표)상의 책임을 지게 되는가에 관하여 학설의 대립이 있다.

추인에 의한 책임을 부정하는 부정설은 그 근거로서 위조는 위조자의 이익을 위한 것으로서 피위조자를 위한 의사가 없을 뿐만 아니라, 피위조자의 행위나 위조자의 기명날인 또는 서명이 없어 피위조자의 기명날인 또는 서명은 절대적으로 무효이므로, 추인의 대상이 될 수 없다고 한다. 피위조자가 위조가 무효임을 알면서 추인한 때에는 새로운 어음(수표)행위를 한 것으로 인정된다고 한다.

이에 대하여 무권대리에 관한 규정을 유추적용하여 피위조자의 추인에 의한 책임을 인정하는 긍정설은 무권대리라고 하여 반드시 본인의 이익을 위한 행위라 할 수 없고, 위조의 경우에는 외관상 본인을 위함이 무권대리보다 더욱 명백히 표시되어 있으며, 위조의 추인이 증권소지인이나 위조자의 의사에 반하지 않을 뿐만 아니라, 이로써 어음(수표)거래의 안전을 도모할 수 있다는 것을 그 근거로 들고 있다.

위조는 결국 무권대행이며, 대리적 대행의 무권대행에 관하여는 통설과 판례가 무권대리에 관한 규정을 유추적용한다는 점을 고려할 때 긍정설이 타당하다.

② **僞造에 대한 法定追認** 피위조자가 위조된 어음(수표)에 대해 위조인 줄 알면

서 어음(수표)을 지급한 경우에는 민법 제145조의 법정추인이 되어 그 지급은 유효하며, 피위조자는 지급한 금액의 반환을 청구할 수 없다.

피위조자가 위조된 어음(수표)에 대해 위조인 줄 모르고 지급한 경우에는 그 지급을 수령한 자에게 추후 부당이득의 반환을 청구할 수 있는 것이 원칙이다. 그러나 이 경우 그 지급으로 인하여 어음(수표)소지인이 시효중단절차 또는 상환청구권보전절차를 밟지 아니하여 어음(수표)상의 권리를 상실한 때에는 민법 제744조의 도의관념에 적합한 비채변제가 되어 법정추인의 경우와 같이 그 지급한 금액의 반환을 청구할 수 없게 된다(정동윤(어), 141, 정찬형(하), 117, 서헌제(하), 582).

3) 使用者責任 위조자가 피위조자의 피용자로서 사용자의 사무집행에 관하여 어음(수표)을 위조한 경우에 피위조자는 민법 제756조에 의한 사용자의 불법행위책임을 지게 된다. 다만 이 경우 피용자와 어음(수표)거래를 한 상대방이 그 위조가 사용자의 사무집행에 해당하지 않음을 알았거나 중대한 과실로 알지 못한 때에는 사용자책임을 물을 수 없다(대판 2002.12.10, 2001다58443).

피위조자의 사용자책임은 어음(수표)상의 책임이 아니라 불법행위책임이므로 어음소지인이 피위조자에게 이 책임을 묻기 위해서는 불법행위의 요건을 갖추어야 한다. 소지인이 손해액으로 청구할 수 있는 금액도 어음(수표)에 기재된 금액이 아니라 실제 발생한 손해액(어음할인의 경우에는 할인금액)이며, 그 밖에 소지인에게 그 위조에 관하여 과실이 있는 때에는 과실상계도 허용된다.

4) 信義誠實의 原則에 기한 責任 동일인이 어음을 자주 위조하고 피위조자가 그 위조된 어음마다 지급하여 계속적인 위조를 가능하게 한 경우에 피위조자는 위조의 항변을 주장하지 못하고 어음상의 책임을 져야 하는가에 관하여, 피위조자는 신의성실의 원칙에 의하여 위조의 항변을 주장하지 못하고 어음상의 책임을 져야 한다는 견해와 이 경우에는 표현책임의 법리나 사용자책임의 법리에 의하여 피위조자의 책임을 인정할 수 있으므로 그 외에 별도로 신의칙에 기한 책임을 인정할 필요가 없다는 견해가 있다.

(2) 僞造者의 責任

어음(수표)행위의 위조자가 민법상의 불법행위로 인한 손해배상책임과 형법상의 형사책임 외에 어음(수표)법상의 책임을 부담하는가에 대하여 학설은 부정설과 긍정설로 나뉜다. 다수설인 부정설은 위조자가 위조어음(수표)에 자기의 기명날인 또는 서명을 한 것이 아니므로 어음(수표)의 문언성에 비추어 어음(수표)상의 책임을 지지 않는다는 입장이다. 그러나 긍정설에서는 무권대리인의 책임은 본인이 책임을 지는 것과 같이 표시한 데 대해 특수한 담보책임을 인정한 것이므로 무권대리보다 더 직접적인 형식으로 피위조자가 책임을 지는 것으로 표시한 위조의 경우에도 무권대리인의 책임에 관한 규정(어음법 §8, §77, 수표법 §11)을 유추적용하여 위조자의 어음(수표)상의 책임을 인정한다. 이 밖에 위조자가 어음(수표)행위를 자기명의로 하였는가, 타인의 명의로 하였는가에 관계없이 어음(수표)에 기명날인 또는 서명을 한 이상 채무부담의 의사가 있으므로 위조자는 자기의 어음(수표)행위로서 책임을 진다는 설도 있다.

⑶ 기타의 記名捺印 또는 署名者의 責任

위조어음(수표)에 기명날인 또는 서명을 한 자는 어음(수표)행위독립의 원칙에 의하여, 위조사실에 대한 선의 여부를 불문하고 기명날인 또는 서명 당시에 증권에 기재된 문언에 따라 책임을 진다.

⑷ 僞造어음(手票)에 대한 善意支給과 損失負擔

어음(수표)의 지급인 또는 지급담당자가 위조된 어음(수표)을 지급한 경우에 그 손실을 누가 부담하여야 하는가 문제된다. 선의지급의 면책에 관한 어음법 제40조 제3항은 그 어음(수표)이 진정한 경우에 적용된다고 보는 것이 다수설이므로, 위조어음(수표)의 지급에 관하여는 위조사실의 식별에 있어서 고의나 중과실이 있는 경우는 물론 경과실이 있는 때에도 지급을 한 자가 그 손실을 부담하여야 한다. 그러나 위조어음(수표)의 지급에 있어서 소지인의 형식적 자격에 대한 조사에 사기 또는 중과실이 없고 위조사실의 식별에 고의 또는 과실이 없는 경우에는 누가 그 손실을 부담하여야 하는가 하는 것이다. 이에 관하여 지급인부담설과 발행인부담설이 대립하고 있다.

지급인부담설은 위조어음(수표)은 유효한 어음(수표)이 아니며 어음(수표)채무를 부담하는 발행인의 행위도 없으므로 지급인은 그 지급의 결과를 발행인에 귀속시킬 수 없으며, 위조어음(수표)의 지급에 따른 손실은 원칙적으로 지급자가 부담하여야 한다고 한다. 이 설이 다수설이다. 발행인부담설은 위조어음(수표)에 표시된 발행인 즉 피위조자가 그 손실을 부담하여야 한다는 설이다. 그 근거에 관하여 금반언칙을 드는 견해, 위험을 예방할 수 있는 지위에 있는 피위조자가 손해를 입어야 한다는 위험부담의 사상에 두는 견해, 수표의 경우에는 수표계약상 피위조자가 묵시적으로 위험을 부담하는 것이라고 보는 견해 등이 있다.

위조어음(수표)의 지급에 관하여 지급인에게 고의 또는 중과실이 없고 발행인 측에 귀책사유가 있는 경우에는 금반언칙에 따라 발행인이 책임을 질 것이나, 발행인과 지급인의 양쪽에 모두 귀책사유가 없는 경우에는 오히려 지급인이 손실을 부담하여야 할 것이다. 다만 피위조자인 발행인이 그 손실을 부담한다는 특약이나 관습이 있는 경우에는 발행인이 손실을 부담한다.

은행실무에서는 수표나 은행도(銀行渡)어음에 있어서 수표계약이나 어음거래약관에서 지급은행의 면책조항을 두어 어음에 사용된 인감과 은행에 신고된 인감을 비교하여 상위 없다고 인정하여 지급하면 위조 또는 변조의 사실이 있더라도 은행은 책임을 지지 않는다는 특약을 하는 것이 보통이다. 물론 이 경우에도 피위조자인 발행인은 지급자와의 관계에서 손해를 부담한다는 것이지 지급자의 지급이 최종적이라는 의미는 아니다. 즉 발행인은 어음소지인에 대해 그 지급받은 금액의 반환을 청구할 수 있다.

⑸ **立證責任**

위조의 입증책임에 관하여 일반원칙에 따라 위조사실을 주장하는 피위조자가 위조에 대한 입증책임을 진다는 설과, 어음(수표)소지인이 피위조자에게 어음(수표)금을 청구하기 위해서는 피위조자의 기명날인 또는 서명이 진정한 것임을 입증하여야 한다는 설이 있다. 후설이 다수설이고 판례이다. 어음(수표)소지인이 어음(수표)의 지급을 청구하는 경우에 위조되었다고 주장하는 피위조자에게 그 입증책임을 지우는 것은 위조를 물적 항변으로 하여 피위조자를 보호하는 현행법과 균형이 맞지 아니하므로 다수설 및 판례가 타당하다.

제3. 어음(手票)의 變造

1. 意 義

어음(수표)의 변조는 기명날인 또는 서명 이외의 어음(수표)의 기존 문언을 권한없이 변경하는 것을 말한다. 변조의 대상은 어음(수표)요건 뿐만 아니라 유익적 기재사항 및 임의적 기재사항도 포함한다. 기명날인을 무권한으로 변경한 경우에는 진정한 기명날인자에 대해서는 변조가 되고 새로운 기명날인자에 대해서는 위조가 된다는 것이 통설이다. 변조의 방법으로는 기존문언의 제거·말소·변경, 새로운 문언의 부기 등 방법상의 제한은 없다. 다만 변조라 하기 위해서는 변조 전과 후에도 어음(수표)은 외관상 형식적으로 유효하게 성립하고 있어야 한다. 백지어음(수표)도 변조의 대상이 됨은 물론이다.

2. 變造의 效果

(1) 變造前에 記名捺印 또는 署名한 者의 責任

변조 전에 기명날인 또는 서명한 자는 변조 전의 문언에 따라 책임을 진다(어음법 §68, §77①, 수표법 §50). 어음(수표)의 증권 자체는 권리의 유통을 확보하기 위한 수단에 불과하고 한번 유효하게 성립한 어음(수표)상의 권리 또는 채무가 권한 없는 기재변경으로 소멸될 수는 없으며, 또 변조전의 행위자가 변조에 의한 문언을 알 수 없으므로 변조 후의 문언에 따른 책임을 져야 할 근거가 없기 때문이다.

변조 전에 기명날인 또는 서명을 한 자가 그 변조 후의 문언에 따라 책임을 지지 않는다는 항변은 물적 항변으로서 누구에게나 대항할 수 있다. 다만 변조 전의 어음(수표)행위자가 변조어음을 취득한 자기의 후자에 대하여 변조에 동의를 하거나 변조 후에 추인을 한 경우 또는 변조 전의 어음(수표)행위자에게 변조에 대하여 귀책사유가 있는 경우에는 변조 후의 문언에 따라 책임을 져야 한다.

[판례] 대법원 1996.2.23, 선고 95다49936 판결

약속어음의 최종 소지인인 원고가 배서인인 피고에 대하여 변개 전의 원문언에 따른 소구의무자로서의 책임을 묻기 위하여서는 원고가 변개 전의 원문언에 따른 적법한 지급제시를 하였음이 인정되어야 할 것인 바, 변개 전의 원문언에 따른 이 사건 약속어음의 지급기일이 1994. 2. 25.임은 원심이 적법하게 확정한 바이고, 기록에 의하면 원고는 이 사건 약속어음이 변개된 후인 같은 해 3. 9.에야 비로소 위 어음을 취득하였다고 주장하고 있을 뿐만 아니라, 원고가 변개 전의 원문언에 따른 지급제시기간 내에 이 사건 약속어음을 지급제시 하였음을 인정할 만한 증거도 엿보이지 아니하므로 (원고도 위 어음을 1994. 4. 7.에 지급제시 하였다고 주장하고 있다.), 원고의 피고에 대한 소구권은 요건흠결로 상실되어 원고는 피고에 대하여 변개 전의 원문언에 따른 책임도 물을 수 없다.

(2) 變造後에 記名捺印 또는 署名한 者의 責任

변조 후의 어음(수표)에 기명날인 또는 서명을 한 자는 변조 후의 문언에 따라 책임을 진다. 변조 후의 문언을 자기의 어음(수표)행위의 내용으로 하고 있기 때문이다. 따라서 변조후의 어음(수표)행위자는 변조 사실에 대한 선의 여부나 변조어음(수표)소지인의 악의 또는 중과실 여부를 묻지 않고 변조 후의 문언에 따라 책임을 진다.

(3) 變造者의 責任

변조자가 변조후에 어음(수표)행위를 한 경우에는 변조후의 문언에 따라 책임을 지게 되나, 변조만 하고 어음(수표)행위를 하지 않는 한 어음(수표)상의 책임을 지지 않는다는 것이 다수설이다. 이에 대하여 변조자에 대해서도 무권대리에 관한 어음법 제8조, 수표법 제11조의 규정을 유추적용하여 변조 후의 문언에 따른 책임을 부담하여야 한다는 설이 있다. 어음(수표)행위를 한 무권대리인의 경우와는 달리 변조만 하고 어음(수표)행위를 하지 않은 자에 대하여 어음(수표)상의 책임을 지우기는 어려울 것이다.

변조자가 민법상의 불법행위에 의한 손해배상책임과 형법상의 형사책임을 지는 것은 위조의 경우와 같다.

⑷ 善意支給의 損失負擔

어음(수표)금의 변조에 있어서도 어음(수표)금액이 더 많은 금액으로 변조되고 그 어음의 지급인 또는 지급담당자가 악의 또는 중대한 과실 없이 변조된 금액을 지급한 경우에 그 손실을 누가 부담하여야 하는가는 위조어음의 경우와 동일하다. 따라서 변조전의 금액에 대하여는 발행인이 보상하여야 하나, 변조된 금액과의 차액은 위조의 경우와 같이 발행인에게 변조의 귀책사유가 있으면 발행인이, 그렇지 않으면 지급인이 부담한다고 보아야 한다. 다만 은행이 지급인 또는 지급담당자인 경우에는 면책약관 등에 의하여 발행인에게 그 손실을 부담시키는데, 이 때 발행인은 그 지급을 받은 자에게 부당이득의 반환을 청구할 수 있다.

⑸ 變造의 立證責任

변조의 입증책임에 관하여 통설은 변조의 식별 가능성 여부에 따라 구별하고 있다. 즉 변조의 사실이 어음(수표)상으로 명백한 경우에는 어음(수표)소지인이 변조후의 문언에 따라 청구하려면 어음(수표)채무자의 기명날인 또는 서명이 변조 후에 있었음을 입증하여야 하고, 변조전의 문언에 따라 청구하려면 그 기명날인 또는 서명이 변조 전에 있었다는 사실과 원문언의 내용을 입증하여야 한다고 한다. 그러나 어음(수표)의 변조가 외관상 명백하지 아니한 경우에는 변조사실이 없는 것으로 추정되므로 변조의 사실은 변조의 사실을 주장하는 어음(수표)채무자가 입증하여야 한다고 한다.

이에 대하여 소수설은 위조와 변조의 입증책임을 달리 취급하는 것은 논리의 일관성이 없고, 소지인의 어음(수표)금 청구에 대하여 채무자가 변조되었다고 주장하는 것은 소송법상 채무부담의 부인이므로 변조사실이 명백한지 여부를 불문하고 변조의 입증책임은 항상 어음(수표)소지인에게 있다고 한다.

대법원 판례는 '어음의 문언에 변개(개서)가 되었음이 명백한 경우에 어음소지인이 기명날인자(배서인 등)에게 그 변개 후의 문인에 따른 책임을 지우자면 그 기명날인이 변개 후에 있은 것 또는 기명날인자가 그 변개에 동의하였다는 것을 입증하여야' (대판 1987.3.24, 86다카37) 하고, 피고의 배서 후에 피고의 승낙 없이 변조된 것인가 여부가 분명하지 아니한 약속어음에 관하여 '피고가 배서인으로 서명날인한 후에 무권한에 의하여 변조된 사실은 그 변조의 법률효과를 주장하는 피고가 입증하여야 한다'(대판 1985.11.12, 85다카131)고 하여 통설을 따르고 있다.

▌제7절 어음(手票)의 善意取得▐

제1. 善意取得의 意義

어음(수표)의 선의취득이란 어음(수표)의 양도행위가 무효일지라도 취득자가 배서의 연속 기타 형식적 자격을 갖추고 또한 취득자에게 악의 또는 중과실이 없는 경우에 어음(수표)상의 권리를 원시취득하는 제도를 말한다. 어음(수표)의 인적 항변의 제한(어음법 §17, 수표법 §22)과 더불어 어음(수표)의 원활한 유통성을 확보하기 위한 것이다.

어음(수표)의 선의취득은 민법상 지시채권과 무기명채권에 대하여도 동일하게 인정되고 있으나(민법 §514, §524), 동산의 선의취득에 비하여 취득자에게 경과실이 있는 경우에도 선의취득이 인정되고 도품(盜品)이나 유실물에 대한 특칙(민법 §250, §251)의 적용이 없다는 점에서 그 요건이 완화되어 있다.

제2. 善意取得의 要件

1. 어음(手票)法的 流通方法에 의한 取得

어음(수표)의 취득자가 배서·교부 등 어음(수표)법에서 정하는 어음(수표)상의 권리의 양도방법에 의하여 어음(수표)를 취득하여야 한다. 백지어음(수표)은 보충전이라도 배서에 의하여 유통되므로 선의취득이 인정된다. 입질배서에 대하여도 선의취득이 인정되나 이 경우에 선의취득의 대상은 어음(수표)상의 권리에 대한 질권이다. 상속이나 회사합병 등의 포괄승계취득이나 전부명령 또는 지명채권양도방법에 의한 취득의 경우에는 선의취득이 인정되지 않는다. 따라서 지명채권양도의 효력만 있는 기한후배서나 또는 지명채권양도방법으로만 양도할 수 있는 지시금지어음의 배서에는 선의취득이 인정되지 아니한다. 권리이전적 효력이 없는 추심위임배서의 경우도 마찬가지이다.

2. 背書의 連續

어음(수표)취득자가 형식적 자격을 갖춘 자로부터 어음(수표)를 취득하여야 한다. 즉 배서에 의하여 어음(수표)이 이전된 경우에는 양도인의 배서가 연속되어 있어야 한다. 그러나 배서 없이 교부만으로 양도되는 어음(수표)이거나 또는 최후의 배서가 백지식 배서인 때에는 어음(수표)을 소지하고 있는 것으로 충분하다. 배서의 연속이 단절된 경우에는 단절부분의 실질적인 권리이전이 증명되면 자격수여적 효력이 인정되어 선의취득이 가능하다.

3. 無權利者로부터 取得

어음(수표)취득자가 형식적 자격을 갖춘 자로부터 어음(수표)을 취득하였으나, 그 양도인이 실질적인 무자격자라야 한다. 양도인의 무자격에 관하여 민법상 동산의 선의취득(민법 §249)에 있어서는 양도인이 무권리자이고 양도행위 자체에는 하자가 없어야 하나, 어음과 수표의 선의취득은 양도인이 무권리자인 경우 외에도 양도인의 무능력·대리권 또는 처분권의 흠결·교부의사의 흠결 등의 경우에도 인정되는가에 관하여 학설이 나뉘어 있다.

(1) 學 說

1) **無權利者限定說** 어음이나 수표의 선의취득은 민법상 동산의 선의취득의 경우와 같이 소지인이 무권리자로부터 취득한 경우에 한하여 가능하고, 양도인에게 무능력·대리권 또는 처분권의 흠결·교부의사의 흠결 등의 사유가 있는 때에는 선의취득이 인정되지 않는다는 설이다.

2) **無制限說** 어음법 제16조 2항과 수표법 제21조가 “사유의 여하를 불문하고”라고 규정하고 있으므로, 양도인이 무권리자인 경우뿐만 아니라 양도인의 무능력·의사표시의 하자·무권대리·무처분권·배서인의 인적 동일성 흠결 등 배서인 측의 사유로 배서가 무효 또는 취소되는 모든 경우에 상대방이 선의이며 중과실이 없으면 선의취득을 인정해야 한다는 설이다.

3) **制限說** 무제한설과 같은 입장을 취하나, 양도인이 무능력자이거나 의사표시의

하자가 있는 경우에는 선의취득이 인정되지 않는다는 설이다.

4) 判 例 대법원은 어음의 선의취득으로 인하여 치유되는 하자의 범위 즉, 양도인의 범위에 관하여 "양도인이 무권리자인 경우뿐만 아니라 대리권의 흠결이나 하자 등의 경우도 포함된다"고 판시하고 있다(대판 1993.9.24. 93다32118, 대판 1995.2.10. 94다55217).

(2) 檢 討

생각건대 무능력자가 어음(수표)를 배서양도한 경우에 그 상대방에게 선의취득을 인정하는 것은 현행법의 무능력자 보호제도에 정면으로 어긋난다. 가령 무능력자 甲으로부터 어음을 배서·교부받은 乙이 이를 다시 丙에게 배서·교부한 경우에 甲이 자신의 배서행위를 취소하면 乙은 무권리자로 되므로 을로부터 배서·교부를 받은 丙은 그 어음을 선의취득할 수 있으나, 무능력자인 甲의 직접 상대방인 乙은 아무리 선의이고 중과실이 없더라도 선의취득이 불가능하다.

의사표시의 하자가 있는 경우에 관하여 어음(수표)행위의 비진의표시(민법 §107)에 있어서는 비진의표시도 원칙적으로 유효하고, 다만 상대방이 비진의표시임을 알았거나 알 수 있었을 때에는 민법 제107조 제1항에 의하여 무효이므로 선의취득을 인정할 여지가 없다. 또 비진의표시임을 알았던 상대방으로부터 어음(수표)을 배서·교부받은 제3자가 선의인 때에는 민법 제107조 제2항에 의하여 어음상의 권리를 취득하게 되므로 선의취득을 문제삼을 필요가 없다. 통정허위표시(민법 §108)의 경우도 마찬가지이다.

어음(수표)행위에 착오(민법 §109)나 사기·강박(민법 §110)이 있는 경우에도 민법상 상대방의 선의 여부에 관계없이 취소할 수 있는데, 그 상대방에게 선의취득을 인정하면 어음(수표)행위자의 취소권을 부인하는 결과로 되므로 선의취득을 인정하기 곤란하다. 또 이 때 그 상대방으로부터 제3자가 어음(수표)을 취득한 경우에 민법상 그 무효 또는 취소를 선의의 제3자에게 대항하지 못하므로, 이와 별도로 선의취득을 인정할 여지가 없다.

대리권 또는 처분권 흠결의 경우에도 무제한설이나 제한설에서는 무권대리인 또는 무처분권자가 대리자격 또는 처분자격을 표시하여 어음(수표)행위를 하고 양수인이 그 권한이 있는 것으로 믿은 경우에는 외관신뢰에 대한 보호 차원에서 선의취득을 인정하여야 한다고 하나, 이러한 경우에는 대개 표현대리가 성립되어 양수인이 권리를 취득하게 되므로 선의취득을 인정할 필요가 없다. 무권대리에서 표현대리가 성립되지 않는 경우는 대부분 그 양수인에게 귀책사유가 있기 때문인데, 이러한 경우에는 법문상 선의취득이 인정되지 아니한다.

위탁매매인이나 부재자재산관리인, 유언집행자 등의 처분권 흠결에 있어서도 먼저 위탁매매인의 경우를 보면 위탁매매인이 위탁자를 위하여 보관하고 있는 어음은 대외적으로 위탁매매인의 재산에 속하므로 그 양수인이 선의인 때에는 당연히 어음상의 권리를 취득하므로 이와 별도로 선의취득을 인정할 여지가 없으며, 부재자재산관리인이나 유언집행자 등은 민법상 법정대리인의 지위에 있으므로 위 대리권 흠결의 경우와 동일하다.

이러한 사정을 고려하면 무권리자한정설이 타당하다.

4. 取得者에게 惡意 또는 重過失이 없을 것

어음(수표)의 취득 당시 취득자에게 악의 또는 중대한 과실이 없어야 한다. 여기서 악의라 함은 자신의 양도인이 무권리자라는 사실을 알면서 어음(수표)을 취득하는 것을 말한다. 중대한 과실은 자신의 양도인이 무권리자임을 알지 못하였으나, 상대방의 신분, 어음(수표)금액의 규모, 어음(수표)의 특성과 외양 등에서 양도인의 무권리성을 의심할만한 객관적 사정이 있음에도 불구하고 상당하다고 인정되는 조사를 하지 아니한 경우를 말한다. 악의 또는 중과실 여부는 어음(수표)취득자의 직전 양도인에 대하여 그 취득 당시를 기준으로 판단한다. 취득자의 악의 또는 중과실에 대한 입증책임은 어음(수표)의 반환을 청구하는 자가 진다.

[판례] 대법원 1995. 2. 10. 선고 94다55217 판결

원고들이 어음할인의 방법으로 이를 취득함에 있어 양도인의 실질적인 무권리성을 의심하게 할 만한 뚜렷한 사정도 엿볼 수 없는 이 사건에 있어서 어음 문면상의 제1 배서인인 소외 회사에게 연락을 취하여 그 회사 명의의 배서가 진정한지 여부를 알아보는 등 그 유통과정을 조사 확인하여야 할 주의의무까지 있다고는 할 수 없으므로 어음의 액면금이 다소 고액이라는 점과 원고들과 소외 회사 사이에 이전에 어음거래를 한 적이 없었던 사정을 덧붙인다 해도 원고들에게 중대한 과실을 인정하기 어렵다.

[판례] 대법원 1997. 5. 28. 선고 97다7936 판결

어음, 수표를 취득함에 있어서 통상적인 거래기준으로 판단하여 볼 때 양도인이나 그 어음, 수표 자체에 의하여 양도인의 실질적 무권리성을 의심하게 할 만한 사정이 있는데도 불구하고 이에 대하여 상당하다고 인정될 만한 조사를 하지 아니하고 만연히 양수한 경우에는 중대한 과실이 있다고 할 것이다. …금융기관인 원고로서는 어음거래에 정통하고 있으므로 일반인의 경우에 비하여 어음거래 및 담보취득에 있어 더욱 신중하게 대처하여야 할 것인데, 원고가 이 사건 어음을 담보취득함에 있어, 이 사건 어음은 일반적으로 법인 발행의 어음에 비하여 지급이 불확실한 개인 발행의 어음이고, 발행인인 피고나 배서인인 위 강성은이 원고 은행과 아무런 거래실적이 없는 자였으며, 전남 광주에 거주하는 위 강성은이 지급 은행이 대전 소재 은행으로 되어 있고 개인이 발행한 어음으로서는 비교적 고액인 이 사건 어음을 서울에서 담보제공하는 것이었고, 특히 당시 이 사건 어음의 지급기일 등 어음요건이 대부분 불비되어 있는 데다가 원고의 주장에 의하더라도 원고가 이 사건 어음을 취득할 당시에 위 강성은이 이 사건 어음을 피고로부터 공사대금조로 교부받았다고 하였다면 경험칙상 피고가 지급기일 조차도 기재하지 않는다는 것은 극히 이례에 속하는 경우인 점에서 그 양도인의 실질적 무권리성을 의심하게 할 만한 사정이 있었다고 보여짐에도 불구하고 원고는 이 사건 어음의 발행인인 피고에게 그 발행 경위에 관하여 확인하거나 지급 은행에 구체적인 정보조회를 하여 이의 의심을 해소할 만한 상당한 조사를 하여 보지도 아니한 채 이를 취득한 데에는 중대한 과실이 있다고 할 것이다.

5. 取得者의 經濟的 利益

어음(수표)취득자가 어음(수표)의 취득에 관하여 독립된 경제적 이익을 갖고 있어야 한다. 따라서 추심위임배서의 경우 피배서인은 독립된 경제적 이익을 갖지 못하므로 선의취득에 관한 규정이 적용되지 않는다.

제3. 善意取得의 效果

1. 本來의 效果

선의취득자는 양도인이 무권리자라도 어음(수표)상의 권리를 원시적으로 취득하며, 어음(수표)을 반환할 의무가 없다. 따라서 어음(수표)를 분실한 자는 그 권리를 상실하게 된다.

2. 어음(手票)抗辯과의 關係

선의취득은 진정한 권리자와의 관계에서 권리의 귀속에 관한 문제이나, 어음(수표)항변의 제한은 어음(수표)채무자와의 관계에서 어음(수표)채무의 존부 또는 범위에 관한 문제라는 점에서 양자는 구별된다. 따라서 선의취득이 되어도 인적 항변이 절단되는 것은 아니며, 항변이 부착된 줄 알고 선의취득한 경우에는 그 취득자는 항변이 부착된 어음(수표)상의 권리를 취득한다.

제8절 어음(手票)抗辯

제1. 어음(手票)抗辯의 意義

어음(수표)항변이란 어음(수표)채무자가 어음(수표)소지인의 권리를 부정하거나 그 청구를 거절하기 위하여 주장할 수 있는 모든 사유를 말한다. 어음(수표)항변은 어음(수표)의 유통성 및 피지급성의 확보 차원에서 어음(수표)취득자의 권리를 보호하고 어음거래의 안전을 확보하기 위하여 그 주장이 일정한 범위에서 제한된다.

제2. 어음(手票)抗辯의 分類

1. 學 說

어음(수표)항변의 분류에 관하여 통설은 물적 항변과 인적 항변으로 구분하고 있다. 물적 항변은 어음(수표)채무자가 모든 어음(수표)소지인에게 대항할 수 있는 항변이고, 인적 항변은 특정한 어음(수표)소지인에 대해서만 대항할 수 있는 항변이다. 그리하여 어음(수표)이 배서·교부에 의해 양도된 때에 전자는 절단될 수 없는 것이고, 후자는 해의가 없는 한 절단될 수 있는 것이다.

이에 대하여 소수설로서 어음(수표)항변을 증권상의 기재에 의한 항변·비증권적인 효력에 관한 항변(절대적 항변)·인적 항변의 세 가지로 분류하는 설과 증권상의 항변·귀책가능성에 관한 항변·어음(수표)채무의 유효성에 관한 항변·인적 항변·배제불요의 항변의 다섯 가지로 분류하는 설이 있다.

생간건대 소수설에서 말하는 증권상의 항변과 비증권적 효력에 관한 항변 또는 귀책가능성에 관한 항변은 통설의 물적 항변에 속한다. 다만 어음(수표)채무의 유효성에 관한 항변은 어음(수표)채무자가 악의 또는 중과실이 있는 어음소지인에게 대항할 수 있는 항변이라는 점에서 어음(수표)소지인에게 해의가 있을 때에 대항할 수 있는 어음법 제17조와 수표법 제22조의 인적 항변과는 구별하여야 한다. 따라서 여기서는 항변을 물적 항변과 인적 항변 및 어음(수표)채무의 유효성에 관한 항변으로 구분한다.

2. 抗辯 事由

(1) 物的 抗辯

물적 항변은 어음(수표)채무자가 모든 어음(수표)소지인에게 대항할 수 있는 항변이다. 물적 항변은 어음(수표)증권 상의 기재로부터 명백한가 그렇지 않은가를 기준으로 증권상의 기재에 관한 항변과 비증권적 귀책성에 관한 항변으로 구별된다.

1) **證券上의 抗辯** 어음(수표)증권의 기재로부터 명백한 항변이다. 어음(수표)요건의 흠결에 대한 항변, 권리보전절차해태의 항변, 만기 미도래의 항변, 배서불연속의 항변, 소멸시효완성의 항변, 무담보배서의 항변, 어음(수표)면상 명백한 지급필 또는 상계의 항변 등이 이에 속한다.

2) **非證券的 抗辯** 증권의 기재상 명백하지는 않지만 어음(수표)채무자가 모든 어음(수표)소지인에게 주장할 수 있는 항변이다. 어음(수표)행위자의 무능력, 위조, 변조, 무권대리, 절대적 강제, 강행법규 위반 등의 항변이 이에 속한다.

(2) 人的 抗辯

인적 항변은 어음(수표)상의 권리 자체의 성립 또는 효력과는 관계없이 어음(수표)채무자와 특정한 어음(수표)소지인간의 증권 외의 법률관계에서 발생되는 항변이다. 원인관계나 자금관계의 부존재、무효、취소、해제 등의 항변, 어음(수표) 외의 지급연기 등의 약정에 기한 항변, 어음(수표)과 상환하지 아니한 지급、상계、면제 등의 항변, 숨은 추심위임배서의 항변 등이 이에 속한다.

(3) 어음(手票)債務의 有效性에 관한 抗辯

이 항변은 어음(수표)채무의 유효한 성립에 관한 항변으로서 교부계약의 흠결이나 착오、사기、강박 등의 항변, 백지어음에 대한 부당보충의 항변, 민법 제124조 또는 상법 제398조 위반의 항변 등이 이에 속한다. 통설은 어음(수표)채무의 유효성에 관한 항변을 인적 항변의 일종으로 취급하고 있으나, 인적 항변은 원칙적으로 어음(수표)소지인에게 해의(害意)가 없는 경우에 한하여 절단되는 반면, 이 항변은 어음(수표)소지인이 악의 또는 중과실 없이 취득한 경우에는 해의가 없더라도 항변이 절단된다는 점에서 구별하는 것이 타당하다. 직전 배서의 무효로 인하여 소지인의 실질적 자격이 없다는 항변, 숨은 추심위임배서라는 항변, 소지인이 절취 또는 습득 등에 의한 무권리자라는 무권리의 항변도 이 항변에 속한다.

제3. 人的 抗辯의 制限

1. 抗辯의 切斷

어음(수표)채무자는 어음(수표)법적 유통방법에 의하여 어음(수표)을 취득한 소지인이 증권상의 권리를 행사하는 경우에 그 전자에 대해 가지는 인적 항변으로써 대항하지 못하는 것이 원칙이다(어음법 §17, §77①, 수표법 §22). 어음(수표)의 유통성과 피지급성을 확보하기 위하여 인적 항변을 제한하고 있는 것이다.

2. 抗辯의 不切斷

어음(수표)항변의 제한은 선의취득과 더불어 어음(수표)의 유통성과 피지급성을 확보하기 위한 것이므로, 소지인에게 해의가 있는 경우, 어음(수표)법적 유통방법에 의하지 않고 어음(수표)을 취득한 경우 또는 소지인에게 독립된 경제적 이익이 없는 경우에는 항변 제한의 법칙은 적용되지 아니한다.

(1) 惡意의 抗辯

1) **意義** 어음(수표)소지인이 어음(수표)채무자를 해할 것을 알고 어음(수표)를 취득한 경우에는 어음(수표)채무자는 그 소지인에 대하여 전자에 대한 인적 항변으로 어음(수표)상의 채무이행을 거절할 수 있다. 이를 악의의 항변이라 한다.

2) **惡意의 內容** 악의의 항변이 성립되기 위해서는 소지인이 어음(수표)을 취득할 때 어음(수표)채무자를 해할 것을 알고 있어야 한다. 이를 해의(害意)라 한다.

악의의 항변이 성립되기 위해서는 채무자의 항변을 절단시킬 목적으로 어음(수표)의 양도 당사자 사이에 사기적인 공모가 있어야 한다는 공모설과, 어음(수표)취득자가 항변사유의 존재를 단순히 인식하면 충분하다는 단순인식설, 어음(수표)소지인이 항변사유의 존재를 인식하고 자기가 어음(수표)을 취득함으로써 항변이 절단되어 채무자가 해(害)를 받게 된다는 것을 알면서 어음(수표)을 취득하여야 한다는 절충설이 있다. 이 절충설은 1930년 제네바 어음법 통일회의에서 채택한 기준이다. 현행 어음법 제17조 단서는 이 절충설에 따르고 있다는 것이 다수설 및 판례이다.

해의는 채무자를 해할 것을 알고 있어야 한다는 점에서 악의와 구별하여야 한다. 어음(수표)소지인이 취득 시에 항변사유의 존재를 알지 못한데 대해 중과실이 있는 때에는 해의가 될 수 없다. 어음(수표)채무의 유효성에 관한 항변에 있어서 악의의 항변이 성립되기 위해서는 소지인에게 악의 또는 중과실이 있어야 하는데, 여기서 악의란 단순히 항변사유의 존재를 아는 것을 말하므로 해의와 다르다.

3) 害意 및 抗辯事由의 存在時期 해의의 유무는 소지인이 어음(수표)을 취득한 때를 기준으로 한다. 따라서 어음(수표)소지인이 인적항변 사유에 관하여 어음(수표) 취득 시에는 몰랐으나, 그 취득한 후에 알게 된 때에는 그 소지인에게 악의의 항변을 주장할 수 없다. 그러나 항변사유는 증권상의 권리를 행사할 때 주장할 수 있는 것이므로 악의의 항변사유의 존재 여부는 어음(수표)의 취득 시가 아니라 만기 또는 권리를 행사하는 시점을 기준으로 한다.

4) 害意의 立證責任 어음(수표)소지인의 해의에 대한 입증책임은 어음(수표)채무자에게 있다는 것이 통설 및 판례이다.

(2) 非어음(手票)法的 流通方法에 의한 취득

인적 항변의 제한은 어음(수표)이 어음(수표)법적 유통방법에 의하여 취득된 경우에만 인정된다. 따라서 어음(수표)소지인이 어음(수표)법적 유통방법에 의하지 않고 상속、합병、경매、지명채권양도방법、전부명령 등에 의하여 취득한 때에는 어음(수표)채무자는 소지인의 전자에 대한 인적 항변을 소지인에게도 주장할 수 있다. 기한후배서에도 지명채권 양도의 효력만이 있으므로 그 배서인에 대한 인적 항변을 피배서인에게 주장할 수 있다.

(3) 取得者의 독립된 경제적 이익의 不存在

어음(수표)항변의 제한은 소지인이 어음(수표)상의 권리에 대하여 독립된 경제적 이익을 가지는 경우에 한하여 적용된다. 따라서 어음(수표)소지인이 어음(수표)을 무상으로 취득하거나 추심위임배서 등에 의하여 어음(수표)을 취득한 경우에는 독립된 경제적 이익이 없으므로, 어음(수표)채무자는 그 소지인의 전자에 대한 인적 항변으로써 소지인에게도 대항할 수 있다.

제4. 融通어음의 抗辯

1. 意 義

융통어음은 발행인이 원인관계상의 대금을 결제하기 위한 것이 아니라 자금을 융통할 수 있도록 도와주기 위하여 호의적으로 발행한 어음을 말한다. 스스로 어음을 발행할만한 신용이 없는 자가 신용이 있는 자로부터 융통어음을 교부받아 자신의 채무를 변제하거나 어음을 할인하는 등의 방법으로 이용된다. 융통어음은 원인관계 없는 호의적인 배서에 의해서도 생기나 대부분 발행에 의하여 생긴다.

2. 融通어음의 내부관계

융통어음을 수수하는 융통자와 피융통자 사이의 내부관계에서는 어음의 만기까지 어음을 융통목적에 이용하게 한다는 신용 제공의 합의와 함께 어음의 만기가 도래하기 이전에 피융통자가 융통자에게 어음을 회수하여 반환하거나 또는 융통어음이 유통된 때에는 그 액면금 상당액을 융통자에게 지급하기로 하는 약정이 체결되며, 이러한 명시적인 합의가 없는 경우에도 그러한 합의가 있는 것으로 보아야 한다(대판 1999.10.22, 98다51398).

따라서 융통어음의 발행인은 융통의 약정에 기하여 피융통자에 대해 어음상의 책임을 지지 아니하며, 만일 피융통자가 융통자에게 융통어음을 제시하여 어음의 지급을 청구하는 경우에는 이러한 융통 약정에 기하여 그 지급을 거절할 수 있음은 당연하다. 융통어음의 발행인이 피융통자에 대하여 그 어음이 융통어음이므로 어음상의 책임을 부담하지 아니한다고 항변하는 경우에 융통어음이라는 점에 대한 입증책임은 어음의 발행인이 부담한다.

3. 第3者에 대한 抗辯의 可能性

⑴ 原 則

융통어음의 발행인은 융통어음이 피융통자 이외의 제3자에게 양도된 경우에 제3자가 융통어음이라는 사정을 알고 있더라도 융통어음이라는 항변을 제출할 수 없다. 즉 융통자는 피융통자에 대해서는 융통의 약정에 관한 항변을 주장할 수 있으나, 그 밖의 소지인에 대하여는 그가 융통어음임을 알았다고 하더라도 융통어음이라는 항변으로 대항할 수 없는 것이다.

이와 같이 융통어음의 항변이 제3자에 대해 제한되는 근거에 대해 학설이 나뉘어 있다. 다수설과 판례는 융통어음 항변은 인적 항변의 하나이지만 소지인에게 해의를 인정할 수 없기 때문에 융통어음이라는 항변으로 대항할 수 없다고 한다. 소수설에 의하면 융통어음은 융통자인 발행인이 제3자에 대하여 어음채무를 부담할 의사로 발행한 것이므로 융통어음의 항변은 처음부터 제3자에게 대항할 수 없다고 한다.

(2) 例 外

제3자에 대한 융통어음의 항변은 원칙적으로 인정되지 아니하나, 일정한 경우에는 제3자에 대한 융통어음의 항변을 주장할 수 있다는 것이 판례와 학설이다. 판례에 의하면 피융통자가 융통어음과 교환하여 그 액면금과 같은 금액의 약속어음을 융통자에게 담보로 교부한 경우에 있어서, 융통어음을 양수한 제3자가 그 어음이 융통어음으로 발행되었고 이와 교환으로 교부된 담보어음이 지급거절되었다는 사정을 알고 있었다면, 융통어음의 발행자는 그 제3자에 대하여 융통어음의 항변으로 대항할 수 있다(대판 1990.4.25, 89다카20740, 대판 1994.5.10, 93다58721). 또 판례는 융통수표를 제3자에게 사용한 후 회수하였다가 융통자의 동의없이 다시 동일인에게 배서양도하고 그 제3자가 그러한 사정을 알고 있는 때에는 재도사용(再度使用)의 항변으로 대항할 수 있다고 한다.

이 밖에 학설에서는 피융통자가 무상으로 융통어음을 제3자에게 양도한 경우와 제3자가 융통어음을 지급제시기간 경과 후에 취득한 경우에도 악의의 항변을 허용하는 것이 타당하다고 한다(서헌제(하), 654).

[판례] 대법원 2001.12.11, 선고 2000다38596 판결

융통인이 피융통인에게 신용을 제공할 목적으로 수표에 배서한 경우, 특별한 사정이 없는 한 융통인과 피융통인 사이에 당해 수표에 의하여 자금융통의 목적을 달성한 때는 피융통인이 융통인에게 지급자금을 제공하든가 혹은 당해 수표를 회수하여 융통인의 배서를 말소하기로 합의한 것이라고 보아야 할 것이므로, 피융통인이 당해 수표를 사용하여 금융의 목적을 달성한 다음 이를 반환받은 때에는 위 합의의 효력에 의하여 피융통인은 융통인에 대하여 융통인의 배서를 말소할 의무를 부담하고, 이것을 다시 금융의 목적을 위하여 제3자에게 양도하여서는 아니 된다고 할 것이다. 그럼에도 불구하고, 피융통인이 이를 다시 제3자에게 사용한 경우, 융통인이 당해 수표가 융통수표이었고, 제3자가 그것이 이미 사용되어 그 목적을 달성한 이후 다시 사용되는 것이라는 점에 관하여 알고 있었다는 것을 입증하면, 융통인이 피융통인에 대하여 그 재사용을 허락하였다고 볼 만한 사정이 없는 한, 융통인은 위 융통수표 재도사용의 항변으로 제3자에 대하여 대항할 수 있다고 할 것이다.

제5. 第3者의 抗辯

1. 意 義

제3자의 항변은 어음(수표)항변의 당사자가 아닌 어음(수표)채무자가 다른 어음(수표)채무자의 항변사유로써 어음(수표)소지인에게 주장할 수 있는 항변을 말한다. 인적 항변이 어음(수표)채무자가 자기의 직접 상대방에 대한 항변사유로써 그 후자에게 항변을 주장할 수 있는가 하는 것인데 비해, 제3자의 항변은 소지인으로부터 어음(수표)의 지급을 청구 받은 어음(수표)채무자가 소지인에 대해 가지는 다른 어음(수표)채무자의 항변사유를 그 소지인에게 주장할 수 있는가 라는 점에서 서로 다르다.

2. 種 類

제3자의 항변에는 후자(後者)의 항변과 전자(前者)의 항변이 있다. 후자의 항변은 가령 을이 병에게 부담하는 채무를 담보하기 위하여 갑이 을에게 발행한 약속어음이 병에게 배서양도된 경우에 그 후 을의 변제로 그 채무가 소멸되었음에도 불구하고 병이 그 어음을 을에게 반환하지 않고 갑에게 지급제시한 때에 갑이 을의 항변을 원용하여 그 지급을 거절하는 것을 말한다. 이에 대해 전자의 항변은 가령 갑이 약속어음을 발행하여 을에게 교부하고 을이 병에게 배서양도하여 병이 그 어음을 소지하고 있는데 만기에 병이 갑과 지급유예의 특약을 하였음에도 불구하고 을에게 상환청구권을 행사한 경우에 갑이 병에 대해 가지는 지급유예의 항변을 을이 병에게 주장하는 것을 말한다.

3. 認定根據

제3자의 항변을 주장할 수 있는가에 대하여 항변부정설과 긍정설이 있다. 긍정설에서는 그 근거에 관하여 교부유인론과 권리남용론의 두 견해가 있다.

(1) 抗辯否定說

이 견해는 어음(수표)행위의 무인성을 바탕으로 하여 어음(수표)채무자의 인적 항변은 각 당사자간의 원인관계에서 발생하는 것으로서 직접의 당사자 사이에서만 주장할 수 있는 것이고, 어음(수표)채무자는 그 후자와 소지인간의 원인관계에 대해 아무런 이해관계가 없으므로 거기에 관여할 성질이 아니어서 타인이 가지는 인적 항변은 전자의 항변이든 후자의 항변이든 원용할 수 없다고 한다.

(2) 交付有因說

이 견해에 의하면 어음(수표)행위는 작성과 교부의 2단계 행위로 이루어지는데, 어음(수표)의 작성행위는 어음(수표)채무부담행위로서 무인행위(無因行爲)이나, 어음(수표)의 교부행위는 어음(수표)상의 권리이전행위로서 상대방과의 계약으로 이루어지는 유인행위(有因行爲)라고 한다. 따라서 가령 어음이 소지인에게 배서양도된 경우에 그 배서 당사자 간의 원인관계가 소멸되면 그 교부행위의 효력이 소멸되어 소지인은 무권리자가 되므로 어음채무자는 그 무권리를 주장하여 지급을 거절할 수 있다는 것이다.

(3) 權利濫用說

어음(수표)소지인이 어음(수표)을 소지할 정당한 권한과 어음(수표)상의 권리를 행사할 실질적인 명분이 없음에도 불구하고 그 어음(수표)를 반환하지 아니한 채, 어음(수표)소지자의 형식적인 지위를 이용하여 어음(수표)채무자에게 권리를 행사하는 것은 권리남용에 해당하므로, 어음(수표)채무자는 그 소지인에게 권리남용을 이유로 어음(수표)의 지급을 거절할 수 있다고 하는 설이다. 다수설이다.

(4) 小 結

가령 갑이 을에게 발행한 어음이 병에게 배서된 경우에 을과 병간의 원인관계가 소멸되었음에도 불구하고 항변부정설과 같이 갑이 병에게 지급해야 한다면 그 후에 을은 다시 병에게 부당이득의 반환청구를 해야 하는 불경제가 있다. 이러한 경우에는 갑이 을의 항변을 원용하여 어음의 지급을 거절할 수 있도록 하는 것이 바람직하다. 교부유인설은 너무 기교적이며, 교부행위를 유인행위로 보는 것도 어음(수표)행위의 무인성에 맞지 않다. 권리남용설이 타당하다.

4. 認定範圍

(1) 後者의 抗辯

후자의 항변이 허용되는 범위는 가령 갑이 을에게 발행한 약속어음을 배서양도 받은 병이 갑에게 지급제시를 한 경우에 있어서 그 지급제시 전에 을과 병 사이의 원인관계가 무효 · 취소 등으로 소멸되거나, 을이 병의 상환청구를 받아 어음을 환수하지 않고 그 원인채무의 지급 · 상계 등을 한 때이다.

이러한 때에는 어음소지인인 병이 어음상의 권리를 행사할 정당한 이유가 없는데도 불구하고 그 어음을 소지하고 있음을 기화로 갑에게 어음상의 권리를 행사하는 것은 명백한 권리남용이 되므로, 갑은 을이 병에게 가지는 항변을 후자의 항변으로 주장하여 그 어음의 지급을 거절할 수 있다.

또 갑이 을에게 발행한 약속어음이 병에게 배서 양도된 경우에 병에 대한 을의 양도배서가 도박 · 범죄 기타 불법행위로 인한 채무를 지급하기 위한 것인 때에는 어음소지인인 병이 갑에게 어음상의 권리를 행사할 수 있다면 결국 불법의 목적을 실현하는 중대한 권리남용이 된다. 따라서 이 때에도 갑은 병에 대하여 후자의 항변을 주장하여 그 지급을 거절할 수 있다.

(2) 前者의 抗辯

소지인이 주채무자로부터 어음의 지급을 받은 후에 그 어음을 상환하지 않고 자기의 전자인 배서인에게 상환청구권을 행사하는 경우에 상환청구를 받은 자가 소지인에게 주채무 변제의 항변을 하는 것이 이론적으로 가능하다. 그러나 어음의 지급이 어음증권과 상환하여 이루어지는데다 상환청구권의 행사를 위해서는 상환청구권보전절차를 밟아야 한다는 점에서 실제 이러한 사례는 거의 없을 것이다.

그런데 가령 장래의 채무를 담보하기 위하여 수취인에게 발행한 약속어음에 보증인이 발행인을 위하여 한 어음보증에 있어서 그 원인관계상의 채무가 존속하지 않게 된 때에는 소지인인 수취인으로서는 어음발행인에 대해서는 물론 어음보증인에 대해서도 어음상의 권리를 행사할 실질적인 이유가 없다. 그럼에도 불구하고 어음을 소지하고 있음을 기화로 어음보증인에게 어음상의 권리를 행사하는 것은 권리남용에 해당하므로 어음보증인은 전자인 피보증인의 항변을 원용하여 그러한 악의의 소지인에 대하여 권리남용의 항변으로 대항할 수 있다(대판 1988.8.9, 86다카1858).

이와 관련하여, 피보증인이 원인관계에서 취소권이나 해제권 등의 권리를 가지는 경우에 어음보증인이 이를 행사하여 항변으로 주장할 수 있는지 문제된다. 그러나 이러한 권리는 피보증인이 원인관계의 당사자로서 가지는 고유한 권리이므로 피보증인만이 행사할 수 있는 것이지, 어음보증인이 행사할 수 없는 것이다. 피보증인이 이러한 권리를 행사하였음에도 불구하고 그 원인관계의 상대방이 보증채무의 이행을 청구하는 경우에 어음보증인은 그 상대방에 대하여 전자의 항변을 주장할 수 있을 뿐이다.

(3) 二重無權의 抗辯

약속어음의 발행인과 수취인 사이의 원인관계와 수취인과 그 피배서인인 소지인 사이의 원인관계가 모두 소멸되어 항변사유가 연속해서 존재하는 경우에 소지인이 만기에 최초의 어음채무자인 발행인에게 지급제시를 한 때에 발행인은 이 두 원인관계가 소멸되었음을 이유로 어음의 지급을 거절할 수 있는 것을 특히 이중무권의 항변이라 한다.

이중무권의 항변은 어음소지인이 직접의 전자에 대해 어음상의 권리를 행사할 실질적인 이유가 없다는 점에서 후자의 항변과 유사하나, 발행인과 수취인 사이에도 원인관계의 소멸로 어음상의 권리를 행사할 경제적인 이익이 없다는 점에서 다르다.

제9절 어음(手票)上의 權利의 消滅

제1. 總 說

어음(수표)상의 권리는 채권의 일반적 소멸원인인 지급、대물변제、상계、공탁 등에 의하여 소멸한다. 다만 어음(수표)상의 권리는 증권상의 채권이므로 권리의 소멸사유가 있어도 어음을 회수하여 소거시키거나 어음(수표)면에 이를 기재하지 않으면 항변사유가 될 수 있을 뿐이다. 이 밖에 어음에 특유한 권리소멸원인으로서 상환청구권보전절차의 흠결, 참가지급의 거절, 참가인수의 승낙 등이 있다. 여기서는 어음(수표)의 시효, 어음(수표)의 말소 및 상실에 관하여 살펴본다.

제2. 어음(手票)의 時效

1. 短期消滅時效

어음법과 수표법은 어음(수표)상의 권리의 소멸시효에 관하여 어음(수표)거래의 신속한 결제를 도모하는 한편 어음(수표)채무의 엄격성을 완화하기 위하여 단기소멸시효를 규정하고 있다.

2. 時效期間

(1) 어음의 時效期間

환어음의 인수인과 약속어음의 발행인에 대한 어음상의 청구권은 만기의 날로부터 3년이 경과함으로써 소멸시효가 완성한다(어음법 §70①, §77① 제8호). 이들의 보증인과 무권대리인에 대한 어음소지인의 어음상 권리의 시효기간도 같다. 당사자 사이에 지급유예의 특약을 하고 만기를 변경한 경우에는 그 변경된 만기를 기준으로 시효기간을 산정한다.

어음소지인의 전자에 대한 상환청구권은 1년의 소멸시효에 걸린다(어음법 §70②, §77① 제8호). 이 기간은 거절증서가 작성되어 있는 때에는 그 작성일로부터, 그 작성이 면제되어 있을 때에는 만기의 날로부터 기산한다. 거절증서가 수개 작성되어 있는 때에는 최후에 작성한 거절증서작성일자를 기준으로 한다.

어음소지인의 상환청구에 따라 어음을 상환한 상환의무자의 전자(그 보증인과 참가인수인 포함)에 대한 재상환청구권은 어음을 환수한 날 또는 제소한 날로부터 6월이 경과되면 소멸시효가 완성한다(어음법 §70③, §77① 제8호). 상환의무자 또는 재상환의무자의 보증인、참가인수인、무권대리인에 대한 상환청구권 또는 재상환청구권의 시효기간도 같다.

⑵ 手票의 時效期間

수표의 지급보증인에 대한 청구권은 지급제시기간 경과 후 1년의 소멸시효에 걸린다(수표법 §58). 수표소지인의 상환청구권은 지급제시기간 경과 후 6월이 경과함으로써 소멸시효가 완성된다(수표법 §51①). 수표의 상환의무자의 전자에 대한 재상환청구권은 그 자가 수표를 환수한 날로부터 6월이 경과하면 소멸시효가 완성한다(수표법 §51②).

⑶ 기 타

어음(수표)상의 권리가 확정판결에 의하여 확정된 때에는 그때부터 다시 10년이 경과해야 소멸시효가 완성된다(民法 §165①).

⑷ 時效期間의 산정

어음(수표)의 시효기간을 산정함에 있어서는 초일을 산입하지 아니한다(어음법 §73, §77① 제9호, 수표법 §61).

3. 時效의 中斷

⑴ 시효중단사유

어음(수표)상의 권리의 시효는 민법의 일반원칙에 따라 어음상의 권리의 청구, 압류, 가압류 또는 가처분 및 채무자의 승인에 의하여 중단된다(민법 §168). 청구에 의하여 시효가 중단되기 위해서는 어음(수표)의 제시가 요구되는가에 대하여 판례는 재판상의 청구와 재판외의 청구를 구분하여 재판상의 청구에는 제시가 요구되지 않고 재판 외의 청구에는 제시가 있어야 한다고 하나, 통설은 청구가 재판상이든 재판 외이든 그 제시가 필요하지 않다고 한다. 압류 · 가압류 · 가처분 · 채무자의 승인에 의한 시효중단에 있어서도 어음의 제시는 요구되지 않는다. 원인채권의 이행청구나 원인채권에 의한 압류나 가압류 등이 어음(수표)시효의 중단사유가 될 수 없음은 물론이다.

배서인의 다른 배서인 및 환어음 · 수표의 발행인에 대한 재상환청구권은 소송고지에 의하여 시효중단의 효력이 발생한다(어음법 §80, 수표법 §64). 배서인의 다른 배서인 등에 대한 재상환청구권은 그 자가 제소된 때에는 소장의 송달을 받은 날로부터 시효기간이 진행되므로 전자에 대한 시효의 진행을 중단시키기 위해서는 그 전자에게 소송고지를 해야 하는 것이다. 배서인의 소송고지에 의하여 중단된 시효는 재판이 확정된 때로부터 다시 진행한다(어음법 §80②, 수표법 §46②).

(2) 時效中斷의 효력

어음(수표)상의 채무는 별개 독립되어 있는 결과 소멸시효는 각 채무에 대하여 독립하여 진행되며 시효의 중단도 그 중단사유가 발생한 자에 대해서만 효력이 발생된다(어음법 §71, §77①, 수표법 §52). 따라서 주채무자에 대한 시효중단은 그 보증인이나 상환의무자에 대한 권리의 시효에는 영향이 없다.

4. 時效의 효과

시효기간이 완성되면 어음(수표)상의 권리는 소멸한다. 어음(수표)상의 권리와 상환청구권의 시효기간이 다른 경우에 어음상의 주채무자에 대한 권리와 상환청구권은 주종의 관계에 있으므로 상환청구권이 어음상의 주채무자에 대한 권리보다 먼저 시효로 소멸하더라도 주채무자에 대한 청구권에는 아무런 영향이 없으나, 주된 채무자에 대한 청구권이 시효로 소멸하면 상환청구권이나 그 보증인에 대한 권리도 소멸한다.

제3. 어음(手票)의 抹消

1. 意 義

어음(수표)의 말소라 함은 어음(수표)의 기명날인 기타 그 기재사항을 도말, 삭제, 첩부 등의 방법에 의하여 제거하는 것을 말한다. 말소의 방법에는 제한이 없으나 어음(수표)요건을 권한이 없이 말소한 경우에는 변조가 되고, 말소에 의하여 어음(수표)의 동일성을 해치는 경우에는 어음(수표)의 상실이 된다.

2. 效 果

말소의 권한이 있는 자가 말소한 때에는 어음(수표)상의 권리는 변경 또는 소멸한다. 말소의 권한이 없는 자에 의하여 어음(수표)의 기재사항이 말소된 때에는 어음(수표)의 변조가 되나(어음법 §69), 일단 유효한 어음(수표)이 무권한자에 의하여 말소되어 어음(수표)요건을 흠결하게 된 경우에는 어음(수표)상의 권리는 어음(수표)요건의 말소 후에도 소멸하지 아니한다.

3. 背書의 말소

배서가 말소된 경우에는 권리자에 의한 것이든 아니든, 과실로 인한 것인가의 여부에 관계없이 말소된 배서는 배서의 연속에 관하여 이를 기재하지 않은 것으로 본다(어음법 §16①, 수표법 §19). 또한 어음을 환수한 배서인은 자기 및 후자의 배서를 말소할 수 있다(어음법 §50②, 수표법 §46). 어음(수표)의 분실 등 일정한 경우에 이중지급의 위험을 예방하기 위한 것이다. 이 밖에 환배서를 하는 대신에 피배서인의 종전 배서 이후의 배서를 말소하여 교부하는 것도 학설과 판례에 의하여 그 유효성이 인정되고 있다.

제4. 어음(手票)의 喪失

1. 意 義

어음(수표)의 상실은 어음(수표)의 물리적 멸실 뿐만 아니라 분실, 도난 등에 의하여 어음(수표)의 소재를 알 수 없는 경우를 말한다. 어음(수표)상의 권리는 증권의 상실에 의하여 당연히 소멸하는 것은 아니나, 상실 당시의 소지인은 어음(수표)상의 권리를 행사할 수 없게 되고 나아가 상실된 증권이 제3자에 의하여 선의취득 되는 경우에는 어음(수표)상의 권리를 영구적으로 잃게 될 위험이 있다. 증권의 상실에 따른 이러한 불이익으로부터 증권을 상실한 자의 지위를 회복시켜주는 구제수단으로서 공시최고절차에 의한 제권판결제도가 있다.

2. 公示催告節次

(1) 공시최고절차의 申請

어음(수표)을 도난, 분실 또는 멸실한 경우 또는 그 동일성을 인식할 수 없을 정도로 어음(수표)이 말소 · 훼손된 경우에는 어음(수표)의 최종 소지인은 증권에 기재된 지급지의 지방법원에 공시최고절차를 신청할 수 있다(민사소송법 §476, §492, §493). 공시최고절차의 신청 시에 신청인은 증서의 등본을 제출하거나 또는 증서의 존재 및 그 중요한 취지를 충분히 알리기에 필요한 사항을 제시하여야 하고(민사소송법 §494①), 증서가 도난 · 분실된 사실과 그 밖에 공시최고절차의 신청이유가 되는 사실 등을 소명하여야 한다(민사소송법 §494②).

(2) 公示催告의 公告

법원은 신청인의 소명에 의하여 공시최고의 신청을 허가한 때에는 3월 이상의 기간(공시최고기간)을 정하여 대법원규칙이 정하는 바에 따라 공시최고를 하여야 한다(민사소송법 §480). 이 공시최고에는 공시최고기일까지 권리 또는 청구의 신고를 하고 그 증서를 제출하도록 최고하고, 이를 게을리 하면 권리를 잃게 되어 증서의 무효가 선고된다는 것을 경고하여야 한다(민사소송법 §495).

3. 除權判決의 效力

법원은 제권판결신청에 정당한 이유가 있고 공시최고기간 내에 권리의 신고가 없는 때에는 제권판결을 선고하여야 한다(민사소송법 §487). 제권판결에 대하여는 일정한 사유가 있는 경우(민사소송법 §490②)를 제외하고는 원칙적으로 상소를 하지 못한다(민사소송법 §490①). 제권판결은 선고에 의하여 효력이 발생한다.

(1) 消極的 效力

제권판결의 선고에 의하여 어음(수표)증권은 무효가 된다(민사소송법 §496). 즉 제권판결이 있으면 어음(수표)상의 권리와 증권은 분리되며 어음(수표)상의 권리 자체는 제권판결에 의하여 영향을 받지 아니하나, 증권은 무효로 된다.

⑵ 積極的 效力

제권판결이 선고되면 공시최고신청인은 어음(수표)상의 채무자에 대하여 증권 없이 어음(수표)상의 권리를 행사할 수 있다(민사소송법 §497). 다만 제권판결은 공시최고신청인을 실질적인 권리자로 확정하는 것이 아니라 어음(수표)상의 권리를 행사할 수 있는 형식적 자격을 인정하는데 지나지 않는다.

⑶ 除權判決取得者와 善意取得者의 關係

공시최고기간 중에 분실된 어음(수표)을 선의취득한 자가 권리의 신고를 하지 아니하여 제권판결이 선고된 경우에 제권판결취득자와 선의취득자 중 어느 쪽이 우선하는가에 대하여 학설이 대립하고 있다. 이에 관하여 제권판결취득자우선설은 아무리 선의취득자라도 공시최고기간 중에 권리의 신고를 하지 않으면 그 권리를 상실한다고 한다. 선의취득자우선설은 제권판결이 어음(수표)상의 실질적 권리에는 아무런 영향을 미치지 아니하므로 제권판결 선고 전에 선의취득한 자의 어음(수표)상의 권리는 제권판결 후에도 존속한다고 한다. 절충설은 제권판결의 선고 전에 어음(수표)상의 권리를 행사한 선의취득자만이 제권판결취득자에 우선하고 그렇지 않은 선의취득자는 제권판결의 선고에 의하여 권리를 상실하게 된다고 한다.

세권판결은 권리자로서의 형식적 자격만 회복시킬 뿐 실질적인 권리의 유무를 확정하는 것이 아니므로 어음(수표)의 유통성을 보호한다는 관점에서 본다면 선의취득자우선설이 타당하다.

⑷ 어음(手票)證券의 再發行

제권판결취득자는 어음(수표)증권의 재발행을 청구할 수 있는가 문제된다. 상법은 주권에 대한 제권판결을 취득한 자에 대해 주권의 재발행청구권을 인정하고 있으나(상법 §360②) 어음법과 수표법에는 이와 같은 규정이 없다. 학설은 그 재발행 청구에 관하여 긍정설과 부정설로 나누어져 있다. 제권판결취득자는 제권판결의 정본에 의하여 어음(수표)상의 권리를 직접 행사할 수 있으므로 어음(수표)증권의 재발행을 인정하여야 할 필요가 거의 없겠으나, 특히 만기까지 상당한 기간이 남아 있는 어음에 있어서는 만기까지 유통시킬 실익이 적지 않으므로 발행인에 대한 재발행청구를 인정하는 것이 타당하다.

제10절 利得償還請求權

제1. 利得償還請求權의 意義

이득상환청구권은 어음(수표)상의 권리가 상환청구권보전절차의 흠결 또는 시효완성으로 소멸한 경우에 어음(수표)소지인이 발행인, 인수인 또는 배서인에 대하여 어음(수표)상의 권리소멸로 받은 이득의 상환을 청구할 수 있는 권리이다(어음법 §79, 수표법 §53). 어음(수표)법이 어음(수표)채무자의 책임의 엄격성을 완화하기 위하여 단기소멸시효와 상환청구권보전절차를 규정하고 있으므로, 소지인이 권리행사를 지체하게 되면 어음(수표)상의 권리는 물론 상환청구권을 쉽게 상실하게 되고 더 나아가 실질관계상의 청구권까지 행사할 수 없는 결과가 초래될 수 있다. 이 경우에 어음(수표)채무자가 어음(수표)의 수수와 관련된 원인관계 또는 자금관계에서 얻은 대가 또는 자금을 그대로 보유하게 되어 불공평하게 된다. 따라서 이득상환청구권은 형평의 관념에 입각하여 이러한 어음법과 수표법의 기술적, 형식적 해결에 의한 불공평을 시정하기 위한 것으로서 독일법계 어음법에 특유한 제도이다.

제2. 利得償還請求權의 法的 性質

이득상환청구권의 법적 성질에 관하여 민법상 손해배상청구권으로 보는 설, 부당이득반환청구권이라는 설, 소멸된 어음(수표)상의 청구권의 잔존물이라는 설, 어음(수표)상의 권리의 변형물이라는 설, 민법상의 권리와 어음(수표)상의 권리와의 결합이라는 설 등이 있으나, 통설과 판례는 형평의 견지에서 법률이 특히 인정한 특별한 청구권으로서 지명채권의 일종이라고 본다.

제3. 利得償還請求權의 發生要件

1. 어음(手票)上의 權利의 存在

이득상환청구권은 어음(수표)상의 권리가 소멸한 경우의 구제제도이므로 먼저 어음(수표)상의 권리가 유효하게 존재하고 있어야 하고 어음(수표)은 형식적으로 유효한 것이어야 한다. 따라서 어음(수표)요건이 결여된 경우, 보충되지 않은 백지어음(수표)의 경우에는 보충권의 시효 등의 사유로 백지어음상의 권리가 소멸하더라도 이득상환청구권이 발생되지 아니한다. 이 밖에 항변사유의 존재로 권리행사가 불가능한 경우에도 이 청구권은 발생하지 않는다.

2. 어음(手票)上의 權利의 消滅

어음(수표)상의 권리가 상환청구권보전절차의 흠결 또는 소멸시효의 완성으로 소멸하여야 한다. 이 밖의 사유로 가령 선의취득 등의 사유로 어음(수표)상의 권리가 소멸한 경우에는 이득상환청구권은 발생되지 아니한다.

소지인의 권리가 어느 범위에서 소멸되어야 하는가에 관하여 ① 이득상환청구를 하려는 상대방에 대하여서만 어음(수표)상의 권리가 소멸하면 이득상환청구권이 발생한다는 설, ② 모든 어음(수표)채무자에 대한 어음(수표)상의 권리가 소멸되어 어음(수표)상의 다른 구제방법이 없어야 이득상환청구권이 발생한다는 설, ③ 어음(수표)법상으로는 물론이고 민법상으로도 다른 구제방법이 없어야 이득상환청구권이 발생한다는 설이 대립되고 있다.

이득상환청구권은 어음(수표)상의 권리에 기초를 둔 것으로 민법상의 구제수단과는 다르며, 어음(수표)법상 다른 권리가 소멸되지 않은 경우에는 그 채무자에 대하여 권리를 행사할 수 있으므로 제2설이 타당하다. 대법원 판례는 민법상의 구제방법도 없어야 이득상환청구권이 발생한다는 입장이다.

[판례] 대법원 2000.5.26, 선고 2000다10376 판결

원인관계상의 채무를 담보하기 위하여 어음이 발행되거나 배서된 경우에는 어음채권이 시효로 소멸되었다고 하여도 발행인 또는 배서인에 대하여 이득상환청구권은 발생하지 않는다고 할 것인바, 이러한 이치는 그 원인관계상의 채권 또한 시효 등의 원인으로 소멸되고 그 시기가 어음채무의 소멸시기 이전이든지 이후이든지 관계없이 마찬가지라고 보는 것이 당원의 견해이다.

3. 債務者의 利得

이득상환청구권을 행사하기 위하여는 어음(수표)채무자에게 어음(수표)상의 권리 소멸로 인한 이득이 있어야 한다. 이 이득은 어음(수표)상의 채무를 면함으로써 얻은 것이 아니라, 어음(수표) 수수의 실질관계에서 현실로 받은 이익이어야 하며, 적극적인 금전의 교부뿐만 아니라, 기존채무의 지급을 면한 경우도 이득이 된다. 따라서 이득상환청구권은 실질관계의 이득을 전제로 하므로 어음소지인이 이득상환의무자에 대하여 가지는 원인채권이 시효로 소멸하면 이득상환청구권이 발생하지 않는다.

다만 이득상환청구에 있어서 이득의 현존 여부나 소지인의 손실 유무는 묻지 아니하며 이득상환청구의 상대방이 이득의 직접 당사자일 것을 요하지 않는다. 어음(수표) 개서의 경우에는 구어음(수표)의 실질관계를 기초로 이득의 유무를 판단한다.

4. 手票의 支給提示期間經過와 利得償還請求權에 관한 問題

인수가 없는 환어음의 경우 지급제시기간의 경과 후에는 지급인이 어음의 지급을 하여도 특약이 없는 한 그 지급의 결과를 발행인의 계산으로 귀속시킬 수 없다. 따라서 환어음의 소지인은 지급제시기간의 경과로 확정적으로 실권하게 되어 어음채무자에게 이득이 있으면 그 상환청구를 할 수 있다.

그러나 수표의 경우에는 지급제시기간의 경과 후에도, 지급위탁의 취소가 없는 한, 지급인은 발행인의 계산에서 수표를 지급할 수 있으므로 수표 소지인은 지급위탁의 취소 또는 지급거절이 있을 때에 이득상환청구권을 행사할 수 있는가, 그렇지 않으면 지급제시기간이 경과되어야 비로소 이득상환청구권을 행사할 수 있는가에 관하여 정지조건설과 해제조건설이 대립하고 있다.

정지조건설은 수표의 지급제시기간 경과 후 지급위탁의 취소 또는 지급거절에 의하여 지급의 가능성이 소멸되는 것을 정지조건으로 이득상환청구권이 발생한다고 한다. 해제조건설은 수표의 지급제시기간의 경과로 이득상환청구권이 발생하고 지급위탁이 취소되지 않아 지급인이 유효한 지급을 하면 이 청구권은 소멸된다고 한다.

해제조건설이 다수설이다: 수표의 지급제시기간 경과 후에도 지급위탁의 취소가 있기까지 지급인은 그 권한으로 유효한 지급을 할 수 있으나, 지급인은 수표금의 지급의무를 부담하지 않으며, 수표소지인도 권리로서 지급을 청구할 수 있는 것은 아니며, 상환청구권은 제시기간의 경과로 확정적으로 소멸하게 되므로 해제조건설이 타당하다.

제4. 利得償還請求의 當事者

1. 權利者

이득상환청구권을 행사할 수 있는 자는 어음(수표)상의 권리가 상환청구권보전절차의 흠결 또는 시효로 소멸한 당시의 정당한 어음(수표)소지인이다. 정당한 소지인에는 최후의 배서에 의하여 어음(수표)을 취득한 자는 물론, 상환의무를 이행하고 어음(수표)을 환수한 자와 기한후배서에 의하여 어음(수표)을 취득한 자, 상속 · 합병 · 전부명령 · 경락 등의 사유로 어음(수표)을 취득한 자도 포함된다.

백지어음(수표)의 소지인에 관해서는, 적법한 보충기간 내에 백지를 보충하지 않은 소지인은 아직 미완성어음(수표)을 소지하는 데 지나지 않으므로 이득상환청구권을 취득하지 못한다고 하는 것이 통설과 판례이다. 그러나 백지어음(수표)도 법률상 발행 시부터 유효한 어음(수표)이며, 실질관계에서 보충권을 행사할 수 있는 정당한 소지인이라는 것이 입증된다면 이 청구권을 인정하는 것이 합리적이고 또 형평의 관념상 어음법 제79조의 입법정신에 부합한다는 소수설이 있다.

배서가 연속되어 있지 않는 경우에는 소지인이 그 단절부분에 대하여 실질적인 권리이전의 사실을 증명하면 이득상환청구권을 행사할 수 있다.

2. 義務者

어음에 있어서 이득상환의무자는 발행인, 인수인, 배서인(어음법 §79)이고, 수표의 경우에는 발행인, 배서인, 지급보증을 한 지급인(수표법 §63, §55)이다. 이득상환의무자는 그가 받은 이익의 한도 내에서 상환의무를 부담한다.

발행인은 대금시급에 갈음하여 어음(수표)을 발행한 경우에, 인수인 또는 지급보증인은 자금관계에서 대가를 받고 인수 또는 지급보증을 한 경우에 이득상환의무를 부담한다. 배서인은 자신이 실질적인 의미에서 발행인으로 되어 있는 경우 또는 대가를 받고 보증을 목적으로 배서한 후 어음(수표)상의 권리가 소멸하여 상환의무를 면하게 된 경우에는 이득상환의무자가 되나, 대가를 지급하여 취득하고 대가를 받고 양도하는 경우에는 차액이 있더라도 의무자가 되지 아니한다.

보증인과 지급인, 참가인수인과 지급담당자는 이득상환의무자가 아니다.

제5. 利得償還請求權의 行使

1. 履行場所

이득상환의무자가 어음(수표)의 실효 당시 소지인을 알 수 없을 뿐만 아니라, 어음(수표)상의 권리소멸로 종전보다 불리한 지위에 서야 할 이유가 없으므로 이득상환의무의 이행장소는 이득상환의무자의 영업소 또는 주소이다. 따라서 이득상환의무는 추심채무로서 이득상환청구권의 행사가 있는 때에 이득상환의무자는 자신의 영업소 소재지 또는 주소지에서 이행하면 된다.

2. 證券의 所持 必要 與否

이득상환청구권을 행사하는 경우에 어음(수표)증권을 소지하여야 하는가에 관하여 학설이 대립되고 이다.

소지불요설에 의하면 이득상환청구권은 일종의 지명채권으로서 어음(수표)상의 권리가 아니며, 실효된 증권은 하나의 증거증서에 불과하므로 입증이 가능한 한 어음(수표)증권을 소지하지 않더라도 권리를 행사할 수 있다고 한다. 소지필요설은 법문에 소지인이라 명시되어 있을 뿐만 아니라 이중지급의 위험을 피하고 선의취득자를 보호하기 위하여 이득상환청구권의 행사에는 증권의 소지가 필요하다고 한다.

이득상환청구권을 일종의 지명채권이라고 보는 입장에서는 소지불요설이 타당하다. 다만 이득상환청구자가 증권을 소지하지 않고 권리를 행사하는 경우에 그 진정성에 대해 이득상환의무자가 알 수 없으므로, 이득상환청구자는 자신이 어음(수표)상의 권리 소멸 당시 정당한 소지인이고 또 그 당시 선의취득자가 없었다는 사실을 입증하여야 권리를 행사할 수 있다고 본다.

3. 立證責任

이득상환을 청구하는 어음(수표)소지인이 이득상환청구권의 발생에 필요한 모든 요건과 그 이득의 한도를 입증하여야 한다.

4. 義務者의 抗辯

이득상환의무자는 실권 전의 어음(수표)소지인에 대하여 주장할 수 있었던 모든 항변으로 이득상환을 청구하는 소지인에게 대항할 수 있다.

5. 履行遲滯와 遲延利子

이득상환의무자는 그 청구가 있을 때 지체책임을 지게 되며, 지연이율은 이득상환청구권이 어음(수표)법상 특수한 지명채권임에 비추어 일종의 민사채권으로서 연 5푼의 민사법정이율에 의한다.

6. 消滅時效

이득상환청구권의 소멸시효기간에 관하여 10년설, 5년설, 3년설, 1년설 등이 있으나 이 권리가 일종의 지명채권임을 감안하면 10년설이 타당하다. 이득상환청구권의 시효기간은 어음(수표)상 권리의 시효기간이 경과한 날 또는 상환청구권보전절차기간이 종료한 날의 익일부터 진행된다.

제6. 利得償還請求權의 讓渡

이득상환청구권을 어음(수표)상의 권리의 잔존물로 보는 설에서는 어음(수표)상의 권리가 소멸한 뒤에는 이 청구권이 어음(수표)에 표창되어 어음(수표)의 교부만으로 그것이 이전될 수 있다고 한다. 이득상환청구권을 지명채권으로 보는 통설과 판례에 의하면 이 권리는 지명채권양도방법과 그 효력으로 양도할 수 있으며, 증권의 배서·교부만으로는 양도의 효력이 발생되지 아니한다.

다만 대법원 판례는 자기앞수표의 이득상환청구권의 양도에 관하여 수표소지인이 수표법상의 보전절차를 취함이 없이 제시기간을 도과하여 수표상의 권리가 소멸된 수표를 양도하는 행위는 수표금액의 지급수령권한과 아울러 수표상의 권리의 소멸로 인해 발생한 이득상환청구권까지 양도하는 동시에 이득을 한 발행인인 은행에 대해 소지인을 대신하여 그 양도에 관한 통지를 할 수 있는 권능을 부여하는 것이며, 그 양수인이 다시 제3자에게 양도하는 행위는 양도받은 수표금액의 지급수령권한과 아울러 이득상환청구권을 발행은행에 대한 통지의 권능이 수반된 상태로 이전하는 행위로 해석하고 있다.

[판례] 대법원 1976.1.13, 선고 70다2462 판결

수표상의 권리가 절차의 흠결로 인해서 또는 소멸시효의 완성으로 말미암아 소멸되었을 때 당시의 동 수표의 정당한 소지인은 이득을 한 수표상의 의무자에 대하여 그가 받은 이익의 한도에서 상환을 구할 수 있으며 한편, 은행 또는 기타 금융기관이 발행한 자기앞수표(이하 단순히 은행의 자기앞수표라고 약칭한다)는 제시기간 내에서는 물론이거니와 제시기간 후에도 발행은행에서 또는 그 외의 금융기관에서 쉽게 지급받을 수 있다는 거래상의 확신에 의해서 현금과 같이 널리 유통되고 있을 뿐만 아니라 수표의 양도는 거래의 일반적인 인식으로서는 수표의 표시되어 있는 액면상당의 금원을 발행은행으로부터 지급받을 수 있는 권리를 그것이 수표상의 권리이던 또는 그렇지 않고 (어느 의미에 있어서는) 권리의 변형물이라고도 할 수 있는 동 권리의 소멸로 인해서 발생되는 이득상환권이던 간에 구별함이 없이 또 그것을 구별하려고도 하지 않고 양도하고 양도받는 것이 거래의 실정이라고 할 것이므로 이와 같은 거래의 실정에 비추어 볼 때 수표소지인이 수표법상의 보전절차를 취함이 없이 제시기간을 도과하여 수표상의 권리가 소멸된 수표를 양도하는 행위는 수표금액의 지급수령권한과 아울러 특별한 사정이 없으면 수표상의 권리의 소멸로 인해서 소지인에게 발생한 이득상환청구권까지도 이를 양도하는 동시에 그에 수반해서 이득을 한 발행인인 은행에 대하여 소지인을 대신해서 그 양도에 관한 통지를 할 수 있는 권능을 부여하는 것이라고 하여야 할 것이고 그렇게 양도받은 수표를 양수인이 다시 제3자에게 양도하는 행위는 이와 같이 양도받은 수표금액의 지급수령권한과 아울러 이득상환청구권을 위 소지인으로부터 수권된 이득을 한 채무자인 발행은행에 대한 통지의 권능이 수반된 상태로 이전하는 행위라 할 것이고, 그렇게 하는 것이 특별한 사정이 없는 한 당사자들의 의사에 합치될 뿐만 아니라 거래의 실정에 적합하고 나아가서는 이와 같은 수표의 양도로 인해서 야기될 수 있는 법률관계를 간결하고 타당하게 해결할 수 있는 것이라고 할 것이므로 이와 같은 수표의 정당한 소지인은 발행은행에 대하여 그가 받는 이익의 한도에서 이득상환청구권을 행사할 수 있고 또 채무자인 발행은행도 동 수표의 소지인에게 변제함으로서 유효하게 동 채무를 면하게 된다고 할 것이다.

제11절 어음(手票)의 實質關係

제1. 總 說

어음(수표) 행위의 기초가 되는 법률관계를 실질관계라고 한다. 어음(수표)관계는 추상적인 법률관계로서 실질관계와 분리되어 그 영향을 받지 아니하나, 그 유통성을 해치지 않는 범위에서 서로 일정한 영향을 미친다.

어음(수표)의 실질관계에는 ① 어음(수표) 수수의 직접적인 당사자 간의 관계인 원인관계 또는 대가관계와, ② 어음(수표)의 지급자금에 관하여 지급인에 의한 인수 또는 지급의 기초가 되는 자금관계 및 ③ 어음(수표) 수수를 준비하는 법률관계인 어음(수표) 예약 등이 있다.

제2. 어음(手票)의 原因關係

1. 意 義

어음(수표)를 수수하는 당사자 간에 어음(수표)행위를 하게 되는 원인인 실질적 법률관계를 원인관계라 한다. 일반적으로 반대급부가 따르기 때문에 대가관계라고도 한다. 매매, 증여, 소비대차, 채무담보, 어음상의 권리의 매매(어음할인) 등이 이에 해당한다.

2. 原因關係와 어음(手票)關係

(1) 兩者의 分離

원인관계와 어음(수표)관계는 실질적·경제적으로 목적과 수단의 관계에 있지만, 어음(수표)의 유통성을 확보하고 거래안전을 보호하기 위하여 법률상으로는 독립하여 분리되어 있다. 따라서 어음(수표)상의 권리 의무는 원인관계의 존부나 그 효력 여하에 의하여 아무런 영향을 받지 않는 것이 원칙이다.

(2) 原因關係가 어음(手票)關係에 미치는 영향

어음(수표)관계는 원인관계와 경제적으로 밀접한 관계에 있고 어음(수표)관계는 원인관계의 결제를 위한 수단적 성격을 가지므로 어음(수표)의 유통성을 해하지 않는 범위 내에서 원인관계는 일정한 한도에서 어음(수표)관계에 영향을 미친다.

1) **人的 抗辯** 원인관계의 흠결 또는 그 하자에 관하여 어음(수표)채무자는 해의가 있는 소지인에 대하여 이를 인적 항변으로 주장하여 채무의 이행을 거절할 수 있다.

2) **償還請求權** 상환청구권은 어음(수표)수수의 원인관계에 기한 담보책임을 전자에 대한 어음(수표)법상의 권리로 법정한 것이다.

3) **利得償還請求權** 이득상환청구권은 어음(수표)상의 권리가 소멸된 경우에 원인관계 또는 자금관계를 고려하여 인정된 제도이다.

(3) 어음(手票)의 交付가 原因關係에 미치는 영향

어음(수표)은 지급, 담보 등 원인관계상의 목적을 달성하기 위하여 수수되므로 그 영향은 기본관계의 목적에 따라 다르다. 그러나 일반적으로 어음(수표)은 기존채무를 변제하는 수단으로 교부되는데, 그 유형으로는 기존채무의 '지급에 갈음하여 교부하는 경우'와 '지급을 위하여 교부하는 경우', '지급의 담보로서 교부하는 경우'로 나누어 볼 수 있다. 어음(수표)이 이중 어느 목적으로 교부되었는가에 따라 원인관계에 미치는 영향이 다르므로 당사자 사이의 명시적인 합의가 없는 때에 당사자의 의사를 어떻게 해석할 것인가 문제된다.

1) 原因債務의 消滅

① **原因債務의 支給에 갈음하여 교부한 경우** 원인채무의 지급에 갈음하여 어음(수표)을 교부한 경우에는 어음(수표)의 교부에 의하여 원인채무가 소멸하고 채무자는 어음(수표)상의 채무를 질뿐이다. 은행에서 발행한 자기앞수표를 교부한 경우는 물론,

자신이 지급인인 환어음을 원인채무의 지급을 위해 교부하면서 인수를 한 때에는 채무자는 어음소지인에 대해 인수인으로서 주채무를 부담하므로 원인채무의 지급에 갈음하여 교부한 것으로 보아야 한다.

이러한 경우에는 당사자 사이에 특약이 없는 한 원인채권을 위한 담보나 보증은 그 효력을 상실한다. 채무자가 원인채무에 갈음하여 부담하는 새로운 어음(수표)채무는 i) 약속어음을 발행하거나 환어음을 인수한 경우는 주채무자로서의 지급의무이며, ii) 약속어음을 배서하거나, 환어음 및 수표를 발행 또는 배서한 경우에는 지급 또는 인수거절로 인한 상환의무이다.

② **消滅原因의 理論 構成** 지급에 갈음하여 어음(수표)을 수수한 경우 원인채권의 소멸원인에 관하여 갱개설, 대물변제설, 절충설이 있으나, 대물변제설이 통설이다. 갱개는 구채무의 소멸을 신채무 발생의 조건으로 하므로(민법 §504) 어음(수표)행위의 무인성에 맞지 아니하며, 지급에 갈음한 어음(수표)의 교부는 변제의 수단으로 보아야 할 것이므로 대물변제설이 타당하다. 따라서 원인채무의 지급에 갈음하여 어음(수표)이 교부되면 원인채무는 소멸되고 어음(수표)의 지급이 거절되더라도 원인채무는 부활되지 않는다. 다만 교부된 어음(수표)이 요건흠결이나 위조 등의 사유로 무효인 때에는 중요부분의 착오를 이유로 대물변제계약을 취소함으로써 원인채무가 부활된다. 대물변제계약이 무능력을 이유로 취소되거나, 어음의 발행이 취소된 경우에도 동일하다.

2) 原因債務와 어음(手票)債務의 竝存

① **原因債務의 支給을 위하여 교부한 경우** 어음(수표)이 원인채무의 지급을 위하여 교부된 경우에는 원인채무는 소멸되지 않으며 채권자에게는 어음(수표)상의 권리와 원인채권이 병존한다. 이 경우 채권자는 어음(수표)상의 권리를 먼저 행사하고 이것에 의해 만족을 얻지 못했을 때 비로소 원인채권을 행사할 수 있다. 채권자가 어음을 제3자에게 배서양도한 때에는 어음의 지급거절시 채권자가 상환의무를 이행하고 어음을 환수할 때까지 원인채권을 행사할 수 없다.

어음(수표)의 지급이 거절되어 채권자가 원인채권을 행사하는 경우에 상환청구권보전절차를 밟아야 하는지 문제된다. 어음(수표)상의 상환의무자가 제3자인 때에는 원인채권의 채무자가 상환의무자에게 어음(수표)상의 권리를 행사할 수 있도록 상환청구권보전절차를 밟거나 또는 적어도 상환청구권보전절차를 밟을 수 있는 기간 내에 어음(수표)을 반환하여야 원인채권을 행사할 수 있다.

그러나 채무자가 약속어음을 발행하여 채권자에게 교부한 경우와 같이 어음(수표)상

다른 상환의무자가 없는 때에는 어음상의 채무자와 원인채권의 채무자가 동일하므로 상환청구권보전절차를 밟을 필요가 없으며, 어음(수표)을 반환함과 동시에 기존채권을 바로 행사할 수 있다.

채권자가 원인채권을 행사하는 경우에는 채무자는 원인채무의 변제와 어음(수표)의 반환에 관하여 동시이행의 항변권을 행사할 수 있다.

② 原因債務의 擔保를 위하여 교부한 경우 어음(수표)이 원인채무의 변제를 위한 담보 목적으로 교부된 경우에도 원인채권과 어음(수표)채권이 병존하게 되나, 이 경우 어느 채권을 먼저 행사할 것인가는 채권자의 자유이다. 원인채권의 변제기가 도래한 경우에 어음(수표)의 지급제시 여부에 관계없이 채무자는 당연히 이행지체로 되고 채권자는 원인채권을 행사할 수 있다.

다만 이 경우에도 채권자는 담보로 받은 어음을 반환하여야 하며, 채권자가 그 어음을 제3자에게 배서양도한 때에는 그 지급거절 시 상환의무를 이행하고 어음을 환수할 때까지 원인채권을 행사할 수 없다.

또 기존 채무의 담보를 위하여 발행된 환어음이 인수된 경우에는 채권자는 인수인에 대하여 기존의 채권과 환어음상의 채권을 가지게 되고 환어음은 기존채무의 지급을 담보하는 관계에 놓이게 된다. 이 경우 채권자에게 기존채권의 행사를 허용한다면 채무자는 기존채무의 이행 외에 어음상의 채무까지 부담하게 되므로 이러한 때에는 기존채권의 행사가 허용되지 아니한다.

[판례] 대법원 1977.3.8, 선고 75다1234 판결

환어음은 지급인이 인수함으로써 인수인은 어음상의 채무자가 되는 것이니 인수로써 비로소 채권자는 인수인에 대하여 기본채권과 환어음상의 채권을 가지게 되고 환어음은 기존채무의 지급을 담보하게 되는 관계에 놓이게 되므로 환어음이 소외은행에 소지에 들어가 있는 경우에 채권자에게 기존채권의 행사를 허용한다면 기존채무의 지급을 담보하기 위하여 어음이 수수된 경우인데도 불구하고 채무자는 어음상의 채무의 지급까지 하게 되어 2중 지급의 위험이 있게 되므로 자기지시 환어음 아닌 어음이 기존채무 담보로 발행되고 그것이 인수된 경우는 채권자는 기존채무의 지급을 청구할 수 없다.

③ 어음(手票)上 權利 行使의 효과 어음(수표)이 기존채무의 지급을 위하여 교부된 경우든 담보를 위하여 교부된 경우든 채권자가 어음(수표)상의 권리를 행사하여 지급을 받으면 원인채무도 소멸한다. 채권자가 만기 전에 배서 또는 할인에 의하여 어음(수표)을 타인에게 양도한 경우에는 그 양도에 의하여 원인채무가 소멸하지 않으며 배서인으로서의 상환의무를 면하게 된 때에 비로소 원인채무가 소멸한다. 그러나 이

경우 채권자가 무담보배서를 한 경우에는 상환의무를 지지 않으므로 지급과 같은 결과가 되어 원인채무는 곧 소멸된다.

3) 어음(手票) 交付 目的의 判定

원인채무의 지급과 관련하여 어음(수표)이 교부된 경우에 '지급에 갈음하여', '지급을 위하여' 또는 '담보를 위하여' 중 어느 유형에 해당하는가에 관하여는 먼저 당사자의 의사를 기준으로 할 것이나, 이에 관한 의사표시가 없거나 명백하지 않는 경우에는 해석으로 결정한다.

① **原因債務 併存의 推定** 원인채무의 지급과 관련하여 어음(수표)이 교부된 경우에 어음과 수표 사이에 다소 차이가 있으나, 일반적으로 어음(수표)의 교부만으로 변제의 목적이 달성되었다고 할 수 없고, 어음(수표)의 교부만으로 원인채권이 소멸된다고 보는 것은 당사자의 통상적인 의사에 합치되지 아니하므로 양 채무는 병존하는 것으로 추정된다는 것이 판례이며 통설이다.

② **'擔保를 위하여'와 '支給을 위하여'의 구별** 원인채무의 지급과 관련하여 어음(수표)이 교부된 경우에 그것이 담보를 위한 것인지, 아니면 지급을 위한 것인지 구별하는 기준에 관하여 원인채권의 채무자와 어음(수표)상의 지급자(지급담당자 포함)의 일치 여부를 기준으로 하는 견해(정동윤(어), 230)와 어음(수표)의 교부시 원인채무의 변제방법에 대한 별도의 합의가 있느냐 여부를 기준으로 하는 견해(이철송(어), 173)가 있다.

전자의 입장에서는 원인채권의 채무자와 어음(수표)상의 지급자(지급담당자 포함)가 일치하지 않는 경우에는 원인채무자의 지급에 앞서 어음(수표)채무자가 먼저 지급할 것이 예상되므로 '지급을 위하여' 교부된 것이고, 양자가 동일한 때에는 '담보를 위하여' 교부된 것으로 추정한다. 후자의 입장에서는 원인채권의 변제에 관한 별도의 합의가 있으면 담보를 위한 것이고, 그렇지 않으면 지급을 위하여 교부된 것으로 추정하는 것이 옳다고 한다.

(4) 어음(手票)行爲와 原因關係의 추정

어음(수표)의 발행 · 보증 또는 보증 목적의 배서 등이 원인채무에 대한 인수 또는 연대보증 등으로서의 효력이 있는지 문제된다.

1) **어음(手票)의 發行과 原因債務의 引受 · 保證** 타인의 원인채무에 관하여 채권자에게 어음을 발행한 경우에 그 어음의 발행이 원인채무에 어떠한 효력이 있는가에 관하여 대법원은 타인의 채무에 관하여 제3자가 채무자를 위하여 약속어음을 발행하여

채권자에게 교부하였다면 특별한 사정이 없는 한 동일한 채무를 면책적 또는 중첩적으로 인수한 것으로 보아야 한다는 입장을 취하고 있다(대판 1997.5.7, 97다4517, 1989. 9.12, 88다카13806 참조).

타인의 원인채무에 관하여 채권자에게 수표를 발행하여 교부한 경우에 그 수표의 발행이 원인채무를 보증한 것으로 볼 수 있는가에 관하여 대법원은, 수표의 발행인은 수표의 채무자로서 그 수표가 부도된 경우에 소지인에 대하여 상환청구에 응하여야 하는 수표법상의 채무를 부담할 뿐 특별한 사유가 없는 한 수표거래에 관한 원인채무를 보증한 것으로 볼 수는 없다고 판시하였다(대판 1988.3.8, 87다446, 1957.10.28, 4290민상294 참조).

[대판] 대법원 2007.9.7, 선고 2006다17928 판결

수표 발행 시에 원인채무에 대한 민사상의 보증채무를 부담할 것까지도 수표의 발행인에게 요구하는 의사가 있었고 수표의 발행인도 채권자의 그러한 의사 및 채무의 내용을 인식하면서 그에 응하여 수표를 발행하였다는 사실 등과, 수표의 발행을 전후한 제반 사정과 거래계의 실정에 비추어 수표 발행인이 민사상의 보증의 형태로도 신용을 공여한 것이라는 점을 인정할 수 있을 정도에 이르러야만 수표의 발행인과 채권자 사이의 민사상 보증계약의 성립을 인정할 수 있다.

2) **擔保背書와 原因債務에 대한 保證** 어음(수표)의 담보배서가 원인채무에 대한 보증으로서의 효력이 있는가에 관하여 대법원은 "어음의 발행인이 타인으로부터 금전을 차용하기 위해 그 차용증서에 갈음하여 어음을 발행하는 것이고 발행인이 위 차용금채무에 대한 담보의 의미로 배서를 요구하는 것이라는 사정을 충분히 알고 발행인의 요구에 따라 어음에 배서를 한 경우, 배서인이 위 발행인에게 금전을 대여하는 채권자가 누구인가를 구체적으로 몰랐다 하더라도 그 배서는 발행인으로부터 어음을 교부받고 금전을 대여하는 채권자에 대하여 차용금채무를 연대보증 하겠다는 의사를 표시하는 뜻에서 한 것이라고 봄이 상당하다"고 판시하였다(대판 1986.9.9, 86다카1088).

3) **어음(手票)保證과 原因債務에 대한 保證** 약속어음에 어음보증을 한 보증인은 어음보증으로 인한 어음상의 채무만을 부담하는 것이 원칙이고, 원인채무에 대한 보증책임을 부담하는 것은 아니다. 다만 어음보증인이 어음보증을 할 때에 채권자에 대하여 그 어음 발행의 원인이 된 채무까지 보증하겠다는 의사를 표시한 경우에는 원인채무에 대한 민법상의 보증책임을 부담한다.

> [대판] 대법원 2005.10.13, 선고 2005다33176 판결
> 어음보증 당시 그 어음이 물품대금채무의 담보를 위하여 발행 · 교부되는 것을 알고 있었고, 또 어음의 보전에 거래상의 채무를 적시하는 문구를 기재한 경우에도 그 기재는 담보의 대상이 되는 거래를 특정하려는 취지로 해석될 뿐, 그 기재만으로 거래상의 채무에 대하여 직접 민법상의 연대보증을 하겠다는 의사를 표시한 것으로는 볼 수 없다.

제3. 어음(手票)의 資金關係

1. 意 義

자금관계는 환어음 및 수표의 지급인과 발행인 사이에 존재하는 지급 자금에 관한 실질관계를 말한다. 약속어음에서는 발행인 자신이 지급의무자가 되므로 자금관계가 요구되지 않으나, 환어음이나 수표에서는 발행인이 지급인에게 지급을 위탁하는 것이므로 발행인과 지급인 사이에 별도의 자금관계가 있지 않으면 안 된다.

2. 換어음의 資金關係

환어음에 있어서 자금관계의 일반적인 경우는 발행인이 지급인에 대하여 어음의 지급을 위한 자금을 미리 제공하여 두는 경우일 것이나, 지급인이 지급을 한 후 발행인에 대하여 그 보상을 청구하는 경우(보상관계)도 있다.

어음의 발행인이 타인의 위탁에 의하여, 타인의 계산으로 환어음을 발행한 위탁어음의 경우에는 지급자금은 위탁자가 제공하여야 하므로 위탁자가 자금의무자이며 자금관계는 지급인과 위탁자 간에 존재한다.

3. 手票의 資金關係

(1) 當座預金契約 또는 當座借越契約

수표의 지급자금에 관하여 발행인과 지급인 사이에 당좌예금계약 또는 당좌차월(대월)계약이 체결되어 있어야 한다. 당좌예금계약은 발행인이 수표자금에 해당되는 금액을 미리 예금하는 계약이다. 당좌차월계약 또는 당좌대월계약은 특약에 의한 것으로 예금주가 당좌계정약정에 의하여 은행으로부터 당좌예금을 초과하여 차월할 수 있는 금액의 한도를 정하고 그 지급한도액의 범위 내에서 발행한 수표를 지급하는 것을 내

용으로 한다. 수표자금은 지급제시가 있는 때에 존재하면 충분하고(수표법 §3), 수표자금 없이 수표가 발행되어도 그 효력에는 영향이 없다.

(2) 手票契約

발행인이 은행을 지급인으로 하는 수표를 발행하기 위해서는 지급사무를 취급할 은행과의 사이에 지급자금에 관한 계약 이외에 수표발행에 관한 명시 또는 묵시의 계약을 체결하고 있어야 한다. 이를 수표계약이라 한다. 지급인은 이 수표계약에 의하여 발행인이 발행한 수표를 그 지급자금에서 지급할 의무를 부담하게 된다. 이 계약은 수표지급사무의 위탁을 목적으로 하는 위임계약이다.

(3) 相互計算契約

상호계산계약은 수표계약에 부수하여 수표자금으로 예입된 금액과 수표금액으로 지급된 금액을 일괄하여 결제하기 위한 계약이다. 이 계약은 당좌거래계약에 묵시적으로 포함되어 있다고 할 수 있으나, 이와 별도로 성립된다는 견해도 있다.

4. 資金關係와 어음(手票)關係

(1) 兩者의 分離

환어음에 있어서 어음관계는 자금관계와 전혀 다른 관계이므로 그 유무나 내용에 의하여 아무런 영향을 받지 아니하며 또한 자금을 제공하는 지급인이라도 인수를 하거나 당연히 지급을 하여야 할 의무를 부담하는 것은 아니다. 또한 수표의 경우에도 자금관계의 유무나 내용은 수표의 효력에 아무런 영향을 미치지 아니하며 자금관계 없는 자를 지급인으로 한 수표도 유효하다(수표법 §3 단서).

(2) 兩者의 牽連

자금관계에 의하여 어음(수표)관계가 영향을 받지 않는 것이 원칙이나 예외적으로 자금관계를 고려한 어음(수표)법상의 제도로서 ① 인적 항변, ② 환어음 발행인의 인수인에 대한 상환청구권(어음법 §28② 후단), ③ 이득상환청구권 등이 있다.

5. 準資金關係

인수인과 지급담당자, 보증인과 피보증인, 참가인수인 또는 참가지급인과 피참가인 사이에 존재하는 자금관계에 유사한 실질관계를 준자금관계(準資金關係)라 한다. 어음(수표)관계와 준자금관계도 자금관계의 경우와 같다.

제4. 어음(手票)豫約

어음(수표)예약은 어음(수표)행위를 하거나 또는 어음(수표)를 수수할 것을 목적으로 하는 어음(수표) 외에 계약을 말한다. 이 경우에 어음(수표)행위는 이 계약(예약)의 이행으로서 하게 된다. 어음(수표)예약을 특히 서면으로 한 것을 가(假)어음 또는 가수표(假手票)라고도 한다. 이것은 어음 또는 수표로서의 효력이 없으나, 그 예약의 위반은 그 예약을 한 당사자 사이에 인적 항변사유가 된다.

제5. 어음割引

1. 意 義

어음할인은 어음소지인(할인의뢰인)이 만기 전에 어음금액으로부터 만기까지의 이자 기타 비용(할인료)을 공제한 금액을 지급받고 어음을 양도하는 금융거래를 말한다. 어음할인은 어음대부와 함께 어음에 의한 금융수단의 하나이다.

2. 法的 性質

어음할인의 법적 성질에 관하여 어음소지인이 할인은행으로부터 지급받은 금전은 소비대차에 의한 것이며 어음의 교부는 소비대차상의 채무이행을 확보하기 위한 것이라는 소비대차설, 어음할인은 어음금액으로부터 할인료를 공제한 금액을 대가로 어음상의 권리를 양도하는 것이므로 어음의 매매라고 하는 매매설, 매매설을 취하면서 소비대차적 성질도 인정될 수 있다고 하는 절충설이 있다. 그러나 어음할인은 소비대차상의 채무이행수단으로서 어음이 교부되는 어음대부와 구별하여야 한다는 점을 감안하면 매매설이 타당하다. 매매설이 통설이며 판례이다. 어음할인의 법적 성질을 어떻게 보느냐에 따라 이자제한법의 적용, 만기후 지연손해금의 이율, 이득상환청구권의 발생 등에 있어서 차이가 있다.

3. 割引어음의 還買請求權

할인어음의 환매청구권은 할인어음이 부도 기타 사유로 어음의 신용이 악화된 경우에 할인은행이 할인의뢰인에 대하여 할인어음의 환매를 청구할 수 있는 권리를 말한다. 이 환매청구권은 은행여신거래기본약관이나 상관습에 의하여 인정되는 것으로서 상환청구권과는 별개로 발생되고 행사된다.

환매청구권의 법적 성질에 관하여 소비대차설에 의하면 소비대차계약에 의한 대여금반환청구권으로 보나, 매매설의 입장에서는 어음의 재매매라는 설과 매매의 해제에 의한 원상회복청구권이라고 하는 설, 매수인의 담보청구권이라는 설 등이 있다. 재매매라는 설이 다수설이다. 어음할인시 할인의뢰인은 약관에 의하여 어음의 환매의무를 지며, 일정한 사유의 발생시 은행의 청구에 의하여 환매가 이루어지므로 엄격하게는 재매매의 예약 또는 정지조건부재매매계약으로 보는 것이 타당하다. 환매청구권의 소멸시효기간은 5년이다.

제6. 어음의 改書

어음의 개서는 기존어음에 대하여 지급을 하지 아니하고 새로운 어음을 발행하여 교부하는 것을 말한다. 일반적으로 어음의 지급을 연기할 목적으로 이용된다. 이 경우에 새로 발행된 신어음을 개서어음 또는 연기어음이라 한다.

어음의 개서에는 신어음을 교부하고 구어음을 회수하는 경우와 이를 회수하지 않는 경우가 있다. 신어음을 교부하고 구어음을 회수하는 경우에 그 법적 성질에 관하여 판례는 갱개라고 하나, 학설은 어음채무의 무인성에 비추어 대물변제로 보고 있다. 이 경우 구어음상의 권리는 소멸하고, 구어음에 붙은 일체의 항변권과 담보권은 신어음에 이전한다.

구어음을 회수하지 않는 경우에는 양 채무는 병존하고 신어음채무는 구어음의 담보가 된다. 따라서 어음소지인은 어느 어음에 의해서도 권리를 행사할 수 있으나, 어느 하나의 어음의 지급을 받은 때에는 다른 어음으로 지급을 받을 수 없다. 다만 이 경우 지급을 받지 아니한 어음이 개서어음인 줄 모르고 취득한 자는 선의취득에 의하여 어음상의 권리를 행사할 수 있다.

[판례] 대법원 2003.10.24, 선고 2001다61456 판결

종합금융회사가 발행회사로부터 매입한 신종기업어음을 일반투자자들에게 매도한 후 일반투자자로부터 그 어음의 보관 및 만기의 추심을 위탁받아 종합금융회사의 어음관리계좌(CMA)에 그 어음을 보관 · 관리하다가 추심하였다면 그 어음상의 채무는 소멸하고, 그 어음상의 채무에 대한 민사상 보증채무도 함께 소멸한다고 할 것이고, 일반투자자가 그 추심금으로 다른 신종기업어음을 매입하여 어음관리계좌로 현금이 입금되지 않았거나 어음관리계좌로부터 실제로 현금이 인출되지 아니하였다고 하여 달리 볼 것은 아니라고 할 것이다. 그러나 단순히 어음상 채무의 만기를 연기하기 위한 당사자 사이의 어음개서계약에 따라 구어음을 회수하고 신어음을 발행하여 교부하는 경우 구어음상의 채무는 소멸한다고 할 것이지만 구어음상의 채무와 신어음상의 채무가 실질적으로 동일한 때에는, 특별한 사정이 없는 한, 구어음상의 채무에 대한 담보나 민사상 보증은 신어음상의 채무에 대하여도 그대로 존속한다고 할 것이다.

제7. 貨換어음

1. 總 說

화환어음이란 어음상의 권리가 선하증권 또는 화물상환증에 의하여 담보되어 있는 환어음을 말한다. 격지매매거래에서 매매대금 등의 추심을 안전하고 확실하게 하기 위한 제도로서 국내거래에서 이용되는 내국화환어음과 국제거래에서 이용되는 외국화환어음이 있다. 화환어음은 어음상의 권리가 운송증권에 의하여 담보되어 있으므로 어음이 이용되는 경제적 목적에 착안하여 붙여진 명칭일 뿐 화환어음 그 자체의 법적 성질은 보통의 환어음이다.

2. 種 類

화환어음에는 매도인이 은행으로부터 화환어음을 할인하여 그 대가를 매매대금의 변제에 충당하는 할인화환어음과, 매도인이 화환어음을 발행하여 매수인이나 그 거래은행에 매매대금을 추심하는 추심화환어음이 있다.

3. 貨換어음의 法律關係

(1) 貨換어음 割引의 법률관계

화환어음을 할인하는 경우에 매도인은 할인을 위하여 수취인을 할인은행으로 하는 환어음을 발행하여 할인은행에 교부하거나 또는 자기를 수취인으로 하는 자기지시환어음을 발행하여 할인은행에 배서·양도하는 방법에 의한다. 지급인은 보통 매수인이지만 환어음이 상업신용장을 기초로 하여 발행된 때에는 신용장개설은행을 지급인으로 한다. 매도인과 할인은행의 법률관계는 화환어음약정서에 따라 정해진다. 그리하여 할인은행은 화환어음을 할인하여 매매대금 상당액을 매도인에게 지급한 후, 그 어음과 신용장 등을 교부받아 매수인 또는 신용장개설은행에 직접 추심하거나, 추심의뢰서를 작성하여 수입지의 은행에 추심을 의뢰하여 지급을 받게 된다.

1) **貨換어음할인의 법적 성질** 화환어음 할인의 법적 성질에 관하여 할인은행에 대한 어음의 교부는 지급인으로부터 지급을 받을 수 있는 지위의 매매를 내용으로 하는 어음의 매매라는 설과, 양도인이 할인은행으로부터 어음할인으로 지급받는 금전은 금전소비대차이며 화환어음은 이 채무의 지급방법으로서 교부되는 것이라고 하는 금전소비대차설이 있다. 어음매매설이 통설이며 대법원의 판례이다.

다만 은행여신거래기본약관은 어음할인에 있어서 어음채권이 성립하지 않거나 권리보전절차의 흠결로 어음상의 권리가 소멸한 경우에도 할인은행은 원인채권인 소비대차채권을 행사할 수 있다는 뜻을 정하고 있다. 이러한 약관의 규정은 어음할인이 금전소비대차라는 것을 전제로 하는 것이며, 어음할인을 받은 자는 어음상의 의무 외에 소비대차계약상의 채무도 부담하게 된다.

2) **運送證券上의 權利關係** 화환어음의 할인에는 운송증권이 담보로 되어 있으므로, 어음과 함께 운송증권도 할인은행에 배서 · 교부된다. 이 경우에 매도인으로부터 교부받은 운송증권에 대하여 할인은행이 취득하는 담보권의 성질은 증권의 교부형식과 당사자의 의사에 의하여 결정된다. 즉 i) 할인은행이 매도인으로부터 운송증권을 입질배서에 의하여 교부받은 경우에는 할인은행은 운송물에 대해 동산질권을 취득한다. ii) 할인은행이 지시식 운송증권을 단순히 양도배서 받은 경우 또는 할인은행이 운송증권의 수하인으로 기재되어 있거나 또는 무기명식 운송증권을 단순히 교부받은 경우에는, 당사자의 의사가 명백하지 않는 한, 운송물에 대한 소유권은 할인은행에 신탁적으로 양도된 것으로 보는 것이 통설이다.

3) **運送物에 대한 權利關係** 화환어음의 인수 또는 지급이 거절된 경우에 할인은행이 운송물에 대하여 어떠한 권리를 행사할 수 있는가는 할인은행이 취득하는 권리에 따라 다르다. 즉 할인은행이 운송물에 대해 취득하는 권리가 동산질권인 때에는 할인은행은 먼저 화환어음에 의하여 상환청구권을 행사하여야 하고 그 지급을 받지 못한 때에 운송물에 대하여 질권을 행사할 수 있다. 할인은행이 운송물에 대한 소유권을 신탁적으로 양도받은 때에는 화환어음의 인수 또는 지급이 거절되면 할인은행은 바로 운송물을 처분할 수 있다. 그러나 운송증권에 매수인이 수취인으로 기재되어 있는 경우에는 할인은행은 운송물에 대한 권리를 취득할 수 없고, 화환어음의 지급이 있을 때까지 운송증권을 유치하여 매수인으로 하여금 어음금의 지급을 간접적으로 강제할 수 있을 뿐이다.

(2) 貨換어음 推尋의 法律關係

추심화환어음에 있어서 매도인은 추심은행에 대하여 화환어음의 추심과 동시에 어음의 인수 또는 지급과 상환으로 운송증권을 매수인인 지급인에게 교부할 것을 의뢰하는 위임관계가 성립된다. 추심은행과 매수인 간에는 원래 아무런 계약관계도 없으나, 추심은행은 매도인과 위임관계에 있거나 또는 다른 추심은행과의 사이에 복위임관계에 있으므로 매도인의 이행보조자로서 운송증권의 교부와 상환으로 화환어음의 지급을 받게 된다. 이 경우에 은행은 매수인인 지급인으로부터 어음금의 지급을 받으면 이를 매도인에게 교부하고 추심에 따른 비용과 수수료를 지급받는다. 다만 인수도(引受渡)에 있어서는 매수인이 화환어음을 인수한 때 매수인에게 운송증권을 교부하면 된다. 그러나 이 경우 은행은 추심을 위임받았을 뿐 아무런 위험도 부담하지 아니하며, 지급을 받지 못한 때에는 어음과 운송증권 등을 그대로 매도인에게 반환하면 된다.

(3) 賣渡人과 買受人의 賣買契約關係

1) **결제방법의 합의** 매매계약에 있어서 특약이 없는 한 목적물소유권이전과 대금의 지급은 동시이행의 관계에 있으나(민법 §568), 화환어음의 결제에 있어서는 운송증권의 취득을 위하여 매수인의 선이행이 강제되므로 매매대금을 화환어음으로 결제하기 위해서는 당사자간의 합의나 이에 관한 상관습이 있어야 한다.

2) **同時履行의 抗辯權** 매도인 또는 할인은행에 의한 운송증권의 교부와 매수인의 대금지급(인수도의 경우에는 어음의 인수)은 동시이행의 관계에 있다.

3) **매매대금채권의 소멸시기** 매수인의 매매대금지급채무는 매수인인 지급인이나 그 거래은행 또는 신용장개설은행이 할인은행 또는 추심은행에 대하여 화환어음의 지급을 한 때 소멸한다.

4) **運送物에 대한 소유권의 이전** 매수인이 화환어음의 지급(인수도의 경우에는 인수)과 상환으로 운송증권의 교부를 받은 때에 운송물의 소유권은 매수인에게 이전된다.

제8. 貨換信用狀

1. 意 義

화환신용장은 매수인(수입업자)의 거래은행이 매수인의 의뢰와 지시에 따라 신용장조건과 일치하는 서류와 상환으로 매도인(수출업자)이 매수인 또는 당해 은행을 지급인으로 하여 발행한 화환어음의 인수와 지급 또는 매입을 할 것을 약정하는 서면을 의미한다.

화환신용장은 매수인의 의뢰에 따라 그 거래은행에 개설되며, 신용장개설은행은 신용장에 의하여 매도인이 발행한 화환어음의 인수와 지급 또는 매입을 보장하고, 매도인은 신용장개설은행을 지급인으로 하는 환어음을 발행하여 신용장과 선적서류를 첨부하여 은행으로부터 용이하게 어음의 할인을 받음으로써 대금결제를 확실하게 할 수 있다.

이와 같이 상품매매에 따른 대금의 결제를 위한 신용장을 상업신용장이라고도 한다. 화환신용장에는 선하증권 기타 선적서류가 요구되지만 이러한 서류가 요구되지 않는 상업신용장을 특히 무담보신용장이라 한다.

2. 貨換信用狀의 法的 性質

신용장의 법적 성질에 관하여 계약설, 대리인설, 지급지시설, 상업적 특수제도설 등이 있다. 화환신용장은 그 유효기간내에 신용장조건에 합치하는 선적서류의 제출을 정지조건으로 신용장개설은행이 환어음의 지급 등의 의무를 부담하는 국제거래관습법상의 특수한 제도라고 하여야 할 것이다.

3. 信用狀去來의 獨立 · 抽象性

화환신용장은 매도인과 매수인간의 매매계약과 매수인과 신용장개설은행간의 위임계약의 두 법률관계를 전제로 한다. 즉 매도인과 매수인이 매매계약을 체결하는 경우에 매수인이 매도인에게 매매계약상의 대금지급을 신용장에 의한다는 특약을 하고, 그 특약에 기하여 매수인이 자기의 거래은행(신용장개설은행)에 신용장의 개설을 의뢰하며, 신용장개설은행은 이 매수인의 지시에 따라 신용장을 발행하게 되는 것이다.

그리하여 신용장이 개설된 후에는 신용장개설은행은 신용장조건에 일치하는 서류가 제출되면 이들 법률관계와 독립하여 매도인에 대하여 화환어음을 인수하거나 지급 또는 매입하여야 할 의무를 부담한다. 신용장개설은행 외에 확인은행이 있는 때에는 확인은행도 개설은행과 연대하여 이러한 의무를 부담한다.

따라서 매매계약의 취소 · 조건불성취 · 이행지체 · 이행불능 등의 사유가 있는 경우뿐만 아니라 매수인과 신용장개설은행의 신용장개설계약에 있어서 매수인의 의무불이행이나 파산 기타 사유가 있는 경우에도 신용장개설은행과 확인은행은 매도인에 대하여 이러한 사유를 항변으로 제출할 수 없으며, 그 의무이행을 거절하지 못한다.

4. 嚴格一致의 原則

신용장은 매매계약에 기하여 발행되지만, 은행이 신용장에 의하여 환어음을 인수·지급 또는 매입함에 있어서는 매매계약과 관계없이 서류상으로만 거래를 한다. 그리하여 신용장매입은행은 제출된 서류가 문면상 신용장조건에 엄밀하게 일치하는 경우에 한하여 화환어음의 지급의무 등을 부담한다. 이를 엄격일치의 원칙이라 한다.

즉 은행이 신용장에 의하여 화환어음을 매수하는 때에는 선적서류에 관하여, 서류의 진정성이나 법적 효력 등에 상관없이, 외관상으로 신용장조건의 문면과 서류의 문면이 완전히 합치하는지 여부에 관하여 상당한 주의를 기울여 조사하여야 할 의무를 부담하며, 이 두 문면이 일치하는 경우에 한하여 화환어음을 지급하는 것이다. 여기서 상당한 주의라 함은 은행원으로서의 일반적인 지식·경험에 의하여 기울여야 할 객관적이고 합리적인 주의를 말한다.

이러한 엄격일치의 원칙에 따라 신용장개설은행은 매도인이 제출한 서류가 실제 매매계약의 내용에 합치하더라도 신용장조건에 일치하지 않은 경우에는 그 서류를 거절하여야 하고, 화환어음의 인수 또는 지급의무를 부담하지 않는다. 만일 은행이 하자있는 서류에 대해 화환어음을 지급하였다면 신용장개설의뢰인은 그 상환을 거절할 수 있다.

다만 이러한 신용장거래에 있어서 제출된 서류가 신용장조건에 일치하여야 한다고 하여 모든 서류의 자구 하나하나가 정확하고 완전하게 일치하여야 한다는 뜻은 아니다. 대법원은 자구에 약간의 차이가 있더라도 상당한 주의를 기울이면 문언의 의미에 차이가 없고 신용장조건을 해하는 것이 아님을 문면상 알 수 있는 경우에는 신용장조건에 합치하는 것으로 보아야 한다고 판시하고 있다(대판 2002.10.11, 2001 다 29469).

[대판] 대법원 2002.2.21, 선고 99다49750 판결

신용장 거래에 있어서 개설은행은 수익자나 매입은행 등으로부터 지급을 위하여 제시받은 선적서류가 문면상 신용장 조건과 일치하는지의 여부를 정해진 기간 내에 조사·확인하여 만일 거기에 불일치가 있으면, 그것이 사소한 것이어서 그 서류에 의하더라도 충분히 신용장 조건이 의도하는 목적을 충족시킬 수 있는 등의 특별한 사정이 인정되는 경우를 제외하고는 개설의뢰인의 명시적인 지시가 없는 한 신용장대금을 지급하지 말아야 하고, 개설은행이 이에 위반하여 임의로 불일치의 흠이 있는 서류의 수리를 결정하거나 혹은 상당한 주의를 기울여 서류를 조사하지 않음으로써 흠이 있는 서류에 의하여 신용장대금을 지급한 것이라면 개설은행은 원칙적으로 개설의뢰인에 대하여 그 대금의 결제를 청구할 수 없고, 개설의뢰인으로부터 신용장금액에 해당하는 자금을 이미 예치받았다면 그 예치금의 반환을 거절할 수 없다고 할 것이다.

제3장

換어음

제1절 換어음의 發行

제1. 換어음 發行의 意義

환어음의 발행이란 환어음증권을 작성하여 이를 수취인에게 교부하는 기본적 어음행위를 말한다. 환어음증권에는 환어음요건을 기재하고 발행인이 기명날인 또는 서명을 하여야 한다(어음법 §1). 이를 특히 기본어음이라고 한다. 오늘날 환어음은 주로 국제무역거래에서 수출상품의 선적 전에는 무역어음의 형태로, 선적 후에는 화환어음에 이용되고 있다.

제2. 換어음 發行의 法的 性質

환어음의 발행의 법적 성질에 관하여는 학설이 나뉘어 있다. 다수설은 환어음의 발행은 지급지시 또는 지급위탁으로서 지급인에 대하여는 어음금의 지급권한을 주고 수취인에 대해서는 수령권한을 주는 이중수권(二重授權)이라고 한다. 이에 대하여 소수설로서 지급인의 지급권한은 자금관계에서 생기는 것이므로 환어음의 발행은 수취인에게 어음금을 수령할 수 있는 권한만을 수여하는 의사표시라는 단독행위설과, 환어음의 발행은 인수를 정지조건으로 하는 어음금지급청구권과 인수 또는 지급의 거절 시에 발생하는 상환청구권이 택일적 관계에 있는 금전채권을 주는 것이라는 금전채권수여설이 있다.

생각건대 단독행위설은 환어음의 발행인은 아무런 자금관계가 없는 자도 지급인으로 하여 어음을 발행할 수 있다는 점에서, 또 금전채권수여설은 상환청구권이 발행의 의사표시에 기한 것이 아니라 그 부수적 효력으로서 생기는 담보책임이라는 점에서 문제가 있다. 다수설이 타당하다.

제3. 換어음 發行의 效力

1. 基本的 效力

환어음이 발행된 경우에 수취인은 자기명의로 어음금을 지급받을 수 있는 수령권한을 취득하며, 지급인은 자기 명의로 발행인의 계산으로 어음금을 지급할 수 있는 지급권한을 가진다. 지급인은 발행인과의 사이에 자금관계가 존재하여도 발행만으로 지급의무를 부담하는 것은 아니다. 지급인은 인수를 한 경우에만 주채무자로서 지급의무를 부담하므로 지급인이 인수하기 전의 환어음에는 확정적인 주채무자가 없는 것이다.

2. 附隨的 效力

환어음의 발행인은 지급인이 인수 또는 지급을 하지 않는 경우에 인수 또는 지급의 담보책임을 부담한다. 이런 점에서 인수되지 아니한 환어음은 조건부 상환청구권을 표창한다. 다만 발행인은 인수에 대해서는 무담보문언을 기재하여 인수거절 시의 인수담보책임을 면할 수 있으나, 지급거절 시에 담보책임을 지지 않는다는 면책문언의 기재는 환어음의 신용과 유통성을 해치므로 인정되지 않는다.

3. 支給委託의 取消

환어음의 발행인이 지급인에 대하여 지급지시를 철회할 수 있는가에 관하여 학설이 대립하고 있다. 즉 발행인은 환어음을 발행하여 교부한 후에도 지급인이 지급할 때까지 언제든지 어음 외의 의사표시로써 지급지시를 철회할 수 있다고 하는 다수설과, 수표의 경우와 같은 특별규정(수표법 §32)이 없으므로 환어음의 신용증권성에 비추어 지급지시를 철회할 수 없다고 하는 소수설이 있다.

생각건대 발행인이 환어음을 발행하여 유통시킨 후에는 비록 지급인에 대하여 지급지시를 철회하여도 그것은 어음 외의 실질관계로서 어음관계에는 영향을 미칠 수 없는 것이다. 따라서 발행인이 지급인에 대하여 지급지시를 철회하고 지급인이 이에 따라 지급을 거절한 경우에는 소지인은 발행인에 대하여 상환청구권을 행사할 수 있으며, 발행인은 소지인의 상환청구에 따라 상환의무를 부담하여야 한다.

▌제2절 換어음의 記載事項▐

제1. 換어음의 어음要件

1. 總 說

기본어음에 반드시 기재하여야 되는 필요적 기재사항을 어음요건이라 한다. 어음요건은 절대적 기재사항으로서 어느 하나라도 기재되지 않으면 어음법에 의해 구제되는 경우(어음법 §2②~④)를 제외하고는 환어음으로서의 효력이 발생하지 아니하며, 그 어음증권에 행해진 어음행위는 모두 무효로 되어 물적 항변사유가 된다. 어음요건의 기재에 있어서 어음증권의 재료, 기재방법과 재료 등에 관하여는 법률상 아무런 제한이 없고, 용어와 문자에 있어서도 자유이며 오자나 문법상의 오류 또는 오기나 정정 등이 있어도 그 기재의 의미가 전체적으로 하나의 지급위탁의 의사표시로서 명백하면 된다.

어음요건은 교부계약이 체결될 때 갖추어져야 하며, 형식적 요건이 구비되지 않은 어음의 교부계약은 무효이다.

2. 어음要件의 具體的 內容

⑴ 換어음文言

환어음증권의 본문 중에 그 증권의 작성에 사용하는 국어로 기재된 환어음임을 표시하는 문자가 있어야 한다(어음법 §1 제1호, §75 제1호). 환어음문언은 본문 중의 지급위탁 문언에 사용된 국어로 기재하여야 한다. 어음의 작성에 사용되는 국어는 외국어라도 무방하다.

⑵ 어음金額의 支給委託 文言

환어음에는 일정한 금액을 지급할 뜻의 무조건의 위탁을 기재하여야 한다(어음법 §1 제2호, §75 제2호). 이를 지급위탁문언이라 한다. 금전 이외의 물건의 급여를 목적으로 하는 물품어음은 인정되지 아니한다. 어음금액은 반드시 내국통화일 필요는 없으며 외국통화라도 무방하다.

어음금액은 문자나 숫자 어느 것으로도 표시할 수 있으며, 기재장소에 대한 제한도 없다. 어음금액은 일정하고 단일한 금액으로 기재하여야 한다. 어음금액이 불확정적이거나 선택적 또는 부동적인 기재는 어음 자체를 무효로 한다. 다만 증권에 수개 기재된 어음금액이 서로 일치하지 않는 경우에는 문자와 수자 사이에는 문자로 기재된 금액을 어음금액으로 하며, 문자와 문자 또는 수자와 수자 사이에는 그 기재 중 최소금액을 어음금액으로 한다.

(3) 支給人의 名稱

환어음에는 어음금을 지급할 지급인을 기재하여야 한다(어음법 §1 제3호, §75 제3호). 지급인의 명칭은 동일성을 인식할 수 있는 한 어떤 명칭이라도 상관없다. 통칭, 별명, 예명이라도 무방하다. 회사 기타 법인을 지급인으로 하는 경우에는 상호 기타 법인의 명칭을 기재하면 충분하고 그 대표기관을 표시할 필요는 없다.

지급인이 수인인 경우에 지급인의 중첩적 기재(갑과 을)는 유효하며, 순차적으로 기재한 때에는 제1지급인만이 지급인이며 제2지급인은 예비지급인으로 본다. 지급인의 선택적 기재나 수인의 분할지급관계 또는 각 지급인에 대하여 만기일이나 지급지를 다르게 한 기재는 어음의 단순성을 해치므로 어음 자체가 무효로 된다.

당사자자격의 겸병에 관하여 어음관계의 당사자는 어음금액의 지급과 유통성의 확보라는 공동목적을 달성하기 위하여 상호 협동하는 것이므로 지급인과 발행인 및 수취인의 자격 겸병이 인정된다. 발행인과 지급인이 동일한 환어음을 자기앞 환어음, 발행인과 수취인이 동일한 환어음을 자기지시(自己指示)어음이라 한다.

(4) 滿 期

1) 意 義 만기는 어음금액이 지급될 날로서 어음에 기재된 일자를 말한다(어음법 §4 제4호). 만기일 또는 지급기일이라고 한다. 만기가 법정휴일인 때에는 이에 이은 제1의 거래일이 '지급을 할 날' 이므로(어음법 §38①, §44③) 만기와 '지급을 할 날'은 반드시 일치하는 것은 아니며, 실제 지급된 날인 '지급한 날'과도 다르다. 만기는 일정하여야 하며 어음금액의 일부마다 각별로 수개의 만기를 정하는 분할출급어음이나 각 지급인에 상이한 만기를 정하는 것은 허용되지 않는다(어음법 §33②). 만기는 반드시 확정된 날 또는 확정될 수 있는 날이어야 한다.

2) 滿期의 種類 만기는 확정일출급과 발행일자후정기출급, 일람출급, 일람후정기출급의 네 가지만 인정되며 그 밖의 만기의 기재는 어음 자체를 무효로 한다.

① **確定日出給** 확정된 특정일을 만기로 정한 것이다(어음법 §33① 제4호). 일반적

으로 연월일을 정하는 것이 보통이나 역일을 표시하지 않아도 특정일을 표시한 것으로 볼 수 있으면 유효하다. 발행일 이전의 날을 만기로 한 경우는 무효이다. 역일로서 존재하지 않는 날(예 9월 31일)일 경우 그 달의 말일을 만기일로 본다. 발행지와 지급지의 세력이 다를 경우에는 만기는 지급지의 세력에 의한다.

② **發行日字後定期出給** 발행일로부터 일정한 기간이 경과된 날을 만기일로 정한 경우이다(어음법 §33① 제3호). 기간의 계산에 관하여 발행일자 후 1개월 또는 수월에 지급할 어음은 지급할 달의 대응일이 없는 때에는 그 달의 말일을 만기로 한다. 기간이 日로 정해진 경우 초일은 산입하지 않으므로 발행일의 익일을 기산일로 한다. 기간이 月과 日로 정해진 경우에는 먼저 월을 계산하고 여기에 일을 가산한 말일이 만기로 된다.

③ **一覽出給** 어음소지인이 지급을 위하여 어음을 제시한 날을 만기로 하는 것이다(어음법 §33① 제1호). 이 경우 지급을 위한 제시기간은 발행일자로부터 1년이다. 발행인은 이 기간을 단축 또는 연장할 수 있으나 배서인은 단축만 할 수 있다(어음법 §34①). 이 경우 발행인에 의한 제시기간의 변경은 모든 어음관계자에 대하여 효력을 미치나, 배서인이 제시기간을 변경한 경우에는 그 변경의 기재를 한 배서인에 한하여 효력이 있다(어음법 §53③). 또한 발행인은 일정한 기일을 정하여 그 기일까지 지급제시를 금지할 수 있는데, 이 경우 제시기산은 그 기일로부터 진행된다(어음법 §34②).

④ **一覽後定期出給** 어음소지인이 일람을 위하여 어음을 제시한 날(인수제시일)로부터 어음에 기재된 일정한 기간이 경과한 날을 만기로 하는 것이다(어음법 §33① 제2호). 이 경우에 일람을 위한 제시기간은 일람출급의 경우와 동일하다. 일람 후의 기간의 계산에 있어서 i) 지급인이 인수 후 인수일자를 기재하지 않은 때에는 인수일자거절증서의 일자를 기준으로 하고, ii) 지급인이 인수를 거절한 경우에는 인수거절증서의 일자를, 거절증서작성면제의 경우에는 현실로 제시한 날을 기준으로 한다(어음법 §35①). iii) 거절증서작성이 면제된 경우에 인수를 하고 일자를 기재하지 아니한 때에는 인수인에 대한 관계에서는 제시기간의 말일을 초일로 하여 일람 후의 기간을 계산한다(어음법 §35②).

3) **滿期의 補充** 만기의 기재가 전혀 없거나, 어떠한 기재가 있어도 거래통념상 만기의 기재로서의 의의를 갖지 못할 때에는 일람출급으로서의 효력이 인정된다(어음법 §2②). 지급기일을 공백으로 한 약속어음을 발행한 때에는 특별한 사정이 없는 한 후일 소지인으로 하여금 임의로 지급기일의 기재를 보충시킬 의사가 있는 백지어음으

로 보아야 한다는 판례가 있다. 따라서 만기의 기재가 없는 어음은 백지어음으로 인정할 수 없는 경우에만 일람출급어음으로 보게 된다. 그러나 만기가 부적법하게 기재된 때에는 어음 자체가 무효이다.

(5) 支給地

1) **意 義** 지급지는 만기에 어음금액이 지급될 일정한 지역을 말한다. 지급지는 지급될 지점을 의미하는 지급장소와는 달리 어느 정도 넓은 지역이어야 한다. 지급지는 인수인이 어음을 지급하고 인수 또는 지급거절 시 상환청구권보전절차가 행해지며, 민사소송법상으로는 어음의 특별재판적(민사소송법 §7)이 된다.

2) **表示方法** 지급지는 최소독립행정구역 또는 사회통념상 이에 해당하는 지역이어야 한다. 실재하지 않는 지역을 지급지로 기재한 경우에는 어음상의 권리행사가 사실상 불가능하므로 무효이다. 지급지의 표시는 반드시 행정상의 명칭과 일치하여야 할 필요는 없으며, 통칭에 의한 경우도 유효하다. 그러나 지급지가 영남이나 호남 등과 같이 너무 광범한 경우에는 무효이다.

3) **支給地의 單一性** 지급지는 단일하게 확정할 수 있어야 한다. 지급지의 중첩적 또는 선택적 기재는 어음을 무효로 한다. 지급지가 발행지와 동일한 경우를 동지(同地)어음, 다른 경우를 이지(異地)어음이라 한다. 지급지가 지급인의 주소지와 같은 어음을 동지지급(同地支給)어음이라 하고, 다른 경우를 타지지급(他地支給)어음이라 한다. 타지지급어음에 있어서는 발행인은 인수제시를 금지하는 문언을 기재하지 못한다(어음법 §2② 단서).

4) **支給地의 補充** 어음에 지급지의 기재가 없는 때에는 지급인의 명칭에 부기한 지역을 지급지로 보고 동시에 이것을 지급인의 주소지로 본다(어음법 §2③). 지급지의 기재 또는 보충할 수 있는 기재가 없거나 지급지의 기재가 무효인 경우에는 지급장소가 기재되어 있고 그 기재에서 지급지를 알 수 있는 때에는 그 지역을 지급지로 본다.

(6) 支給을 받을 者 또는 支給을 받을 者를 指示할 자의 名稱

환어음에는 무기명식이 인정되지 않으므로 반드시 수취인을 기재하여야 한다. 수취인의 표시는 그 성명 또는 법인의 명칭만 기재하는 것으로 충분하다. 반드시 자연인의 성명이나 대표관계를 기재해야 할 필요는 없으며 수취인의 동일성이 인정되는 한 상호、통칭、아호 등을 표시해도 무방하다.

수취인의 중첩적, 선택적, 순차적 기재도 유효하다. 수인의 수취인이 중첩적으로 기재되어 있는 경우에는 각 수취인은 공동수취인으로서 전원이 공동으로 권리를 행사하여야 하나, 선택적 또는 순차적 기재인 경우에는 어음을 소지하고 있는 수취인이 단독으로 권리를 행사할 수 있다.

(7) 發行地

발행지는 어음이 발행된 곳으로서 어음면에 기재된 지역을 말한다. 발행지는 사실상 어음이 발행된 곳과 일치할 필요는 없으나 실제로 존재하는 지역이어야 한다. 발행지가 최소독립행정구역보다 넓은 지역으로 표시되어 있거나 중첩적으로 기재된 경우에도 준거법의 동일성을 해하지 않는 한 유효하다. 발행지의 기재가 없는 경우에는 발행인의 명칭에 부기한 지역을 발행지로 본다.

(8) 發行日

발행일은 어음이 발행된 날로서 어음면에 기재된 일자를 의미한다. 발행일은 어음이 실제로 발행된 날이어야 하는 것은 아니므로 선일자 또는 후일자어음도 유효하다. 발행일은 발행일자후 정기출급어음에 있어서 제시기간을 정하는 표준이 된다. 확정일출급어음에 있어서는 발행일은 특별한 의미가 없으나 이 경우에도 그 기재가 없으면 어음은 무효로 된다.

발행일은 어음발행의 의사표시의 내용이므로 발행인이 수인인 때에도 단일하여야 한다. 발행일은 가능한 날이어야 하나, 9월 31일 등과 같이 세력에 없는 불능의 날로 기재된 때에는 월말로 보아 그 기재의 효력이 인정된다.

(9) 發行人의 記名捺印 또는 署名

발행인은 어음의 발행이라는 어음행위를 하는 자이므로 환어음증권에는 어음행위의 요건으로서 발행인의 기명날인 또는 서명이 있어야 한다(어음법 §1 제8호).

수인의 발행인이 공동으로 발행하는 경우에는 전원이 기명날인 또는 서명하거나 그 위임을 받은 대리인이 기명날인 또는 서명을 하여야 한다. 발행인이 수인인 공동발행인은 상환청구단계에서 어음행위의 독립성에 따라 각자가 어음금 전액에 대하여 합동책임을 진다(어음법 §47①).

따라서 공동발행인의 1인에 대한 청구는 다른 발행인에 대한 시효중단의 효력이 생기지 않으며(어음법 §71), 어음금을 상환한 발행인이 다른 발행인에 대하여 구상권을 가지는지 여부는 어음 외의 실질관계에 의하여 정해진다. 위탁어음에 있어서도 어음상의 발행인만이 발행인으로서 책임을 지고 발행인과 위탁자의 관계는 어음 외의 법률관계에 의하여 규율된다.

3. 어음要件흠결의 效果

(1) 어음의 無效

어음요건이 흠결되어 있거나 무효인 경우에 그 구제규정이 없는 한 어음은 무효로 된다. 어음요건은 어음의 유통성을 확보하기 위한 형식적 어음엄정의 원칙에 기한 것이므로 어음 외의 사정을 고려한 당사자의 의사해석으로 보충할 수 없다.

(2) 無效어음의 轉換

어음요건의 흠결로 어음이 무효인 경우에 그 기재내용에 따라 상법 제65조의 유가증권이나 민법상의 지시채권으로 전환될 수 있다(민법 §138). 그러나 무효인 어음행위가 전환되는 경우에도 발행인이 어음의 경우보다 더 엄격한 책임을 지는 법률행위로의 전환은 인정되지 않는다.

제2. 要件 이외의 記載事項

1. 有益的 記載事項

유익적 기재사항은 어음면에 기재하지 않아도 어음 자체의 효력에는 영향이 없으나 그 기재의 내용에 따라 어음상의 효력이 생기는 임의적 기재사항이다. 이에 해당하는 사항은 어음면에 기재한 경우에 그 기재가 무효라도 그 기재의 효력이 생기지 않을 뿐이며, 어음 자체의 효력에는 영향이 없다. 어음법상의 유익적 기재사항은 다음과 같다.

(1) 기재사항 일반

환어음의 유익적 기재사항에는 지급인의 명칭에 부기한 지(地)(어음법 §2③), 발행인의 명칭에 부기한 지(어음법 §2④), 지시금지문언(어음법 §11②), 일람출급어음의 지급제시기간의 변경(어음법 §34①), 일람출급어음의 지급제시의 일시금지(어음법 §34②), 준거할 세력의 지정(어음법 §37④), 외국통화환산율 또는 외국통화현실지급문언(어음법 §41③,④), 거절증서

작성면제문언(어음법 §46), 역어음발행금지문언(어음법 §52①), 인수무담보문언(어음법 §9②), 인수제시명령 또는 금지문구, 인수제시기간의 단축 또는 신장문언(어음법 §22①, ②), 예비지급인의 지정(어음법 §55①), 복본번호 또는 복본부발행문언(어음법 §64②, ③) 등이 있다.

⑵ 第3者方支給文言

1) **意 義** 제3자방지급문언은 지급담당자와 지급장소의 기재를 일괄하여 말한다. 지급담당자는 환어음의 지급인(인수인 또는 약속어음의 발행인)에 갈음하여 어음금지급사무를 집행하는 자이며, 지급장소는 환어음의 지급인이나 인수인, 약속어음의 발행인 또는 지급담당자가 지급지 내에서 어음금을 지급하여야 할 장소이다.

어음의 발행인 또는 지급인은 그 영업소 또는 주소가 지급지에 있는가, 다른 지역에 있는가에 상관없이 제3자방지급문언을 기재할 수 있다(어음법 §4, §77②). 제3자방지급문언에 의하여 제3자가 지급담당자가 되고 제3자의 주소가 지급장소로 된다. 제3자방지급문언이 있는 어음을 제3자방지급어음이라 한다.

2) **記載權者** 제3자방지급문언을 기재할 수 있는 자는 환어음과 약속어음의 발행인이다. 환어음의 지급인은 발행인이 이 문언을 기재하지 아니한 경우와 지급인의 주소가 지급장소로 지정되어 있는 경우에 한하여 인수를 할 때 제3자방지급문언을 기재할 수 있다.

3) **記載의 效力** 제3자방지급문언으로 지급담당자의 기재가 있는 경우에 소지인은 만기에 그 지급담당자의 주소에서 지급담당자에게 지급제시를 하고 거절증서도 지급담당자를 거절자로 하여 작성하여야 하나, 지급장소만 기재되어 있는 경우에는 그 장소에서 지급인(인수인 또는 약속어음의 발행인)에게 지급제시를 하고 지급거절 시에는 그곳에서 거절증서를 작성하여야 한다.

그러나 제3자방지급문언의 기재가 있더라도 인수제시는 지급인에게 하여야 하며, 인수거절 등의 사유로 만기전 상환청구를 하는 때에는 지급인(인수인 또는 약속어음의 발행인)의 주소에서 거절증서를 작성하여야 상환청구권을 행사할 수 있다. 또 제3자방지급문언은 지급제시기간 내에 한하여 그 효력이 있으므로, 지급제시기간 경과 후에는 지급인(인수인 또는 약속어음의 발행인)의 영업소 또는 주소에서 지급제시를 하고 지급거절증서도 그곳에서 작성하여야 한다.

⑶ 利子文言

어음금에 대한 이자의 지급에 관한 문언을 말한다. 어음의 이자문언은 만기일을 알 수 없는 일람출급과 일람 후 정기출급어음에서만 그 효력이 있다. 이자문언에는 반드시 이율을 기재하여야 하며, 이율 없는 이자문언의 기재는 무효이다. 이자계산의 기산일은 다른 기재가 없는 한 어음상의 발행일이며, 만기일 이후에는 법정이자(어음법 §48① 제2호)가 발생한다.

2. 無益的 記載事項

무익적 기재사항은 어음면에 기재하더라도 그 기재의 효력이 전혀 없는 사항이다.

(1) 記載가 불필요한 事項

지시문언, 상환문언, 제시문언 또는 파훼문언 등은 어음법상 당연히 인정되는 것이므로 어음면에 그 기재를 할 필요가 없는 사항이다.

(2) 記載가 없는 것으로 인정되는 事項

확정일출급과 발행일자 후 정기출급어음의 이자문언, 이율의 기재가 없는 이자문언, 발행인의 지급무담보문언 등은 어음면에 기재가 있더라도 기재는 없는 것으로 취급된다.

(3) 記載가 어음상 효력이 없는 事項

어음에 관할법원에 관한 합의문언, 위약금문언, 담보문언, 자금문언, 통지문언, 위탁어음문언, 어음개서의 특약, 번호, 대가문언, 연체이자약정문언, 상환청구통지면제문언 등의 기재가 있더라도 그 어음상의 효력은 인정되지 않는다.

3. 有害的 記載事項

유해적 기재사항은 어음자체를 무효로 하는 사항을 말한다.

(1) 法定의 有害的 記載事項

어음법에서 규정하는 유해적 기재사항에는 법정 종류(어음법 §33①)와 다른 만기의 기재, 분할지급의 문언 등이 있다(어음법 §33②).

(2) 기타 有害的 記載事項

어음의 조건부지급 문언, 지급방법이나 지급자금을 한정하는 기재, 어음의 효력을 실질관계에 결부시키는 기재 등은 어음의 본질에 반하므로 어음 자체를 무효로 한다.

제3절 白地어음

제1. 白地어음의 意義

백지어음은 어음소지인에게 어음요건의 전부 또는 일부를 후일 보충시킬 의사로써 이를 백지로 한 증권에 기명날인 또는 서명을 하여 교부한 미완성어음을 말한다. 백지어음은 보충이 예정되어 있다는 점에서 무의식적으로 어음요건을 기재하지 않은 불완전어음과는 다르다. 또한 백지어음은 어음요건이 백지로 되어 있는데 반하여, 완성어음의 어음행위자가 유익적 기재사항을 타인으로 하여금 보충시킬 의사로 그것을 기재하지 않고 발행하는 어음을 특히 준백지어음이라 한다. 준백지어음에는 백지어음에 관한 어음법 제10조가 준용된다.

제2. 白地어음의 法的 性質

백지어음은 보충에 의하여 완전한 어음상의 권리가 발생되는 법률상의 기대권과 백지보충권을 표창하는 유가증권이다. 백지어음도 어음의 일종이라는 설이 있으나, 어음요건을 완비한 것이 아니므로 엄격한 의미에서 어음이라 할 수 없다. 따라서 백지어음은 어음으로서의 효력을 가지지 않으며 이러한 어음으로 인수제시를 하거나 지급을 청구할 수 없다. 그러나 백지어음도 백지를 보충함으로써 완전어음이 되므로 무효어음과는 구별되며, 유통방법이나 어음소지인의 보호 등 일정한 범위 내에서 완전어음과 동일하게 취급된다.

제3. 白地어음의 要件

1. 어음要件의 欠缺

백지어음이 되기 위해서는 어음요건의 전부 또는 일부의 흠결이 있어야 한다. 흠결된 요건의 종류 및 정도에 관하여는 제한이 없다. 따라서 어음문언이나 환어음의 지급위탁문언 또는 약속어음의 지급약속문언의 기재가 없어도 백지어음이 될 수 있다. 만기의 기재가 없는 경우에 관하여 어음법은 일람출급어음으로 보고 있으나, 당사자가 후에 만기를 보충시킬 의사가 있는 때에는 백지어음으로 보아야 한다. 판례는 지급기일을 공백으로 하여 약속어음을 발행한 경우에 특별한 사정이 없는 한 백지어음으로 보아야 하며, 백지어음이 아니라는 점에 관한 입증책임은 발행인에게 있다고 한다.

2. 記名捺印 또는 署名의 存在

백지어음이 되기 위해서는 반드시 어음행위자의 기명날인 또는 서명이 있어야 한다. 그러나 반드시 발행인의 기명날인 또는 서명이 있어야 하거나 선행되어야 하는 것은 아니며, 배서인이나 보증인 또는 인수인의 기명날인 또는 서명만이 있어도 백지어음으로 성립된다. 백지어음행위의 기명날인에 있어서 백지어음행위자의 기명과 날인이 모두 있어야 하는 것이 원칙이나, 날인만 있고 기명이 없더라도 기명과 기타 백지부분을 보충시키려는 의사가 있는 때에는 백지어음으로 성립된다.

3. 白地補充權의 存在

백지어음은 보충권의 행사에 의해 완성어음으로 되므로 백지어음에는 보충권이 있어야 한다. 백지보충권의 존재에 관하여 학설이 나누어져 있다.

① **主觀說** 어음의 기명날인자에게 보충권 수여의 의사가 현실적으로 있어야 한다는 설이다. 이 설에 의하면 백지어음과 무효인 불완전어음과의 구별은 어음증권의 기명날인 또는 서명자와 그 상대방 사이에 어음 외의 보충권수여계약이 있는가, 없는가에 따라 정하여진다. 그러나 이 설에 의하면 백지어음의 외관이 있어도 어음행위자가 보충권수여의사의 존재를 부인하는 경우에는 어음소지인이 보충권의 존재를 입증하지 못하는 한 백지어음으로 인정되지 아니하므로 거래의 안전을 해치게 된다.

② **客觀說** 어음의 외관에 의하여 기명날인 또는 서명자가 보충을 예정하고 발행한 것으로 인정되는 경우에는 그 의사에 관계없이 백지어음으로 본다는 설이다. 그러나 이 설에 의하면 외관상으로는 보충이 예정된 것으로 인정할 수 없는 것은 기명날인 또는 서명자에게 보충권수여의사가 있더라도 보충권의 존재를 인정할 수 없게 된다. 이같은 결과는 거래의 안전을 보호할 수 있으나 백지어음행위자의 의사를 도외시하게 된다.

③ **折衷說** 백지어음은 원칙적으로 기명날인 또는 서명자가 후일 흠결된 어음요건을 보충시킬 의사로 작성·교부한 것이어야 하나, 어음의 외관상 흠결된 요건의 보충이 예정되어 있는 것으로 인정되고 그러한 서면임을 인식할 수 있는 사정아래서 기명

날인 또는 서명한 경우에는 보충권 수여의 의사가 없더라도 당연히 보충권을 수여한 것으로 보아야 한다는 설이다.

우리나라의 대법원 판례도 "백지약속어음의 발행자가 백지부분에 대한 보충권을 줄 의사로 발행한 것이 아니라는 점, 즉 백지어음이 아니고 불완전어음으로서 무효라는 점에 관한 입증책임이 있다"고 하여 절충설을 취하고 있다.

통설은 주관설의 입장을 취하면서 권리외관이론에 입각하여 선의의 취득자에 대한 관계에서 백지어음에 기명날인 또는 서명을 한 자는 요건이 흠결된 어음에 대하여 불완전어음이라는 항변을 제출할 수 없다고 한다. 즉 요건 흠결의 어음에 기명날인 또는 서명을 한 자가 보충권을 수여하지 않았더라도 백지어음으로 볼 수 있는 외관을 야기한데 대하여 귀책사유가 있고, 제3자가 보충권이 있다고 과실 없이 신뢰하여 취득한 때에는 권리외관이론에 의하여 백지어음행위자로서 책임을 지게 되는 것이다. 이 경우 기명날인 또는 서명을 한 자의 귀책사유는 어음요건의 일부를 백지로 하여 기명날인 또는 서명한 것으로 충족된다.

4. 未完成어음의 交付

백지어음은 기명날인 또는 서명자가 미완성어음을 수취인에게 교부하여 유통 상태에 둔 것이어야 한다. 어음행위는 증권의 작성과 교부에 의하여 성립하는 것이므로 요건이 흠결된 어음이 백지어음으로 인정되기 위해서는 상대방에게 교부되지 않으면 안 된다.

다만 교부계약이 흠결된 경우에도 이를 선의 또는 중과실 없이 취득한 선의취득자에 대해서는 권리외관이론에 의하여 기명날인 또는 서명을 한 자가 백지어음행위자로서 책임을 지게 되는 것은 완성어음의 경우와 같다.

제4. 白地어음의 補充權

1. 補充權의 意義

백지어음의 보충권은 백지어음의 흠결된 요건을 보충할 수 있는 권리를 말한다. 백지어음은 보충에 의하여 완성어음으로 되고 백지어음행위의 효력이 발생되므로 보충권의 법적 성질은 형성권이다. 보충권은 백지어음에 표창되어 이전되므로 백지어음이 양도된 경우 그 양도 전에 백지어음에 기명날인 또는 서명을 한 자는 보충권이 수여된 백지어음 자체를 회수하지 않고서는 보충권을 일방적으로 철회하지 못하며, 보충권수여계약의 해제도 불가능하다.

2. 補充權의 發生

보충권의 발생에 관하여 어음외계약설과 백지어음행위설이 있다. 어음외계약설에 의하면 보충권은 백지어음행위자와 그 상대방 사이에 어음관계 이외의 보충권수여계약에 의하여 발생된다고 한다. 통설이다. 이에 대하여 백지어음행위설은 백지어음행위자가 백지어음을 작성하여 상대방에게 임의의 교부를 한 때에 보충권이 발생된다고 한다. 소수설이다. 보충권에 관한 약정이 없더라도 백지어음의 작성만으로 보충권이 발생된다는 것은 일반적으로 당사자의 의사에 맞지 않다는 점에서 통설이 타당하다.

3. 補充權의 內容

백지어음의 보충권의 내용에 관하여 백지어음행위설에 의하면 백지보충권은 어음상의 권리와 같이 백지어음행위자와 상대방 사이의 약정과는 절단된 무인행위에 의한 권리로서 그 내용은 무제한의 추상적인 권리이며, 당사자 간의 약정은 인적 항변사유에 지나지 않는다고 한다.

그러나 통설인 어음외계약설에 의하면 보충권은 당사자 간의 계약에 의하여 발생하는 구체적인 권리로서 그 내용은 계약에 의하여 정해지며, 그 범위에 대한 제한은 악의 또는 중과실이 없는 제3자에게 대항할 수 없는 것이라고 한다. 다만 계약에서 정한 보충권의 범위가 명백하지 않을 때에는 어음수수의 원인관계나 관습 등을 고려하여 신의성실의 원칙에 따라 정하여야 한다.

4. 補充權의 移轉

어음외계약설에 의하면 보충권수여계약에 의하여 발생된 보충권은 조건부 어음금지급청구권과 함께 백지어음에 표창되어 이전되므로 백지어음이 양도되는 경우에는 보충권도 이전된다. 따라서 보충권은 백지어음의 배서 · 교부에 의하여, 최후의 배서가 백지배서인 경우에는 단순한 교부에 의하여 이전되며 백지어음을 정당하게 취득한 자는 그에 관한 보충권을 동시에 취득하게 된다.

5. 補充權의 行使期間

보충권수여계약에서 보충의 시기가 정해진 때에는 그 기간 내에 보충권을 행사해야 한다. 보충권의 행사기간에 관한 약정이 없는 경우에는 만기의 기재여부에 따라 그 행사시기가 다르다.

⑴ 滿期의 기재가 있는 경우

1) **主債務者에 대한 보충권 행사시기** 어음채권은 주채무자에 대한 관계에 있어서는 만기로부터 3년의 시효에 의하여 소멸하므로 이 기간 내에 보충하여야 한다. 따라서 확정일출급어음과 발행일자후정기출급어음에서는 만기일로부터 3년 내에, 일람출급어음에서는 지급제시기간 내에 지급제시를 한 날로부터 3년 내에, 일람후정기출급어음에서는 인수일자 또는 거절증서작성일자로부터 일정한 기간이 경과한 날로부터 3년 내에 보충권을 행사하여야 한다.

2) **償還義務者에 대한 보충권 행사시기** 상환의무자에 대한 관계에서는 인수제시기간 또는 지급제시기간 내에 보충권을 행사하여야 한다. 상환의무자에 대해 상환청구권을 행사하기 위해서는 완전한 어음으로 인수제시 또는 지급제시를 하여야 하므로, 백지어음을 소지하는 자가 그 제시를 하기 위해서는 보충을 해야 하기 때문이다. 따라서 확정일출급어음 및 발행일자후정기출급어음에 있어서는 지급을 할 날에 이은 2거래일 내에, 일람출급어음에 있어서는 지급제시기간 내에, 일람후정기출급어음에 있어서는 인수제시기간 내에 보충을 하여야 한다.

⑵ 滿期의 기재가 없는 경우

만기가 백지인 경우에는 만기를 기준으로 한 보충권의 행사시기를 정할 수 없다. 이 경우에는 보충권 자체의 소멸시효기간 내에 보충하면 된다.

6. 補充權의 時效期間

보충권의 시효기간에 관하여 보충권은 형성권이므로 시효기간이 20년이라는 설과, 보충권은 형성권의 일종이나 특정인에 대한 채권과 동일시하여 10년이라는 설, 보충권을 상행위로 인하여 생긴 권리에 준하는 것으로 보아 5년이라는 설, 원인관계상의 채권이 민사채권인가 상사채권인가에 따라 10년 또는 5년이라는 설, 보충권은 백지어음에 표창되어 유통되므로 그 시효기간은 완성어음상의 권리와 같이 3년이라는 설,

만기백지어음을 일람출급과 같게 보아 일람을 위한 제시기간 내에 보충권을 행사하여야 하므로 1년이라는 설 등이 있다.

보충권은 형성권이나 보충에 의하여 완성어음으로 된 경우 그 주채무의 시효기간이 3년이고, 주채무자에 대한 관계에서 만기 이외의 사항이 백지인 경우 그 보충권의 행사기간이 3년이므로, 만기가 백지인 경우의 보충권의 시효기간도 3년이라고 보는 것이 타당하다. 3년설이 다수설과 대법원 판례이다.

이 시효기간의 기산점에 관하여 일람출급어음의 지급제시기간이 원칙적으로 발행일로부터 1년이라는 점과 관련하여 기산점은 발행일로부터 1년이 되는 시점이라는 견해(정찬형(하), 142)가 있으나, 대법원은 '다른 특별한 약정이 없는 한 그 어음발행의 원인관계에 비추어 어음상의 권리를 행사하는 것이 법률적으로 가능하게 된 때'로 보고 있다(대판 2003.5.30, 2003 다 16214).

[판례] 대법원 2008.11.27, 선고 2008다59230 판결

약속어음의 소지인이 어음요건의 일부를 흠결한 이른바 백지어음에 기하여 어음금 청구소송(이하 '전소'라고 한다)을 제기하였다가 위 어음요건의 흠결을 이유로 청구기각의 판결을 받고 위 판결이 확정된 후 위 백지 부분을 보충하여 완성된 어음에 기하여 다시 전소의 피고에 대하여 어음금 청구소송(이하 '후소'라고 한다)을 제기한 경우에는, 원고가 전소에서 어음요건의 일부를 오해하거나 그 흠결을 알지 못했다고 하더라도, 전소와 후소는 동일한 권리 또는 법률관계의 존부를 목적으로 하는 것이어서 그 소송물은 동일한 것이라고 보아야 할 것이다. 그리고 확정판결의 기판력은 동일한 당사자 사이의 소송에 있어서 변론종결 전에 당사자가 주장하였거나 주장할 수 있었던 모든 공격 및 방어방법에 미치는 것이므로[대법원 1992.10.27, 선고 91다24847, 24854(병합) 판결 등 참조], 약속어음의 소지인이 전소의 사실심 변론종결일까지 백지보충권을 행사하여 어음금의 지급을 청구할 수 있었음에도 위 변론종결일까지 백지 부분을 보충하지 않아 이를 이유로 패소판결을 받고 그 판결이 확정된 후에 백지보충권을 행사하여 어음이 완성된 것을 이유로 전소 피고를 상대로 다시 동일한 어음금을 청구하는 경우에는, 위 백지보충권 행사의 주장은 특별한 사정이 없는 한 전소판결의 기판력에 의하여 차단되어 허용되지 않는다고 할 것이다.

7. 補充의 效果

백지어음은 흠결된 어음요건이 보충권자에 의하여 보충된 때에 완전한 어음이 된다. 백지어음에 행해진 발행, 인수, 배서, 보증 등의 어음행위도 보충한 때에 보충된 문언에 따라 그 효력이 발생되고 어음소지인도 비로소 어음상의 권리를 행사할 수 있다. 보충의 효력발생시기에 관하여 백지어음을 처음 교부한 때 또는 백지어음행위 시에 소급하여 완성어음이었던 것과 같은 효력이 생긴다는 소급설과, 백지어음행위는 정지조건부 행위이므로 백지보충의 효력은 민법 제147조의 준용을 받아 보충한 때로부터 장래에 향하여 발생하고 백지어음행위 시에 소급하지 않는다는 불소급설이 있다. 불소급설이 다수설이며 대법원의 판례이다. 백지어음행위자의 능력의 존부, 대리권의 유무 등은 그 성질상 보충전의 백지어음행위 당시를 기준으로 판단하여야 한다.

8. 補充權의 濫用

(1) 不當補充된 어음취득자의 보호

백지어음의 소지인이 보충권의 범위를 넘어 부당하게 보충을 한 경우에 기명날인 또는 서명자는 부당하게 보충된 문언에 따른 책임을 지지 않는 것이 원칙이다. 그러나 부당 보충된 백지어음이 제3자에게 양도된 경우에 그 취득자에게 악의 또는 중대한 과실이 없는 한, 백지어음행위자는 보충된 문언에 따라 책임을 진다(어음법 §10, §77 ②). 부당하게 보충된 기재를 신뢰한 어음취득자를 보호함으로써 거래의 안전을 도모하기 위한 것이다.

어음취득자의 악의 또는 중과실의 유무는 백지어음을 취득한 때를 기준으로 한다. 취득자의 악의 또는 중대한 과실에 대한 입증책임은 백지어음에 의하여 어음상의 청구를 받은 어음채무자가 부담한다.

(2) 補充權의 범위에 관한 善意者 보호

백지가 보충되지 아니한 어음을 취득한 자가 악의 또는 중대한 과실 없이 일정한 범위의 보충권이 있는 것으로 믿고 스스로 그 범위 내에서 보충을 하였으나, 사실상 보충권의 범위를 벗어난 경우에 백지어음행위자가 부당보충의 항변을 할 수 있는지 문제된다.

이에 대하여 외관상 백지의 존재가 명백한 경우에는 어음법 제10조의 적용은 없고 그 취득자는 스스로 부당보충 항변의 위험을 부담하여야 한다는 설이 있으나, 통설은 어음법 제10조가 선의이며 중과실 없는 자를 보호하여 어음의 유통을 원할하게 하려는 규정이므로 악의 또는 중과실 없이 일정한 범위의 보충권이 있다고 신뢰하여 미완성의 백지어음을 취득한 경우에도 동조를 유추적용하여 부당보충의 항변을 주장할 수 없다고 한다.

(3) 補充權 소멸 후의 補充

백지어음 행위자가 보충권수여계약을 해제하거나 보충권을 철회하여도 백지어음을 회수하지 않은 사이에 그것이 보충되어 유통된 경우 그 취득자가 어음상의 권리를 행사할 때에는 백지어음행위자는 보충권 소멸 후의 보충을 인적 항변으로 제출할 수 있을 뿐이다. 따라서 보충권이 소멸된 후에 보충된 어음의 취득자에게 악의 또는 중과실이 없는 때에는 백지어음행위자는 그 취득자에게 어음상의 책임을 부담하여야 한다.

제5. 白地어음의 讓渡

1. 讓渡方法

백지어음은 보충을 조건으로 하는 어음상의 권리에 대한 기대권과 백지보충권을 표창하는 유가증권이므로 관습법상 완전어음과 동일한 어음법적 유통방법에 의하여 양도할 수 있다. 따라서 수취인의 기재가 있는 백지어음은 배서·교부에 의하여, 수취인이 백지이거나 최후의 배서가 백지식 배서인 경우에는 단순한 교부에 의하여 양도된다. 이 밖에 상속이나 합병에 의하여 이전되고, 지명채권양도방법에 의하여도 양도하는 것도 가능하다.

2. 讓渡의 效力

백지어음을 양도한 경우에 보충을 조건으로 하는 조건부 어음상의 권리와 보충권은 그 상대방에게 이전된다. 이 경우 백지어음의 양도인은 백지의 일부를 보충하여 양도할 수 있으나, 백지어음으로부터 보충권을 분리하여 이를 유보하거나 또는 보충권만을 양도하는 것은 허용되지 않는다.

3. 白地어음의 善意取得

백지어음은 어음법적 유통방법에 의하여 양도되는 결과 백지어음의 양도에 무권리 등의 하자가 있어도 양수인이 악의 또는 중과실 없이 취득한 때에는 백지어음을 선의취득하게 되며, 백지어음의 선의취득에 의하여 백지어음이 표창하는 백지보충권도 취득하게 된다.

4. 人的 抗辯의 切斷

백지어음에 대하여도 인적 항변의 절단에 관한 규정이 적용된다. 백지어음행위자와 양도인 사이에 인적 항변사유가 있어도 양수인이 채무자를 해할 것을 알고 취득하지 아니한 한 전자에 대한 인적 항변으로 양수인에게 대항할 수 없다. 또 어음의 효력에 관한 항변도 양수인에게 악의 또는 중과실이 없는 한 채무자는 전자에 대한 항변으로 양수인에게 대항할 수 없다.

5. 除權判決

백지어음은 보통의 어음과 같이 배서·교부에 의하여 양도되고 선의취득이 되므로 그 상실 시에 공시최고에 의한 제권판결의 대상이 된다.

그러나 백지어음의 제권판결을 받은 자가 그 판결문에 보충을 할 수 없으므로, 어음상의 권리를 행사하기 위해서는 어떻게 해야 하는지 문제된다. 이에 관하여 백지어음의 재발행을 받아 이에 보충하여 어음상의 권리를 행사할 수 있다는 견해와 제권판결을 취득한 자는 백지부분에 대하여 어음외의 의사표시에 의하여 보충권을 행사함으로써 어음상의 권리를 행사할 수 있다는 견해가 대립하고 있다. 대법원은 후자의 입장을 취하고 있다.

제6. 白地어음에 의한 權利行使

1. 白地補充 前의 권리행사

백지어음은 미완성어음이므로 보충 전에는 어음상의 권리를 행사할 수 없다. 따라서 보충 전에 지급제시를 하여도 적법한 지급제시가 아니므로 상환청구권을 보전할 수 없으며, 어음채무자도 이행지체의 책임을 지지 아니한다. 이와 같이 보충을 해야 어음상의 권리를 행사할 수 있는 것은 어음금액이 백지인 경우는 물론이고 수취인이나 발행일, 지급지 등이 백지인 경우에도 마찬가지이다.

다만 발행지가 백지인 경우에 관하여 우리나라 대법원은 종래 발행지를 보충하지 않고 한 지급제시의 효력을 부인하였으나, 1998년 전원합의체 판결로 국내어음에 있어서 발행지의 기재는 별다른 의미가 없는 것이고, 발행지의 기재가 없는 어음도 완전한 어음과 마찬가지로 유통·결제되는 거래실정에 비추어 발행지의 기재가 없는 어음의 지급제시도 적법하다고 판시하였다.

2. 白地補充 前의 시효중단

백지를 보충하지 아니한 백지어음에 의한 청구에 시효중단의 효력이 있는가에 관하여, 시효중단을 위한 청구에는 어음의 제시가 요구되므로 백지어음에 의한 청구는 재판상의 청구이든 재판외의 청구이든 시효중단의 효력이 없다는 견해도 있으나, 통설은 시효중단을 위한 청구에는 어음의 제시가 필요하지 않으므로 백지어음에 의한 청구에도 시효중단의 효력이 있다고 본다.

3. 白地어음과 利得償還請求權

백지어음은 적법한 기간 내에 백지를 보충하지 않으면 어음상의 권리가 발생하지 아니하므로, 백지어음상의 권리가 권리보전절차의 흠결 또는 시효로 소멸하더라도 이득상환청구권이 인정되지 아니한다. 다만 이 경우에도 발행지가 백지인 백지어음에 있어서는 이득상환청구권이 인정된다.

제4절 背 書

제1. 總 說

1. 어음의 讓渡方法

어음상의 권리를 양도하는 방법은 어음법적 유통방법에 의한 양도와 민법상의 지명채권양도방법(민법 §450, §451)에 의한 양도의 두 가지다.

배서금지어음 이외의 어음에 있어서도 어음상의 권리를 지명채권양도방법에 의하여 양도할 수 있는가에 관하여 부정설도 있으나, 어음법이 어음상의 권리의 양도방법을 배서에 한정하고 있지 않으며 양수인이 이 방법을 선택하는 한 이를 부정할 필요가 없다는 점에서 이 방법에 의한 양도를 인정하는 것이 타당하다. 긍정설이 다수설이다.

어음상의 권리를 지명채권양도방법에 의하여 양도하는 경우에는 당사자 간에 양도의 의사표시를 하고 어음증권을 교부하여야 하며, 이 밖에 채권양도의 대항요건으로서 어음금지급청구의 상대방에 대한 통지 또는 그 승낙이 있어야 한다. 이 경우 양수인은 양도인이 가졌던 모든 어음상의 권리를 취득하나, 배서에 의한 경우와는 달리 인적 항변의 절단, 선의취득, 배서의 담보적 효력 등은 인정되지 아니한다. 지명채권 양도방법에 의하여 어음을 양수한 자도 배서에 의하여 다시 어음을 양도할 수 있음은 물론이다.

2. 背書의 意義

배서는 어음의 유통이 원활하게 이루어질 수 있도록 하기 위하여 어음법이 인정한 어음의 양도방법이다. 배서는 어음상의 권리를 양도하기 위한 양도배서 외에도 추심위임배서나 입질배서와 같은 특수한 배서가 있다.

양도배서는 어음상의 권리를 피배서인에게 양도하는 것을 목적으로 하는 어음행위로서, 수취인 또는 그 후자가 어음금액을 피배서인에게 지급할 것을 의뢰하는 취지를 어음의 이면이나 보전 또는 등본에 기재하고 기명날인 또는 서명을 하는 방법으로 한다. 양도배서는 어음상의 권리 양도의 성립요건 내지 효력발생요건으로서 그 법적 성질은 채권양도이며, 항변의 절단ㆍ선의취득 등의 효력이 인정된다.

배서는 어음법에 의한 권리양도 방법이고 어음은 법률상 당연한 지시증권이므로 어음이 기명식이라도 배서에 의하여 양도할 수 있다. 다만 전자로부터 백지식 배서에 의하여 어음을 취득한 소지인은 배서를 하지 않고 단순한 교부만으로 양도할 수 있다.

3. 背書禁止어음

(1) 意 義

배서금지어음은 발행인이 지시금지 기타 이와 동일한 취지의 문언을 기재한 어음을 말한다. 금전(禁轉)어음이라고도 한다. 어음은 법률상 당연한 지시증권이지만 발행인이 배서금지문언을 기재한 경우에는 지시성이 박탈되어 단순한 기명증권으로 된다. 배서금지어음은 발행인이 배서금지문언을 기재한 경우에만 인정되며, 배서인이 배서금지문언을 기재한 경우에는 지시성이 박탈되지 아니하며 배서금지배서로서 배서의 효력이 제한될 뿐이다.

(2) 記載方法

배서금지어음이 되기 위해서는 발행인이 어음의 표면에 지시금지 또는 양도금지 등 배서를 금지하는 명백한 취지의 문언을 기재하여야 한다. 어음면에 이러한 문언이 기재되어 있는 경우에는 기존의 지시문언이 말소되지 않더라도 배서금지어음으로 된다. 배서금지문언의 기재가 없는 경우에는 어음상의 지시문언을 말소하더라도 배서금지어음으로 되지 않는다.

(3) 效 力

배서금지어음은 배서에 의하여 양도하더라도 그 효력이 없으며, 지명채권양도방법과 그 효력으로써만 양도할 수 있을 뿐이다. 물론 배서금지어음도 유가증권이므로 그 양도에는 증권의 교부가 있어야 한다. 그러나 배서금지어음의 양도에는 배서의 연속을 전제로 하는 배서의 자격수여적 효력이 없으므로, 인적항변의 제한이나 선의취득이 인정되지 아니한다.

그러나 배서금지어음도 어음이므로 그 발행인은 담보책임(약속어음의 경우에는 어음지급의무)을 부담하며, 소지인이 어음상의 권리를 행사할 때에는 이를 제시하여야 하고, 그 지급에 있어서는 어음을 상환하여야 한다. 또 양도배서 이외의 추심위임배서나 기한후배서도 가능하다.

배서금지어음을 상실한 경우에 공시최고절차에 관한 제권판결이 가능한가에 대하여 부정설과 긍정설이 대립하고 있다. 부정설은 배서금지어음은 선의취득이 인정되지 않으므로 제권판결의 대상이 아니라고 한다. 긍정설은 배서금지어음도 제시증권성과 상환증권성을 가지므로 어음을 상실한 경우에 소지인이 그 권리를 행사할 수 있도록 하기 위해서는 제권판결을 인정해야 한다고 한다. 긍정설이 타당하다.

제2. 背書의 方式

1. 總 說

배서는 다른 어음행위와 마찬가지로 배서의 서면행위와 교부에 의해 성립한다. 배서는 어음의 뒷면이나 보충지에 하는 것이 보통이다. 약식배서가 아니면 어음의 표면에 해도 유효하다. 배서는 어음금액의 전부에 대하여 하여야 하며 어음금액의 일부에 대한 일부배서는 배서 자체를 무효로 한다(어음법 §12②). 조건부배서를 한 경우에 그 조건은 기재하지 아니한 것으로 본다(어음법 §①).

배서는 그 방식에 따라 기명식배서, 백지식배서, 소지인출급식배서 및 지명소지인출급식배서로 구분된다.

2. 記名式背書

기명식 배서는 배서문언과 피배서인을 기재하고 배서인이 기명날인 또는 서명하는 방법으로 한다. 완전배서라고도 한다. 배서문언은 배서의 의사표시로서 지급인에 대한 지급위탁의 취지로 기재한다. 배서일자는 배서의 요건이 아니므로 달력에 없는 일자나 발행일의 전일을 배서일자로 하여도 배서의 효력에는 영향이 없다. 일자의 기재가 없는 배서는 기한 전에 한 배서로 추정된다.

3. 白地式背書

(1) 意 義

백지식배서는 피배서인을 지정하지 않는 배서를 말한다. 백지식배서의 방법으로서 배서의 의사표시인 배서문언의 기재는 있으나 피배서인의 기재가 없는 경우와, 피배서인은 물론 배서문언의 기재도 없이 배서인의 기명날인 또는 서명만이 있는 경우가 있다. 이 중에서 특히 후자를 간략백지식배서(簡略白地式背書)라 한다(어음법 §13②). 어음의 앞면에 있는 단순한 기명날인 또는 서명은 인수나 보증으로 간주되므로(어음법 §25①, §31③), 간략백지식배서는 반드시 어음의 이면 또는 보충지에만 할 수 있다.

(2) 效 力

백지식배서의 효력도 기명식배서의 경우와 같다. 백지식배서에 의하여 어음을 양도받은 소지인도 정당한 소지인으로 추정되기 때문에 백지 부분을 보충하지 않더라도 당연히 권리를 행사할 수 있고, 백지식배서의 배서인도 그 후자에 대하여 담보책임을 진다.

백지식배서에 의하여 어음을 취득한 양수인은 백지로 되어 있는 피배서인난에 자기의 성명을 기재하여 보충하거나 보충을 하지 않고 기명식 또는 백지식으로 배서를 할 수 있다. 또 백지에 타인의 명칭을 보충하여 그 자에게 교부할 수 있으며, 백지를 보충하지 않은 채 제3자에게 단순히 교부함으로써 어음을 양도할 수 있다. 이들 경우에 소지인이 자기의 배서를 하지 않고 어음을 양도한 때에는 후자에 대한 담보책임을 지지 않는다.

4. 所持人出給式背書

소지인출급식배서는 단순히 그 증권의 소지인에게 지급하여 달라는 뜻을 기재한 배서이다. 소지인출급식배서는 소지인출급문언의 기재가 있다는 점에서 백지식배서와 다르나 피배서인의 기재가 없다는 점에서는 같다. 따라서 소지인출급식배서의 효력도 백지식 배서의 경우와 동일하다(어음법 §12③, §77①).

5. 指名所持人出給式背書

지명소지인출급식배서는 특정인 또는 단순한 소지인에게 지급하여 달라는 뜻을 기재한 배서를 말한다. 이 배서를 선택무기명식배서라고도 한다. 지명소지인출급식배서는 어음관계를 불명확하게 한다는 이유에서 허용되지 않는다는 무효설도 있으나, 수표법 제5조 제2항의 취지를 유추하여 지명소지인출급식배서를 소지인출급식배서로 보는 유효설이 타당하다. 유효설이 통설이다.

제3. 背書의 效力

1. 權利移轉的 效力

(1) 意 義

배서에 의하여 배서인이 가지고 있는 어음상의 모든 권리는 피배서인에게 이전된다. 이를 배서의 권리이전적 효력이라 한다. 이 효력은 당사자의 의사표시에 기한 효력으로서 이 효력이 생기기 위해서는 배서의 서면행위와 어음의 교부가 있어야 한다. 배서가 무효인 경우에는 권리이전적 효력이 생기지 않으며, 이 경우 피배서인은 선의취득에 의하여 어음상의 권리를 원시취득할 수는 있으나, 권리이전적 효력에 의한 승계취득은 없다.

(2) 人的 抗辯의 切斷

어음이 배서에 의하여 양도된 경우에 어음채무자는 배서인에 대하여 갖는 인적 항변이나 어음의 효력에 관한 항변으로 피배서인에게 원칙적으로 대항하지 못한다. 이를 배서의 권리강화적 이전력(移轉力)이라 한다. 물론 피배서인이 채무자를 해할 것을 알고 취득한 경우에는 인적 항변이 절단되지 아니한다(어음법 §17).

(3) 어음에 從된 權利의 移轉 與否

어음채권에 부수하는 어음 외의 보증채권ㆍ질권ㆍ저당권 등의 종된 권리가 어음의 배서에 의하여 피배서인에게 이전되는가에 관하여 긍정설과 부정설이 있다. 긍정설은 종된 권리의 이전을 부정하는 규정이 없으며, 또 종된 권리의 이전을 부정하는 것은 배서에 의한 어음의 유통성 강화에 역행되는 것이라고 한다. 이에 대해 부정설은 배서는 어음이 표창하는 권리를 이전시키려는 것이지 실질관계상의 권리를 이전시키려는 것은 아니며, 저당권이나 질권의 경우 권리이전의 공시방법을 갖추어야 하고 보증채권의 이전에는 보증인에 대한 통지 등의 대항요건이 요구되는데, 배서만으로 이러한 공시방법 등도 없이 바로 권리가 이전되는 것으로 볼 수 없다고 한다. 부정설이 타당하며, 통설이다.

2. 資格授與的 效力

(1) 意 義

배서의 자격수여적 효력은 배서가 연속된 어음의 소지인이 자기가 진정한 권리자임을 증명하지 않고도 어음상의 권리를 행사할 수 있는 형식적 자격이 추정되는 효력을 말한다. 배서에는 이러한 효력이 있는 결과 어음을 무권리자로부터 취득하더라도 배서가 연속되어 있는 경우에는 선의취득이 가능하며, 이러한 형식적 자격이 있는 자에게 지급인이 만기에 선의로 또 중과실 없이 지급한 때에는 그 자가 실질적인 무권리자라도 면책된다(어음법 §40③, §77①).

(2) 背書의 連續

1) **意 義** 배서의 연속은 어음의 기재에 있어서 수취인이 제1배서인이 되고 제1배서의 피배서인이 제2배서의 배서인이 되는 것과 같이 어음의 수취인으로부터 소지인에 이르기까지 배서가 중단됨이 없이 차례로 계속되어 있는 것을 말한다. 배서의 연속 여부는 어음상의 배서 기재를 표준으로 그 외관에 따라 판단한다. 따라서 전 배서의 피배서인과 그 후의 배서의 배서인이 실질적으로 동일하지 않더라도 사회통념상 동일인의 명칭으로 외관상 판단되면 배서의 연속이 인정된다. 백지식배서의 다음에 다른 배서가 있는 때에는 그 배서의 배서인은 백지식배서의 피배서인으로 보며, 최후의 배서가 백지식인 때에는 단순한 소지만으로 배서가 연속되어 소지인의 형식적 자격이 추정된다.

2) 背書의 抹消 말소된 배서는 배서의 연속에 관하여 배서의 기재가 없는 것으로 본다(어음법 §16①). 말소의 유무는 어음의 외관상 객관적으로 결정하여야 하며 권리자에 의한 말소이든, 고의 또는 과실로 인한 말소이든 불문한다. 말소된 배서는 말소의 방법이나 시기에 관계없이 배서의 연속에 있어서 그 배서가 존재하지 않는 것으로 보는 결과 배서의 연속이 절단되기도 하고 회복되기도 한다. 그러나 배서의 말소가 실질적 권리에는 영향을 미치지 않으므로 어음의 소지인은 그 실질적인 권리를 증명하여 배서의 중단을 가교시킴으로써 어음상의 권리를 행사할 수 있다.

배서의 기재사항 전부가 말소되지 않고 일부만 말소되어 있는 경우에 가령 배서인의 기명날인 또는 서명이 말소된 때에는 배서 전부의 말소가 된다. 배서문언만 말소되어 있는 때에는 간략백지식배서가 허용됨에 비추어 배서의 효력이 인정된다(이철송(어), 309).

그런데 배서란의 피배서인만이 정정인 없이 말소되어 있는 경우에는 이를 배서의 전부말소로 볼 것인가 또는 피배서인만의 말소로서 백지식배서로 볼 것인가에 대하여 전부말소설과 백지식배서설이 대립하고 있다. 전부말소설은 피배서인의 명칭은 배서인의 기명날인과 일체가 되어 권리를 양도하는 단일의 의사표시를 구성하기 때문에 피배서인의 성명을 말소하는 뜻은 배서 전체의 의사를 철회하려는 의사로 보아야 한다고 한다(이철송(어), 310). 다수설이다.

이에 대해 백지식배서설은 처음부터 피배서인을 기재하지 아니하고 백지식으로 배서한 경우와 피배서인의 성명이 나중에 말소된 경우를 구별할 필요가 없으며, 또 그 말소자에게 말소의 권한이 있는지 여부를 외관상 알 수 없으므로 어음관계자의 이익을 위해서나 어음행위유효해석의 원칙에 비추어 백지식배서로 보아야 한다고 한다(정찬형(하), 273, 서헌제(하), 853).

3) 背書不連續의 效果 배서가 연속되지 않은 경우에 상속 또는 지명채권양도방법에 의한 양도 등에 의하여 어음상의 권리가 취득된 때에는 어음상의 권리가 이전되므로 소지인은 어음을 제시하고 그 실질적인 권리승계 사실을 증명함으로써 어음상의 권리를 행사할 수 있다.

이 때 배서가 단절된 부분의 권리이전은 권리의 승계취득이므로 인적 항변의 절단이 인정되지 않으나, 그 실질적인 승계취득자는 배서에 의하여 어음상의 권리를 양도할 수 있으며, 그 배서에는 권리이전적 효력이 발생한다. 또 실질적인 권리 승계에 의하여 어음상의 권리를 취득한 자가 배서를 한 경우에 그 배서에는 담보적 효력이 발생하며, 그 후자에 대해 담보책임을 진다. 따라서 이러한 어음의 소지인은 배서가 단절된 부분 이전의 배서인에 대해서는 물론이고 당해 배서인에 대해서도 담보책임을 물을 수 있다.

그러나 이 경우에 배서의 불연속 부분에 대해서는 자격수여적 효력은 인정되지 아니한다. 자격수여적 효력은 배서의 연속에 대해 적법한 소지인임을 추정하는 효력이므로 배서가 단절된 부분의 실질적인 권리 이전을 배서의 연속과 동일시할 수 없기 때문이다(정찬형(하), 275, 이철송(어), 313). 따라서 이러한 어음에는 항변의 절단이나 배서의 자격수여적 효력을 전제로 하는 선의취득과 선의지급의 면책력이 인정되지 아니한다.

3. 擔保的 效力

⑴ 意 義

배서의 담보적 효력은 배서인이 피배서인 및 그 후자 전원에 대하여 인수 및 지급의 담보책임을 지는 효력을 말한다. 즉 어음의 인수 또는 지급이 거절된 경우에 배서인은 소지인에 대하여 상환의무를 부담하는 것이다. 배서인이 수인인 경우에는 공동배서인으로서 합동하여 담보책임을 진다.

배서인의 담보책임은 배서 당사자 간의 대가관계를 고려하고 나아가 어음의 유통성을 확보하기 위하여 입법정책적으로 인정된 법정의 특별책임이다.

⑵ 擔保責任의 制限과 排除

배서인의 담보책임은 배서의 2차적 효력이므로 배서인은 배서금지배서를 하거나 무담보문언(無擔保文言)을 기재함으로써 이 책임을 제한하거나 배제할 수 있다. 즉 배서금지배서는 배서인이 배서를 하면서 그 후자에 대하여 배서를 금지한 배서로서, 배서인이 배서금지배서를 한 경우에는 직접의 피배서인을 제외한 그 후자에 대하여 담보책임을 지지 않는다.

무담보배서는 배서인이 그 후자에 대하여 담보책임을 지지 않는다는 뜻을 기재한 배서로서, 배서인이 무담보배서를 한 때에는 직접의 피배서인을 포함한 후자 전원에 대하여 담보책임을 지지 않는다. 이 경우에 배서인은 인수무담보뿐만 아니라 지급무담보의 문언도 기재할 수 있다. 이러한 기재를 하면 인수 또는 지급의 거절 시에 상환의무를 지지 아니한다.

이 밖에 기한후배서나 추심위임배서에 있어서는 어음의 유통성을 보호할 필요가 없으므로 배서의 담보적 효력이 인정되지 않는다.

제4. 特殊한 讓渡背書

1. 無擔保背書

(1) 意 義

무담보배서는 배서인이 어음상의 담보책임을 지지 않는다는 뜻의 기재를 한 배서이다. 배서인은 어음금액의 일부에 대하여만 담보책임을 지지 않을 수 있고 인수담보책임과 지급담보책임의 어느 하나에만 책임을 제한할 수도 있다. 단순히 무담보라고만 기재한 경우에는 인수 및 지급의 무담보를 모두 포함한다. 지급무담보의 뜻을 기재한 경우에는 인수무담보를 포함한 것으로 본다.

(2) 效 力

무담보배서의 배서인은 어음의 인수 또는 지급이 거절된 경우에 피배서인과 그 후자 전원에 대하여 상환의무를 지지 않는다. 그러나 인수무담보만을 기재한 경우에는 지급담보책임은 면하지 못하며 지급인의 파산 또는 지급정지 등의 사유로 인한 만기전 상환청구에 대해서도 책임을 진다. 이러한 담보책임 배제의 효력은 무담보문언을 기재한 배서인에 대해서만 발생한다. 무담보배서에도 담보적 효력 이외의 권리이전적 효력과 자격수여적 효력은 발생한다.

2. 背書禁止背書

(1) 意 義

배서금지배서는 배서인이 그 피배서인에 대하여 배서를 금지하는 뜻을 기재하여 한 배서를 말한다. 금전배서(禁轉背書)라고도 한다. 배서금지문언은 기명식 배서에서는 물론 백지식 배서에도 기재할 수 있다. 배서금지배서는 배서인이 배서금지문언을 기재한 배서라는 점에서 발행인이 배서를 금지한 배서금지어음과 구별된다. 배서금지배서는 배서인이 피배서인에 대한 인적 항변의 절단을 방지하고 미지의 자와의 사이에 어음관계가 형성되는 것을 피하려는 경우에 이용된다.

(2) 效 力

1) 배서인이 배서금지배서를 하여도 피배서인은 다시 양도배서를 할 수 있다. 그러나 배서금지배서의 배서인은 자기의 피배서인에 대해서는 담보책임을 지나 그 후자

에 대해서는 별도의 담보책임을 지지 않는다.

2) 배서금지배서를 한 배서인의 전자는 자기가 한 배서 이후의 모든 취득자에 대하여 담보책임을 진다.

3) 배서금지배서의 피배서인이 다시 배서양도한 경우에는 그가 가지는 상환청구권이 어음에 화체되어 그 후자인 피배서인에게 이전되므로 그 후자도 배서금지배서인에 대하여 상환청구권을 행사할 수 있다. 다만 이 경우 후자인 피배서인은 배서금지배서인이 그 직접의 피배서인에 대하여 가지는 인적 항변에 의하여 대항받게 된다.

4) 배서금지배서의 피배서인이 후자로부터 어음을 환수하여 재상환청구할 경우 그 피배서인이 배서를 한 결과 생긴 통지비 및 기타 비용은 상환청구금액으로부터 공제된다.

3. 期限後背書

⑴ 意 義

기한후배서는 지급거절증서 작성 후의 배서 또는 지급거절증서 작성기간 경과 후의 배서를 말한다. 따라서 만기 후의 배서라도 지급거절증서 작성 전 또는 지급거절증서 작성기간 경과 전에 한 배서는 기한전배서가 되며, 이러한 배서는 만기 전의 배서와 동일한 효력이 있다(어음법 §20①). 지급거절증서의 작성 후 또는 지급거절증서 작성기간의 경과 후에는 어음의 정상적인 지급을 기대하기 어려우므로, 그러한 사실을 알고 어음을 취득한 자에게는 어음의 유통기간 중에 한 배서와 동일한 효력을 인정할 수 없기 때문이다. 그리하여 어음법은 기한후배서에 대해서는 배서의 효력을 제한하여 지명채권양도의 효력만 인정하고 있다.

⑵ 期限後背書 여부의 판단

1) 背書日子　기한후배서 여부는 어음에 기재된 일자를 기준으로 하는 것이 아니라 실제 어음을 배서 · 교부한 시점을 기준으로 결정한다. 그러나 배서일자의 기재가 있으면 그 일자에 배서한 것으로 추정되고, 일자의 기재가 없으면 기한 전에 배서한 것으로 추정한다(어음법 §20②). 따라서 이 때 그 배서가 기한후배서라고 주장하는 경우에는 그 주장하는 쪽이 입증책임을 진다. 최후의 배서가 백지식인 때에는 기한후배서인가 여부는 그 교부 시점을 기준으로 하며, 백지어음의 경우에도 기한후배서 여부는 그 보충시가 아니라 배서를 한 시점을 기준으로 한다.

2) **支給拒絶 後의 背書** 만기의 지급제시에 대해 지급이 거절된 경우에 지급거절증서 작성기간이 경과되기 전에 한 배서가 기한후배서인가 문제된다.

이 경우에 거절증서작성면제 문언이 없는 때에는 거절증서의 작성 없이 제시기간 경과 전에 한 배서는 그 취득자가 지급거절의 사실을 알 수 없으므로 기한후배서가 아니라고 하는 것이 통설이다. 따라서 이 경우에도 지급제시기간 내에 지급이 거절된 사실이 어음면상 명백하거나 취득자가 지급 거절의 사실을 알고 취득한 때에는 기한후배서로 보아야 한다.

이와는 달리 지급거절증서작성면제 문언이 있는 때에는 지급거절증서작성기간 경과 전에 한 배서에 대해 배서인이 지급거절의 사실과 그 지급거절 후에 배서한 사실을 입증하면 기한후배서로 보아야 한다는 견해와, 이 때에는 지급이 거절되더라도 거절증서작성기간이 경과하기 전에는 배서를 받은 취득자가 그 지급거절 여부를 알 수 없으므로 거절증서작성기간 경과 후의 배서만이 기한후배서라는 견해가 있다.

3) **引受拒絶 後의 背書** 인수가 거절된 어음에 한 배서에 관하여 어음법의 규정은 없으나, 인수거절증서를 작성하기 전에 한 배서는 그 취득자가 인수거절의 사실을 알지 못하므로 기한후배서로 보기 어려우나, 인수거절증서 작성 후에 한 배서는 지급거절증서가 작성된 경우와 다를 바 없으므로 기한후배서로 보아야 한다.

4) **支給擔當銀行의 不渡宣言 後의 背書** 어음의 지급담당은행이 지급자금 부족 등의 사유로 지급을 거절하면서 어음 또는 그 보충지에 지급거절 등의 문언을 기재한 이후에 한 배서가 기한후배서인가 또는 단순한 만기후배서인가 문제된다.

이에 관하여 은행의 부도선언은 그 신뢰성에 있어서 지급거절증서와 다를 바 없으므로 그 후의 배서는 기한후배서로 보아야 한다는 견해가 있다. 이에 대해 수표법 제2조 제1항에서는 은행이나 어음교환소의 지급거절선언 후의 배서를 기한후배서로 규정하고 있으나, 어음법 제20조 제1항에서는 기한후배서를 '지급거절증서 작성 후 또는 지급거절증서작성기간 경과 후의 배서'로 규정하고 있으므로 지급거절선언 후의 배서는 기한후배서가 아니라 만기후 배서라고 보아야 한다는 견해가 있다.

사실 어음법 제20조 제1항을 엄격하게 해석하면 은행의 지급거절선언이 있더라도 지급거절증서 작성 전 또는 지급거절증서작성기간 경과 전에 한 배서는 만기후배서로 볼 수 있으나, 은행의 지급거절선언이 어음 또는 그 보충지에 기재되어 있는 경우에는 실질적으로 지급거절증서가 작성된 경우와 다를 바 없으므로 지급거절선언 후의 배서는 단순한 만기후배서가 아니라 기한후배서로 보는 것이 타당하다.

5) 그 밖의 경우 발행인의 파산, 인수인 또는 지급인의 지급정지 또는 그 재산에 대한 강제집행의 부주효의 경우에도 그 사실이 어음면상 명백하거나, 피배서인이 이러한 사실을 알고 취득한 때에는 기한후배서가 된다고 보는 것이 통설이다. 그러나 대법원 판례는 지급거절증서작성기간 내의 것이기만 하면 지급거절의 사실이 명백한 경우에도 기한후배서가 아니라고 보고 있다.

[대법원 1987.8.25, 판결 87다카 152]

「…비록 만기시에 지급제시된 어음에 '교환필'이라는 스탬프가 압날되고 피사취 또는 예금부족 등의 이유로 지급거절한다는 지급은행의 부전이 첨부되어 있는 등 지급거절 사실이 어음면에 명백하게 되어 있다 하더라도 이를 가지고 적법한 지급거절증서가 작성되었다고 할 수는 없다 하겠으므로 그러한 어음에 대한 배서도 그것이 지급거절증서작성기간 내의 것이기만 하면 이는 기한후배서가 아닌 만기후배서로서 만기 전의 배서와 동일한 효력이 있다 할 것이다…」.

⑶ 效 力

1) 權利移轉的 效力 기한후배서에도 권리이전적 효력이 있으나, 지명채권양도의 효력밖에 없다. 따라서 피배서인은 배서인이 가지는 모든 어음상의 권리를 취득하지만 어음채무자는 기한후배서의 배서인에 대항할 수 있는 모든 항변을 피배서인에 대하여 대항할 수 있다. 그러나 기한후배서 이후에 발생한 배서인에 대한 항변으로 대항할 수 없음은 물론 기한전의 배서에 의하여 절단된 항변은 기한후배서의 피배서인에 대하여도 대항할 수 없다.

2) 資格授與的 效力 어음의 배서가 기한후배서의 피배서인에 이르기까지 연속된 경우에 피배서인은 당연히 어음상의 권리자로 추정되며 실질적 권리의 입증 없이 전자의 권리를 행사할 수 있다. 이 경우에 선의지급의 면책력도 인정되나, 기한후배서에 대해서는 어음의 유통성을 보호할 필요가 없으므로 선의취득에 관한 규정은 적용되지 않는다.

3) 擔保的 效力 기한후배서는 지명채권양도의 효력 밖에 없으므로 그 배서인은 피배서인에게 담보책임을 지지 아니한다. 다만 이 경우에도 배서인이 거절증서작성 등 상환청구권보전절차를 밟아 전자에 대해 상환청구권을 가지고 있는 상태에서 배서한 때에는 그 상환청구권이 피배서인에게 승계되며, 따라서 배서인의 전자는 피배서인에게 담보책임을 진다. 그러나 배서인이 전자에 대한 상환청구절차를 밟지 않고 거절증서작성기간을 경과하여 배서한 때에는 배서인 자신이 상환청구권을 상실한 상태이므로 배서인의 전자는 피배서인에 대하여 담보책임을 지지 아니한다.

4. 還背書

(1) 意 義

환배서는 광의로는 인수한 지급인이나 인수하지 아니한 지급인, 발행인 기타의 어음채무자에 대한 배서를 말하나(어음법 §11③), 협의로는 발행인이나 배서인 등 기존 어음채무자를 피배서인으로 한 배서를 말한다. 이러한 환배서를 역배서(逆背書)라고도 한다. 따라서 인수하지 아니한 지급인에 대한 배서는 일반적인 배서이며 본래의 환배서가 아니다.

환배서에 의하여 어음채무자가 어음상의 권리를 취득하면 민법의 혼동(민법 §507)에 의하여 어음상의 권리와 의무가 소멸될 것이나, 어음행위에 있어서 당사자 자격의 겸병이 허용되고 유가증권은 자기에 대한 채권을 표창하더라도 하나의 재산권으로서 유효하게 취득할 수 있으므로, 어음법은 어음의 유통성을 조장하기 위하여 환배서에 대해 민법의 혼동의 원칙을 적용하지 않고 배서로서의 효력을 인정하고 있다.

(2) 效 力

환배서는 통상적인 양도배서와 같은 배서로서 배서의 일반적인 효력을 갖는다. 다만 환배서에 의하여 어음상의 권리를 취득한 피배서인은 동시에 어음채무자의 지위에 있으므로 어음상의 권리 행사에 있어서 일정한 제약을 받는다.

1) 引受人에 대한 還背書　인수인은 환어음의 주채무자이므로 환배서에 의하여 어음을 취득한 때에는 누구에게도 어음상의 권리를 행사할 수 없다. 다만, 인수인이 어음금액의 일부를 인수한 경우에는 인수하지 않은 금액에 대하여 전자에 상환청구를 할 수 있다.

환배서를 받은 인수인이 지급제시기간의 경과 전에 그 어음을 다시 제3자에게 양도배서한 경우에 그 피배서인은 완전한 어음상의 권리를 취득한다.

인수인이 거절증서작성 후 또는 그 작성기간경과 후 어음을 환배서로 취득한 때에는 어음상의 권리는 혼동으로 소멸된다. 환배서를 받은 인수인이 지급거절증서작성 후에 또는 지급거절증서작성기간경과 후에 그 어음을 제3자에게 양도한 경우에 그 양수인이 어음상의 권리를 행사할 수 있는가에 관하여는 견해가 대립한다. 즉 이 경우 어음채권 자체는 소멸한 것이 아니므로 만기 후 주채무자에 의하여 처분된 줄 모르고 어음을 취득한 자는 어음상의 권리를 취득한다는 견해, 어음상의 권리는 혼동의 법리에 의하여 소멸하므로 유통기간의 경과 후에 양도받은 취득자는 아무런 권리도 취득하지 못한다는 견해, 주채무자의 채무는 어음유통기간 후에도 소멸시효기간 내에는 존속하므로 이 때에는 기한후배서의 효력이 있다는 견해 등이 있다.

2) **發行人에 대한 還背書** 환어음의 발행인이 환배서로 어음을 취득한 때에는 인수인에 대하여 어음상의 권리를 행사할 수 있으나, 인수 또는 지급이 거절되더라도 발행인 자신이 최종의 상환의무자이므로 환배서의 전자인 중간 배서인들에 대해서는 어음상의 권리를 행사할 수 없다.

3) **背書人에 대한 還背書** 배서인이 환배서에 의하여 어음을 취득한 경우에는 인수인과 발행인 및 종전 배서의 전자에 대해서 아무런 반대채권의 대항을 받지 않고 어음상의 권리를 행사할 수 있으나, 종전 배서 이후의 중간 배서인들에게는 어음상의 권리를 행사할 수 없다. 다만 종전의 배서가 무담보배서인 때에는 배서인으로서 상환의무를 지지 아니하므로 중간의 배서인 전원에 대하여 상환청구권을 행사할 수 있고, 종전 배서가 배서금지배서인 때에는 그 직접의 피배서인을 제외한 중간배서인 전원에게 상환을 청구할 수 있다.

인적 항변에 있어서 환배서를 받은 배서인은 자기의 전자가 환배서의 배서인에 대하여 가지는 인적 항변으로 대항 받지 아니한다. 자기의 전자가 환배서 전에 자기에 대해 인적 항변을 가지고 있었던 경우에는 그 항변이 그 후 선의의 피배서인에 의해 절단되었더라도 자기가 환배서를 받아 소지인으로서 어음상의 권리를 행사하는 때에는 그 항변의 대항을 받게 된다. 인적 항변은 원인관계 등에 기하여 특정인에게 대항할 수 있는 속인적인 성질이기 때문이다.

4) **保證人에 대한 還背書** 어음보증인은 피보증인과 동일한 책임을 지므로, 보증인에 대한 환배서는 피보증인에 대한 환배서의 경우와 같다. 다만 환배서를 받은 보증인은 환배서에 의하여 어음상의 권리를 취득하므로 그 피보증인에 대해서도 어음상의 권리를 행사할 수 있다.

5) **어음債務者 이외의 자에 대한 還背書** 인수하지 않은 지급인이나 지급담당자 등 어음채무자 이외의 어음관계자에 대한 배서는 통상적인 배서로서 피배서인은 아무런 제한 없이 어음상의 권리를 행사하거나 또는 배서를 할 수 있다. 인수를 하지 아니한 지급인은 자기에 대한 지급거절증서를 작성하여 전자에 대하여 상환청구를 할 수도 있음은 물론이다.

제5. 讓渡背書 이외의 特殊背書

1. 公然한 推尋委任背書

(1) 意 義

공연한 추심위임배서는 어음면에 추심위임문언을 기재하여 한 배서를 말한다. 어음금의 추심을 목적으로 하는 배서로서 어음상의 권리행사에 필요한 대리권의 존재에 대한 입증과 어음을 지급한 어음채무자의 면책을 용이하게 하기 위하여 그 대리권의 수여방식을 정형화한 것이다. 배서금지어음에 있어서도 추심위임배서는 가능하다.

(2) 方 式

공연한 추심위임배서는 '회수를 위하여', '추심을 위하여', '대리를 위하여' 등과 같이 단순한 위임의 표시를 하여 기명식 또는 백지식으로 한다.

(3) 效 力

공연한 추심위임배서에는 어음상의 권리행사를 위한 대리권을 수여하는 배서이므로 권리이전적 효력이나 담보적 효력은 없다. 피배서인은 어음으로부터 발생되는 모든 권리를 행사할 수 있는 대리권을 취득할 뿐이다.

1) 被背書人의 地位

① 代理權수여의 效力 추심위임배서의 피배서인은 배서인의 대리인으로서 어음으로부터 생기는 모든 권리를 행사할 수 있는 대리권을 가진다(어음법 §18① 본문). 피배서인의 대리권의 범위는 어음상의 권리를 행사하는데 필요한 재판상 또는 재판외의 모든 행위에 미친다. 따라서 피배서인은 배서인의 대리인으로서 재판 외에서 어음금지급청구권과 상환청구권 등 어음상의 권리를 행사할 수 있을 뿐만 아니라 재판상으로 어음상의 권리행사에 필요한 소도 제기할 수 있다.

추심위임배서의 피배서인은 배서인의 명의로 권리를 행사하므로 어음채무자는 배서인에 대한 인적 항변사유로 피배서인에 대항할 수 있으나, 피배서인에 대한 인적 항변사유로는 대항할 수 없다. 피배서인은 배서인의 승낙 없이 다시 추심위임배서를 할 수 있지만(어음법 §18① 단서) 통상적인 양도배서는 할 수 없으며, 가령 피배서인이 양도배서를 하더라도 추심위임배서의 효력밖에 없다. 또한 피배서인은 어음상의 권리자가 아니므로 어음상의 권리의 면제, 화해, 포기 등의 처분행위를 할 수 없는 것은 당연하다.

② **資格授與的 效力** 추심위임배서에도 피배서인에 이르기까지 배서가 연속되어 있으면 자격수여적 효력이 인정된다. 따라서 배서가 연속된 피배서인은 대리권의 존재를 증명할 필요 없이 배서인의 대리인으로서 어음상의 권리를 행사할 수 있다. 어음채무자도 배서가 연속된 피배서인이 실질적으로 무권한자인 경우에도 악의 또는 중과실 없이 채무를 이행한 때에는 그 책임을 면한다(어음법 §40③, §77① 제3호).

2) **背書人의 地位** 추심위임배서는 어음상의 권리를 행사할 수 있는 대리권만 수여할 뿐이므로 배서인이 추심위임배서를 하더라도 여전히 어음상의 권리자로서의 지위에 있다. 따라서 배서인은 그 추심위임배서를 말소하든 않든 타인에게 양도배서를 하거나 자신이 직접 추심할 수 있다.

3) **背書人과 被背書人의 關係** 피배서인과 배서인간의 내부관계는 대리권 수여의 기초가 되는 사법의 규정에 의하여 정하여 진다. 배서인에 대한 피배서인의 의무는 당사자 간의 실질관계에 의하고 그것은 어음관계에 영향을 미치지 않는다. 추심위임배서의 배서인은 언제든지 피배서인으로부터 어음을 회수하여 피배서인의 대리권을 철회할 수 있으나, 어음법상 피배서인의 대리권은 배서인의 사망이나 능력의 상실에 의하여 소멸되지 아니한다(어음법 §18③). 민법상 대리권은 본인의 사망으로 소멸하는 것이 원칙인데(민법 §127), 이 원칙에 의할 경우 가령 배서인이 사망한 경우 그 사실을 모르는 어음채무자가 추심위임배서만 신뢰하여 피배서인에게 지급한 때에는 후에 이중지급의 위험을 부담하므로 이러한 위험을 방지하기 위하여 그 특례를 둔 것이다.

2. 숨은 推尋委任背書

⑴ 意 義

숨은 추심위임배서는 추심위임의 목적으로 통상의 양도배서의 방식으로 하는 배서를 말한다. 이러한 숨은 추심위임배서는 어음소지인이 공연한 추심위임배서의 방식을 모르거나 그 방식의 번잡을 피하려는 경우, 어음소지인 자신이 권리를 행사하는 경우에 대항 받을 수 있는 항변을 절단시키려는 경우, 외국인 또는 그 대리인이 국내에서 어음상의 권리를 행사할 때 받게 되는 불이익을 피하려는 경우 등에 이용한다.

⑵ 法的 性質

숨은 추심위임배서의 법적 성질에 관하여는 자격수여설과 신탁양도설 및 절충설이 있다.

자격수여설은 숨은 추심위임배서에는 배서인과 피배서인간에 권리이전의 의사가 없으므로 숨은 추심위임배서는 배서인이 피배서인에게 자기의 이름으로 배서인의 계산으로 어음상의 권리를 행사할 수 있는 자격을 수여하는 것이라고 한다.

신탁양도설은 배서의 형식을 중요시하여 숨은 추심위임배서의 배서인은 어음상의 권리를 피배서인에게 신탁적으로 이전하고 추심위임의 합의는 어음 수수의 동기로서 당사자 간의 인적 항변사유에 지나지 않는다고 한다.

절충설은 어음상의 권리 이전 여부는 당사자의 의사가 신탁배서인가, 자격의 수여인가에 따라 결정하고 그 의사가 명백하지 않은 경우에는 자격의 수여로 추정하여야 한다고 한다.

어음관계에 있어서는 그 형식을 기준으로 하여야 하므로 당사자 간의 실질관계를 중시하여 어음관계에서 나타나지 않는 당사자의 구체적 의사를 표준으로 하는 것은 부당하므로 신탁양도설이 타당하다. 이 설이 통설이다.

(3) 效 力

1) **權利移轉的 效力** 신탁양도설에 의하면 숨은 추심위임배서에 의하여 어음상의 권리는 완전히 피배서인에게 이전되고 피배서인은 스스로 어음상의 권리를 행사하거나 제3자에게 양도배서를 할 수 있다. 그러나 자격수여설에 의하면 숨은 추심위임배서에 있어서는 이러한 권리 이전의 효력을 부정하게 된다. 따라서 당사자의 파산, 어음의 제3취득자에 대한 관계, 인적 항변에 관하여 어느 학설을 취하느냐에 따라 다음과 같은 차이가 있다.

① **당사자가 破産한 경우** 피배서인이 파산한 경우에 신탁양도설에 의하면 그 어음상의 권리는 파산재단에 속하나, 자격수여설에 의하면 배서인은 환취권을 가진다. 반대로 배서인이 파산한 경우에 신탁양도설에 의하면 그 어음은 파산재단에 속하지 아니하나, 자격수여설에 의하면 어음은 파산재단에 귀속된다.

② **어음의 第3 取得者와의 關係** 신탁양도설에 의하면 피배서인은 제3자에게 양도배서를 할 수 있고, 취득자가 숨은 추심위임관계를 알고 있더라도 어음상의 권리를 유효하게 취득할 수 있다. 그러나 자격수여설에 의하면 이 경우에는 무권리자로부터의 취득이므로 선의취득의 요건을 갖춘 경우에만 어음상의 권리를 취득하게 된다.

③ **人的 抗辯** 신탁양도설에 의하면 어음상의 권리 자체가 피배서인에게 이전하므로 어음채무자는 배서인에 대한 인적 항변사유로써 피배서인에게 대항할 수 없고 피배서인 자신에 대한 항변만을 주장할 수 있다. 다만 어음채무자는 추심위임관계

를 입증함으로써 배서인에 대한 항변을 피배서인에게 대항할 수 있다. 그러나 자격수여설에 의하면 어음상의 권리는 배서인에게 속하므로 배서인에 대한 인적 항변 사유로 피배서인에게 대항할 수 있으나, 피배서인에 대한 인적 항변사유로서 피배서인에게 대항할 수 없다.

2) **資格授與的 效力** 숨은 추심위임배서의 피배서인이 어음상의 권리를 행사할 수 있는 자격은 어느 학설에 의하여도 인정된다. 따라서 숨은 추심위임배서의 피배서인은 그 실질적인 권리를 증명할 필요 없이 어음상의 권리를 행사할 수 있고, 그 지급자에게는 선의지급의 면책력이 인정된다. 다만 숨은 추심위임배서의 피배서인에게는 독립된 경제적 이익이 없으므로 그 피배서인의 선의취득은 인정되지 않는다.

3) **擔保的 效力** 숨은 추심위임배서의 배서인과 피배서인 사이에는 추심위임의 약정이 있으므로 어느 학설에 의하더라도 배서인은 피배서인에 대해 담보책임을 지지 않는다. 다만 숨은 추심위임배서의 피배서인이 제3자에게 양도배서를 한 경우에는 신탁양도설에 의하면 배서인은 그 제3자에 대해서는 담보책임을 부담하여야 하나, 자격수여설에 의하면 이 경우 제3자는 선의취득의 요건을 갖춘 경우에 한하여 선의취득을 하고 그 이외에는 어음상의 권리를 취득하지 못하므로 추심위임배서의 배서인은 담보책임을 지지 않는 것으로 된다.

3. 公然한 入質背書

(1) 意 義

공연한 입질배서는 어음상의 권리에 질권을 설정할 목적으로 배서에 '담보하기 위하여', '입질하기 위하여' 등의 질권 설정의 문언을 부기하여 한 배서를 말한다(어음법 §19, §77①1). 공연한 입질배서에는 입질의 문언이 기재되어야 하므로 배서인의 기명날인 또는 서명만으로 하는 간략백지식 입질배서는 인정되지 않으나, 피배서인만을 백지로 한 백지식 입질배서는 가능하다(정찬형(하), 295).

배서금지어음에 입질배서가 가능한가에 관하여 학설이 대립하고 있다. 긍정설은 입질배서에는 권리이전적 효력이 없으므로 배서금지어음에도 입질배서가 가능하다고 한다. 부정설은 배서금지어음의 양도에는 인적항변 절단의 효력이 없으나, 입질배서에는 인적항변 절단의 효력이 있으므로 배서금지어음에는 입질배서가 허용되지 아니한다고 본다. 부정설이 타당하다.

(2) 效 力

1) **質權 취득** 공연한 입질배서의 피배서인은 어음상의 권리에 대한 질권을 취득한다. 입질배서에 있어서 어음상의 권리는 배서인에게 유보되며 권리이전적 효력은 없다. 그러나 피배서인은 어음상의 권리 위에 질권을 취득하는 질권자로서 독립된 경제적 이익을 가지므로 어음상의 권리를 행사할 수 있다.

피배서인이 어음상의 권리를 행사함에 있어서 피담보채권의 변제기가 어음의 만기 이후이거나 그 채권액이 어음금액보다 적은 경우에도 입질채권의 추심 제한에 관한 민법의 규정(민법 §353②·③)은 적용되지 않는다. 따라서 피배서인은 어음의 만기가 도래하면 피담보채권의 변제기에 관계없이 질권자로서 어음금 전액에 대하여 어음으로부터 생기는 모든 권리를 행사할 수 있으며, 그 권리행사에 필요한 재판상 및 재판외의 모든 행위를 할 수 있다(어음법 §19①).

이 경우 입질배서의 피배서인은 독립된 경제적 이익을 가지고 자기의 권리를 행사하는 것이므로 어음채무자는 피배서인이 어음채무자를 해할 것을 알고 어음을 취득한 경우를 제외하고는 배서인에 대한 인적 항변으로 피배서인에게 대항할 수 없다. 다만 입질배서의 피배서인은 어음상의 권리자가 아니므로 양도배서나 입질배서를 할 수 없고, 추심위임배서만 할 수 있다(어음법 §19① 단서). 입질배서의 피배서인이 한 배서는 형식에 관계없이 추심위임배서로서의 효력을 가진다.

2) **資格授與的 效力** 입질배서의 피배서인은 배서가 연속되어 있는 한 질권자로서의 형식적 자격이 인정된다. 따라서 어음의 외견상 배서가 연속되어 있는 입질배서의 피배서인은 그 실질적 자격을 증명할 필요 없이 어음상의 권리를 행사할 수 있고, 그러한 입질배서의 피배서인에게 사기 또는 중과실이 없이 지급한 경우 선의지급으로서 면책된다.

또 입질배서의 피배서인은 어음상의 권리에 관하여 질권자로서 독립된 경제적 이익을 가지므로 선의취득에 관한 어음법 제16조 제2항이 유추적용된다. 따라서 공연한 입질배서의 배서인이 무권리자 등인 경우에도 피배서인에게 악의 또는 중과실이 없는 때에는 어음상의 권리에 대한 질권을 선의취득하게 된다.

3) **擔保的 效力** 입질배서의 피배서인에 대하여 어음의 지급이 거절된 경우에, 입질배서의 피배서인은 질권만을 취득하므로 배서인은 담보책임을 지지 않는다는 부정설이 있으나, 입질배서의 피배서인도 어음금의 지급을 받아 우선변제에 충당할 것을 기대한다는 점에서 입질배서의 배서인도 피배서인에 대하여 담보책임을 부담한다고 보는 긍정설이 통설이다.

4. 숨은 入質背書

(1) 意 義

숨은 입질배서는 어음상의 권리에 질권을 설정할 목적으로 통상의 양도배서 방식으로 하는 배서를 말한다. 즉 실질적으로는 질권 설정을 목적으로 하나, 그 방식을 일반적인 양도배서의 형식에 의하는 배서로 그 법적 성질은 신탁적 양도이다.

(2) 效 力

1) **權利移轉的 效力** 숨은 입질배서는 양도배서의 형식에 의하므로 권리이전적 효력이 있다. 숨은 입질배서는 당사자 간에 실질적으로는 질권 설정의 목적으로 하나 형식상으로는 양도배서에 의하므로 어음상의 권리는 피배서인에게 이전되고, 피배서인은 어음상의 권리자로서 어음상의 권리를 행사할 수 있다. 입질계약은 당사자 간의 인적 항변사유가 될 뿐이다. 따라서 숨은 입질배서에도 항변의 절단이 인정되며 어음채무자는 숨은 입질배서의 배서인에게 대항할 수 있는 인적항변사유로써 그 피배서인에게 대항할 수 없다.

숨은 입질배서는 이러한 권리이전적 효력으로 어음상의 권리가 피배서인에게 이전되므로 가령 숨은 입질배서 후 그 배서인이 파산한 경우에는 피배서인은 별제권(別除權)을 가지며, 피배서인이 파산하더라도 배서인의 환취권은 인정되지 아니한다.

2) **資格授與的 效力** 숨은 입질배서에는 자격수여적 효력이 인정되며, 배서가 연속되어 있는 경우에 권리자로서의 자격과 선의지급의 면책력이 인정된다. 또 배서가 연속되어 있는 숨은 입질배서의 피배서인으로부터 선의로 중과실 없이 어음을 취득한 제3자에 대하여는 어음의 선의취득에 관한 규정이 적용된다. 다만 악의취득자에 대하여는 어음법 제19조 제1항 단서의 유추적용에 의하여 추심위임배서의 피배서인의 자격이 인정될 수 있을 뿐이다.

3) **擔保的 效力** 숨은 입질배서의 배서인도 피배서인 및 그 후자에 대해 담보책임으로서 상환의무를 부담한다.

5. 擔保背書

담보배서는 어음상의 권리를 양도하기 위한 것이 아니라, 배서인으로서 그 후자에 대한 담보책임만을 부담하기 위하여 양도배서의 형식으로 하는 배서를 말한다. 담보배서는 목적과 기능에 있어서 어음보증과 유사하나, 그 형식과 효력에서 다르다. 담보배서의 유효성에 관하여 어음상의 권리를 가지지 않는 자의 양도배서는 무효이므로 어음상의 권리자가 아닌 자가 담보목적으로 배서를 하는 것은 무효라고 볼 수도 있으나, 학설은 어음행위의 형식성과 당사자의 의사를 고려하여 그 유효성을 인정하고 있다.

다만 담보배서의 효력에 관하여는 학설이 나뉘어 있다. 즉 담보배서에는 권리이전적 효력이 없고 그 의사표시상의 효력으로서 담보적 효력만이 있다는 견해(정동윤(어), 380)와, 담보배서도 양도배서의 방식에 의하므로 배서의 권리이전적 효력·자격수여적 효력·담보적 효력이 모두 인정되고 담보의 목적은 당사자간의 인적 항변 사유로 될 뿐이라는 견해(정찬형(하), 301)가 있다. 담보배서가 양도배서의 방식에 의한다는 점을 감안하면 후설이 타당하다.

[판례] 대법원 1995.9.29, 선고 94다58377 판결

이 사건 어음의 최종 소지인인 원고를 수취인으로 표시하여 발행한 어음에 소외 망인이 그냥 담보의 목적으로 배서를 한 나머지 배서가 단절된 것에 불과하므로 그 실질적 권리가 어음에 표시된 바와 같은 경로를 거쳐 이전되지 않았다 하더라도 원고가 위 어음에 관한 실질적인 권리자임은 이미 증명되었다 할 것이며, 이와 같이 원고가 어음의 실질적 권리자임이 증명되고 위 망인의 배서가 배서로서의 유효요건을 구비하고 있는 이상 배서의 담보적 효력은 인정되어야 할 것이고, 그와 같은 경우에는 배서가 단절된 채로 지급제시를 하여 지급거절되었다고 하더라도 그 지급제시는 적법한 것으로 보아 어음소지인은 배서인에 대하여 소구권을 행사할 수 있다고 봄이 상당하다.

제5절 引 受

제1. 總 說

1. 引受의 意義

인수라 함은 환어음의 지급인이 어음금의 지급의무를 부담하는 것을 목적으로 하는 어음행위이다. 환어음의 지급인은 발행인의 지급위탁만으로 어음금액의 지급의무를 부담하지 않으며 인수를 함으로써 어음금액을 지급할 의무를 부담한다. 따라서 환어음은 인수가 있을 때 비로소 확정적인 어음금지급청구권을 표창하게 된다. 인수는 환어음에만 있고 약속어음과 수표에는 인정되지 않는다.

2. 法的 性質

인수의 법적 성질에 관하여는 어음상의 채무부담을 목적으로 하는 인수인의 일방적인 단독행위라는 단독행위설과 인수도 어음행위로서 인수인이 인수의 의사표시를 어음면에 기재하여 상대방에게 교부하고 상대방이 승낙의 의사로써 이를 수령함으로써 성립하는 계약이라는 계약설이 있다. 인수는 인수인이 인수의 기명날인 또는 서명을 하여 그 어음을 제시자에게 교부한 때에 효력이 발생하므로 계약설이 타당하다.

제2. 引受提示

1. 引受提示의 意義

인수제시는 환어음의 지급인에게 어음을 제시하여 어음의 인수를 청구하는 행위를 말한다. 인수제시는 지급인에 대하여 지급에 필요한 자금 등의 준비를 할 수 있게 하며, 특히 일람후정기출급어음에 있어서는 만기의 확정을 위하여 필요하다.

인수제시에 대하여 지급인은 임의로 인수를 하거나 또는 인수거절을 할 수 있으며, 인수가 거절되면 소지인은 만기까지 기다릴 필요 없이 상환절차를 밟을 수 있다.

2. 引受提示의 當事者

⑴ 提示者

인수제시는 어음소지인 뿐만 아니라 어음의 단순한 점유자도 할 수 있다(어음법 §21).

⑵ 被提示者

인수제시의 상대방은 지급인 또는 그 대리인이다. 인수는 지급의 의사표시이므로 지급담당자의 기재가 있더라도 인수제시는 반드시 지급인에 대하여 하여야 한다. 지급인이 허무인이거나 사망한 경우에는 인수제시 없이 바로 상환청구권을 행사할 수 있다.

지급인이 수인인 경우에는 그 전원에 대하여 인수제시를 하여야 한다. 이 경우 만기전 상환청구는 전원이 인수를 거절한 경우에만 할 수 있다는 견해가 있으나, 그 중 1인이 인수를 거절하면 상환청구를 할 수 있다는 견해가 다수설이다. 수인의 지급인 중 1인이라도 인수를 하면 주채무자가 확정되며, 민약 그 인수인이 무지력으로 되는 때에는 만기전 상환청구의 원인이 되므로, 그 전원이 인수를 거절한 경우에 상환청구를 할 수 있다고 보는 것이 타당하다.

3. 引受提示의 時期

인수제시는 원칙적으로 어음의 발행 시부터 만기의 전일까지 할 수 있다(어음법 §21). 인수제시기간이 법정되어 있거나 지정되어 있는 때에는 그 기간 내에 하여야 한다(어음법 §22, §23). 그러나 만기당일이나 만기 후 또는 인수제시기간의 경과 후에 인수제시가 있는 경우에도 그 제시에 대하여 지급인이 인수를 한 때에는 인수의 효력이 생긴다.

4. 考慮期間

지급인이 처음 인수제시(제1의 제시)를 받은 경우에 그 익일에 다시 제시(제2의 제시)할 것을 청구할 수 있다(어음법 §24①). 인수제시를 받은 지급인이 인수여부의 결정을 고려할 수 있도록 허용된 기간으로 이것은 어음법상의 유일한 은혜일이다. 이를 숙려기간(熟慮期間) 또는 유예기간(猶豫期間)이라고도 한다.

이에 따라 지급인이 소지인의 제1 제시에 대하여 제2 제시를 청구한 때에는 우선 제1 제시에 대하여 인수거절증서를 작성시키고 지급인은 여기에 제2 제시의 청구가 있었다는 것을 기재시켜야 한다. 제2 제시에 대하여 인수거절이 있는 때에는 제2의 인수거절증서를 작성시켜야 한다. 제2 제시의 청구가 있는 경우에 어음소지인이 제2 제시를 하지 않으면 인수거절에 대해 상환청구를 할 수 없다. 다만 이 경우 이해관계인은 제2의 제시를 청구하였다는 사실이 거절증서에 기재되어 있는 경우에만 이에 응하는 제시가 없었다는 것을 주장할 수 있으며, 그런 기재가 없으면 소지인이 제1제시에 대한 거절증서로 상환청구권을 행사하여도 이를 배척할 수 없다(어음법 §24①).

제3. 引受提示의 自由와 그 制限

1. 引受提示의 自由

어음소지인이 인수제시를 하느냐, 않느냐는 원칙적으로 그 자유에 속하는 문제이다. 이를 인수제시의 자유라 한다. 소지인은 만기 전일까지는 언제라도 인수제시를 할 수 있으며, 인수제시를 하지 않고 만기에 직접 지급제시를 할 수도 있다.

2. 引受提示命令

발행인 또는 배서인은 기간을 정하거나 정하지 않고 인수제시를 하여야 한다는 뜻(인수제시명령문언)을 기재할 수 있다. 다만, 배서인은 발행인이 한 인수제시의 금지와 모순되는 인수제시명령을 할 수 없다(어음법 §22①·④).

인수제시명령이 인정되는 이유는 첫째, 타지지급(他地支給)어음으로서 제3자방지급문언의 기재가 없는 때에 그 기재의 기회를 주기 위하여 미리 제시할 필요가 있고, 둘째, 발행인 또는 배서인은 지급인과의 자금관계에서 미리 지급인의 지급의사를 확인함과 동시에 그 지급의 준비를 할 수 있도록 하는데 있다.

인수제시문언의 기재가 있는 경우에 그 인수제시기간이 정해져 있으면 그 기간의 경과 전에, 기간의 정함이 없으면 만기의 전일까지 인수제시를 하여야 한다. 어음소지인이 이 기간 내에 인수제시를 하지 않은 경우에, 발행인이 인수제시문언을 기재한 때에는 모든 상환의무자에 대하여(어음법 §53①), 배서인이 인수제시문언을 기재한 때에는 그 배서인에 대하여 인수거절 또는 지급거절에 의한 상환청구권을 상실한다(어음법 §53②).

또한 일람후정기출급어음에 있어서는 소지인은 발행일자로부터 1년 이내에 반드시 인수제시를 하여야 하는데, 발행인은 이 기간을 단축 또는 연장할 수 있고, 배서인은 이 법정기간 또는 발행인이 지정한 기간을 단축할 수 있다(어음법 §23②·③). 이 기간 내에 인수제시를 하지 않은 때의 효력은 인수제시명령의 경우와 같다.

3. 引受提示의 禁止

환어음의 발행인은 일정한 기일을 정하여 인수제시를 금지할 수 있고 또 인수제시를 절대적으로 금지할 수도 있다(어음법 §22②·③). 인수제시를 금지할 수 있는 자는 환어음의 발행인뿐이며, 배서인은 이를 할 수 없다. 발행인이 지급인에게 지급자금을 제공하지 못할 경우 인수제시에 따른 불필요한 인수거절을 예방하기 위한 것이다.

발행인이 일정한 기일을 정하여 인수제시를 금지한 경우에 소지인은 그 기일 이후 만기까지는 언제든지 인수제시를 할 수 있지만, 만기 전일까지 인수제시를 금지한 때에는 절대적 금지로 본다. 인수제시가 절대적으로 금지된 경우에는 어음은 발행인의 신용만으로 유통하게 된다. 다만, 인수제시가 금지된 경우에도 소지인은 인수를 요구할 수 있고 지급인도 유효하게 인수할 수 있으나, 인수가 거절되어도 소지인은 상환청구권을 행사할 수 없다. 따라서 인수제시가 절대적으로 금지된 때에는 인수거절 시에도 만기전 상환청구가 불가능하다.

인수제시의 금지는 발행인이 모든 환어음에 대하여 할 수 있다. 그러나 일람후정기출급어음에 있어서는 만기의 확정을 위하여, 제3자방지급어음에 있어서는 지급준비를 시키기 위한 필요에서, 타지지급어음에 있어서는 지급인으로 하여금 지급담당자를 어음에 기재할 수 있는 기회를 주어야 하므로 인수제시의 절대적 금지는 허용되지 않는다(어음법 §22②).

제4. 引受의 方式

1. 引受의 要件

인수의 방식에는 정식인수(正式引受)와 약식인수(略式引受)의 두 가지가 있다. 정식인수는 지급인이 어음에 인수 기타 이와 동일한 취지의 문언을 기재하여 기명날인 또는 서명하는 방법이다. 인수는 어음의 표면과 이면에만 할 수 있고 등본이나 보충지에 한 인수는 무효이다.

어음의 표면에 지급인의 단순한 기명날인 또는 서명이 있으면 인수한 것으로 본다(어음법 §25). 이를 약식인수라 한다. 약식인수는 어음의 표면에 있는 지급인의 기명날인 또는 서명에 대해서만 인정된다.

인수는 반드시 지급인이 하여야 하므로 인수인과 지급인은 동일인이어야 하며 그 표시의 형식에 있어서 동일하여야 하나, 양자의 표시가 형식적으로는 다르더라도 실질적으로 동일한 것으로 인정되면 인수로서의 효력이 있다.

2. 要件 이외의 記載事項

(1) 引受日字

인수일자의 기재는 인수의 요건이 아니나, 일람후정기출급 어음에서는 만기를 정하기 위하여, 인수제시명령에 의하여 일정한 기간 내에 인수제시를 하여야 하는 어음에 있어서는 상환청구권의 보전을 위하여 인수일자의 기재가 필요하다. 이러한 어음에 대하여 인수를 하였으나 일자의 기재가 없으면 어음소지인은 인수일자거절증서를 작성하여 인수일자를 증명하여야 한다. 일자거절증서작성이 면제되어 있거나 이를 작성하지 아니한 때에는 인수인에 관한 한 인수제시기간의 말일에 인수한 것으로 본다(어음법 §35②).

⑵ 第3者方支給文言의 記載

타지지급어음에 있어서 발행인이 제3자방에서 지급할 뜻을 기재하지 않은 경우에 지급인은 인수를 할 때에 그 제3자를 정할 수 있다(어음법 §27① 전단). 이를 기재하지 않고 인수한 때에는 인수인이 지급지에서 직접 지급할 의무를 부담한 것으로 본다(어음법 §27① 후단). 동지지급(同地支給)어음의 경우 지급인은 인수를 함에 있어서 지급지 내에서 지급장소를 정할 수 있다(어음법 §27②).

⑶ 不單純引受

부단순인수라 함은 단순히 어음의 기재내용에 따라 행하여진 단순인수와는 달리 어음금액의 일부에 대하여 또는 어음금액 이외의 기재사항에 변경을 가하거나, 조건을 붙여서 하는 인수를 말한다.

1) 一部引受　지급인은 어음금액의 일부에 제한하여 인수할 수 있다(어음법 §26① 단서). 일부인수도 인수로서 완전히 유효하며, 소지인은 인수되지 아니한 잔액에 대하여 인수거절에 의한 상환청구권을 행사할 수 있다.

2) 條件附引受　인수인의 지급의무에 조건을 붙여서 하는 인수를 말한다. 인수는 무조건으로 하여야 하므로(어음법 §26①) 지급인이 인수에 조건을 붙인 경우에 어음소지인은 인수거절로 보아 상환청구권을 행사할 수 있으나, 인수인이 그 조건에 따라 책임을 지는가에 관하여는 이를 긍정하는 설과 부정하는 설이 대립하고 있다.

긍정설은 조건부인수를 무효로 하는 것은 어음의 유통을 해치는 결과가 되므로 부단순인수로서의 효력을 인정해야 한다고 한다. 이에 반하여 부정설은 조건부인수를 허용하면 어음채무의 성립을 어음면에 나타나지 않는 원인관계와 결부시키게 되어 어음채무의 무인성과 문언성에 반하므로 조건부인수는 무효라고 한다.

이론적으로는 무효설이 타당하나, 이 경우 소지인은 전자에 대하여 인수거절로 인한 상환청구권을 행사할 수 있으며, 소지인이 그 선택에 따라 인수인의 책임을 물을 수 있다면 어음관계자들에게도 유리하므로, 그 조건이 사회질서나 강행법규에 어긋나지 않는 한 조건부 인수를 굳이 무효로 볼 필요는 없다고 생각한다.

3) 變更引受　지급인이 인수를 할 때에 어음의 기재사항을 변경하여 인수한 때에는 인수를 거절한 것으로 본다(어음법 §26② 전단). 기재사항의 변경은 기존 기재사항의 내용을 변경하는 것뿐만 아니라 새로운 문언을 추가하거나 말소하는 것을 포함한다.

이러한 변경인수는 변경전의 문언에 따른 인수를 거절한 것으로 간주되므로 어음소지인은 전자에 대하여 인수거절증서를 작성하여 상환청구권을 행사할 수 있다. 그러나 부단순인수도 소지인과 전자의 이익을 해하지 않는 한 인수의 효력을 인정하는 것이 타당하므로, 인수인에 대한 관계에서는 변경인수는 유효하고 인수인은 변경한 문언에 따라서 어음상의 책임을 진다(어음법 §26② 후단).

제5. 引受의 效力

지급인은 어음소지인의 인수제시에 대하여 어음에 인수를 하여 교부함으로써 어음에 대한 지급의무를 부담한다(어음법 §28①). 인수인의 어음금지급의무는 발행인이나 배서인의 상환의무와는 달리 어음상의 제1차적이며 무조건적 · 절대적 · 최종적 의무로서, 권리보전절차가 해태되어도 시효기간이 경과되지 않는 한 소멸하지 아니한다(어음법 §53① 단서). 인수인이 수인인 경우에는 각자가 어음금 전액을 지급해야 할 합동책임을 진다. 인수인의 어음지급의무의 한도는 만기에는 어음금액과 이자이며, 만기에 지급하지 않아 상환청구권이 발생한 때에는 상환청구금액과 동일한 금액이다(어음법 §28②).

제6. 引受의 抹消

1. 意 義

인수인은 인수한 어음을 어음소지인 기타 인수제시자에게 반환하기 전까지는 인수의 기재를 말소할 수 있다(어음법 §29①). 따라서 인수인이 어음소지인 등에게 어음을 반환한 후에 인수를 말소한 때에는 인수인으로서의 지급책임을 면하지 못한다. 인수의 말소는 어음의 반환 전에 한 것으로 추정한다(어음법 §29①).

2. 效 果

인수의 적법한 말소는 인수를 거절한 것으로 되어, 소지인은 전자에 대해 상환청구권을 행사할 수 있다.

그러나 인수를 말소한 지급인이 소지인 또는 기명날인 또는 서명을 한 자에게 서면으로 인수를 통지한 때에는 통지의 상대방에 대하여는 그 문언에 따라 책임을 진다(어음법 §29②). 이 경우에 통지를 받은 상대방은 통지의 서면만으로 권리를 행사할 수 없고 어음을 소지하게 된 때에 비로소 인수인에 대하여 어음상의 권리를 행사할 수 있다.

다만 이 때에도 인수의 통지에 의하여 인수의 말소가 효력을 상실하는 것은 아니며, 통지의 상대방 이외의 자에 대해서는 여전히 인수의 거절로 된다.

제6절 어음保證

제1. 總 說

어음보증은 어음상의 채무를 보증할 목적으로 하는 부속적 어음행위이다. 어음보증의 법적 성질에 관하여 통설은 단독행위라고 보나, 어음보증도 보증의 의사표시와 상대방에 대한 어음의 교부를 요하므로 계약으로 보는 것이 타당하다. 어음보증은 주된 어음채무의 존재를 전제로 하나, 어음행위의 독립성과 관련해 피보증채무가 형식적으로 유효하면 방식의 하자 외의 사유로 실질적으로 무효인 경우에도 보증은 유효하게 성립될 수 있다. 공동발행이나 공동배서 등의 공동어음행위는 수인이 동일한 내용의 어음채무를 부담한다는 점에서 경제적으로는 어음보증과 유사한 인적 담보로서의 기능을 하나, 그 법적 성질에 있어서는 어음보증과 다르다.

제2. 民法上의 保證과의 區別

어음상의 채무에 대해서도 어음보증 외에 민법상의 보증계약에 의하여 보증을 할 수 있다. 그러나 민법상 보증에서는 특정한 주채무자가 있어야 하고 주채무가 유효하게 존속하여야 하나, 어음보증에서는 주채무자가 명백하지 않거나 주채무가 방식의 하자 이외의 사유로 실질적으로 무효라도 보증채무가 유효하게 성립된다. 어음보증인에 대한 어음소지인의 보증채권은 배서·교부에 의하여 이전되나, 민법상 보증인에 대한 보증채권은 지명채권양도절차에 의하여 이전된다. 어음보증은 요식행위로서 일정한 방식을 갖춰야 하나, 민법상 보증은 방식의 제한이 없다. 또한 민법상 보증인은 특정 채권자에 대해서만 책임을 지고 원칙적으로 최고 및 검색의 항변권을 가지나, 어음보증인은 불특정의 어음소지인에 대해 책임을 지며, 최고 및 검색의 항변권을 갖지 못한다. 보증채무를 이행한 보증인의 구상의 범위에 있어서도 어음보증인은 채무자의 부탁 여부에 관계없이 어음상의 권리를 행사할 수 있으나, 민법상의 보증인은 부탁을 받았는가 그렇지 않은가에 따라 다르다. 이밖에 민법상 보증과 어음보증은 보증인간의 분별의 이익과 소멸시효기간 등에서도 차이가 있다.

제3. 어음保證의 要件

1. 當事者

어음보증인의 자격에는 제한이 없으며, 어음에 가입하지 않은 제3자와 어음채무자도 보증인이 될 수 있다. 그러나 전자가 후자의 보증인이 되거나 인수인이 보증인으로 되는 것은 무의미하다. 피보증인은 어음채무자이며, 어음채무자 이외의 자를 위한 보증은 무효이다. 따라서 인수하지 않은 지급인이나 지급담당자 또는 무담보배서의 배서인 등을 위한 보증은 그 효력이 없다.

2. 方 式

(1) 正式保證

보증은 어음이나 그 등본 또는 보충지에 하여야 하며(어음법 §31①, §67③), 보증 또는 이와 동일한 취지의 문언을 기재하고 피보증인의 명칭을 표시하여 보증인이 기명날인 또는 서명을 하여 교부함으로써 한다(어음법 §31②). 이를 정식보증이라 한다.

어음보증인은 어음보증을 하면서 거절증서의 작성을 면제할 수 있다(어음법 §46①). 보증인이 거절증서의 작성을 면제한 경우 그 면제의 효력은 거절증서의 작성을 면제한 보증인에 대해서만 생기나, 피보증인인 배서인이 거절증서의 작성을 면제한 때에는 그 배서인을 위한 보증인에게도 면제의 효력이 있다. 이 밖에 어음보증인은 어음보증을 할 때에 예비지급인도 기재할 수 있다(어음법 §55①).

(2) 略式保證

약식보증은 어음보증인이 피보증인을 표시하지 않고 어음상에 보증문언만을 기재하고 기명날인 또는 서명을 하거나(어음법 §31④), 보증문언도 기재하지 않고 어음보증인이 기명날인 또는 서명만을 하는 방식으로 하는 경우(어음법 §31③)이다. 후자의 경우를 특히 간략약식보증(簡略略式保證)이라 한다. 이러한 약식보증에서는 발행인을 피보증인으로 본다(어음법 §31④).

보증문언을 기재하는 약식보증은 어음의 표면뿐만 아니라 어음의 이면에도 할 수 있으나, 간략약식보증은 어음의 표면에만 할 수 있다. 어음의 표면에 한 단순한 기명날인 또는 서명은 지급인과 발행인의 경우를 제외하고는 보증으로 본다(어음법 §31③). 어음의 표면에 한 발행인의 단순한 기명날인 또는 서명은 백지발행이 되고, 지급인의 단순한 기명날인 또는 서명은 인수로 보어야 하기 때문이다(어음법 §25①).

보충지에 한 단순한 기명날인 또는 서명은 발행인을 위한 보증이 될 수 있으나, 어음의 이면에 한 단순한 기명날인 또는 서명은 간략백지식 배서로 보아야 한다. 따라서 어음의 이면에 기명날인 또는 서명만을 한 행위자에게 비록 보증의 의사가 있더라도 그 기명날인이나 서명은 어음보증으로서의 효력이 없다.

(3) 一部保證

어음보증인은 어음금액의 일부에 대해서도 보증을 할 수 있다(어음법 §30①).

(4) 條件附保證

어음보증인이 어음의 보증에 조건을 붙일 수 있는가에 관하여는 학설이 대립되고 있다. 조건무효설은 어음보증에 조건이 붙여진 때에는 그 조건만을 무효로 보고 조건이 붙지 않은 보증으로서 효력이 있다고 한다. 이에 대하여 조건유효설은 어음보증이 인수와는 달리 이미 성립한 어음채무에 관하여 그 지급을 확실히 하는 행위에 지나지 않으므로 어음보증에 조건이나 조건 이외의 제한을 붙인 경우에 모두 유효하다고 한다. 조건유효설이 다수설이다. 대법원 판례는 조건유효설의 입장을 유지하고 있다.

[판례] 대법원 1986.3.11, 선고 85다카1600 판결

어음법상 보증의 경우에는 발행 및 배서의 경우와 같이 단순성을 요구하는 명문의 규정이 없을 뿐 아니라, 주된 채무를 전제로 하는 부수적 채무부담행위인 점에서 보증과 유사한 환어음의 인수에 조건을 붙인 경우에는 일단 인수거절로 보되 인수인으로 하여금 인수의 문언에 따라 책임을 지도록 함으로써 불단순 인수를 인정하고 있음에 비추어 볼 때 어음보증에 대하여 환어음 인수의 경우보다 더 엄격하게 단순성을 요구함은 균형을 잃은 해석이라고 하겠고 또 조건부 보증을 유효로 본다고 하여 어음거래의 안전성이 저해되는 것도 아니므로, 조건을 붙인 불단순보증은 그 조건부 보증문언대로 보증인의 책임이 발생한다고 보는 것이 타당하다.

3. 保證의 時期

어음보증은 어음채무가 존속하는 한 언제든지 가능하다. 따라서 만기 후 또는 거절증서작성 후에도 어음채무가 시효로 소멸하기 전에는 어음보증이 가능하다. 어음채무가 보전절차의 흠결 또는 시효로 인하여 소멸된 경우에는 어음채무가 절대적으로 소멸되므로 어음보증이 성립할 여지가 없다. 다만 어음보증은 어음채무가 성립하지 않은 경우에도 가능하며, 이 경우에는 어음채무가 성립된 때 보증의 효력이 생긴다.

제4. 어음保證人의 責任

1. 責任의 同一性

어음보증인은 피보증인과 동일한 책임을 부담한다(어음법 §32①). 따라서 어음보증인은 피보증인이 인수인이라면 인수인의 주채무와 동일한 책임을 지고, 피보증인이 발행인이나 배서인이라면 그 상환의무와 동일한 책임을 진다.

2. 責任의 從屬性

어음보증인의 책임은 피보증인의 책임의 존속을 전제로 하므로, 피보증인의 채무가 지급 · 대물변제 · 면제 · 상계 · 소멸시효 · 상환청구권보전절차의 흠결 등에 의하여 소멸한 때에는 보증채무도 소멸한다. 이러한 종속성의 결과 어음소지인이 피보증인에 대해 상환청구권보전절차 또는 시효중단절차를 밟으면 어음보증인에 대해서는 별도로 그러한 절차를 밟지 않더라도 그 권리가 보전된다.

또한 배서금지어음의 발행인을 위한 보증의 경우 그 양수인이 민법상의 채권양도절차에 따라 발행인에 대해 통지 또는 승낙의 대항요건을 갖춘 경우에는 어음보증인에 대해 별도의 대항요건을 갖추지 않더라도 그 채권양수의 효력을 어음보증인에게 주장할 수 있다.

3. 責任의 獨立性

어음보증인은 피보증인의 어음채무가 그 방식에 하자가 있는 경우 외에는 실질적으로 무효이더라도 어음보증인으로서의 책임을 진다(어음법 §32②). 즉 피보증인의 어음행위가 형식적 요건을 구비하고 있는 경우에는 비록 그 실질적인 효력요건을 갖추지 못하여 무효 또는 취소되더라도, 어음보증행위 자체에 무효·취소원인이 없는 한 어음보증인은 보증인으로서의 책임을 지게 되는 것이다. 어음보증인의 이러한 책임은 어음행위독립의 원칙에 기한 것이다.

4. 責任의 合同性

어음보증인은 피보증인과 그 밖의 어음채무자와 합동하여 어음소지인에 대하여 어음상의 책임을 진다. 즉 보증인은 피보증인 및 그 전자와 함께 어음금의 지급에 관하여 소지인에게 합동책임을 지며, 민법상 보증인의 최고 및 검색의 항변권은 인정되지 않는다. 동일한 어음채무에 관하여 어음보증인이 수인인 때에도 보증인 상호간에 합동책임을 부담하며, 보증인 간의 분별의 이익이 인정되지 않는다.

합동책임은 어음소지인이 각 어음채무자에 대해 동시에 또는 따로 권리를 행사할 수 있다는 점에서 연대채무와 유사하나, 그 채무의 발생 원인이 독립된 어음행위이고, 그 어음채무자 1인에 대한 청구는 다른 채무자에게 영향을 미치지 아니하며, 어느 어음채무자가 자신의 채무를 이행하면 그 후자의 채무도 소멸되고 자기의 전자에 대하여 어음상의 권리를 행사할 수 있다는 점 등에서 연대채무와 다르다.

5. 被保證人의 抗辯 援用 可能性

피보증인이 원인관계에서 어음소지인에 대하여 매매계약의 해제 등의 인적 항변을 가지고 있는 경우에 어음보증인이 이를 원용할 수 있는지 문제된다. 이에 관하여 학설은 보증채무의 독립성과 관련하여 부정설과 긍정설이 대립하고 있다. 부정설은 보증채무의 독립성을 강조하여 어음보증인은 피보증인의 채무와 독립하여 보증채무를 부담하는 것이므로 어음보증인은 피보증인의 항변을 원용할 수 없다고 한다. 이에 대해 긍정설은 어음소지인이 피보증인에게 원인관계에서 어음상의 권리를 행사할 실질적인 이유가 없음에도 불구하고 어음보증인에게 청구하는 것은 신의성실의 원칙에 반하는 권리남용으로서 허용되지 아니한다고 한다.

생각건대 피보증인과 소지인 사이에 원인계약의 해제 등의 경우와 같이 원인관계가 소멸된 경우에도 보증인이 어음상의 채무를 이행해야 한다면 번거로운 절차만 강요하는 결과가 되므로 긍정설이 타당하다. 그러나 피보증인이 원인관계에서 어음소지인에 대해 취소권·해제권 등의 권리를 가지는 경우에 어음보증인이 이를 원용하는 것은 보증채무의 독립성에 반하여 허용되지 않는다. 물론 어음보증인 자신이 어음소지인에 대하여 가지는 항변을 그 소지인에게 제출할 수 있음은 당연하다.

제5. 保證債務履行의 效果

1. 主債務의 소멸

어음보증인이 보증채무를 이행한 때에는 자기의 보증채무는 물론이고 피보증인 및 그 후자의 어음소지인에 대한 어음상의 채무도 소멸한다.

2. 保證人의 求償權

(1) 어음상의 권리 취득

어음보증인이 보증채무를 이행한 때에는 피보증인과 피보증인의 전자인 어음채무자에 대하여 어음상의 권리를 취득한다(어음법 §32③). 이 경우 어음보증인이 취득하는 권리는 피보증인에 따라 차이가 있으나 인수인에 대한 어음금지급청구권, 발행인 및 피보증인의 전자인 배서인과 그 보증인에 대한 상환청구권 등을 말한다.

보증인의 이러한 어음상의 권리 취득의 법적 성질에 관하여 승계취득설과 법정취득설이 있다. 승계취득설은 어음보증인이 보증채무의 이행을 받은 어음소지인의 권리를 승계취득하는 것이라고 보나, 법정취득설은 어음보증인의 권리취득은 보증채무의 이행으로 법률의 규정에 의하여 어음상의 권리를 독립적·원시적으로 취득하는 것이라고 본다. 법정취득설이 통설이다. 이 통설에 의하면 어음보증인이 취득하는 권리는 인적항변이 절단된 것으로서 어음채무자는 어음소지인에 대하여 가지고 있었던 인적항변을 원칙적으로 어음보증인에게 대항할 수 없다.

어음보증인이 보증채무를 이행하여 어음상의 권리를 취득하는 경우에 어음을 교부받아야 하는가에 관하여, 승계취득설에 의하면 보증채무를 이행하는 어음보증인은 어음소지인으로부터 어음을 교부받아야 어음상의 권리를 취득하게 된다. 법정취득설에 의하면 어음보증인이 보증채무를 이행함으로써 어음상의 권리를 취득하므로 어음의 교부가 요구되지 않는다고 하게 되나, 어음의 제시증권성 및 상환증권성에 비추어 어음보증인이 보증채무를 이행한 후에 어음을 소지하지 않고서는 피보증인 및 전자에 대하여 어음상의 권리를 행사할 수 없으므로 어음을 교부받아야 한다.

(2) 一部保證의 경우

어음금의 일부에 대해 보증을 한 어음보증인이 보증채무를 이행한 경우에는 그 이행부분에 대하여 어음상의 권리를 취득하나 어음을 상환하지 못하므로 어음상의 권리를 즉시 행사하지 못한다. 따라서 이 경우에 보증인은 어음소지인으로부터 일부지급의 뜻을 기재한 영수증을 교부받은 후 피보증인이나 그 전자인 어음채무자가 잔액을 지급하여 어음증권을 환수하는 것을 기다려 어음상의 권리를 행사하거나 또는 보증인이 어음금 전액을 지급하고 어음을 환수하여 피보증인과 그 전자에 대해 어음의 지급을 청구할 수 있다. 또한 학설은 어음법 제51조를 유추적용하여 보증인은 소지인에게 어음의 증명등본을 청구하여 이를 가지고 피보증인과 그 전자에 대해 어음상의 권리를 행사하는 것도 가능하다고 보고 있다.

(3) 民法上의 求償權 취득 여부

어음상의 보증채무를 이행한 어음보증인이 어음상의 권리 외에 어음외의 실질관계에 기한 민법상 보증인의 구상권(민법 §441~446)도 취득하는가에 대하여 학설의 대립이 있다. 부정설은 어음보증인은 어음상의 권리만 행사할 수 있고, 민법상의 구상권은 행사할 수 없다고 본다. 긍정설은 보증채무를 이행한 어음보증인은 어음상의 권리와 함께 민법상의 구상권도 취득하며, 이중 어느 하나를 선택하여 행사할 수 있다고 한다.

생각건대 민법상의 보증계약에 의하여 어음보증을 한 경우가 아닌 한 어음보증이 있다고 하여 민법상 보증계약이 체결된 것으로 간주하는 것은 논리적으로 무리이며, 민법상 구상권을 행사하는 때에는 어음의 제시ㆍ상환이 요구되지 않으므로 보증인에게 어음의 상환 없이 구상채무를 이행한 피보증인은 전자에 대해 상환청구를 할 방법이 없게 된다. 또한 민법상 보증인의 구상권의 소멸시효는 10년이므로 어음보증인은 어음상의 권리 행사를 게을리 하여 어음상의 권리가 소멸된 후에도 민법상의 구상권을 행사할 수 있게 되는데 이렇게 되면 구상채무를 이행한 피보증인은 전자에 대한 상환청구권을 행사할 수 없게 되는 불합리한 결과가 된다(이철송(어), 383). 부정설이 타당하다.

제7절 支 給

제1. 總 說

지급은 광의로는 어음의 발행인이나 배서인, 보증인, 참가인수인 등의 모든 어음관계자에 의한 어음의 지급을 포함하나, 협의로는 어음상의 지급인과 인수인 또는 지급담당자에 의한 지급을 말한다. 이들 제1차적 지급예정자에 의한 지급만이 어음관계의 궁극적인 목적이고 이로써 어음관계가 완전하게 소멸되며, 그 밖의 자에 의한 지급은 상환청구단계로 진행된다. 어음의 지급을 받기 위해서는 다른 특약이 없는 한 어음소지인 또는 그 대리인이 지급제시기간 내에 지급인 등에게 지급제시를 하여야 한다.

제2. 支給提示

1. 意 義

어음채무는 추심채무이므로 어음소지인이 어음금의 지급을 받기 위하여서는 환어음의 인수인 또는 지급인(약속어음의 경우에는 발행인)에게 어음을 제시하여야 한다. 이를 지급제시라 한다.

어음상의 권리는 어음증권에 표창되어 배서 · 교부에 의하여 유통되므로 주채무자는 만기에 어음소지인이 누구인가를 알지 못하는 경우가 대부분이다. 따라서 어음소지인이 어음상의 권리를 행사하는 경우에 자신이 그 권리자임을 용이하게 입증하고 그 이행을 청구하는 법정 방법이 지급제시이다.

지급제시는 어음채무자에 대하여 지체책임을 묻기 위하여, 또 지급이 거절되는 경우에는 전자에 대하여 상환청구권을 행사하기 위한 전제요건이 된다.

2. 當事者

(1) 提示者

지급제시를 할 수 있는 자는 어음소지인 또는 그 대리인(거절증서작성을 위임받은 공증인 · 집달관 · 추심위임을 받은 은행 등)이다. 배서연속이 흠결되어 있는 어음의 소지인은 그 흠결부분에 대한 실질적인 권리이전을 증명함으로써 지급제시를 할 수 있다. 그러나 어음의 단순한 점유자는 지급제시를 할 수 없다.

(2) 被提示者

피제시자는 지급인 또는 인수인(약속어음의 경우는 발행인, 수표의 경우는 지급인 또는 지급보증인)이다. 인수인 또는 지급인이 수인인 때에는 그 전원에 대하여 지급제시를 하고 그 전원이 지급을 거절한 때에만 상환청구를 할 수 있다.

3. 支給提示의 場所

(1) 支給場所의 기재가 없는 경우

지급제시는 원칙적으로 지급지 내에 있는 지급인 또는 인수인의 영업소, 주소 또는 거소에서 하여야 한다. 지급지 내에 지급자의 영업소 또는 주소나 거소가 없는 경우에는 지급지 외의 영업소나 주소·거소에서 지급제시를 할 것이 아니라, 지급지 내에서 지급거절증서를 작성하여야 한다.

(2) 支給場所의 기재가 있는 경우

어음에 지급장소의 기재가 있는 때에는 그 장소에서 하여야 하며, 그 이외의 장소에서 한 지급제시는 지급제시로서의 효력이 없다. 어음에 지급담당자와 그 영업소 또는 주소가 기재되어 있는 때에는 소지인은 지급담당자의 영업소 또는 그 주소에서 지급담당자에게 지급제시를 하여야 한다.

그러나 지급장소가 지급지 이외의 지역에 있는 경우에는 그 지급장소의 지정은 무효이므로 소지인은 지급지 내에 있는 지급인 또는 인수인의 영업소, 주소 또는 거소에서 지급제시를 하여야 한다.

지급장소의 기재는 지급제시기간 내의 지급제시에 한하여 효력이 있으므로 이 기간이 경과된 후에는 주된 채무자의 영업소 또는 주소에서 지급제시를 하여야 한다.

(3) 어음교환소에서의 支給提示

어음에 지급장소 또는 지급담당자의 기재 유무에 관계없이 어음교환소에 한 어음의 제시는 지급을 위한 제시로서의 효력이 있다(어음법 §38②).

4. 支給提示期間

(1) 이행지체 책임을 묻기 위한 支給提示

인수인 기타 어음채무자의 이행지체책임을 묻기 위해서는 어음상의 권리가 시효로 소멸할 때까지 지급제시를 할 수 있다. 그러나 어음채무자가 지급을 거절하는 경우에 상환의무자의 상환금액과 동액의 이행지체책임을 묻기 위해서는 지급제시기간 내에 지급제시를 하여야 한다. 따라서 이 제시기간내에 지급제시를 하지 아니하면 인수인 등 주채무자는 지체책임을 지지 아니하며, 지급제시를 한 날의 다음날로부터 지체책임을 진다.

⑵ 償還請求權 保全을 위한 支給提示

확정일출급어음과 발행일자후정기출급어음 및 일람후정기출급어음에 있어서 상환청구권을 보전하기 위한 지급제시기간은 어음을 지급을 할 날 또는 이에 이은 2 거래일이다(어음법 §38①). '지급을 할 날'은 보통 만기일이지만 만기가 법정휴일인 때에는 이에 이은 제1거래일이 지급을 할 날이다.

일람출급어음의 지급제시기간은 원칙적으로 발행일로부터 1년이다. 발행인은 이 기간을 연장 또는 단축할 수 있고, 배서인은 그 기간을 단축할 수 있다(어음법 §34①). 발행인이 일정한 기일을 정하여 지급제시를 금지한 때에는 지급제시기간은 그 기일로부터 계산한다. 이 지급제시기간내에 지급제시를 하지 아니하면 소지인은 상환의무자에 대한 상환청구권을 상실한다.

5. 支給提示의 方法

지급제시는 완전한 어음증권 정본 자체를 현실적으로 피제시자에게 제시함으로써 하여야 한다. 어음의 등본이나 보충하지 않은 백지어음 등에 의한 지급제시는 무효이다. 어음을 상실한 경우에는 제권판결을 받아 그 판결문의 정본에 의하여 지급제시를 하여야 한다. 어음금지급청구소송을 제기한 경우에는 그 소장 또는 지급명령의 송달이 어음의 지급제시와 동일한 효력이 있다.

이밖에 어음교환소에서의 어음의 제시는 지급을 위한 제시의 효력이 있다(어음법 §38②). 또한 소지인으로부터 환어음의 추심을 위임받은 제시금융기관이 그 환어음의 기재사항을 정보처리시스템에 의하여 전자적 정보의 형태로 작성한 후 그 정보를 어음교환소에 송신하여 그 어음교환소의 정보처리시스템에 입력된 때에는 지급을 위한 제시가 이루어진 것으로 본다(어음법 §38③).

지급제시는 전자에 대한 상환청구권보전의 요건이 되므로 지급인이 지급을 거절할 것이 명백한 경우에도 기간 내에 지급제시를 하여야 한다. 그러나 소지인이 제시에 필요하다고 인정되는 가능한 방법을 취한 이상 지급제시의 시기와 장소에 피제시자가 없어 현실의 제시를 하지 못한 경우에는 지급제시를 한 것으로 인정된다.

다만 지급제시는 지급인의 이익을 보호하기 위한 것이므로 지급인이 그 이익을 포기할 수 있음은 물론이다. 따라서 어음의 지급인과 소지인 간에 지급제시를 면제하거나 제시기간을 연장하는 특약을 할 수 있다. 이 경우 그 특약의 효력은 당사자 사이에만 있으며, 다른 어음관계자에게는 미치지 않는다.

6. 支給提示의 效果

지급제시에 의하여 소지인은 어음금을 수령할 수 있고, 그 지급이 없는 때에 주채무자는 이행지체책임을 지게 된다. 또한 인수거절증서가 작성되어 있거나 또는 불가항력이 30일을 넘어 계속되는 경우를 제외하고 지급제시기간 내에 지급제시를 한 경우에 한하여 전자에 대하여 상환청구권을 행사할 수 있다.

제3. 支給의 時期와 支給人의 調査義務

1. 滿期前의 支給

어음소지인은 만기 전에는 어음금의 지급을 청구할 수 없는 동시에 지급자로부터 지급받을 의무도 없다(어음법 §40①). 이는 채무자가 기한의 이익을 포기할 수 있는 민법상의 원칙에 대한 예외이다. 물론 지급을 할 자와 소지인 간의 합의로 만기 전에 지급하는 것이 가능하나, 이 경우 지급자는 자기의 위험부담으로 지급하여야 한다(어음법 §40②). 따라서 만기 전에는 소지인의 형식적 자격을 조사하여 지급하였으나, 실질적인 자격자가 아닌 경우에는 사기 또는 중과실이 없더라도 지급자는 면책되지 아니하며, 지급자는 오로지 실질적 권리자에게 지급한 때에만 면책된다.

2. 滿期支給

⑴ 總 說

어음은 원래 만기에 지급하도록 예정되어 있으나 만기 후에도 만기에 이은 2 거래일내에 소지인은 어음을 제시하여 지급을 청구할 수 있으므로 만기(만기가 휴일일 때에는 이에 이은 제1 거래일)에 이은 2 거래일 내의 지급은 만기지급이 된다. 만기에는 어음의 신속한 지급을 위하여 지급자의 조사의무가 경감된다.

⑵ 支給者의 調査義務

1) 調査義務의 主體 어음의 지급에 있어서 지급자는 소지인의 자격에 대한 조사의무를 부담한다. 조사의무를 부담하는 자는 만기에 어음을 지급하는 환어음의 인수인 또는 지급인ㆍ약속어음의 발행인 및 그 지급담당자 등이다. 또한 소지인으로부터 어음의 추심을 위임받은 제시금융기관이 송신한 어음의 기재사항이 어음교환소의 정

보처리시스템에 입력된 때에는 지급을 위한 제시가 이루어진 것으로 보게 되는데(어음법 §38③), 이 경우 지급인 또는 지급을 위임받은 금융기관은 그 조사를 제시금융기관에 위임할 수 있다(어음법 §40④, §77①3, 수표법 §35).

2) **形式的 資格의 調査** 지급자가 만기에 지급할 때 조사하여야 할 사항은 소지인의 형식적 자격에 관한 것으로서 배서연속의 여부(어음법 §40③,§77①3, 수표법 §35) 외에 어음요건의 구비 여부와 자기의 기명날인 또는 서명의 진정성에 대해서도 조사하여야 한다.

3) **實質的 權利에 대한 調査** 만기지급자는 어음소지인의 형식적 자격만 조사하면 되고, 어음소지인의 실질적 자격, 즉 배서인의 기명날인 또는 서명의 진위, 어음소지인의 진정한 권리자 여부, 어음소지인과 제시자의 동일성 여부 등에 대한 조사의무는 없다.

다만 지급자가 소지인의 실질적인 권리 여부에 대한 조사권을 가지는가에 관하여 학설이 나뉘고 있다. 즉 민법 제518조는 "채무자는 배서의 연속여부를 조사할 의무가 있으며 배서인의 서명 또는 날인의 진위나 소지인의 진위를 조사할 권리는 있으나 의무는 없다"고 규정하나, 어음법 제40조 제3항은 배서연속의 정부에 관한 조사의무에 대해서만 규정하고 배서인의 서명 또는 날인의 진위 등 소지인의 실질적인 자격에 대한 조사권에 대해서는 아무런 규정이 없다. 여기서 어음의 지급자도 소지인의 실질적 권리에 대하여 조사할 수 있는 권리를 가지는지 문제된다.

이에 관하여 긍정설은 민법 제518조는 유가증권에도 적용되며, 소지인의 실질적인 권리 유무에 대해 사기 또는 중대한 과실이 있는 경우에는 면책되지 아니하므로 형식적 자격을 가진 소지인의 실질적 권리에 대하여 자기의 책임아래 조사하고 무권리자인 때에는 어음금의 지급을 거절할 수 있다고 한다. 부정설은 민법 제518조가 어음과 수표에 적용되는 것은 부당하며, 또 지급자에게 소지인의 실질적 권리에 대한 조사권을 인정하면 지급자가 이를 남용함으로써 지급이 부당하게 지체될 우려가 있으므로 실질적 권리에 대한 조사권을 인정할 수 없다고 한다. 긍정설이 다수설이다.

생각건대 소지인에게 형식적 자격이 있더라도 그 실질적 무권리에 관하여 지급자에게 사기 또는 중대한 과실이 있는 경우에는 지급자가 책임을 면하지 못하므로 지급자에게 소지인의 실질적 자격에 대한 조사권을 인정하지 않으면 안 된다. 따라서 소지인의 실질적 자격의 조사에 필요한 기간은 원칙적으로 지체 책임을 지지 않는다고 보아야 한다.

(3) 善意支給

1) **免責의 要件** 지급자가 만기에 형식적 자격을 가진 어음소지인에게 지급을 한 경우에 그 소지인이 실질적인 권리자가 아니더라도 지급자에게 사기 또는 중대한 과실이 없는 때에는 면책된다(어음법 §40③).

여기서 사기라 함은 선의취득의 경우에 있어서의 악의와는 달리 제시자에게 지급수령의 권한이 없음을 알고 이를 용이하게 입증할 수 있는 증거방법이 있음에도 불구하고 지급한 경우이다. 중대한 과실이란 통상적인 조사를 하면 제시자가 무권리자임을 알고 또 이를 입증할 증거방법도 얻었을 것인데 이를 간과한 정도가 통상적인 어음거래에서 요구되는 주의의무를 현저하게 위반한 것으로 인정되는 경우이다.

2) **適用範圍**

① **人的 範圍** 선의지급으로 면책되는 지급자는 만기에 지급하는 환어음의 인수인과 약속어음의 발행인이나, 이 밖에 인수를 하지 아니한 지급인이나 지급담당자가 만기에 지급하는 경우에도 선의지급의 면책이 적용된다.

② **時間的 範圍** 어음법 제40조 제3항은 선의지급으로 면책되는 시기에 관하여 만기라고 규정하고 있으나, 이는 만기일이 아니라 어음의 지급이 예정되어 있는 지급제시기간 내라는 의미이다. 만기 전에는 지급인이 자신의 위험부담으로 지급하는 것이므로 만기 전의 지급에는 선의지급의 면책이 인정되지 아니하나, 다만 만기 전이라도 상환청구요건이 갖춰진 경우에는 만기지급에서와 같이 그 지급이 예정되어 있으므로 선의지급의 면책이 적용된다.

만기 후 지급, 즉 거절증서작성 후 또는 거절증서작성기간경과 후의 지급에 선의지급의 면책이 인정되는가는 그 지급자에 따라 다르다. 환어음의 인수인과 약속어음 발행인은 만기 후에도 지급의무를 부담하므로 만기지급에서와 같이 선의지급의 면책이 인정되나, 인수를 하지 않은 지급인은 특약이 없는 한 지급의 결과를 발행인에게 돌릴 수 없으므로 선의지급의 면책은 인정되지 아니한다.

이와 관련하여 참고로 수표에 있어서는 지급인은 지급제시기간경과 후라도 발행인의 지급위탁의 취소가 없는 때에는 지급인은 그 지급의 결과를 발행인의 계산으로 돌릴 수 있으므로(수표법 §32②), 지급제시기간경과 후의 지급에 있어서도 사기 또는 중과실 없이 지급한 때에는 면책된다고 보아야 한다.

③ **物的 範圍(僞造·變造된 어음·手票의 支給)** 어음법 제40조 제3항의 선의지급 면책은 어음(수표)이 위조·변조된 경우에도 적용된다는 학실이 있으나, 다수설은

그 어음이 진정한 경우에 적용된다고 본다. 따라서 위조어음(수표)을 지급한 경우에는 위조사실의 식별에 있어서 고의 또는 중과실이 있는 경우는 물론 경과실이 있는 때에도 지급을 한 자가 그 손실을 부담해야 한다. 그러나 위조어음(수표)의 지급에 있어서 소지인의 형식적 자격의 유무에 대한 조사에 사기 또는 중과실이 없고 위조사실의 식별에도 고의 또는 과실이 없는 경우에는 그 지급의 손실을 누가 부담해야 하는지 문제된다.

이에 관하여 지급인부담설과 발행인부담설이 대립하고 있다. 지급인부담설은 위조어음(수표)은 유효한 어음(수표)이 아니며 어음(수표)채무를 부담하는 발행인의 행위도 없으므로 지급인은 그 지급의 결과를 발행인에 귀속시킬 수 없으며, 위조어음(수표)의 지급에 따른 손실은 원칙적으로 지급자가 부담하여야 한다고 한다. 이 설이 다수설이다.

발행인부담설은 위조어음(수표)에 표시된 발행인 즉 피위조자가 그 손실을 부담하여야 한다는 설이다. 그 근거에 관하여 금반언칙을 드는 견해, 위험을 예방할 수 있는 지위에 있는 피위조자가 손해를 입어야 한다는 위험부담의 사상에 두는 견해, 수표의 경우에는 수표계약상 피위조자가 묵시적으로 위험을 부담하는 것이라고 보는 견해 등이 있다.

위조어음(수표)의 지급에 관하여 지급인에게 고의 또는 중과실이 없고 발행인 측에 귀책사유가 있는 경우에는 금반언칙에 따라 발행인이 책임을 질 것이나, 발행인과 지급인의 양쪽에 모두 귀책사유가 없는 경우에는 오히려 지급인이 손실을 부담하여야 할 것이다. 다만 피위조자인 발행인이 그 손실을 부담한다는 특약이나 관습이 있는 경우에는 발행인이 손실을 부담한다.

이에 관하여 은행실무에서는 수표나 은행도(銀行渡)어음에 있어서 수표계약이나 어음거래약관에서 지급은행의 면책조항을 두고 있다. 즉 어음에 사용된 인감과 은행에 신고된 인감을 비교하여 상위 없다고 인정하여 지급하면 위조·변조의 사실이 있더라도 은행은 책임을 지지 않는다는 특약을 하는 것이 보통이다. 그러나 이 경우에도 은행이 인감대조에 상당한 주의를 게을리 하면 그 지급에 의한 손실을 부담하여야 한다.

[판례] 대법원 1975.3.11, 선고 74다53 판결

원고와 피고은행 간에 을 2호증 기재와 같이 피고은행이 원고가 제출한 인감 명판 등을 대조하여 취급상 보통의 주의로써 상위 없음을 인정하고 지급을 필한 수표는 위조 변조 등 기타의 사유로 인하여 손해가 생길지라도 피고은행은 그 책임을 지지 아니한다는 취지의 약정이 있음을 알 수 있으나 위 약정에 금액란의 변조여부 식별 조항이 기입되지 아니하였다 하여 은행이 수표금을 지급함에 있어서 인감이나 필적(명판) 등이 변조되었는지의 여부에만 주의할 것이 아니라 그 이외의 기재인 금액란 등이 변조되었는지의 여부도 선량한 관리자의 주의로써 식별하여야 할 은행이 가지는 고유의 주의의무의 일부가 면제되었다 할 수 없고 또 위 약정에 표시된 보통의 주의의무란 수표 등을 취급하는 은행원으로서 지녀야 할 통상적 주의를 뜻하는 것으로서 그 내용은 다만 육안으로 식별하는데 그칠 것이 아니고 은행이 보편적으로 간편하게 사용할 수 있는 기기 등을 이용하는 등 성실한 업무처리로 그 진위의 식별에 임하여야 할 주의의무를 뜻한다 할 것이니 이는 은행이 금융순환의 중추적 역할을 담당하고 있으므로 인하여 반드시 지녀야 할 은행업무의 공신력 유지를 위하여 당연한 귀결이라 할 것이다. 그렇다면 위 약정에 있어서 보통의 주의라는 문언을 은행이 중과실 있을 경우에만 책임지고 경과실로 인하여 위조 · 변조 사실을 식별치 못한 경우에는 은행이 책임을 지지 아니한다는 취지로 판단할 수는 없다 할 것이다.

3. 滿期後支給

(1) 總 說

만기후지급이란 지급제시기간 또는 지급거절증서작성기간 경과후의 지급을 말한다. 만기후지급은 어음의 주채무자가 지급하는 경우와 환어음의 인수를 하지 아니한 단순한 지급인이 지급하는 경우에 차이가 있다.

(2) 단순한 支給人의 경우

인수를 하지 아니한 지급인은 만기에 지급할 것을 위탁받은 자이므로 만기 후에 지급을 하는 경우에는 발행인이 지급위탁을 철회하지 않더라도 그 지급의 결과를 발행인의 계산으로 돌릴 수 없으며, 발행인에게 그 보상을 청구하지 못한다. 또 그 지급에 있어서도 만기지급에서와 같은 선의지급의 면책(어음법 §40③)이 인정되지 아니한다. 환어음의 지급인이 만기 후에 지급하는 것은 민법상 제3자의 변제(민법 §469)로서의 효력만 있을 뿐이다(정찬형(하) 326).

(3) 引受人의 경우

인수인은 어음상의 절대적 의무자이므로 상환청구권보전절차의 이행과 관계없이 지급제시기간 또는 지급거절증서작성기간이 경과한 후에도 어음상의 권리가 시효에 의하여 소멸하지 않는 한 어음금의 지급의무를 부담하며, 그 지급의 결과에 관하여 발행인에게 보상을 청구할 수 있다. 따라서 어음소지인은 상환청구권보전절차의 해태로 전자에게 상환청구권을 행시할 수 없는 경우에도 인수인에 대해서는 어음상의 권리를 행사할 수 있다.

다만 어음소지인이 지급제시기간의 경과 후에 지급제시를 하는 경우에 그 지급제시를 하여야 할 장소는 지급장소 또는 지급담당자의 기재가 있는 때에도 인수인의 영업소 또는 주소 · 거소이다. 어음에 기재된 지급장소는 지급제시기간 내에 한하여 그 효력이 있기 때문이다. 소지인의 자격에 대한 조사의무는 만기지급에서와 동일하다.

4. 支給의 猶豫

만기는 당사자 간의 합의에 의하여 변경될 수 있으며, 또 법령의 규정에 의하여 만기의 지급이 유예되는 경우가 있다.

(1) 당사자 간의 합의에 의한 支給猶豫

어음채무자는 어음소지인과의 특약에 의하여 만기 이후의 날로 그 지급을 유예할 수 있다. 지급유예의 특약은 당사자 사이에서만 만기를 변경하는 효력이 있고 인적항변 사유가 될 뿐이며, 다른 어음관계자에게는 효력이 없다.

어음개서에 의한 만기 연장도 가능하다. 즉 어음채무자는 만기가 도래한 어음에 대해 만기가 연장된 신어음을 교부함으로써 만기를 연장하는 것이다. 이때 만기가 연장된 신어음을 연기(延期)어음이라 한다. 어음개서의 법률관계는 앞서 본 바와 같다.

또 만기는 어음관계자 전원의 동의에 의하여 변경될 수 있다. 어음관계자 전원의 동의에 의한 만기 변경은 어음개서의 경우와 같다.

(2) 法令에 의한 支給猶豫

천재지변이나 공황 등 비상시에는 국가가 법령에 의한 국가의 명령으로 어음의 지급을 유예하는 경우가 있다. 나라에 따라서는 경제위기 시에 만기 자체를 연장하는 경우도 있으나, 현행 어음법은 제시기간과 거절증서작성기간을 일정한 기간 연기할 뿐 만기 자체의 변경은 허용하지 않는다(어음법 §54).

제4. 支給의 方法

1. 支給通貨

어음(수표)금액이 내국통화로 표시되어 있는 경우에는 지급인은 그 선택에 따라 각종 통화(1천원권, 1만원권 등)로 지급할 수 있다(민법 §377①). 어음금액이 외국통화로 표시되어 있는 경우에는 원칙적으로 만기의 날의 환시세에 의하여 내국통화로 지급할 수 있다(어음법 §41①1문, §77①3, 수표법 §36②). 외국통화의 환산율은 지급지의 관습에 의하여 정하나, 발행인은 어음에 정한 환산률에 의하여 지급금액을 계산할 뜻을 어음에 기재할 수 있다(어음법 §41②).

그러나 어음금액이 외국통화로 표시되어 있어 내국통화로 지급할 수 있는 경우라도 어음채무자가 어음의 지급을 지체한 때에는 소지인은 그 선택에 따라 만기의 날 또는 지급한 날의 환시세에 의하여 내국통화로 어음금액을 지급할 것을 청구할 수 있다(어음법 §41①2문, §77①3, 수표법 §36②). 어음채무자가 환시세의 변동을 고려하여 어음의 지급을 지연시키는 폐단을 방지하기 위한 취지이다.

다만 어음에 발행인이 미국의 달러화나 유럽의 유로 등과 같은 특종의 통화로 지급할 뜻의 외국통화현실지급문언을 기재한 경우에는 내국통화로 환산하여 지급할 수 없고, 반드시 그 기재된 특종의 통화로 지급하여야 한다(어음법 §41③, §77①3, 수표법 §36②).

발행국과 지급국에서 동명이가(同名異價)를 가진 통화에 의하여 환어음의 금액을 정한 때에는 지급지의 통화에 의하여 정한 것으로 추정한다(어음법 §41④).

2. 一部支給

환어음의 인수인은 어음금의 일부를 인수한 때는 물론 전부를 인수한 때에도 어음금의 일부를 지급할 수 있으며, 이 경우 소지인은 일부지급을 거절하지 못한다(어음법 §39②). 약속어음과 수표에 있어서도 이러한 일부지급이 허용된다(어음법 §77①3, 수표법 §36②). 소지인으로서는 그 일부라도 지급받는 것이 유리하며, 또 상환의무자의 부담도 경감되기 때문이다. 따라서 소지인이 일부지급의 수령을 거부한 때에는 그 부분에 대한 상환청구권을 상실한다. 그러나 은행도(銀行渡) 어음과 수표의 지급이나 어음교환소를 통한 지급에 있어서는 특약 등에 의하여 일부지급을 하지 아니한다.

3. 相換證券性

어음의 지급인은 지급을 할 때에 소지인에 대하여 어음에 영수를 증명하는 기재를 하여 교부할 것을 청구할 수 있다(어음법 §39①). 그러나 일부지급의 경우에 일부지급을 받는 소지인은 지급되지 아니한 부분에 대해서는 전자에 대하여 상환을 청구하여야 하므로 지급인에게 어음을 상환할 수 없다. 따라서 지급인이 일부지급을 하는 때에는 소지인에 대하여 그 지급한 뜻을 어음에 기재하게 하고 영수증을 교부할 것을 청구할 수 있다(어음법 §39③).

4. 어음金의 供託

어음채무자는 지급제시기간 내에 지급제시가 없는 때에는 어음소지인의 비용과 위험부담으로 어음금액을 공탁하여 책임을 면할 수 있다(어음법 §42).

제8절 償還請求

제1. 總 說

1. 償還請求의 意義

상환청구라 함은 어음(수표)금액의 지급이 없거나 지급이 현저하게 불확실하게 된 경우에 소지인이 일정한 절차를 밟아 전자에 대하여 어음(수표)금과 비용의 상환을 청구하는 것을 말한다.

상환청구는 어음(수표)의 목적인 어음(수표)금의 지급가능성이 없는 경우에 소지인에게 어음(수표)의 지급과 동일한 경제적 효과를 보장함으로써 어음(수표)거래의 원활화를 도모하기 위한 제도이다. 이러한 상환청구제도는 어음(수표)의 수수 당사자 간의 대가관계를 고려하여 민법상 매도인의 하자담보책임과 같은 취지를 어음법과 수표법의 관점에서 일반화·엄격화한 것이다.

2. 償還請求에 관한 立法主義

상환청구에 관하여 만기전상환주의(滿期前償還主義, 一權主義)와 담보주의(擔保主義, 二權主義) 및 선택주의(選擇主義)의 세 가지 입법주의가 있다.

만기전상환주의는 인수거절시와 지급거절시에 모두 상환청구권만을 인정한다. 담보주의는 인수가 거절된 경우와 지급이 거절된 경우를 구분하여 전자의 경우에는 담보청구권을, 후자의 경우에는 상환청구권을 인정한다. 선택주의는 지급거절시에는 상환청구권을 인정하고, 인수거절시는 상환청구권과 담보청구권 중에서 상환의무자 또는 상환청구권자가 선택할 수 있도록 한다.

현행 어음법은 만기전상환주의를 채택하고 있다.

제2. 償還請求 當事者

1. 償還請求權者

상환청구를 할 수 있는 자는 어음의 적법한 소지인이다. 어음소지인이 형식적 자격을 갖추지 못한 경우에는 그 실질적 권리를 증명하여야 상환청구를 할 수 있다. 또 어음소지인의 상환청구에 의하여 상환의무를 이행하여 어음을 환수한 배서인과 보증인 또는 참가지급인, 어음채무를 변제한 무권대리인 등도 상환청구권을 가진다. 그러나 무담보배서인이 어음을 환수하거나, 거절증서작성을 면제하지 않은 배서인이 법정기간내에 거절증서를 작성하지 않은 소지인으로부터 어음을 환수한 때에는 상환청구권을 취득하지 못한다.

2. 償還義務者

상환의무를 지는 자는 소지인의 전자인 배서인과 발행인 및 그 보증인이다. 환어음의 인수인과 그 보증인은 주채무자와 그 보증인이므로 상환의무를 지지 않는다. 또한 무담보배서의 배서인과 추심위임배서의 배서인, 기한후배서의 배서인 등은 담보책임을 부담하지 않으므로 상환의무자가 아니다. 모든 상환의무자는 인수인 및 그 보증인과 더불어 소지인에 대하여 합동책임을 진다.

제3. 償還請求의 要件

1. 滿期前 償還請求

만기 전에 지급인이 인수를 거절하거나, 어음금의 지급가능성이 소멸된 때에 어음소지인은 상환청구를 할 수 있다.

(1) 實質的 要件

1) **引受의 전부 또는 일부 拒絶** 만기전 상환청구가 가능하기 위하여는 지급인이 어음금의 전부 또는 일부에 대한 인수를 거절하여야 한다(어음법 §43 제1호). 지급인이 수인인 경우에는 그 전원이 인수를 거절한 경우에만 상환청구가 가능하다는 설과 그 중 1인이 인수를 거절한 경우에도 상환청구가 가능하다는 설이 대립하고 있다. 지급

인의 인수거절은 적극적인 거절뿐만 아니라, 부단순인수, 지급인의 영업소 또는 주소의 불명, 지급인의 사망과 상속인 불명, 지급인의 주소불명 등의 경우도 포함한다. 어음금액의 일부에 대한 인수가 있는 경우에는 인수되지 아니한 부분에 대하여 상환청구할 수 있다.

다만 발행인이나 배서인이 인수무담보문언을 기재한 경우에는 인수가 거절된 경우에도 발행인이나 배서인에 대하여는 인수거절을 이유로 상환청구할 수 없다. 발행인이 인수제시금지문언을 기재하였음에도 불구하고 제시하여 인수가 거절되거나 또는 인수제시명령문언에 위반하여 그 기간이 경과된 후 제시하여 인수가 거절된 때에도 상환청구할 수 없다(어음법 §22).

어음에 지급지에 주소가 있는 예비지급인의 기재가 있는 경우에는 지급인이 인수를 거절한 때에는 예비지급인에게 어음을 제시하여 참가인수거절증서를 작성하지 않으면 예비지급인을 기재한 자 및 그 후자 전원에 대하여 만기전 상환청구를 할 수 없다(어음법 §56②).

2) 支給人 또는 引受人의 파산 및 引受提示禁止어음의 발행인의 破産(어음법 §43 제2, 3호) 인수를 하지 않은 지급인의 파산이 상환청구원인의 하나인 것은 만기에 지급인으로부터 지급받을 가능성이 없으므로 실질적으로 인수 거절과 다르지 않기 때문이다. 인수제시금지어음은 발행인의 신용만으로 유통되는 것이므로 발행인의 파산을 상환청구원인으로 하고 있다. 이 밖에 명문 규정은 없으나 지급인 등에게 채무자회생및파산에관한법률에 의한 회생절차가 개시된 경우에도 파산에 준하여 상환청구가 가능하다.

3) 지급인 · 인수인의 지급정지 또는 그 재산에 대한 强制執行의 不奏效(어음법 §43 제2호) 지급정지는 채무자회생및파산에관한법률상의 지급정지(동법 §305②)를 기준으로 하며, 객관적으로 지급의 가능성이 없는 경우를 말한다. 강제집행의 부주효는 소지인에 의한 경우는 물론 그 밖의 타인에 의한 강제집행이 주효하지 않는 경우도 포함한다. 여기에 인수제시금지어음의 발행인이 포함되지 않은 까닭은 발행인에 대하여는 거절증서를 작성할 수 없으므로 공적 입증방법인 파산결정서를 얻을 수 있는 파산만을 상환청구원인으로 하고 있기 때문이다.

4) 상환청구원인의 발생시기와 존속시기 상환청구원인인 사실은 어음의 발행 후에 생긴 경우에만 상환청구가 가능하다는 설도 있으나, 상환의무자는 만기에 어음의 지급을 담보하는 것이므로, 파산선고나 회생절차개시결정의 시기가 어음의 발행 전에

있었더라도 발행 후에 그 절차가 종결되지 않는 한 상환청구원인이 된다. 다만 강제집행은 한번 주효하지 못하였더라도 그 후에 자력을 회복하게 되는 때에는 주효할 수 있으므로 어음 발행 후의 부주효만이 상환청구원인으로 된다.

⑵ 形式的 要件

1) **引受拒絶의 경우** 지급인의 인수거절을 이유로 만기전에 상환청구를 하기 위해서는 인수제시기간내에 인수제시를 하고 인수거절증서를 작성하여야 한다(어음법 §44①). 만기까지 인수제시를 하지 않았거나 인수거절증서를 작성하지 않은 경우에도 만기에 지급제시를 하고 지급거절증서를 작성하여 상환청구를 할 수 있다. 인수거절증서를 작성한 때에는 만기의 지급제시와 지급거절증서의 작성이 없어도 인수거절증서에 의하여 상환청구를 할 수 있다.

그러나 인수제시명령문언이 기재되어 있는 어음과 일람후정기출급어음의 경우에는 인수제시기간내에 인수제시를 하여 인수거절증서를 작성하지 않으면 인수거절로 인한 상환청구권 뿐만 아니라 지급거절에 의한 상환청구권도 잃는다.

2) **破産 등의 경우** 지급인이나 인수인 또는 인수제시금지어음의 발행인에게 파산이나 회생절차개시결정이 있는 경우에는 파산결정서나 회생절차개시결정서 등을 제출하여 상환청구를 할 수 있으며, 지급제시나 거절증서작성은 요구되지 않는다.

3) **支給停止 또는 强制執行의 不奏效** 이 경우에는 공적문서에 의한 증명방법이 없으므로 만기 전이라도 지급인에게 지급제시를 하여 지급거절증서를 작성하여야 상환청구를 할 수 있다(어음법 §44⑤).

2. 滿期後의 償還請求

⑴ 實質的 要件

어음소지인이 지급제시기간내에 지급인에 지급제시를 하여 그 지급이 거절되어야 한다. 어음금액의 일부에 대해 지급이 거절되면 그 부분에 대해서만 상환청구를 할 수 있다. 지급거절은 적극적인 거절뿐만 아니라 인수인 또는 지급인의 부재 · 주소불명 등을 포함한다. 지급인이 수인인 경우에는 그 전원이 지급을 거절하여야 상환청구를 할 수 있다.

(2) 形式的 要件

소지인이 적법한 지급제시를 하여 지급거절증서를 작성하여야 한다(어음법 §44①). 지급거절증서의 작성이 면제되어 있거나 지급거절이 확실한 경우에도 지급제시를 한 후 지급거절증서를 작성하여야 한다.

지급거절증서는 확정일출급어음과 발행일자후정기출급어음 및 일람후정기출급어음에 있어서는 지급을 할 날 또는 이에 이은 2거래일 내에, 일람출급어음에 있어서는 그 제시기간 내에 작성시켜야 한다(어음법 §44③). 그러나 거절증서의 작성이 면제되어 있거나, 인수거절증서가 이미 작성되어 있는 경우 또는 불가항력이 만기로부터 30일 이상 계속하는 경우에는 지급거절증서 없이 전자에게 상환청구를 할 수 있으므로 지급거절증서의 작성은 필요하지 않다.

제4. 不可抗力과 權利保全節次

1. 總 說

상환청구권을 보전하기 위해서는 법정기간내에 상환청구권보전절차를 밟아야 한다. 그러나 불가항력으로 인하여 소지인이 상환청구권보전절차를 기간 내에 밟지 못하는 경우가 있다. 이러한 경우에 독일법계에서는 불가항력의 사정을 고려하지 아니하고 상환청구권이 상실되는 것으로 하고, 영미법과 프랑스법계에서는 불가항력의 사유가 그친 후에 상환청구권보전절차를 취할 수 있도록 한다. 현행 어음법은 이 양자를 병용해 불가항력의 존속기간에 따라 상환청구권보전절차의 기간을 연장하거나 상환청구권보전절차를 면제한다.

2. 不可抗力의 意義

불가항력은 외부적 원인으로 인하여 어음상의 상환청구권보전절차가 방해되는 사건으로서 일반적으로 기대할 수 있는 최선의 주의를 다하더라도 피할 수 없는 장애를 말한다. 불가항력은 소지인이 관리할 수 없는 객관적 사정으로서, 전쟁 · 변란 · 지진 · 홍수 · 교통차단 등의 사변은 물론, 법령(외국법령 포함)에 의한 지급유예령(moratorium)도 포함한다. 어음소지인이나 또는 소지인으로부터 어음의 제시 · 거절증서의 작성을 위임받은 대리인의 질병 · 해외여행 등의 단순한 개인적 사정은 불가항력이 아니다.

3. 不可抗力의 通知

소지인이 불가항력으로 상환청구권보전절차를 밟을 수 없는 경우에는 자기의 전자에 대하여 지체없이 그 불가항력을 통지하고 어음 또는 보충지에 그 통지한 뜻을 기재하고 일자를 부기하여 기명날인 또는 서명하여야 한다(어음법 §54②). 일람출급어음과 일람후정기출급어음에 있어서는 이 통지를 한 날이 일람한 날이 된다(어음법 §54⑤).

소지인이 이러한 불가항력의 통지의무를 해태한 경우에는 상환청구권을 상실하는 것은 아니나, 고의나 과실이 있는 경우에는 어음금액의 한도 내에서 손해배상책임을 진다. 소지인으로부터 통지를 받은 배서인은 통지를 받은 날에 이은 2거래일내에 자기의 전자에 대하여 통지하여야 한다(어음법 §54②). 그리하여 불가항력의 통지는 순차로 배서인의 전자에 대한 통지를 통하여 발행인에 이르게 된다.

4. 不可抗力이 保全節次에 미치는 效力

(1) 保全期間의 延長

불가항력이 있는 경우에는 원칙적으로 상환청구권보전절차의 기간이 연장되며, 그 불가항력이 종지된 때에 소지인은 지체없이 인수 또는 지급을 위한 제시를 하고 필요한 경우 거절증서를 작성시켜야 한다.

(2) 保全節次의 免除

불가항력이 만기로부터 30일을 넘어 계속하는 때에는 어음의 제시와 거절증서의 작성 없이 상환청구권을 행사할 수 있다(어음법 §54④). 이 30일의 기간계산에 있어서 만기일은 산입하지 않는다(어음법 §73). 만기일이 특정되지 아니한 일람출급어음과 일람후정기출급어음에 있어서는 이 30일의 기간은 제시기간이 경과되기 전이라도 소지인이 배서인에게 불가항력의 통지를 한 날의 익일을 기산점으로 하여 계산하고, 일람 후 정기출급어음의 경우에는 30일에 일람 후의 기간을 가산한다(어음법 §54⑤).

제5. 拒絶證書

1. 意 義

거절증서는 어음상의 권리의 행사 또는 보전에 필요한 행위가 있었다는 것과 그 결과를 증명하는 요식의 공정증서이다. 거절증서에 관한 구체적인 사항은 거절증서령에서 정하고 있다. 거절증서는 이에 의하여 증명해야 할 경우에 유일한 증명방법이며, 다른 방법에 의한 증명은 인정되지 않는다. 거절증서는 어음이나 이에 결합된 보충지에 기재하여 작성한다.

2. 拒絶證書의 種類

거절증서는 증명해야 할 사항에 따라 인수거절증서, 인수일자거절증서, 제2제시거절증서, 지급거절증서, 참가인수거절증서, 참가지급거절증서, 복본반환거절증서, 원본반환거절증서 등이 있다.

3. 拒絶證書의 作成

거절증서는 거절증서의 작성이 면제되어 있거나 파산결정서가 있는 경우 등 일정한 경우를 제외하고는 어음상의 권리를 행사할 수 있는 어음소지인 또는 그 대리인의 위탁에 의하여 작성한다. 거절증서의 작성기관은 공증인 · 집달관 · 합동법률사무소 · 법무법인이며, 이들 작성기관은 정당한 이유없이 그 작성을 거절하지 못한다. 거절증서는 어음에 의하여 인수 또는 지급을 청구하는 장소에서 작성하여야 하며, 지급장소의 기재가 있는 경우에는 그 곳에서 작성한다. 다만, 거절자의 승낙이 있으면 다른 장소에서도 작성할 수 있다.

4. 拒絶證書作成의 免除

(1) 意 義

상환청구의 요건으로서 거절증서의 작성이 요구되는 것은 상환의무자에게 인수 또는 지급거절의 사실을 확인시키기 위한 것이므로 상환의무자는 임의로 이 요건을 면제할 수 있다(어음법 §46, §77①). 거절증서작성의 면제는 어음상의 권리행사를 간편하게 하고 어음의 유통을 증대시키기도 한다.

(2) 免除權者

거절증서의 작성을 면제할 수 있는 자는 상환의무자인 환어음의 발행인과 배서인 및 그 보증인이다. 인수인과 그 보증인은 거절증서의 작성이 없어도 주채무자로서 지급의무를 부담하므로 면제권자가 될 수 없다. 약속어음의 발행인도 거절증서의 작성을 면제할 수 있는가에 관하여, 약속어음의 발행인은 주채무자이고 상환의무자가 아니므로 면제할 수 없다는 설이 있으나, 약속어음의 발행인은 어음작성자이며 어음법 제46조는 약속어음에 준용되므로 약속어음의 발행인도 작성면제의 기재를 할 수 있고 그 효력은 어음행위자 전원에게 발생한다는 반대설도 있다.

⑶ 免除의 方式

거절증서의 작성면제는 「무비용상환」, 「거절증서불요」 또는 이와 동일한 의미가 있는 문언을 어음에 기재하고 면제자가 기명날인 또는 서명함으로써 한다. 면제권자는 특정한 거절증서의 작성만 면제할 수도 있으나, 환어음에 단순히 거절증서작성면제의 기재가 있으면 인수와 지급 모두에 대한 거절증서의 작성이 면제되는 것으로 본다.

⑷ 免除의 效力

거절증서작성 면제의 기재가 있는 경우에 소지인은 거절증서의 작성없이 상환청구권을 행사할 수 있다. 다만 이 경우에 발행인이 작성면제의 기재를 한 때에는 모든 상환의무자에 대하여 그 효력이 있으나, 배서인 또는 보증인이 면제의 기재를 한 때에는 그 기재를 한 자에 대해서만 면제의 효력이 있으며, 그 밖의 자에 대해서는 거절증서를 작성하여야 한다.

이 경우에 거절증서작성비용은 발행인이 거절증서의 작성을 면제하였음에도 불구하고 소지인이 거절증서를 작성시킨 때에는 소지인이 부담하여야 하나, 배서인 또는 보증인이 그 면제의 기재를 한 때에는 소지인의 거절증서작성비용은 면제자도 포함하여 모든 상환의무자가 부담하여야 한다(어음법 §46③).

거절증서의 작성이 면제된 경우에도 어음소지인은 제시기간 내에 지급제시를 하고 지급이 거절되면 그 통지를 하여야 한다(어음법 §46③). 다만, 거절증서작성면제문언이 기재된 어음은 기간 내에 제시가 있었던 것으로 추정되므로 기간을 준수하지 아니한 사실은 이를 주장하는 자가 입증하여야 한다(어음법 §46②).

제6. 償還請求의 通知

1. 意 義

상환청구의 통지는 인수 또는 지급이 거절된 경우에 상환청구권자가 상환청구를 하기 전에 상환의무자에게 인수 또는 지급이 거절된 사실을 통지하는 것을 말한다. 상환의무자에게 그 사실을 알려 상환의무의 이행을 준비하게 하거나 또는 자진하여 상환함으로써 상환청구금액이 증대되는 것을 방지하고 신속히 재상환청구를 할 수 있도록 하기 위한 것이다.

2. 通知할 事項

상환청구의 통지를 할 사항은 인수 또는 지급이 거절된 사실이다. 그러나 지급인 또는 인수인의 파산이나 회생절차가 개시된 경우에는 그 사실이 공고되므로 통지할 필요는 없다.

3. 通知의 當事者

통지의무자는 어음의 최후의 소지인과 후자로부터 통지받은 배서인이다. 피통지자는 발행인과 통지의무자의 전자인 배서인 및 그 보증인이다. 입질배서의 피배서인도 그 직접의 전자 및 그 보증인에게 통지의무를 지나, 추심위임배서의 피배서인은 본인을 위하여 통지할 권한은 있으나 통지의무는 지지 않는다.

통지의무는 특약에 의하여 면제될 수 있으나, 그 특약은 당사자 사이에서만 유효하다. 어음면에 통지를 면제하는 문언이 기재되어 있는 경우에는 모든 후자가 그 면제문언을 기재한 자에 대하여 통지의무를 지지 않으나, 그 전자에 대해서는 통지해야 한다. 배서인이 거절증서의 작성을 면제한 경우에도 통지를 면제하는 특약이 없는 한 그 기재를 한 배서인에게도 통지를 하여야 한다.

4. 通知節次

어음의 인수 또는 지급이 거절된 모든 경우에 어음소지인은 거절증서작성일에 이은 4 거래일 이내에, 거절증서작성이 면제된 경우에는 어음의 제시일에 이은 4 거래일 이내에 인수 또는 지급이 거절된 사실과 자기의 명칭과 소재지를 발행인과 자기의 직접 전자 및 그 보증인에게 통지를 하여야 한다(어음법 §45①②).

후자로부터 통지를 받은 각 배서인은 자기가 통지받은 날로부터 2 거래일 이내에 전의 통지자 전원의 명칭과 처소를 표시하여 자기의 배서인 및 그 보증인에게 통지하여 발행인에게 미치게 하여야 한다(어음법 §45①). 배서인이 그 처소를 기재하지 아니하거나 그 기재가 분명하지 아니한 경우에는 그 배서인의 직접의 전자에게 통지하면 된다(어음법 §45③).

5. 通知方法

통지의 방법에는 제한이 없으므로 구두나 서면 또는 전자문서로도 가능하며 피통지자에게 그 통지가 도달할 수 있는 방법이면 된다. 거절증서와 함께 하는 어음의 반환도 통지로 본다(어음법 §45④). 통지는 적법한 기간 내에 발송되어야 한다. 적법한 기간 내에 통지의 서면을 우편으로 발송한 때에는 그 기간을 준수한 것으로 본다(어음법 §45⑤).

6. 通知義務 위반의 효과

상환청구의 통지를 법정기간 내에 하지 아니한 자도 상환청구권을 잃지 아니한다(어음법 §45⑥). 그러나 어음소지인이 법정기간 내에 적법한 통지를 하지 아니하여 전자에게 손해가 생긴 때에는 어음금액을 한도로 하여 그 손해를 배상할 책임이 있다(어음법 §45⑥). 통지의무 위반자에 대한 손해배상청구는 그 통지의무자의 직접 전자뿐만 아니라 그 이전의 배서인도 할 수 있으나, 상환의무를 지지 않는 자에게는 손해배상청구권이 인정되지 않는다.

제7. 償還請求金額

1. 意 義

상환청구제도는 어음소지인으로 하여금 만기에 어음의 지급을 받는 것과 동일한 결과를 가지게 하기 위한 것이나, 어음법은 어음거래의 원활을 도모할 수 있도록 하기 위하여 상환청구금액을 일정하게 정하고 있다.

2. 어음所持人의 償還請求金額

(1) 滿期後의 償還請求金額

만기 후에 어음소지인이 전자에 상환청구를 할 수 있는 금액은 i) 인수 또는 지급되지 아니한 어음금액과 이자의 기재가 있는 때에는 그 이자, ii) 연 6분의 이율에 의한 만기 후의 법정이자, iii) 거절증서작성비용 및 통지비용 기타 상환청구권의 행사 또는 보전을 위한 비용 등의 합계액이다(어음법 §48①). 만기 후의 법정이자는 만기일로부터 계산하며, 만기 당일의 이자를 포함한다.

(2) 滿期前의 償還請求金額

만기전에 상환청구를 할 수 있는 금액은 위 ⅰ)과 ⅲ)의 합계금액이나, 확정일출급 또는 발행일자후정기출급어음에서는 만기까지의 이자가 어음금액에 포함되어 있으므로 지급받는 날로부터 만기까지 상환청구하는 날의 소지인 주소지의 공정할인율에 의한 중간이자를 공제하여야 한다(어음법 §48②).

3. 換時勢와 償還請求金額

상환금액을 계산함에 있어서 어음의 지급지 또는 상환청구권자의 주소지와 상환의무자의 소재지가 다르고 양 지역의 화폐가치가 다른 경우에 지급지에서 상환청구를 받는 자의 영업소 또는 주소지 앞으로 발행한 일람출급환어음의 시세에 의하여 상환청구금액을 정할 수 있다. 이를 상상적 또는 가정적 역(逆)어음주의라 한다.

제8. 償還請求의 方法

1. 總 說

모든 상환의무자는 상환청구권자에 대하여 합동책임을 지므로 상환청구권자는 채무부담의 순서에 관계없이 그 1인이나 수인 또는 전원에 대하여 상환청구를 할 수 있다. 상환청구를 하는 때에는 소지인은 상환의무자에게 어음을 제시하여 청구해야 하고, 상환청구에 대한 상환은 상환청구금액의 현실적인 지급뿐만 아니라 대물변제, 상계 기타 방법도 가능하다. 상환청구권자는 상환청구금액의 일부 상환을 거부할 수 있으나 이를 받아들여도 무방하다. 역어음의 발행에 의한 상환청구도 가능하다.

2. 償還方法

(1) 어음 등의 交付

상환의무자는 상환청구금액의 지급과 상환으로 거절증서 및 영수를 증명하는 계산서와 그 어음의 교부를 청구할 수 있다(어음법 §50①). 이같은 서류의 교부는 어음의 지급과 동시이행의 관계에 있다. 이것은 이중지급의 위험을 방지하고 상환자로 하여금 다시 인수인과 자기의 전자에 대하여 어음상의 권리를 행사하게 하기 위한 것이다. 계산서는 상환청구금액을 명백히 하기 위하여 상환청구자가 별도로 작성한다.

이 때 상환의무를 이행하여 어음을 환수한 자는 자기와 후자의 배서를 말소할 수 있다(어음법 §50②).

⑵ 償還義務者의 償還權

상환의무자는 상환청구권자의 상환청구가 없더라도 거절증서 및 영수를 증명하는 계산서와 교환하여 스스로 상환을 할 수 있다. 상환청구권자는 상환의무자의 상환을 거절할 수 없다. 상환청구금액이 증대되는 것을 막고 상환을 한 상환의무자가 전자에게 신속하게 재상환청구를 할 수 있도록 하기 위한 것이다. 수인의 상환의무자가 상환하려고 하는 경우에는 가장 많은 상환의무자의 의무를 면하게 하는 자가 우선한다.

⑶ 一部引受 後의 償還請求

일부인수가 있는 경우에 인수되지 아니한 어음금액에 대하여 상환청구를 할 때에는 상환의무자는 소지인에게 그 지급 받은 뜻을 어음에 기재하게 하고 영수증과 어음의 증명등본 및 거절증서의 교부를 청구할 수 있다(어음법 §51). 상환의무를 이행한 자가 그 전자에 대해 재상환청구를 할 수 있도록 하기 위한 것이다.

3. 逆어음

⑴ 意 義

역어음은 상환청구권자가 본래의 어음으로 직접 상환청구하는 대신 상환의무자를 지급인으로 하고 자기를 수취인으로 하여 발행한 일람출급의 환어음을 말한다. 역어음에 의한 상환청구방법은 본어음의 지급지 또는 상환청구권자의 주소지와 상환의무자의 주소지가 다른 경우에 환시세의 차이로 인하여 상환청구권자가 받을 불이익을 예방하고, 이것에 본어음과 거절증서 및 계산서를 첨부하여 할인을 받음으로써 지급에 관한 시간적 장애를 극복할 수 있게 한다.

⑵ 逆어음의 發行要件

1) **發行禁止文言의 不記載** 역어음은 상환청구금액을 증대시키기 때문에 발행인과 배서인은 어음에 역어음 발행금지의 문언을 기재할 수 있는데, 어음에 이러한 역어음의 발행을 금지하는 문언이 없을 때에 역어음의 발행이 가능하다.

2) **換어음** 역어음은 상환청구권자가 상환의무자로부터 상환청구금액을 추심하기 위하여 발행하는 것이므로 반드시 환어음이어야 하고, 발행인은 상환청구권자, 지급

인은 상환의무자이어야 한다. 상환의무자가 수인인 경우에는 그 중 1인을 임의로 지정하여 기재할 수 있다. 역어음의 발행지는 본어음의 지급지(재상환청구의 경우에는 재상환청구권자의 주소지)이어야 하며, 지급지는 상환의무자의 주소지이며, 제3자방지급문언의 기재는 허용되지 아니한다(어음법 §52①, §77①4호).

3) **滿期** 역어음은 상환청구하는 대신에 발행하는 것이고 즉시 지급받을 것을 목적으로 하므로 그 만기는 반드시 일람출급이어야 한다.

4) **發行地** 역어음의 발행지는 어음소지인이 발행하는 경우에는 본어음의 지급지이고 재상환청구의 경우에는 상환청구권자의 주소지이다.

5) **어음金額** 역어음의 어음금액은 상환청구금액(어음법 §48, §49) 이외에 역어음의 중개료(할인수수료) 및 인지세를 포함시킨 금액으로 한다(어음법 §52②). 환시세에 차이가 있는 때에는 이 금액은 본어음의 지급지 또는 상환청구권자의 주소지로부터 상환의무자의 주소지로 발행하는 일람출급어음의 환시세에 의하여 결정한다(어음법 §52③). 환시세에 관하여는 본어음의 만기의 환시세에 의한다는 설과 역어음 발행 시의 환시세에 의한다는 설이 있다. 전설이 타당하다.

(3) 逆어음의 讓渡

역어음의 소지인이 그 어음상의 권리를 양도하는 경우에는 역어음의 배서 · 교부에 의하며, 역어음과 함께 본어음 및 거절증서를 교부하여야 한다.

(4) 逆어음의 支給

역어음의 소지인이 그 어음상의 권리를 행사하는 경우에 역어음의 지급인은 역어음과 함께 본어음과 거절증서 및 영수를 기재한 계산서의 교부를 청구할 수 있다(어음법 §52①, §77①4호). 역어음의 지급이 거절되는 경우에는 본어음과 그 거절증서로 전자에 상환청구를 하여야 하며, 또 상환의무자가 역어음을 지급한 때에도 그 전자에 대해 재상환청구를 하여야 하기 때문이다. 역어음의 지급인이 역어음을 지급하는 때에는 상환의무를 이행한 것이 된다.

제9. 再償還請求

1. 再償還請求의 意義

재상환청구는 어음소지인 또는 자기의 후자에 대하여 상환의무를 이행하여 어음을 환수한 전자가 다시 자기의 전자에 대하여 상환청구를 하는 것을 말한다.

2. 再償還請求權의 法的 性質

재상환청구권자가 상환의무를 이행하고 어음을 환수하여 자기의 전자에 대하여 취득하는 재상환청구권의 법적 성질에 관하여 권리회복설과 권리재취득설이 있다.

(1) 權利回復說

상환의무를 이행한 재상환청구권자의 재상환청구권은 자기가 배서하기 전에 가졌던 어음상의 권리를 회복한 것이라고 보는 설이다. 즉 배서는 어음의 환수를 해제조건으로 하여 어음상의 권리를 이전하는 것이므로 배서인이 상환의무를 이행하여 어음을 환수하면 그 해제조건의 성취로 어음상의 권리를 회복하게 된다는 것이다. 이 설은 재상환청구권자에 대한 인적항변에 관하여 재상환청구권자는 자기의 전자로부터는 원래의 인적항변사유로 대항 받게 되나, 재상환의무자가 재상환청구권자의 후자에 대해 가지고 있었던 인적항변사유로는 재상환청구권자에게 대항할 수 없다고 한다.

(2) 權利再取得說

상환의무이행자의 재상환청구권은 법률의 규정에 의하여 어음채권을 양도받아 어음상 권리를 재취득하는 것이라고 보는 설이다. 즉 배서는 어음상의 권리를 확정적으로 이전시키는 것이므로, 배서인이 상환의무를 이행하여 어음을 환수하면 법률의 규정에 의하여 어음상의 권리를 다시 재취득하는 것이라고 한다. 다수설이다. 다만 이 설은 인적항변에 관하여는 권리회복설과 같이 해석한다. 그리하여 재상환의무자가 재상환청구권자에 대해 본래 가지고 있었던 인적항변사유는 재상환청구에 있어서도 원용할 수 있으나, 재상환의무자가 재상환청구권자의 후자에 대해 가지고 있었던 인적항변사유는 법에 의한 강제취득인 재상환청구권자의 어음취득에는 그 선의・악의를 불문하고 대항할 수 없다고 한다.

(3) 小 結

배서를 어음의 환수를 해제조건으로 하는 권리이전으로 보는 것은 당사자의 의사나 어음거래의 실제에도 부합하지 아니한다. 배서의 법적 성질을 채권양도로 보는 한 권리재취득설이 타당하다. 또 이렇게 보는 것이 상환의무를 이행한 환어음 발행인이 인수인에 대해 어음상의 권리를 취득하게 되고, 어음을 지급한 어음보증인이나 참가지급인 또는 무권대리인 등이 본인이나 그 전자에 대하여 어음상의 권리를 취득하는 현상과도 부합된다.

3. 再償還請求의 要件

(1) 實質的 要件

전자에 대하여 재상환청구를 하기 위해서는 배서인 등 상환의무자가 어음소지인에게 상환의무를 이행하여 어음을 환수하여야 한다. 또 재상환청구를 할 수 있는 어음은 권리가 확보된 어음이어야 하므로 어음상의 권리가 시효 또는 권리보전절차의 흠결로 소멸한 후에 상환을 한 경우에는 전자에 재상환청구를 할 수 없다.

다만 무담보배서를 하였거나 백지식배서를 받아 단순한 교부만으로 어음을 양도한 자와 같이 상환의무를 지지 않는 자가 후자의 상환청구에 응하여 어음금을 지급하고 어음을 환수한 경우에 재상환청구를 할 수 있는가에 관하여 통설은 이러한 자는 상환의무자가 아니므로 재상환청구권을 취득하지 못한다고 하나, 판례는 소지인이 가지고 있던 상환청구권을 지명채권양도방법에 의하여 취득하여 행사할 수 있다고 한다.

[판례] 대법원 1998.8.21, 선고 98다19448 판결

원심은 원고와 같이 백지식 배서에 의하여 어음을 양수한 다음 단순히 교부에 의하여 이를 양도한 자는 어음면에 배서를 한 바 없어 담보책임을 부담하지 아니하므로, 설사 원고가 소지인의 소구에 응하여 어음금을 상환하고 어음을 환수하였다고 하더라도 그 전의 배서인인 피고에 대하여 재소구권을 취득하지 못한다는 이유로, 이 사건 청구를 배척하였다. 그러나 백지식 배서에 의하여 어음을 양수한 다음 단순히 교부에 의하여 이를 타인에게 양도한 자가 소지인의 소구에 응하여 상환을 하고 어음을 환수한 경우, 그 전의 배서인에 대하여 당연히 재소구권을 취득하는 것이 아님은 원심이 판시한 바와 같다고 하더라도, 그 상환을 받은 소지인이 그 전의 배서인에 대하여 가지는 소구권을 민법상의 지명채권 양도의 방법에 따라 취득하여 행사할 수 있는 것으로 보아야 하고, 다만 그 소구의무자는 이에 대하여 양도인에 대한 모든 인적 항변으로도 대항할 수 있을 뿐이라고 할 것이다.

(2) 形式的 要件

재상환청구를 할 자는 상환청구권자로부터 어음과 거절증서 및 영수를 증명하는 계산서를 교부받아야 하며(어음법 §50①), 이러한 서류를 다시 재상환의무자인 자기의 전자에게 교부하지 않으면 재상환청구를 할 수 없다. 상환의무를 이행하고 어음을 환수한 배서인은 자기와 후자의 배서를 말소할 수 있다(어음법 §50②). 자기의 후자로부터 이중의 청구를 받는 위험을 방지하기 위한 것이다. 그러나 이러한 배서말소는 재상환청구의 요건은 아니며 상환의무를 이행한 재상환청구권자는 배서를 말소하지 않고도 어음상의 기재와 계산서에 의하여 상환 사실을 증명하면 자기의 전자에게 재상환청구권을 행사할 수 있다.

어음의 일부 인수로 그 잔액에 대하여 상환의무를 이행한 상환의무자는 자신의 전자에 대하여 재상환청구권을 취득하나, 어음소지인에 대하여는 그 어음의 교부를 청구할 수 없으므로 인수되지 아니한 잔액에 대한 지급의 뜻을 어음에 기재할 것과 영수증의 교부를 청구할 수 있으며, 그 어음의 증명등본과 거절증서를 교부받아 자신의 전자에게 재상환청구를 할 수 있다(어음법 §51).

[판례] 대법원 1990.10.26, 선고 90다카9435 판결

피고는 같은 달 25일 원고에게 각 지급거절증서작성을 면제하여 이를 배서양도하였는데, 원고는 같은 달 25일 위 소외 회사에게 지급거절증서작성을 면제하지 아니한 채 이를 배서양도한 사실을 인정할 수 있고 반증이 없으므로 … 원심인정과 같이 피고가 원고에게 지급거절증서 작성의무를 면제하고 배서 양도한 것이라면 피고로서는 어음소지인의 소구에 대하여 거절증서작성이 없다는 이유로 청구를 거절할 수 없을 것이며 … 거절증서 작성유무를 확인하지 아니하고 그 소구청구에 응하였다고 하더라도 거절증서 작성의무를 면제하고 배서한 피고로서는 그 점을 탓할 수 없을 것이다. 만일 그 어음의 최종소지인인 소외 삼성물산(주)이 거절증서를 작성함이 없이 직접 피고에게 소구하여 올 경우 피고는 거절증서 작성의무를 면제한 배서인이므로 거절증서작성이 없다는 이유로 그 소구를 거절할 수 없다고 보아야 할 것이고, 어음의 배서인은 어음소지인의 소구에 응하였거나 기타의 사유로 어음을 회수한 경우에 자기의 배서를 말소할 수 있고 그렇게 되면 그 배서는 배서의 연속에 관한 한 없는 것으로 보게 되어 있으므로 삼성물산(주)이 적기에 거절증서를 작성하지 아니하였다 하여 피고의 원고에 대한 소구의무에 어떠한 영향이 미친다고 할 수 없다.

4. 再償還請求金額

재상환청구금액은 지급한 총금액(어음법 §49)과 이 금액에 대한 연 6분의 이율에 의하여 계산한 지급한 날 이후의 이자 및 지급비용을 합한 금액이다(어음법 §49).

제9절 어음參加

제1. 總 說

1. 參加의 意義

참가란 인수 또는 지급이 거절되어 소지인이 상환청구를 할 수 있는 경우에 상환청구권을 저지하기 위하여 제3자가 어음관계에 개입하는 것을 말한다. 상환청구단계에 있는 어음관계에 제3자가 가입하여 소지인을 구제하고 어음의 신용을 회복시키며 상환청구금액이 증대되는 것을 방지하는 어음의 구제제도이다.

2. 參加의 種類

참가에는 참가인수와 참가지급의 두 가지가 있다. 참가인수는 만기전의 상환청구를 저지하기 위하여 제3자가 지급인에 대신하여 인수하는 것을 말하고, 참가지급은 만기 전후를 불문하고 상환청구를 저지하기 위하여 제3자가 지급인 또는 인수인에 대신하여 어음금을 지급하는 것을 말한다.

3. 參加의 時期

참가인수는 만기 전에 상환청구요건이 구비된 때로부터 만기까지 할 수 있다(어음법 §56①). 참가지급은 만기 또는 만기 전에 상환청구요건이 구비된 때로부터 지급거절증서작성기간의 최종일의 익일까지 할 수 있다(어음법 §59).

4. 參加의 當事者

(1) 參加人

참가인에는 어음의 기재에 있어서 참가가 예정되어 있는 예비지급인과 그렇지 않은 협의의 참가인이 있다.

1) **豫備支給人** 예비지급인은 상환의무를 부담하는 환어음의 발행인이나 배서인 또는 보증인이 참가지급을 할 자로 어음에 기재한 자를 말한다(어음법 §55①). 그러나 상환의무가 없는 인수인이나 지급인 및 이들의 보증인은 예비지급인을 지정하지 못한다.

예비지급인이 될 수 있는 자는 어음에 관계없는 제3자는 물론 인수하지 아니한 지급인, 지급담당자, 환어음의 발행인, 배서인과 이들의 보증인이다. 환어음의 인수인과 그 보증인은 예비지급인으로 될 수 없다(어음법 §55③).

2) 狹義의 參加人　협의의 참가인이 될 수 있는 자는 제3자, 인수하지 아니한 지급인, 환어음의 발행인, 배서인 및 보증인 등이다. 예비지급인의 경우와 마찬가지로 환어음의 인수인과 그 보증인은 여기서 제외된다.

⑵ 被參加人

피참가인은 참가에 의하여 상환의무를 면하는 자이다. 따라서 피참가인이 될 수 있는 자는 배서인, 환어음의 발행인 및 이들의 보증인이다(어음법 §56②). 인수인과 지급인, 무담보배서인은 상환의무자가 아니므로 피참가인이 될 수 없다.

5. 參加의 通知

참가인이 참가를 한 때에는 참가일로부터 2거래일 이내에 피참가인에게 참가의 통지를 하여야 한다. 참가인이 이 기간을 준수하지 아니하여 손실이 생긴 때에 그 참가인은 어음금액의 한도 내에서 배상할 책임을 진다(어음법 §55④).

제2. 參加引受

1. 意 義

참가인수는 만기전의 상환청구를 저지하기 위하여 지급인 이외의 자가 어음금의 지급의무를 부담하는 부속적 어음행위이다. 즉 참가인수는 만기 전에 특정 상환의무자가 부담하는 상환의무를 지급인 이외의 자가 인수하는 것이다. 따라서 참가인수인은 지급인의 지급이 없는 때에만 피참가인의 후자에 대하여 피참가인과 동일한 의무를 진다. 다만 참가인수가 있더라도 소지인은 피참가인의 전자에 대하여 상환청구를 할 수 있다. 참가인수인의 의무의 소멸시효는 피참가인의 경우와 같으며, 참가인수인이 지급을 한 때에는 피참가인과 그 전자에 대하여 어음상의 권리를 취득한다.

2. 參加引受의 要件

참가인수는 어음소지인이 만기전에 상환청구를 할 수 있는 모든 경우에 할 수 있다(어음법 §56①). 참가인수를 하기 위해서는 만기 전의 상환청구원인이 발생하고, 거절증서작성이 면제된 경우를 제외하고는 그 사실이 인수거절증서에 의하여 확정되어 있어야 한다. 따라서 인수제시금지어음에 대하여는 참가인수를 하지 못한다.

3. 參加引受人의 選擇

(1) 參加引受拒絶의 自由

참가인수가 있으면 어음소지인은 피참가인과 그 후자에 대한 상환청구권을 상실하게 되는데, 참가인수인이 만기에 어음금을 반드시 지급한다는 보장이 없으므로, 어음소지인은 참가인수를 원칙적으로 거절할 수 있다(어음법 §56③).

(2) 豫備支給人의 參加引受

지급지에 있는 예비지급인이 어음에 기재되어 있는 경우에는 어음소지인은 그 자의 참가인수를 거절할 수 없다. 이 경우에 어음소지인은 먼저 그 자에게 어음을 제시하여 참가인수를 요구하고, 거절증서에 의하여 참가인수가 거절된 사실을 증명하지 아니하면 예비지급인을 기재한 자와 그 후자에 대하여 만기전 상환청구권을 상실한다(어음법 §56②). 지급지에 있는 예비지급인이 수인인 때에는 그 전원에게 참가인수를 위한 제시를 하여야 한다.

(3) 參加引受人의 競合

지급지에 있는 예비지급인이 수인인 경우에 소지인이 그 중 어느 예비지급인의 참가인수를 승낙하면 그 예비지급인을 기재한 자의 후자를 위한 참가인수를 승낙할 수 없게 된다. 지급지에 없는 예비지급인이나 협의의 참가인이 경합하여 참가인수를 하고자 하는 경우에는 소지인은 그 선택에 따라 전원의 참가인수를 거절하거나, 그 중의 어느 자의 참가인수를 승낙할 수 있다. 소지인이 그 중 어느 자의 참가인수를 승낙한 때에는 그 피참가인과 그 후자에 대하여 상환청구권을 행사할 수 없다.

4. 參加引受의 方式

참가인수를 할 때에는 어음 자체에 참가인수의 문언을 기재하고 참가인수인이 기명날인 또는 서명하여야 한다(어음법 §57). 보충지 또는 등본에 배서나 보증을 한 경우에는 배서인과 보증인을 위한 참가인수는 보충지나 등본에 할 수 있다.

참가인수에는 피참가인을 표시하여야 하나, 이 표시가 없는 때에는 발행인을 위하여 한 것으로 본다(어음법 §57). 예비지급인의 참가인수는 그 지정자를 위한 것으로 본다. 어음금액의 일부에 대한 참가인수는 원칙적으로 인정되지 않으나, 일부 인수가 있는 때에는 그 나머지에 대하여 참가인수를 할 수 있다.

5. 參加引受의 效力

⑴ 參加引受人의 義務

참가인수인은 어음소지인과 피참가인의 후자에 대하여 피참가인과 동일한 의무를 진다(어음법 §58). 참가인수인의 의무는 결국 상환의무자의 상환의무로서 제2차적 의무이며, 참가인수인이 지급할 금액은 피참가인이 상환할 금액과 같은 수액이다. 소지인이 참가인수인의 지급을 청구하기 위해서는 이미 인수거절증서가 작성되어 있더라도 지급인에게 지급청구를 하여 그 지급을 받지 못한 때 지급거절증서를 작성하는 등 상환청구권보전절차를 밟아야 한다. 이같은 절차를 밟지 않으면 참가인수인에 대한 권리를 상실한다.

어음소지인이 지급지에 주소가 있는 참가인수인에 대하여 권리를 보전하려는 경우에는 늦어도 지급거절증서를 작성시킬 수 있는 최종일의 익일까지 참가인수인에 대하여 참가지급을 위한 어음의 제시를 하고 필요한 경우 참가지급거절증서를 작성하지 않으면 피참가인과 그 후자에 대한 권리를 상실한다(어음법 §60②).

⑵ 被參加人과 그 後者에 대한 償還請求權의 상실

참가인수가 있으면 어음소지인은 피참가인과 후자에 대해 만기 전의 상환청구권을 상실한다(어음법 §56②).

⑶ 被參加人과 그 前者의 償還權

참가인수가 있어도 피참가인의 전자는 상환의무를 면하지 못하며, 피참가인도 참가인수인이 참가지급을 한 때에는 이에 대하여 상환하여야 한다. 따라서 피참가인이나 그 전자로서는 즉시 상환의무를 이행하지 않을 경우 시일이 갈수록 상환청구금액만 늘어나게 되므로, 참가인수에 관계없이 상환청구금액을 지급하고 어음과 거절증서 및 계산서의 교부를 청구할 수 있다(어음법 §58②).

제3. 參加支給

1. 意 義

참가지급이란 만기전 또는 만기후의 상환청구를 저지하기 위하여 어음상의 주된 채무자 이외의 자가 상환의무자를 위하여 지급하는 변제 유사 행위이다. 즉 본래의 지급자가 어음의 지급을 하지 않는 경우에 환어음의 인수인 또는 약속어음의 발행인 이외의 자가 상환의무자를 위하여 어음을 지급하는 것을 말한다. 환어음의 인수인 또는 약속어음의 발행인에 의한 지급은 주채무의 이행이므로 참가지급이 있을 수 없다. 참가지급은 기명날인 또는 서명을 요하지 아니하므로 참가인수와는 달리 어음행위가 아니다.

2. 參加支給의 要件

참가지급은 어음소지인이 상환청구권을 가지는 모든 경우에 할 수 있다(어음법 §59 ①). 참가지급을 하기 위해서는 만기 전이나 만기 후에 상환청구원인이 발생하고 있어야 하며, 거절증서작성면제와 파산 등의 경우를 제외하고는 지급거절의 사실이 거절증서에 의하여 증명되어야 한다.

3. 參加支給人

(1) 參加引受人 또는 豫備支給人의 參加支給

지급지에 주소를 가진 참가인수인 또는 예비지급인의 기재가 있는 경우에는 어음소지인은 그 전원에 대하여 어음을 제시하고 필요한 경우 거절증서를 작성시킬 수 있는 최종일의 익일까지 참가지급거절증서를 작성시켜야 한다. 이 기간 내에 참가지급거절증서의 작성이 없는 때에는 예비지급인을 기재한 자 또는 피참가인과 그 후자 전원에 대한 상환청구권을 상실한다(어음법 §60).

(2) 第3者의 參加支給(狹義의 參加支給)

참가인수인 또는 예비지급인이 없는 경우에는 소지인은 즉시 상환청구를 할 수 있으나, 순수한 제3자가 참가지급하려고 할 때에도 소지인은 이를 거절하지 못한다. 만일 소지인이 제3자의 참가지급을 거절하면 그 참가지급으로 어음상의 의무를 면할 수 있었던 피참가인과 그 후자에 대하여 상환청구권을 상실한다(어음법 §61).

⑶ 參加支給人의 競合

참가지급을 하려는 자가 수인인 경우에 참가인수인이든, 예비지급인이든 또는 순수한 제3자이든 상관없이 가장 다수인으로 하여금 의무를 면하게 하는 자가 우선한다. 자기보다 선순위의 참가지급인이 있는 것을 알고 이에 위반하여 참가지급을 한 자는 그 선순위의 참가지급으로 의무를 면할 수 있었던 자에 대하여 상환청구권을 상실하게 된다(어음법 §63③).

4. 參加支給의 時期, 金額 및 方式

⑴ 參加支給의 시기

참가인수인은 원칙적으로 지급거절증서작성기간의 익일까지 참가지급을 하여야 한다(어음법 §59③). 그러나 참가인수인은 어음소지인이 권리보전절차를 취한 때에는 거절증서작성기간의 익일이 경과하여도 참가인수에 의하여 참가지급의무를 지므로 피참가인이 지급할 때까지 참가지급을 할 수 있다.

예비지급인과 제3자는 만기 전후를 가리지 않고 참가지급을 할 수 있으나, 늦어도 지급거절증서작성기간의 익일까지 참가지급을 하여야 한다(어음법 §59③, §60①). 이 기간 후의 지급은 참가지급이 되지 않는다.

⑵ 參加支給의 금액

참가지급인이 지급할 금액의 수액은 피참가인이 지급할 의무가 있는 금액의 전액이다(어음법 §59②). 지급인에 의한 지급 또는 상환의무의 이행에 있어서는 일부지급이 허용되나, 피참가인이 지급하여야 할 금액의 일부에 대한 참가지급은 허용되지 아니한다.

⑶ 參加支給의 방식

참가지급인이 참가지급을 하는 경우에는 어음면에 피참가인을 표시하고 소지인으로 하여금 그 영수를 증명하는 문언을 기재시키는 방식으로 한다(어음법 §62①). 피참가인의 표시가 없는 경우에는 발행인을 위하여 참가지급을 한 것으로 본다(어음법 §62①). 소지인은 이 기재를 한 어음과 거절증서를 작성한 때에는 그 거절증서를 참가지급인에게 교부하여야 한다(어음법 §62②).

5. 參加支給의 效力

(1) 所持人의 권리 소멸

참가지급이 있으면 소지인의 어음상의 권리는 모든 채무자에 대하여 소멸한다.

(2) 被參加人의 後者의 免責

참가지급으로 인하여 피참가인의 후자는 상환의무를 면한다. 피참가인은 참가지급인에 대하여 참가지급한 금액의 상환의무를 진다.

(3) 參加支給人의 權利取得

참가지급인은 피참가인과 그 전자에 대한 상환청구권 및 인수인에 대한 어음금지급청구권을 취득한다. 이들을 위한 보증인이 있는 경우에는 그 보증인에 대한 권리도 취득한다. 이 경우에 참가지급인은 소지인의 권리를 승계 또는 대위하여 취득하는 것이 아니라, 참가지급의 효력으로서 소지인이나 피참가인에 대한 인적 항변이 부착되지 않은 법정의 독립한 권리를 원시취득한다.

(4) 實質關係上의 補償請求權

참가지급인이 참가지급을 한 때에는 어음상의 권리를 취득하나, 참가지급인이 참가지급에 의하여 피참가인에 대하여 실질관계에 기한 사법상의 보상청구권도 가지는 경우에는 두 권리 중 어느 하나를 선택하여 행사할 수 있다.

제10절 어음의 複本과 謄本

제1. 어음의 複本

1. 意 義

어음의 복본은 동일한 어음상의 권리를 표창하는 수통의 어음증권을 말한다. 복본의 각통은 완전한 어음증권으로서 그 사이에 정부(正副) 또는 주종의 관계가 없으며, 그 권리관계는 하나이다. 복본은 환어음과 수표에서 인정되나, 약속어음에는 없다.

2. 複本制度의 必要性

복본을 발행해야 할 필요성은, 첫째 원격지에 있는 지급인의 인수를 받기 위하여 어음을 송부하여야 하는 경우에 그 반환이 있을 때까지 어음을 배서양도할 필요가 있는 때 그 이용의 필요가 있으며, 둘째로 환어음을 원격지에 송부하는 도중에 어음의 도난·분실 등에 따른 위험을 예방하는데 있다. 수표에 있어서는 인수를 위한 복본의 필요는 없으나, 원격지에 송부되는 경우 그 분실·멸실 등에 대비할 필요가 있으므로 원격지에 유통되는 기명식 또는 지시식 수표에 한하여 그 복본 발행이 허용된다(수표법 §48).

3. 複本의 發行

⑴ 發行者

어음의 복본은 발행인만이 발행할 수 있다. 어음소지인은 어음에 복본 불교부의 뜻이 기재되어 있는 경우를 제외하고는 발행인에게 자기의 비용으로 복본의 교부를 청구할 수 있다(어음법 §64③).

어음소지인이 발행인에게 복본의 교부를 청구할 때에는 자기의 배서인에게 이를 청구하고, 그 배서인은 자기의 전자인 배서인에 청구하여 순차로 발행인에 이르게 하여야 한다. 또 발행인이 복본을 발행하여 교부하는 경우에도 수취인으로부터 복본에 순차로 배서를 다시 하게 하여 배서인을 거쳐 소지인에게 교부하게 하여야 한다(어음법 §64③).

복본의 수나 교부청구의 시기에 대한 제한은 없다. 어음상의 권리가 절차의 흠결 또는 시효로 소멸한 후에도 이득상환청구권을 행사하기 위하여 어음이 필요한 경우에는 어음소지인은 그 복본의 교부를 청구할 수 있다.

⑵ 複本의 方式

복본 각통의 기재내용은 모두 동일하여야 하며(어음법 §64①), 각통의 본문 중에서 번호를 붙여야 한다. 어음면에 복본이라는 문언이나 발행복본의 수 등을 기재할 필요는 없다. 복본 각통의 기재내용이 다르거나 복본에 번호를 붙이지 않으면 복본 각통은 독립된 환어음으로 간주된다(어음법 §64②).

4. 複本의 效力

(1) 複本一體의 原則

복본은 각통이 완전한 어음으로서의 효력을 가지나, 어음상의 권리관계는 동일한 것이므로 1통의 배서로 어음상의 권리가 이전되며, 인수 또는 지급의 제시나 상환청구도 1통만으로 하면 된다. 그 중 1통에 대한 지급이 있으면 다른 복본은 무효로 한다는 취지의 파기문언이 없어도 그 지급 또는 상환의 효력은 원칙적으로 나머지 각통에도 미친다(어음법 §65①).

(2) 例 外

1) **引受된 複本 各通의 獨立性** 수통의 복본이 발행된 경우 지급인은 어느 1통에 대해서만 인수 또는 지급을 하면 되고, 2통 이상을 인수하여서는 안 된다. 그러나 지급인이 복본의 수통에 인수를 한 경우에는 지급 시에 그 나머지를 반환받아야 하며, 만약 반환받지 않은 때에는 그 복본이 동일한 어음소지인의 수중에 있거나 그 복본소지인이 악의인 경우를 제외하고는 각 복본에 대해 인수인으로서의 책임을 부담하여야 한다(어음법 §65① 단서). 지급인이 어느 1통에 인수하고 인수하지 않은 복본에 지급한 때에는 인수한 복본을 반환받지 않는 한 인수한 복본을 제시하는 소지인에 대하여 인수인으로서 지급책임을 부담하여야 한다.

2) **各別로 背書된 複本 各通의 獨立性** 복본의 소지인이 그 각통을 각각 다른 사람에게 양도배서한 경우에 지급인의 지급 시에 지급인에게 반환되지 아니한 각통에 대하여 배서인으로서 상환의무를 진다(어음법 §65②). 또 복본의 어느 1통에 배서한 배서인은 다른 1통에 인수 또는 지급이 있더라도 자신이 배서한 복본에 대하여 배서인으로서 상환의무를 면하지 못한다.

5. 引受를 위한 複本의 送付

인수를 위하여 복본의 1통을 원격지에 송부한 자는 다른 각통으로써 양도배서를 할 수 있다. 이 경우에 원격지에 송부한 복본을 송부복본(送付複本)이라 하고, 양도배서를 하는 복본을 유통복본(流通複本)이라 하는데, 유통복본에는 송부복본을 소지하고 있는 자의 명칭을 기재하여야 한다.

유통복본의 소지인은 송부복본 소지자에 대하여 그 복본의 반환을 청구할 수 있고, 그 복본의 소지자는 유통복본의 정당한 소지인에 대하여 그 송부복본을 반환하여야 한다(어음법 §66①). 이 경우 송부복본의 소지자가 반환을 거절하면 유통복본 소지인은 복본반환거절증서를 작성시킨 후, 유통복본에 의하여 인수 또는 지급의 제시를 하고 그것이 거절되면 인수 또는 지급거절증서를 작성시켜 전자에 상환청구를 할 수 있다(어음법 §66②).

유통복본에 송부복본 소지자의 기재가 없으면, 유통복본 소지인은 복본반환거절증서를 작성하지 아니하고 유통복본에 의하여 인수 또는 지급의 제시를 하고, 그것이 거절되면 인수 또는 지급의 거절증서를 작성하여 상환청구권을 행사할 수 있다.

제2. 어음의 謄本

1. 意 義

어음의 등본은 어음의 원본을 등사한 것을 말한다. 어음의 등본은 그 자체로서 어음의 효력이 없으며, 그 위에 배서나 보증을 할 수 있을 뿐이다. 등본은 환어음과 약속어음에 인정되고, 수표에는 없다.

등본은 인수를 위하여 어음을 원격지에 송부한 경우에 복본 발행의 번잡과 위험부담 없이 어음을 유통시킬 수 있으며, 또한 어음 원본의 분실·멸실 등의 위험을 방지하기 위하여 어음 원본을 보관시킬 필요가 있는 경우에 그 배서나 보증을 용이하게 할 수 있도록 하기 위하여 이용되기도 한다.

2. 謄本의 作成

등본은 복본과 달리 어음소지인이 임의로 작성할 수 있다(어음법 §67①). 등본에는 원본에 기재된 배서 기타 모든 사항을 정확하게 다시 기재하고 그 말미를 표시하는 기재를 하여야 한다(어음법 §67②). 이 말미를 표시하는 기재를 경계문언(境界文言)이라 하는데, 이것은 그 증서가 등본임을 표시하고 등본상의 기재와 새로이 행해지는 어음행위와의 경계를 명백히 하기 위한 것이다. 이와 같은 등본임을 표시하는 문언이 없으면 등본이 아니고 독립한 어음원본으로서의 효력이 있다. 또 등본에는 원본의 소지인을 기재하여야 한다(어음법 §68①). 원본소지인이 등본에 기재되어 있지 않더라도 등본의 효력에는 영향이 없으나, 상환청구권의 행사에 있어서 차이가 있다.

3. 謄本의 效力

(1) 謄本에 의한 背書와 保證

어음등본에는 원본과 동일한 방법과 효력으로 배서 또는 보증을 할 수 있다(어음법 §67③). 그러나 등본은 복본과는 달리 그 자체가 어음으로서의 효력이 없으므로 인수를 하거나 지급제시 기타 어음상의 권리를 행사하는 데에는 반드시 원본이 있어야 하며, 등본에 의하여 인수 또는 어음의 지급을 청구하지 못한다. 참가인수는 등본에 할 수 없다는 부정설도 있으나, 배서나 보증을 등본에 할 수 있으므로 배서인이나 보증인을 위한 참가인수도 등본에 할 수 있다는 긍정설이 있다. 긍정설이 타당하다.

(2) 原本에 의한 背書의 禁止

등본의 작성 전에 한 최후의 배서 뒤에 「이 후의 배서는 등본에 한 것만이 효력이 있다」는 문언 또는 이와 동일한 의의가 있는 차단문언(遮斷文言)이 원본에 기재되어 있는 때에는 원본에 배서할 수 없으며, 그 이후에 원본에 배서를 하여도 무효이다(어음법 §68③). 뿐만 아니라 이 경우에는 원본의 단순한 교부에 의한 양도나 또는 민법상의 지명채권양도방법에 의한 원본의 양도도 무효로 된다.

(3) 原本返還請求權

등본은 어음의 유통을 조장하기 위하여 이용되는 제도로서 등본소지인이 발행인, 지급인 또는 인수인 등에 대하여 어음상의 권리를 행사하기 위해서는 어음의 원본이 있어야 하므로, 등본소지인은 원본의 소지자에 대하여 원본의 반환을 청구할 수 있고, 원본의 소지자는 등본의 정당한 소지인에 대하여 그 원본을 교부하여야 한다(어음법 §68①).

(4) 謄本所持人의 償還請求

등본의 정당한 소지인이 원본의 소지자에 대해 그 원본의 반환을 청구하는 경우에 등본에 표시된 원본소지자가 등본소지인에게 원본의 반환을 거절하면 등본소지인은 원본반환거절증서를 작성시켜 등본에 배서 또는 보증한 자에게 상환청구권을 행사할 수 있다(어음법 §68②). 이 경우에는 등본으로 인수 또는 지급제시를 할 수 없으므로 인수 또는 지급거절증서를 작성할 필요는 없으며, 등본에 기명날인 또는 서명을 한 배서인 또는 보증인에게만 상환청구를 할 수 있을 뿐이다.

그러나 등본에 원본소지자의 기재가 없는 경우에는 등본소지인이 상환청구를 할 수 있는지 문제된다. 이 경우에는 원본반환거절증서를 작성할 필요 없이 등본에 배서 또는 보증을 한 자에게 상환청구권을 행사할 수 있다는 소수설도 있으나, 등본소지인은 원본의 소지자를 찾아 거절증서를 작성한 때에 한하여 상환청구권을 행사할 수 있고, 그 원본소지자를 찾을 수 없는 때에는 원본반환거절증서를 작성할 수 없으므로 상환청구권을 행사할 수 없다는 것이 통설이다.

제4장

約束어음

제1절 序 說

약속어음은 발행인이 일정한 어음금액을 만기에 정당한 어음소지인에게 지급할 것을 무조건으로 약속하는 유가증권이다. 약속어음은 발행인이 어음상의 주채무자가 되며, 지급인 및 인수제도가 없다는 점에서 환어음과 다르다. 그러나 약속어음의 법적 성질이 환어음과 동일하며, 그 경제적 기능에 있어서도 신용을 증권화하고 일정한 금전을 지급하는 수단으로 이용되는 점에서 환어음과 유사하다. 다만 환어음은 수출입대금의 결제와 격지자 간의 송금 등 국제거래에서 주로 이용되고, 약속어음은 매매대금의 지급과 은행대출 등 주로 국내거래에서 이용되고 있다.

제2절 約束어음의 發行

제1. 約束어음發行의 意義

약속어음의 발행은 발행인이 약속어음증권을 작성하여 이를 수취인에게 교부하는 것으로서 만기에 어음금액을 지급할 것을 약속하는 어음행위이다. 약속어음의 발행인은 수취인에게 어음증권의 발행에 의하여 어음금의 지급을 약속한 것이므로, 약속어음의 발행인은 환어음의 인수인과 동일하게 어음금을 지급하여야 할 제1차적이고 절대적이며, 최종적인 주채무를 부담하며, 수취인 등 어음의 정당한 소지인은 발행인에 대하여 어음금지급청구권을 가진다.

약속어음 발행인의 이러한 어음금지급의무는 환어음 발행인이 부담하는 상환의무와 다르다. 환어음 발행인은 어음의 발행에 의하여 어음금지급의무를 부담하지 아니하고 자신이 발행한 어음의 인수거절 또는 지급거절 시에 상환청구권이 보전된 경우에 한하여 상환의무를 부담할 뿐이다. 그러나 약속어음의 발행인은 어음소지인이 상환청구권보전절차를 밟지 않았더라도 또 지급제시기간이 경과된 후에 지급제시가 있는 때에도 만기로부터 3년의 시효기간 내에는 어음금을 지급할 의무를 부담하는 것이다. 약속어음 발행인의 이러한 의무는 상환청구권이 발생하기 전의 어음소지인에 대해서는 물론이고, 상환의무를 이행하고 어음을 환수한 상환의무자에 대해서도 동일하다.

따라서 약속어음의 발행인은 어음면에 지급무담보(支給無擔保)문언을 기재하지 못하며, 그 기재는 어음자체를 무효로 한다.

제2. 約束어음의 어음要件

1. 어음文言

약속어음에는 증권의 본문 중에 그 증권의 작성에 사용하는 국어로 약속어음임을 표시하는 문자를 기재하여야 한다(어음법 §75 제1호).

2. 一定한 金額을 支給할 뜻의 無條件의 約束

약속어음에는 지급위탁의 환어음과는 달리 발행인이 스스로 어음금액을 지급하겠다는 무조건의 지급약속문언을 기재하여야 한다(어음법 §75 제2호).

3. 滿期의 表示

약속어음에는 어음의 만기를 기재하여야 한다(어음법 §75 제3호). 약속어음의 만기는 환어음의 만기와 같다(어음법 §77① 제2호). 다만 약속어음에는 인수제도가 인정되지 않으므로 일람후 정기출급약속어음에 있어서 만기의 기산점을 주의해야 한다. 즉 어음법은 일람후 정기출급약속어음에는 인수제시에 대신하여 「일람을 위한 제시」라는 제도를 두고 있으므로 어음소지인은 어음법 제23조에 규정한 기간 내에 발행인에게 일람을 위하여 어음을 제시하여야 한다(어음법 §78② 전단). ① 일람 후의 기간은 발행인이 어음에 일람의 뜻을 기재하고 기명날인 또는 서명한 날로부터 진행하는 것을 원칙적으로 하되, ② 만일 발행인이 일자를 부기한 일람의 기재를 거절하는 경우에는 거절증서를 작성하여 그 일자를 기준으로 일람 후의 기간을 계산하며(어음법 §78 후단), ③ 거절증서의 작성이 면제되어 있는 때에는 일람을 위한 제시기간의 말일로부터 일람후의 기간을 기산하여야 한다(어음법 §77① 제2호, §35②). 그러나 소지인이 일람을 위한 제시기간내에 제시를 하지 않은 경우에도 주채무자인 발행인에 대해서는 소멸시효가 완성하지 않는 한 지급청구를 할 수 있으므로 만기는 제시기간의 말일로부터 기산하여 정해야 한다.

4. 支給地

약속어음의 지급지는 환어음의 경우와 같다(어음법 §75 제4호).

5. 支給을 받을 者 또는 支給받을 者를 指示할 者의 名稱

지급을 받을 자 또는 지급받을 자를 지시할 자는 어음의 수취인을 말한다(어음법 §75 제4호). 발행인이 자기를 수취인으로 해서 약속어음을 발행할 수 있는가에 대하여는 학설이 나뉜다. 약속어음에는 자기지시환어음을 인정하는 어음법 제3조 제1항이 준용되지 않으므로 무효라고 하는 무효설과, 어음관계에서는 당사자 자격의 겸병은 일반적으로 인정되며 환어음에 관한 제3조 제1항은 주의적 규정에 지나지 않으므로 약속어음에도 자기를 수취인으로 하는 어음의 발행이 당연히 인정되어야 한다는 유효설이 있다. 유효설이 통설이다.

6. 發行日과 發行地

약속어음의 발행지는 지급지이며, 발행인의 주소지로 본다(어음법 §76③). 발행지의 기재가 없으면 발행인의 명칭에 부기한 곳을 발행지로 본다(어음법 §76④).

7. 發行人의 記名捺印 또는 署名

어음발행은 반드시 발행의 기명날인 또는 서명을 요건으로 하므로 약속어음에도 발행인의 기명날인 또는 서명은 필요적 기재사항이다. 발행인의 기명날인 또는 서명은 반드시 어음의 표면에 하여야 한다.

제3. 要件 이외의 記載事項

1. 有益的 記載事項

약속어음의 유익적 기재사항에는 발행인의 명칭에 부기한 지명(어음법 §76③), 제3자방지급문언의 기재(어음법 §77②·④, §27), 이자의 약정(어음법 §77②, §5), 어음금액의 중복기재(어음법 §77②, §6), 배서금지문언(어음법 §77①, §12②), 일람출급어음의 제시기간(어음법 §77①, §34), 외국통화현실지급문언(어음법 §77①, §41③) 등이 있다.

2. 有害的 記載事項

약속어음의 유해적 기재사항은 환어음의 경우와 동일하나, 발행인이 지급담보책임을 지지 아니한다는 지급무담보 문언의 기재는 환어음의 경우와는 달리 어음 자체를 무효로 한다.

제3절 約束어음과 換어음의 比較

제1. 共通點

약속어음은 금전채권을 표창하는 유가증권으로서 그 주된 경제적 기능이 신용기능에 있다는 점에서 환어음과 유사하고 증권의 법적 성질도 동일하다. 그리하여 어음법은 환어음에 관한 어음행위독립의 원칙, 무권대리인의 책임, 어음의 위조와 변조, 어음행위의 무권대리, 백지어음, 배서, 보증, 만기, 지급, 지급거절로 인한 상환청구, 참가지급, 등본, 시효, 기간의 계산과 은혜일의 금지 등의 규정을 약속어음에 준용하고 있다(어음법 §77①).

따라서 이들 제도에 관하여 본서의 환어음 부분에서 기술한 사항은 약속어음에도 대부분 그대로 타당하다. 다만, 만기에 있어서 약속어음에는 인수제도가 인정되지 아니하는 결과 특히 일람후정기출급어음의 만기가 발행인에게 일람을 위하여 제시한 날을 기준으로 한다는 점과, 지급거절로 인한 상환청구에 있어서 환어음의 발행인은 상환의무자이므로 후자로부터 상환청구통지를 받을 권리가 있으나 약속어음의 발행인은 상환의무자가 아니므로 후자로부터 상환청구의 통지를 받을 권리가 없다는 점,

또 환어음의 발행인은 예비지급인으로 될 수 있으나 약속어음의 발행인은 그 성질상 예비지급인으로 될 수 없다는 점 등에 주의하여야 한다.

제2. 相違點

1. 當事者

환어음에서는 기본어음의 당사자가 발행인과 수취인 및 지급인의 3인이나, 약속어음은 발행인이 수취인 또는 그 지시인에게 어음의 지급의무를 부담하므로 발행인 이외에 별도로 지급인이 없으며, 따라서 기본어음의 당사자가 발행인과 수취인 2인이다.

2. 引 受

환어음은 지급위탁증권으로서 발행인으로부터 어음의 지급을 위탁받은 지급인이 어음지급의무를 부담하기 위해서는 별도로 인수행위를 하여야 한다. 그러나 약속어음에서는 발행인이 그 발행에 의하여 확정적으로 어음지급의무를 부담하므로 인수제도가 없다. 따라서 약속어음에는 인수의 방식·인수제시기간·부단순인수·인수의 효력 등이 문제되지 않는다.

3. 引受拒絶로 인한 償還請求

환어음에는 만기 전에도 인수거절이 있으면 상환청구권이 발생하나, 약속어음에는 인수제도가 인정되지 아니하므로 인수거절로 인한 상환청구는 문제되지 않는다. 그러나 약속어음에도 인수거절 이외의 사유로 인한 만기전 상환청구는 가능하다. 즉 어음의 만기 전에 발행인의 파산선고나 지급정지 또는 그 재산에 대한 강제집행의 부주효 등의 사유가 있는 때에는 만기를 기다릴 필요 없이 바로 그 사실을 입증하여 전자에게 상환청구를 할 수 있다.

4. 參加引受

어음법은 약속어음에는 환어음의 참가지급에 관한 규정을 준용하고 있으나, 참가인수에 관한 규정을 준용하지 않고 있다. 따라서 약속어음에도 참가인수가 인정되는가에 대하여 학설이 대립되고 있다. 그러나 참가인수는 인수거절의 경우뿐만 아니라 만기 전에 상환청구를 할 수 있는 모든 경우에 그것을 저지하기 위하여 하는 것이고,

약속어음에도 발행인의 파산 · 지급정지 · 강제집행의 부주효 등의 사유가 있는 경우에 만기 전 상환청구를 할 수 있으므로, 약속어음에서도 만기전 상환청구를 저지하기 위한 참가인수가 가능하다고 하여야 한다.

그리하여 약속어음의 참가인수에 대하여는 환어음의 참가인수에 관한 규정이 준용된다고 보는 것이 다수설이다. 다만 환어음의 참가인수에 있어서는 참가인이 피참가인을 표시하지 아니한 때에는 발행인을 위하여 참가인수를 한 것으로 보나(어음법 §57), 약속어음의 발행인은 상환의무자가 아니므로 피참가인이 되지 못하며, 참가인수에 있어서 피참가인의 표시가 없는 경우에는 제1 배서인을 위하여 참가인수한 것으로 보아야 한다.

5. 複 本

환어음의 복본은 주로 국제거래에 있어서 어음의 유통을 도모하면서 동시에 원격지에 있는 지급인에게 인수제시를 위하여 어음을 송부하는 경우에 이용되는데, 약속어음에 있어서는 인수를 위하여 복본을 송부할 필요가 없으므로 복본제도가 인정되지 않는다. 물론 약속어음에 있어서도 어음을 원격지에 송부할 필요가 있을 수 있고 또 유통 중에도 원본을 상실하게 될 위험도 없지는 않으나, 이때에는 어음의 등본을 이용하면 충분하기 때문이다.

제5장

手 票

제1절 序 說

수표는 발행인이 지급인에 대하여 수취인이나 정당한 소지인에게 수표상에 기재된 일정한 금액의 지급을 위탁하는 유가증권이다. 수표는 금전의 지급위탁증권이라는 점에서 환어음과 같으나, 어음이 신용증권인 데 비하여 수표의 본질적 기능은 금전의 지급을 위한 지급증권이라는 점에서 그 현저한 특색이 있다.

제2절 手票의 發行

제1. 手票發行의 意義

수표의 발행은 발행인이 지급인에게 수표금액을 수표의 소지인에게 지급할 것을 위탁하는 요식의 수표행위이다. 수표발행의 법적 성질과 그 효력은 환어음과 거의 같다. 다만 수표에는 환어음과는 달리 인수제도가 인정되지 아니하므로 수취인의 지급수령권한은 기대이익에 불과하다고 할 수 있으나, 수표의 지급은 수표계약과 수표자금의 존재에 의하여 담보된다. 수표의 지급이 거절된 경우 발행인은 수표소지인에 대하여 지급담보책임을 부담하나, 수표에는 인수제도가 없는 결과 인수거절에 따른 인수담보책임은 문제되지 않는다.

제2. 手票要件

1. 手票文言

수표증권의 본문 중에 그 증권의 작성에 사용하는 국어로 수표임을 표시하는 문언을 기재하여야 한다(수표법 §1 제1호).

2. 手票金額

수표는 일정한 금액의 지급을 위탁하는 증권이므로 수표금액을 기재하여야 한다(수표법 §1 제2호). 수표금액의 최고 또는 최저 한도에 관한 제한은 없으나 반드시 일정하여야 하며, 선택적 기재 또는 부동적(浮動的) 기재는 수표를 무효로 한다. 수표금액에 대하여는 이자의 지급에 관한 이자문언을 기재할 수 없다(수표법 §7)는 점을 제외하고는 환어음의 경우와 같다.

3. 無條件의 支給委託

수표금액의 지급위탁은 무조건이어야 하며, 단순하여야 한다(수표법 §1 제2호). 지급에 조건을 붙이거나 지급자금 또는 지급방법을 한정하는 문언이 있는 수표는 무효이다.

4. 支給人의 名稱

수표에는 지급인을 기재하여야 한다(수표법 §1 제3호). 수표의 지급인은 은행 또는 이와 동일시할 수 있는 사람 또는 시설에 한한다(수표법 §3 전단, §59). 수표는 발행인 자신을 지급인으로 하여 발행할 수 있다(수표법 §6③). 이를 자기앞수표라고 한다.

5. 支給地

지급지의 기재는 환어음과 같다(수표법 §1 제4호). 발행인이 지급지를 기재하지 않은 경우에는 특별한 표시가 없는 한 지급인의 명칭에 부기한 지역이 지급지가 된다. 만일 지급인의 명칭에 수개의 지역이 부기되어 있는 때에는 수표 증권상의 첫머리에 기재한 지역에서 지급할 것으로 한다(수표법 §2②). 지급인의 명칭에 부기한 지역 기타 지급지를 추정할 아무런 표시가 없는 때에는 발행지를 지급지로 한다(수표법 §2③).

6. 發行日과 發行地

수표에는 발행일과 발행지를 기재하여야 한다(수표법 §1 제5호). 발행일자는 수표의 지급제시기간의 기산점이 되며(수표법 §29①), 발행지는 지급지의 흠결을 보충한다(수표법 §2③). 그러나 수표의 발행일과 발행지에는 수표가 실제로 발행된 일자나 발행된 지(地)를 반드시 기재하여야 하는 것은 아니다(수표법 §28②). 발행지의 기재가 없는 때에는 발행인의 명칭에 부기한 지를 발행지로 본다(수표법 §2④).

7. 發行人의 記名捺印 또는 署名

수표의 발행인은 지급인에 대하여 그 수표에 의하여 처분할 수 있는 수표자금을 가지고 있는 자이어야 한다(수표법 §3, §67). 수표에는 발행인이 기명날인하거나 또는 서명하여야 한다(수표법 §1제6호).

[판례] 대법원 1999. 8. 19. 선고 99다23383 전원합의체 판결

일반의 수표거래에 있어서 발행지가 기재되지 아니한 국내수표도 수표요건을 갖춘 완전한 수표와 마찬가지로 발행 · 양도 등의 유통이 널리 이루어지고 있으며, 어음교환소와 은행 등을 통한 결제 과정에서도 발행지의 기재가 없다는 이유로 지급거절됨이 없이 관행상 발행지가 기재된 수표와 마찬가지로 취급되고 있음은 현저한 사실이고, 나아가 이러한 점에 비추어 보아 발행지의 기재가 없는 수표의 유통에 관여한 당사자들은 완전한 수표에 의한 것과 같은 유효한 수표행위를 하려고 하였던 것으로 봄이 상당하다 할 것이다. 그렇다면 수표면의 기재 자체로 보아 국내수표로 인정되는 경우에 있어서는 발행지의 기재는 별다른 의미가 없는 것이고, 발행지의 기재가 없는 수표도 완전한 수표와 마찬가지로 유통 · 결제되고 있는 거래의 실정 등에 비추어, 그 수표면상 발행지의 기재가 없는 경우라고 할지라도 이를 무효의 수표로 볼 수는 없다고 할 것이다.

제3. 要件 이외의 記載事項

1. 有益的 記載事項

(1) 受取人의 記載

수표에는 수취인의 기재가 필요적 기재사항은 아니나 이를 기재하면 그 효력이 인정된다. 수표의 수취인을 표시하는 방법에는 기명식, 지시식, 지시금지문언을 기재한 기명식(배서금지수표), 소지인출급식, 지명소지인출급식(수표법 §5③) 등이 있다. 이 중 기명식은 지시금지문언이 없는 한 당연히 배서양도할 수 있으므로 법률상으로는 지시식과 동일한 효력이 있다(수표법 §14①). 지명소지인출급식 또는 수취인의 기재가 전혀 없는 수표는 소지인출급식으로 본다(수표법 §5②·③). 이 밖에 수표에 있어서도 수취인이 발행인을 겸하는 자기지시수표가 인정된다(수표법 §6①).

⑵ 第3者方支給文言

제3자방지급문언은 환어음에서와 같이 지급장소와 지급담당자의 기재를 말한다. 제3자방지급문언은 발행인만이 기재할 수 있으며, 지급사무를 담당할 제3자는 반드시 은행 기타 금융기관이어야 한다(수표법 §8 단서).

⑶ 그 밖의 有益的 記載事項

수표의 유익적 기재사항에는 이 외에 지급인의 명칭에 부기한 지(수표법 §2②), 발행인의 명칭에 부기한 지(수표법 §2④), 지시금지문언(수표법 §5① 제2호), 외국통화 환산율의 기재(수표법 §36②), 외국통화현실지급문언(수표법 §36③), 횡선(수표법 §37), 거절증서작성면제문언(수표법 §42), 복본 번호(수표법 §48) 등이 있다.

2. 無益的 記載事項

수표의 무익적 기재사항에는 인수의 기재(수표법 §4), 이자약정의 기재(수표법 §7), 발행인의 지급무담보문언(수표법 §12), 일람출급 이외의 만기의 기재(수표법 §28①), 위탁수표문언(수표법 §6②) 등이 있다.

3. 有害的 記載事項

수표법에는 수표의 유해적 기재사항에 관한 규정이 없으나, 환어음의 유해적 기재사항은 수표에도 유해적 기재사항이다.

제4. 手票發行의 制限

1. 支給人의 資格

수표의 지급인은 반드시 은행 또는 이와 동일시할 수 있는 사람 또는 시설에 한한다(수표법 §3). 은행과 동일시되는 사람 또는 시설은 「수표법의 적용에 있어서 은행과 동시되는 사람 또는 시설의 지정에 관한 규정」에 의하여 지정된다. 수표법의 적용에 있어서 은행과 동시되는 사람 또는 시설은 우체국 · 지역농업협동조합 · 지역축산업협동조합 · 신용사업을 행하는 품목별 및 업종별 협동조합 · 농업협동조합중앙회 · 지구별수산업협동조합 · 수산업협동조합중앙회 · 업종별 수산업협동조합 및 수산물가공산업협동조합 · 새마을금고연합회 · 상호저축은행중앙회 등이다.

2. 手票資金의 존재

수표를 발행하는 때에는 발행인이 수표로 처분할 수 있는 수표자금이 지급인인 은행에 있어야 한다. 수표자금은 일반적으로 발행인과 지급인 사이에 당좌예금계약이나 당좌대월계약 등의 형태로 존재한다. 당좌예금계약은 발행인이 지급인에게 예치한 예금액의 한도 내에서 수표를 발행하기로 하는 계약이다. 당좌대월계약은 발행인의 예금액을 초과하는 일정한 한도액을 정하고 그 한도 내에서 발행된 수표에 대하여 지급인이 대출 형식으로 지급하고 후에 발행인이 이를 보상하는 계약이다. 따라서 수표를 지급할 금액은 수표의 발행 시에는 없어도 무방하나, 수표의 지급제시가 있는 때에는 그 지급할 금액이 그 예금액 또는 대월한도액을 초과하지 않아야 한다.

3. 手票契約의 존재

수표의 발행인과 지급인 사이에 수표의 발행에 관한 명시 또는 묵시의 수표계약이 있어야 한다. 수표계약은 발행인이 발행한 수표의 지급에 관한 업무를 지급인에게 위탁하는 위임계약으로서, 당좌예금계약 또는 당좌대월계약과 함께 체결된다. 지급인은 이 수표계약에 의하여 발행인에 대하여 수표자금의 한도 내에서 수표를 지급할 의무를 부담한다.

4. 제한위반의 효과

발행인이 이러한 제한에 위반하여 수표를 발행한 경우에 발행인은 부정수표단속법에 의한 형사책임을 지게 되나, 수표 자체의 효력에는 영향을 미치지 아니한다(수표법 §3 단서).

[판례] 대법원 1998.2.13, 선고 97다48319 판결

가계수표 용지에 부동문자로 인쇄되어 있는 '100만원 이하' 등의 문언은 지급은행이 사전에 발행인과의 사이에 체결한 수표계약에 근거하여 기재한 것으로서 이는 단지 수표계약의 일부 내용을 제3자가 알 수 있도록 수표 문면에 기재한 것에 지나지 아니하는 것이고, … 위 발행한도액을 초과하여 발

행한 가계수표도 수표로서의 효력에는 아무런 영향이 없다고 할 것이다. 따라서 수표 표면에 '100만원 이하'라고 인쇄된 가계수표 용지에 피고 스스로 위 발행한도액을 초과하여 '15,000,000'원으로 액면금을 기재하여 소외 정리회사 논노상사의 관리인에게 발행한 수표를 원고가 위 관리인으로부터 배서양도받은 이 사건의 경우에는 발행인인 피고로서는 원고가 위 수표를 취득함에 있어 피고에게 그 발행한도액을 초과한 경위를 확인하지 아니한 것이 중대한 과실에 해당한다는 주장을 내세워 수표금의 지급을 거절할 수는 없다고 할 것이다.

제5. 特別法에 의한 手票發行의 制限

부정수표단속법은 국민의 경제생활의 안전과 유통증권인 수표의 기능을 보장함을 목적으로 일정한 수표를 부정수표로 정하여 단속 처벌한다. 동법은 가설인의 명의로 발행한 수표, 금융기관(우체국 포함)과의 수표계약 없이 발행하거나 금융기관으로부터 거래정지처분을 받은 후에 발행한 수표, 금융기관에 등록된 것과 상위한 서명 또는 기명날인으로 발행한 수표를 부정수표로 정하고 있다(동법 §2①). 이러한 부정수표를 발행하는 자는 5년 이하의 징역 또는 수표금액의 10배 이하의 벌금에 처한다(동법 §2①②). 수표를 발행한 후에 예금부족 · 거래정지처분이나 수표계약의 해제 또는 해지로 인하여 제시기일에 지급되지 아니하게 한 자에 대해서도 같은 형벌에 처한다. 이러한 수표의 발행인이 법인 기타의 단체일 때에는 그 수표에 기재된 대표자 또는 작성자를 처벌하고, 법인에 대해서는 수표금액의 10배 이하의 벌금에 처한다(동법 §3①).

제6. 委託手票

수표는 제3자의 계산으로 발행할 수 있다(수표법 §6②). 이러한 수표를 위탁수표라 한다. 위탁수표의 법적 성질과 수표상의 법률관계는 통상적인 수표와 동일하나, 수표의 자금관계가 제3자인 위탁자와 지급인 사이에 존재한다는 점이 다르다. 즉 위탁자가 발행인을 수익자로 하여 지급인에게 수표의 지급자금을 제공하고(제3자를 위한 계약), 발행인은 이 자금을 기초로 수표를 발행하게 된다. 따라서 위탁수표의 발행인은 수표를 발행하여 위탁자인 제3자의 자금을 처분할 수 있는 권한을 가질 뿐이며, 수표자금과 수표계약은 지급인과 위탁자 사이에 존재한다. 위탁수표에는 발행인이 위탁문언을 기재하여도 그것은 수표외의 관계에 지나지 않으므로 수표상으로는 아무런 의미가 없으며, 위탁자 역시 다른 수표행위를 하지 않는 한 수표상의 어떤 권리 · 의무도 없다.

제3절 支給保證

제1. 支給保證의 意義

수표의 지급보증은 지급인이 지급제시기간 내에 지급제시가 있을 때 수표금액을 지급할 것을 목적으로 하는 조건부 수표채무를 부담하는 행위로서 부속적 수표행위이다. 수표의 일람출급의 지급증권성, 단기의 제시기간, 인수제도의 금지에 비추어 수표지급의 확실성을 확보함으로써 수표의 취득자를 보호하기 위한 것이다.

제2. 換어음의 引受 및 手票保證과의 比較

1. 換어음 引受와의 차이점

수표의 지급보증은 수표상의 금전 지급을 확보하기 위한 제도로서 지급인이 증권상의 지급채무를 부담하는 요식의 증권행위라는 점에서 환어음의 인수와 유사하나 방식과 효과 등에 있어서 차이가 있다. 즉 방식에 있어서 인수에는 약식인수와 일부인수가 인정되나, 지급보증에 있어서는 수표금의 일부에 대한 지급보증이나 약식지급보증은 인정되지 아니한다. 환어음의 소지인에게는 지급인에 대한 인수제시의 권한이 인정되므로 인수가 거절된 때에는 전자에 대한 상환청구권을 취득하는데 비하여 수표의 소지인은 지급보증을 요구할 권한이 없고 지급보증이 거절된 때에도 상환청구권을 취득하지 못한다는 점에서 차이가 있다. 또 인수인은 주채무자로서 어음금지급의 절대적 의무를 부담하며 그 소멸시효기간이 만기일로부터 3년인 반면, 지급보증인은 조건부의 상대적 채무를 부담하며 그 소멸시효기간은 제시기간이 경과한 날로부터 1년이다.

2. 手票保證과의 차이점

수표의 지급보증은 수표 지급의 주채무를 부담하는 수표행위이나, 수표보증은 수표상의 채무를 담보하기 위한 수표행위이므로 그 주체와 방식, 효과 등에서 차이가 있다. 즉 수표의 지급보증은 지급인만이 할 수 있는데 비하여, 수표보증은 지급인을 제외한 사람들이 할 수 있다. 방식에 있어서 수표보증은 수표 또는 보충지에 할 수 있으나, 수표의 지급보증은 반드시 수표의 표면에 하여야 한다. 또 수표보증에는 피보증인을 표시하여야 하고 피보증인의 표시가 없는 때에는 발행인을 위하여 한 것으로 보나, 지급보증에는 피보증인이 없다. 수표보증은 수표금의 일부에 대하여도 가능하나, 수표금의 일부에 대한 지급보증은 인정되지 아니한다. 그리고 효력에 있어서도 지급보증을 한 지급인은 지급제시기간에 지급제시된 경우에 한하여 독립된 지급의무를 지며 그 소멸시효기간도 1년이나, 수표보증을 한 보증인은 피보증채무에 관하여 피보증인과 동일한 책임을 지며, 피보증인의 책임에 대해 부종성을 갖는다.

제3. 支給保證의 方式

수표의 지급보증은 지급인이 수표의 표면에 지급보증 기타 지급을 하겠다는 뜻을 기재하고 일자를 부기하여 기명날인 또는 서명을 하는 방식으로 한다(수표법 §53②). 수표의 이면이나 보충지에 하는 것은 수표보증과는 달리 지급보증으로서의 효력이 없다. 일자의 기재는 지급제시기간의 경과 전에 지급보증을 하였음을 증명하기 위한 것이다.

지급보증은 수표금액 전부에 대하여 하여야 하며, 무조건이어야 한다(수표법 §54①). 지급보증을 하면서 수표의 기재사항에 가한 변경은 이를 기재하지 않은 것으로 본다(수표법 §54②). 수표금액의 일부에 대한 지급보증에 관하여 전액에 대한 지급보증으로 보아야 한다는 유효설과, 무효의 지급보증으로서 지급보증의 효력이 없다는 무효설이 있다. 수표금의 일부에 대한 지급보증을 수표금 전액에 대한 지급보증으로 보는 것은 지급보증인에게 그 의사에 반하여 무거운 책임을 부과시키는 것이어서 부당하므로 무효설이 타당하다.

제4. 支給保證의 效力

1. 支給保證人의 支給義務

지급보증을 한 지급인은 지급제시기간의 경과 전에 수표의 지급제시가 있는 경우에 한하여 수표금액에 대한 지급의무를 부담한다(수표법 §55①). 지급보증인의 수표지급의무는 지급보증을 청구한 소지인과 지급인 간의 계약에 의한 수표상의 의무이나, 다른 수표행위자가 지급하지 않는 것을 조건으로 하는 2차적 의무가 아니라 제1차적 의무이다. 또한 지급보증인이 수표금을 지급하여도 수표상 아무런 권리를 취득하지 못하며, 지급보증인의 지급으로 다른 수표채무자의 지급책임은 소멸되므로 지급보증인은 수표의 최종의무자이다.

지급보증인이 부담하는 수표지급의무의 법적 성질에 관하여 지급제시기간 내의 지급제시를 정지조건으로 하는 정지조건부 의무라는 설과, 지급제시기간 내의 불제시를 해제조건으로 하는 해제조건부 의무라는 설이 있다. 수표의 지급보증에 있어서 제1차적 지급의무자가 지급보증인이란 점을 고려하면 지급보증인의 지급의무는 지급보증을 한 때 발생하며, 소지인이 지급제시기간내에 지급제시를 하지 아니하면 그 지급의무가 소멸하는 해제조건부 의무라고 보는 것이 타당하다.

2. 다른 手票債務者의 支給義務

수표 지급인이 지급보증을 하더라도 수표소지인이 실제 지급받는 것은 아니므로 지급보증에 의하여 발행인 기타 수표상의 채무자가 수표상의 의무를 면하는 것은 아니다(수표법 §56). 지급보증인이 기간 내에 지급제시된 수표의 지급을 거절하여 수표소지인이 상환청구권보전절차를 밟은 경우에는 다른 수표채무자는 상환의무를 지며, 지급보증인은 수표소지인에 대하여 다른 수표채무자와 합동책임을 부담한다. 이 경우 지급보증인이 지급의무를 지는 금액은 상환청구금액(수표법 §44) 또는 재상환청구금액(수표법 §45)이다.

3. 支給保證人에 대한 請求權 保全 및 消滅時效

지급보증인은 제시기간 내에 지급제시가 있는 경우에 한하여 책임을 지므로, 소지인은 지급보증인에게 제시기간 내에 지급제시를 하여 지급을 청구하여야 하고 지급이 거절되면 거절증서 작성이나 지급인 또는 어음교환소의 선언(수표법 §39)에 의하여 이를 증명하여야 한다(수표법 §55②). 지급보증인은 거절증서작성 등을 면제할 수도 없으므로, 소지인이 이러한 절차를 밟지 아니하면 상환청구권의 경우와 같이 지급보증인에 대한 청구권을 상실하게 된다.

지급보증인에 대한 수표지급청구권의 소멸시효기간은, 수표가 제시된 날이나 거절증서 또는 지급인 등의 선언이 있은 날에 관계없이, 제시기간이 경과한 날로부터 1년이다(수표법 §58). 그러나 지급보증을 한 수표는 제시기간 내에 제시되지 않으면 지급보증인의 지급의무가 소멸되므로, 제시기간 내에 제시가 없거나 제시가 있더라도 거절증서 작성 또는 지급인의 선인 등이 없으면 소멸시효는 문제되지 않는다.

제4절 手票의 讓渡

제1. 總 說

수표에 있어서 수취인의 기재는 유익적 기재사항이므로(수표법 §5) 수표상의 권리자를 지정하는 방법에는 기명식과 지시식 또는 배서금지식 외에도 수표에 특유한 것으로 소지인출급식(무기명식)과 지명소지인출급식(선택무기명식)이 허용된다. 이들 각 경우에 수표의 양도방법과 효력에도 차이가 있다.

제2. 記名式 또는 指示式手票의 讓渡

1. 讓渡方法

수표는 법률상 당연한 지시증권이므로 지시식인 경우는 물론 기명식인 경우에도 배서에 의하여 양도할 수 있다(수표법 §14①). 배서의 방식과 효력은 어음의 경우와 동일하다. 다만 수표에는 등본제도가 없으므로 등본상의 배서는 없다. 또한 수표에는 인수가 인정되지 않으므로 수표의 배서에 있어서 인수제시에 관한 사항이나 예비지급인을 기재하는 것도 허용되지 않는다.

2. 背書의 制限

(1) 지급인의 배서금지

수표에는 인수가 금지되는 결과 수표의 지급인이 한 배서는 무효이다(수표법 §15③). 지급인에 대한 배서도 금지되므로(수표법 §15⑤), 지급인이 배서를 할 수도 없지만, 가령 지급인이 배서를 한다면 배서의 담보적 효력에 의하여 지급담보책임을 지게 되어 지급증권인 수표가 신용증권으로 이용될 위험이 있기 때문이다.

(2) 지급인에 대한 배서금지

수표의 지급인에 대하여 한 배서는 영수증으로서의 효력만이 있다(수표법 §15⑤). 수표가 신용증권으로 이용되는 것을 방지하기 위한 것이다. 수표의 지급의무를 지지 않는 지급인에 대해 배서를 한다면 수표자금이 없는 경우에도 대가를 지급한 것과 같은 결과로 되어 수표자금에 관한 수표법의 제한규정에 어긋나기 때문이다. 그러나 지급인인 은행이 수개의 영업소를 가진 경우에는 수표가 지급될 영업소 이외의 영업소에 대하여 한 배서는 유효하며, 이러한 배서에는 보통의 배서에 있어서와 같이 권리이전적 효력과 담보적 효력이 있다(수표법 §15⑤).

3. 背書의 效力

수표의 배서도 어음의 경우와 같이 권리이전적 효력(수표법 §17①)과 담보적 효력(수표법 §18①) 및 자격수여적 효력(수표법 §19)이 있다. 다만 담보적 효력에 있어서 수표에는 인수제도가 없으므로 배서인은 지급담보책임만 부담하며, 수표의 지급이 거절되어 전자인 배서인에 대하여 담보책임을 추궁하는 경우에, 배서인이 수인인 때에는 그 배서인이 자기의 전자임을 입증하여야 한다.

4. 특수한 背書

수표에 있어서는 만기가 없으므로 기한후배서는 지급제시기간 경과 후의 배서, 지급거절증서 작성 또는 지급인·어음교환소의 지급거절선언(수표법 §39) 후의 배서를 의미한다. 특히 지급제시기간 경과 후의 배서는 지급제시기간 내에 지급을 위하여 수표를 제시하였는가에 관계없이 기한후배서가 된다. 다만 일지의 기재가 없는 배서는 거절증서나 이와 동일한 효력이 있는 선언의 작성 전 또는 제시기간경과 전에 한 것으로 추정한다(수표법 §24②).

수표의 기한후배서의 효력도 어음의 기한후배서와 같이 지명채권양도의 효력만 있다(수표법 §24①). 이 밖에 수표에도 추심위임배서가 인정되나, 입질배서는 인정되지 않는다. 수표는 어음과 같은 신용증권이 아니라 지급증권이기 때문이다.

제3. 背書禁止手票의 讓渡

수표발행인이 지시금지 또는 이와 동일한 의의가 있는 문언을 기재한 배서금지수표는 지명증권으로서 지명채권양도의 방법에 따라 또 그 효력으로써만 양도할 수 있으며(수표법 §14②), 그 양도에는 수표의 교부가 있어야 하는 것은 어음의 경우와 같다. 이러한 배서금지수표의 양수인에게는 자격수여적 효력과 선의취득이 인정되지 아니하나, 그 밖에 배서금지수표의 발행인이 지급담보책임을 지며, 배서금지수표 자체도 유가증권으로서의 제시증권성과 상환증권성을 가지고 있다는 점은 어음의 경우와 동일하다.

제4. 所持人出給式手票의 讓渡

1. 讓渡方法

소지인출급식 수표는 증권의 단순한 교부에 의하여 양도한다. 이 경우 증권의 교부는 권리이전의 성립요건이다.

2. 讓渡의 效力

소지인출급식 수표는 수표소지인을 권리자로 하는 것이므로, 수표의 교부에 의하여 권리이전적 효력이 발생하고 수표의 소지에 의하여 자격수여적 효력이 생긴다. 따라서 인적 항변의 제한이나 선의취득도 배서에 의한 양도의 경우와 같이 인정되나, 단순한 교부에 의한 양도이므로, 담보적 효력은 없다.

3. 所持人出給式手票의 背書

소지인출급식 수표에는 배서를 할 수 없으나, 배서를 한 때에도 그 배서는 무효로 되지 않는다. 그러나 이로 인하여 소지인출급식 수표가 지시식 수표로 변하는 것은 아니며 배서 후에도 단순한 교부에 의하여 양도되고, 소지인도 배서에 관계없이 증권의 소지만으로 정당한 권리자로 추정된다. 따라서 소지인출급식 수표의 배서에는 권리이전적 효력과 자격수여적 효력이 인정되지 않는다. 다만 소지인출급식 수표에 배서를 한 배서인은 상환청구에 관한 규정에 따라 상환의무를 부담하게 되므로 배서의 담보적 효력은 인정된다(수표법 §20).

제5. 指名所持人出給式手票의 讓渡

수표법상 지명소지인출급식 수표는 소지인출급식 수표로 보므로(수표법 §5②·③), 그 양도방법과 효력은 소지인출급식수표의 경우와 동일하다.

[판례] 대법원 1966.2.22, 선고 65다2505 판결

은행에 보통예금구좌를 갖고 있는 자가 소지인출급식수표를 은행에 예입한 경우에는 그 인도로서 은행은 수표상의 권리를 양도받은 것이 된다.

제5절 手票保證

제1. 手票保證의 意義

수표보증은 수표금액의 전부 또는 일부에 대한 수표채무의 담보를 목적으로 하는 수표행위(수표법 §25①)로서 그 방식과 효력은 환어음의 경우와 대체로 동일하다.

제2. 手票保證의 制限

수표보증은 누구든지 할 수 있으나, 지급인은 보증인이 될 수 없다(수표법 §25②). 수표가 신용증권으로 이용되는 것을 방지하기 위한 것이다. 수표에는 환어음의 인수인이나 약속어음의 발행인과 같은 주된 채무자가 없으므로, 수표보증은 발행인과 배서인 등 상환의무자의 채무에 대해서만 인정된다.

제3. 手票保證의 方式

수표보증은 수표 또는 보충지에 보증 또는 이와 동일한 뜻의 문언을 표시하고 보증인이 기명날인 또는 서명하여야 한다(수표법 §26①②). 수표의 표면에 단순한 기명날인 또는 서명이 있는 경우에는 발행인의 기명날인 또는 서명을 제외하고는 이를 보증으로 본다(수표법 §26③). 보증에는 피보증인을 표시해야 하며, 그 표시가 없는 때에는 발행인을 위하여 보증한 것으로 본다(수표법 §26④).

제4. 手票保證의 效力

수표의 보증인은 보증을 한 수표금액에 관하여 피보증인과 동일한 지급책임을 진다(수표법 §27①). 보증인의 책임은 피보증인의 의무와 동일하며, 보증인에 대한 상환청구권은 제시기간경과 후 수표를 환수한 날 또는 제소된 날로부터 6개월이 경과되면 시효로 소멸한다. 보증인이 수표를 지급한 때에는 피보증인과 그 자의 수표상의 채무자에 대하여 수표로부터 생기는 모든 권리를 취득한다(수표법 §27③).

▌제6절 支給提示와 支給▐

제1. 手票의 支給提示

1. 手票의 一覽出給性

수표는 금전의 지급수단으로서 법률상 당연히 일람출급증권으로 이에 위반하는 모든 기재는 그 기재가 없는 것으로 보므로(수표법 §28①), 수표소지인은 지급제시기간 내에 언제든지 수표를 제시하여 지급을 청구할 수 있다.

수표소지인으로부터 수표의 추심을 위임받은 은행이 그 수표의 기재사항을 정보처리시스템에 의하여 전자적 정보의 형태로 작성한 후 그 정보를 어음교환소에 송신하여 그 어음교환소의 정보처리시스템에 입력된 때에는 지급을 위한 제시가 이루어진 것으로 본다(수표법 §31②). 이 경우 지급인은 배서의 연속의 정부(整否)에 대한 조사를 제시은행에 위임할 수 있다(수표법 §35②).

2. 手票의 支給提示期間

(1) 內國手票

국내에서 발행하고 지급할 수표는 발행일로부터 10일 내에 지급을 위한 제시를 하여야 한다(수표법 §29①).

(2) 外國手票

지급지의 국가와 발행지의 국가가 다른 경우에는, 지급지와 발행지가 동일한 주(州)에 있는 때에는 20일 내에, 지급지와 발행지가 다른 주에 있는 때에는 70일 내에 지급제시를 하여야 한다(수표법 §29②).

그러나 유럽주의 한 국가에서 발행하여 지중해 연안의 다른 국가에서 지급할 수표와 그 반대의 수표는 동일한 주 내에서 발행하고 지급할 것으로 본다(수표법 §29③).

(3) 지급제시기간의 계산

지급제시기간의 기산일은 수표에 기재된 발행일자이며 초일은 산입하지 않는다(수표법 §61). 제시기간 중의 휴일은 그 기간에 산입하나 기간의 말일이 휴일인 때에는 이에 이은 제1거래일까지 기간을 연장한다(수표법 §60②).

세력(歲曆)을 달리하는 두 지역 사이에서 발행하고 지급할 수표는 발행일자를 지급지의 세력의 대응일로 환산하여 지급지의 세력에 의하여 기간을 계산한다(수표법 §30). 지급제시기간은 당사자가 임의로 신축하지 못하며, 은혜일은 인정되지 아니한다(수표법 §62).

3. 先日字手票의 지급제시기간

선일자수표는 실제의 발행일보다 후일인 장래의 일자를 발행일자로 기재한 수표를 말한다. 이와는 반대로 실제의 발행일보다 이전의 일자를 발행일로 기재한 수표를 후일자수표(後日字手票)라 한다. 모든 수표는 일람출급성을 가지므로 선일자수표의 소지인은 발행일자의 도래 전이라도 지급제시를 할 수 있으며, 지급인은 그 제시일에 수표금의 지급을 하여야 한다(수표법 §28②). 그러므로 수표상의 발행일자 전에 제시하여 지급이 거절된 때에는 소지인은 보전절차(수표법 §39)를 밟아 상환청구권을 행사할 수 있다.

선일자수표에 관하여는 발행인과 수취인 사이에서 수표에 기재된 발행일자까지 지급제시를 하지 않기로 하는 경우가 일반적이다. 이 특약에 위반하여 소지인이 발행일자 이전에 제시함으로써 발행인에게 손해가 생긴 경우에는, 수표법 제28조 제2항에 따라 그러한 특약 자체가 무효라고 하는 설도 있으나, 수취인이 수표예약상의 채무불이행 책임을 부담한다는 것이 통설이다.

그러나 선일자수표의 발행일자도 지급제시기간의 기산점이 되며, 지급위탁의 취소도 그 발행일자에 의한 지급제시기간이 경과된 후에 할 수 있다.

4. 支給提示期間經過의 효과

수표소지인이 지급제시기간 내에 지급제시를 하지 않은 경우에는 전자에 대한 상환청구권과 지급보증을 한 지급인에 대한 권리를 상실하게 되며(수표법 §39, §55①), 전자에 대한 이득상환청구권을 취득한다(수표법 §63).

그러나 지급제시기간의 경과 후에도 지급인은 발행인의 지급위탁의 취소가 없는 한 발행인의 계산에서 유효하게 지급할 수 있다(수표법 §32②).

제2. 手票의 支給

1. 支給人의 調査義務

수표지급인은 배서로 양도할 수 있는 수표의 지급에 있어서 수표요건과 배서의 연속 등 수표소지인의 형식적 자격에 대하여 조사의무를 부담하나 배서인의 기명날인 또는 서명의 진위 등 실질적인 권리의 존부에 대한 조사의무는 부담하지 않는다(수표법 §35①). 특히 소지인출급식 수표에 있어서는 단순한 수표소지인이 적법한 권리자로 인정되므로, 그 수표금의 지급 시에 지급인은 소지인의 형식적 자격에 대한 조사의무도 부담하지 않는다.

[판례] 대법원 2002.2.26, 선고 2000다71494,71500 판결

수표법 제35조의 취지에 의하면, 수표지급인인 은행이 수표상 배서인의 기명날인 또는 서명, 혹은 수표소지인이 적법한 원인에 기하여 수표를 취득하였는지 등 실권리관계를 조사할 의무는 없다고 할 것이지만, 수표금 지급사무를 처리하는 은행에게 선량한 관리자로서의 주의를 기울여 그 사무를 처리할 의무가 있다고 할 것인 이상, 통상적인 거래기준이나 경험에 비추어 당해 수표가 분실 혹은 도난 · 횡령되었을 가능성이 예상되거나 또는 수표소지인이 수표를 부정한 방법으로 취득하였다고 의심할 만한 특별한 사정이 존재하는 때에는 그 실질적 자격에 대한 조사의무를 진다고 할 것이다.

그런데 원심판결 이유와 기록에 의하면, 윤해중이 박경주로부터 액면 1억 원의 자기앞수표 20장을 건네받아 피고 은행 은행동지점과 대흥동지점에서 이를 현금으로 바꾸어 지급받음에 있어, 피고 은행 위 지점들은 비록 사전에 자기 은행의 퇴직 직원을 통하여 위 윤해중이 고액의 수표를 현금으로 인출하려고 하니 이를 준비하여 줄 것을 요청받은 바 있었다고는 하더라도, 위 대봉산업이나 윤해중과는 종전에 전혀 거래관계가 없었고 이 사건 수표금 지급으로 처음 거래관계를 맺게 된 것이어서 대봉산업의 사업자등록증을 확인한 외에는 그들의 신용이나 재산상태, 영업현황 등에 관하여 전혀 파악한 바가 없었고, 당초 서울에서 자금이 내려온다고 하던 말과 달리 현금 인출을 위하여 제시된 것은 피고 은행 대전 지역의 지점에서 당일 아침 불과 1시간 전에 발행된 자기앞수표였을 뿐만 아니라, 그 발행지점이 같은 시내에 있음에도 발행 당일 이에 인접한 은행동지점과 대흥동지점에 액면 1억 원의 자기앞수표 17장과 3장을 일거에 모두 현금으로 인출하겠다고 요청한 사실을 알 수 있는바, 이러한 사정과 위 두 지점에 지급 요청한 금액의 규모와 현금으로 인출할 때의 엄청난 부피, 용도, 취급에 있어서의 번잡과 위험부담 등을 고려할 때 이와 같은 고액 수표의 전액 현금지급요청은 정상적인 자기앞수표 소지인이라면 매우 이례적인 것이어서 그 수표가 혹시 분실 · 도난 · 횡령된 것이거나 혹은 수표제시자가 그 수표를 부정한 방법으로 취득하였다고 의심할 만한 사유가 있었다고 할 것이므로, 이처럼 초면의 내방객으로부터 고액의 현금 지급을 요청받은 위 두 지점 직원으로서는 마땅히 발행지점에 위 수표의 발행경위와 발행의뢰인 등을 확인하고 다시 그 확인된 발행의뢰인에게 직접 또는 발행지점을 통하여 위 수표를 사용하거나 타에 양도한 경위 등에 관하여 파악하려는 노력을 기울여 보았어야 할 것이라고 판단된다. 그럼에도 불구하고, 그러한 확인이나 파악 · 노력을 전혀 기울이지 않은 채 단지 사고수표인지 여부와 실명 여부만을 확인하여 고액의 현금을 지급한 것은 수표금 지급에 있어서의 지급인으로서의 주의의무를 다하였다고 할 수 없다.

2. 善意支給

수표지급인이 지급제시기간 내에, 지급위탁의 취소가 없는 때에는 지급제시기간 경과 후에도, 형식적 자격자에게 수표를 지급한 때에는 그 자가 실질적인 권리자가 아니더라도 악의 또는 중대한 과실이 없는 한 그 책임을 면한다.

3. 支給方法

수표를 지급할 때에는 수표와 상환하고, 수표면에 영수의 기재를 할 것을 청구할 수 있다. 수표금의 지급 시 지급인은 지급지의 각종 통화로 지급할 수 있다. 지급지의 통화가 아닌 통화로 지급할 것을 기재한 수표는 그 제시기간 내에는 지급한 날의 가격에 의하여 지급지의 통화로 지급할 수 있으나(수표법 §36①1문), 제시를 하여도 지급을 하지 아니하는 경우에는 소지인은 그 선택에 따라 제시한 날이나 지급하는 날의 환시세에 의하여 지급지의 통화로 수표금액을 지급할 것을 청구할 수 있다(수표법 §36① 2문).

수표금액이 외국통화로 표시되어 있는 경우에 그 외국통화의 가격은 지급지의 관습에 의하여 정하나, 발행인이 수표에 정한 환산률에 의하여 지급금액을 계산할 뜻을 수표에 기재할 수 있다(수표법 §36②). 다만 발행인이 수표에 특종의 통화로 지급할 뜻을 기재한 경우에는 그 기재된 통화로 지급하여야 한다(수표법 §36③). 발행국과 지급국에서 동명이가를 가진 통화에 의하여 수표금을 정한 때에는 지급지의 통화에 의하여 정한 것으로 추정한다(수표법 §36④).

제7절 支給委託의 取消

제1. 支給委託取消의 意義

지급위탁의 취소라 함은 수표의 발행인과 지급인 사이의 수표계약에 의한 지급위탁관계에 있어서 수표의 발행에 의하여 지급인에게 부여된 수표의 지급권한을 발행인이 철회하는 것을 말한다. 지급위탁이 취소되더라도 수표계약은 유효하게 존속된다는 점에서 지급위탁의 취소는 수표계약의 취소와 구별된다.

제2. 支給委託取消의 法的 性質

지급위탁의 취소에 관하여 지급사무위탁철회설과 지급지시철회설이 대립하고 있다. 지급사무위탁철회설은 발행인에 의한 지급위탁의 취소를 발행인이 수표관계 외에서 수표계약에 의한 지급사무의 위탁을 개개의 수표에 관하여 철회하는 것이라고 하는 견해이다. 지급지시철회설은 지급위탁의 취소에 대하여 발행인이 수표계약을 취소하는 것이 아니라 개개의 수표발행행위인 지급지시를 철회하는 것이라는 설이다. 이 설은 다시 철회의 효과가 지급인에 대하여만 있고 소지인에게 미치지 않는다는 상대적 철회설과 소지인에 대하여도 효과가 있다는 절대적 철회설로 나뉜다.

생각건대 발행인이 지급인과의 포괄적인 수표계약을 개개의 수표에 관하여 철회할 수 있는지 의문이며 유통상태에 놓인 소지인의 권리는 지급담보책임을 지는 발행인이 임의로 철회할 수 없으므로, 상대적 철회설이 타당하다.

제3. 支給委託取消의 方法

지급위탁의 취소에는 방법상의 제한이 없다. 따라서 발행인의 지급위탁 취소의 의사표시는 지급인에 대하여 서면 또는 구두에 의한 일방적인 의사표시로써 하며, 그 의사표시가 지급인에게 도달한 때 효력이 발생한다(민법 §111).

실무에서는 수표의 분실 또는 도난 시에 소지인이 은행에 사고계를 제출하는 것이 보통이나, 소지인의 이러한 사고계 제출은 지급위탁 취소의 효력이 없다. 수표를 분실하거나 도난당한 소지인은 공시최고신청을 하여 제권판결을 받아 권리를 행사할 수 있을 뿐, 분실자 스스로 지급위탁을 취소할 수는 없으며, 지급위탁의 취소가 필요하다면 발행인을 통해 하는 수밖에 없다.

제4. 支給委託取消의 制限

수표발행인은 수표의 지급제시기간이 경과된 후에만 지급위탁을 취소할 수 있다(수표법 §32①). 지급제시기간 내에도 발행인이 지급위탁을 함부로 취소한다면 수표소지인의 이익과 수표거래의 안전을 해칠 우려가 있기 때문이다. 이 규정은 강행규정이므로 지급제시기간 내에 지급위탁의 취소가 있더라도 지급인은 수표의 지급을 하고 그 지급의 결과를 발행인의 계산으로 돌릴 수 있다.

그러나 지급인은 지급보증을 하지 아니한 한 지급제시기간 내라도 소지인에게 반드시 수표를 지급하여야 할 의무는 없으므로, 지급인과 발행인 간의 특약으로 지급제시기간경과 전에 지급위탁의 취소 시 지급을 거절한다는 합의가 가능하다. 이 경우 지급을 받지 못한 수표소지인은 전자에 대하여 상환청구권을 행사하는 수밖에 없다.

제5. 支給委託取消의 效果

지급위탁의 취소는 특정한 수표에 대하여 하는 것이므로 수표계약은 그대로 존속된다. 발행인이 지급위탁을 취소한 때에는 지급인은 지급위탁이 취소된 수표에 대하여 지급자금의 유무에 불구하고 그 지급을 거절할 수 있다. 발행인이 지급위탁을 취소하였음에도 불구하고 지급인이 지급위탁이 취소된 수표를 지급한 경우에는 그 결과를 발행인의 계산으로 돌릴 수 없다.

그러나 지급위탁의 취소는 그 자체로서 수표의 자금관계에 관하여 당사자인 발행인과 지급인 사이에서만 생기고 수표 자체의 효력에는 아무런 영향을 미치지 아니한다. 따라서 소지인은 지급위탁이 취소되더라도 발행인이나 그 전자인 배서인 및 보증인에 대하여 상환청구권을 행사할 수 있으며, 상환청구를 받은 발행인 또는 배서인은 소지인에 대하여 수표금을 상환할 의무를 진다.

제8절 橫線手票

제1. 橫線手票의 意義

수표는 일람출급증권이고 보통 소지인출급식이기 때문에 수표의 분실 또는 도난 시에 부정한 취득자가 지급을 받을 위험이 어음보다 더 크다. 이러한 위험을 방지하기 위한 제도로서 독일에서 발달한 계산수표제도와 영국에서 발달한 횡선수표제도가 있다. 현행 수표법은 횡선수표제도를 채택하고 있다. 횡선수표는 수표의 표면에 두 줄의 평행선을 그은 수표로서 횡선수표의 지급인은 다른 은행 또는 자기의 거래처에 대하여만 지급할 수 있고, 은행은 자기의 거래처 또는 다른 은행으로부터만 횡선수표를 취득할 수 있다.

제2. 橫線手票의 종류

횡선수표에는 일반횡선수표와 특정횡선수표의 두 가지가 있다(수표법 §37②). 일반횡선수표라 함은 두 줄의 평행선 안에 특정은행을 지정하지 아니하거나 은행 또는 이와 동일한 뜻의 문자를 기재한 수표를 말한다(수표법 §37③전단). 특정횡선수표는 두 줄의 평행선 안에 특정은행의 명칭을 기재한 수표이다(수표법 §37③ 후단).

제3. 횡선의 기재

수표에 횡선을 그을 수 있는 사람은 수표의 발행인 또는 소지인이다(수표법 §37①). 발행인과 소지인은 일반횡선수표를 특정횡선수표로 변경할 수 있으나, 특정횡선수표를 일반횡선수표로 또는 일반횡선수표를 보통의 수표로 변경할 수는 없다(수표법 §37④). 이러한 변경은 수령자격을 완화하기 때문이다.

제4. 횡선의 말소

일반횡선의 말소 또는 특정횡선에 기재되어 있는 피지정은행의 말소는 이를 하지 아니한 것으로 본다(수표법 §37⑤). 이러한 횡선 또는 피지정은행의 말소는 그 수령자격을 완화함으로써 횡선수표제도의 취지에 어긋나고, 또 그 말소가 정당한 권한에 기한 것인지 여부를 확인하기가 곤란하기 때문이다.

제5. 橫線手票의 效力

1. 취득의 제한

은행은 자기의 거래처 또는 다른 은행으로부터만 횡선수표를 취득할 수 있고, 또한 이들을 위해서만 횡선수표를 추심할 수 있다(수표법 §38③).

2. 支給의 制限

(1) 一般橫線手票의 경우

일반횡선수표의 지급인은 은행 또는 자기의 거래처에 대하여만 지급을 할 수 있다(수표법 §38①). 횡선수표의 지급을 받을 자를 은행에만 한정하지 아니하고, 지급인의 거래처에 대하여도 지급할 수 있게 한 것은 신분이 분명한 거래처에 대한 지급이 횡선제도의 취지에 반하지 아니하고, 이것을 인정하지 아니할 때에는 지급은행의 거래처가 일반횡선수표의 지급을 받기 위하여 일일이 다른 은행을 거치게 되어 실제상 불편하기 때문이다. 여기서 거래처라 함은 지급인과 다소 계속적인 거래관계에 있는 자로서 당좌거래를 하고 있는 자 외에도 정기예금자와 보통예금자 등을 포함하나, 구체적으로 거래처 여부의 판단에 있어서는 거래의 계속성과 예금액 및 거래빈도 등도 함께 고려하여 결정하여야 한다.

(2) 特定橫線手票의 경우

특정횡선수표의 지급인은 원칙으로 횡선에 기재되어 있는 피지정은행에 대해서만, 또 지급인 자신이 피지정은행일 때에는 자기의 거래처에 대하여만 지급할 수 있다(수표법 §38②). 그리고 피지정은행은 자기가 현실로 지급을 받는 외에, 추심위임배서를 하거나(지시식 수표의 경우), 혹은 수표의 표면에 추심위임의 기재를 하여(소지인출급식 수표의 경우) 다른 은행을 통하여 수표금을 추심할 수 있다(수표법 §38②단서).

그러나 하나의 수표에 수개의 특정횡선이 있는 경우에는 지급인은 지급을 하지 못한다(수표법 §38④). 특정횡선수표를 부정한 방법으로 취득한 자가 또다른 횡선을 임의로 그어 그 피지정은행으로부터 수표금을 지급받는 위험을 방지하기 위한 것이다. 다만 두 개의 횡선이 있는 경우에도 그 하나가 어음교환소에 추심하기 위한 것인 때에는 지급할 수 있다(수표법 §38④단서). 부정취득자에 의한 악용의 위험이 없기 때문이다.

3. 제한위반의 효과

지급인이 횡선수표의 취득 및 지급의 제한에 관한 규정을 위반한 때에는 이로 인한 손해에 대하여 수표금액의 한도 내에서 무과실의 손해배상책임을 부담한다(수표법 §38⑤). 또한 이러한 제한의 위반이 민법상 불법행위의 요건에 해당하는 때에는 불법행위로 인한 손해배상책임도 경합적으로 성립된다.

4. 橫線排除特約의 效力

횡선수표의 지급제한 및 그 위반에 따른 손해배상책임은 수표분실자의 이익을 보호하기 위한 것이므로, 수표소지인이 이러한 이익을 포기하고 지급은행과 횡선배제의 특약을 한 경우에 그 특약은 유효하다고 해석된다(정찬형(하), 449). 즉 은행과 거래관계 있는 횡선수표의 발행인 또는 소지인이 은행과 거래관계 없는 자에게 횡선수표를 교부할 필요가 있는 경우에 지급은행과 이러한 특약을 하면 지급은행은 그 거래관계 없는 자에게 수표를 지급할 수 있으며, 가령 이로 인하여 특약을 한 횡선수표의 발행인 또는 소지인에게 손해가 발생하여도 지급은행은 지급제한의 위반에 따른 책임을 지지 아니한다.

제6. 計算手票의 效力

계산수표라 함은 수표의 표면에 「계산을 위하여」또는 이와 동일한 뜻의 문언을 기재한 수표를 말한다. 현금의 지급을 하지 않고 자금이체나 상계, 어음교환 등의 장부기장의 방법으로만 결제하도록 하는 것이다. 계산수표를 인정하는 외국에서 우리나라를 지급지로 하는 계산수표가 발행된 경우에는 그 계산수표는 일반횡선수표와 같은 효력이 인정된다(섭외사법 §59 5호).

제9절 手票의 償還請求

제1. 總 說

수표의 상환청구는 상환청구의 요건과 방법 등에 있어서 환어음의 경우와 대체로 유사하나, 수표는 만기가 없는 일람출급이란 점에서 몇 가지 차이가 있다.

제2. 手票와 換어음의 償還請求의 差異點

1. 償還請求要件

환어음의 상환청구에는 만기를 기준으로 만기전 상환청구와 만기후 상환청구가 있으나, 수표에는 지급거절로 인한 상환청구만이 인정된다. 지급거절의 증명방법으로서는 지급거절증서 외에 지급인의 지급거절선언과 어음교환소의 지급거절선언이 있다(수표법 §39 제1~3호). 이 지급거절증명서류는 지급제시기간 내에 작성하여야 하나(수표법 §40①), 지급제시기간의 말일에 지급제시를 한 경우에는 이에 이은 제1의 거래일에 작성시킬 수 있다(수표법 §40②).

2. 償還請求金額

환어음의 상환청구금액 중 약정이자는 그 기재가 있으면 포함되고, 법정이자는 만기 이후의 것을 가산하나, 수표의 상환청구금액에는 약정이자가 없고(수표법 §44 제1호 참조), 법정이자는 제시일 이후부터 발생된다(수표법 §44 제2호).

3. 不可抗力

환어음의 상환청구에 있어서 불가항력이 만기로부터 30일 이상 계속하는 때에는 어음의 지급제시 또는 지급거절증서의 작성 없이 상환청구권을 행사할 수 있으나(어음법 §54④), 수표의 상환청구에 있어서는 불가항력이 그 통지의 날로부터 15일을 초과하여 계속되는 경우에는 제시기간의 경과 전에 그 통지를 한 경우에도 수표의 제시 또는 거절증서나 이와 동일한 효력이 있는 선언 없이 상환청구권을 행사할 수 있다(수표법 §47④).

4. 逆어음 制度의 不認定

수표의 상환청구에 있어서는 역어음제도는 인정되지 아니한다.

[판례] 대법원 1994.9.30, 선고 94다8754 판결

수표의 소지인이 발행인에 대하여 소구권을 행사하기 위하여는 수표법 제1조 소정의 법정기재사항이 기재된 수표에 의하여 적법한 기간 내에 지급제시할 것을 요하고, 위 법정기재사항의 일부라도 기재되지 아니한 수표에 의하여 한 지급제시는 수표법 제2조의 규정에 의하여 구제되지 않는 한 적법한 지급제시로서의 효력이 없는 것이므로 그와 같은 경우에는 소구권을 상실한다 할 것이다. 그런데 원

심이 확정한 사실과 기록에 의하면, 원고는 위 수표를 발행일자, 지급지, 액면금액 및 발행인란은 기재되어 있었으나 발행지의 기재와 발행인의 명칭에 부기한 장소의 기재는 모두 누락한 채로 지급제시하였다가 지급제시기간이 경과한 다음인 이 사건 소 제기 이후에야 비로소 발행지란을 인천직할시로 보충하였음을 알 수 있으므로, 위 수표는 지급제시 당시에 수표요건이 흠결되어 효력이 없는 상태에 있었기 때문에 그 지급제시는 부적법한 것이며, 따라서 위 수표에 대한 지급거절이 있었다 하여도 소구권이 발생할 여지는 없다할 것이다.

그러나 이 판결은 다음의 대법원 판결에 의하여 변경되었다.

[판례] 대법원 1999. 8. 19. 선고 99다23383 전원합의체 판결

수표의 발행지란 실제로 발행행위를 한 장소가 아니라 수표상의 효과를 발생시킬 것을 의욕하는 장소를 말하는 것으로서, 수표에 있어서 발행지의 기재는 발행지와 지급지가 국토를 달리하거나 세력(세력)을 달리하는 수표 기타 국제수표에 있어서는 수표행위의 중요한 해석 기준이 되는 것이지만, 국내에서 발행되고 지급되는 이른바 국내수표에 있어서는 별다른 의미를 가지지 못한다고 할 것이다.

그리고 국내수표란 국내에서 발행되고 지급되는 수표를 말하는 것이므로 국내수표인지 여부는 수표면상의 발행지와 지급지가 국내인지 여부에 따라 결정될 것이지만, 수표면상에 발행지의 기재가 없다고 하더라도 그 수표면에 기재된 지급지와 지급장소, 발행인, 지급할 수표금액을 표시하는 화폐, 수표문구를 표기한 문자, 어음교환소의 명칭 등에 의하여 그 수표가 국내에서 수표상의 효과를 발생시키기 위하여 발행된 것으로 여겨지는 경우에는 발행지를 백지로 발행한 것인지 여부에 불구하고 국내수표로 추단할 수 있다고 할 것이다.

한편 일반의 수표거래에 있어서 발행지가 기재되지 아니한 국내수표도 수표요건을 갖춘 완전한 수표와 마찬가지로 발행 · 양도 등의 유통이 널리 이루어지고 있으며, 어음교환소와 은행 등을 통한 결제 과정에서도 발행지의 기재가 없다는 이유로 지급거절됨이 없이 관행상 발행지가 기재된 수표와 마찬가지로 취급되고 있음은 현저한 사실이고, 나아가 이러한 점에 비추어 보아 발행지의 기재가 없는 수표의 유통에 관여한 당사자들은 완전한 수표에 의한 것과 같은 유효한 수표행위를 하려고 하였던 것으로 봄이 상당하다 할 것이다.

그렇다면 수표면의 기재 자체로 보아 국내수표로 인정되는 경우에 있어서는 발행지의 기재는 별다른 의미가 없는 것이고, 발행지의 기재가 없는 수표도 완전한 수표와 마찬가지로 유통 · 결제되고 있는 거래의 실정 등에 비추어, 그 수표면상 발행지의 기재가 없는 경우라고 할지라도 이를 무효의 수표로 볼 수는 없다고 할 것이다.

따라서 발행지의 기재가 없는 수표는 효력이 없다는 취지의 대법원 1968. 9. 24. 선고 68다1516 판결, 대법원 1990. 5. 25. 선고 89다카15540 판결, 대법원 1994. 9. 30. 선고 94다8754 판결 등은 위 법리와 저촉되는 한도에서 변경하기로 한다.

제6장

電子어음

제1절 序 說

오늘날 정보통신기술의 고도발전으로 컴퓨터와 정보통신망의 보급이 확산되고 선하증권과 투자증권 등의 전자화가 빠른 속도로 진전되거나 논의되고 있다. 종래 상거래의 결제수단으로 어음이 많이 이용되어 왔는데, 전자상거래가 광범위하게 확산·발전되면서 그 결제수단을 전자화할 필요가 점차 증가되었다.

그리하여 2001년부터 의원입법으로 어음을 전자적 방법에 의하여 발행·유통시키고, 그 권리를 행사할 수 있게 하는 방향으로 전자어음에 관한 입법이 제안되었으며, 그 후 수차의 논의와 수정을 거쳐 드디어 2004년 3월 22일 "전자어음의 발행 및 유통에 관한 법률"이 제정·공포되었고, 동 법률은 2005년 1월 1일부터 시행되기에 이르렀다.

동 법률은 전자적 방식으로 약속어음을 발행·유통하고 어음상의 권리를 행사할 수 있도록 함으로써 국민경제의 향상에 이바지함을 목적으로 한다. 동 법률은 제1장 총칙과 제2장 전자어음의 등록 및 어음행위를 비롯해 전자어음거래의 안전성 확보 및 이용자 보호, 전자어음관리업무의 감독, 벌칙 등 모두 5개장 24개조로 구성되어 있다.

동 법률에 대해서는 세계에서 그 유례를 찾기 어려운 입법인데다, 어음법의 규정과 상충되는 부분이 있으며, 전자외상매출채권담보대출제도 등의 새로운 결제제도와도 맞지 아니하다는 등의 비판이 있다. 그러나 전자어음은 어음을 전자화한 것으로서 약속어음의 법리를 크게 벗어나지 아니하며, 실제의 이용실태를 보면 그 수요도 적지 않은 만큼 그 입법의 의의도 평가할만하다고 할 것이다.

제2절 電子어음의 槪念

제1. 電子어음의 意義

전자어음이라 함은 전자문서로 작성되고 전자어음관리기관에 등록된 약속어음을 말한다(전어 §2 제2호). 여기서 전자문서는 정보처리시스템에 의하여 전자적 형태로 작성, 송신、수신 또는 저장된 정보를 가리킨다(전어 §2 제1호, 전자거래기본법 §2 제1호). 전자어음은 이러한 전자문서로 작성되므로, 그 배서와 보증 및 지급제시、상환청구 등이 모두 전자문서에 의하여 이루어진다.

전자어음은 약속어음에 한하여 허용된다. 일반적으로 어음은 환어음과 약속어음으로 구분되나, 국내 거래에서는 대부분 약속어음이 이용되므로 그 전자화의 필요도 약속어음에 현저하기 때문이다. 따라서 현행법상 전자어음은 전자약속어음을 가리키고, 전자수표는 물론 전자환어음도 허용되지 않는다.

전자어음은 전자어음관리기관에 등록한 것이어야 한다. 전자어음관리기관은 전자어음거래에 관한 전자적 기록을 관리하는 중앙기관으로서 전자어음의 무결성이나 신뢰성을 담보함으로써 전자어음거래의 안전을 확보할 수 있다. 따라서 어음이 전자문서의 형태로 되어 있지만 전자어음관리기관에 등록되지 아니한 경우에는 전자어음법상의 전자어음이라 할 수 없다.

제2. 電子어음의 法的 性質

1. 電子證券方式

유가증권을 전자화하는 방식에는 일반적으로 전자등록방식과 전자증권방식이 있다. 전자등록방식은 중앙관리기관에 그 권리의 주체와 내용을 전자적 방법으로 등록하고, 권리의 양도나 질권의 설정은 그 등록한 기재의 변경에 의하는 방식이다. 전자증권방식은 증권상의 권리 자체를 전자문서의 형태로 표시하고 그 양도나 질권 설정도 그 전자문서에 의하는 방식이다. 전자어음은 전자문서로 작성되고 배서와 지급제시 등이 전자문서에 의하는 한편 전자어음관리기관에 등록하는 것이므로 어느 방식인지 문제된다.

생각건대 전자어음관리기관은 전자어음의 생성과 그 이전 등에 필요한 전자적 정보를 관리하며, 전자어음상의 권리행사가 가능하도록 하는 기술적인 지원을 하는데 지나지 않는다. 전자어음법이 전자어음을 여기에 등록하도록 하는 것은 전자어음의 안전성과 신뢰성을 담보하기 위한 것이지, 그 등록이 전자어음상의 권리 내용과 그 양도의 본질적인 속성이라고 볼 수 없다. 따라서 전자어음은 그 발행 및 유통이 전자문서에 의하므로 전자증권방식으로 보아야 한다.

2. 有價證券性

전자어음의 법적 성질이 유가증권인지 아니면 하나의 가치권에 속하는지 견해가 나누어져 있다. 그러나 전자어음은 어음상의 권리가 표창되어 있는 증서가 종이 증서가 아니라 전자문서인데, 전자문서는 전자거래기본법에 의하여 종이문서와 동일한 효력이 있으며, 전자어음에 하는 어음행위자의 공인전자서명는 전자서명법상 법령에 의한 기명날인과 동일한 효력이 있으며, 특히 전자어음법은 전자어음에 관하여 이 법에서 정한 것 외에는 어음법에서 정하는 바에 따르도록 하고 있는 만큼 전자어음을 종이문서를 증서로 하는 어음과는 다른 별개의 것으로 보는 것은 오늘날의 정보화 추세에 맞지 않다. 따라서 전자어음도 유가증권이라고 보는 것이 타당하다.

제3절 電子어음의 發行

제1. 電子어음의 어음要件

1. 어음法上의 어음要件

전자어음에는 어음법에서 정하는 일정한 사항을 기재하여야 한다. 즉 전자어음에 기재하여야 하는 어음법상의 어음요건은 약속어음임을 표시하는 문자, 일정한 금액을 지급할 뜻의 무조건의 약속, 만기의 표시, 지급을 받을 자 또는 지급을 받을 자를 지시할 자의 명칭, 발행일과 발행지 등을 기재하여야 하는 것이다(전자어음법 §6① 제1호, 어음법 §75). 이들 사항의 내용은 전술한 어음요건에서와 같다. 다만 전자어음은 어음의 경우와 달리 전자어음관리기관이 정하는 양식에 의하여야 하며(전자어음법시행령 §8①),

전자어음의 만기는 발행일부터 1년을 초과할 수 없고(전자어음법 §6⑤), 전자어음의 지급지는 전자어음의 지급을 청구할 금융기관이 있는 지역으로 본다(전자어음법 §6②).

2. 電子어음에 특유한 어음要件

(1) 電子어음의 支給을 請求할 金融機關

전자어음에는 전자어음의 지급을 청구할 금융기관(지급금융기관)을 정하여야 한다. 이 금융기관의 지정은 어음법 제4조의 제3자방에 해당하는 것으로서 어음법에서는 임의적 기재사항이나, 전자어음은 전자적 방법으로 유통되고 그 지급제시와 지급이 전자적 방법에 의하는 결과 실제 그 지급사무를 담당할 금융기관이 필요하므로 이를 어음요건으로 정하고 있는 것이다. 여기서 금융기관이란 은행법에 따른 금융기관 및 이에 준하는 업무를 수행하는 금융기관으로 대통령령으로 정하는 기관을 말한다(전자어음법 §2 제6호). 전자어음을 발행하고자 하는 자는 이 금융기관과 당해 금융기관을 제3자방으로 하기로 하는 당좌예금계약을 체결하여야 한다(전자어음법시행령 §5①).

(2) 電子어음의 同一性을 표시하는 情報

전자어음에는 그 동일성을 표시하는 정보를 기재하여야 한다. 전자문서로 되어 있는 전자어음은 복사 등에 의하여 유통될 위험이 있으며, 특히 복사본을 원본과 구별하기가 곤란해질 가능성이 있으므로 전자어음의 동일성을 표시하는 정보의 기재를 어음요건으로 하고 있는 것이다.

(3) 發行人의 事業者固有情報

사업자고유정보란 전자어음과 관련된 당사자의 상호나 사업자등록번호, 회원번호, 법인등록번호나 주민등록번호 등 사업자를 식별할 수 있는 정보를 말한다(전자어음법 §2 제5호). 전자어음은 전자적 방법에 의한 비대면의 금전결제수단으로서 인터넷을 통해 유통되므로 발행인을 쉽게 인식할 수 있도록 그 정보를 기재하게 한 것이다.

(4) 發行人의 公認電子署名

전자어음은 전자문서로 되어 있으므로 전자어음의 발행인은 어음상의 기명날인 또는 서명 대신 공인전자서명을 하여야 한다. 발행인이 전자어음에 공인전자서명을 한 경우에는 어음법 제75조 제7호에 따른 기명날인 또는 서명을 한 것으로 본다(전자어음법 §6③). 전자서명은 서명자를 확인하고 서명자가 당해 전자문서에 서명을 하였음을 나타내는데 이용하기 위하여 당해 전자문서에 첨부되거나 논리적으로 결합된 전자적 형태의 정보를 말하고(전자서명법 §2 제2호), 공인전자서명은 이러한 전자서명 중 전자서명법에서 정하는 요건을 갖추고 공인인증서에 기초한 전자서명을 말한다(전자서명법 §2 제3호).

3. 白紙어음

전자어음은 백지어음으로 발행할 수 없다(전자어음법 §6⑥). 따라서 발행인이 어음요건을 후일 보충시킬 의사로 백지로 하여 발행하는 경우에는 수취인과의 사이에 보충권 수여계약이 있더라도 그 효력이 없다.

제2. 電子어음의 登錄

1. 發行人登錄

전자어음을 발행하려는 자는 그 전자어음을 전자어음관리기관에 등록하여야 한다(전자어음법 §5①). 전자어음을 등록하여 발행하고자 하는 자는 지급금융기관을 제3자방으로 하기로 하는 당좌예금계약을 당해 지급금융기관과 체결하여야 한다(전자어음법시행령 §5①). 이 경우 전자어음관리기관은 해당 전자어음의 지급을 청구할 금융기관이나 신용조사기관 등의 의견을 참고하여 전자어음의 등록을 거부하거나 전자어음의 연간 총발행금액, 발행한도 등을 제한할 수 있다(전자어음법 §5②). 전자어음관리기관은 동 관리기관 또는 어음교환소로부터 거래정지처분을 받고 거래정지 중에 있는 자, 전자어음법과 어음법에 위반되는 행위를 한 자 그 밖에 금융기관과의 거래에 관하여 신용을 훼손하는 행위를 한 자로서 법무부령이 정하는 자에 대해서는 전자어음의 발행을 위한 등록을 거부할 수 있다(전자어음법시행령 §5③).

2. 受取人登錄

발행인이 전자어음을 발행할 때에는 전자어음을 수령할 자로 하여금, 이미 등록한 경우를 제외하고, 전자어음관리기관에 수취인등록을 하도록 하여야 한다(전자어음법시행령 §6①). 이 때 등록하여야 할 사항은 전자어음을 수령할 자의 명칭과 사업자등록번호 또는 주민등록번호 및 주소이다(전자어음법시행령 §6②). 전자어음관리기관은 수취인등록을 거부하여서는 아니 되며, 수취인등록을 한 자가 전자어음관리기관의 정보처리조직을 이용하여 배서를 하거나 전자어음의 지급제시를 할 수 있도록 하여야 한다(전자어음법시행령 §6③).

3. 情報處理組織의 管理

전자어음관리기관은 전자어음의 발행인등록 또는 수취인등록을 한 자 외의 자가 권한 없이 등록한 자의 명의를 이용하여 전자어음행위를 할 수 없도록 등록한 자가 등록의 종류에 따라 전자어음행위를 배타적으로 할 수 있는 장치를 제공하여야 한다(전자어음법시행령 §7①). 전자어음관리기관은 모든 전자어음행위가 자신이 관리하는 정보통신망을 통하여 이루어지도록 하여야 하며, 다른 정보통신서비스제공자나 전자문서중개자의 정보통신망을 통하여 이루어지거나 다른 정보통신서비스제공자의 정보통신망을 경유한 후 관리기관의 정보통신망을 통하여 이루어지도록 하여서는 안 된다(전자어음법시행령 §5②).

제3. 電子어음의 交付

어음의 발행은 교부에 의하여 효력이 생긴다. 전자문서로 되어 있는 전자어음은 발행인이 전자거래기본법 제6조 제1항에 따라 송신하고 그 타인이 동조 제2항에 따라 수신한 때에 발행한 것으로 본다(전자어음법 §6④).

따라서 전자어음은 수취인 또는 그 대리인이 당해 전자어음을 수신할 수 있는 정보처리시스템에 입력된 때에 송신한 것으로 보고(전자거래기본법 §6①), 수취인이 전자어음을 수신할 정보처리시스템을 지정한 경우에는 지정된 정보처리시스템에 입력된 때 수신한 것으로 보고, 전자어음이 지정된 정보처리시스템이 아닌 정보처리시스템에 입력된 경우에는 수신자가 이를 출력한 때 수신된 것으로 보며(전자거래기본법 §6② 제1호), 수취인이 전자어음을 수신할 정보처리시스템을 지정하지 아니한 경우에는 수취인이 관리하는 정보처리시스템에 입력된 때 수신된 것으로 보게 된다(전자거래기본법 §6② 제2호).

여기서 발행인이 전자어음을 수취인에게 송신하고 이를 수취인이 수신하면 종이어음을 직접 교부한 것과 같이 보아, 결국 전자어음의 발행도 종이어음의 경우와 같이 교부에 의하여 그 효력이 생기는 것으로 의제하고 있는 것이다.

제4절 電子어음의 背書와 保證

제1. 電子어음의 背書

1. 背書의 方式

전자어음상의 권리도 배서에 의하여 이전된다. 전자어음의 배서는 전자어음법에 따른 전자문서로만 할 수 있다(전자어음법 §5④). 배서는 어음금의 전액에 대하여 하여야 하며, 어음금의 일부에 대한 분할배서는 허용되지 아니한다.

전자어음에 배서를 하는 경우에는 전자어음에 배서의 뜻을 기재한 배서전자문서를 첨부하여야 한다(전자어음법 §7①). 배서전자문서에는 전자어음의 동일성을 표시하는 정보를 기재하고(전자어음법 §7②), 공인전자서명을 하여야 한다. 배서인이 배서전자문서에 공인전자서명을 한 경우에는 어음법에 따른 기명날인 또는 서명을 한 것으로 본다(전자어음법 §7⑥, §6③).

전자로부터 배서전자문서를 받은 피배서인이 다시 배서를 하는 경우에는 이전에 작성된 배서전자문서를 전자어음에 전부 첨부하고 새로 배서의 뜻을 기재한 배서전자문서를 작성하여 첨부하여야 한다(전자어음법 §7④).

배서인이 전자어음에 배서를 하는 경우에 피배서인에게 전자거래기본법 제6조 제1항에 따라 전자어음과 배서전자문서를 송신하고, 동조 제2항에 따라 피배서인이 이를 수신한 때에 교부를 한 것으로 의제한다(전자어음법 §7③). 그 구체적인 교부 시기는 전자어음의 발행에서 본 바와 같다.

2. 背書의 效力

전자어음의 배서에도 어음의 경우와 같이 권리이전적 효력과 자격수여적 효력 및 담보적 효력이 인정된다. 전자어음에 관하여 전자어음법에서 정한 것 외에는 어음법에서 정하는 바에 따르며(전자어음법 §4), 전자문서에 의한 배서라고 하여 배서의 효력을 특별히 제한할 까닭이 없기 때문이다.

3. 背書 回數의 制限

전자어음의 배서 횟수는 모두 20회를 초과할 수 없다(전자어음법 §7⑤).

제2. 電子어음의 保證

1. 保證의 方式

전자어음의 보증은 전자어음에 보증의 뜻을 기재한 전자문서를 첨부함으로써 한다. 따라서 전자어음을 보증하는 자는 보증의 뜻을 기재한 전자문서를 그 전자어음에 첨부하여야 한다(전자어음법 §8①). 보증전자문서에는 전자어음의 동일성을 표시하는 정보를 기재하여야 한다(전자어음법 §8②, §7②). 보증인이 보증전자문서에 공인전자서명을 한 경우에는 어음법에 따른 보증의 기명날인 또는 서명을 한 것으로 본다(전자어음법 §6③). 전자어음의 보증도 배서의 경우와 같이 보증인이 전자거래기본법 제6조 제1항에 따라 송신하고 그 피보증인이 동조 제2항에 따라 수신한 때에 그 효력이 생긴다(전자어음법 §8②, §6④).

2. 保證의 效力

전자어음의 보증의 효력은 어음법상 어음보증의 효력과 같다(전자어음법 §4).

▌제5절 電子어음의 支給▐

제1. 電子어음의 支給提示

1. 支給提示의 方法

전자어음의 소지인이 전자어음 및 전자어음의 배서에 관한 전자문서를 첨부하여 지급청구의 뜻이 기재된 전자문서를 지급금융기관에 송신하고 그 금융기관이 수신한 때에는 어음법에 의한 지급제시를 한 것으로 본다(전자어음법 §9① 본문). 이 경우 소지인이 지급청구의 전자문서와 함께 전자어음을 지급금융기관에 송신하면 전자어음은 지급금융기관의 수중에 들어가고 소지인에게는 소멸된다. 따라서 소지인이 지급제시를 위하여 전자어음을 지급금융기관에 송신하는 때에는 전자어음 소지인의 정보처리조직에서는 전자어음이 소멸하지 않도록 하기 위하여, 지급금융기관에 송부된 전자어음에는 지급제시를 위한 것임을 표시하는 문언이 기재되도록 하여야 한다(전자어음법시행령 §8③). 지급제시를 하는 소지인은 지급청구의 전자문서에 어음금을 수령할 금융기관의 계좌를 기재하여야 한다(전자어음법 §9③).

2. 電子어음管理機關에 대한 支給提示

전자어음관리기관에 대한 전자어음의 제시는 지급을 위한 제시와 같은 효력이 있다(전자어음법 §9① 단서). 전자어음관리기관은 전자어음의 발행과 유통을 위한 기반시설을 관리하는 민법상의 법인 또는 주식회사로서 금융기관이 아니므로 본래 지급제시를 받을 수 있는 권한이 없다. 따라서 이 규정은 소지인이 전자어음관리기관에 지급제시의 대행을 요청할 수 있고, 그 요청 시점에 지급제시의 효력이 있다는 의미로 해석되고 있다(최준선(어), 484).

또 전자어음관리기관은 그 운영하는 정보처리조직에 의하여 전자어음이 만기일 이전에 자동으로 지급제시되도록 할 수 있다(전자어음법 §9① 단서). 즉 전자어음의 만기일이 도래하기 전이라도 그 소지인이 전자어음관리기관에 지급제시를 하도록 요청할 수 있고, 전자어음관리기관은 지급제시의 요청을 받은 전자어음이 정보처리조직을 통하여 만기일 이전이라도 지급금융기관에 자동으로 지급제시가 되도록 할 수 있다는 의미이다(최준선(어), 485).

제2. 電子어음의 支給

1. 支給事實의 通知와 相換의 擬制

전자어음소지인으로부터 지급제시를 받은 지급금융기관이 어음금을 지급할 때에는 전자어음관리기관에 지급사실을 통지하여야 한다, 다만, 전자어음관리기관에서 운영하는 정보처리조직에 의하여 지급이 완료된 경우에는 그 통지를 할 필요가 없다(전자어음법 §9④). 이 지급사실의 통지가 있거나 전자어음관리기관의 정보처리조직에 의하여 지급이 완료된 경우에는 어음채무자가 해당 어음을 환수한 것으로 보며(전자어음법 §10), 어음관계가 법적으로는 소멸된다.

그러나 전자문서로 되어 있는 전자어음은 그 지급이 완료된 경우에도 소지인의 정보처리장치에 그 존재가 남아 있는 한 소지인에 의하여 다시 유통될 위험이 있다. 따라서 전자어음관리기관은 어음금을 수령하는 금융기관이 어음금을 수령하는 동시에 소지인이 보관하는 전자어음에 지급이 이루어졌음을 표시하는 문언이 기재되도록 장치하고(전자어음법시행령 §9①), 또 이 문언이 기재된 전자어음을 발행인에게 송신하도록 하여야 한다(전자어음법시행령 §9②).

2. 一部支給의 排除

전자어음에는 어음의 일부지급에 관한 어음법 제39조 제2항과 제3항의 규정을 적용하지 아니한다(전자어음법 §11). 일반 어음의 경우 어음에 일부지급의 뜻을 기재하고 영수증의 교부를 청구할 수 있으나, 비대면의 전자어음에 있어서는 이러한 기재와 영수증의 교부를 전자적 방법으로 실현하는 것이 기술적으로 곤란하거나 번거롭기 때문이다.

그러나 소지인으로서는 어음금의 일부라도 지급받는 것이 바람직하며, 상환의무자도 그 한도에서 책임을 면하므로 일부지급을 금지하는 취지는 아니라고 하여야 한다. 다만 지급금융기관이 일부지급을 하고 소지인이 이를 수령하는 경우에 그 일부지급의 기재와 영수증의 교부는 청구할 수 없으며, 결국 일부지급도 지급당사자 사이의 인적 항변사유에 그친다고 볼 것이다.

제6절 電子어음의 償還請求

제1. 電子어음에 대한 支給拒絶

전자어음 소지인으로부터 지급제시를 받은 지급금융기관이 지급을 거절할 때에는 전자문서로 하여야 한다(전자어음법 §12①). 이 지급거절 전자문서는 지급제시를 위하여 송신되는 전자어음의 여백에 지급이 거절되었음을 표시하는 문언을 기재하는 방식으로 작성하거나 전자어음의 일부가 되는 별도의 문서로 작성하여야 한다(전자어음법시행령 §10①).

전자어음 소지인은 지급금융기관의 지급거절 전자문서를 수신한 때에는 그 전자문서를 전자어음관리기관에 통보하여야 하고, 그 통보를 받은 전자어음관리기관은 전자어음소지인이 적법하게 금융기관에 지급제시를 하였는지를 확인하여야 하며, 지급거절을 확인한 때에는 지급제시를 위한 전자어음의 여백에 지급거절을 확인하였음을 표시하는 문언을 기재한 후 당해 전자어음을 즉시 소지인에게 송신하여야 한다(전자어음법시행령 §10②).

이 때 전자어음관리기관은 소지인이 보관하는 전자어음의 원본이 소멸되도록 하여야 하며, 지급거절확인 문언이 기재된 지급제시용 전자어음을 어음의 원본으로 본다(전자어음법시행령 §10③).

전자어음 소지인이 지급금융기관으로부터 수신하여 통보한 지급거절 전자문서를 전자어음관리기관이 확인한 경우, 그 전자문서를 어음법상의 지급거절증서로 보고(전자어음법 §12②), 전자어음 소지인이 지급금융기관으로부터 지급거절 전자문서를 수신한 날을 공정증서의 작성일로 본다(전자어음법 §12③).

제2. 電子어음의 償還請求

전자어음의 소지인이 상환청구를 할 때에는 전자어음과 배서전자문서 및 지급거절 전자문서를 첨부하여 상환청구의 뜻을 기재한 전자문서를 상환의무자에게 송신하여야 한다(전자어음법 §13①). 이 경우 소지인은 상환청구금액을 수령할 금융기관의 계좌를 상환청구의 전자문서에 기재하여야 한다(전자어음법 §13④, §9③).

상환의무자가 상환청구금액을 지급한 경우에는 전자어음관리기관에 그 지급사실을 통지하여야 하며(전자어음법 §13②), 이 통지가 있으면 상환의무자가 전자어음을 환수한 것으로 본다(전자어음법 §13③). 상환의무를 이행한 후 전자에게 재상환청구를 할 수 있도록 하기 위해 지급의 통지를 어음의 환수로 의제한 것이다.

그러나 가령 상환의무자가 어음금을 지급하지 않고 전자어음관리기관에 허위로 지급의 통지를 함으로써 어음을 환수하는 사례도 예상할 수 있다. 또 실제 지급한 경우에 지급의 통지를 전자어음의 환수로 의제하더라도 전자어음의 원본이 상환을 받은 자에게 남아 있어서는 곤란하다. 따라서 지급의 통지가 있는 경우에 그 지급사실을 확인하는 안전장치를 마련하고, 또 상환을 받은 상환청구권자의 정보처리조직에는 전자어음이 소멸하거나 또는 상환되었음을 표시하는 문언이 기재되도록 하여야 한다.

제7절 電子어음의 返還과 受領拒否

제1. 電子어음의 返還

전자어음을 발행하거나 배서한 자가 착오 등을 이유로 전자어음을 반환받으려면 그 소지인으로 하여금 전자어음관리기관에 반환 의사를 통지하게 하여야 한다(전자어음법 §14①). 전자어음의 발행인 또는 배서인이 전자어음을 착오로 발행하거나 또는 배서하여 이를 회수하고자 하는 경우에 소지인도 어음 외에서 회수에 동의하는 때에는 발행인 또는 배서인이 소지인으로 하여금 전자어음관리기관에 그 반환 의사를 통지하게 한 것이다.

전자어음 소지인으로부터 이 반환의 통지가 있으면 전자어음은 발행되거나 배서되지 아니한 것으로 보며, 전자어음관리기관은 그 전자어음의 발행 또는 배서에 관한 기록을 말소하여야 한다(전자어음법 §14②).

그러나 전자어음이 착오 등으로 잘못 발행 또는 배서되어도 전자어음 소지인이 그 반환에 동의하지 않는 때에는 소지인이 이러한 반환의사의 통지를 하지 않을 것이므로 발행인 또는 배서인은 쟁송절차에 의할 수밖에 없다.

제2. 電子어음의 受領拒否

전자어음의 수신자는 전자어음의 수령을 거부하려면 전자어음관리기관에 수령 거부 의사를 통지하여야 한다(전자어음법 §14③ 전문). 가령 대금결제방법에 관하여 당사자 사이에 합의가 이루어지지 않았음에도 불구하고 채무자가 수신자에게 일방적으로 전자어음을 발행 또는 배서하는 경우에 전자거래기본법 제6조 제1항에 따라 전자어음이 송신되고, 동조 제2항에 따라 수신자가 이를 수신한 때에 교부를 한 것으로 의제되어(전자어음법 §7③), 발행 또는 배서의 효력이 생기므로 수신자가 그 수령을 거부할 수 있는 길을 열어 둔 것이다.

전자어음의 수신자가 전자어음관리기관에 수령 거부 의사를 통지한 경우에는 수신자가 전자어음을 수령하지 아니한 것으로 보며, 전자어음관리기관은 수신자의 청구가 있는 경우에 그 수신자가 전자어음의 수령을 거부한 사실을 증명하는 문서를 발급하여야 한다(전자어음법 §14③후문).

▌제8절 電子어음管理機關▐

제1. 電子어음管理機關의 意義

전자어음관리기관은 전자어음을 관리하는 기관을 말한다. 즉, 전자어음관리기관은 전자어음의 발행인의 등록에서부터 발행、배서、보증、지급、상환청구、전자어음 반환 등 전자어음의 이용에 관하여 그 안전성과 신뢰성을 담보하는 중앙관리기관이다.

전자어음관리기관은 법무부장관이 지정하며(전자어음법 §3①), 민법 제32조에 따라 설립된 법인 또는 상법에 따라 설립된 주식회사로서 대통령령으로 정하는 기술능력、재정능력、시설 및 장비 등을 가져야 한다(전자어음법 §3②). 전자어음관리기관의 지정절차와 그 밖에 필요한 사항은 대통령령으로 정한다(전자어음법 §3③, 동법시행령§3).

제2. 電子어음管理機關의 主要 業務

1. 安全性 確保

전자어음관리기관은 전자어음 거래의 안전을 확보하고 지급의 확실성을 보장할 수 있도록 전자어음거래의 전자적 전송、처리를 위한 인력, 시설, 전자적 장치 등에 관하여 대통령령으로 정하는 기준을 준수하여야 한다(전자어음법 §15). 특히 전자어음관리기관은 전자어음에 그 복본 또는 사본의 제작이 불가능한 장치를 하여야 하며, 전자어음이 발행、배서된 때에 발행인 또는 배서인의 정보처리조직에는 전자어음이 소멸하거나 전자어음에 이미 발행 또는 배서되었음을 표시하는 문언이 기재되도록 하여야 한다(전자어음법시행령 §8②).

2. 電子어음去來 記錄의 生成 및 保存

전자어음관리기관은 전자어음의 발행、배서、보증、권리행사 등을 할 때에 그 기관의 전자정보처리조직을 통하여 이루어지도록 하는 조치, 전자어음별로 발행인과 배서인에 관한 기록과 전자어음 소지인의 변동사항 및 그 전자어음의 권리행사에 관한 기록의 보존, 전자어음거래를 추적、검색하고 오류가 발생할 경우 그 오류를 확인、정정할 수 있는 기록의 생성 및 보존 등의 업무를 수행하여야 한다(전자어음법 §16①). 전자어음관리기관이 보존하여야 하는 기록의 종류와 방법 및 보존기간은 대통령령으로 정한다(전자어음법 §16②).

3. 電子어음去來 情報 提供

전자어음관리기관은 이용자가 신청한 경우에는 대통령령으로 정하는 바에 따라 해당 전자어음 관련 발행 상황 및 잔액 등의 결제 정보를 제공하여야 한다(전자어음법 §17①). 그러나 전자어음거래와 관련하여 업무상 이용자의 신상에 관한 사항과 이용자의 거래계좌 및 전자어음거래의 내용과 실적에 관한 정보 또는 자료 등의 사항을 알게 된 자는 이용자의 동의를 받지 않고는 타인에게 제공하거나 누설하여서는 아니 된다(전자어음법 §17② 전문). 다만, 금융실명거래및비밀보장에관한법률과 그 밖의 법률에서 정한 경우(전자어음법 §17② 단서)와 전자어음관리기관이 건전한 전자어음 발행·유통과 선의의 거래자 보호를 위하여 대통령령으로 정하는 경우에 그 공개에 관하여 법무부장관의 사전승인을 받은 사항 등은 공개할 수 있다(전자어음법 §17③).

4. 電子어음去來約款의 明示·通知

전자어음관리기관은 전자어음거래약관을 제정하거나 변경하는 때에는 법무부장관의 승인을 받아야 한다(전자어음법 §18② 본문). 약관의 변경으로 인하여 이용자의 권익이나 의무에 불리한 영향이 없다고 법무부장관이 정하는 경우에는 변경 후 10일 이내에 법무부장관에게 통보하여야 한다(전자어음법 §18② 단서). 전자어음관리기관은 전자어음을 등록할 때에 이용자에게 전자어음거래약관을 구체적으로 밝히고, 이용자가 요청하는 경우에는 대통령령으로 정하는 바에 따라 그 약관을 발급하고 내용을 설명하여야 한다(전자어음법 §18①).

5. 異議提起와 紛爭處理

전자어음관리기관은 전자어음거래와 관련하여 이용자가 제기하는 정당한 의견이나 불만을 반영하고, 이용자가 전자어음거래에서 입은 손해를 배상하기 위한 절차를 마련하고(전자어음법 §19①), 전자어음 등록 시 이 절차를 구체적으로 밝혀야 한다(전자어음법 §19②).

제3. 電子어음管理業務의 監督

1. 監督의 主體

전자어음관리기관의 업무에 대한 감독기관은 법무부장관이다(전자어음법 §20①).

2. 監督의 內容

법무부장관은 전자어음관리기관의 업무에 대한 감독을 위하여 필요하면 업무에 관한 보고를 하게 하거나 전자어음관리업무에 관한 시설·장비·서류, 그 밖의 물건을 검사할 수 있고(전자어음법 §20②), 전자어음제도의 원활한 운영 및 이용자 보호 등을 위하여 필요하면 전자어음관리기관에 이용자의 전자어음거래정보 등 필요한 자료의 제출을 명할 수 있다(전자어음법 §20③).

3. 指定取消

법무부장관은 전자어음관리기관이 거짓이나 그 밖의 부정한 방법으로 전자어음관리기관으로 지정받은 경우, 정당한 사유 없이 1년 이상 계속하여 영업을 하지 아니한 경우, 법인의 합병·파산·폐업 등으로 사실상 영업을 종료한 경우에 전자어음관리기관 지정을 취소할 수 있다(전자어음법 §21①). 다만 전자어음관리기관은 지정이 취소된 경우에도 그 취소처분이 있기 전에 한 전자어음거래의 지급을 위한 업무를 계속하여 할 수 있다(전자어음법 §21②).

2

保險法

제1장

序 論

제1절 保險制度

제1. 保險의 槪念

보험이란 동질적인 사고발생의 위험에 놓여 있는 다수인이 통계적 기초에 의하여 산출된 보험료를 각출하여 공동의 준비재산을 형성하고, 사고가 발생한 경우에 이 공동재산으로부터 손해보상 기타 소정의 급여를 받는 제도를 말한다. 보험은 우연적인 사고의 발생을 전제로 하며 동질적인 위험 아래에 있는 다수인의 위험공동체에 근거한 대수(大數)의 법칙에 기초를 두고 있다.

(1) 保險事故의 偶然性 보험은 우연한 사고발생에 대비하는 제도이므로 보험사고의 발생여부나 그 시기는 우연적이고 불확실하여야 한다. 다만 현행법상 소급보험(遡及保險)도 인정되는 결과 보험사고의 불확실성은 당사자 사이에 주관적으로만 존재하는 때에도 보험계약은 유효하게 성립된다.

(2) 危險共同體(保險團體) 보험은 동질적인 사고의 발생 위험아래 있는 다수인의 경제적 결합에 근거하고 있다. 이를 공동위험단체 또는 위험단체라 한다. 보험의 단체성은 보험계약자들이 사원으로 직접 결합되는 상호보험회사에 있어서는 명백하나, 보험계약자와 보험자 간의 개별적인 계약만이 존재하는 영리보험에 있어도 보험자를 매개로 한 보험계약자 상호간의 실질적이며 경제적인 공동체적 결합관계가 인정된다.

(3) 大數의 法則 보험은 보험단체의 구성원인 보험계약자가 일정한 보험료를 각출하여 기금을 마련하고 보험사고가 발생한 때에 그 기금에서 보험금이 지급되는 구조이다. 여기에는 과거의 통계적 경험을 기초로 한 대수의 법칙에 따라 사고발생의 개연율(蓋然率)을 측정하고 이에 의하여 보험료를 산정함으로써 보험단체 내부의 전체적인 보험료수입과 지급보험금이 균형을 유지하게 된다.

제2. 保險의 種類

1. 公保險과 私保險

공보험은 국가 기타의 공법인이 사회정책적 목적에서 운영하는 보험이며, 사보험은 개인 또는 사법인이 경영하는 보험이다. 공보험에는 산업재해보상보험, 의료보험, 군인보험, 고용보험 등이 있다. 사보험에는 영리보험과 상호보험이 있다. 공보험은 보험관계의 설정이 법률에 의해 강제되며 그 급여가 법정되어 있다는 점에서 사보험과 다르다.

2. 營利保險과 相互保險

영리보험은 주식회사인 보험업자가 보험자로서 영리목적으로 제3자와 보험계약을 체결, 보험료총액 및 그 운용수익과 보험사고발생시의 보험급여액 및 비용과의 차액을 취득하는 것을 목적으로 하는 보험이다. 상호보험은 보험가입자가 직접 비영리보험단체를 구성하여 그 상호간의 이익을 위하여 하는 보험이다. 영리보험에 있어서는 사원관계와 보험관계가 별개로 독립되어 있으나, 상호보험에 있어서는 보험가입자가 보험단체인 상호회사의 사원이 되어 사원관계와 보험관계가 결합되어 있다. 따라서 상호보험은 단체의 보험사업 운영을 가입자 전원의 책임과 계산으로 하며, 가입자가 단체의 업무집행에 참여하고 보험사고가 발생한 경우에 보험금의 지급을 받게 된다.

3. 人保險과 財産保險

인보험은 자연인의 생명·신체에 생긴 사고에 대한 보험으로서 생명보험·상해보험·질병보험 등이다. 재산보험은 보험가입자의 재산에 관하여 생긴 손해를 보상하는 보험으로서, 특정 재화를 대상으로 하는 화재보험·운송보험·선박보험·자동차보험 등의 물건보험과, 피보험자가 제3자에게 손해배상책임을 짐으로써 전재산에 생기는 손해를 보상하는 책임보험이 있다.

4. 損害保險과 定額保險

손해보험은 보험사고로 발생한 손해액에 따라 보험금이 결정되는 보험이며, 정액보험은 보험사고로 인한 손해의 유무나 그 수액에 관계없이 일정한 금액의 보험금을 일시에 또는 연금으로 지급하는 보험이다.

5. 陸上保險과 海上保險 및 航空保險

육상보험은 생명보험, 화재보험, 운송보험, 자동차보험 등 육상에서 발생되는 위험에 대한 각종 보험을 총칭하는 것이다. 해상보험은 선박·적하 등에 관한 해상위험에 대한 보험이며, 선박보험과 적하보험, 운임보험 등이 이에 속한다. 항공보험은 항공기에 의한 각종 항공위험에 대한 보험이다. 항공보험에 관한 입법은 없으나, 그 위험의 특수성에 비추어 해상보험에 관한 규정을 준용하여야 한다는 것이 통설이다.

6. 原保險과 再保險

보험금의 지급책임을 지게 될 보험자가 보상책임의 전부 또는 일부를 제2의 보험자에게 인수시키는 경우에 그 제2의 보험을 재보험이라 하며, 그 앞의 보험을 원보험 또는 원수(元受)보험이라 한다.

7. 個別保險과 集合保險 및 總括保險

개별보험은 개개의 자연인 또는 물건을 목적으로 하는 보험이며, 집합보험은 다수인 또는 물건의 집단을 목적으로 하는 보험을 말한다. 집합보험은 개개의 자연인 또는 물건의 집단을 한개의 보험이 목적으로 하는 하나의 보험계약으로 성립된다. 총괄보험은 집합된 물건이 수시로 교체될 것이 예정된 보험이다. 총괄보험에 속하지 않는 특정물에 관한 보험을 특별보험이라 한다.

8. 家計保險과 企業保險

가계보험은 일반 개인이 가계의 불안에 대비한 보험이며, 기업보험은 기업이 그 영업활동에 관하여 가입한 보험이다. 기업보험은 보험자와 기업자가 대등한 지위에 있으므로, 상법 제663조의 불이익변경금지의 원칙이 적용되지 않는다.

9. 任意保險과 强制保險

보험가입이 법령에 의하여 강제되는 보험이 강제보험이며, 그렇지 않은 보험이 임의보험이다. 시보험의 대부분은 임의보험이나, 화재로인한재해보상과보험가입에관한법률에 의한 신체손해배상특약부화재보험, 자동차손해배상보장법에 의한 자동차손해배상책임보험, 원자력손해배상법에 의한 원자력손해배상책임보험 등은 강제보험에 속한다.

▌제2절 保險法의 槪念 ▌

제1. 保險法의 意義

보험법은 광의로는 보험관계를 규율하는 법규의 전체를 말하며 보험에 관한 공법적 규정(保險公法)과 보험계약관계에 관한 보험사법(保險私法)을 모두 포함한다. 협의의 보험법은 보험계약관계에 관한 사법 법규로서 보험기업의 주체에 관한 법규와 보험계약법을 가리킨다. 보험계약법은 영리보험의 인수에 관한 거래법으로서 실질적으로는 보험자와 보험계약자 및 피보험자 등의 계약관계를 규율하는 법이나, 형식적으로는 상법 제4편의 보험에 관한 규정을 말한다.

제2. 保險法의 特性

1. 半面的 强行法規性

보험계약의 내용은 당사자가 임의로 정할 수 있으나 상법 보험편의 규정은 당사자간의 특약으로 보험계약자 또는 피보험자나 보험수익자의 불이익으로 변경하지 못하는 것이 원칙이다(상법 §663 본문). 가계보험에 있어서 보험계약의 상대방인 일반대중의 이익을 보호하기 위한 것이다. 따라서 재보험이나 해상보험 기타 이와 유사한 기업보험에 있어서는 보험편의 규정과 다르게 특약으로 보험계약자 또는 피보험자나 보험수익자에게 불이익한 약정을 할 수 있다(상법 §663 단서).

2. 倫理性

보험계약은 우연한 보험사고의 발생을 전제로 하므로 도박적으로 악용될 도덕적 위험이 있다. 이러한 폐단을 예방하기 위해 보험계약법은 계약당사자의 고도의 윤리성과 선의성을 요구한다. 보험계약자 등의 고지의무(상법 §651), 고의로 인한 보험사고에 대한 보험자의 면책(상법 §659), 사기에 의한 초과보험계약의 무효(상법 §669④) 등은 보험계약법의 윤리성 내지 선의성에 바탕을 두고 있는 것이다.

3. 技術性

보험제도는 대수의 법칙에 의하여 보험사고 발생의 개연율을 측정하고, 이를 기초로 보험자가 보험사고 발생 시에 지급하는 보험금 총액과 보험가입자가 납입하는 보험료 총액이 균형을 이루도록 하는 기술적 구조를 가지고 있다. 보험이 이처럼 기술적 특성을 가지고 있는 결과, 이러한 보험을 규율하는 보험계약법도 기술법적 성격을 가진다.

4. 團體性

영리보험에 있어서 보험계약관계는 보험자와 보험계약자 간의 거래법적 채권계약관계이나, 경제적으로는 다수의 보험가입자가 보험자를 매개로 하나의 보험단체를 형성하게 되고, 다수인의 위험이 이 보험단체를 통해 분산되는 구조이므로, 보험계약관계는 위험단체적 성질을 가지게 된다. 고지의무와 위험변경증가의 통지의무 위반으로 인한 보험계약 해지(상법 §651,§652) 등은 이러한 보험의 단체성이 반영된 것이라 할 수 있다.

5. 公共性

각종 위험이 다양하게 발생되는 현대산업사회에서 보험은 개인과 기업 등 각 경제주체의 사회적·경제적 생활의 안정을 위한 대비책으로서 일반화되어 있고, 특히 보험자는 보험료 수입을 통하여 막대한 자본을 형성하여 국민경제에 상당한 영향을 미친다는 점에서 보험업은 공공적 성격을 가진다. 이러한 보험의 공공적 성격으로 말미암아 보험업법은 보험업에 대해 국가의 감독을 규정하고 있다. 즉 보험업을 영위하기 위해서는 금융위원회의 허가가 있어야 하고(보험업법 §5), 그 주체는 주식회사와 상호회사 및 외국보험회사로 제한된다(보험업법 §4③). 또한 이들 보험회사의 업무집행과 영업활동, 보험료 및 책임준비금의 산출방법서 등 기초서류의 변경, 재산운용 등에 대해서도 각종 행정적 감독이 이루어지고 있다.

제3절 保險法의 法源

제1. 總 說

보험계약법의 법원(法源)에는 제정법과 관습법이 있다. 상법 보험편의 규정은 보험계약에 관한 일반법이며, 특별법으로서 보험업법·자동차손해배상보장법·원자력손해배상법 등이 있다. 보험계약도 상사에 속하므로 상행위 일반에 관한 상법 규정이 적용된다. 상법의 보험계약에 관한 규정은 그 성질에 반하지 아니하는 한 상호보험에도 준용된다(상법 §664).

제2. 普通保險約款

1. 意 義

보통보험약관은 보험자가 미리 작성한 것으로서 보험계약의 내용을 획일적으로 정형화한 일반적·표준적 계약조항을 말한다. 보험계약에 있어서는 불이익변경금지의 원칙에 저촉되지 않는 한 상법에 우선하여 이 약관이 적용된다. 보통보험약관은 표준적인 계약조항이므로 특수한 보험에서 이에 대하여 보충적으로 세부적인 약정을 하는 경우에 이용되는 것을 특별보통보험약관이라 하는데, 그 법적 성질은 보통보험약관과 동일하다.

다른 한편 기업보험에서는 보험자가 특정한 보험계약자와 보험계약을 체결하는 경우에 당해 보험에 관한 보통보험약관의 내용을 수정하거나 추가 또는 배제하는 약정을 하는 경우가 있다. 이를 특별보험약관이라 한다. 특별보험약관은 개별적인 보험계약의 내용으로서 그 효력이 보통보험약관에 우선한다.

2. 約款의 必要性

보험은 다수의 보험가입자들의 존재를 전제로 한다. 그리하여 보험자는 동일한 내용의 보험에 관하여 다수의 보험계약자와 대량으로 보험계약을 체결하므로 개별적인 보험계약자와 그 보험계약의 내용을 일일이 합의하는 것은 매우 부적절하다. 보험계약의 내용과 그 효과를 미리 정형화하여 그에 따라 보험계약관계를 규율하는 것이 효율적이며 보험계약자간에도 공평을 도모할 수 있다. 다른 한편 보험가입자는 보험자에 비하여 경제적·사회적 약자의 지위에 있으므로 이들의 이익을 보호하여야 할 필요도 현저하다. 이러한 요청을 충족시키기 위해서는 보험계약상의 법률관계에 대해 보험계약관계자에게 일반적으로 적용되는 약관에 의하게 하고, 그 약관의 내용에 대해서는 국가적 감독을 받도록 하는 것이 합리적이므로, 보험계약의 체결에 있어서 보통보험약관의 존재가 필요한 것이다.

3. 約款의 拘束力

⑴ 意 義

보험계약의 내용은 당사자 간의 합의가 있는 경우에 보통보험약관의 조항에 의하게 되는 것은 당연하나, 이에 관한 당사자의 합의가 없는 경우에도 약관의 구속력이 있는가, 구속력이 있다면 그 근거가 무엇인지 문제된다.

⑵ 學 說

보통보험약관의 구속력의 근거에 관하여 약관을 계약내용으로 한다는 당사자 간의 합의에 의한 것이라는 의사설, 보험계약자가 보험계약청약서에 기명날인 또는 서명하여 청약함으로써 약관에 구속되는 것에 대한 당사자의 의사합치가 있었다는 추정이 성립된다는 의사추정설, 보험계약자는 보험계약을 체결함으로써 보험단체에 가입하게 되고 그 단체의 자치법규인 약관에 당연히 구속된다는 자치법규설, 보험계약은 특별한 사정이 없는 한 보험자가 작성한 약관에 따라 계약을 체결한다는 상관습 내지 상관습법에 의하여 약관의 구속력이 인정된다는 상관습법설 등이 있다.

⑶ 約款의 交付·說明義務

현행 상법은 보험계약을 체결할 때에 보험자는 보험계약자에게 보험약관을 교부하고 그 약관의 중요한 내용을 알려주어야 한다고 규정하고 있다(상법 §638의3①). 약관의규제에관한법률은 계약체결에 있어서 사업자는 고객에게 약관의 내용을 계약의 종류에 따라 일반적으로 예상되는 방법으로 명시하고(동법 §3②), 중요한 내용을 고객이 이해할 수 있도록 설명하여야 한다(동법 §3③ 본문)고 규정하고 있다. 이러한 규정에 비추어 보면 보험약관의 구속력은 당사자가 약관의 적용에 동의하였기 때문에 인정된다고 보아야 한다. 이렇게 본다면 약관의 구속력의 근거에 관하여 의사설이 타당하다.

보험자가 보험계약의 체결 시 이 약관의 교부·설명의무를 위반한 때에는 보험계약자는 보험계약이 성립된 날로부터 1개월 내에 그 계약을 취소할 수 있으며(상법 §638의 3②), 보험계약자가 보험계약을 취소하지 않더라도 보험자는 그 약관의 내용을 보험계약의 내용으로 주장할 수 없다(약관규제법 §3④).

[판례] 대법원 2007.4.27, 선고 2006다87453 판결

일반적으로 보험자 및 보험계약의 체결 또는 모집에 종사하는 자는 보험계약의 체결에 있어서 보험계약자 또는 피보험자에게 보험약관에 기재되어 있는 보험상품의 내용, 보험료율의 체계 및 보험청약서상 기재사항의 변동사항 등 보험계약의 중요한 내용에 대하여 구체적이고 상세한 명시·설명의무를 지고 있으므로 보험자가 이러한 보험약관의 명시·설명의무에 위반하여 보험계약을 체결한 때에는 그 약관의 내용을 보험계약의 내용으로 주장할 수 없다고 할 것이나(대법원 2005.10.28, 선고 2005다38713, 38720 판결 등 참조), 이러한 명시·설명의무가 인정되는 것은 어디까지나 보험계약자가 알지 못하는 가운데 약관의 중요한 사항이 계약내용으로 되어 보험계약자가 예측하지 못한 불이익을 받게 되는 것을 피하고자 하는 데에 그 근거가 있으므로, 약관에 정하여진 사항이라고 하더라도 거래상 일반적이고 공통된 것이어서 보험계약자가 별도의 설명 없이도 충분히 예상할 수 있었던 사항이거나 이미 법령에 의하여 정하여진 것을 되풀이하거나 부연하는 정도에 불과한 사항이라면, 그러한 사항에 대하여까지 보험자에게 명시·설명의무가 있다고는 할 수 없다(대법원 1998.11.27, 선고 98다32564 판결, 2004.4.27, 선고 2003다7302 판결 등 참조).

4. 約款의 解釋

약관의 해석은 일반적이며 객관적인 해석 원칙에 따라야 한다. 약관규제법은 약관의 해석에 관하여 다음과 같은 원칙을 정하고 있다.

(1) 個別約定優先의 原則

당사자가 약관에서 정하고 있는 사항과 다른 개별적인 약정을 한 때에는 그 개별약정이 약관에 우선한다(약관규제법 §4).

(2) 信義誠實의 原則

약관의 규정은 신의성실의 원칙에 따라 공정하게 해석하여야 하며, 고객에 따라 다르게 해석되어서는 안 된다(약관규제법 §5①).

(3) 不明確性의 原則

약관의 뜻이 명확하지 않는 경우에는 고객에게 유리하게 해석하여야 한다(약관규제법 §5②). 이를 작성자불이익의 원칙이라고도 한다.

5. 約款에 대한 規制

(1) 立法的 規制

상법은 보험계약자와 피보험자 또는 보험수익자의 이익을 보호하기 위하여 불이익변경금지의 원칙과 보험자의 약관교부 및 설명의무를 정하고 있다. 또한 보통보험약관은 약관에 관한 일반법인 「약관의 규제에 관한 법률」의 적용을 받는 바, 동 법률은 신의성실의 원칙에 반하여 공정을 잃은 불공정약관조항을 무효로 하고(동법 §6~15), 이러한 약관의 사용을 금지하고 있다(동법 §17).

(2) 行政的 規制

보험업을 영위하고자 하는 자가 금융위원회에 보험업 허가를 신청하는 경우에는 보험약관을 제출하여야 하고(보험업법 §5), 보험자가 보험약관을 변경하고자 하는 경우에는 미리 금융위원회에 신고하여야 한다(보험업법 §127①). 금융위원회는 보험자의 보험약관에 법령을 위반하거나 보험계약자에게 불리한 내용이 있다고 인정하는 경우에는 청문을 거쳐 보험약관의 변경 또는 그 사용의 정지를 명할 수 있다(보험업법 §131②). 금융위원회가 보험약관의 변경을 명하는 경우에 보험계약자、피보험자 또는 보험금을 취득할 자의 이익을 보호하기 위하여 특히 필요하다고 인정하는 경우에는 이미 체결된 보험계약에 대하여도 장래에 향하여 그 변경의 효력이 미치게 할 수 있다(보험업법 §131③). 뿐만 아니라 금융위원회는 변경명령을 받은 보험약관으로 인하여 보험계약자、피보험자 또는 보험금을 취득할 자가 명백하게 부당한 불이익을 받는 것으로 인정하는 경우에는 이미 체결된 보험계약에 의하여 납입된 보험료의 일부를 환급하거나 보험금을 증액하도록 할 수 있다(보험업법 §131④).

(3) 司法的 規制

보험약관의 유효성은 구체적 사건에 있어서 법원의 판결을 통하여 사법적 심사를 받는다.

(4) 公正去來委員會에 의한 規制

보험약관은 약관의규제에관한법률에 의하여 공정거래위원회에 의한 추상적인 내용통제를 받는다(동법 §17의2, §18, §19). 즉 공정거래위원회는 사업자가 약관의규제에관한법률에서 정한 불공정약관을 사용하는 경우에 당해 약관조항의 삭제와 수정 등 필요한 시정조치를 명할 수 있다(동법 §17의2). 약관조항과 관련하여 법률상의 이익이 있는 자, 등록된 소비자단체, 한국소비자원 및 사업자단체는 보험약관의 법 위반여부에 관한 심사를 공정거래위원회에 청구할 수 있다(동법 §19).

공정거래위원회는 행정관청이 작성한 약관 또는 다른 법률에 의하여 행정관청의 인가를 받은 약관이 약관의규제에관한법률의 규정에 위반한 사실이 있다고 인정될 때에는 당해 행정관청에 그 사실을 통보하고 그 시정에 필요한 조치를 요청할 수 있다(동법 §18).

[판례] 대법원 1996. 6. 25. 선고 96다12009 판결

보통거래약관의 내용은 개개 계약체결자의 의사나 구체적인 사정을 고려함이 없이 평균적 고객의 이해가능성을 기준으로 하되 보험단체 전체의 이해관계를 고려하여 객관적, 획일적으로 해석하여야 하고, 고객 보호의 측면에서 약관내용이 명백하지 못하거나 의심스러운 때에는 약관작성자에게 불리하게 제한 해석하여야 하는 것인바(당원 1991.12.24. 선고 90다카23899 전원합의체 판결 참조), 이러한 약관해석의 원칙에 비추어 보면, 위 보험약관 소정의 자동차 소유자에는 자동차를 매수하여 인도받아 자기를 위하여 자동차를 운행하는 자는 물론이고, 부득이한 사유로 자동차의 소유명의를 제3자에게 신탁한 채 운행하는 명의신탁자도 포함된다고 해석함이 상당하다 할 것이고, 만약 위 약관 소정의 자동차의 소유자가 자동차등록원부상의 소유자만을 뜻한다고 해석된다면, 자동차등록원부상의 등록명의자가 아닌 자동차의 실질적인 소유자인 위 이상국이 피고와 위 안전설계보험계약을 체결하였을 리가 없을 것이므로, 위 약관 소정의 자동차 소유자에 자동차의 등록명의자만이 포함된다는 사실은 약관의규제에관한법률 제3조 제2항 소정의 약관의 중요한 내용에 해당한다고 할 것이어서, 피고가 이를 위 이상국에게 설명하지 않았다면 피고는 위 내용을 보험계약의 내용으로 주장할 수 없다 고 할 것이다.

[판례] 대법원 1994.10.25. 선고 93다39942 판결

피고 회사의 자동차종합보험보통약관 (대인배상보험) 제10조는 피고 회사가 "보상하지 아니하는 손해"를 규정하면서 그 제2항 제1호에서 "보험증권에 기재된 피보험자 또는 그 부모, 배우자 및 자녀가 죽거나 다친 경우에는 보상하지 아니합니다"라고 규정하고 있음을 알 수 있는 바, 이러한 면책조항은 피보험자나 그 배우자 등이 사고로 손해를 입은 경우에는 그 가정 내에서 처리함이 보통이고 손해배상을 청구하지 않는 것이 사회통념에 속한다고 보아 규정된 것으로서(당원 1993.9.14. 선고 93다10774 판결 참조), 그러한 사정은 사실혼관계의 배우자에게도 마찬가지라 할 것이므로 여기서 "배우자"라 함은 반드시 법률상의 배우자만을 의미하는 것이 아니라, 이 사건에서와 같이 관행에 따른 결혼식을 하고 결혼생활을 하면서 아직 혼인신고만 되지 않고 있는 사실혼관계의 배우자도 이에 포함된다고 봄이 상당하다고 할 것이다.

제2장

保險契約

제1절 保險契約의 槪念

제1. 保險契約의 意義

1. 學 說

손해보험계약은 일반적으로 보험사고로 인한 손해를 보상하는 것을 목적으로 하고, 생명보험 등의 정액보험계약은 보험사고가 발생한 경우에 보험계약에서 정해진 정액의 보험금을 지급하는 것을 목적으로 하는데, 이들 보험계약에 대해 공통된 정의를 어떻게 할 것인가에 관하여 학설이 나뉘어 있다.

① **損害補償契約說** 보험계약은 보험사고로 인하여 피보험자에게 생긴 손해의 보상을 목적으로 한다는 설이다. 그러나 이러한 정의는 손해의 발생여부에 관계없이 보험금을 지급하는 정액보험계약에 대해서는 적절하지 않다.

② **經濟的 需要充足說** 보험계약은 보험자가 상대방으로부터 보험료를 징수하고 보험사고로 상대방 또는 제3자에 생긴 경제적 수요를 충족시킬 것을 인수하는 계약이라고 하는 설이다. 이 설 역시 생명보험 등 정액보험에서는 경제적 수요에 관계없이 보험금이 지급되므로 적절하지 않다는 비판을 받고 있다.

③ **技術說** 이 설은 모든 보험에 공통되는 것은 기술적 기초에 근거하는 것이라는 점에서 보험계약은 보험자가 우연한 사고발생의 개연율(蓋然率)에 따라 산출된 보험료에 대하여 그 사고발생 시에 일정한 금액을 지급할 것을 약정하는 계약이라는 설이다. 그러나 이 설은 보험사업에 대한 설명으로서는 의미가 있으나 보험계약의 개념으로는 적당하지 않다는 비판이 있다.

④ 二元說 이 설은 손해보험과 정액보험에 대한 통일적인 정의는 곤란하므로 이를 분리하여 이원적으로 정의하여, 보험계약은 보험자가 보험사고가 생긴 경우에 그 사고로 인하여 생긴 손해를 보상하거나 또는 일정한 금액을 지급할 것을 약정하는 유상의 독립계약이라는 설이다. 이 설에 대해서는 보험계약에 대한 통일적인 정의를 포기하고 손해보험과 정액보험의 두가지 성질을 가지는 보험계약을 설명하지 못한다는 등의 비판이 있다.

⑤ 金額給與說 또는 財產給與說 보험계약은 보험자가 대가를 받고 계약에서 정한 사고의 발생을 조건으로 일정한 금액을 지급할 것을 약정하는 계약이라고 하거나, 또는 금액급여라는 말 대신에 일반적으로 손해보상 또는 일정한 금액이나 연금 등의 재산급여를 내용으로 계약이라고 한다.

2. 現行 商法의 規定

상법 제638조는 이원설과 같이 「보험계약은 당사자 일방이 보험료를 지급하고 상대방이 재산 또는 생명·신체에 관하여 불확정한 사고가 생길 경우에 일정한 보험금액 그 밖의 급여를 지급할 것을 약정함으로써 효력이 생긴다」라고 정의하여 손해보험과 인보험에 대하여 이원적으로 정의하고 있다.

제2. 保險契約의 法的 性質

1. 不要式의 諾成契約性

보험계약은 보험자와 보험계약자의 합의에 의하여 성립되며 아무런 방식도 요하지 않는 불요식의 낙성계약이다. 보험자의 책임은 최초의 보험료가 지급된 때부터 개시되나(상법 §656), 이는 보험계약의 성립과 관계없으며 계약의 성립과 동시에 보험계약자에게 교부되는 보험증권도 보험계약관계를 증명하는 증거증권일 뿐 계약의 성립과는 아무런 관계가 없다.

2. 有償·雙務契約性

보험계약은 보험계약자가 보험료를 지급하고 보험사고가 생긴 경우에 보험자가 보험금을 지급할 것을 약정하는 유상계약이며, 보험료와 보험금의 지급이 대가관계에 있으므로 쌍무계약이다. 특히 보험기간 중에 보험사고가 발생하지 아니하여 보험금의 지급이 없는 경우에도 보험자는 보험의 목적에 관한 잠재적 위험을 담보할 뿐만 아니라 보험단체 전체의 입장에서 본다면 보험료 총액과 보험금 총액의 균형이 유지되므로 쌍무계약성이 유지되고 있다.

3. 商行爲性

보험의 인수는 기본적 상행위이며, 영리보험의 보험자는 당연상인이다(상법 §46). 다만 상호보험회사는 상법상의 상인이 아니라 중성법인이므로, 그 보험계약은 상법상의 상행위가 아니나, 그 보험계약관계는 실질적으로 영리보험과 같으므로, 상법은 상호보험회사의 보험계약관계에 영리보험에 관한 상법의 규정을 준용하고 있다(상법 §664).

4. 射倖契約性

보험계약은 보험자의 급여가 우연한 보험사고의 발생에 달려 있으므로 일종의 사행계약에 속한다. 보험은 그 발생 여부나 발생 시기 등이 당사자에게 불확정한 보험사고에 의하여 보험금이 지급되므로 도박과 유사성이 있으나, 그 도박화를 막기 위하여 손해보험에 있어서 피보험자가 보험의 목적에 대해 피보험이익을 가질 것을 요건으로 하며, 도박으로 악용하는 보험계약은 무효로 된다. 또한 타인의 생명보험계약에서는 보험계약의 체결에 피보험자의 동의를 얻도록 하며, 타인을 위한 생명보험에서는 보험계약자가 보험수익자를 지정 또는 변경할 수 있도록 하고 있다.

5. 善意契約性

보험계약은 선의(善意) 또는 최대 선의(utmost good faith)에 기초를 둔 계약이다. 보험계약은 사행계약으로서의 성질을 가지므로 보험의 도박화를 방지하기 위하여 선의성이 특히 강조되며 도덕적 위험의 방지를 위한 제도적인 장치가 요구된다.

6. 繼續契約性

보험계약은 보험자가 일정한 보험기간에 발생한 보험사고에 대하여 보험금을 지급할 책임을 지는 계약이므로 보험기간 동안 계속되는 계속적 계약관계이다. 따라서 보험계약의 체결에 있어서는 보험자가 책임을 져야 할 기간에 대해서 합의가 있어야 한다.

7. 附合契約性

보험계약은 보험자와 다수의 보험계약자 사이에 동일한 내용의 계약이 대량으로 체결되므로 계약 내용의 정형성이 요구되는 부합계약에 속한다.

▌제2절 保險契約의 要素▐

제1. 保險契約關係者

보험계약관계자에는 보험자와 보험계약자, 피보험자, 보험수익자 등이 있으며, 특히 보험자의 보조자로서 보험대리점과 보험중개사, 보험설계사, 보험의 등이 있다.

1. 保險者

(1) 保險者 一般

보험자는 보험사고가 발생한 경우에 보험금을 지급할 의무를 지는 보험사업의 주체이다. 보험자는 손해보험사업이든 인보험사업이든 자본금 또는 기금이 300억원 이상인 주식회사 또는 상호회사로서 금융위원회로부터 보험사업의 허가를 받아야 한다(보험업법 §4, §6). 다만 보험회사가 보험종목의 일부만을 영위하고자 하는 경우에는 자본금 또는 기금의 액수를 50억원 이상의 범위에서 대통령령으로 달리 정할 수 있으며(보험업법 §9 ①), 외국보험회사가 대한민국 안에서 보험업을 영위하고자 하는 경우에는 영업기금이 30억원 이상이어야 한다(보험업법 §9③, 동법시행령§14).

(2) 通信販賣專門保險會社

통신판매전문보험회사는 전화ㆍ우편ㆍ컴퓨터통신 등 통신수단을 이용하여 총보험계약 건수 및 수입보험료의 100분의 90 이상을 모집하는 보험회사를 말한다(보험업법시행령 §13①). 이러한 보험회사는 보험업법 제9조 제1항의 규정에 의한 자본금 또는 기금의 3분의 2에 상당하는 금액 이상을 자본금 또는 기금으로 납입함으로써 보험업을 개시할 수 있다(보험업법 §9②). 통신판매전문보험회사가 총보험계약 건수 및 수입보험료의 모집비율을 위반한 경우에는 동 비율을 충족할 때까지 통신수단 이외의 방법으로 모집할 수 없다(보험업법시행령 §13②). 이 모집비율의 산정기준 등 통신수단을 이용한 모집에 관하여 필요한 사항은 금융위원회가 정한다(보험업법시행령 §13③).

2. 保險者의 補助者

⑴ 保險代理店

보험대리점은 일정한 보험회사를 위하여 보험계약의 체결을 대리하는 자(법인이 아닌 사단 및 재단 포함)로서 금융위원회에 등록된 상법상의 독립된 상인이다(보험업법 §2, §87①, 상법 §87). 은행법에 의하여 설립된 금융기관과 자본시장과금융투자업에관한법률에 따른 투자매매업자 또는 투자중개업자, 상호저축은행법에 의한 상호저축은행, 그 밖에 다른 법률에 의하여 금융업무를 행하는 기관으로서 대통령령이 정하는 기관은 보험대리점으로 등록할 수 있다(보험업법 §91①). 보험대리점으로 등록한 자는 금융위원회가 지정하는 기관에 영업보증금을 예탁하여야 하나(보험업법 §87②), 금융기관이 보험대리점으로 등록한 때에는 영업보증금예탁의무가 면제된다(보험업법시행령 §33① 단서).

보험대리점은 일정한 보험자를 위하여 상시 그 영업부류에 속하는 보험계약의 체결을 대리하거나 중개하는 것을 영업으로 하므로, 특정한 보험회사에 소속되어 있어야 하며, 다른 보험자를 위하여 보험계약 체결의 대리나 중개를 하지 못한다. 보험대리점에는 보험계약의 체결에 관하여 대리권을 가지는 체약보험대리점(締約保險代理店)과 보험계약 체결의 중개만을 하는 중개보험대리점(仲介保險代理店)이 있다. 체약보험대리점은 보험계약 체결의 대리권을 가지고 그 계약의 변경ㆍ해지 등의 권한과 고지 및 각종 통지 등의 수령권을 가지나, 중개보험대리점에는 이러한 권한이 없다.

⑵ 保險仲介士

보험중개사는 보험계약의 체결을 중개하는 자(법인이 아닌 사단 및 재단 포함)로서 상법상 독립된 상인이다(보험업법 §2, 상법 §93). 보험중개사가 되고자 하는 자는 금융위원회에 등록하여야 한다(보험업법 §2, §89①). 은행법에 의하여 설립된 금융기관과 자본시장과금융투자업에관한법률에 따른 투자매매업자 또는 투자중개업자, 상호저축은행법에 의한 상호저축은행, 그 밖에 다른 법률에 의하여 금융업무를 행하는 기관으로서 대통령령이 정하는 기관은 보험중개사로 등록할 수 있다(보험업법 §91①).

금융위원회는 등록한 보험중개사가 보험계약의 체결을 중개함에 있어서 보험계약자에게 기한 손해의 배상을 보장하기 위하여 보험중개사로 하여금 금융위원회가 지정하는 기관에 영업보증금을 예탁하게 하거나 보험에의 가입 그 밖의 필요한 조치를 하게 할 수 있다(보험업법 §89③). 다만, 금융기관이 보험중개사로 등록한 때에는 영업보증금예탁의무가 면제된다(보험업법시행령 §37① 단서).

보험중개사는 보험계약의 체결을 중개하는 자로서 보험계약 체결의 대리권이나 고지수령권 등의 권한이 없다는 점에서 중개보험대리점과 유사하나, 불특정 다수의 보험자를 위하여 그 보험계약의 체결을 중개한다는 점에서 특정한 보험자를 위하여 보험계약의 체결을 중개하는 중개보험대리점과 다르다.

(3) 保險設計士

보험설계사는 보험자의 사용인으로서 보험자를 위하여 보험계약의 체결을 권유하고 중개하는 자이다. 보험설계사는 보험업법상의 일정한 자격요건을 갖추어야 하며(보험업법 §84②), 보험회사는 소속 보험설계사가 되고자 하는 자를 금융위원회에 등록하여야 한다(보험업법 §84①). 보험설계사는 소속 보험회사 외의 보험회사를 위하여 모집하지 못하며(보험업법 §85②), 보험회사도 다른 보험회사에 속하는 보험설계사에게 모집을 위탁하지 못한다(보험업법 §85①).

보험설계사는 특정 보험회사에 소속되어 보험계약의 체결을 권유하고 중개하는 사실행위만을 하므로, 계약체결의 대리권이나 고지수령권은 없다. 다만 보험설계사의 권유에 의하여 보험계약을 체결하는 경우에 보험계약자는 일반적으로 보험설계사에게 보험료수령권이 있다고 오인하여 제1회 보험료를 교부하는 실정이고, 이 경우 보험설계사에게 수령권이 없다고 하면 보험계약자가 불의의 피해를 입을 우려가 있으므로, 보험계약자의 이익을 보호하기 위해 보험설계사에게 제1회 보험료의 수령권은 인정된다는 것이 학설과 판례이다.

(4) 保險醫

보험의는 생명보험에 있어서 보험자의 의뢰를 받아 피보험자의 신체를 검사하고 피보험자의 건강과 신체의 상태에 관한 전문적인 의견을 제공하는 자를 말하며, 진사의(診査醫)라고도 한다. 보험의는 보험계약 체결에 관한 대리권은 없으나, 피보험자의 건강과 신체에 관한 위험판단의 기초자료를 제공하므로 그 한도에서 피보험자의 건강과 신체검사에 관한 고지의 수령권이 인정되며, 그 고의 또는 중과실은 보험자의 고의 또는 중과실로 취급된다.

3. 保險契約者

보험계약자는 보험자와 보험계약을 체결하고 보험료지급의무 등 각종 의무를 부담한다. 보험계약자의 자격에는 제한이 없으며, 자연인 뿐만 아니라 법인도 보험자와 보험계약을 체결할 수 있다.

4. 被保險者

피보험자는 손해보험에 있어서는 피보험이익의 주체로서 보험금을 지급받을 권리를 가지는 자이다. 피보험자와 보험계약자가 동일인인 경우를 자기를 위한 보험이라 하고, 다를 경우를 타인을 위한 보험이라 한다. 그러나 인보험에 있어서 피보험자는 생명 또는 신체에 관하여 보험에 붙여진 자연인을 말한다. 생명보험에 있어서는 피보험자에 대한 일정한 제한이 따른다. 즉 타인의 사망보험에 있어서는 피보험자의 서면에 의한 동의가 있어야 하고(상법 §731①), 15세 미만자, 심신상실자 또는 심신박약자는 사망보험의 피보험자가 될 수 없다(상법 §732).

5. 保險受益者

보험수익자는 인보험계약에 있어서 보험금을 지급받을 자로 지정된 자를 말한다. 손해보험의 피보험자에 해당하는 자이다. 보험계약자와 보험수익자가 동일인인 보험이 자기를 위한 보험이고, 양자가 다른 보험이 타인을 위한 보험이다.

제2. 保險의 目的

보험의 목적은 손해보험에 있어서는 보험사고가 발생할 대상을 말하고, 인보험에서는 피보험자의 신체 또는 생명을 말한다. 이러한 보험의 목적에 보험사고가 발생한 경우에 보험자는 보험금을 지급할 책임을 진다.

보험의 목적은 보험의 종류에 따라 다르다. 손해보험에 있어서 보험의 목적은 유체물이든 무체물이든 묻지 않으며, 물건보험의 경우 보험의 목적이 단일물이든, 수개가 집합된 물건이든, 또는 집합된 물건이 수시로 교체되는 경우이든 모두 보험의 목적이 될 수 있다.

인보험에 있어서 보험의 목적은 반드시 자연인으로서 특정인 또는 단체의 구성원이어야 하나, 사망보험에 있어서는 15세 미만자, 심신상실자 또는 심신박약자는 보험의 목적으로 할 수 없다(상법 §732).

제3. 保險事故

1. 意 義

보험사고는 보험자의 보험금지급의무를 구체화시키는 우연한 사고를 말한다. 보험은 우연한 사고의 발생에 대비하는 것이므로, 보험사고는 보험계약의 불가결한 요소이다.

2. 要 件

보험사고는 첫째 우연한 것이어야 한다. 즉 보험사고의 발생 여부나 발생 시기 등이 보험계약의 성립 당시에 확정되지 아니한 것이어야 한다. 물론 사망보험의 경우에는 그 발생시기만 불확정하면 되지만, 손해보험에서는 그 발생 여부도 불확정하여야 한다. 따라서 보험사고가 이미 발생하였거나, 또는 발생할 수 없는 것인 때에는 그 보험계약은 무효로 된다(상법 §644 본문). 다만 보험사고의 우연성은 반드시 객관적이어야 할 필요는 없으며, 보험계약의 당사자들이 모두 계약 당시에 이미 사고가 발생하였거나 발생할 수 없는 것임을 주관적으로 알지 못한 때에는 보험계약의 성립에 영향이 없다(상법 §644 단서).

둘째 보험사고는 그 발생이 가능한 것이어야 한다. 따라서 물리적으로 그 발생이 불가능한 사고를 보험사고로 하는 보험계약은 무효이나, 보험계약 체결 당시에 당사자들이 주관적으로 그 발생이 불가능한 것임을 알지 못한 때에는 유효하다(상법 §644 본문).

셋째 보험사고는 보험의 목적에 대한 것이어야 한다. 보험의 목적은 보험계약에서 특정되며, 그 특정된 보험의 목적에 발생한 보험사고에 대해서만 보험자가 책임을 지는 것은 보험의 성질상 당연하다.

넷째 보험사고의 범위는 특정되어 있어야 한다. 보험사고의 종류와 범위는 보험계약에서 구체적으로 정해지며, 보험자의 면책사유에 해당하는 것이 아니어야 한다.

제4. 保險金額과 保險金

보험금액은 보험사고가 발생한 경우에 보험자가 피보험자 또는 보험수익자에게 지급하기로 한 보험계약상의 금액을 말한다. 이에 대하여 보험금은 보험금액의 한도 내에서 보험사고가 발생한 때에 보험자가 현실적으로 지급하는 금액을 말한다.

보험금액과 보험금의 관계는 보험의 종류에 따라 다르다. 손해보험은 보험사고로 인한 실제의 손해액을 보상하므로 보험금액은 보험자가 보험금으로 지급해야 할 최고 한도액으로서 기능하나, 생명보험과 같은 정액보험에서는 보험사고가 발생하면 약정된 보험금액을 지급하므로 양자는 일치한다.

제5. 保險料

1. 意 義

보험료는 보험자의 위험부담에 대한 반대 급부로서 보험계약자가 지급하는 보수이다. 보험료는 당사자 간의 합의에 의하여 정하나, 기본적으로 대수의 법칙에 따라 보험사고의 발생률을 기초로 보험료총액과 보험금총액이 균형을 유지하도록 산출된 순보험료에 보험자의 영업비용 등을 가산하여 산정된다. 이를 영업보험료라 한다. 보험료의 산출 방법에 관하여는 보험자가 서면으로 작성하여 금융위원회로부터 보험사업의 허가를 받을 때에 그 신청서에 첨부하여야 한다(보험업법 §5 3호).

2. 支給義務者

보험료지급의무자는 원칙적으로 보험계약자이나, 타인을 위한 보험에서 보험계약자가 파산선고를 받거나 보험료지급을 지체한 때에는 그 타인도 권리를 포기하지 않는 한 보험료를 지급할 의무가 있다(상법 §650③).

3. 支給義務의 懈怠

최초 보험료가 지급되지 아니하면 당사자 간에 다른 약정이 없는 한 계약이 성립하여도 보험자의 책임은 개시되지 아니하며(상법 §656), 보험계약자가 보험계약이 성립된 후 2개월 내에 제1회 보험료 또는 보험료 전부를 지급하지 아니한 때에는 다른 약정이 없는 한 계약의 해제가 의제된다(상법 §650①).

제2회 이후의 계속보험료가 지급되지 아니하면 보험자는 상당한 기간을 정하여 보험계약자에게 최고하고, 그 기간 안에 지급하지 아니한 때에는 계약을 해지할 수 있다(상법 §650②). 타인을 위한 보험에 있어서 보험계약자가 보험료의 지급을 지체한 경우에는 보험자는 그 타인에게도 상당한 기간을 정하여 보험료의 지급을 최고한 후 그 기간 내에 지급이 없는 때에 그 계약을 해제 또는 해지할 수 있다(상법 §650③).

4. 保險料의 減額 또는 返還請求

보험계약의 당사자가 특별한 위험을 예기하여 보험료의 액을 정한 경우에 그 예기한 위험이 보험기간 중에 소멸한 때에는 보험계약자는 그 후의 보험료의 감액을 청구할 수 있다(상법 §647). 보험계약의 전부 또는 일부가 무효인 경우에 보험계약자나 피보험자 또는 보험수익자는 선의이고 중과실이 없는 때에 한하여 보험자에 대하여 보험료의 전부 또는 일부의 반환을 청구할 수 있다(상법 §648).

제6. 保險期間과 保險料期間

1. 保險期間

보험기간이란 보험사고가 발생한 때에 보험자의 책임이 발생하는 기간으로서 위험기간 또는 책임기간이라고도 한다. 보험기간은 법률(상법 §688, §699, §700)이나, 약관의 다른 규정 또는 다른 특약이 없는 한 보험계약기간과 일치하지만, 실제에 있어서는 특약으로 보험기간을 확정하는 것이 보통이다. 보험기간의 전과 후에 생긴 보험사고에 대하여는 보험자는 책임을 지지 않는 것이 원칙이나, 이러한 보험자의 책임개시시기에 관하여 소급보험과 가보호계약의 두 가지 예외가 있다.

(1) 遡及保險

소급보험은 보험계약의 당사자가 보험기간이 개시되는 시기를 계약 체결 전의 일정한 시점으로 정한 보험을 말한다(상법 §643), 소급보험은 보험계약이 성립하기 전의 약정한 시점부터 보험자의 책임이 개시되며, 보험사고가 이미 발생한 경우에도 보험계약의 체결이 가능하나, 보험자와 피보험자가 보험사고의 발생을 알지 못한 것을 전제로 한다. 따라서 소급보험계약의 체결 시에 보험계약자나 피보험자가 보험사고가 이미 발생하였음을 안 때에는 그 보험계약은 무효가 되며(상법 §644 본문), 보험계약자는 보험자에게 보험료를 반환받을 수 없다(상법 §648).

[판례] 대법원 2002.6.28, 선고 2001다59064 판결

보험계약이 체결되기 전에 보험사고가 이미 발생하였을 경우, 보험계약의 당사자 쌍방 및 피보험자가 이를 알지 못한 경우를 제외하고는 그 보험계약을 무효로 한다는 상법 제644조의 규정은, 보험사고는 불확정한 것이어야 한다는 보험의 본질에 따른 강행규정으로, 당사자 사이의 합의에 의해 이 규정에 반하는 보험계약을 체결하더라도 그 계약은 무효임을 면할 수 없다 고 할 것이다.

⑵ 假保護契約

가보호계약은 보험계약자가 청약을 한 후 최초의 보험료를 지급하기 전이라도 보험계약에 의한 보험기간이 개시될 때까지 보험계약의 목적에 대한 위험을 보험자가 인수하기로 하는 합의를 말한다. 이 합의는 보험계약이 체결되어 보험기간이 개시되거나 보험자가 보험계약자의 청약을 거절하는 때에 그 효력이 종료된다.

가보호계약은 그 체결에 특별한 형식이 요구되지 않으며, 가보호에 대한 대가가 별도로 요구되는 것도 아니다. 다만 본계약이 체결되면 가보호계약과 본계약이 합하여진 기간에 따라 보험료가 산출되며, 본계약이 체결되지 아니한 때에는 가보호기간 동안의 보험료를 산정하여 지급하게 된다(이기수외(보), 123).

2. 保險料期間

⑴ 意 義

보험료기간이란 보험료의 산출을 위한 위험측정의 단위가 되는 기간으로서 보험계약자 등이 보험료지급의무를 부담하는 기간이다. 보험료는 하나의 보험료기간을 단위로 산출하여 일시에 또는 분할하여 지급한다. 손해보험의 경우에는 보험기간과 보험료기간이 일치하는 경우가 대부분이나, 생명보험의 경우에는 보험기간에 비하여 보험료기간이 짧은 경우가 대부분이다.

⑵ 保險料不可分의 原則

보험료불가분의 원칙은 하나의 보험료기간과 그 기간 내의 위험은 불가분적이므로 그 보험료도 불가분성을 가진다는 원칙을 말한다. 따라서 한 보험료기간의 중도에 계약의 효력이 소멸하더라도 보험자는 그 보험료기간 전부의 보험료를 모두 취득하게 되며, 보험계약자는 그 나머지 기간에 상응하는 보험료의 반환을 청구하지 못한다. 다만 약관에서는 보험료기간의 중도에 보험계약이 해지 또는 실효된 때에 남은 기간에 대해 일할(日割)로 계산한 보험료를 보험계약자에게 반환한다는 규정을 두고 있다.

제3절 保險契約의 締結

제1. 保險契約의 成立

1. 意 義

보험계약은 불요식의 낙성계약이므로 보험계약자의 청약에 대하여 보험자가 승낙함으로써 성립된다. 청약과 승낙에는 민법의 일반원칙과 상법의 특별규정이 적용되며, 특별한 방식이 요구되지 않는다. 다만 실제에서는 보험계약의 청약자가 보험설계사 등의 권유에 의하여 보험계약청약서에 일정한 사항을 기재한 후 최초 보험료와 함께 보험설계사 등에게 교부하고, 보험자가 이 청약서와 기타 사항을 검토한 다음에 승낙 여부를 보험계약자에게 통지한다.

2. 諾否通知義務와 承諾擬制

보험자가 보험계약의 청약과 함께 보험료 상당액의 전부 또는 일부의 지급을 받은 때에는 다른 약정이 없으면 30일 내에 그 상대방에 대하여 승낙 여부의 통지를 발송하여야 한다. 인보험계약의 피보험자가 신체검사를 받아야 하는 경우에는 그 기간은 신체검사를 받은 날부터 기산한다(상법 §638의 2①). 보험자가 위의 낙부통지기간 내에 승낙 여부의 통지를 해태한 때에는 그 청약을 승낙한 것으로 의제된다(상법 §638의2②).

3. 承諾前의 保險者의 責任

보험계약자의 청약에 대하여 보험자가 승낙하기 전에는 보험자의 책임은 원칙적으로 발생하지 않는다. 그러나 보험자가 보험계약자로부터 보험계약의 청약과 함께 보험료에 상당하는 금액의 전부 또는 일부를 받은 경우에 그 청약을 승낙하기 전에 보험계약에서 정한 보험사고가 생긴 때에는 그 청약을 거절할 사유가 없는 한 보험자는 보험계약상의 책임을 부담한다. 이 경우 청약을 거절할 사유가 존재하는가에 대한 입증책임은 보험자가 진다. 다만 인보험계약에 있어서는 피보험자가 신체검사를 받아야 하는 경우에는 그 검사를 받은 때에 한하여 보험자의 책임이 인정된다(상법 §638의 2③).

제2. 保險約款의 交付 및 說明義務

1. 意 義

보험계약을 체결할 때 보험자는 청약자에게 보험약관을 교부하고 그 중요한 내용을 미리 설명하여야 한다(상법 §638의 3①). 보험자의 보험약관 교부 및 설명의무는 보험계약자가 보험약관의 중요한 내용을 알고 보험계약을 체결함으로써 그 이익을 보호할 수 있도록 법률이 특별히 정하고 있는 의무이다.

2. 適用範圍

보험자의 약관 교부 및 설명의무는 손해보험이든, 인보험이든 보험계약자가 청약을 하는 모든 경우에 인정된다. 보험계약의 갱신 시에는 약관이 변경된 때에 한하여 보험자는 변경 약관의 교부와 설명의무를 진다. 그러나 보험목적이 양도된 경우에는 보험자는 양수인에 대해서는 이 의무를 지지 않는다.

3. 義務의 內容

보험자는 보험계약의 청약자로부터 청약서를 교부받기 전에 약관을 교부하여야 하고, 특히 보험계약에 있어서 보험계약자의 이해관계에 영향을 미치는 약관의 중요한 사항에 대해서는 별도로 설명하여야 한다. 약관의 중요한 내용으로는 보험료와 그 지급기간, 보험금액과 보험기간, 보험사고의 범위와 보험자의 면책사유, 보험계약의 해지사유 등이다.

4. 義務違反의 效果

보험자가 약관의 교부 및 설명의무를 위반한 때에는 보험계약자는 보험계약이 성립한 날로부터 1개월 이내에 그 계약을 취소할 수 있다(상법 §638의 3②). 보험계약자가 이 의무 위반을 이유로 보험계약을 취소한 때에는 그 계약은 소급하여 무효가 되므로 보험자는 그 받은 보험료를 반환하여야 한다. 보험약관의 교부와 그 중요한 내용을 설명하였다는 사실에 대한 입증책임은 보험자에게 있다.

보험자가 약관의 교부ㆍ설명의무를 위반하였으나, 1개월 내에 취소하지 않은 때에는 그 보험계약의 효력은 인정된다고 보아야 한다. 이 경우 보험자가 약관의 중요한 내용을 설명하지 아니하고 보험계약을 체결한 경우에는, 설명을 하지 아니한 약관은 약관규제법 제3조에 의하여 계약의 내용으로 주장할 수 없으므로 약관의 구속력이 인정되지 아니하며, 임의법규나 관습 등이 적용된다. 또한 보험자가 약관의 내용과 다른 설명을 한 때에는 보험자가 설명해준 내용이 보험계약의 내용으로 된다는 것이 학설과 판례이다.

제3. 告知義務

1. 總 說

(1) 意 義

고지의무라 함은 보험계약자 또는 피보험자가 보험계약을 체결함에 있어서 보험자에게 중요한 사실을 고지하고, 중요한 사실에 관하여 부실한 사실을 알리지 아니할 의무를 말한다(상법 §651). 즉 고지의무는 보험계약의 성립 전에 보험사고의 발생에 관계되는 진실한 사실을 보험자에게 알려야 하는 의무로서 보험계약의 체결시에 부담하는 특수한 의무이다.

(2) 法的 性質

고지의무란 보험계약의 효력으로서 발생하는 의무가 아니라, 의무자가 고의 또는 중과실로 이에 위반하면 보험자는 이를 이유로 계약을 해지할 수 있을 뿐이다. 따라서 고지의무는 이같은 불이익을 피하기 위한 보험계약자 등의 간접의무 또는 자기의무로서 계약체결의 전제조건이 된다.

(3) 根 據

고지의무의 근거에 관하여 선의설과 합의설 등이 있으나 위험측정설이 통설이다. 즉 보험단체 내부에 있어서 보험금액과 보험료의 총액이 상호 균형을 유지하도록 하여야 하고 이를 위해서는 보험자가 스스로 위험선택의 자료를 파악해야 하지만, 실제

보험자가 위험자료를 모두 수집하는 것은 현실적으로 불가능하므로, 보험계약자나 피보험자에 대하여 위험의 측정에 영향을 미칠 중요한 사항을 고지하도록 하는 것이다.

2. 告知義務의 當事者

(1) 고지의무자

고지의무자는 보험계약자와 피보험자이다(상법 §651). 타인을 위한 손해보험의 경우에 보험계약의 체결에 관하여 그 타인의 위임이 없는 때에는 보험계약자는 이를 보험자에게 고지하여야 하며(상법 §639①), 보험자는 그 타인에게 통지하여 고지의무를 이행시킬 수 있다. 그러나 그 고지가 없는 때에는 보험계약자는 타인이 그 보험계약의 체결사실을 알지 못하였다는 사유로 보험자에게 대항하지 못한다. 보험계약자가 수인인 경우에는 각자가 고지의무를 부담한다. 보험계약자의 대리인이 보험계약을 체결하는 경우에는 그 대리인도 고지의무를 진다(상법 §646, 민법 §116).

(2) 고지의 상대방

고지의 상대방은 보험자 및 그 대리인이다. 체약보험대리상은 보험계약의 체결에 관하여 대리권을 가지므로 고지수령권도 있으나, 중개보험대리점이나 보험중개사 또는 보험모집인에게는 대리권이 없으므로 고지수령권도 없다. 다만 생명보험의 보험의는 피보험자의 신체검사를 실시하므로 고지수령권을 가진다고 보는 것이 일반적이다.

3. 告知事項

고지할 사항은 중요한 사항이다. 즉 보험자가 보험사고발생의 개연성을 측정하여 보험의 인수 여부 및 보험료의 수액을 결정하는데 영향을 미칠 수 있는 사실이다. 따라서 보험자에게 유리한 사실이나 보험자가 이미 알고 있는 사실은 고지할 필요가 없다(상법 §651 단서).

그러나 보험계약자나 피보험자가 고지해야 할 사항인지 여부를 구체적으로 파악하는 것이 어려우므로 실제 거래계에서는 보험계약의 청약서나 별도의 고지서에 고지의무의 대상이 되는 중요한 사항을 질문의 형식으로 열거해 놓고, 보험계약의 체결시에 그 해당 여부를 기재토록 함으로써 고지하도록 하고 있다. 이를 특히 질문표라 한다. 보험자가 질문표에서 질문한 사항은 중요한 사항으로 추정된다(상법 §651의 2).

4. 告知의 時期와 方法

(1) 고지의 시기

고지의무는 보험계약이 성립될 때까지 이행되어야 한다. 고지의무의 위반여부도 계약의 성립 시를 기준으로 판단된다. 따라서 계약 성립 후에 고지사항의 변경 또는 추가는 고지의무의 위반이 된다. 보험계약을 갱신하는 때에는 그 때를 기준으로 중요한 사항을 고지하여야 한다.

(2) 고지의 방법

고지의 방법에 대한 법률상의 제한은 없으므로 서면은 물론 구두로 하여도 무방하다. 실제에 있어서는 질문표에 기재하는 방식으로 한다.

5. 告知義務의 違反

(1) 告知義務違反의 요건

보험계약자 또는 피보험자가 보험계약을 체결할 때 고의 또는 중대한 과실로 보험자에게 중요한 사실을 고지하지 않거나 부실하게 고지하면 고지의무의 위반이 된다.

1) 主觀的 要件　고지의무의 위반에 관하여 보험계약자나 피보험자에게 고의 또는 중대한 과실이 있어야 한다. 여기서 「고의」란 중요한 사실의 존재를 알면서 고지하지 않거나 또는 사실과 다르게 고지한 것을 말하며, 중대한 과실이란 보험계약자 등이 조금만 주의를 기울였으면 제대로 고지할 수 있었을 것인데 그 주의를 다하지 아니함으로써 고지하지 못했거나 또는 부실하게 고지한 경우를 말한다. 다만 중대한 과실에 관하여, 불고지 또는 부실고지에 관하여 중대한 과실이 있는 경우뿐만 아니라 중요한 사실을 알지 못한데 대하여 중대한 과실이 있는 경우도 포함하는가에 관하여 학설이 대립하고 있다.

이에 관하여 부정설은 중대한 과실로 중요한 사실을 알지 못한 경우도 고지의무 위반으로 본다면 보험계약자 등에게 적극적인 탐지의무를 인정하게 되는데, 고지의무는 고지의무자가 알고 있는 사실을 고지하도록 하는데 있는 것이지 이러한 탐지의무를 부담시키는 것은 아니므로 이를 부정하는 것이 타당하다고 한다. 이에 대해 긍정설은 고의와 거의 동일시되는 중대한 과실로 중요한 사항을 인식하지 못한 사람을 보호하지 않는 것이 상법 第651조의 취지라고 본다면 이를 포함시키는 것이 타당하다고 한다.

2) **客觀的 要件** 중요한 사실에 대한 불고지 또는 부실고지가 있어야 한다. 불고지라 함은 중요한 사항을 알리지 않는 것(黙秘)을 말하며, 부실고지는 사실과 달리 허위의 진술을 한 것을 뜻한다. 중요한 사실 여부는 보험계약의 성질에 따라 결정해야 할 사항이나, 질문표의 질문사항에 대하여 고지하지 않거나 부실하게 고지하면 고지의무의 위반이 된다.

3) **立證責任** 고지의무위반의 요건에 대한 입증책임은 보험자에게 있다.

(2) 告知義務 違反의 效果

1) **保險者의 解止權** 보험계약이 성립된 후 고지의무의 위반이 있으면 보험사고의 발생 전후를 불문하고 보험자는 보험계약을 해지할 수 있다(상법 §651 본문). 보험자의 해지권은 형성권으로서 장래에 향하여 효력이 발생되므로, 보험자가 보험계약을 해지하여도 이미 수령한 보험료를 반환할 필요는 없다. 보험사고가 발생한 후 계약을 해지한 때에는 보험금을 지급할 필요가 없으며, 이미 지급한 보험금의 반환을 청구할 수 있다(상법 §655 본문). 다만 고지의무위반사항과 보험사고의 발생 사이에 인과관계가 없다는 사실을 보험계약자측이 입증한 경우에는 보험자는 보험금을 지급하여야 한다(상법 §655 단서). 또한 생명보험의 보험자는 고지의무위반으로 인한 보험계약해지 시에도 보험수익자를 위하여 적립한 미경과보험료를 반환하여야 한다(상법 §736①).

2) **解止權의 排除** 고지의무위반이 있더라도 보험자가 중요한 사실을 알았거나 중대한 과실로 알지 못한 때에는 보험자의 해지권은 인정되지 아니한다(상법 §651 단서). 보험자가 자기의 과실에 의하여 위험을 선택한 것이므로 그 해지권을 제한하는 것이다(정찬형(하), 551). 이 때 보험자에는 보험대리점과 보험의 등 고지수령권이 있는 자가 포함된다. 이들 보험자 측의 고의 또는 중과실은 고지의무를 부담하는 자가 입증하여야 한다.

고지의무위반사항과 보험사고의 발생 사이에 인과관계가 없음이 입증된 경우(상법 §655 단서)에도 보험자의 해지권이 배제되는가에 대하여 학설이 나뉜다. 긍정설은 이 경우에도 보험자의 해지권이 배제되어 보험자는 보험계약을 해지할 수 없다고 한다. 이에 대해 부정설은 이 경우에 고지의무의 위반이 있는 이상 보험자는 보험계약을 해지할 수 있으나, 다만 이미 발생한 보험사고에 대해 보험금은 지급하여야 한다고 해석한다. 긍정설이 다수설이고 판례의 입장이다.

생각건대 상법 제651조는 고지의무의 위반이 있으면 보험사고 발생 전후를 불문하고 보험계약을 해지할 수 있도록 하고, 상법 제655조는 보험사고의 발생 후 고지의무 위반으로 인한 보험계약의 해지 시 보험금의 지급에 관하여 규정한 것이고 동조 단서는 그 예외를 정한 것이므로 부정설이 타당하다.

3) **解止權의 除斥期間** 고지의무위반에 의한 계약해지권은 보험자가 그 사실을 안 날로부터 1개월, 계약을 체결한 날로부터 3개월이 경과하면 소멸된다(상법 §651 본문). 이 기간은 제척기간이다.

6. 告知義務違反과 錯誤 또는 詐欺의 關係

고지의무의 위반이 동시에 보험자의 착오 또는 보험계약자 등의 사기와 경합하는 경우에 보험자는 해지권 외에 민법상의 취소권도 행사할 수 있는가에 관하여 고지의무위반이 민법상의 착오 또는 사기에 해당하는 경우에 상법에 의하여 해지할 수 있을 뿐만 아니라 민법에 의하여 취소도 할 수 있다는 중복적용설, 상법만 적용된다는 상법단독적용설, 착오의 경우에는 민법의 적용이 배제되고 사기의 경우에는 민법이 중첩적으로 적용된다는 착오·사기구별설이 있다. 이 마지막 설이 통설이다.

생각건대 보험계약자가 고지의무를 위반한 보험계약이 체결된 경우에는 일반적으로 보험자의 착오가 수반될 것이므로, 상법의 고지의무위반에 관한 규정은 민법의 착오에 관한 규정의 특별규정으로 보아 상법만 적용해도 무방하다. 그러나 고지의무의 위반에 보험계약자의 사기가 있는 경우에는 보험이 도박이나 보험범죄로 악용될 우려가 있으므로 이를 방지하기 위해서도 상법 외에 민법을 적용함으로써 보험자가 그 보험계약을 취소할 수 있도록 하는 것이 바람직하다. 따라서 착오·사기구별설이 타당하다.

제4절 保險契約의 效果

제1. 保險者의 義務

1. 保險證券交付義務

보험계약이 성립한 때에 보험자는 지체없이 보험증권을 작성하여 보험계약자에게 교부하여야 한다(상법 §640①). 보험계약자가 보험료의 전부 또는 최초보험료를 지급하지 아니하면 그 교부의무는 없다(상법 §640① 단서). 종전 보험계약을 연장 또는 변경한 경우에는 종전 보험증권에 그 사실을 기재함으로써 새로운 보험증권의 교부에 갈음할 수 있다(상법 §640②). 보험증권이 멸실 또는 현저하게 훼손된 경우 보험계약자가 자기의 비용으로 재교부를 청구한 때에는 보험자는 보험증권을 재교부하여야 한다(상법 §642).

2. 保險金支給義務

⑴ 意 義

보험자는 보험기간 중에 보험사고가 발생한 경우에는 보험계약에서 정하는 보험금액 기타 급여를 지급하여야 한다(상법 §638).

⑵ 保險金支給義務의 發生

보험자의 보험금지급의무는 원칙적으로 최초의 보험료의 지급을 받은 때로부터 보험기간이 종료할 때까지 발생한 보험사고에 대해서만 있다(상법 §656). 즉 보험계약자가 보험자에게 보험료를 지급하고, 보험계약에서 정한 보험사고가 보험기간 내에 발생한 경우에 보험자에게 보험금지급의무가 발생한다. 보험자의 책임은 원칙적으로 최초 보험료의 지급을 받은 때로부터 개시되므로, 보험계약이 성립한 후에 보험사고가 발생하여도 보험료를 지급하기 전에는 보험자의 보험금지급의무가 생기지 않는다.

그러나 예외적으로 보험자가 보험계약자로부터 보험계약의 청약과 함께 보험료 상당액의 전부 또는 일부를 받은 경우에 보험자가 그 청약을 승낙하기 전에 보험계약에서 정한 보험사고가 생긴 때에는 보험자는 그 청약을 거절할 사유가 없는 한 보험계약상의 책임을 진다(§638의 2③ 본문). 다만 인보험의 피보험자가 신체검사를 받아야 하는 경우에 그 검사를 받지 아니한 때에는 그러하지 아니한다(§638의 2③ 단서).

(3) 免責事由

1) 戰爭 기타 變亂에 의한 保險事故 보험사고가 전쟁 기타 변란으로 인하여 생긴 때에는 당사자 간에 다른 약정이 없는 한 보험자는 보험금을 지급할 책임이 없다(상법 §660). 이러한 사고는 일반적으로 보험사고 발생의 위험산정에 포함되지 않기 때문이다. 이러한 위험을 인수하는 경우에는 그 만큼 보험료가 증가되므로, 보험자는 보험계약자와의 특약에 의하여 추가보험료를 받고 이러한 위험을 인수할 수 있다.

2) 保險契約者 등의 故意 또는 重過失에 의한 保險事故 보험사고가 보험계약자 또는 피보험자나 보험수익자의 고의 또는 중대한 과실로 인하여 생긴 때에는 보험자는 보험금액을 지급할 책임이 없다(상법 §659). 이들의 고의나 중과실에 의한 사고로 발생한 손해까지 보상하는 것은 보험사고의 우연성에 어긋날 뿐만 아니라 자칫 보험사기나 보험도박에 악용될 우려가 있기 때문이다.

보험계약자나 피보험자 등의 배우자나 동거가족 또는 사용인, 법인이 보험계약자 또는 피보험자일 경우에는 그 기관 등과 같은 특수한 관계에 있는 제3자의 고의 또는 중과실이 있는 때에 보험자가 책임을 면한다는 독일의 대표자책임이론이 적용되는가에 관하여 긍정설과 부정설이 대립하고 있다. 보험약관에서 이에 관한 보험자의 면책조항을 정하고 있으면 유효하나, 그렇지 않은 때에는 보험자는 특별한 사정이 없는 한 보험금의 지급책임을 부담한다고 해석하는 것이 우리나라의 다수설이다.

보험계약자 등의 고의 또는 중과실에 의한 보험사고에 대해 보험자가 책임을 진다는 약정을 할 수 있는가에 관하여 고의의 경우에는 사회질서에 어긋나므로 무효이나, 중과실의 경우에는 유효하다는 것이 통설이다.

다만 인보험에 있어서 특히 사망보험의 경우 보험사고가 보험계약자 또는 피보험자 및 보험수익자의 중대한 과실로 인하여 생긴 경우에도 보험자는 보험금액의 지급책임을 진다(상법 §732의 2). 또 약관에서는 피보험자의 자살도 면책사유에 포함되나, 보험계약의 책임개시일 또는 부활청약일로부터 일정한 기간(2년)이 경과된 때에는 면책사유에서 제외하고 있다.

3) 保險契約의 解止 보험자가 보험료 지급의 해태, 고지의무의 위반, 위험변경 증가에 대한 통지의무 해태, 보험계약자 등의 고의나 중과실로 인한 위험증가 등의 사유로 보험계약을 해지한 때에는(상법 §650, §653) 보험금의 지급책임이 없고, 이미 보험금을 지급한 때에는 그 반환을 청구할 수 있다(상법 §655 본문).

4) 約款에 의한 免責事由 각종 보험약관에서는 법정면책사유 이외에 보험자의 면책사유를 규정하고 있다. 이러한 보험약관상의 면책사유는 상법 보험편의 규정을 보험계약자 또는 피보험자, 보험수익자의 불이익으로 변경하지 않는 한 유효하며, 그 범위에서 보험자는 보험금지급책임을 면한다.

⑷ 保險金의 支給時期

보험자는 보험금액의 지급에 관하여 약정기간이 있는 경우에는 그 기간 내에, 약정기간이 없는 경우에는 보험사고 발생의 통지(상법 §657)를 받은 후 지체없이 지급할 보험금액을 정하고 그 정하여진 날로부터 10일 내에 피보험자 또는 보험수익자에게 보험금액을 지급하여야 한다(상법 §658).

⑸ 消滅時效

보험금지급의무는 2년의 시효에 의해 소멸한다(상법 §658). 이 시효기간은 약관으로도 단축할 수 없다.

3. 保險料返還義務

⑴ 保險契約의 無效

보험계약의 전부 또는 일부가 무효인 경우에 보험계약자와 피보험자 또는 보험수익자가 선의이며 중대한 과실이 없는 때에는, 보험자는 보험료의 전부 또는 일부를 반환하여야 한다(상법 §648).

⑵ 未經過保險料의 返還

보험계약자가 보험사고의 발생 전에 계약을 해지한 경우에 보험자는 미경과보험료를 반환하여야 한다(상법 §649③). 미경과보험료는 보험계약을 해지한 시점 이후의 보험료기간에 해당하는 보험료를 말한다. 보험료기간의 중간에 보험계약이 해지된 경우 그 보험료기간의 보험료는 보험료불가분의 원칙에 의하여 보험자에게 귀속되어야 할 것이나, 상법은 보험계약자를 위하여 해지 시점 이후의 보험료를 보험계약자에게 반환하게 한 것이다.

생명보험에 있어서 보험계약이 해지된 때에는 보험자는 보험수익자를 위하여 적립한 금액을 보험계약자에게 반환하여야 한다(상법 §736 본문). 보험수익자를 위하여 적립한 금액이란 보험자가 결산기마다 적립하여야 할 책임준비금으로서 미경과보험료와 보험료적립금으로 구성된다. 그러나 보험사고가 보험계약자의 고의 또는 중대한 과실로 생긴 때에는 그 지급의무가 없다(상법 §736 단서).

(3) 消滅時效

보험료반환의무의 소멸시효기간은 2년이다(상법 §662).

제2. 保險契約者와 被保險者 및 保險受益者의 義務

1. 保險料支給義務

(1) 意 義

보험계약자는 보험자에 대하여 보험료를 지급하여야 한다. 보험료는 보험금액을 기초로 보험사고 발생의 개연율에 따라 산정되며, 보험계약자 등은 보험료를 일시 지급 또는 분할지급의 방법으로 보험자에게 지급한다.

(2) 支給義務者

보험료의 지급의무를 부담하는 자는 보험계약자이나, 타인을 위한 보험에 있어서 보험계약자가 파산선고를 받거나 보험료의 지급을 지체한 때에는 피보험자 또는 보험수익자도 그 권리를 포기하지 않는 한 보험료지급의무를 부담한다(상법 §639③).

(3) 支給時期

보험료는 특약이 없는 한 보험계약의 체결 후 지체없이 지급하여야 하나, 보험료를 분할하여 지급하는 경우에는 최초의 보험료는 계약체결 후 지체없이 지급하여야 하며, 2회 이후의 계속보험료는 약정한 시기에 지급하여야 한다(상법 §650).

(4) 支給場所

보험료지급의무는 지참채무이므로, 특별한 정함이 없으면 보험료의 지급장소는 보험자의 영업소이다(상법 §56).

(5) 支給手段

보험료의 지급은 보통 금전에 의하나, 어음이나 수표로써 보험료를 지급하는 경우에 보험료 지급의 효력이 언제 생기는지 문제된다. 이에 관하여 학설은 그 지급시기에 관하여 어음과 수표 모두에 대하여 동일하게 보는 견해와 어음과 수표를 구분하여 달리 보는 견해로 나누어진다.

1) **解除條件附 代物辨濟說** 어음이나 수표를 보험료로써 교부한 때에는 어음의 경우든 수표의 경우든 그 지급거절을 해제조건으로 하여 어음·수표의 교부 시에 대물변제가 있는 것으로 보는 견해이다. 즉 어음이나 수표를 보험료로 교부한 때에는 그 교부 시에 보험료 지급의 효력이 발생하며, 후일 그 어음이나 수표가 지급되지 아니한 때에는 교부 시에 소급하여 그 지급의 효력이 상실된다고 한다(채이식(상Ⅳ) 489).

2) **猶豫說** 보험료로 어음이나 수표를 교부한 때에는 그 부도를 해제조건으로 하여 보험료의 지급을 유예한 것으로 보는 견해이다. 이 견해에 의하면 보험료 지급의 효력은 후일 어음·수표의 지급 시에 생기나, 보험자의 책임은 그 교부 시부터 계속 존속하게 된다고 한다(정동윤(하) 525, 최준선(보) 121).

3) **停止條件說** 보험자가 어음이나 수표를 보험료로서 교부받은 때에는 결제를 정지조건부로 하여 보험료로서 교부받은 것으로 보는 견해이다. 따라서 이 견해에서는 보험료로 어음 또는 수표를 교부받은 후에 그 결제 전에 보험사고가 발생한 경우에는 보험자는 원칙적으로 보험금지급책임이 없다고 본다. 다만 어음의 지급기일 이전에 보험자가 보험기간이 명시된 보험증권을 교부한 때에는 어음의 교부를 보험료 지급에 갈음한다는 묵시적 합의가 있는 것으로 추정할 수 있거나 보험기간의 개시에 관한 특약이 있는 것으로 볼 수 있으므로, 보험자는 보험금지급책임을 부담한다고 한다(정찬형(하), 575).

4) **어음·手票 區別說** 어음은 신용증권이므로 어음으로써 보험료를 지급하는 때에는 그 지급기일까지 보험료의 지급을 유예한 것으로 보고, 수표는 지급증권이므로 수표로써 보험료를 지급하는 경우에는 지급인의 지급거절을 해제조건으로 하여 그 교부 시에 대물변제가 있다고 보고, 다만 선일자수표에 대해서는 어음의 경우와 같이 취급하여야 한다는 견해이다(양승규 148). 이 견해에 의하면 보험자의 책임은 어음이든 수표이든 그 교부 시에 발생한다.

생각건대 자기앞수표는 현금과 같이 취급되므로 자기앞수표를 교부한 경우에는 금전으로 지급한 경우와 동일하게 보아야 하나, 어음이나 그 밖의 수표를 기존채무의 지급에 갈음하여 수수하는 것은 당사자 간에 특약이 있는 경우에 인정되는데, 보험료로써 어음이나 수표를 교부하는 경우에 비록 부도를 해제조건으로 하더라도 그 교부를 대물변제로 보는 것은 설득력이 약하다. 보험료로 어음이나 수표를 교부하는 경우에도 지급을 위하여 교부하는 것으로 보는 것이 어음·수표의 일반 법리에 비추어 타당하다. 다만 이 경우에 어음이나 수표에 대한 결제를 정지조건부로 보아 그 지급 전에 보험사고가 발생한 경우에 보험금지급의무가 없다고 보는 것도 보험계약자 또는 피보험자의 입장에서는 가혹하다. 따라서 어음이나 수표를 보험료로 교부한 경우에, 다른 특약이 없는 한, 보험자가 보험계약자 등에 대해 어음·수표의 지급 시까지 보험료의 지급을 유예한 것으로 보는 것이 합리적이다. 유예설이 타당하다.

다만 보험료로 선일자수표를 교부한 경우에 그 교부한 날에 보험료지급의 효력을 인정할 수 있는가에 관하여 판례와 학설의 다툼이 있다. 판례는 소급보험에 있어서 선일자수표를 받은 날을 제1회 보험료의 수령일로 보아서는 안 된다고 하나, 학설로서는 선일자수표의 경우도 교부한 날에 보험료를 지급한 것으로 보는 견해가 있다. 선일자수표도 수표상의 발행일자 전에 지급제시를 할 수 있으므로 다른 수표와 달리 볼 것이 아니며, 따라서 원칙적으로 그 지급 때까지 보험료의 지급이 유예된 것으로 보는 것이 타당하다.

[판례] 대법원 1989.11.28, 선고 88다카33367 판결

보험약관상에 보험자가 제1회 보험료를 받은 후 보험청약에 대한 승낙이 있기 전에 보험사고가 발생한 때에는 제1회 보험료를 받은 때에 소급하여 그때부터 보험자의 보험금지급 책임이 생긴다고 되어 있는 경우에 이 사건과 같은 생명보험의 모집인이 그의 권유에 응한 청약의 의사표시를 한 보험계약자로부터 제1회 보험료로서 선일자수표를 발행받고 보험료 가수증을 해준 경우에는 비록 보험모집인이 … 소속보험회사의 사용인으로서 보험계약의 체결대리권이나 고지수령권이 없는 중개인에 불과하다 하여도 오늘날의 보험업계의 실정에 비추어 제1회 보험료의 수령권이 있음을 부정할 수는 없으나 그렇더라도 그가 선일자수표를 받은 날을 보험자의 책임발생 시점이 되는 제1회 보험료의 수령일로 보아서는 안 된다.

(6) 支給懈怠의 效果

보험계약이 성립한 후 최초의 보험료가 지급되지 아니한 때에는 보험자의 책임이 개시되지 아니하며(상법 §656), 계약 성립 후 2개월 내에 최초 보험료가 지급되지 아니한 때에는 보험계약은 해지된 것으로 의제된다(상법 §650①).

계속보험료가 약정된 시기에 지급되지 아니한 때에도 보험자는 상당한 기간을 정하여 최고를 하고, 그 기간 내에도 보험료가 지급되지 아니한 때에는 계약을 해지할 수 있다(상법 §650②). 이 경우 타인을 위한 보험에 있어서는 보험자는 그 타인에 대해서도 상당한 기간을 정하여 보험료의 지급을 최고한 후 그 기간 내에 지급이 없으면 비로소 계약을 해지할 수 있다(상법 §650③).

보험약관에서 보험계약자가 제2회 이후의 보험료를 일정한 유예기간 내에 납입하지 않으면, 보험자가 최고나 해지의 의사표시를 하지 않더라도 보험계약의 효력은 자동적으로 상실한다는 규정을 하는 경우가 있다. 이를 실효약관(失效約款)이라고 한다. 이 실효약관에 관하여 학설에서는 그 효력을 인정하는 긍정설도 있으나, 대법원 판례는 상법 제663조의 불이익변경금지의 원칙 등에 위배되어 무효라고 보고 있다.

(7) 消滅時效

보험계약자 등의 보험료지급의무의 소멸시효기간은 1년이다(상법 §662).

2. 通知義務

(1) 保險事故 발생의 通知義務

보험계약자와 피보험자 또는 보험수익자는 보험사고의 발생을 안 때에는 보험자에 지체없이 통지하여야 한다(상법 §657①). 보험자가 사고의 발생을 안 때에는 보험자에 대한 통지의무가 없다. 보험자에 대하여 손해의 유무나 범위의 파악, 권리보전 등의 필요한 조치를 취할 수 있게 하기 위한 것이다. 보험사고 발생의 통지의무를 해태함으로써 손해가 증가된 때에는 보험자는 그 증가된 손해를 보상할 책임이 없다(상법 §657②).

(2) 危險變更・增加의 通知義務

1) 意 義 보험기간 중 보험계약자 또는 피보험자가 보험사고 발생의 위험이 현저하게 변경 또는 증가된 사실을 안 때에는 지체없이 보험자에게 통지하여야 한다(상법 §652①). 즉 보험계약자 또는 피보험자의 고의 또는 중과실에 의하지 않고 위험이 객관적으로 현저하게 변증 또는 증가된 경우에 그 사실을 통지하도록 한 것이다. 위험이 현저하게 변경 또는 증가되었다고 하기 위해서는 보험계약 체결 당시에 그러한 사실이 존재하였다면 보험자가 그 계약을 체결하지 않았거나 또는 적어도 그 보험료로는 보험을 인수하지 않았을 것으로 인정되는 경우를 말한다.

2) 法的 性質 보험계약자가 위험 변경・증가의 통지의무를 위반한 경우에 보험자는 계약의 해지를 할 수 있고, 이 때에 보험계약자는 보험상의 이익을 받을 수 없는데 그치므로 이 의무의 법적 성질은 간접의무이다.

3) 通知의 效果 보험자가 보험계약자 또는 피보험자로부터 위험이 현저하게 변경 또는 증가되었다는 통지를 받은 때에는 1월내에 보험료의 증액을 청구하고 보험계약자가 응하지 않으면 계약을 해지할 수 있다(상법 §652②).

4) 通知懈怠의 效果　보험계약자 또는 피보험자가 이 통지의무를 해태한 경우에는 보험자는 그 사실을 안 날로부터 1월 이내에 계약을 해지할 수 있다(상법 §652① 단서). 이 경우 보험자는 보험금을 지급할 의무가 없으며, 이미 보험금을 지급한 때에는 그 보험금의 반환을 청구할 수 있다(상법 §655 본문). 다만 보험계약자 등이 위험의 변경·증가 사실과 보험사고의 발생 사이에 인과관계가 없음을 증명한 때에는 보험금의 지급을 거절하지 못한다(상법 §655 단서).

3. 危險의 維持義務

보험계약자·피보험자·보험수익자는 보험기간 중에 보험자의 동의없이 보험사고 발생의 위험을 현저하게 변경하거나 증가시키지 아니할 의무를 부담한다. 보험기간 중에 보험계약자나 피보험자 또는 보험수익자의 고의나 중과실에 의하여 사고발생의 위험이 현저하게 변경 또는 증가된 때에는 보험자는 그 사실을 안 날로부터 1개월 내에 보험료의 증액을 청구하거나 계약을 해지할 수 있다(상법 §653). 보험자는 보험사고의 발생 후에도 위험의 현저한 변경 또는 증가의 사실을 안 날로부터 1개월이 경과되지 않는 한 계약을 해지할 수 있으며, 이 경우에는 보험금 지급의 책임을 면한다. 그러나 이 경우에도 보험계약자 등이 위험이 현저하게 변경 또는 증가된 사실과 보험사고 발생 사이에 인과관계가 없음을 입증하여 보험금의 지급을 청구할 수 있는 것은 위험의 객관적 변경·증가의 경우와 같다(상법 §655).

제3. 保險證券

1. 意 義

보험증권은 보험계약이 성립한 후에 보험계약의 내용을 증명하기 위하여 보험자가 발행하여 보험계약자에게 교부하는 증권이다(상법 §666, §640①).

보험증권은 보험계약의 성립 내지 효력발생 요건이 아니며 그 기재내용에 관한 특별한 증거력이 인정되는 것도 아니나, 보험계약자가 이의 없이 수령한 때에는 보험계약의 성립과 내용에 관하여 사실상 추정적 효력이 인정되므로 증거증권에 속한다. 또한 보험자가 보험증권 소지인에 대하여 악의 또는 중대한 과실 없이 보험금을 지급한 때에는 면책되므로 보험증권은 면책증권이다.

2. 方 式

보험증권에는 상법 제666조에서 정하는 일반적인 기재사항과 보험의 종류에 따른 특수한 기재사항(상법 §685, §690, §695, §728, §738)을 기재하고 보험자가 기명날인 또는 서명하여야 한다(상법 §666, §640①). 보험증권은 요식증권이지만 그 요식성은 엄격한 것이 아니므로, 법정기재사항이 일부 기재되지 아니하여도 중요한 사항이 아닌 한 증권의 효력에는 영향이 없다.

보험계약의 당사자는 당사자 간의 약정이 있는 때에는 1개월을 내리지 않는 일정한 기간 내에 보험증권의 기재내용에 관하여 이의를 제기할 수 있다(상법 §641). 이러한 약정이 없는 때에는 보험계약의 존속 중에 언제든지 이의를 제기할 수 있다.

3. 保險證券의 交付

보험계약이 성립한 때에 보험자는 보험계약자의 청구가 없더라도 지체없이 보험증권을 작성하여 보험계약자에게 교부하여야 한다. 다만 보험계약자가 보험료의 전부 또는 최초의 보험료를 지급하지 않은 때에는 이 의무가 없다(상법 §640①). 종래의 보험계약을 연장하거나 변경한 경우에는 기존 보험증권에 그 사실을 기재함으로써 새로운 보험증권의 교부에 갈음할 수 있다(상법 §640②).

보험증권이 교부된 후 멸실되거나 현저하게 훼손된 때에는 보험계약자는 자기의 비용부담으로 보험증권의 재교부를 청구할 수 있다(상법 §642). 다만 후술하는 바와 같이 유가증권성이 인정되는 운송보험증권 등이 유통 중에 멸실·훼손된 경우에는 공시최고절차에 의한 제권판결을 받아야 재교부를 청구할 수 있다고 할 것이다.

4. 保險證券의 有價證券性

(1) 無記名式 또는 指示式 發行의 可能性

손해보험증권에는 보험계약자의 성명은 기재되나 피보험자의 성명은 기재되지 아니하므로(상법 §666) 자기를 위한 손해보험의 보험증권은 기명식이나, 타인을 위한 손해보험의 보험증권은 무기명식이다(상법 §639①).

인보험증권에는 보험수익자가 지정된 때에는 보험수익자의 성명을 기재하여야 하므로 기명식이 원칙이나(상법 §728), 계약 성립 후 보험수익자가 지정되는 때에는 무기명식이 된다(상법 §733①·②).

보험증권을 지시식으로 발행할 수 있는가에 관하여 운송물이나 임치물을 보험의 목적으로 하는 보험증권은 그 운송증권 또는 창고증권과 함께 유통시킬 필요가 있으므로 지시식 발행이 허용된다. 그러나 인보험계약에서는 보험수익자의 변경에는 보험자에 대한 통지가 대항요건이며(상법 §734, §739) 타인의 사망보험에서는 피보험자의 동의가 요구되므로(상법 §731②), 인보험증권의 지시식 발행은 허용되지 않는다.

(2) 無記名式 또는 指示式 保險證券의 有價證券性

인보험의 보험증권은 무기명식으로 발행되어도 그 성질상 유가증권성을 인정할 수 없다는 것이 통설이다. 인보험은 보험계약자、보험수익자 등의 경제적 수요를 충족시키거나 생활의 안정을 도모하기 위한 것이므로 보험금청구권의 양도는 바람직하지 않으며, 그 유통성을 보호할 필요가 없기 때문이다.

물건보험의 보험증권이 무기명식 또는 지시식으로 발행된 경우에 유가증권으로 볼 수 있는가에 관하여 학설이 대립하고 있다. 이 경우에도 면책증권에 불과하고 유가증권이 아니라는 부정설과, 유가증권으로 보는 긍정설이 있다. 그러나 운송보험증권、적하보험증권、임치물보험증권 등과 같이 운송증권 또는 창고증권과 함께 유통되는 보험증권이 무기명식 또는 지시식인 때에만 유가증권이라고 하는 절충설(一部肯定說)이 통설이다.

이처럼 유가증권성이 인정되는 보험증권이 배서、교부된 때에는 자격수여적 효력이 인정되며 선의취득도 가능하다. 그러나 이러한 보험증권도 무인증권이나 문언증권이 아니므로 보험자는 그 취득자에 대하여 보험계약상의 모든 항변(예컨대 고지의무위반이나 보험료 미지급의 항변 등)을 주장할 수 있다.

제5절 保險契約의 消滅과 復活

제1. 保險契約의 消滅

보험계약의 소멸사유는 법률상 당연한 소멸사유 외에 보험계약자 또는 보험자의 해지에 의하여 소멸된다.

1. 당연한 消滅事由

⑴ 保險期間의 滿了

보험기간 내에 보험사고가 발생하지 않고 그 기간이 만료된 때에는 보험계약은 소멸된다.

⑵ 保險目的의 滅失

보험기간 중에 보험의 목적이 보험사고 이외의 원인으로 멸실된 경우에 목적의 소멸로 보험계약은 소멸하게 된다.

⑶ 保險料의 不支給

보험계약자가 계약 성립 후 2년 이내에 보험료의 전부 또는 제1회 보험료를 지급하지 아니하는 경우에는 다른 약정이 없는 한 그 계약은 해제된 것으로 보므로(상법 §650①), 보험계약은 당연히 실효된다.

⑷ 保險者의 破産

보험자가 파산의 선고를 받은 때에는 보험계약은 파산선고 후 3월이 경과된 때에 그 효력을 잃는다(상법 §654①·②). 다만 이 경우에 보험자는 보험계약자의 이익을 보호하기 위하여 계약의 방법으로 보험계약의 전부를 포괄하여 다른 보험자에게 이전할 수 있다(보험업법 §140①).

2. 保險契約者에 의한 解止

보험계약자는 보험사고가 발생하기 전에는 언제든지 그 계약의 전부 또는 일부를 해지할 수 있다(상법 §649① 본문). 다만 타인을 위한 보험계약의 경우에는 보험계약자는 그 타인의 동의를 얻거나 보험증권을 소지하는 경우에 한하여 그 보험계약을 해지할 수 있다(상법 §649① 단서). 이들 경우에 보험계약자는 당사자 간에 다른 약정이 없으면 미경과보험료의 반환을 청구할 수 있다(상법 §649③). 또한 보험사고의 발생으로 보험자가 보험금액을 지급한 때에도 보험금액이 감액되지 아니하는 보험의 경우에는 보험계약자는 그 사고발생 후에도 보험계약을 해지할 수 있다(상법 §649②).

이 밖에 보험계약자는 보험자가 파산선고를 받은 때에 보험계약을 해지할 수 있다(상법 §654①). 물론 이 때 보험계약자가 보험계약을 해지하지 아니하더라도 파산선고 후 3월이 경과되면 보험계약은 효력을 잃는다(상법 §654②).

3. 保險者에 의한 解止

(1) 告知義務違反으로 인한 解止

보험계약 당시에 보험계약자 또는 피보험자가 고의 또는 중대한 과실로 인하여 중요한 사항을 고지하지 아니하거나 부실의 고지를 한 때에는 보험자는, 계약 당시에 그 사실을 알았거나 중대한 과실로 인하여 알지 못한 때를 제외하고, 그 사실을 안 날로부터 1월, 계약을 체결한 날로부터 3년 내에 한하여 계약을 해지할 수 있다(상법 §651).

(2) 繼續保險料의 不支給으로 인한 解止

계속보험료가 약정한 시기에 지급되지 아니한 때에는 보험자는 상당한 기간을 정하여 보험계약자에게 최고하고 그 기간 내에 지급되지 아니한 때에는 계약을 해지할 수 있다(상법 §650②). 특정한 타인을 위한 보험에 있어서 보험계약자가 보험료 지급을 지체한 때에는 보험자는 그 타인에게도 상당한 기간을 정하여 보험료의 지급을 최고한 후에 그 기간 내에 지급이 없는 경우에 한하여 계약을 해지할 수 있다(상법 §650③).

(3) 危險의 變更 · 增加로 인한 解止

보험계약자나 피보험자가 보험기간 중에 사고발생의 위험이 현저하게 변경 또는 증가된 사실을 알면서도 지체 없이 보험자에게 통지하지 아니한 때에는 보험자는 그 사실을 안 날로부터 1월내에 계약을 해지할 수 있다(상법 §652①).

(4) 約款에 의한 解止

약관에서는 이 밖에 보험자가 보험계약을 해지할 수 있는 사유를 정하고 있다. 이러한 약관상의 해지사유가 강행규정에 어긋나지 않는 한 유효하므로, 보험자는 이에 의하여 해지할 수 있다.

제2. 保險契約의 復活

1. 意 義

보험계약의 부활이라 함은 보험계약자가 계속보험료를 지급하지 아니하여 보험계약이 해지되거나 실효되고 해지환급금이 지급되지 아니한 경우에 보험계약자는 일정한 기간 내에 연체보험료와 약정이자를 보험자에게 지급하여 그 계약의 부활을 청구하고 보험자가 이를 승낙함으로써 해지 또는 실효된 보험계약을 부활시키는 계약을 말한다(상법 §650의2 1문). 이 부활계약은 당사자 간의 청약과 승낙에 의하여 성립되는 계약이나, 그 내용은 실효된 계약을 실효 전의 상태로 회복시키는 것이므로 그 법적 성질은 상법상의 특수한 계약이다.

2. 要 件

(1) 繼續保險料의 不支給으로 인한 契約의 失效

실효된 보험계약의 부활이 가능하기 위해서는 제1회 보험료는 지급되었으나, 제2회 이후의 계속보험료가 지급되지 아니하여 보험계약이 보험자에 의하여 해지되었어야 한다(상법 §650의2). 제1회 보험료가 지급되지 아니하거나 보험계약자나 피보험자에 의하여 보험계약이 해지된 때에는 보험계약의 부활은 허용되지 아니한다.

(2) 解止還給金 등의 未支給

보험계약의 실효 이전에 보험계약자가 보험자에게 지급한 보험료 중 미경과보험료 또는 해지환급금이 있는 경우에 보험계약의 실효 후 부활의 청약 시까지 보험자가 이를 보험계약자에게 반환하지 않았어야 한다(상법 §650의2).

(3) 復活의 請約과 承諾의 存在

보험계약이 부활되기 위해서는 보험계약자가 일정한 기간 내에 연체보험료와 약정이자를 보험자에게 지급하여 그 계약의 부활을 청약하고 보험자가 이를 승낙하여야 한다(상법 §650의2). 이 경우 보험계약자와 피보험자는 고지의무를 부담한다.

부활의 청약을 받은 보험자는 다른 약정이 없으면 그 청약을 받은 날로부터, 인보험계약의 피보험자가 신체검사를 받아야 하는 경우에는 신체검사를 받은 날부터, 30일 내에 상대방에 대하여 승낙 여부의 통지를 발송하여야 한다(상법 §650의2, §638의2①). 보험자가 이 기간 내에 승낙 여부의 통지를 해태한 때에는 승낙한 것으로 본다(상법 §650의2, 상법 §638의2②).

3. 效 果

계속 보험료가 지급되지 아니하여 해지되었던 보험계약은 보험계약의 부활에 의하여 그 해지 전의 상대를 회복한다. 따라서 종래 보험계약에 무효·해지 등의 사유가 있었던 경우에는 부활 후에 이를 주장할 수 있다. 다만 보험계약의 부활로 인한 보험자의 책임은 부활계약의 승낙에 의하여 개시되며, 계약의 해지 이후 승낙이 있을 때까지 발생한 보험사고에 대해서는 보험자가 책임을 부담하지 않는다. 물론 보험자가 보험계약자로부터 보험계약 부활의 청약과 함께 연체보험료와 약정이자를 받은 경우에 그 청약을 승낙하기 전에 보험계약에서 정한 보험사고가 생긴 때에는 그 청약을 거절할 사유가 없는 한 보험자는 보험계약상의 책임을 지는 것은 보험계약 체결의 경우와 같다(상법 §650의2, 상법 §638의2②).

[대판] 대법원 1991.7.9, 선고 91다12875 판결

자동차종합보험계약상의 특별약관에 보험계약자가 분할납입할 보험료를 제때에 납입하지 아니하면 일단 계약이 실효되고 그 후 계약의 부활을 청구하고 미납된 보험료를 납입하면 계약은 유효하게 계속되나 실효 후 미납 보험료 영수일까지 사이에 생긴 사고에 대하여는 보상하지 아니하기로 되어 있는 경우에도, 보험회사가 보험료율을 타사에 비하여 높게 잘못 책정함으로써 다툼이 있어 보험계약자가 그 보험료를 납입기일 내에 납입하지 아니하였고 그 후 보험회사의 영업부장이 시정된 보험료의 납입을 받으면서 그 영수증에 위 보험의 유효기간을 소급하여 기재하여 주었다면 보험회사는 위 계약 실효 후에 발생한 사고에 대하여 보험금지급의무가 있다.

제6절 他人을 위한 保險契約

제1. 他人을 위한 保險契約의 意義

타인을 위한 보험계약이란 보험계약자가 타인의 이익을 위하여 자기의 명의로 체결한 보험계약을 말한다(상법 §639①). 보험계약자가 손해보험의 피보험자 또는 인보험의 보험수익자인 보험계약을 자기를 위한 보험계약이라고 하는데 반하여, 타인을 위한 보험계약은 보험계약자와 손해보험의 피보험자 또는 인보험의 보험수익자가 다른 사람인 보험계약이다.

제2. 他人을 위한 保險契約의 法的 性質

타인을 위한 보험계약의 법적 성질에 관하여, 보험계약자가 피보험자 또는 보험수

익자의 대리인으로서 계약을 체결하는 것이라는 대리설과, 민법상의 제3자를 위한 계약(민법 §539)의 일종이라고 보는 제3자를 위한 계약설 및 타인을 위한 보험계약에 있어서 민법상의 제3자를 위한 계약의 경우와는 달리 제3자의 수익의 의사표시가 없어도 계약의 효력이 생기므로 상법상의 특수한 계약으로 보아야 한다는 특수계약설이 있다.

타인을 위한 보험계약에 있어서 보험계약자는 타인의 대리인이 아니라 계약의 당사자이며, 민법상의 수익의 의사표시는 당사자의 개성이 중시되는데 기인하는 것이지 제3자를 위한 계약의 본질적인 요소가 아니며, 특히 보험계약에서는 다수계약으로서 당사자의 개성이 중요하지 않으므로 피보험자 또는 보험수익자의 수익의 의사표시를 고려할 필요가 없다는 점을 감안하면 제3자를 위한 계약설이 타당하다.

제3. 他人을 위한 保險契約의 成立要件

1. 他人을 위한 意思의 存在

타인을 위한 보험계약의 체결에 있어서 당사자간에 「타인을 위하여」 계약을 체결한다는 뜻의 명시 또는 묵시의 합의가 있어야 한다. 타인을 위한 의사가 명백하지 않는 때에는 자기를 위한 보험계약으로 추정하여야 할 것이다. 피보험자와 보험수익자는 계약에서 특정되는 것이 원칙이지만 불특정의 타인을 위한 보험계약도 유효하다(상법 §639 본문).

2. 他人의 委任 要件의 不要

타인을 위한 보험계약은 보험자와 보험계약자의 청약과 승낙에 의하여 성립하며 그 타인의 위임 여부는 계약의 성립에 아무 영향을 미치지 아니한다. 그러나 타인을 위한 손해보험계약의 경우에 그 타인의 위임이 없는 때에는 보험계약자는 이를 보험자에게 고지하여야 한다(상법 §639①). 타인을 위한 보험이 보험계약자에 의하여 악용되는 것을 방지하고 보험자가 타인으로 하여금 보험료지급의무와 통지의무 및 손해방지의무 등을 이행시킬 수 있도록 하기 위한 것이다. 위임이 없었다는 사실의 고지가 없는 때에는 보험계약자는 타인이 그 보험계약의 체결 사실을 알지 못하였다는 것을 이유로 보험자에게 대항하지 못한다(상법 §639① 단서).

제4. 他人을 위한 保險契約의 效果

1. 保險契約者의 權利·義務

(1) 義 務

보험계약자는 고지의무(상법 §651), 위험변경·증가의 통지의무(상법 §652), 보험사고 발생의 통지의무(상법 §657), 보험료지급의무(상법 §639 본문) 등의 의무를 부담한다.

(2) 權 利

보험계약자는 보험계약에 따라 보험자에 대한 계약해지권(상법 §649①), 보험증권교부청구권(상법 §640), 보험료감액 또는 반환청구권(상법 §647, §648, §649③)과 인보험에 있어서 보험수익자의 지정·변경권(상법 §733) 등을 갖는다. 다만 보험계약자의 계약해지권은 타인의 동의를 얻거나 보험증권을 소지한 경우에만 인정된다(상법 §649① 단서). 보험계약자는 직접 자기를 위한 보험금지급청구권은 없으나, 손해보험에 있어서 보험계약자가 그 타인에게 보험사고의 발생으로 생긴 손해의 배상을 한 때에는 보험계약자는 그 타인의 권리를 해하지 아니하는 범위 안에서 보험자에게 보험금액의 지급을 청구할 수 있다(상법 §639② 단서).

2. 被保險者 또는 保險受益者의 權利·義務

(1) 義 務

타인을 위한 보험에 있어서 보험계약자가 파산선고를 받거나 보험료 지급을 지체한 때에는 피보험자와 보험수익자도 그 권리를 포기하지 않는 한 보험료지급의무를 부담한다(상법 §639③). 이밖에 피보험자와 보험수익자도 보험계약자와 함께 고지의무와 위험변경·증가의 통지의무(상법 §652), 보험사고 발생의 통지의무(상법 §657)를 부담하며 손해보험에 있어서는 피보험자도 손해방지의무를 진다(상법 §680).

(2) 權 利

타인을 위한 보험의 보험사고가 발생한 경우에 피보험자와 보험수익자는 수익의 의사표시를 하지 않았더라도 보험자에게 당연히 보험금의 지급을 청구할 수 있다(상법 §639②). 보험계약자는 자기를 위한 보험금의 지급을 청구할 수 없고, 피보험자 또는 보험수익자에게 보험금을 지급하도록 청구할 수 있다.

제3장

損害保險

제1절 通 則

제1. 損害保險契約의 意義

손해보험계약은 보험자가 피보험자에게 우연히 발생한 일정한 사고로 인한 재산상의 손해를 보상할 것을 약정하고, 보험계약자가 이에 대한 보수로서 보험료를 지급할 것을 약정하는 보험계약이다(상법 §638, §665).

제2. 損害保險契約의 要素

1. 被保險利益

(1) 意 義

피보험이익은 손해보험에 있어서 피보험자가 보험의 목적에 대하여 가지는 경제상의 이익을 말한다. 피보험이익은 손해보험계약의 중심요소로서 손해보험에 특유한 보험계약의 성립요건이며 존속요건이다.

(2) 保險의 目的과의 구별

보험의 목적은 보험이 붙여진 물건 기타 경제상의 재화(예컨대 건물화재보험의 경우에는 그 건물)를 말한다. 이에 대하여 피보험이익은 피보험자가 그 보험의 목적에 대하여 가지는 경제적 이익을 가리키며, 손해보험은 이 이익에 발생하는 손실을 보상하는 것이다. 따라서 손해보험의 피보험이익은 보험계약의 목적이 된다.

⑶ 被保險利益의 요건

1) 經濟的 利益 손해보험은 피보험자가 입은 재산상의 손해를 보상하는 것이며 그 전제로서 손해액을 산정할 수 있어야 하므로, 피보험이익은 금액으로 산정할 수 있는 경제적 이익이어야 한다(상법 §668). 그러나 피보험이익은 반드시 객관적 이익에 한하는 것은 아니며, 피보험자의 주관적 이익도 포함하며, 적극적인 이익이든 소극적 이익이든 상관이 없다. 또한 반드시 법률상 이익일 필요도 없으나, 단순한 윤리적 내지 종교적인 이익이나 정신적인 이익은 피보험이익이 될 수 없다.

2) 利益의 適法性 피보험이익은 적법한 이익이어야 하며, 선량한 풍속 기타 사회질서에 어긋나거나 강행법규에 위반하는 이익은 피보험이익으로 될 수 없다. 피보험이익이 불법한 것인 때에는 당사자의 선의나 악의를 묻지 않고 보험계약은 무효가 된다.

3) 確定可能性 피보험이익은 이미 확정되어 있거나 적어도 보험사고의 발생 시까지는 확정될 수 있는 것이어야 한다. 확정될 수 없는 이익은 피보험자와 손해도 확정할 수 없으므로 손해에 대한 보상이 불가능하기 때문이다. 그러나 피보험이익은 반드시 현존하는 확정이익이어야 하는 것은 아니며, 장래의 이익이나 조건부이익이라도 보험사고 발생 시에 확정될 수 있는 것이면 무방하다.

⑷ 被保險利益의 효용

1) 保險者의 責任範圍 손해보험은 피보험이익에 생긴 손해를 보상하는 것이므로 피보험이익의 가액이 보험자의 보상책임의 최고한도가 된다.

2) 超過保險과 一部保險 및 重複保險의 判斷基準 피보험이익의 평가액은 보험가액으로서 보험계약 당사자가 보험계약 체결 시에 정하는 보험금액의 기준이 된다. 그리하여 보험금액이 보험가액의 일부인 보험을 일부보험이라 하며, 이와는 반대로 보험금액이 보험가액을 현저하게 초과하는 보험은 특히 초과보험 또는 중복보험으로서 상법상 일정한 규제를 받는다.

3) 保險契約의 個別化 동일한 보험의 목적에 대하여 서로 다른 수개의 피보험이익이 있을 수 있다. 가령 동일한 건물에 대해 소유자가 가지는 이익 외에 저당권자가 저당권자로서 가지는 이익, 임차권자가 가지는 이익 등이다. 이 경우에 소유자와 저당권자 등의 각 이익의 주체가 그 이익마다 별개로 독립된 손해보험계약을 체결하는 것이 가능하다.

2. 保險價額과 保險金額

(1) 保險價額

보험가액은 피보험이익의 금전적 평가액을 말한다. 보험가액은 피보험이익에 대한 객관적 평가액으로서 그 평가시기와 장소에 따라 다를 수 있으므로 상법은 이에 관한 규정을 두고 있다.

1) **旣評價保險** 기평가보험은 보험계약의 체결 시에 보험자와 보험계약자가 합의에 의하여 보험가액을 정한 보험을 말한다(상법 §670). 이러한 보험가액을 협정보험가액(協定保險價額)이라 한다. 협정보험가액은 당사자 간의 명시적인 합의에 의하여야 하며, 그 가액을 보험증권에 기재하여야 한다. 협정보험가액을 기재한 보험증권을 기평가보험증권(旣評價保險證券)이라 한다.

당사자가 보험가액에 대하여 합의를 하였을 때에는 그 협정가액은 보험사고 발생 시의 가액으로 추정한다. 그러나 당사자 사이에 약정한 보험가액이 보험사고 발생 시의 가액을 현저하게 초과할 때에는 보험사고가 발생한 때의 가액을 보험가액으로 한다(상법 §670).

2) **未評價保險** 미평가보험이라 함은 보험계약의 체결 당시 당사자 사이에 보험가액에 대하여 아무런 정함을 하지 아니한 보험을 말한다. 당사자 사이에 보험가액을 정하지 아니한 때에는 사고발생 시의 가액을 보험가액으로 한다(상법 §671).

이 경우에 보험가액의 평가 장소에 관하여는 특별한 규정이 없으나, 보험사고가 발생한 곳의 가액을 기준으로 하여야 할 것이다. 다만 해상보험의 희망이익보험에 있어서 계약으로 보험가액이 정해지지 않은 경우에는 보험금액을 보험가액으로 정한 것으로 추정된다(상법 §698).

3) **保險價額不變更主義** 운송보험과 해상보험의 경우와 같이 보험기간이 짧고 보험가액의 변동의 정도가 크지 않는 경우에는 그 평가가 용이한 시점에서의 보험가액을 보험기간 전체에 걸치는 고정적인 보험가액으로 정하는 경우가 있다. 이를 보험가액불변경주의라 한다. 육상운송보험(상법 §689③)과 선박보험(상법 §696) 및 적하보험(상법 §697) 등에서 인정된다.

4) **新價保險** 당사자는 보험가액을 보험사고 발생 시의 가액이 아니라 보험의 목적물과 같은 신품의 조달가액으로 정할 수 있다(상법 §676① 단서). 이를 특히 신가보험이라 한다.

(2) 保險金額

보험금액은 보험사고가 발생한 경우에 보험자가 보상할 보험금의 최고한도로 약정된 금액을 말한다. 보험금액의 협정은 보험자의 책임한도를 정하고 보험료를 산정하기 위하여 필요하다. 보험금액은 보험가액을 초과할 수 없으며, 보험기간 중 물가상승 등으로 보험금액이 보험가액을 현저하게 초과한 경우에는 보험자와 보험계약자는 보험료와 보험금액의 감액을 청구할 수 있다(상법 §669①).

(3) 保險價額과 保險金額의 關係

보험금액은 이득금지의 원칙에 의하여 보험가액을 초과할 수 없다. 따라서 일부보험은 얼마든지 가능하나, 보험금액이 보험가액을 넘는 초과보험과 중복보험은 상법상 일정한 규제를 받게 된다.

보험사고가 발생한 경우에 보험자가 지급할 보험금은 실제의 손해액과 보험가액에 대한 보험금액의 비율에 의하여 정해진다. 즉 보험자가 지급할 보험금은 보험가액에 피보험이익에 발생한 손해의 분량적 비율과 보험금액의 보험가액에 대한 비율을 각각 곱한 금액이다.

제3. 一部保險·超過保險·重複保險

1. 一部保險

(1) 意 義

일부보험은 보험금액이 보험가액에 달하지 아니한 보험을 말한다. 보험가액의 전부를 보험금액으로 하는 전부보험에 대한 개념이다.

(2) 發生原因

일부보험은 보험계약자가 보험료의 절약 등의 목적에서 의식적으로 체결하는 경우와, 보험계약의 체결 후 물가변동 등에 의하여 자연적으로 발생하는 경우가 있다. 일부보험인가 아닌가는 보험사고 발생 시를 기준으로 판단한다.

(3) 效 果

1) **比例補償의 原則**　일부보험의 경우에 보험자는 보험금액의 보험가액에 대한 비율에 따라 보상할 책임을 진다(상법 §674). 이를 비례보상의 원칙이라 한다.

2) **第1次 危險保險** 일부보험에 있어서 당사자 사이에 다른 약정이 있으면 보험자는 비례부담의 원칙에 의하지 않고 보험금액의 한도 내에서 그 손해를 보상할 책임을 진다(상법 §674 단서). 따라서 당사자 간의 특약으로 분손의 경우에도 보험금액의 범위 내에서 손해액의 전부를 보상하기로 약정할 수 있는데, 이를 제1차위험보험이라 한다.

2. 超過保險

⑴ 意 義

초과보험은 보험금액이 보험가액을 현저하게 초과하는 보험을 말한다. 초과보험은 계약체결 당시에 보험계약자가 보험가액을 현저하게 초과하는 보험금액을 정한 경우뿐만 아니라 보험기간 중에 물가하락 등에 의하여 보험가액이 현저하게 감소된 때에도 생긴다.

⑵ 判斷時期

초과보험 여부를 판단하는 시기에 관하여 보험계약을 체결한 때를 기준으로 한다는 설과, 보험사고가 발생한 때를 기준으로 하여야 한다는 설 및 보험기간의 모든 시점에서 판단하여야 한다는 설 등이 있으나, 보험금액과 보험료의 감액청구에 관한 상법 제669조를 고려하면 제3설이 타당하다.

⑶ 效 果

1) **保險契約者의 詐欺에 의한 경우** 보험계약자의 사기로 인하여 초과보험계약이 체결된 경우에는 보험계약 전부를 무효로 한다(상법 §669④). 보험금액이 보험가액을 현저하게 초과한다는 사실과 보험계약자의 사기가 있었다는 사실에 대한 입증책임은 보험자가 부담한다. 사기로 인하여 계약이 무효인 경우에도 보험자는 그 사실을 안 때까지의 보험료를 청구할 수 있다(상법 §669④ 단서).

2) **保險契約者가 善意인 경우** 초과보험에 대하여 보험계약자가 선의인 경우에는 보험금액이 보험가액을 현저하게 초과한 때에 한하여 보험자 또는 보험계약자는 보험금액과 보험료의 감액을 청구할 수 있다(상법 §669① 본문). 보험가액이 보험금액에 비하여 현저하게 감소된 경우에도 이와 같다. 보험료의 감액은 장래에 향하여 그 효력이 있다(상법 §669① 단서).

3. 重複保險

(1) 意 義

중복보험은 보험계약자가 동일한 피보험이익에 대하여 수인의 보험자와 동일한 보험사고에 관하여 보험기간을 공통으로 하는 수개의 보험계약을 체결하고, 그 보험금액의 합계가 보험가액을 초과하는 보험을 말한다.

중복보험은 동일한 피보험이익에 대하여 피보험자와 보험사고 및 보험기간을 공통으로 하며 그 보험금액의 합계가 보험가액을 초과하는 보험이라는 점에서, 동일한 보험의 목적에 대하여 피보험이익이나 보험사고 또는 보험기간을 달리하는 보험이나 보험가액의 한도 내에서 수인의 보험자가 공동으로 보험을 인수하는 공동보험과 다르다. 중복보험은 수개의 보험계약이 그 체결된 시점에 따라 동시중복보험과 이시(異時)중복보험으로 구분된다.

(2) 要 件

중복보험이 되기 위해서는 보험계약자가 수인의 보험자와 2개 이상의 보험계약을 체결하고 있어야 하며, 동일한 피보험이익에 대하여 보험사고가 동일하고, 보험기간이 동일하거나 또는 중복되어 있어야 하며, 그 보험금액의 총액이 보험가액을 초과하여야 한다.

(3) 重複保險의 效果

1) 保險契約者가 善意인 경우 중복보험에 있어서 보험계약자가 선의인 경우에는 각 보험계약은 유효하다. 이 경우에 각 보험자의 부담하는 책임의 범위에 관하여 우선주의와 비례주의 및 연대책임주의가 있다. 우선주의는 각 보험계약이 동시에 체결된 동시중복보험에 있어서는 각 보험금액의 총보험금액에 대한 비율에 따라서 각 보험자의 부담액을 결정하고, 이시중복보험에 있어서는 후의 보험계약은 전의 보험계약과 중복되지 않는 범위에서만 유효하다는 입장이다. 비례주의는 동시인가 아닌가를 구별하지 않고 각 보험자가 그 보험금액의 비율에 따라 보상책임을 진다고 하는 입장이며, 연대책임주의는 각 보험자가 보험금액을 한도로 하여 연대책임을 진다는 입장이다.

이에 관하여 현행 상법은 동시중복보험인가 이시중복보험인가를 구별하지 않고 비례주의와 연대주의를 병용하여 규정하고 있다. 즉 중복보험의 각 보험자는 각자의 보험금액의 비율에 따라 보상할 책임을 지며, 각자의 보험금액의 한도 내에서 다른 보험자와 연대하여 책임을 진다(상법 §672①).

그러므로 중복보험이 체결된 경우에는 수인의 보험자가 보험금액의 한도 내에서 연대책임을 지므로 동시중복이든 이시중복이든 보험계약자는 각 보험자에 대하여 각 보험계약의 내용을 통지하여야 한다(상법 §672②). 또한 수인의 보험자 중 어느 1인에 대하여 피보험자가 권리를 포기하여도 다른 보험자의 권리·의무에 영향을 미치지 않는다(상법 §673). 피보험자가 어느 보험자와 통모하여 다른 보험자에게 피해를 주는 것을 방지하려는 취지이다. 따라서 피보험자가 어느 한 보험자에 대해 보험금을 받을 권리를 포기하더라도 다른 보험자는 원래 자신이 부담해야 할 한도 내에서만 책임을 진다.

2) **保險契約者의 詐欺가 있는 경우** 중복보험이 보험계약자의 사기에 의한 경우에는 그 중복보험계약은 모두 무효이다. 그러나 보험계약자는 각 보험자가 그 사실을 안 때까지의 보험료를 지급하여야 한다(상법 §672③, §669④).

제4. 損害保險契約의 效果

1. 保險者의 損害補償義務

보험계약이 유효하게 체결되어 있고 보험기간 중에 보험사고가 발생하여 피보험자에게 재산상의 손해가 발생한 경우에 보험자는 보험가액과 보험금액의 한도 내에서 그 손해를 보상할 책임을 진다(상법 §665). 다만 보험사고가 보험기간 내에 발생하였더라도 그것이 면책사유에 속하는 때에는 보험자는 책임을 지지 않는다. 손해보험의 면책사유에는 보험 일반에 관한 것(상법 §659, §660) 외에, 특히 보험의 목적의 성질(생선의 부패, 화약의 자연폭발 등)·하자(포장의 불완전) 또는 자연소모로 인한 손해도 포함된다(상법 §678).

보험자의 보험금 지급 시기는 다른 약정이 없으면 보험사고 발생의 통지를 받고 보험자가 지급할 보험금액을 정한 날로부터 10일 이내이다(상법 §658). 보험자의 보험금지급의무는 보험사고가 발생한 때부터 2년이 경과한 때에 시효로 소멸한다(상법 §662).

2. 保險契約者와 被保險者의 損害防止義務

(1) 意 義

손해방지의무는 손해보험계약에서 정한 보험사고가 발생하였을 때에 손해의 방지와 경감을 위하여 보험계약자와 피보험자가 노력하여야 할 의무를 말한다(상법 §680①). 보험자에 대한 신의성실의 원칙과 공익 보호의 필요에 근거한 것이다.

(2) 法的 性質

손해방지의무는 보험계약자는 물론 계약당사자가 아닌 피보험자도 부담하므로 계약상의 의무가 아니며, 공익의 보호와 신의성실의 요구에 기하여 인정된 법정의 의무이다.

(3) 義務의 內容

손해방지의무는 보험사고가 발생하고 보험계약자와 피보험자가 보험사고의 발생사실을 안 것을 전제로 하여 손해의 발생이나 확대를 방지하기 위하여 노력하여야 할 것을 그 내용으로 한다. 손해의 방지 또는 경감을 위한 노력의 정도에 관하여는 특별한 정함이 없는 한 자기의 이익에 대한 손해를 방지하기 위하여 기울이는 노력과 같은 정도이어야 할 것으로 본다. 다만 이 경우에 손해의 방지 또는 경감에 필요한 노력을 기울인 한 그 효과가 어느 정도 발생하였는가 여부는 묻지 않는다.

(4) 損害防止·輕減의 費用 負擔

보험계약자와 피보험자가 보험사고로 인한 손해의 발생 또는 확대를 방지하거나 손해를 경감할 목적으로 한 행위에 필요하거나 또는 유익하였던 비용은 그 비용과 보상액이 보험금액을 초과한 경우라도 보험자가 부담하여야 한다(상법 §680 단서). 일부보험에 있어서는 그 손해방지비용은 보험자가 보험금액의 보험가액에 대한 비율에 따라서 부담한다(상법 §674).

보험계약자와 피보험자의 손해방지비용의 부담에 관하여 이와 다른 약관의 조항이 있는 경우에 그 효력에 관하여 전면적 유효설과 보험자가 보험금액을 한도로 부담한다고 하는 제한적 유효설이 있으나, 상법 제680조가 공익의 보호를 위한 강행규정이므로 이와 다른 약정은 불이익변경금지의 원칙에 위반되어 무효라는 설이 다수설이다.

(5) 損害防止義務違反의 效果

보험계약자 또는 피보험자가 손해방지의무를 위반한 경우의 효과에 관하여 ① 보험계약자와 피보험자가 고의 또는 중과실로 인하여 이 의무를 위반한 경우에는 법정의무의 위반으로서 보험자에 대해 손해배상책임을 지며 보험자는 보험금에서 이 손해액을 상계할 수 있다는 설, ② 고의나 중과실 또는 경과실을 가리지 않고 의무자는 보험자에 대하여 손해배상책임을 진다는 설, ③ 경과실에 의한 의무 위반의 경우에는 채무불이행에 관한 일반원칙에 따라 보험자는 그로 인한 손해배상을 청구할 수 있고 보험금에서 그 손해액을 공제할 수 있으나, 고의 또는 중과실에 의한 의무 위반의 경우에는 공익 보호의 관점에서 보험자는 보상의무를 면한다는 설이 있다.

손해방지의무의 위반이 고의 또는 중과실에 의한 경우에는 보험사고를 유발한 경우와는 달리 그 손해의 범위 내에서 의무자에 대하여, 의무를 위반하지 않았더라면 생기지 않았을 손해의 배상을 청구하거나 또는 이를 지급할 보험금에서 공제할 수 있게 하는 것으로 충분하다고 할 것이다. 그러나 경과실에 의한 경우에는 보험사고의 발생 후 의무자가 처해 있을 상황을 고려할 때 손해배상의 책임을 지우는 것은 타당하지 않다.

제5. 保險者代位

1. 意 義

보험자대위는 보험자가 보험금을 지급한 때에 보험계약자 또는 피보험자가 보험의 목적이나 제3자에 대하여 가지는 권리를 법률상 당연히 취득하는 것을 말한다(상법 §681, §682). 보험자의 대위는 손해보험에서만 인정되고 인보험에서는 원칙적으로 허용되지 아니하나, 상해보험의 경우에는 당사자 간의 약정이 있는 때에 한하여 피보험자의 권리를 해하지 않는 범위에서 예외적으로 인정된다(상법 §729). 보험자대위는 그 법적 성질이 민법상의 손해배상자의 대위(민법 §399)와 같으며, 법률의 규정에 의하여 당연히 발생하는 권리이다.

2. 根 據

보험자의 대위가 인정되는 근거에 관하여 피보험자가 이중의 이득을 얻는 것을 방지하려는데 있다는 이득방지설과, 피보험자에 의한 보험사고의 유발이나 도박 등의 부정행위에 이용되는 위험을 방지하기 위한 정책적인 이유에 있다는 정책설이 있다. 이득방지설이 다수설이다.

3. 保險의 目的에 관한 保險者代位

(1) 意 義

보험의 목적에 관한 보험자대위는 보험의 목적이 전부 멸실한 경우에 보험자가 보험금액의 전부를 지급하고 보험의 목적에 관한 피보험자의 권리를 취득하는 것을 말한다(상법 §681 본문). 즉 보험자가 보험금액 전액을 지급한 후에 보험의 목적으로부터 생긴 잔존물, 가령 건물화재보험에 있어서는 타지 않은 석재나 목재, 선박보험에서 침몰된 선박 등에 대한 피보험자의 권리를 법률상 당연히 취득하는 것이다. 이를 잔존물대위라고도 한다.

(2) 要 件

1) **보험목적의 全損** 보험의 목적에 대한 보험자대위가 성립되기 위해서는 먼저 보험목적의 전부가 멸실하여야 한다. 즉 전손이 생기지 않으면 안 된다. 전손은 보험 목적의 경제적 가치가 전부 멸실되면 되고 그 밖에 금전적 가치가 있는 잔존물이 있어도 무방하다. 따라서 보험의 목적의 일부가 멸실한 분손의 경우에는 보험자대위가 일어나지 않는다. 그러나 이 경우에도 당사자 사이에 전손에 가까운 손해를 전손으로 보기로 하는 특약이 있는 때에는 그 특약에 의하여 분손에 대해서도 보험자대위가 인정된다고 보는 것이 통설이다.

2) **보험금액의 全部支給** 보험의 목적에 대한 보험자대위가 성립되기 위해서는 보험자가 피보험자에게 보험금액의 전부를 지급하여야 한다. 따라서 보험자가 보험금액의 일부만을 지급한 때에는 보험자대위가 인정되지 아니한다. 또한 보험자가 손해방지비용 기타 비용을 지급하여야 하는 경우에는 이를 모두 지급하지 아니한 때에도 보험자대위는 허용되지 않는다.

(3) 效 果

1) **보험목적에 대한 權利 取得** 보험자가 보험금액을 전부 지급한 경우에 보험자는 보험의 목적에 대한 피보험자의 권리를 취득한다(상법 §681). 보험자가 취득하는 권리에는 잔존물에 대한 소유권뿐만 아니라 예컨대 저당보험에 있어서의 피보험채권 등

도 포함한다. 일부보험의 경우에는 보험가액에 대한 보험금액의 비율로 이 권리를 취득한다. 보험자대위에 의한 보험자의 권리 취득은 법률의 규정에 의한 권리의 당연한 이전이므로, 별도로 권리이전을 위한 절차나 대항요건을 갖출 필요는 없다.

2) **보험목적에 대한 의무의 귀속** 공법상의 침몰선 또는 난파물 제거의무(개항질서법 §28)와 같이 보험의 목적에 의무가 부착되어 있는 경우에는 보험자가 보험의 목적에 대한 권리를 취득한 때에 그 의무나 부담도 보험자에게 귀속된다. 다만 당사자 간의 특약에 의하여 보험자가 대위권을 포기하거나 그 비용을 피보험자가 부담하도록 하는 것은 유효하다. 보험자가 대위권을 포기한 때에는 잔존물에 대한 모든 권리·의무는 피보험자에게 귀속된다.

4. 第3者에 대한 保險者代位

⑴ 意 義

제3자에 대한 보험자대위는 보험사고로 인한 손해가 제3자의 행위로 생긴 경우에 보험금액을 지급한 보험자는 그 지급한 금액의 한도에서 보험계약자 또는 피보험자가 그 제3자에 대하여 가지는 권리를 취득하게 되는 것을 말한다(상법 §682). 이를 청구권대위라고도 한다.

⑵ 要 件

1) **제3자에 의한 손해의 발생** 제3자에 대한 보험자대위가 성립되기 위해서는 첫째 제3자의 행위로 인하여 보험사고와 손해가 발생하여야 한다. 제3자의 행위는 불법행위나 채무불이행뿐만 아니라 선장의 공동해손처분(상법 §832)과 같은 적법행위도 포함한다. 제3자는 보험계약자와 피보험자 이외의 자를 말하나, 피보험자의 동거 가족 또는 사용인은 여기서 말하는 제3자의 범위에서 제외된다고 보는 것이 통설·판례이다.

또한 타인을 위한 보험에 있어서 보험계약자가 제3자에 포함되는가에 관하여, 보험계약자는 피보험이익의 주체가 아니므로 제3자에 포함된다는 견해와, 보험계약자는 계약당사자이므로 제3자에 포함되지 않는다는 견해가 있다. 앞의 견해가 대법원판례의 입장이나, 보험계약자의 고의 또는 중과실에 의한 보험사고는 보험자의 면책사유이며 보험계약자가 보험료지급 등 보험계약상의 각종 의무를 부담하고 있는 점을 감안하면 뒤의 견해가 타당하다.

2) **保險金額의 支給** 제3자에 대한 보험자대위가 성립되기 위해서는 보험자가 피보험자에게 보험금액을 지급하여야 한다. 보험자가 보험금액의 일부를 지급한 때에도 잔존물대위의 경우와는 달리 보험자대위가 인정된다. 다만 이 때에는 피보험자도 제3자에 대한 권리를 가지므로, 보험자는 피보험자의 권리를 해치지 않는 범위 내에서 그 권리를 행사할 수 있다(상법 §682 단서).

3) **被保險者 등의 제3자에 대한 권리의 존재** 제3자에 대한 보험자대위가 가능하기 위해서는 보험계약자 또는 피보험자가 제3자에 대한 권리를 가지고 있어야 한다. 보험자가 보험금을 지급하기 전에 피보험자 등이 제3자로부터 손해배상을 받거나 보험금지급청구권을 포기하거나 또는 처분함으로써 그 권리가 소멸한 때에는 보험자가 대위할 여지가 없기 때문이다. 물론 이 경우에 보험자는 지급할 보험금으로부터 해당 금액을 공제할 수 있다.

(3) 效 果

1) **제3자에 대한 권리의 취득** 보험자가 보험금액을 지급한 때에는 보험계약자 또는 피보험자가 제3자에 대하여 가지는 권리를 취득한다(상법 §682 본문). 제3자에 대한 권리에는 불법행위 또는 채무불이행에 의한 손해배상청구권과 공동해손분담청구권과 같은 적법행위로 인한 청구권도 포함한다. 보험자대위에 의한 권리의 취득은 법률상 당연히 생기는 법정의 효력이므로 당사자의 의사표시나 지명채권양도 등의 절차가 요구되지 않는다.

2) **保險金의 일부지급과 代位의 制限** 보험자가 피보험자에게 보상할 보험금액의 일부를 지급한 때에는 보험계약자 또는 피보험자의 권리를 해하지 않는 범위 내에서 보험자는 대위에 의한 권리를 행사할 수 있다(상법 §682 단서). 제3자의 자력이 부족한 경우에 그 권리행사에 있어서 보험계약자와 피보험자에게 우선적인 지위를 인정한 것이다. 이와 관련하여 피보험자가 보험금액 전부를 지급받아도 그 손해가 전부 보상되지 아니하여 대위에 의한 보험자의 권리와 제3자에 대한 피보험자의 권리가 경합하는 때에도, 명문의 규정은 없으나, 이와 동일하게 피보험자의 권리를 해치지 않는 범위 내에서 보험자대위가 인정된다고 보는 것이 통설이다.

3) **一部保險에서의 제3자에 대한 保險者代位** 일부보험에서 피보험자가 제3자에 대하여 행사할 수 있는 권리가 있는 경우에 보험자는 지급한 보험금의 한도에서 제3자에 대해 보험자대위를 할 수 있는 반면 피보험자도 제3자에 대한 권리를 가지는데,

상법은 이에 대하여 규정하지 않고 있다. 이 경우 제3자에 대한 권리의 행사에 있어서 보험자와 피보험자의 관계에 관하여 상법 제681조 단서를 유추적용하여 보험자는 보험금액의 보험가액에 대한 비율에 따라 대위할 수 있다고 하는 견해와 상법 제682조 단서와 같이 보험자는 피보험자의 권리를 해하지 않는 범위에서 대위가 가능하다는 견해가 있다. 후자가 다수설이다.

5. 再保險者의 代位

재보험에 있어서 재보험자가 원보험자에게 재보험금을 지급한 때에는 원보험자의 권리를 승계하므로 보험자대위권도 재보험자가 행사할 수 있는 것이다. 그러나 실제 재보험에 있어서는 권리의 귀속과 행사를 분리하여 원보험자가 재보험자의 수탁자로서의 지위에서 자기의 명의로 보험자대위권을 행사하고 그 회수한 금액을 재보험자에게 교부하는 것이 상관습이다.

제6. 保險目的의 讓渡

1. 意 義

보험목적의 양도는 물건보험에 있어서 피보험자가 보험계약의 대상인 목적물을 그 의사표시에 의하여 타인에게 양도하는 것을 말하며, 이 때에 양수인은 보험계약상의 권리와 의무를 승계한 것으로 추정한다(상법 §679①). 보험목적의 양도는 보험의 목적물의 양도에 따라 보험계약상의 권리·의무가 승계되는 것이므로, 상속이나 회사의 합병과 같은 보험계약상의 권리·의무관계의 포괄 승계나 또는 보험금채권의 처분행위인 보험금청구권의 양도와 구별된다.

2. 立法趣旨

피보험자가 보험의 목적을 양도하면 피보험이익의 소멸로 보험계약도 그 효력을 상실하게 되어, 양도인이 지급한 보험료가 무용의 것으로 되고 보험의 목적도 무보험상태에 놓여 양수인이 다시 보험계약을 체결하여야 하는 번거로움이 생기게 된다. 따라서 보험목적의 양도에 의한 권리·의무의 승계 추정은 이러한 불이익을 피하기 위하여 보험의 목적이 양도되어도 종래의 보험관계를 존속시키기 위한 것이다.

3. 保險關係 承繼의 推定 要件

(1) 保險關係의 存在

보험목적의 양수인에게 보험관계의 승계가 추정되기 위해서는 보험의 목적물이 양도될 때에 보험자와 피보험자인 양도인 사이에 유효한 보험계약관계가 존재하고 있어야 한다. 보험관계가 존재하는 한 각종 하자나 면책사유가 있는 때에도 보험관계가 이전하나, 보험자는 그 하자나 면책사유를 양수인에게 대항할 수 있다.

(2) 物件保險

보험의 목적은 개별화되고 특정된 물건이어야 한다. 그러므로 예컨대 의사, 변호사, 공인회계사 등 일정한 지위에 있는 자가 그 지위에서 생기는 책임에 관하여 보험계약을 체결한 책임보험의 경우에는 그 지위가 양도되어도 보험관계는 이전되지 않는다. 그러나 자동차 등 물건에 관한 책임보험계약의 경우에는 그 물건이 양도된 때에 보험관계도 이전되는 것으로 추정된다.

(3) 保險目的의 讓渡

양수인에게 보험관계의 승계가 추정되기 위한 보험목적의 양도는 물권적 이전을 의미한다. 따라서 물권적 이전을 위한 매매, 교환, 증여 등의 채권계약만으로는 부족하고, 물권행위 내지 준물권행위와 함께 등기나 인도 등 물권변동에 필요한 요건도 구비되어야 한다. 물권적 이전의 원인으로서는 매매나 교환 외에도 영업양도나 출자 등을 포함한다. 이 밖에 임차권, 저당권, 담보권 등을 피보험이익으로 하는 보험계약관계가 존재하는 경우에는 이들 권리를 이전하는 것도 보험목적의 양도가 된다.

4. 保險目的의 讓渡 效果

(1) 保險契約상의 권리·의무 승계의 추정

피보험자가 보험의 목적을 양도한 경우에 양수인은 보험계약상의 권리와 의무를 승계한 것으로 추정된다(상법 §679①). 이 경우에 양수인은 양도 전의 보험계약이 타인을 위한 보험인 때에는 피보험자의 지위를 승계하나, 자기를 위한 보험의 경우에는 피보험자의 지위 뿐만 아니라 보험계약자의 지위도 승계한다. 따라서 양수인은 피보험자 또는 보험계약자의 지위에서 보험금지급청구권과 함께 보험계약상의 각종 의무를 부담한다.

그러나 보험의 목적이 양도되면 보험계약상의 권리와 의무가 이전하는 것으로 추정될 뿐이므로, 양수인은 그 계약상의 권리·의무를 승계할 의사가 없었다는 것을 증명한 때에는 추정의 효과가 생기지 않는다. 이 때에는 보험계약은 당연히 실효된다.

⑵ 保險者에 대한 通知義務

보험의 목적이 양도된 때 양도인 또는 양수인은 보험자에 대하여 지체없이 그 사실을 통지하여야 한다(상법 §679②). 피보험자의 변경은 보험자에게 중요한 사항이므로 이를 통지하게 한 것이다. 통지의 방법에는 제한이 없다. 이 통지의무의 법적 성질에 관하여는 보험자에 대한 대항요건이라는 견해도 있으나, 보험자의 이익을 고려한 상법상의 단순한 통지의무에 지나지 않는다고 보는 견해가 다수설이다.

이 통지의무 위반의 효과에 관하여는 통지의무를 대항요건으로 보는 경우에는 보험목적의 양도 사실을 보험자에게 통지하지 않으면 양수인은 보험자에게 보험금청구권을 행사할 수 없다고 보게 된다. 그러나 이 통지의무를 보험자의 이익을 고려한 단순한 의무로 보는 경우에는 보험 목적의 양도 시에 그 통지가 없더라도 양수인은 그 양도사실을 증명하여 보험금의 지급을 청구할 수 있게 된다. 다만 이 경우에 양도의 통지가 없어 보험자가 선의로 양도인에게 보험금을 지급한 때에도 양수인은 이의를 제기할 수 없고, 이로 인하여 보험자가 입은 손해도 배상하여야 한다.

⑶ 保險目的의 讓渡와 危險의 현저한 變更·增加

보험목적의 양도로 인하여 보험사고 발생의 위험이 현저하게 변경 또는 증가된 때에는 보험자는 상법 제653조에 의거하여 그 사실을 안 날로부터 1개월 이내에 보험료의 증액을 청구하거나 보험계약을 해지할 수 있다.

5. 保險目的의 讓渡에 대한 特則

⑴ 船舶保險契約과 船舶의 讓渡

선박보험계약에 있어서 선박의 양도는 보험자의 동의가 있는 경우를 제외하고는 보험계약의 법정 종료사유가 된다(상법 §703의 2).

⑵ 自動車保險契約과 自動車의 讓渡

자동차보험계약에 있어서 자동차가 양도된 경우에 양수인은 자동차의 양수에 관하여 보험자의 승낙을 얻은 경우에 한하여 보험계약상의 권리·의무를 승계한다(상법

§726의 4①). 이 경우 양수인으로부터 자동차의 양수 사실을 통지받은 보험자는 지체없이 그 승낙 여부를 통지하여야 하며, 그 통지를 받은 날로부터 10일 내에 통지하지 않으면 승낙한 것으로 간주된다(상법 §726의 4②).

[판례] 대법원 1998.12.23, 선고 98다34904 판결

특별약관의 적용을 받는 자동차보험계약을 체결한 기명피보험자가 피보험자동차를 양도한 경우 기명피보험자는 피보험자동차에 관한 운행이익 · 운행지배를 상실하여 피보험자동차의 운행에 관하여 보험계약에 의한 보호를 받을 이익은 상실하게 되나, 그렇다고 하여 피보험자동차의 양도로 인하여 보험계약 자체가 당연히 정지 또는 실효된다고 볼 수는 없고, 특별약관에 의하여 담보하는 위험은 이미 양도된 피보험자동차의 운행을 전제로 하지 아니할 뿐만 아니라, '다른 자동차'가 피보험자동차로 간주되어 그 운행에 관하여 보험계약에 의한 보호를 받을 이익은 여전히 있으므로, 기명피보험자가 피보험자동차를 양도한 후 보험기간 내에 특별약관에 규정된 '다른 자동차'를 운전하다가 사고가 발생한 경우에도 보험회사는 특별약관에 의하여 보험금을 지급할 의무를 부담한다고 보지 않을 수 없다.

제2절 火災保險

제1. 火災保險契約의 意義

화재보험계약은 화재로 인하여 생긴 손해의 보상을 목적으로 하는 손해보험계약의 하나이다. 화재보험에는 통상적인 화재보험 외에 특수한 화재보험이 있다. 이것은 특수건물의 소유자에 대해 신체손해배상특약부화재보험에 의무적으로 가입하게 하는 보험으로서 화재로인한재해보상과보험가입에관한법률에서 규정하고 있다.

제2. 火災保險契約의 要素

1. 保險事故

화재보험계약의 보험사고는 화재이다. 여기서 화재란 사회통념상 화재로 인정할 수 있는 성질과 규모를 가진 화력의 연소작용에 의하여 생긴 화재를 말한다. 따라서 연소에 의하지 아니한 열의 작용이나 자연물의 접촉 또는 폭발로 인한 손해는 화재에 의하여 발생한 손해에 포함되지 아니한다.

2. 火災保險의 目的

(1) 個別保險

화재보험의 목적은 화재의 위험이 있는 유체물로서 동산과 부동산을 포함한다. 따라서 입목이나 삼림, 건축 중이거나 미등기인 건물 등도 화재보험의 목적이 될 수 있다.

(2) 集合保險

집합보험은 경제적으로 독립한 다수의 집합물을 보험의 목적으로 하는 손해보험을 말한다. 예컨대 주택화재보험과 같이 한 주택 내에 있는 수개의 독립된 물건을 화재보험의 목적으로 하는 것이다. 이러한 집합보험에 있어서 보험의 목적물이 특정되어 있는 경우와 보험기간 중에 그 교체가 예정되어 있는 경우가 있는데, 전자를 특정보험이라 하고, 후자를 총괄보험이라 한다.

1) **特定保險** 가구나 의류 등 집합된 물건을 일괄하여 보험의 목적으로 한 경우에는 피보험자의 가족과 사용인의 물건도 보험의 목적에 포함되며 그 보험은 그 가족과 사용인을 위하여서도 체결한 것으로 본다(상법 §686). 이것은 가족 또는 사용인의 물건에 관하여 타인을 위한 보험계약을 인정한 것이다. 다만 이 특정보험에서도 일정한 목적물에 대해서는 보험약관에 의하여 보험증권에 기재하도록 하는 경우가 있는데, 이 경우에 보험증권에 기재되지 않은 목적물은 보상의 범위에서 제외된다.

2) **總括保險** 총괄보험은 화재보험의 목적에 속하는 집합된 물건이 보험기간 중에 수시로 교체되어도 보험계약은 그 교체와 관계없이 존속된다. 따라서 보험기간 중 목적물이 교체된 경우에는 보험사고의 발생 당시에 현존한 물건은 모두 보험의 목적에 포함된 것으로 보며(상법 §687), 보험계약체결 당시에 집합물에 속한 물건이라도 보험사고 발생 전에 분리되거나 제3자에게 양도된 때에는 보험의 목적에서 제외된다.

3. 被保險利益

화재보험의 피보험이익은 피보험자에 따라 다르다. 즉 동일한 물건이라도 피보험자가 소유자인가, 임차인인가, 수치인인가, 담보권자인가에 따라 피보험이익이 다른 것이다. 화재보험의 피보험이익이 어느 것인가는 보험계약에서 정하나, 그것이 명백하지 않은 경우에는 소유자로서의 피보험이익이라고 보는 것이 통설이다.

제3. 火災保險에 관한 特則

1. 危險普遍의 原則

화재보험의 보험자는 화재로 인하여 보험의 목적에 손해가 생긴 때에는 그 화재의 원인에 관계없이 그 손해를 보상할 책임이 있다(상법 §683). 이를 위험보편의 원칙이라 한다. 물론 그 손해가 보험계약자 또는 피보험자의 고의、중과실(상법 §659), 전쟁 기타 변란(상법 §660), 목적물의 성질、하자、자연소모(상법 §678) 등 법정면책사유로 인하여 발생한 때에는 특약이 없는 한 보상책임이 없다.

2. 補償責任의 範圍

보험자가 보상책임을 지는 손해는 화재와 상당인과관계가 있는 손해이다. 따라서 보험자는 화재로 인한 직접적인 손해뿐만 아니라, 화재의 소방 또는 그 손해의 감소에 필요한 조치로 인한 손해도 보상할 책임이 있다(상법 §684).

제3절 運送保險

제1. 運送保險契約의 意義

운송보험계약은 육상운송의 목적인 운송물에 관하여 운송인이 그 운송물을 수령한 때로부터 수하인에게 인도할 때까지 운송에 관한 사고로 인하여 생길 손해의 보상을 목적으로 하는 손해보험계약이다(상법 §688). 이러한 운송보험은 송하인 또는 수하인이 운송물에 대하여 자기를 위한 보험으로 가입하거나 또는 운송인이 송하인 또는 수하인을 피보험자로 하는 타인을 위한 보험으로 가입한다. 따라서 운송인이 자신을 피보험자로 하여 운송 중에 운송물에 발생한 손해의 배상책임의 이행에 대비하여 가입하는 운송책임보험은 운송보험이 아니라 책임보험에 속한다.

상법상 운송보험은 육상운송에 있어서 그 운송물에 관한 보험계약으로서 그 운송의 범위가 육상이어야 한다. 육상운송은 육상의 지면 외에 상법 해상편에 의하여 호천과 항만에서의 운송을 포함하나, 실무에 있어서는 해상보험약관에 의하여 항만에서 운송 중에 발생한 사고에 대한 보험을 해상보험의 하나로 취급하고 있으므로, 운송보험에서는 항만운송보험이 제외된다.

제2. 運送保險契約의 要素

1. 保險의 目的

운송보험의 목적은 운송물이다. 따라서 운송보험은 물건보험으로서 손해보험이다. 여객운송에 있어서 여객의 신체 또는 생명 등에 관한 보험은 인보험에 속한다. 자동차 등의 운송용구는 운송보험의 목적이 아니며, 자동차보험 등에 의하여 담보된다.

2. 保險事故

운송보험의 보험사고는 운송 중에 운송물에 생길 수 있는 모든 사고로서 자동차의 충돌·추락·전복 등 운송에 특유한 위험은 물론, 운송과 관련하여 발생하는 화재·폭발·도난·침수 기타 모든 사고를 포함한다.

3. 被保險利益

운송보험의 피보험이익은 송하인이 운송물의 소유자로서 가지는 이익뿐만 아니라 송하인이 운송물의 도착으로 얻을 희망이익이나 운송인이 운임에 대하여 가지는 이익도 포함한다.

4. 保險價額

(1) 旣評價保險

운송보험의 보험가액은 보험계약 당사자 사이에 보험가액에 관한 협정이 있으면 그 협정에 의한다(상법 §670).

(2) 未評價保險

운송보험의 보험가액에 관하여 보험계약 당사자 사이에 협정이 없으면 그 보험가액은 운송물을 발송한 때와 곳에 있어서의 가액과 도착지까지의 운임 기타의 비용을 합한 금액으로 한다(상법 §689①). 즉 운송 도중에 또는 목적지에서 운송물의 가격이 오르더라도 발송한 때의 운송물의 가액과 그 운임 등을 보험가액으로 하는 것이다. 이를 특히 보험가액불변경주의(保險價額不變更主義)라 한다. 물론 운임 기타 비용은 운송도중의 운송물 멸실 등으로 그 지급을 하지 아니하는 때에는 보험가액의 산정에서 제외된다.

운송물의 도착으로 인하여 얻을 희망이익은 당사자 사이에 특약이 있는 경우에 한하여 보험가액에 산입할 수 있다(상법 §689②).

5. 保險期間

운송보험의 보험기간은 당사자 간의 합의에 의하여 일정한 기간으로 정할 수 있으나, 그러한 특약이 없는 경우에는 운송인이 운송물을 수령한 때로부터 수하인에게 인도할 때까지이다(상법 §688). 즉 운송계약이 종료되더라도 다른 특약이 없는 한 수하인에게 운송물을 인도하기까지 발생한 손해에 대해서는 보험자가 보상하여야 하는 것이다. 그러나 수하인의 운송물 수령 거부 등으로 운송인이 운송물을 수하인에게 인도할 수 없는 경우에는 운송인은 운송물을 공탁하거나 경매할 수 있는데(상법 §143), 이때 운송보험의 보험기간은 운송물을 공탁하거나 경매한 때까지라고 보아야 한다.

제3. 運送保險契約의 特則

1. 保險者의 免責事由

손해보험에 있어서 보험의 목적에 발생한 손해가 보험계약자 또는 피보험자의 고의、중과실(상법 §659), 전쟁 기타 변란(상법 §660), 목적물의 성질、하자、자연소모(상법 §678) 등의 법정면책사유로 인하여 발생한 때에는 보험자는 보상책임을 지지 아니하나, 운송보험에서는 이 외에도 보험사고가 송하인 또는 수하인의 고의 또는 중대한 과실로 인하여 발생한 때에도 보험자는 이로 인하여 생긴 손해에 대하여 보상할 책임을 면한다(상법 §692). 즉 송하인 또는 수하인이 보험계약자 또는 피보험자가 아닌 경우에도 그 고의나 중과실로 손해가 발생한 때에는 보험자가 보상책임을 지지 않는 것이다. 송하인이나 수하인이 보험계약자나 피보험자가 아닌 경우에도 보험의 목적인 운송물에 대하여 직접적인 이해관계를 가지기 때문이다.

그러나 운송인이 보험계약자 또는 피보험자가 아닌 운송보험계약에 있어서 운송인의 고의 또는 중과실로 인하여 손해가 발생한 경우에는 상법 제659조와 제692조의 면책사유에 해당하지 않으므로 보험자는 보상책임을 면하지 못한다. 이 경우에는 보험자가 보상책임을 지고, 운송인에게 보험자대위권(상법 §682)을 행사할 수 있다.

2. 運送의 中止 · 變更과 運送保險契約의 效力

운송보험계약은 다른 약정이 없으면 운송의 필요에 의하여 일시 운송을 중지하거나 운송의 노순 또는 방법을 변경한 경우에도 그 효력을 잃지 아니한다(상법 §691). 해상보험에 있어서 항해변경과 정당한 사유가 없는 이로를 당연면책사유로 하고 있는 것(상법 §701, §701의2)과 다르다. 육상운송에서는 운송의 일시 중지나 노순의 변경이 해상운송과는 달리 운송물에 관한 손해의 위험에 큰 영향이 없기 때문이다. 물론 보험계약자 등의 고의、중과실로 인하여 운송을 중지하거나 노순을 변경해 위험의 현저한 변경、증가를 초래한 때에는 보험자는 보험료의 증액을 요구하거나 계약을 해지할 수 있다(상법 §653).

제4절 海上保險

제1. 海上保險契約의 意義

해상보험계약이라 함은 항해에 관한 사고로 인하여 생기는 손해를 보상할 것을 목적으로 하는 손해보험계약이다(상법 §693).

해상보험은 해상운송이나 해상무역에 종사하는 기업들이 주로 이용하는 보험이므로 기업보험으로서의 성질을 갖는다. 따라서 해상보험에는 불이익변경금지의 원칙이 적용되지 아니하며, 당사자 간의 특약으로 상법 보험편의 규정에 비해 보험계약자 또는 피보험자에게 불이익하게 정한 약관도 유효하다(상법 §663).

또 해상보험은 국제적 해상 활동에서 이용되는 국제적 성질을 가지므로, 그 법적 규율의 통일이 요구된다. 해상보험 실무에서는 선박소유자 등의 국적에 상관없이 영국의 Lloyd 보험약관에 의하여 해상보험계약이 체결되며, 그 약관에는 보험계약상의 모든 책임문제가 영국의 법과 관습에 따른다고 규정하고 있으므로, 실제로는 영국의 해상보험법이 해상보험의 주요한 법원으로 되어 있다.

제2. 海上保險契約의 種類

1. 被保險利益에 의한 分類

(1) 船舶保險

선박보험은 보험의 목적인 선박의 소유자가 가지는 피보험이익에 관한 보험이다. 선박보험에서는 선박 자체와 함께 선박의 속구·연료·양식 기타 항해에 필요한 모든 물건을 보험의 목적에 포함된 것으로 한다(상법 §696②).

(2) 積荷保險

적하보험은 보험의 목적인 적하에 대하여 그 소유자가 가지는 피보험이익에 관한 보험이다(상법 §697).

(3) 運賃保險

운임보험은 운임을 피보험이익으로 하는 보험이다(상법 §706). 해상운송인은 해상위험에 의하여 운송물이 멸실된 때에는 그 운임을 청구할 수 없으므로, 운임 만에 대하여 따로 보험계약을 체결할 수 있다.

(4) 希望利益保險

희망이익보험은 보험의 목적인 적하의 도착으로 얻으리라고 기대되는 희망이익에 관한 보험이다(상법 §698).

(5) 船費保險

선비보험은 선박의장(船舶艤裝) 기타 선박의 운항에 소요되는 모든 비용에 대하여 가지는 피보험이익에 관한 보험이다. 선비에 대한 피보험이익은 보통 선박보험에서 부보되나, 선비만을 따로 보험에 붙일 수도 있다.

2. 保險期間에 의한 分類

(1) 航海保險

항해보험은 보험기간이 일정한 항해를 기준으로 정하여지는 보험이다. 항해보험은 적하보험에서 많이 이용되는데, 이 때 보험기간은 하물의 운송을 시작하여 목적지에서 그 하물을 인도할 때까지이다.

(2) 期間保險(定期保險)

기간보험은 일정한 기간을 표준으로 보험자의 책임이 정하여지는 보험이다. 선박보험에서 많이 이용된다.

(3) 混合保險

혼합보험은 일정한 항해와 기간을 표준으로 보험기간을 정하는 보험이다.

제3. 海上保險契約의 要素

1. 保險事故

해상보험의 보험사고는 항해에 관한 사고이다. 항해에 관한 사고는 항해 중에 또는 항해에 부수해서 생기는 모든 위험으로서, 침몰ㆍ좌초ㆍ충돌 등의 해상위험뿐만 아니라 화재ㆍ해적ㆍ도난ㆍ포획ㆍ억류ㆍ투하ㆍ선원의 불법행위 등을 포함한다.

2. 保險期間

(1) 船舶保險의 保險期間

선박을 항해 단위로 보험에 붙인 경우에 보험자의 책임은 하물 또는 저하(底荷)의 선적에 착수한 때에, 하물 또는 저하의 선적에 착수한 후에 보험계약을 체결한 때에는 그 계약이 성립한 때에 개시된다(상법 §699①ㆍ③). 보험자의 책임이 종료되는 시점은 도착항에서 하물 또는 저하를 양륙한 때이다. 다만 양륙이 불가항력으로 인하지 아니하고 지연된 때에는 그 양륙이 보통 종료될 때에 종료된 것으로 한다(상법 §700).

(2) 積荷保險과 希望利益保險의 保險期間

적하보험 또는 희망이익보험의 보험자의 책임은 그 하물의 선적에 착수한 때에 개시된다. 그러나 하물의 선적에 착수한 후에 보험계약을 체결한 때에는 계약이 성립한 때에 그 책임이 개시된다(상법 §699②ㆍ③). 적하보험 또는 희망이익보험의 보험자의 책임이 종료되는 시점은 도착항에서 하물을 양륙한 때이나, 양륙이 불가항력으로 인하지 아니하고 지연된 때에는 양륙이 보통 종료될 때에 그 책임이 종료된다(상법 §700).

3. 保險價額

(1) 保險價額不變更主義

해상보험계약에서 보험가액에 관하여 당사자 간에 합의가 있는 경우에는 그 합의로 정한 가액을 보험가액으로 하나, 당사자 간의 합의가 없는 경우에는 다음과 같이 보험가액불변경주의에 의한다.

(2) 船舶保險의 保險價額

선박보험의 보험가액은 보험자의 책임이 개시할 때의 선박가액으로 한다(상법 §696①). 선박보험에 있어서는 선박 자체 외에도 선박의 속구(屬具)·연료·양식 기타 항해에 필요한 모든 물건을 보험의 목적에 포함된 것으로 하므로(상법 §696②), 이들의 가액을 포함한 것이 선박보험의 보험가액으로 된다.

(3) 積荷保險의 保險價額

적하보험의 보험가액은 선적한 때와 곳에 있어서의 적하의 가액 및 선적과 보험에 관한 비용을 보험가액으로 한다(상법 §697). 적하의 가액은 선적한 때와 곳의 거래가액을 말하며, 선적에 관한 비용은 선적비용과 포장 및 통관에 소요되는 선적부수비용을 포함한다. 적하의 운임은 육상의 운송보험의 경우와는 달리 운임보험의 목적이 되므로 적하보험의 보험가액에는 산입되지 아니한다.

(4) 希望利益保險의 保險價額

희망이익보험에서는 보험가액의 협정이 없으면 보험금액을 보험가액으로 추정한다(상법 §698). 운임보험의 보험가액에 관하여는 상법상 규정이 없으나, 운임의 지급형태에 관계없이 운송인이 운송에서 취득할 수 있는 총운임에 보험관련 비용을 합친 금액이 된다.

제4. 保險者의 損害補償責任

1. 保險者가 補償해야 할 損害의 範圍

(1) 原 則

해상보험의 보험자는 해상사업에 관한 사고로 보험의 목적에 발생한 피보험자의 손해를 보상할 책임이 있다(상법 §693). 해상보험의 보험자가 보상할 손해는 원칙적으로 피보험이익에 생긴 손해로서 보험사고와 상당인과관계가 있는 직접손해이나, 상법은 특칙으로 보험자가 보상해야 할 손해의 범위에 공동해손에 의한 손해, 충돌로 인한 손해, 구조료, 특별비용을 포함시키고 있다.

(2) 共同海損에 의한 損害

보험자는 선장의 공동해손처분행위로 인하여 피보험자가 부담하는 공동해손분담액을 보상할 책임이 있다. 그러나 보험목적의 공동해손분담가액이 보험가액을 초과하는 경우에는 그 초과액에 대한 분담액은 보상하지 아니한다(상법 §694).

(3) 衝突로 인한 損害

보험자는 선박의 충돌로 인하여 보험의 목적에 생긴 손해를 보상할 책임을 진다. 그러나 피보험자가 선박의 충돌로 인하여 타인에 대하여 부담하는 손해배상의무에 대하여 보험자는 원칙적으로 책임을 지지 않는 것으로 본다. 이러한 손해는 선박에 관련하여 생긴 법률상의 책임으로서 책임보험의 대상이 되나, 실제에 있어서는 충돌약관에 의하여 보험자가 보상책임을 진다.

(4) 救助料

보험자는 피보험자가 보험사고로 인하여 발생하는 손해를 방지하기 위하여 지급할 구조료를 보상할 책임이 있다. 그러나 보험의 목적물의 구조료 분담가액이 보험가액을 초과할 때에는 그 초과액에 대한 보상책임은 인정되지 않는다(상법 §694의 2).

(5) 特別費用

보험자는 피보험자가 보험의 목적의 안전이나 보존을 위하여 지급한 특별비용에 대하여 보험금액의 한도 내에서 보상할 책임이 있다(상법 §694의 3). 선박보험에 있어서 파손된 선박의 회항 또는 예인비용, 훼손된 적하의 보존을 위한 건조·포장 등의 비용이 특별비용에 속한다.

2. 補償額의 算定

(1) 補償責任의 法定 範圍

1) 全損의 경우 보험사고가 발생하여 선박 또는 적하 등에 관한 피보험이익의 전부가 멸실한 경우에, 전부보험에 있어서는 보험가액의 전액이 손해액이며, 보험자는

보험금액의 범위 내에서 손해액을 보상하여야 한다. 선박의 존부가 2월간 분명하지 않은 때에는 그 선박의 행방이 불명한 것으로 되어 전손으로 추정되므로(상법 §711②). 보험자는 피보험자에게 전손으로 인한 손해를 보상하여야 한다. 일부보험의 경우에는 보험가액과 보험금액의 비율에 의하여 보상액을 산정한다.

2) 分損의 경우 보험사고로 피보험이익의 일부가 멸실된 경우에는 보상액의 산정이 용이하지 않으므로, 상법은 다음과 같은 특별규정을 두고 있다.

① 船舶이 毁損된 경우 선박의 일부가 훼손되어 그 훼손부분이 전부 수선된 경우에 보험자는 그 수선비를 1회의 사고에 대하여 보험금액을 한도로 보상할 책임이 있다(상법 §707의 2①). 따라서 보험기간 중에 보험사고가 수 회 생긴 때에는 각 회 마다 보험금액을 한도로 보상액을 정하며, 그 보상액의 합계가 보험금액을 초과하여도 보험자는 보상책임을 진다.

선박의 일부가 훼손되어 그 훼손된 부분의 일부가 수선된 경우에는 수선비와 수선하지 아니함으로써 생긴 감가액을 보상하고(상법 §707의2②), 선박의 일부가 훼손되었으나 수선하지 아니한 때에는 그로 인하여 감가된 액을 보상해야 한다(상법 §707의 2③).

② 積荷가 毁損된 경우 보험의 목적인 적하가 훼손되어 양륙항에 도착한 때에는 보험자는 훼손된 상태의 가액(훼손가액)과 훼손되지 아니한 상태의 가액(건전가액)과의 비율에 따라 보험가액의 일부에 대한 손해를 보상할 책임이 있다(상법 §708). 이 경우 훼손된 적하의 훼손율과 훼손가액의 산정은 양륙항의 가액을 기준으로 한다.

③ 積荷가 賣却된 경우 항해 도중에 불가항력으로 보험의 목적인 적하를 매각한 때에는 보험자는 그 대금에서 운임 기타의 필요한 비용을 공제한 금액과 보험가액과의 차액을 보상하여야 한다(상법 §709①). 불가항력으로 적하를 매각한 때라 함은 선박수선료、해양사고구조료 등 항해의 계속에 필요한 비용을 지급하기 위하여 선장이 적하를 처분한 경우(상법 §774①)를 말한다. 이 경우 매수인이 매각대금을 지급하지 아니한 때에는 보험자는 그 대금을 지급하여야 한다. 이 때에 대금을 지급한 보험자는 매수인에 대한 피보험자의 대금지급청구권을 취득한다(상법 §709②).

(2) 約款에 의한 補償責任의 範圍

항해에 관한 사고가 광범위하므로 실제에서는 보험자의 책임범위를 명백히 하기 위하여 약관에 의하여 보험자의 책임을 제한한다.

1) 全損만의 擔保 보험의 목적의 전손 및 이것에 준하는 보험위부가 있는 경우(상

법 §710)에만 보험자가 보상책임을 지고, 공동해손, 단독해손, 손해방지비용 기타 전손 이외의 모든 손해와 비용에 대하여는 책임을 지지 않는다.

2) 單獨海損不擔保 전손 이외에는 공동해손에 대하여만 보험자가 책임을 지고, 분손 중 단독해손, 즉 선박 또는 적하의 일방에 관한 손해(分損)에 관하여는 책임을 지지 않는 것이다.

3) 分損擔保 전손은 물론 공동해손이나 단독해손 가리지 않고 모든 분손에 대하여 보험자가 보상책임을 지는 것이다.

3. 海上保險者의 免責事由

(1) 法定免責事由

해상보험자는 보험자의 일반적인 면책사유(상법 §659, §678) 이외에 다음의 사유가 있는 경우에도 법률상 당연히 그 책임을 면한다.

1) 航海의 變更 선박이 보험계약에서 정하여진 발항항이 아닌 다른 항에서, 또는 도착항이 아닌 다른 항을 향하여 출항한 때에는 보험자는 책임을 지지 않는다(상법 §701①·②). 보험자의 책임이 개시된 후에 보험계약에서 정하여진 도착항이 변경된 경우에는 보험자는 그 항해의 변경이 결정된 때부터 책임을 지지 아니한다(상법 §701③).

다만, 항해의 변경이 전쟁 또는 항구 폐쇄 등 보험계약자나 피보험자의 책임 없는 사유로 인한 때나 또는 항해의 변경에 대해 보험자와 보험계약자 사이에 합의가 있었던 때에는 보험자는 그 항해변경 후의 사고에 대해서도 책임을 진다(양승규 315면, 이기수 외 219면).

2) 離 路 선박이 정당한 사유 없이 보험계약에서 정하여진 항로를 이탈한 경우에는 보험자는 그 때부터 책임을 지지 아니한다. 손해가 발생하기 전에 선박이 원래의 항로로 돌아온 경우에도 같다(상법 §701의 2). 그러나 항로의 이탈이 불가항력이나 인명구조 등 정당한 사유로 인한 때에는 보험자가 보상책임을 진다. 다만 이 경우에도 항로를 이탈한 사유가 없어진 때에는 지체없이 본래의 항로로 복귀하여야 하며, 그 지체 중에 발생한 사고에 대해서는 보험자는 책임을 지지 아니한다(이기수 외, 219면).

3) 發航 또는 航海 遲延 피보험자가 정당한 사유 없이 발항 또는 항해를 지연한 때에는 보험자는 발항 또는 항해를 지체한 이후의 사고에 대하여 책임을 지지 아니한다(상법 §702).

4) 船舶의 變更 적하보험의 경우에 보험계약자 또는 피보험자의 책임 있는 사유로 인하여 적재선박을 변경한 때에는 보험자는 그 변경 후의 사고에 대하여 책임을 지지 않는다(상법 §703). 선박보험에 있어서는 선박을 양도하거나 선박의 선급을 변경한 때 또는 선박을 새로운 관리로 옮긴 때에는, 보험자의 동의가 있는 때를 제외하고는, 보험계약은 당연히 종료된다(상법 §703의2).

5) 堪航能力注意義務 違反 선박이 발항 당시 안전하게 항해하는데 필요한 준비를 하지 아니하거나 필요한 서류를 비치하지 아니함으로 인하여 생긴 손해에 대하여 보험자는 보상책임을 지지 아니한다(상법 §706 1호). 이 면책사유는 선박보험과 운임보험에만 적용되고 적하보험에는 적용되지 않는다.

6) 傭船者 등의 故意 또는 重過失 적하보험에 있어서 용선자나 송하인 또는 수하인의 고의 또는 중과실로 인하여 생긴 손해에 대하여 보험자는 보상책임을 지지 아니한다(상법 §706 2호). 이들은 보험계약의 당사자는 아니나 운송계약의 당사자 또는 운송물의 수령자로서 운송물의 취급 시 고의 또는 중과실이 있는 때에는 운송계약자의 고의、중과실과 동일하게 보는 것이다.

7) 通常費用 도선료、입항료、등대료、검역료 기타 선박 또는 적하에 관한 항해 중의 통상비용에 대해서 보험자는 보상책임을 지지 아니한다(상법 §706 3호). 이러한 비용은 통상적으로 소요되는 비용으로서 우연한 해상사고로 인한 것이 아니므로 보험자가 보상책임을 부정하는 것이다.

⑵ 約款에 의한 免責事由

항해 시 해상사고가 다양하므로 실제에서는 약관에서 보험자의 각종 면책사유를 정하고 있다. 특히 해상보험의 보험계약자나 피보험자는 기업이므로 불이익변경금지의 원칙이 적용되지 아니하는 결과, 약관에 의한 면책이 광범위하게 허용된다.

제5. 豫定保險

1. 意 義

예정보험이란 계약체결당시에 보험계약 내용의 일부 즉 선박이나 적하의 종류, 보험금액 등이 확정되지 아니한 보험을 말한다. 이에 대하여 계약내용의 전부가 확정되어 있는 보험을 확정보험이라 한다. 예정보험은 주로 선박 또는 적하보험에 있어서 선적할 선박이나 보험금액 또는 적하의 수량 등이 확정되지 아니한 경우에 보험계약의 신속한 체결을 위하여 이용된다.

2. 種 類

예정보험은 개개의 보험의 목적에 대하여 체결되는 개별적 예정보험과 계속적으로 거래되는 다수의 보험의 목적에 대하여 포괄적으로 체결되는 포괄적 예정보험이 있다.

3. 船舶未確定의 積荷豫定保險

보험계약의 체결당시에 하물을 적재할 선박을 지정하지 아니한 경우에, 보험계약자 또는 피보험자가 그 하물이 선적되었음을 안 때에는 지체없이 보험자에 대하여 선박의 명칭·국적, 하물의 종류·수량·가액 등에 관한 통지를 발송하여야 한다(상법 §704①). 보험계약자 또는 피보험자가 이 통지를 해태한 때에는 보험자는 그 사실을 안날로부터 1개월 이내에 보험계약을 해지할 수 있다(상법 §704②).

제6. 保險委付

1. 意 義

보험위부라 함은 보험의 목적이 전부 멸실한 것과 동일시할 수 있는 일정한 사유가 있는 경우에 피보험자가 그 보험의 목적에 대한 모든 권리를 보험자에게 취득시키고 보험금액의 전부를 청구할 수 있는 해상보험 특유의 제도이다. 선박의 행방불명 등 전손에 해당하는 손해가 있는 경우에 그 입증의 곤란을 피하고 피보험자에게 신속한 자본 회수의 편의를 주기 위한 것이다.

2. 法的 性質

보험위부는 불요식의 법률행위이며, 보험자의 승낙을 필요로 하지 않는 단독행위이나. 보험위부는 피보험자의 일방적 의사표시에 의하여 일정한 법적 효과가 발생되므로 형성권의 일종이다.

3. 保險委付의 原因(委付의 實質的 要件)

(1) 船舶 또는 積荷의 占有喪失

피보험자가 보험사고로 인하여 자기의 선박 또는 적하의 점유를 상실하여 이를 회복할 가능성이 없거나 회복하기 위한 비용이 회복하였을 때의 가액을 초과하리라고 예상될 경우에 위부할 수 있다(상법 §710 제1호). 점유 상실은 선박 또는 적하의 포획이나 압수 등을 포함하며, 그 원인은 묻지 아니한다.

선박의 행방불명은 전손으로 추정되므로(상법 §711②) 위부의 원인으로 되지 아니한다. 이 경우 피보험자는 보험금액 전액의 지급을 청구할 수 있으므로 위부를 할 필요가 없기 때문이다.

(2) 船舶의 修繕費가 過多한 경우

선박이 보험사고로 인하여 심하게 훼손되어 이를 수선하기 위한 비용이 수선하였을 때의 가액을 초과하리라고 예상될 경우에 위부할 수 있다(상법 §710 제2호). 여기서 수선하기 위한 비용에는 훼손된 선박을 원상으로 회복하는 데 소요되는 비용을 말하고, 이에는 선박의 손상 부위와 정도를 감정하기 위한 비용､선박을 수선항으로 예인하기 위한 비용､선급검사인의 검사료､예선증명서의 발급비용､수선감독자의 감독비용 기타 수선에 부수하는 비용을 포함한다(대판 2001.2.23, 98다59309). 선박의 수선 자체가 불가능한 경우에는 전손으로서 보험사고의 발생이 되며 위부의 원인으로 되지 않는다.

선박의 수선비가 과다하여 선박을 위부하는 경우에는 적하도 위부할 수 있으나, 선장이 지체없이 다른 선박으로 적하의 운송을 계속한 때에는 피보험자는 그 적하를 위부할 수 없다(상법 §712).

(3) 積荷의 修繕費가 過多한 경우

피보험자는 적하가 보험사고로 인하여 심하게 훼손되어 이를 수선하기 위한 비용과 그 적하를 목적지까지 운송하기 위한 비용의 합계액이 도착하는 때의 적하의 가액을 초과하리라고 예상될 경우에 그 적하를 위부할 수 있다(상법 §710③).

4. 委付의 要件(委付의 形式的 要件)

(1) 委付의 通知

피보험자가 위부를 하고자 할 때에는 상당한 기간 내에 보험자에게 위부의 통지를 발송하여야 한다(상법 §713). 통지의 방법에는 아무런 제한이 없으며, 서면 또는 구두로도 할 수 있다.

⑵ 委付의 範圍

위부는 보험의 목적 전부에 대하여 하여야 한다(상법 §714② 본문). 다만 위부의 원인이 보험 목적의 일부에 생긴 때에는 그 부분에 대하여서만 위부를 할 수 있다(상법 §714② 단서). 일부보험에 있어서 보험위부는 보험금액의 보험가액에 대한 비율에 따라서만 할 수 있다(상법 §714③).

⑶ 다른 保險契約 등에 관한 通知

피보험자가 위부를 함에 있어서는 보험자에 대하여 보험의 목적에 관한 다른 보험계약과 그 부담에 속한 채무의 유무와 그 종류 및 내용을 통지하여야 한다(상법 §715①). 보험자는 이 통지를 받을 때까지 보험금액의 지급을 거부할 수 있다(상법 §715②). 보험금액의 지급기간에 약정이 있는 때에 그 기간은 보험자가 이 통지를 받은 날로부터 기산한다(상법 §715③).

⑷ 委付의 無條件性

위부는 무조건이어야 한다(상법 §714①). 따라서 위부에 조건이나 기한을 붙이는 것은 허용되지 아니한다.

⑸ 保險者의 承認

보험위부는 형성권으로서 피보험자의 일방적인 위부의 의사표시에 의하여 그 효력이 생기나, 보험자가 위부를 승인하지 않은 때에는 피보험자는 위부의 원인을 증명하여야 보험금액의 지급을 청구할 수 있다(상법 §717). 보험자가 위부를 승인한 경우에는 피보험자는 위부의 원인을 증명할 필요가 없으며, 보험자도 후일 그 위부에 대하여 이의를 하지 못한다(상법 §716).

5. 委付의 效力

⑴ 總 說

보험위부권이 행사되면 보험의 목적에 대한 권리는 보험자에게 이전되고 피보험자는 보험자에 대하여 보험금액의 지급을 청구할 수 있다. 이 두 가지의 효과에 관하여 전자는 의사표시상의 효과이고 후자는 법정 효과라는 견해와 그 반대라는 견해 및 양자 모두 의사표시상의 효과라는 견해 등이 대립해 있다. 보험위부를 하는 피보험자는 보험자로부터 보험금액을 지급받기 위하여 보험자에게 보험의 목적에 대한 권리를 이전하는 것이므로, 피보험자의 보험금지급청구권과 보험의 목적에 대한 권리의 이전은 모두 의사표시상의 효과라고 보는 것이 타당하다.

(2) 被保險者의 權利·義務

1) 피보험자의 保險金支給請求權 위부를 한 피보험자는 보험자에게 위부의 원인을 증명할 필요 없이 보험금액 전부의 지급을 청구할 수 있다(상법 §710). 그러나 위부의 원인이 보험 목적의 일부에 생겨 그 부분에 대해서만 위부를 한 때에는 그 부분에 대한 보험금의 지급만 청구할 수 있다(상법 §714② 단서). 또 일부보험의 경우에는 보험금액의 보험가액에 대한 비율에 따라 위부를 할 수 있으므로, 보험금도 그 비율에 해당하는 금액의 지급만 청구할 수 있다(상법 §714③).

2) 피보험자의 의무 피보험자가 위부를 한 때에는 보험의 목적에 관한 모든 서류를 보험자에게 교부하여야 한다(상법 §718②). 또한 피보험자는 위부를 하는 경우에도 손해방지의무를 지며, 이를 위해 소요된 비용은 보험자에게 청구할 수 있다.

(3) 保險者의 權利·義務

1) 보험의 목적에 대한 保險者의 권리 취득 피보험자가 위부를 한 때에 보험자는 보험의 목적에 관한 피보험자의 모든 권리를 취득한다(상법 §718①). 일부보험의 경우에는 보험금액의 보험가액에 대한 비율에 의하여 그 권리를 취득한다(상법 §714③).

보험의 목적에 관한 피보험자의 권리는 보험사고 후 현존하는 목적물 또는 그 잔존물에 대한 권리를 포함하나, 위부의 원인인 손해가 제3자의 행위에 의하여 생긴 경우에 피보험자가 제3자에 대하여 가지는 권리도 보험자에게 이전하는가에 관하여 적극설과 소극설이 대립하고 있다. 보험위부는 보험의 목적에 생긴 손해에 대해 그 손해의 증명 없이 완전한 보상을 받고자 하는 것이므로, 피보험자가 보험의 목적에 관하여 제3자에 대하여 가지는 권리도 이전된다고 보는 것이 타당하다. 적극설이 다수설이다.

보험자가 보험의 목적에 대한 피보험자의 권리를 취득하는 시기는 위부의 의사표시가 보험자에게 도달한 때이다.

2) 보험의 목적에 관한 부담의 이전 보험의 목적에 관한 권리가 보험자에게 이전하

는 경우에 보험의 목적에 부착되어 있는 가령 표류물·침몰물 등의 제거의무(개항질서법 §26①) 등과 같은 공법상의 의무나 사법상의 담보물권 기타 물권적 부담도 보험자에게 이전된다.

이 경우 보험자는 보험의 목적에 관한 권리를 포기함으로써 그 부담도 면할 수 있으며, 또 약관에서는 그 의무의 이행에 소요되는 비용을 보험금에서 공제할 수 있다고 정함으로써 그 부담을 피보험자에게 전가하기도 한다.

제5절 責任保險

제1. 責任保險契約의 意義

책임보험계약이라 함은 피보험자가 제3자에게 보험기간 중의 사고로 손해배상책임을 지는 경우에 보험자가 그 손해를 보상할 것을 목적으로 하는 손해보험계약을 말한다(상법 §716). 책임보험은 피보험자가 제3자에 대한 손해배상책임을 이행함으로써 생기는 손해를 보험자가 보상함으로써 피보험자를 보호하는 한편 피보험자의 무지력으로부터 제3자인 피해자를 구제하는 기능을 한다. 책임보험에 의하여 부보되는 책임은 민사상의 책임으로서 계약상의 책임뿐만 아니라 불법행위 및 채무불이행 책임을 포함한다.

제2. 責任保險契約의 性質

책임보험은 피보험자가 제3자에게 손해배상책임을 짐으로써 받게 될 재산상의 손해를 보험자가 보상하는 것을 목적으로 하므로 손해보험에 속한다. 다만 책임보험은 피보험자의 개개의 특정 재산에 발생한 손해를 보상하는 물건보험과는 달리 피보험자의 전 재산에 생기는 손해를 보상하는 것이므로 재산보험이며, 피보험자에게 직접 발생하는 적극적인 손해가 아니라 피보험자가 제3자에게 배상책임을 이행함으로써 입게 되는 소극적인 간접손해를 보상하는 보험이므로 소극보험이다.

제3. 責任保險의 分類

1. 對人賠償責任保險 · 對物賠償責任保險 · 混合保險

대인배상책임보험은 피보험자가 피해자의 인적 손해에 대하여 배상책임을 짐으로써 받게 되는 재산상의 손해를 보상하는 책임보험이며, 대물배상책임보험은 피보험자가 타인의 물건 기타 재산에 발생한 손해에 대해 배상책임을 부담함으로써 받게 되는 재산상의 손해를 보상하는 책임보험이다. 혼합보험은 피보험자가 타인이 입은 인적 손해뿐만 아니라 물적 손해에 대해서도 배상책임을 부담함으로써 받게 되는 손해를 보상하는 보험이다.

2. 個人責任保險 · 營業責任保險 · 專門職業人責任保險

개인책임보험은 피보험자가 개인으로서 타인에게 부담하는 손해배상책임을 부담하는 경우에 그 손해를 보상하는 보험이다. 영업책임보험은 피보험자의 영업에 관하여 타인에게 손해배상책임을 부담함으로써 입게 되는 손해를 보상하는 보험이다. 상품제조업체의 제조물책임보험이 그 예이다. 전문직업인책임보험은 일정한 전문직에 종사하는 자가 그 업무의 수행과 관련하여 타인에게 손해배상책임을 부담함으로써 입게 되는 손해를 보상하는 책임보험이다. 의사책임보험 、임원책임보험 등이 그 예에 속한다.

3. 有限賠償責任保險 · 無限賠償責任保險

유한배상책임보험은 보험자의 보상책임의 한도가 피해자 또는 사고를 기준으로 일정하게 정하여진 보험이며, 무한배상책임보험은 배상책임의 이행으로 인한 피보험자의 모든 손해를 보험자가 보상하는 보험이다.

4. 任意責任保險 · 義務責任保險

임의책임보험은 그 가입 여부가 피보험자의 자유로운 의사에 맡겨져 있는 책임보험이고, 의무책임보험은 그 가입이 법률상 의무화되어 있는 책임보험이다. 현행법상의 의무책임보험에는 자동차손해배상보장법에 의한 자동차손해배상책임보험, 화재로인한재해보상과보험가입에관한법률에 의한 신체손해배상특약부화재보험, 원자력손해배상법에 의한 원자력손해배상책임보험 등이 있다.

제4. 責任保險契約의 要素

1. 保險의 目的

책임보험은 피보험자가 제3자에 대하여 손해배상책임을 부담하는 경우에 그로 인한 손해를 보상하는 것이므로 책임보험의 목적은 피보험자의 전 재산이다. 또한 피보험자가 제3자의 청구를 방어하기 위하여 지출한 재판상 또는 재판외의 방어비용은 피보험자가 보상책임을 지지 않은 경우에도 보험의 목적에 포함된 것으로 한다(상법 §720① 전단).

이 밖에 특히 영업책임보험에 있어서는 피보험자의 대리인 또는 사업감독자의 제3자에 대한 책임도 보험의 목적에 포함된다(상법 §721).

2. 被保險利益과 保險價額

책임보험의 목적은 피보험자의 전재산이므로, 피보험이익은 피보험자의 전재산이 감소하게 될 사고가 발생하지 않음으로써 피보험자가 가지게 되는 이익이다. 따라서 책임보험에 있어서 보험가액은 원칙적으로 존재하지 않으며, 보험가액과 보험금액의 불일치로 인하여 생기는 초과보험이나 중복보험 또는 일부보험의 문제도 원칙적으로 생기지 않는다. 다만 물건보관자의 책임보험이나 재보험의 경우에는 그 물건의 가액 또는 원보험자의 책임액이 보험가액에 해당한다.

3. 保險事故

책임보험의 보험사고는 보험자의 보험금지급책임을 발생시키는 우연한 사고를 말한다. 이 사고가 무엇인가에 대하여 피보험자의 행위에 의하여 제3자가 손해를 받은 사고라고 하는 손해사고설, 피보험자가 제3자로부터 손해배상청구를 받은 사실이라고 하는 손해배상청구설, 피보험자가 법률상 책임을 부담하게 된 것이라고 하는 책임부담설, 피보험자의 제3자에 대한 책임의 이행이라고 하는 책임이행설 등이 있다. 그러나 피보험자의 가해행위가 있으면 특별한 사정이 없는 한 제3자에 대한 책임이 발생하며, 또 그것이 보험기간 중에 발생한 한 보험기간의 경과 후에 책임이 확정되거나 이행되어도 보험자는 보상책임을 지게 되며, 피보험자의 방어비용도 보험의 목적에 포함되고 있다는 점 등을 감안하면 손해사고설이 타당하다고 본다.

4. 被保險者의 損害賠償責任

책임보험은 피보험자의 제3자에 대한 손해배상책임을 전제로 하여 성립된다. 피보험자의 손해배상책임은 원칙적으로 민사책임으로서 그 발생 원인이 계약상의 책임인가 또는 법률상의 책임인가, 채무불이행책임인가 또는 불법행위책임인가 묻지 아니하며, 벌금 등의 형사책임을 포함하는 경우도 있다. 손해배상책임의 범위에 있어서는 일반 민사책임은 고의나 과실이 있는 경우에 발생되나, 책임보험에서는 보험계약자ㆍ피보험자의 고의로 인한 손해에 대해서는 보험자가 보상책임을 지지 않는 것이 원칙이다. 여기서 제3자는 피보험자 이외의 자를 말하나 피보험자의 동거가족은 제3자의 범위에 포함되지 아니한다.

제5. 責任保險契約의 效果

1. 總 說

책임보험의 법률관계에서는 보험자와 피보험자 또는 보험계약자의 보험계약관계 외에도 보험자와 피해자인 제3자 간의 관계에 있어서 제3자에게 보험자에 대한 직접 청구권이 인정되고 있다.

2. 保險者의 補償義務

(1) 보상의 범위

보험자는 피보험자가 보험기간중의 사고로 인하여 제3자에게 보상책임을 지는 경우에 이를 보상할 책임이 있다(상법 §719). 이 경우 보험자는 변제ㆍ승인ㆍ화해 또는 재판으로 인하여 확정된 피보험자의 제3자에 대한 채무(상법 §723①ㆍ③)와 피보험자가 제3자의 청구를 방어하기 위하여 지출한 재판상 또는 재판외의 필요비용을 부담하여야 한다(상법 §720①).

또한 피보험자는 담보의 제공 또는 공탁으로 재판의 집행을 면할 수 있는 때에는 보험자에 대하여 보험금액의 한도 내에서 그 담보의 제공 또는 공탁을 청구할 수 있다(상법 §720②). 나아가 이러한 비용의 지출이나 담보의 제공 또는 공탁이 보험자의 지시에 의한 것인 때에는 그 금액에 손해액을 가산한 금액이 보험금액을 초과하는 때에도 보험자는 그 전액을 피보험자에게 보상하여야 한다(상법 §720③).

특히 영업책임보험에 있어서는 보험자는 피보험자의 대리인 또는 사업감독자가 제3자에 대한 손해배상책임의 이행으로 인한 손해도 보상하여야 한다(상법 §721).

⑵ 補償의 要件과 時期

보험자는 피보험자가 책임을 질 사고로 인하여 생긴 손해에 대하여 제3자가 그 보상을 받기 전에는 보험금액의 전부 또는 일부를 피보험자에게 지급하지 못한다(상법 §724①). 보험자의 보험금지급은 원칙적으로 피보험자로 부터 변제 등의 통지(상법 §723①)를 받은 날로부터 10일 이내에 하여야 한다(상법 §723②). 이것은 임의규정이므로, 당사자는 특약에 의하여 이와 다르게 정할 수 있다.

3. 被保險者의 義務

⑴ 通知義務

피보험자가 제3자로부터 손해배상의 청구를 받은 때에는 지체없이 보험자에게 그 통지를 하여야 한다(상법 §722). 보험자로 하여금 장래의 보험금 지급에 미리 대비할 수 있게 하기 위한 것이다. 또한 제3자에 대하여 변제·승인·화해 또는 재판으로 인하여 채무가 확정된 때에도 피보험자는 지체없이 보험자에게 그 통지를 발송하여야 한다(상법 §723①).

⑵ 協助義務

피보험자가 피해자에게 부담하는 손해배상은 보험자가 부담하게 되므로 피보험자가 피해자에게 변제하거나 승인·화해 등에 의하여 채무를 확정하는 경우에는 신의칙상 보험자와 협의하여야 한다. 피보험자가 보험자의 동의 없이 일방적으로 피해자에게 변제를 하거나 승인 또는 화해를 한 때에는 보험자가 책임을 면한다는 합의도 가능하나, 이 때에도 그 행위가 현저하게 부당한 것이 아니면 보험자는 보상할 책임을 진다(상법 §723③).

4. 第3者의 直接請求權

⑴ 意 義

피보험자가 책임을 질 사고로 입은 손해에 대하여 피해자인 제3자는 보험금액의 한도 내에서 보험자에게 보험금의 지급을 직접 청구할 수 있다(상법 §724② 본문). 제3자의 이러한 직접청구권은 피보험자가 파산 기타 무자력으로 된 때에도 피해자인 제3자의 손해배상청구권을 보호해 주기 위한 것이다.

제3자의 직접청구권은 1991년의 상법 개정 전에는 보관자의 책임보험과 자동차손해배상보장법 · 원자력손해배상법 등에 의한 강제책임보험에서 예외적으로 인정되었으나, 현행 상법은 1991년 12월의 개정을 통해 책임보험의 피해자보호기능을 고려하여 모든 책임보험에 대해 일반적으로 인정하고 있다.

(2) 認定根據

보험자에 대한 피해자의 직접청구권이 인정되는 근거에 관하여 책임보험에서 피해자는 제1차적 피보험자이므로 피보험자의 직접청구권은 책임보험의 본질상 당연한 것이라는 견해와 피해자의 직접청구권은 책임보험계약 당사자의 의사표시에 기한 효과라는 견해가 있으나, 다수설은 피해자를 보호하기 위하여 법률이 특별히 인정하는 권리라고 보고 있다.

(3) 法的 性質

보험자에 대한 제3자의 직접청구권의 법적 성질에 관하여 손해배상청구권이라는 견해와 보험금청구권이라는 견해가 있다. 책임보험은 피보험자와 보험자의 보험관계이며, 피해자와 보험자 사이에는 아무런 보험관계가 없으므로 피해자의 직접청구권을 보험금청구권으로 보는 것은 타당하지 않다. 책임보험계약관계에 있어서 피보험자가 제3자에 대해 손해배상책임을 지는 경우에 보험자는 피보험자가 부담하는 손해배상채무를 병존적으로 인수하는 것으로 보아야 하므로, 제3자의 직접청구권은 손해배상청구권으로 보아야 한다.

(4) 直接請求權과 保險金請求權의 關係

1) 優先順位　보험자는 피보험자가 책임을 질 사고로 인하여 생긴 손해에 대하여 제3자가 그 배상을 받기 전에는 보험금액의 전부 또는 일부를 피보험자에게 지급하지 못한다(상법 §724①). 즉 책임보험의 손해사고가 발생한 경우에 피보험자는 보험자에 대하여 보험금청구권을 가지고, 제3자는 보험자에게 직접청구권을 가지는데, 제3자의 직접청구권이 피보험자의 보험금청구권에 우선한다는 의미이다. 따라서 보험자는 제3자가 피보험자로부터 손해배상을 받기 전에는 피보험자의 보험금청구를 거절할 수 있으며, 제3자가 피보험자로부터 배상을 받기 전에는 피보험자에 대한 보험금 지급으로 제3자에게 대항하지 못한다.

2) **保險者의 抗辯權** 제3자가 보험자에게 직접 보험금의 지급을 청구하는 경우에 보험자는 피보험자가 그 사고에 관하여 제3자에 대하여 가지는 항변으로써 직접 제3자에게 대항할 수 있다(상법 §724②). 보험자는 피보험자가 피해자인 제3자에 대하여 부담하는 손해배상책임을 한도로 보상하는 것이므로, 피보험자가 부담할 책임 이상의 보상책임을 보험자에게 지우는 것은 부당하기 때문이다.

또 보험자는 보험계약자나 피보험자에게 대항할 수 있는 항변사유도 제3자에게 대항할 수 있다. 제3자의 직접청구권은 피보험자와의 보험관계를 전제로 하는 것이고, 보험자가 보험계약관계에서 피보험자에 대하여 가지는 항변사유를 제3자의 직접청구가 있다고 하여 제한한다면 보험자에게 불리하기 때문이다. 물론 이때 항변은 제3자가 직접청구권을 가지기 전에 발생한 것이어야 하며, 제3자가 직접청구권을 취득한 후에 생긴 항변사유는 주장할 수 없다.

3) **保險者와 被保險者의 義務** 제3자가 보험자에게 직접 보험금의 지급을 청구하는 경우에 보험자는 지체 없이 피보험자에게 이를 통지하여야 하며(상법 §724③), 피보험자는 보험자의 요구가 있을 때에는 필요한 서류나 증거의 제출, 증언 또는 증인의 출석에 협조하여야 한다(상법 §724④).

(5) 直接請求權과 損害賠償請求權의 關係

책임보험의 손해사고가 발생한 경우에 제3자는 가해자에 대해 손해배상청구권을 가지는 한편 보험자에 대해 직접청구권을 가지는데, 이 경우 손해배상청구권과 직접청구권은 그 법적 근거가 다른 별개의 권리로서 독립하여 존재한다. 제3자는 그 선택에 따라 이중 어느 하나를 행사할 수 있으며, 가령 손해배상청구권을 행사하여 만족을 얻은 때에는 직접청구권을 행사할 수 없다.

직접청구권의 전제가 되는 제3자의 손해배상청구권과 가해자의 손해배상채무가 동일인에게 귀속되는 경우에 손해배상청구권과 직접청구권이 혼동으로 인하여 소멸하는가에 관하여, 판례는 "가해자가 피해자의 상속인이 되는 등 특별한 경우에 한하여 손해배상청구권과 손해배상의무가 혼동으로 소멸하고 그 결과 직접청구권도 소멸하나, 직접청구권의 전제가 되는 손해배상청구권은 상속에 의한 혼동으로 소멸되지 아니한다"고 하여 직접청구권의 행사를 인정한다.

[판례] 대법원 2005.1.14, 선고 2003다38573,38580 판결

자배법 제9조 제1항에 의한 피해자의 보험자에 대한 직접청구권이 수반되는 경우에는 그 직접청구권의 전제가 되는 자배법 제3조에 의한 피해자의 운행자에 대한 손해배상청구권은 비록 위 손해배상청구권과 손해배상의무가 상속에 의하여 동일인에게 귀속되더라도 혼동에 의하여 소멸되지 않고 이러한 법리는 자배법 제3조에 의한 손해배상의무자가 피해자를 상속한 경우에도 동일하지만, 예외적으로 가해자가 피해자의 상속인이 되는 등 특별한 경우에 한하여 손해배상청구권과 손해배상의무가 혼동으로 소멸하고 그 결과 피해자의 보험자에 대한 직접청구권도 소멸한다고 할 것이다. 그런데 상속포기는 자기를 위하여 개시된 상속의 효력을 상속개시 시로 소급하여 확정적으로 소멸시키는 제도로서 피해자의 사망으로 상속이 개시되어 가해자가 피해자의 자신에 대한 손해배상청구권을 상속함으로써 위의 법리에 따라 그 손해배상청구권과 이를 전제로 하는 직접청구권이 소멸하였다고 할지라도 가해자가 적법하게 상속을 포기하면 그 소급효로 인하여 위 손해배상청구권과 직접청구권은 소급하여 소멸하지 않았던 것으로 되어 다른 상속인에게 귀속되고, 그 결과 위에서 본 '가해자가 피해자의 상속인이 되는 등 특별한 경우'에 해당하지 않게 되므로 위 손해배상청구권과 이를 전제로 하는 직접청구권은 소멸하지 않는다고 할 것이다.

(6) 直接請求權의 時效

제3자의 직접청구권의 시효기간은 직접청구권의 법적 성질을 보험금청구권으로 보는 경우에는 일반 보험금청구권의 소멸시효기간과 같이 2년으로 보게 된다. 직접청구권의 법적 성질을 손해배상청구권으로 보는 경우에는 일반 불법행위로 인한 손해배상청구권의 소멸시효기간과 같이 손해 및 가해자를 안 날로부터 3년 또는 그 손해사고가 발생한 날로부터 10년으로 보게 되나, 제3자의 직접청구권의 법적 성질을 손해배상청구권으로 보는 입장에서도 그 시효기간을 보험금청구권의 소멸시효기간과 같이 2년으로 보는 견해도 있다. 판례는 과거에는 직접청구권을 보험금청구권으로 보아 그 소멸시효기간을 2년이라고 하였으나, 최근에는 그 손해 및 가해자를 안 날로부터 3년이라고 본다(대판 2005.10.7, 2003다6774).

제6. 營業責任保險

1. 意 義

영업책임보험은 피보험자가 경영하는 사업에 관한 책임을 보험의 목적으로 하는 책임보험을 말한다(상법 §721). 사업책임보험이라고도 한다. 이 보험은 피보험자가 자신의 사업에 관하여 발생하는 사고로 제3자에게 손해배상책임을 지는 경우에 이로 인한 손해를 보상하는 것이다. 여기서 사업은 피보험자가 인적 및 물적 설비를 갖추어 하는 경제활동으로서 반드시 영리의 의사가 요구되는 것은 아니다.

2. 保險의 目的

영업책임보험에 있어서는 피보험자의 대리인 또는 그 사업감독자가 제3자에 대해 부담하는 책임도 보험의 목적에 포함되는 것으로 한다(상법 §721). 여기서 대리인은 피보험자의 사업에 관하여 법률행위 내지 준법률행위를 할 수 있는 대리권을 가진 자로서 상업사용인을 포함한다. 사업감독자는 피보험자의 사업에 관하여 지휘·감독을 하는 자로서 사업감독자인가 여부는 구체적인 상황에 따라 판단되어야 한다. 피보험자의 대리인이나 사업감독자가 부담하는 책임은 법률행위로 인한 책임뿐만 아니라 사업에 관련되는 불법행위로 인한 책임을 모두 포함한다.

제7. 保管者의 責任保險

1. 意 義

보관자의 책임보험은 임차인과 창고업자 등 타인의 물건을 보관하는 자가 그 보관물에 관하여 보관기간 중에 고의 또는 과실로 인한 손해배상책임을 부담하는 경우에 그 손해의 배상책임을 이행하기 위하여 그 보관물에 대하여 붙인 보험을 말한다. 피보험자는 보관자 자신이다.

2. 所有者의 直接請求權

보관자의 책임보험은 타인인 물건소유자를 위한 보험이 아니라 보관자 자신을 위한 보험이나, 보험사고가 발생한 경우에 목적물의 소유자는 보험자에 대하여 직접 그 손해의 보상을 청구할 수 있다(상법 §725). 이 경우에 물건소유자는 보험자에게 직접 보험금의 지급을 청구할 수 있으나, 보험자는 소유자에게 그 손해를 배상한 후가 아니면 보험금의 지급을 받을 수 없다.

제8. 數個의 責任保險에 대한 特則

수개의 책임보험은 광의로는 피보험자가 동일한 사고로 제3자에게 손해보상책임을 지는 결과 입은 손해를 보상하는 수개의 책임보험계약을 수인의 보험자와 체결한 경우를 말하나, 협의로는 그 보험금액의 총액이 피보험자의 제3자에 대한 손해배상액을 초과하는 경우를 가리킨다. 이러한 수개의 책임보험계약에 있어서 각 보험자는 비례연대책임, 즉 보험금액의 비율에 따라 보험금액의 한도에서 연대책임을 진다(상법 §725의 2, §672①). 이 밖에 책임보험계약자가 각 보험자에 대하여 부담하는 통지의무, 사기에 의한 중복책임보험계약의 무효, 보험자 1인에 대한 권리포기의 효력 등은 중복보험의 경우와 동일하다(상법 §725의2, §672②·③, §673).

제9. 義務責任保險

1. 意 義

의무책임보험은 법률에 의하여 그 가입이 의무화되는 책임보험이다. 현대 과학기술의 급속한 발전에 따른 위험의 증대와 그 입증의 곤란으로 일정한 사고에 대해 고의·과실에 대한 입증책임의 전환 내지 무과실책임을 취함과 동시에 책임보험에의 가입을 의무화함으로써 위험의 사회적 분산과 피해자 구제를 도모하는 것이다. 현행법상의 의무책임보험에는 자동차손해배상보장법에 의한 자동차손해배상책임보험, 화재로인한재해보상과보험가입에관한법률에 의한 신체손해배상특약부화재보험, 원자력손해배상법에 의한 원자력손해배상책임보험 등이 있다.

2. 自動車損害賠償責任保險

자동차손해배상책임보험은 자동차를 운행하는 자가 그 운행으로 말미암아 피해자에게 손해배상책임을 지는 경우에 보험자가 이를 보상할 것을 약정하는 책임보험계약을 말한다. 자동차손해배상보장법은 자동차손해배상책임에 관하여 고의·과실의 입증책임을 자동차보유자에게 부담시키면서(동법 §3), 이와 동시에 자동차보유자에 대해 자동차의 운행으로 다른 사람이 사망하거나 부상한 경우 또는 다른 사람의 재물이 멸실되거나 훼손된 경우에 피해자에게 대통령령으로 정하는 금액을 지급할 책임을 지는 책임보험 또는 책임공제에 가입하도록 의무화하고 있다(동법 §5①·②).

3. 身體損害賠償特約附火災保險

신체손해배상특약부화재보험은 화재로인한재해보상과보험가입에관한법률에 의하여 화재로 인한 건물의 손해와 특수건물의 화재로 인한 그 소유자의 손해배상책임을 담보하는 보험을 말한다(동법 §2, §4①).

동 법률은 특수건물의 소유자에게 그 특수건물의 화재로 인하여 타인이 사망하거나 부상한 때에는 과실이 없는 경우에도 보험금액의 범위 안에서 손해를 배상할 책임을 지우고(동법 §4①), 특수건물의 소유자로 하여금 그 손해배상책임의 이행을 위하여 그 건물을 신체손해배상특약부화재보험에 가입하도록 의무화하고 있다(동법 §5①).

동 법률에서 정하는 특수건물은 국유건물 · 교육시설 · 백화점 · 시장 · 의료시설 · 흥행장 · 숙박업소 · 공장 · 공동주택 기타 다수인이 출입 또는 근무하거나 거주하는 건물로서 대통령령으로 정하는 건물을 말한다(동법 §2 6). 특수건물의 소유자는 그 건물이 준공검사에 합격된 날 또는 그 소유권을 취득한 날로부터 30일내에 신체손해배상특약부화재보험에 가입하여야 하고, 또 매년 갱신하여야 한다(동법 §5④ · ⑤).

4. 原子力損害賠償責任保險

원자력손해배상책임보험계약은 원자력손해배상법에 의하여 원자력사업자의 손해배상책임이 생긴 때에 일정한 사유로 인한 원자력손해를 원자력사업자가 배상함으로써 생기는 손실을 보험자가 이를 보전할 것을 약정하고, 보험계약자는 보험자에게 보험료를 지급할 것을 약정하는 일종의 책임보험계약을 말한다(동법 §7①).

원자력사업자는 원사력손해배상법에 의하여 원자로의 운전 등으로 인하여 생긴 원자력손해에 대하여, 국가 간의 무력충돌 · 적대행위 · 내란 또는 반란으로 인한 경우를 제외하고, 과실이 없는 경우에도 1 원자력사고마다 3억 계산단위의 한도 안에서 그 손해를 배상할 책임을 진다(동법 §3①, §3의2①).

이러한 손해배상책임의 이행을 담보하기 위하여 동 법률은 원자력사업자에 대하여 원자력손해를 배상함에 필요한 원자력손해배상책임보험계약 및 원자력손해배상보상계약을 체결하거나 또는 공탁을 한 후에 원자로의 운전 등을 할 수 있도록 의무화하고, 특히 책임보험계약의 계약조건에 관하여는 교육과학기술부장관의 승인을 얻도록 하고 있다(동법 §5① · ②, §7②).

제6절 自動車保險

제1. 自動車保險의 意義

자동차보험은 자동차를 소유, 사용 또는 관리하는 동안에 발생한 사고로 인하여 생긴 손해를 보상할 것을 내용으로 하는 손해보험이다(상법 §726의 2). 즉 자동차사고로 인하여 타인의 신체나 생명에 손상을 입히거나 또는 재물에 손해를 발생시켜 그 배상책임을 짐으로써 입는 손해와 자동차 자체에 생긴 손해, 피보험자가 입은 인적 손해 등의 보상을 목적으로 하는 보험이다.

여기서 자동차라 함은 자동차관리법의 적용을 받는 자동차와 건설기계관리법의 적용을 받는 건설기계 중 대통령령으로 정하는 것을 말한다(자동차손해배상보장법 §2, 자동차관리법 §3①).

제2. 自動車保險의 種類

1. 自動車에 따른 種類

자동차보험에는 보험의 대상인 자동차의 종류에 따라 개인용자동차보험, 업무용자동차보험, 영업용자동차보험, 이륜자동차보험, 농기계보험 등이 있다.

2. 保險의 目的에 따른 種類

자동차보험은 보험의 목적에 따라 대인배상책임보험, 대물배상책임보험, 자기차량손해보험, 자기신체사고보험, 무보험자동차사고보험 등으로 구분된다. 대인배상책임보험은 자동차 사고로 인한 피해자의 인적 손해에 대한 피보험자의 배상책임을 보장하는 보험이고, 대물배상책임보험은 피해자의 재산상의 손해에 대한 배상책임을 보장하기 위한 보험으로 모두 책임보험이다.

자기차량손해보험은 자동차의 추락·전복·도난·화재 기타 이와 유사한 사고로 자동차에 생긴 재산상의 손해를 보상하는 손해보험이며, 자기신체사고보험은 자동차 사고로 인한 피보험자 자신 또는 그 가족 운전자의 상해 및 후유장해에 대해 보상하는 보험이다. 무보험자동차사고보험은 피보험자가 무보험자동차에 의하여 생긴 사고로 사망하거나 부상을 입은 경우에 보상하는 보험이다.

제3. 自動車對人賠償責任保險

1. 意 義

자동차대인배상책임보험은 자동차사고로 인한 인적 손해를 전보하기 위한 보험으로서 자동차손해배상책임보험(대인배상 I)과 자동차임의책임보험(대인배상 II)로 이원화되어 있다. 전자는 자동차사고로 제3자가 사망하거나 부상을 입은 경우에 자동차손해배상보장법에서 정하는 범위 내에서 보상하는 의무보험으로 그 가입이 강제되며, 후자는 그 손해가 자동차손해배상책임보험에서 지급하는 금액을 초과하는 경우에 그 초과액을 보상하는 임의보험이다.

2. 自動車損害賠償責任保險(對人賠償 I)

⑴ 意 義

자동차손해배상책임보험은 자동차의 운행으로 다른 사람이 사망하거나 부상한 경우 자동차손해배상보장법에 따른 손해배상책임을 보장하는 내용을 약정하는 보험으로서 그 가입이 강제되는 의무책임보험이다(동법§2,§5). 다만 사업용 자동차 보유자는 책임보험 대신 책임공제에 가입하여야 한다. 책임공제는 사업용 자동차의 보유자와 여객자동차운수사업법ㆍ화물자동차운수사업법ㆍ건설기계관리법에 의한 공제사업자가 자동차의 운행으로 다른 사람이 사망하거나 부상한 경우에 자동차손해배상보장법에 따른 손해배상책임을 보장하는 내용을 약정하는 공제를 말한다. 이 의무보험 또는 책임공제에 가입되어 있지 아니한 자동차는 대통령령으로 정한 경우를 제외하고는 도로에서 운행하는 것이 금지된다(동법 §8).

⑵ 被保險者

피보험자는 자동차보유자와 운전자로서, 보험증권상의 기명피보험자, 기명피보험자와 같이 살거나 살림을 같이 하는 친족으로서 피보험자동차를 사용하거나 관리하는 자, 기명피보험자의 승낙을 얻어 피보험자동차를 사용하거나 관리하는 자, 기명피보험자의 사용자 또는 계약에 의하여 기명피보험자의 사용자에 준하는 지위를 얻은 자, 이들 피보험자를 위하여 피보험자동차를 운전하는 자(운전보조자 포함) 등이다.

(3) 保險金의 算定

자동차손해배상책임보험의 보험금은 자동차손해배상보장법시행령에서 그 한도액이 구체적으로 정해져 있다(동법시행령 §3①). 즉 피해자 1명을 기준으로 사망의 경우에는 1억원의 범위에서 피해자에게 발생한 손해액(손해액이 2천만원 미만인 경우에는 2천만원), 부상의 경우에는 1급 2천만원에서 14급 80만원으로 각 해당 급수의 금액 범위에서 피해자에게 발생한 손해액, 부상으로 인한 신체 후유장애가 생긴 경우에는 1급 1억원에서 14급 6백30만원으로 구분되어 있는 금액의 범위 내에서 피해자에게 발생한 손해액으로 한다.

(4) 被害者의 直接請求權

보험자는 보험가입자의 자동차사고에 관하여 법원에 의한 판결의 확정, 재판상의 화해, 중재 또는 서면에 의한 합의로 손해배상액이 확정된 때 보험금을 지급하여야 한다. 이 경우 피해자는 보험회사에 대해 보험금은 자기에게 직접 지급하고, 자동차보험진료수가에 해당하는 금액은 진료한 의료기관에 직접 지급하여 줄 것을 청구할 수 있다(동법 §10①). 보험회사가 보험금을 지급하기 전에 보험가입자가 피해자에게 손해배상을 지급한 때에는 보험회사에게 보험금의 보상한도에서 피해자에게 지급한 금액의 지급을 청구할 수 있다(동법 §10②). 이 밖에 피해자는 보험회사에 대해 자동차보험진료수가에 대하여는 그 전액을, 그 외의 보험금에 대하여는 대통령령으로 정한 금액을 보험금지급을 위한 가불금(假拂金)으로 지급할 것을 청구할 수 있다(동법 §10①).

(5) 免責事由

자동차손해배상책임보험의 면책사유는 자동차보험표준약관상 보험계약자 또는 피보험자의 고의로 인한 손해뿐이다. 그러나 이 경우에도 약관에서는 피해자가 보험회사에 직접청구를 한 경우에는 보험회사는 법령에서 정한 액수를 한도로 피해자에게 손해배상액을 지급하고 피보험자에게 그 금액의 지급을 청구할 수 있도록 하고 있다.

[판례] 대법원 2000.12.8, 선고 2000다46375,46382 판결

이 사건 약관에서 말하는 '피보험자가 피보험자동차를 소유, 사용, 관리하는 동안에 생긴 피보험자동차의 사고로 인하여 상해를 입었을 때'라고 함은 피보험자가 피보험자동차를 그 용법에 따라 소유, 사용, 관리하던 중 그 자동차에 기인하여 피보험자가 상해를 입거나 이로 인하여 사망한 경우를 의미하고, 자동차에 타고 있다가 사망하였다고 하더라도 그 사고가 자동차의 운송수단으로서의 본질이나 위험과는 전혀 무관하게 사용되었을 경우까지 여기에 해당된다고 하기는 어렵다고 할 것이라고 전제한 다음, 이 사건에서 망인은 위 승용차를 운행하기 위하여 시동을 켜놓고 대기하고 있었던 것이 아니

라, 위 승용차를 잠을 자기 위한 공간으로 이용하면서 다만 추위에 대비한 방한 목적 등으로 시동을 켜놓은 것에 불과하고, 망인은 위 승용차 안에서 잠을 자다가 승용차의 고유장치의 사용으로 인하여 발생한 것이라고 보기 어려운 화재로 말미암아 소사하게 된 것이며, 따라서 이 사건 사고는 자동차의 운송수단으로서의 본질이나 위험과 관련되어 망인이 자동차의 고유장치의 일부를 그 사용목적에 따라 사용, 관리하던 중 그 자동차에 기인하여 발생한 사고에 해당한다고 보기 어려우니 이는 위 보험약관에서 정한 보험사고에 해당하지 않는다고 판단하고 있는바, 기록에 비추어 살펴보면 원심의 위와 같은 사실인정과 판단은 수긍이 가고, 거기에 상고이유에서 지적하는 바와 같은 채증법칙 위반이나 법리오해의 위법이 없다.

[판례] 대법원 2008.5.29, 선고 2008다17359 판결

자동차손해배상보장법 제3조는 "자기를 위하여 자동차를 운행하는 자는 그 운행으로 인하여 다른 사람을 사망하게 하거나 부상하게 한 때에는 그 손해를 배상할 책임을 진다."라고 규정하고 있는바, 위 법조에서 '운행으로 인하여'라 함은 운행과 사고 사이에 상당인과관계를 인정할 수 있는지의 여부에 따라 결정되어야 한다. …소외 1은 영동고속도로를 강릉 방면에서 서울 방면으로 운행하다 이 사건 사고지점에 이르러 앞서 2차로를 주행하던 소외 3 운전의 EF소나타 승용차가 눈길에 미끄러져 자신의 주행차로인 1차로로 다가오는 것을 보고 이를 피하기 위하여 급제동을 하다가 역시 눈길에 미끄러져 중앙분리대를 들이받고 1차로에 정차하게 되었다 하더라도, 구 도로교통법 제59조, 제61조의 규정에 의하여 고속도로에는 자동차를 정차할 수 없으므로 다른 차량의 진행에 방해를 주지 않도록 즉시 피보험차를 안전한 장소로 이동시켰어야 함에도 그대로 방치하여 두었을 뿐만 아니라, 단순히 원고 1로 하여금 후행차량에 대하여 수신호를 하도록 요구만 한 채 구 도로교통법 제61조 및 구 도로교통법 시행규칙 제23조에 규정한 '고장 등 경우의 표지'를 해태하였으므로, 소외 1의 이러한 형태의 정차는 불법 정차에 해당한다 할 것이고, 따라서 소외 1로서는 영동고속도로를 운행하는 후행차량들이 1차로에 정차한 피보험차를 충돌하고, 나아가 그 주변의 다른 차량이나 사람들을 충돌할 수도 있다는 것을 충분히 예상할 수 있었다고 할 것이므로, 결국 소외 1의 불법 정차와 이 사건 사고 사이에는 상당인과관계가 있다고 할 것이다.

[판례] 대법원 2007.11.16, 선고 2007다37820 판결

원심은 보험계약자 및 기명피보험자인 금다렌트카에게 이 사건 승용차를 임대함에 있어 소외인의 무면허 사실을 제대로 확인하지 아니한 중대한 과실이 있으므로 보험자인 피고는 상법 제659조 제1항에 의하여 면책된다는 피고의 주장에 대하여 판단을 누락하였다. 그러나 이 사건 보험계약에 적용되는 영업용자동차보험 보통약관은 '보험계약자 또는 피보험자의 고의로 인한 손해'를 면책사항으로 규정하고, 상법 제659조 제1항과는 달리 중대한 과실로 인한 보험사고를 면책사유에서 제외하고 있으므로 피고로서는 금다렌트카의 중과실에 의한 면책을 주장할 수 없다 할 것이다.

[판례] 대법원 2001.4.24, 선고 2001다10199 판결

책임보험은 피보험자의 법적 책임 부담을 보험사고로 하는 손해보험이고 보험사고의 대상인 법적 책임은 불법행위책임이므로 어떠한 것이 보험사고인가는 기본적으로는 불법행위의 법리에 따라 정하여야 할 것인바(대법원 1991.3.8, 선고 90다16771 판결 참조), 책임보험 계약 당사자 간의 보험약관에서 고의로 인한 손해에 대하여는 보험자가 보상하지 아니하기로 규정된 경우에 고의행위라고 구분짓기 위하여는 특별한 사정이 없는 한 구체적인 정신능력으로서의 책임능력이 전제되어 있다고 볼 것이어서 '피보험자의 고의에 의한 손해'에 해당한다고 하려면 그 피보험자가 책임능력에 장애가 없는 상태에서 고의행위를 하여 손해가 발생된 경우여야 할 터이다.

3. 自動車任意責任保險(對人賠償 II)

(1) 意 義

자동차임의책임보험은 자동차사고로 다른 사람을 사망 또는 부상에 이르게 하여 손해배상책임을 지는 경우에 그 손해가 자동차손해배상책임보험(대인배상 I)에서 지급하는 금액을 초과하는 때에 그 초과손해를 보상받기 위하여 체결하는 임의의 책임보험을 말한다. 이 보험계약은 자동차손해배상책임보험(대인배상 I)계약이 체결된 경우에 한하여 체결할 수 있다.

(2) 被保險者

자동차임의책임보험의 피보험자는 자동차손해배상책임보험의 경우와 같다.

(3) 保險金額

자동차임의책임보험의 보험금액은 보험계약자의 선택에 따라 유한 또는 무한이다. 유한책임보험은 보험자가 지급할 보험금의 한도가 일정한 금액으로 정해져 있는 것이고, 무한은 그 한도가 정해져 있지 않아 자동차사고로 피해자에게 발생한 모든 손해를 보상한다.

(4) 保險金의 支給

자동차임의책임보험의 보험자는 법원에 의한 판결의 확정、재판상의 화해、중재 또는 서면에 의한 합의로 손해배상액이 확정된 보험금을 지급하여야 한다. 보험자가 보상할 금액은 보험약관의 보험금지급기준에 의하여 산출한 금액과 비용을 합한 액수에서 자동차손해배상책임보험으로 지급되는 금액을 공제한 액수로 한다. 다만 이때 유한책임보험의 경우에는 보험증권에 기재된 보험금액을 한도로 하며, 무한책임보험의 경우에는 이 한도에 의한 제한을 받지 아니한다.

보험금의 지급에 있어서 피해자는 보험자에게 직접 보험금의 지급을 청구할 수 있으며, 보험자도 보상할 보험금의 한도 내에서 피보험자 또는 손해배상청구권자에게 가지급보험금을 지급할 수 있다.

(5) 免責事由

자동차임의책임보험의 보험계약자 또는 피보험자의 고의로 인한 손해, 전쟁、혁명、내란、사변、폭동、소요 및 이와 유사한 사태에 기인한 손해, 지진、분화、태풍、홍

수·해일 등의 천재지변에 의한 손해, 핵연료물질의 영향에 기인한 손해, 요금이나 대가를 목적으로 반복적으로 피보험자동차를 사용하거나 대여한 때에 생긴 손해, 피보험자가 손해배상에 관하여 제3자와의 사이에 다른 계약을 맺고 있을 때 그 계약으로 인하여 증가된 손해에 대해서는 보험자는 보상책임을 지지 아니한다. 또한 피보험자 본인의 무면허운전 또는 기명피보험자의 명시적·묵시적 승인에 의한 무면허운전으로 생긴 사고로 인한 손해와 피보험자동차를 시험용·경기용 또는 경기를 위한 연습용으로 사용하던 중 생긴 손해 등에 대해서도 보험자는 보상책임을 지지 않는다. 다만 운전면허시험의 도로주행시험용으로 자동차를 사용하던 중 생긴 손해에 대해서는 보험자가 보상책임을 진다.

[판례] 대법원 2002.9.24, 선고 2002다27620 판결

자동차보험에 있어서 무면허운전 면책약관은 무면허운전이 보험계약자나 피보험자의 지배 또는 관리가능한 상황에서 이루어진 경우에 한하여 적용되는 것이고, …묵시적 승인(의사)은 … 무면허 또는 도난운전에 대한 승인 의도가 명시적으로 표현되는 경우와 동일시할 수 있는 정도로 그 승인 의도를 추단할 만한 사정이 있는 경우에 한정되어야 하고, 무면허 또는 도난운전이 보험계약자나 피보험자의 묵시적 승인 하에 이루어졌는지 여부는 보험계약자나 피보험자와 무면허 또는 도난운전자의 관계, 평소 차량의 운전 및 관리 상황, 당해 무면허 또는 도난운전이 가능하게 된 경위와 그 운행 목적, 평소 무면허 또는 도난운전자의 운전에 관하여 보험계약자나 피보험자가 취해 온 태도 등의 제반 사정을 함께 참작하여 인정할 것이다.

[판례] 대법원 2006.1.13, 선고 2005다46431 판결

자동차보험의 만 26세 이상 한정약관 제2조 제2항 소정의 '피보험자동차를 도난당하였을 경우'라 함은 피보험자의 명시적 혹은 묵시적인 의사에 기하지 아니한 채 제3자가 피보험자동차를 운전한 경우를 말하고, 기명피보험자의 승낙을 받아 자동차를 사용하거나 운전하는 자로서 보험계약상 피보험자로 취급되는 승낙피보험자의 승인만이 있는 경우에는 원칙적으로 피보험자의 묵시적인 승인이 없는 것으로 보아야 함은 원심이 설시하고 있는 바와 같다. 그러나 보험약관상 피보험자동차를 운행할 자격이 없는 운전가능연령 미달자에게 자동차를 빌려 준 경우에는 그 대여 당시 다른 연령 미달자가 승낙피보험자의 지시 또는 승낙을 받아 그 자동차를 운전하는 것을 승인할 의도가 있었음을 추단할 수 있는 직접적 또는 간접적 표현이 있는 때에 해당한다고 보아야 하고, 나아가 자동차보험계약에서 만 26세 이상 한정약관에 가입된 기명피보험자는 자신의 선택에 따라 적은 보험료를 내는 특혜를 받는 만큼 타인에게 피보험자동차의 운전을 허락하는 경우에는 운전자의 연령이 운전가능연령에 해당한다고 믿을 만한 특별한 사정이 없는 한 운전자의 연령을 확인할 의무가 있음에 비추어 그 확인을 게을리 함으로써 연령 미달자에게 자동차를 빌려 준 경우에도 그 승낙피보험자의 운전은 물론 그의 지시 또는 승낙하의 다른 연령 미달자의 운전 역시 달리 특별한 사정이 없는 한 당초의 한정약관 위반 상태의 연장에 불과하여 이를 예견할 수 있었던 것으로 봄이 상당하다 할 것이니, 위 연령 미달자의 운전은 승낙피보험자의 승인뿐만 아니라 기명피보험자의 묵시적인 승인의 의도도 있었던 때에 해당한다.

제4. 自動車對物賠償責任保險

1. 意 義

자동차대물배상책임보험은 피보험자가 피보험자동차를 소유、사용、관리하는 동안에 생긴 피보험자동차의 사고로 인하여 타인의 재물을 멸실 또는 훼손하여 법률상 손해배상책임을 짐으로써 입은 손해를 보상하는 보험이다.

자동차대물배상책임보험도 대인배상책임보험의 경우와 같이 자동차손해배상보장법에 의하여 그 가입이 의무화되는 대물배상책임보험(동법 §5②)과 임의보험인 자동차종합보험의 대물배상책임보험으로 구분된다. 자동차손해배상보장법에 의한 대물배상책임보험은 자동차의 운행으로 다른 사람의 재물이 멸실되거나 훼손된 경우에 사고 1건당 1천만원의 범위에서 사고로 인하여 피해자에게 발생한 손해액을 보상하며, 자동차종합보험의 대물배상책임보험은 자동차손해배상보장법에 의한 대물배상에서 지급하는 금액을 초과하는 손해를 보상한다.

2. 被保險者

자동차대물배상책임보험의 피보험자는 자동차임의책임보험(대인배상 II)의 경우와 같다.

3. 保險金

자동차종합보험의 대물배상책임보험의 보험금액은 유한으로 계약체결 시에 그 수액을 정하며, 보험자가 매 사고 당 지급하는 보험금은 약관의 보험금지급기준에 의하여 산출한 금액과 피보험자가 지출한 손해방지비용을 합친 액수로서 보험금액을 한도로 한다.

보험금의 지급에 있어서 피해자는 보험자에게 직접 보험금의 지급을 청구할 수 있으며, 보험자는 지급할 보험금의 한도 내에서 피보험자 또는 피해자에게 가불금을 지급할 수 있다.

4. 免責事由

자동차대물배상책임보험에 있어서 보험자의 면책사유는 자동차임의책임보험(대인배상 II)의 면책사유와 같으나, 그 밖에도 피보험자 또는 그 부모、배우자、자녀가 소유

、사용 또는 관리하는 재물에 생긴 손해, 피보험자가 사용자의 업무에 종사하고 있을 때 피보험자의 사용자가 소유、사용 또는 관리하는 재물에 생긴 손해, 피보험자동차에 싣고 있거나 운송중인 물품에 생긴 손해, 남의 서화、골동품、조각물、기타 미술품과 탑승자와 통행인의 의류나 휴대품에 생긴 손해, 탑승자와 통행인의 분실 또는 도난으로 인한 소지품에 생긴 손해 등에 대해서도 보험자는 보상책임을 지지 아니한다.

제5. 自己身體事故保險

1. 意 義

자기신체사고보험은 피보험자가 피보험자동차를 소유, 사용, 관리하는 동안에 생긴 피보험자동차의 사고로 인하여 사망하거나 부상을 입은 때 그로 인한 손해를 보상하는 보험으로서 손해의 원인이 자동차사고에 한정되는 상해보험이다.

2. 被保險者

자기신체사고보험의 피보험자는 자동차임의책임보험(대인배상 II)에 해당하는 피보험자 외에 그 부모、배우자、자녀, 피보험자(피보험자동차 운전자는 제외)가 고용한 자로서 산업재해보상보험법에 의한 재해보상을 받을 수 있는 자를 포함한다.

3. 保險金

자기신체사고보험의 보험금은 사망보험금과 부상보험금, 후유장해보험금으로 구분된다. 사망보험금은 피보험자가 자기신체사고에 의한 상해의 직접적인 결과로 사망한 때에 보험증권에 기재된 사망보험가입금액을 그 상속인에게 지급한다.

부상보험금은 피보험자가 상해를 입은 직접적인 결과로 의사의 치료를 요하는 때에 '자기신체사고지급기준'의 '상해구분 및 급별 보험가입 금액표'에 따라 실제 소요된 치료비와 성형수술비를 지급한다.

후유장해보험금은 피보험자가 상해를 입은 직접적인 결과로 치료를 받은 후에도 신체에 장해가 남은 때에 '자기신체사고지급기준'의 '후유장해구분 및 급별 보험가입금액표'에 따라 보험증권의 후유장해 보험가입금액에 해당하는 장해등급별 보험금액을 지급한다.

[판례] 대법원 2008.6.12, 선고 2008다8430 판결

자기신체사고 자동차보험은 인보험의 일종인 상해보험으로서 상법 제729조 단서에 의하여 보험자는 당사자 사이에 다른 약정이 있는 때에는 피보험자의 권리를 해하지 아니하는 범위 안에서 그 권리를 대위하여 행사할 수 있는바, 상법 제729조의 취지가 피보험자의 권리를 보호하기 위하여 인보험에서의 보험자대위를 일반적으로 금지하면서 상해보험에 있어서 별도의 약정이 있는 경우에만 예외적으로 이를 허용하는 것인 이상, 이러한 약정의 존재 및 그 적용 범위는 보험약관이 정한 바에 따라 이를 엄격히 해석하여야 하는 것이 원칙이라 할 것이므로, 보험자는 특별한 사정이 없는 한 보험약관이 예정하지 아니하는 피보험자의 손해배상청구권을 대위할 수는 없다.

제6. 自己車輛損害保險

1. 意 義

자기차량손해보험은 피보험자가 피보험자동차를 소유·사용·관리하는 동안에 타차 또는 타 물체와의 충돌·접촉·추락·전복 또는 차량의 침수, 화재·폭발·낙뢰·날아온 물체 등에 의한 손해 또는 풍력에 의해 차체에 직접 생긴 손해, 피보험자동차 전부의 도난으로 인한 손해 등을 보상하는 보험이다. 여기서 자동차라 함은 자동차관리법의 적용을 받는 자동차와 건설기계관리법의 적용을 받는 건설기계 중 일부로서 덤프트럭·타이어식 기중기·콘크리트믹서트럭 등을 포함한다.

2. 被保險者

자기차량손해보험의 피보험자는 피보험자동자동차의 소유자 또는 그 용익권자이나 약관에서는 보험증권에 기재된 기명피보험자로 제한하고 있다.

3. 保險價額

자기차량손해보험의 보험가액은 보험개발원이 정한 차량기준가액표에 따라 보험계약을 맺었을 때에는 사고발생 당시 보험개발원이 정한 최근의 차량기준가액이다. 다만 차량기준가액이 없거나, 기준가액과 다른 가액으로 보험계약을 체결한 경우 또는 보험증권상의 가액이 손해가 생긴 곳과 때의 가액을 현저하게 초과한 경우에는 그 손해가 생긴 곳과 때의 가액을 보험가액으로 한다.

4. 保險金

자기차량손해보험의 보험자가 지급할 보험금은 피보험자동차에 생긴 손해액으로서 보험가액을 기준으로 하되, 보험가입금액이 보험가액보다 적은 때에는 보험가입금액을 한도로 보상한다. 피보험자동차의 수리가 가능한 경우에는 수리비를 보상한다. 피보험자가 손해의 방지와 경감을 위하여 지출한 비용 및 손해배상청구권의 보전과 행사를 위하여 지출한 비용은 보험금액과 관계없이 보상한다.

제7. 無保險自動車事故保險

1. 意 義

무보험자동차사고보험은 피보험자가 무보험자동차에 의하여 생긴 사고로 사망하거나 부상을 입은 때 그로 인한 손해에 대하여 배상의무자가 있는 경우에 그 손해를 보상하는 보험이다. 무보험자동차라 함은 자동차임의책임보험 또는 공제계약이 없는 자동차, 자동차임의책임보험이나 공제계약의 면책사유에 해당하는 자동차, 보상한도가 낮은 자동차임의책임보험 또는 공제계약이 적용되는 자동차, 그 소재가 불명확한 자동차 등을 말한다.

2. 被保險者

무보험자동차사고보험의 피보험자는 기명피보험자 및 그 배우자, 기명피보험자 또는 그 배우자의 부모 및 자녀, 기명피보험자의 승낙을 얻어 피보험자동차를 사용 또는 관리중인 자, 이들 피보험자를 위하여 피보험자동차를 운전 중인 자 등이다. 다만 이들 피보험자가 피보험자동차의 자동차임의책임보험(대인배상 II)에 의하여 보상을 받을 수 있는 때에는 피보험자로 보지 아니한다.

3. 保險金

무보험자동차사고보험의 피보험자에게 지급되는 보험금은 피보험자 1인당 2억원을 한도로 하며, 손해의 방지ㆍ경감 비용과 손해배상청구권의 보전과 행사를 위하여 지출한 비용은 보험가입금액과 관계없이 보상한다.

제8. 自動車保險契約의 特則

1. 自動車保險證券

자동차보험증권에는 손해보험증권의 일반적인 기재사항(상법 §666) 외에 자동차소유자와 그 밖의 보유자의 성명과 생년월일 또는 상호, 피보험자동차의 등록번호, 차대번호, 차형연식과 기계장치, 차량가액 등을 기재하여야 한다(상법 §726의3).

2. 自動車의 讓渡

(1) 自動車保險 一般의 경우

자동차보험의 피보험자가 보험기간 중에 자동차를 양도한 때에는 양수인은 보험자의 승낙을 얻은 경우에 한하여 보험계약으로 인하여 생긴 권리와 의무를 승계한다(상법 §726의4①). 물건보험에 있어서 보험의 목적이 양도된 경우에 일반적으로 양수인이 보험계약상의 권리·의무를 승계한 것으로 추정하는 상법상의 원칙(상법 §679①)에 대한 예외이다. 자동차사고의 위험률은 운전자에 따라 상당한 차이가 있으므로, 자동차의 양도 시에 위험률이 높은 양수인에게도 보험계약상의 권리·의무를 그대로 승계시키는 것은 타당하지 않기 때문이다.

다만 이 경우 보험자가 양수인으로부터 자동차의 양수 사실을 통지받은 때에는 지체 없이 승낙 여부를 통지하여야 하고, 통지 받은 날부터 10일 내에 승낙 여부의 통지가 없을 때에는 승낙한 것으로 의제된다(상법 §726의4②).

(2) 自動車損害賠償責任保險의 경우

자동차손해배상보장법은 자동차손해배상책임보험에 가입된 자동차의 양도시에 그 자동차의 양도일로부터 자동차 소유권이전등록 신청기간이 끝나는 날까지의 기간은 보험자의 승낙이 없더라도 자동차의 양수인이 의무보험의 계약에 관한 양도인의 권리·의무를 승계한다고 규정하고 있다(동법 §26①). 이 경우 양도인은 양수인에게 그 승계기간에 해당하는 의무보험의 보험료의 반환을 청구할 수 있다(동법 §26②). 양수인이 의무보험의 승계기간에 해당하는 보험료를 양도인에게 반환한 때에는 그 금액의 범위에서 양수인은 보험회사에 대해 보험료지급의무를 지지 아니한다(동법 §26③).

[판례] 대법원 1995.1.12, 선고 94다38212 판결

자동차 보유자의 운행지배는 현실적으로 보유자와 운전자 사이에 사실상의 지배관계가 존재하는 경우뿐만 아니라 간접적이거나 제3자의 권리를 통한 관념상의 지배관계가 존재하는 경우도 포함하는 것이므로, 자동차를 매도하고도 자동차 등록명의를 그대로 남겨둔 경우에 매도인의 운행지배 유무는 매도인과 매수인 사이의 실질적 관계를 살펴서 사회통념상 매도인이 매수인의 차량운행에 간섭을 하거나 지배관리할 책무가 있는 것으로 평가할 수 있는지의 여부를 가려 결정하여야 할 것인바(당원 1992.4.14, 선고 91다4102 판결 참조), 이 사건에 있어서와 같이 피고가 자동차를 매도하여 인도하고 잔대금까지 완제되었다 하더라도, 매수인이 그 자동차를 타인에게 전매할 때까지 자동차등록원부상의 소유명의를 피고가 그대로 보유하기로 특약하였을 뿐 아니라 위 자동차에 대한 할부계약상 채무자의 명의도 피고가 그대로 보유하며, 자동차보험까지도 피고의 명의로 가입하도록 한 채 매수인으로 하여금 위 자동차를 사용하도록 하여 왔다면, 매도인인 피고는 매수인이 위 자동차를 전매하여 명의변경등록을 마치기까지 피고의 명의로 위 자동차를 운행할 것을 허용한 것으로서 위 자동차의 운행에 대한 책무를 벗어났다고 보기는 어렵다 할 것이므로 자동차손해배상보장법 제3조 소정의 자기를 위하여 자동차를 운행하는 자에 해당한다고 봄이 상당하다.

[판례] 대법원 1999.5.14, 선고 98다57501 판결

대물변제를 위하여 채권자에게 자동차를 양도하기로 하고 인도까지 하였으나 아직 채권자 명의로 그 소유권이전등록이 경료되지 아니한 경우에 아직 그 등록명의가 원래의 자동차 소유자에게 남아 있다는 사정만으로 그 자동차에 대한 운행지배나 운행이익이 양도인에게 남아 있다고 단정할 수는 없고, 이러한 경우 법원이 차량의 양도로 인한 양도인의 운행지배권이나 운행이익의 상실 여부를 판단함에 있어서는 위 차량의 이전등록서류 교부에 관한 당사자의 합의 내용, 위 차량을 대물변제로 양도하게 된 경위 및 인도 여부, 정산절차를 거쳐야 할 필요성, 인수차량의 운행자, 차량의 보험관계 등 양도인과 양수인 사이의 실질적 관계에 관한 여러 사정을 심리하여 사회통념상 양도인이 양수인의 차량운행에 간섭을 하거나 지배 · 관리할 책무가 있는 것으로 평가할 수 있는지의 여부를 가려 결정하여야 할 것이다. … 비록 이 사건 차량의 명의수탁자인 위 허일량이 그 실소유자인 위 김용규의 위 정대진에 대한 채무에 관하여 정확한 액수를 알지 못하였다고 할지라도, 대외적으로 그 처분권한을 가지고 있는 위 허일량이 위 김용규의 채무변제를 위하여 이 사건 대물변제에 이르게 되었고, 이 사건 차량의 시가가 위 김용규의 위 정대진에 대한 채무액수에 미치지 못하는 것이 분명한 이상, 이 사건 차량의 운행에 있어서 그 운행지배와 운행이익은 모두 위 정대진에게 실질적으로 이전되었다고 봄이 상당하며, 대물변제계약이 요물계약이며 이 사건 차량에 대한 소유권이전등록이 행해지지 아니하였다고 할지라도 달리 볼 것은 아니다.

제7절 再保險

제1. 再保險의 意義

재보험이란 보험자가 인수한 보험계약상의 책임의 전부 또는 일부를 다른 보험자에게 부보하는 보험을 말한다. 이 경우에 최초의 보험을 원보험(原保險), 원수보험(元

受保險) 또는 주보험이라 한다. 원보험자가 인수한 보험의 위험률이 높거나 보험금액이 거액인 경우에 재보험을 통하여 위험을 분산시켜 보험경영의 합리화를 도모할 수 있다. 뿐만 아니라 재보험은 내국 보험회사가 외국 보험회사와 재보험계약을 체결함으로써 위험을 지역적으로 국제적으로 분산시키는 기능도 한다. 재보험은 손해보험과 생명보험에서 모두 가능하다.

제2. 再保險의 法的 性質

재보험의 법적 성질에 관하여 재보험계약의 당사자 간에는 위험의 분산과 이익의 획득이라는 공동목적을 갖는 점에서 조합계약이라는 견해가 있으나, 재보험계약은 원보험계약과는 독립된 보험계약으로서 재보험자가 원보험자의 원보험계약에 의한 보상책임을 보상하기 위한 보험이므로, 원보험이 손해보험인가 또는 인보험인가에 관계없이 재보험은 모두 책임보험의 일종이라는 것이 우리나라 통설이다. 상법도 재보험계약에 대해 책임보험에 관한 규정을 준용하고 있으므로(상법 §726), 재보험을 책임보험의 하나로 보고 있다.

제3. 再保險契約의 種類

1. 個別的 再保險과 包括的 再保險

재보험계약의 체결방법에 따른 구분이다. 개별적 재보험은 특별재보험 또는 임의적 재보험이라고도 하는데, 원보험자가 인수한 개개의 위험에 대하여 개별적으로 체결한 재보험을 말한다. 포괄적 재보험은 일반재보험이라고도 하며, 원보험자가 일정한 기간에 인수한 모든 위험에 대하여 포괄적으로 체결한 재보험을 말한다. 포괄적 재보험계약이 존속하는 경우에는 그 특약에 해당하는 원보험계약이 체결되면 재보험에 자동적으로 편입된다. 따라서 이를 의무적 재보험이라고도 한다.

2. 全部再保險과 一部再保險

재보험자가 재보험에 의하여 인수하는 원보험의 위험의 범위에 의한 구분이다. 원보험자가 인수한 위험의 전부를 인수하는 재보험을 전부재보험이라 하고, 그 위험의 일부를 인수한 재보험을 일부재보험이라 한다. 실제 재보험은 일부재보험이 대부분이다.

3. 比例的 再保險과 非比例的 再保險

재보험자가 원보험에 의하여 인수된 위험을 인수하는 비율에 의한 구분이다. 비례적 재보험은 재보험자가 원보험계약에 의하여 인수된 위험을 일정한 비율에 따라 인수하는 재보험이고, 비비례적 재보험은 재보험자가 원보험계약과는 다른 조건으로 위험을 인수하는 재보험을 말한다.

비례적 재보험은 다시 비례재보험과 초과재보험으로 구분된다. 비례재보험은 재보험자가 원보험계약의 보험금액의 일정한 비율을 인수하는 재보험이며, 초과재보험은 원보험계약에 있어서 원보험자가 보유하여야 하는 보험금액의 한도액을 초과하는 금액을 재보험자가 인수하는 보험이다.

제4. 再保險契約의 法律關係

1. 總 說

재보험계약의 법률관계는 재보험계약의 당사자인 원보험자와 재보험자 간의 법률관계와 원보험계약의 보험계약자 및 피보험자와 재보험자 간의 관계로 구분된다. 재보험의 법적 성질은 책임보험이므로, 재보험계약의 이들 법률관계에는 책임보험에 관한 규정이 준용된다(상법 §726).

2. 再保險契約當事者間의 關係

(1) 再保險者의 義務

재보험계약의 법률관계에는 책임보험에 관한 규정이 준용되므로, 재보험자는 책임보험의 보험자로서 원보험계약의 보험사고가 발생하여 원보험자가 보험금을 지급하게 된 경우에 재보험자는 재보험금의 지급의무를 부담한다. 재보험자가 재보험금을 지급해야 하는 시기에 관하여 원보험자가 보험금을 지급한 때로 보는 원보험금지급시설과, 원보험자가 보험금지급의무를 지는 때라고 보는 원보험금지급의무발생시설이 있다. 후자가 다수설이다.

재보험자가 재보험금을 지급한 경우에 원보험자가 보험자대위에 의하여 취득한 제3자에 대한 손해배상청구권 등은 재보험자가 지급한 재보험금의 한도 내에서 재보험자에게 이전된다. 다만 이 경우 재보험자대위는 원보험자가 재보험자의 수탁자로서 자기의 명의로 행사하여 그 금액을 재보험자에게 교부하는 것이 일반적이다.

(2) 原保險者의 義務

재보험계약의 원보험자는 재보험계약의 보험계약자 또는 피보험자로서 재보험료의 지급의무와 함께 고지의무, 각종 통지의무, 손해방지의무 등을 부담한다.

3. 再保險者와 原保險契約者 등의 關係

(1) 再保險者와 原保險 保險契約者의 法律關係

원보험계약과 재보험계약은 법률상 별개의 독립된 계약이므로, 원보험자는 원보험계약자의 보험료 미지급을 이유로 재보험자에 대한 재보험료의 지급을 거절하지 못하며, 재보험금의 지급이 없음을 이유로 원보험금의 지급을 거절하지 못한다. 다만 원보험계약자 또는 원피보험자가 원보험자에게 보험료를 지급하지 않고 있는 때에는 민법의 채권자대위권에 관한 규정에 따라서 재보험자는 원보험자의 보험료청구권을 대위행사(민법 §404)할 수 있다.

(2) 再保險者와 原保險 被保險者의 法律關係

재보험은 책임보험의 일종이며 책임보험에 있어서 제3자의 직접청구권이 인정되는 결과 원보험계약의 피보험자는 재보험자에 대하여 재보험금의 지급을 직접 청구할 수 있으며, 이 경우에 재보험자는 원보험자에 대하여 가지는 항변으로써 원피보험자에게 대항할 수 있다(상법 §724②).

▌제8절 保證保險▌

제1. 總 說

1. 保證保險의 意義

보증보험은 계약상의 채무불이행 또는 법령상의 의무불이행으로 인한 채권자의 손해를 보상하는 것을 목적으로 하는 손해보험이다. 즉 보증보험은 채무자 또는 의무자로부터 보수를 수수하고, 그 자가 계약상의 채무 또는 법령상의 의무를 이행하지 아니하는 경우에 채권자가 입는 손해를 보상하는 것을 목적으로 하는 것이다.

보증보험에 관하여 보험업법은 제2조 제3호에서 손해보험에 "매매 · 고용 · 도급 그 밖의 계약에 의한 채무 또는 법령에 의한 의무의 이행에 관하여 발생할 채권자 그 밖의 권리자의 손해를 보상할 것을 채무자 그 밖의 의무자에게 약속하고, 채무자 그 밖의 의무자로부터 그 보수를 수수하는 것을 포함한다"고 규정함으로써 보증보험을 손해보험의 하나로 정하고 있다.

2. 保證保險의 機能

채권자가 채무자의 채무이행을 확보하기 위해서는 채무자로 하여금 보증인을 세우게 하거나 저당권 등의 물적 담보를 제공하게 하는 것이 종래 보통이었다. 그러나 보증인을 세우기가 쉽지 않고 또 물적 담보의 실행 절차가 복잡하고 번거로운 문제점이 있다. 보증보험은 이러한 문제점을 해소하고, 보험제도를 통하여 채무자를 위한 보증을 용이하게 하고 또 그 이행을 확실히 담보하는 기능을 한다.

제2. 保證保險契約의 法的性質

1. 損害保險性

보증보험계약은 채무자인 보험계약자의 채무불이행 등으로 인한 채권자의 손해를 보상하는 것을 목적으로 하므로, 타인을 위한 손해보험계약으로서의 성질을 가지고 있다. 다만 채무불이행책임은 보험계약자인 채무자의 고의나 과실에 의하여 발생되는데, 손해보험에 있어서는 보험계약자의 고의나 과실이 있는 경우에 보험사고의 우연성이 결여되고, 또 보험계약자의 고의 · 중과실은 보험자의 면책사유이므로 이를 손해보험으로 보기 어렵다는 측면도 있다. 그러나 보험사고의 우연성은 보험계약의 성립시를 기준으로 하며, 보험계약자의 고의 · 중과실에 대한 보상도 신의칙에 비추어 반드시 부당한 것이 아니므로 보증보험도 손해보험으로서의 성질을 갖는다고 보는 것이 일반적인 경향이다(정찬형(하),722, 최준선(보),307).

2. 責任保險性

보증보험계약은 보험계약자가 채권자에게 부담하는 채무불이행 등으로 인한 손해배상책임을 부보하는 것이므로 책임보험계약으로서의 성질을 갖는다. 다만 일반 책임보험계약에서는 부보되는 배상책임이 피보험자가 제3자에게 부담하는 손해배상책임이며, 책임발생원인에 대한 제한이 없는데 반하여, 보증보험계약에서는 부보대상이 보험계약자가 채권자인 피보험자에게 지는 손해배상책임이며, 책임발생원인이 계약상의 채무 또는 법령상의 의무의 불이행에 제한된다는 점에서 다르다.

3. 保證契約性

보증보험계약은 보험계약자인 채무자가 계약상의 채무 또는 법령상의 의무를 이행하지 아니하는 경우에 보상하므로 채무이행을 담보하는 민법상 보증으로서의 성질을 갖는다. 즉 보증보험계약은 민법상의 보증을 보험의 방법에 의하여 실현하는 것으로서 실질적으로 민법상 보증으로서의 성질이 있으며, 따라서 보증보험계약에 관하여는 민법의 보증계약에 관한 규정이 원칙적으로 적용된다.

다만 민법상 보증에서는 계약의 당사자가 보증인과 채권자이며, 보증인은 종된 채무를 부담하므로 최고 및 검색의 항변권을 가지나, 보증보험에서는 계약의 당사자가 보증인의 지위에 있는 보험자와 보험계약자인 채무자이며, 보험자가 보험료를 받고 독립된 채무를 부담하므로 부종성이 없고 최고 및 검색의 항변권을 갖지 아니한다는 점에서 약간의 차이가 있다.

[판례] 대법원 2004.12.24, 선고 2004다20265 판결

보증보험이란 피보험자와 어떠한 법률관계를 가진 보험계약자(주계약상의 채무자)의 채무불이행으로 인하여 피보험자(주계약상의 채권자)가 입게 될 손해의 전보를 보험자가 인수하는 것을 내용으로 하는 손해보험으로서, 형식적으로는 채무자의 채무불이행을 보험사고로 하는 보험계약이나 실질적으로는 보증의 성격을 가지고 보증계약과 같은 효과를 목적으로 하는 것이므로, 보증보험계약은 주계약 등의 법률관계를 전제로 하고 보험계약자가 주계약에 따른 채무를 이행하지 아니함으로써 피보험자가 입게 되는 손해를 약관의 정하는 바에 따라 그리고 그 보험계약금액의 범위 내에서 보상하는 것이고, 그 성질에 반하지 않는 한 민법의 보증에 관한 규정이 보증보험계약에도 적용된다. 그리고 보증채무는 주채무와 동일한 내용의 급부를 목적으로 함이 원칙이지만 주채무와는 별개 독립의 채무이고(대법원 2002.8.27, 선고 2000다9734 판결 등 참조), 한편 보증채무자가 주채무를 소멸시키는 행위는 주채무의 존재를 전제로 하므로, 보증인의 출연행위 당시에는 주채무가 유효하게 존속하고 있었다 하더라도 그 후 주계약이 해제되어 소급적으로 소멸하는 경우에는 보증인은 변제를 수령한 채권자를 상대로 이미 이행한 급부를 부당이득으로 반환청구할 수 있다 할 것이다.

제3. 保證保險契約의 종류

보증보험계약은 보험자가 인수하는 위험에 따라 계약에 의한 채무불이행에 관한 보증보험과 법률상의 의무 불이행에 관한 보증보험, 신용을 보증하는 보증보험 등으로 구분된다. 계약에 의한 채무불이행에 관한 보험으로는 이행보증보험·리스보증보험·할부판매보증보험·사채보증보험 등이 있고, 법률상의 의무 불이행에 관한 보증보험으로는 납세보증보험과 인허가보증보험 등이 있다. 신용에 관한 보증보험에는 신원보증보험이 있다.

제4. 保證保險契約의 法律關係

1. 當事者

보증보험은 채무자가 자신의 채무불이행으로 인한 채권자의 손해를 보상하기 위한 것이므로, 계약의 당사자는 보험계약자인 채무자와 채권자인 피보험자 및 보험자로 이루어진다. 따라서 이 보증보험에서는 동일인이 보험계약자의 지위와 피보험자의 지위를 동시에 가질 수 없다.

2. 保險의 目的과 保險事故

보증보험의 목적은 피보험자가 보험계약자에 대하여 가지는 계약상 또는 법률상의 채권이다. 보증보험의 보험사고는 보험계약자가 계약상의 채무 또는 법률상의 의무를 이행하지 않는 것이며, 보험사고 발생에 있어서 보험계약자의 고의나 과실 여부는 문제되지 아니한다. 대법원은 보증보험의 보험사고에 관하여 "임대보증금 반환의무의 이행보증보험계약에서, 임대기간의 만료나 중도해지 등의 사유로 주계약인 임대차계약이 종료되어 임대보증금 반환의무가 발생하였음에도 임대인이 이를 이행하지 아니하였다면, 임차인이 임차목적물을 명도하거나 그 이행의 제공을 하였는지에 관계없이 보험사고는 이미 발생한 것이고, 임대인이 이행지체에 의한 채무불이행 상태에 이르러야만 비로소 보험사고가 발생하는 것은 아니다"라고 판시하고 있다(대판 2007.2.9, 2006다28553).

3. 保險期間

보증보험의 보험기간은 당사자의 약정에 의하며, 보증보험증권에 보험기간이 정해져 있는 경우에는 보험사고가 그 기간 내에 발생한 때에 한하여 보험자가 보험계약상의 책임을 지는 것이 원칙이다.

대법원 판례는 "피보험자와 보험계약자 사이의 주계약의 이행기간이 당초 보험기간 내이던 것이 보험기간 이후로 연장되었다 하여 보험기간도 연장된 주계약의 이행기간에 맞추어 연장되는 것은 아니고 보험자로서는 당초 정해진 보험기간 내에 발생한 보험사고에 대해서만 보험책임을 부담할 뿐이므로, 그러한 주계약의 이행기간 연장이 보험자의 동의 없이 이루어졌다 하여 당초 약정한 보험기간 내에 발생한 보험사고를 대상으로 하는 보험계약의 효력이 당연히 소멸된다고 볼 수는 없다"고 판시하고 있다(대판 2006.4.28, 2004다16976).

4. 保險者의 補償責任

보증보험의 보험자는 그 보험기간 중에 보험사고가 발생하여 피보험자에게 발생하는 손해를 보상할 책임을 진다. 보상액은 보험금액을 한도로 하나, 보증보험계약에서 정액보상특약이 있는 경우에는 그 특약에서 정한 정액을 보상하여야 한다. 다만 보증보험도 손해보험이므로 보험사고가 발생하더라도 피보험자인 채권자에게 손해가 없는 경우에는 보험자의 보상책임이 발생하지 않는다.

또한 보증보험에 있어서도 상법 제659조의 면책사유가 있으면 보험자는 보상책임을 지지 않는데, 일반 손해보험에서와는 달리 보증보험에 있어서는 보험사고가 보험계약자인 채무자의 고의나 중과실로 인한 때에는 보험자는 보상책임을 지며, 보험사고가 피보험자인 채권자의 고의나 중과실에 의한 때에 한하여 면책사유로 되어 보험자는 그 보상책임을 면하게 된다.

[판례] 대법원 2001.2.13, 선고 99다13737 판결

이행보증보험과 같은 경우 피보험자는 보증보험에 터잡아 물품공급계약을 체결하거나 이미 체결한 물품공급계약에 따른 물품인도의무를 이행하는 것이 보통이므로, 일반적으로 타인을 위한 보험계약에서 보험계약자의 사기를 이유로 보험자가 보험계약을 취소하는 경우 보험사고가 발생하더라도 피보험자는 보험금청구권을 취득할 수 없는 것과는 달리, 보증보험계약의 경우 보험자가 이미 보증보험증권을 교부하여 피보험자가 그 보증보험증권을 수령한 후 이에 터잡아 새로운 계약을 체결하거나 이미 체결한 계약에 따른 의무를 이행하는 등으로 보증보험계약의 채권담보적 기능을 신뢰하여 새로운 이해관계를 가지게 되었다면 그와 같은 피보험자의 신뢰를 보호할 필요가 있다. 그러므로 주채무자에 해당하는 보험계약자가 보증보험계약을 체결함에 있어서 보험자를 기망하였다는 이유로 보험자가 보증보험계약 체결의 의사표시를 취소하였다 하더라도, 이미 그 보증보험계약의 피보험자인 채권자가 보증보험계약의 채권담보적 기능을 신뢰하여 새로운 이해관계를 가지게 되었다면, 피보험자가 그와 같은 기망행위가 있었음을 알았거나 알 수 있었던 경우이거나, 혹은 피보험자와 보험자 사이에 피보험자가 보험자를 위하여 보험계약자가 제출하는 보증보험계약 체결 소요 서류들이 진정한 것인지 등을 심사할 책임을 지고 보험자는 그와 같은 심사를 거친 서류만을 확인하고 보증보험계약을 체결하도록 미리 약정이 되어 있는데, 피보험자가 그와 같은 서류심사에 있어서 필요한 주의의무를 다하지 아니한 과실이 있었던 탓으로 보험자가 보증책임을 이행한 후 구상권을 확보할 수 없게 되었다는 등의 특별한 사정이 없는 한 그 취소를 가지고 피보험자에게 대항할 수 없다고 보아야 할 것이다.

5. 保險者의 代位와 求償

보험계약자가 채무를 이행하지 아니하여 피보험자에게 발생한 손해를 보험자가 보상한 경우에 보험자는 상법 제682조의 보험자대위권을 가지는지 문제된다. 이에 관하여 다수설은 보험계약자의 채무불이행으로 인한 손해를 보험자가 보상함으로써 피보험자의 채권은 소멸하기 때문에 보험자가 대위할 수 없으며, 다만 보험금을 지급한 보험자는 채무자의 부탁에 의한 보증인에 준하여 민법 제441조에 따라 보험계약자인 채무자에게 구상할 수 있다고 본다(정찬형(하),727, 최준선(보),312).

보험계약자의 채무에 관하여 보증보험계약 외에 다른 보증계약이 있는 경우에 보험금을 지급한 보험자가 보증계약의 보증인에 대하여 민법 제448조의 공동보증인간의 구상권 행사가 가능한가에 관하여, 대법원은 종래 이를 부정하였으나, 2008. 6. 19, 2005다37154 판결에서는 보증보험도 실질적인 보증으로서 보증보험자와 주계약상의 보증인은 공동보증인의 관계에 있으며, 어느 일방이 변제한 때에 상대방에게 구상권을 행사할 수 있다고 판시했다.

[판례] 대법원 2001.11.9. 선고 99다45628 판결

보증보험계약과 주계약에 부종하는 보증계약은 계약의 당사자, 계약관계를 규율하는 기본적인 법률 규정 등이 상이하여 보증보험계약상의 보험자를 주계약상의 보증인과 동일한 지위에 있는 공동보증인으로 보기는 어렵다 할 것이므로, 보험계약상의 보험자와 주계약상의 보증인 사이에는 공동보증인 사이의 구상권에 관한 민법의 규정이 당연히 준용된다고 볼 수가 없고, 또한 보험자가 위험부담의 대가로 보험료를 지급받고 다시 보험계약자에게 구상권을 행사하는 것은 보험의 일반적인 원리에 반하는 것으로 특별한 약정이 없는 한 인정될 수 없는 것이므로, 보증보험약관상의 특약에 따라 보험계약자에 대하여 구상할 수 있는 것으로 규정되어 있다고 하더라도, 달리 다른 특별한 약정이 없는 한 위와 같은 특약만으로 보험자가 주계약의 보증인에 대하여도 구상권을 가지는 것으로 해석할 수는 없는 것이라 함이 대법원의 판례인바(대법원 2001.2.9. 선고 2000다55089 판결 참조), 이러한 보증보험계약상 보험자와 주계약상의 보증인과의 관계에 관한 법리는 보험자와 주계약상 채무자를 위해 자기의 재산을 담보로 제공한 자(물상보증인)에 대한 관계에서도 마찬가지로 적용되어야 할 것이다.

[판례] 대법원 2008.6.19, 선고 2005다37154 전원합의체 판결

구 건설공제조합법(1996.12.30. 법률 제5230호로 제정된 건설산업기본법 부칙 제2조 제1호로 폐지)에 따라 건설공제조합(이하 '조합'이라고 한다)이 조합원으로부터 보증수수료를 받고 그 조합원이 다른 조합원 또는 제3자와 사이의 도급계약에 따라 부담하는 하자보수의무를 보증하기로 하는 내용의 이 사건 보증계약은, 무엇보다 채무자의 신용을 보완함으로써 일반적인 보증계약과 같은 효과를 얻기 위하여 이루어지는 것으로서, 그 계약의 구조와 목적, 기능 등에 비추어 볼 때 그 실질은 의연 보증의 성격을 가진다 할 것이므로, 민법의 보증에 관한 규정, 특히 보증인의 구상권에 관한 민법 제441조 이하의 규정이 준용된다 할 것이다. 따라서 조합과 주계약상 보증인은 채권자에 대한 관계에서 채무자의 채무이행에 관하여 공동보증인의 관계에 있다고 보아야 할 것이므로, 그들 중 어느 일방이 변제 기타 자기의 출재로 채무를 소멸하게 하였다면 그들 사이에 구상에 관한 특별한 약정이 없다 하더라도 민법 제448조에 의하여 상대방에 대하여 구상권을 행사할 수 있다고 할 것이다. 만약 이와 달리 조합과 주계약상의 보증인 사이에 민법 제448조가 준용되지 아니한다고 보고, 주계약상 보증관계와 조합과의 보증계약관계를 단절시켜 상호간의 구상 및 변제자대위를 부정하게 되면, 채무자가 무자력일 경우 채무를 먼저 이행한 쪽이 종국적으로 모든 책임을 지는 결과가 되어, 조합과 주계약상의 보증인이 서로 채무의 이행을 상대방에게 미루고 종국적인 책임을 지지 않으려고 함에 따라 채무의 신속한 이행을 통한 분쟁해결을 어렵게 하는 결과가 된다. 또한, 상호 구상은 부정하면서도 채무자에 대한 구상권을 근거로 변제자대위만을 허용한다면 먼저 채무를 이행한 쪽이 채권자를 대위하여 상대방에게 채무 전액에 관하여 이행을 청구할 수 있게 되어 상대방에게 그 비용이 모두 전가되므로, 역시 변제의 선후에 따라 종국적인 책임을 지는 자가 달라지고, 같은 채무를 보증하는 자들 사이의 형평을 깨뜨리는 불합리한 결과를 피할 수 없게 된다.…그리고 위 2001다25887 판결에서 원용되고 있는 대법원 2001.2.9, 선고 2000다55089 판결 및 대법원 2001.11.9, 선고 99다45628 판결은 모두 조합의 보증이 아닌 이행보증보험에 관한 것이기는 하지만, 그 계약의 구조와 목적, 피보험이익 등의 측면에서 조합의 보증과 성격을 같이한다면 별도의 약정이 없는 한 앞서 본 구상권에 관한 법리가 마찬가지로 적용되어야 할 것인바, 그 판결들의 판시와 같이 이행보증보험이 실질적으로는 보증의 성격을 가지고 보증계약과 같은 효과를 목적으로 하는 점에서 보험자와 채무자 사이에 민법상의 보증에 관한 규정이 준용될 수 있다고 보는 이상, 앞서 본 법리에 의할 때 보증보험자와 주계약상 보증인 사이에 공동보증인 상호간의 구상권에 관한 법리가 마찬가지로 적용될 수 있다고 보아야 할 것…이다.

제4장

人保險

제1절 總 說

제1. 人保險契約의 意義

인보험계약은 보험자가 사람의 생명 또는 신체에 관하여 보험사고가 생긴 경우에 계약에서 정한 일정한 보험금액 기타의 급여를 하고, 보험계약자가 이에 대하여 보수(보험료)를 지급할 것을 약정하는 보험계약이다. 인보험계약은 보험사고가 사람의 생명 또는 신체에 관하여 생길 것이라는 점에서 손해보험계약과 다르다. 인보험계약은 생명보험계약과 상해보험계약으로 구분된다.

제2. 人保險契約의 특징

인보험은 보험의 목적이 사람이며, 보험사고가 사람의 생명·신체에 관한 사고로서 피보험이익과 보험가액이 문제되지 않는다는 점에서 손해보험과 다르다. 따라서 인보험에는 손해보험에서와 같은 초과보험이나 중복보험 또는 일부보험의 문제가 생기지 아니한다.

또한 손해보험의 경우 보험자가 보험계약자로부터 보험료를 받고 30일 내에 보험계약의 청약에 대한 승낙 여부의 통지를 발송하지 아니하면 보험계약의 체결이 의제되나, 인보험에서는 피보험자가 신체검사를 받아야 하는 경우에는 이 기간은 피보험자가 신체검사를 받은 날로부터 기산한다(상법 §638의2①②③). 또 보험자가 보험계약자로부터 보험료를 받은 후 그 승낙 전에 보험사고가 발생한 경우 손해보험에서는 보험계약자의 청약을 거절할 사유가 없는 한 보험자가 보상책임을 지나, 피보험자가 신체검사를 받아야 하는 인보험에서는 피보험자가 신체검사를 받지 않은 때에는 보험자는 책임을 지지 아니한다(상법 §638의2③).

제3. 人保險證券의 기재사항

인보험증권에는 보험증권 일반의 기재사항(상법 §666) 이외에 ① 보험계약의 종류, ② 피보험자의 주소와 성명 및 생년월일, ③ 보험수익자를 정한 때에는 그 주소와 성명 및 생년월일 등을 기재하여야 한다(상법 §728).

제4. 保險者代位의 禁止

인보험의 보험자는 보험사고로 인하여 생긴 보험계약자 또는 보험수익자의 제3자에 대한 권리를 대위하지 못한다(상법 §729 본문). 보험자대위는 실손해의 전보를 목적으로 하는 손해보험에 있어서 피보험자가 실손해 이상의 이득을 얻는 것을 방지하기 위한 것인데, 인보험은 손해보상을 목적으로 하는 것이 아니고, 또 가해자에게 손해배상을 청구하더라도 부당한 것이 아니기 때문이다.

그러나 상해보험계약에 있어서 당사자 간에 다른 약정이 있는 때에 보험자는 피보험자의 권리를 해하지 아니하는 범위 안에서 그 권리를 대위하여 행사할 수 있다(상법 §729 단서). 이는 상해보험이 손해보험으로서의 성질을 가지고 있으므로, 보험자가 그 치료비 등의 비용을 피보험자에게 지급한 이상 가해자에게 그 비용을 대위할 수 있도록 한 것이다. 그러나 이 대위는 보험자와 보험계약자의 약정에 의한 대위라는 점에서 손해보험의 대위와 다르다.

[판례] 대법원 2002.12.26, 선고 2002다50149 판결

산업재해보상보험법 또는 국민건강보험법에 따라 보험급여를 받은 피해자가 제3자에 대하여 손해배상청구를 할 경우 그 손해발생에 피해자의 과실이 경합된 때에는 먼저 산정된 손해액에서 과실상계를 한 다음 거기에서 보험급여를 공제하여야 하고, 그 공제되는 보험급여에 대하여는 다시 과실상계를 할 수 없으며, 보험자가 불법행위로 인한 피해자에게 보험급여를 한 후 피해자의 가해자에 대한 손해배상채권을 대위하는 경우 그 대위의 범위는 손해배상채권의 범위 내에서 보험급여를 한 전액이다(대법원 1989.4.25, 선고 88다카5041 판결, 2002.1.8, 선고 2001다40022, 40039 판결 등 참조).

제2절 生命保險

제1. 生命保險契約의 意義

생명보험계약은 보험자가 상대방 또는 제3자의 생사(生死)에 관하여 일정한 금액을 지급하고, 이에 대하여 상대방이 보수(보험료)를 지급할 것을 약정하는 보험계약이다(상법 §730). 생명보험계약은 사람의 생명에 관한 보험으로서 인보험이며, 정액보험이란 점에서 손해보험계약과 다르다.

제2. 生命保險契約의 要素

생명보험계약의 당사자는 보험자와 보험계약자이나, 그 사람의 생사가 보험사고로 되어 있는 자연인을 피보험자라 하고, 보험사고가 발생한 때에 보험금을 지급받을 자를 보험수익자라 한다. 보험계약자와 피보험자가 동일인인 경우를 자기의 생명보험, 보험계약자가 타인을 피보험자로 한 경우를 타인의 생명보험이라고 한다. 또한 보험계약자와 보험수익자가 동일인인 경우를 자기를 위한 생명보험, 다른 경우를 타인을 위한 생명보험이라 한다.

생명보험의 보험사고는 피보험자의 사망 또는 생존이다. 사망보험에 있어서 보험사고가 보험계약자 또는 피보험자나 보험수익자의 고의에 의하여 발생한 때에는 보험자는 보험금지급의무를 면하나, 이들의 중과실에 의한 때에는 면책되지 않는다(상법 §732의 2).

제3. 生命保險契約의 種類

1. 保險事故에 의한 分類

(1) 사망보험

사망보험은 피보험자의 사망을 보험사고로 하는 생명보험이다. 사망보험에는 일정한 기간을 정하여 그 기간 내에 피보험자가 사망하는 것을 보험사고로 하는 정기사망보험과 기간의 정함이 없이 피보험자가 사망하는 것을 보험사고로 하는 종신보험이 있다.

(2) 생존보험

생존보험은 피보험자가 일정한 시기(연령)까지 생존할 것을 보험사고로 하는 보험이다. 퇴직보험(退職保險)과 혼자보험(婚資保險) 등이 있다.

(3) 生死混合保險

생사혼합보험은 일정한 기간을 정하여 피보험자의 사망과 생존 양자를 보험사고로 하는 보험으로서 양노보험(養老保險)(상법 §735)을 말한다.

2. 保險金額의 支給時期에 의한 分類

(1) 資金保險

자금보험은 보험사고가 발생할 때, 보험금의 전액을 일시에 지급하는 생명보험이다.

(2) 年金保險

연금보험은 보험금액을 연금의 형태로 순차로 지급하는 보험이다. 보험자는 피보험자의 생명에 관한 보험사고가 생긴 때에 약정에 따라 보험금액을 연금으로 분할하여 지급할 수 있다(상법 §735의 2). 연금보험에는 피보험자의 생존기간 동안 매년 일정한 금액을 연금으로 지급하는 종신연금보험과 일정한 기간 동안 매년 일정한 금액을 연금으로 지급하는 정기연금보험이 있다.

3. 被保險者의 數에 의한 分類

(1) 單獨保險

단독보험은 피보험자 1인의 생사를 보험사고로 하는 보험이다.

(2) 連生保險

연생보험은 부부, 형제, 동업자 등 복수의 사람을 피보험자로 하여 그 중 1인이 사망한 경우에 생존자가 보험금을 지급받는 보험이다.

(3) 團體保險

단체보험은 하나의 단체에 속하는 다수의 구성원을 포괄적으로 피보험자로 하여 그 생사를 보험사고로 하는 생명보험이다. 즉 단체보험은 단체의 대표자가 보험계약자로서 그 단체의 구성원의 전부 또는 일부를 피보험자로 하여 체결하는 타인의 생명보험이다. 이러한 단체보험에서는 구성원이 단체에 가입함으로써 피보험자의 자격을 취득하고, 탈퇴함으로써 그 자격을 상실하나, 구성원의 변동에 관계없이 보험계약의 동일성은 유지된다.

단체보험에 있어서 구성원의 동의를 얻어야 하는가에 관하여 단체가 규약에 따라 구성원의 전부 또는 일부를 피보험자로 하여 사망보험(혼합보험 포함)을 체결하는 경우에는 피보험자들의 동의를 요하지 않는다(상법 §735의 3①). 그러나 그 단체가 규약을 갖추지 않은 때에는 일반원칙에 따라 구성원들의 서면 동의를 얻어야 보험계약으로서의 효력이 생긴다.

단체보험계약의 보험증권은 보험계약자에게만 교부한다(상법 §735의 3②).

[판례] 대법원 2006.4.27, 선고 2003다60259 판결

상법 제735조의3에서 단체보험의 유효요건으로 요구하는 '규약'의 의미는 단체협약, 취업규칙, 정관 등 그 형식을 막론하고 단체보험의 가입에 관한 단체내부의 협정에 해당하는 것으로서, 반드시 당해 보험가입과 관련한 상세한 사항까지 규정하고 있을 필요는 없고 그러한 종류의 보험가입에 관하여 대표자가 구성원을 위하여 일괄하여 계약을 체결할 수 있다는 취지를 담고 있는 것이면 충분하다 할 것이지만, 위 규약이 강행법규인 상법 제731조 소정의 피보험자의 서면동의에 갈음하는 것인 이상 취업규칙이나 단체협약에 근로자의 채용 및 해고, 재해부조 등에 관한 일반적 규정을 두고 있다는 것만으로는 이에 해당한다고 볼 수 없다. 한편, 위 규약을 구비하지 못한 단체보험의 유효요건으로서의 피보험자의 동의의 방식은 강행법규인 상법 제731조가 정하는 대로 서면에 의한 동의만이 허용될 뿐 묵시적, 추정적 동의는 허용되지 아니한다 할 것이다.

[판례] 대법원 2007.10.12, 선고 2007다42877,42884 판결

단체가 구성원의 전부 또는 일부를 피보험자로 하고 보험계약자 자신을 보험수익자로 하여 체결하는 생명보험계약 내지 상해보험계약은 단체의 구성원에 대하여 보험사고가 발생한 경우를 부보함으로써 단체 구성원에 대한 단체의 재해보상금이나 후생복리비용의 재원을 마련하기 위한 것이므로 피보험자가 보험사고 이외의 사고로 사망하거나 퇴직 등으로 단체의 구성원으로서의 자격을 상실하면 그에 대한 단체보험계약에 의한 보호는 종료되고, 구성원으로서의 자격을 상실한 종전 피보험자는 보험약관이 정하는 바에 따라 자신에 대한 개별계약으로 전환하여 보험보호를 계속 받을 수 있을 뿐이다. 또한 위와 같은 단체보험약관에서 보험회사의 승낙 및 피보험자의 동의를 조건으로 보험계약자가 구성원으로서의 자격을 상실한 종전 피보험자를 새로운 피보험자로 변경하는 것을 허용하면서 종전 피보험자의 자격상실 시기를 피보험자변경신청서 접수 시로 정하고 있다고 하여도 이는 보험회사의 승낙과 피보험자의 동의가 있어 피보험자가 변경되는 경우 단체보험의 동일성을 유지하기 위하여 피보험자변경신청서 접수 시까지 종전 피보험자의 자격이 유지되는 것으로 의제하는 것이므로 위 약관 조항이 피보험자변경이 없는 경우에까지 적용되는 것으로 볼 수는 없다.

제4. 他人의 生命保險

1. 意 義

타인의 생명보험계약은 보험계약자 이외의 제3자를 피보험자로 하여 그 생존 또는 사망을 보험사고로 하는 생명보험계약이다. 타인의 생명보험은 보험금의 취득을 목적으로 피보험자의 생명을 위태롭게 할 우려가 있으므로 일정한 한도에서 계약의 체결이 제한된다.

2. 立法例

타인의 생명보험계약의 체결에 있어서 어떤 사람을 보험수익자로 할 수 있는가에 관하여 보험수익자가 피보험자의 생사에 피보험이익을 가지는 경우에 한한다는 이익주의와, 피보험자의 상속인 또는 일정한 범위의 친족만 보험수익자가 될 수 있다는 친족주의, 그리고 피보험자의 동의를 얻어야 한다는 동의주의가 있다. 현행 상법은 동의주의를 취하고 있다.

3. 被保險者의 同意

(1) 被保險者의 同意가 필요한 경우

타인의 생명보험 중 그 타인의 사망을 보험사고로 하는 사망보험과 생사혼합보험계약을 체결하는 경우(상법 §731①), 이러한 보험계약으로 인하여 생긴 권리를 타인에게 양도하는 경우(상법 §731②) 및 타인의 사망보험계약을 체결한 후 보험계약자가 보험수익자를 지정 또는 변경하는 경우(상법 §734②)에 피보험자의 동의가 있어야 한다.

(2) 同意의 性質

피보험자의 동의는 보험계약 또는 권리양도계약의 성립요건이 아니고, 동의가 있어야 그 효력이 생기는 효력발생요건이다. 동의에 관한 규정은 강행규정이므로, 보험자와 보험계약자 간의 특약으로 동의를 요하지 않는 것으로 할 수 없다.

(3) 同意의 方式

피보험자는 보험계약 체결 시에 서면에 의하여 개별적으로 동의를 하여야 한다(상법 §731①).

⑷ 同意의 時期

피보험자의 동의는 보험계약 체결 시에 있어야 하나(상법 §731①), 동의의 성질을 효력발생요건으로 보는 한 계약의 성립 시에는 물론 계약 성립 후에 동의가 있어도 무방할 것이다.

⑸ 同意의 撤回

피보험자는 보험계약의 성립 전에만 동의를 철회할 수 있다. 동의에 의하여 계약의 효력이 생긴 때에는 보험계약자와 보험수익자의 동의가 있어야 철회할 수 있다.

4. 例 外

⑴ 團體保險

단체가 그 규약에 따라 구성원들을 피보험자로 하는 생명보험계약을 체결하는 경우에는 그 피보험자들의 동의를 요하지 않는다(상법 §735의 3①).

⑵ 契約締結의 禁止

만15세 미만자, 심신상실자 또는 심신박약자의 사망을 보험사고로 한 보험계약은 그 동의가 있는 때에도 무효이다(상법 §732).

제5. 他人을 위한 生命保險

1. 意 義

타인을 위한 생명보험은 보험계약자가 타인을 보험수익자로 지정한 생명보험계약을 말한다. 타인을 위한 생명보험계약에서는 보험수익자가 보험계약자와 별개의 사람이어야 하나, 피보험자는 보험계약자 또는 보험수익자와 동일인이라도 무방하다. 이에 대하여 보험계약자 자신을 보험수익자로 한 생명보험을 자기를 위한 생명보험이라고 한다.

타인을 위한 생명보험에 있어서 보험수익자는 보험계약자가 지정하나, 보험계약자가 그 변경을 유보하거나 지정된 보험수익자가 보험계약의 존속 중에 사망한 때 등 일정한 경우에는 보험계약자 또는 그 승계인이 지정된 보험수익자를 변경할 수 있다.

2. 保險受益者의 權利와 義務

타인을 위한 생명보험계약의 보험수익자는 보험사고가 생긴 경우에 수익의 의사표시가 없이도 보험계약에 의하여 당연히 보험금지급청구권을 취득한다(상법 §639②). 그러나 보험수익자는 계약의 당사자가 아니므로 보험증권의 교부청구권, 계약해지권, 해지환급금청구권, 보험료의 감액 또는 반환청구권, 적립금반환청구권 등을 행사할 수 없다. 이러한 권리는 보험계약자가 행사할 수 있다. 그 반면에 보험수익자는 보험계약자가 파산을 선고받거나 보험료의 지급을 지체한 때에 한하여 그 권리를 포기하지 않는 한 보험료의 지급의무를 진다(상법 §639③). 또 보험수익자는 피보험자가 사망한 때에 보험자에 대하여 이를 통지할 의무를 진다(상법 §657).

3. 保險契約者의 保險受益者 指定·變更

(1) 意 義

타인을 위한 생명보험계약에 있어서 보험계약자는 보험수익자를 지정하고, 또 그 변경을 유보한 경우에는 후일 지정된 보험수익자를 변경할 수 있는 권한을 가진다(상법 §733①). 자기를 위한 생명보험계약에서도 보험계약자는 후일 제3자를 보험수익자로 지정하거나 변경할 수 있다. 보험수익자의 지정·변경권은 보험기간 내에 또 보험사고 발생 전에 행사하여야 한다.

(2) 法的 性質

보험계약자의 지정·변경권은 그 일방적인 의사표시에 의하여 효력이 생기므로 형성권이다.

(3) 對抗要件

보험계약자가 보험수익자를 지정하거나 또는 변경한 경우에 이를 보험자에게 대항하기 위해서는 그 지정 또는 변경의 사실을 보험자에게 통지하여야 한다. 즉 보험수익자의 지정 또는 변경을 보험자에게 통지하지 않으면 그 지정 또는 변경사실을 보험자에게 대항할 수 없다(상법 §734①). 보험사고가 발생한 경우 보험자의 이중지급을 방지하기 위한 것이다. 이 경우에 보험수익자로 지정되거나 변경된 자가 피보험자 이외의 자인 때에는 보험자에 대한 통지 이외에 피보험자의 서면에 의한 동의가 있어야 함은 물론이다(상법 §734②, §731).

4. 保險契約者의 指定 · 變更과 保險受益者의 地位

(1) 保險受益者를 指定하지 않은 경우

보험계약자가 보험수익자를 지정할 수 있으나, 그 지정을 하지 아니하고 사망한 경우에는 피보험자가 보험수익자로 된다. 보험계약자가 보험수익자를 지정하기 전에 보험사고가 발생한 경우에는 피보험자가 보험수익자로 되며, 이 경우에 피보험자도 사망한 때에는 피보험자의 상속인이 보험수익자로 확정된다(상법 §733④).

(2) 保險受益者의 指定 후 그 變更을 留保하지 않은 경우

보험계약자에 의하여 지정된 보험수익자의 권리는 확정되어 있으나, 이 경우 보험수익자가 보험계약의 존속 중에 사망한 때에는 보험계약자는 다시 보험수익자를 지정할 수 있다(상법 §733③1문). 이 때 만일 보험계약자도 보험수익자를 새로 지정하지 아니하고 사망한 때에는 당초 지정된 보험수익자의 상속인이 보험수익자로 된다(상법 §733③ 2문).

다만 보험계약에서 보험계약자의 승계인이 보험수익자의 지정、변경권을 갖는 것으로 약정을 한 때에는 보험계약자의 승계인이 그 지정 또는 변경을 할 수 있다(상법 §733③ 단서).

(3) 保險受益者의 指定 · 變更을 留保한 경우

보험계약자가 보험수익자의 지정、변경권을 유보하고 있는 경우에 보험계약자는 보험수익자를 언제든지 지정하거나 변경할 수 있다. 이 경우 보험계약자가 보험수익자를 지정하지 아니하고 사망한 때에는 피보험자가 보험수익자로 되고, 보험수익자를 지정한 후 그 변경을 하지 아니하고 사망한 때에는 보험수익자의 권리가 확정된다(상법 §733② 본문).

다만 이 때에도 보험계약자가 사망한 경우에 보험계약자의 승계인이 보험수익자를 지정 또는 변경할 수 있다는 약정이 있는 때에는 그 승계인이 보험수익자를 지정 또는 변경할 수 있다(상법 §733② 단서).

제6. 生命保險契約의 效力

1. 保險金支給義務

(1) 內 容

생명보험계약의 보험기간 중에 보험사고가 발생한 경우에 보험자가 보험금지급의무를 부담하는 것은 손해보험의 경우와 동일하나, 피보험자의 사망을 보험사고로 한 보험계약에서는 사고의 발생 없이 보험기간이 종료한 때에도, 보험금액을 지급할 것을 약정할 수 있다(상법 §735).

(2) 免責事由

보험계약자와 피보험자 등의 고의에 의한 보험사고발생은 보험자의 면책사유가 된다(상법 §659). 따라서 사망을 보험사고로 한 생명보험계약에서는 보험사고가 보험계약자 또는 피보험자나 보험수익자의 중대한 과실로 인하여 생긴 경우에도 보험자는 보험금액을 지급할 책임을 부담한다(상법 §732의 2). 또 피보험자의 자살도 보험자의 면책사유에 속하나, 생명보험약관에서는 책임개시일로부터 2년이 경과한 후에 피보험자가 자살한 경우에는 보험자가 보험금을 지급한다고 정하는 것이 일반적이다(생명보험표준약관 §8①).

2. 積立金返還義務

보험자가 보험금액의 지급책임을 면할 때에는 보험수익자를 위하여 적립한 금액을 보험계약자에게 반환하여야 한다(상법 §736①). 보험수익자를 위하여 적립한 금액이란 보험자가 매 결산기에 계상하여야 하는 책임준비금으로서 보험료적립금과 미경과보험료를 말한다. 이 적립금의 반환이 요구되는 것은 보험사고의 발생 전에 보험계약자가 보험계약을 임의로 해지한 경우(상법 §649), 보험계약자 등의 보험료 지급 해태(상법 §650②)·고지의무의 위반(상법 §649)·위험의 변경·증가의 통지의무 위반(상법 §652①)·고의·중과실로 인한 위험증가(상법 §653) 등의 사유로 인하여 보험자가 보험계약을 해지한 경우, 보험자가 면책되는 경우 등이다.

그러나 보험사고가 보험계약자의 고의 또는 중대한 과실로 발생하여 보험자가 보험금액의 지급책임을 면하는 경우에는 다른 약정이 없는 한 적립금반환의무를 면한다(상법 §736① 단서). 법문에서는 보험계약자로 특정하고 있으므로, 피보험자나 보험수익자의 고의나 중과실에 의하여 보험사고가 발생한 때에는 보험자는 적립금을 반환하여야 할 의무를 부담한다.

보험자의 적립금반환의무는 2년의 시효에 의하여 소멸한다(상법 §662).

3. 約款에 의한 義務

(1) 解約還給金返還義務

보험계약자가 계약을 해지하는 경우에 그 계약을 위하여 적립한 책임준비금 중에서 비용의 배상으로서 일정한 금액을 공제한 금액을 보험계약자에게 반환할 것을 정하는 일이 있다. 이 금액을 해지반환금 또는 환매가액이라 하고, 그 반환을 받을 목적으로 보험계약을 해지하는 것을 환매(還買)라 한다.

(2) 利益配當義務

생명보험에서는 영리보험의 경우에도 약관에 의하여 보험자가 그 이익을 보험계약자에게 배당할 것을 약정한 경우에는 보험자는 약관의 정하는 바에 따라 이익배당을 할 의무를 진다. 이를 계약자배당이라고도 한다. 이 계약자배당은 이익잉여금을 재원으로 하는 주주에 대한 이익배당과는 달리 대수의 법칙에 의하여 보험료를 산정함에 있어서 예정기초율을 보수적으로 개산한 결과 실제와의 차이에 의하여 발생하는 잉여금을 계약자배당준비금으로 적립한 경우에 한하여 보험계약자에게 정산ㆍ환원하는 것이다.

[판례] 대법원 2005.12.9. 선고 2003다9742 판결

주식회사인 보험회사가 판매한 배당부 생명보험의 계약자배당금은 보험회사가 이자율과 사망률 등 각종 예정기초율에 기반한 대수의 법칙에 의하여 보험료를 산정함에 있어 예정기초율을 보수적으로 개산한 결과 실제와의 차이에 의하여 발생하는 잉여금을 보험계약자에게 정산·환원하는 것으로서 이익잉여금을 재원으로 주주에 대하여 이루어지는 이익배당과는 구별되는 것이므로, 계약자배당 전잉여금의 규모가 부족한 경우에도 이원(利源)의 분석 결과에 따라 계약자배당준비금을 적립하는 것이 그 성질상 당연히 금지된다고는 할 수 없는 것이나, 사차익이나 이차익 등 이원별로 발생한 이익이 있다 하여 보험계약자들에게 구체적인 계약자배당금 청구권이 당연히 발생하는 것이라고는 볼 수 없고, 보험회사가 약관에서 정한 바에 따라 그 지급률을 결정하여 계약자배당준비금으로 적립한 경우에 한하여 인정되는 것이며, 계약자배당 전에 잉여금의 규모와 적립된 각종 준비금 및 잉여금의 규모 및 증감 추세를 종합하여 현재 및 장래의 계약자들의 장기적 이익 유지에 적합한 범위 내에서 계약자배당이 적절하게 이루어지도록 하기 위한 감독관청의 규제나 지침이 있는 경우, 보험회사로서는 위 규제나 지침을 넘어서면서까지 계약자배당을 실시할 의무는 없는 것이다.

(3) 保險證券貸付義務

약관에서는 보험계약자가 보험증권을 담보로 해약반환금의 범위 내에서 대부를 청구할 수 있다는 규정을 두는 경우가 있다. 이러한 약관의 정함이 있는 경우에 보험자는 보험계약자에 대하여 대부의무를 지게 된다.

제3절 傷害保險

제1. 傷害保險契約의 意義

상해보험계약은 보험자가 피보험자의 신체에 관한 보험사고가 생긴 경우에 보험금액 기타의 급여를 할 책임을 지고 보험계약자가 이에 대하여 보험료를 지급할 것을 목적으로 하는 보험계약이다(상법 §737). 상해보험은 외부적인 급격한 원인에 의하여 인체에 상해를 입을 수 있는 위험을 보험사고로 한다. 생명보험과 같이 인보험의 일종으로서 정액보험인 것이 보통이지만 부정액(不定額)보험인 경우도 있다.

제2. 傷害保險契約의 法的 性質

상해보험계약은 보험의 목적이 사람의 신체라는 점에서 인보험에 속하며, 보험사고가 사람의 신체의 상해라는 점에서 사람의 사망 또는 생존을 보험사고로 하는 생명보험계약과 구별된다. 상해보험계약에는 보험금의 지급형태에 있어서 상해에 따른 구체적인 손해액과 관계없이 일정한 보험금액을 지급하는 정액상해보험계약과 상해의 정도에 따라 손해액을 지급하는 손해보상방식의 상해보험계약이 있다. 전자는 생명보험의 경우와 같이 정액보험이나, 후자는 보험의 객체는 사람이지만 부정액보험으로서 손해보험의 일종이라고 할 수 있다.

제3. 傷害保險契約의 保險事故

상해보험의 보험사고는 급격하고 우연한 외래의 사고로 인한 상해이어야 한다. 즉 피보험자가 예측할 수 없는 신체 외부의 원인에 의하여 우연히 발생하고, 통상적으로는 기대할 수 없는 결과를 가져오는 사고를 의미하는 것이다. 따라서 계약 체결 전부터 있었던 피보험자의 신체의 질병이나 일사병과 같이 자연현상으로 인한 것 등은 상해보험의 보험사고에서 제외된다. 다만, 일반적으로 외래의 사고 이외에 피보험자의 질병 기타 기왕증이 공동 원인이 되어 상해에 영향을 미친 경우에도 사고로 인한 상해와 그 결과인 사망이나 후유장해 사이에 인과관계가 인정되면 보험사고에 포함된다.

보험사고의 우연성과 외래성 및 상해의 결과와의 인과관계에 대해서는 보험금 청구자에게 그 입증책임이 있다(대판 2001.8.21, 2001다27579).

[판례] 대법원 1980.11.25, 선고 80다1109 판결

겨드랑 밑의 악취방지를 위한 수술 중에 급성심부전증에 인하여 사망한 경우는 갑자기 신체의 외부에서 생긴 사고로 뜻하지 않게 신체상의 손상을 입었다는 상해보험사고의 범주에 속한다고 할 수 없…다.

[판례] 대법원 2005.10.27, 선고 2004다52033 판결

일반적으로 외래의 사고 이외에 피보험자의 질병 기타 기왕증이 공동 원인이 되어 상해에 영향을 미친 경우에도 사고로 인한 상해와 그 결과인 사망이나 후유장해 사이에 인과관계가 인정되면 보험계약 체결시 약정한 대로 보험금을 지급할 의무가 발생하고, 다만 보험약관에 계약체결 전에 이미 존재한 신체 장해, 질병의 영향에 따라 상해가 중하게 된 때에는 그 영향이 없었을 때에 상당하는 금액을 결정하여 지급하기로 하는 내용이 있는 경우에는 지급될 보험금액을 산정함에 있어서 그 약관 조항에 따라 피보험자의 체질 또는 소인 등이 보험사고의 발생 또는 확대에 기여하였다는 사유를 들어 보험금을 감액할 수 있다고 할 것이다.

제4. 生命保險契約에 관한 규정의 준용

상해보험에 대해서는 피보험자의 자격제한에 관한 상법 제732조를 제외하고는 생명보험에 관한 규정이 준용된다(상법 §739).

제5. 保險者代位의 허용

상해보험에서는 당사자 간에 다른 약정이 있는 때에는 보험자는 피보험자의 권리를 해하지 아니하는 범위 내에서 그 권리를 대위 행사할 수 있다(상법 §729).

3

海商法

제1장

序 論

제1절 海商法의 意義

제1. 實質的 意義의 海商法

실질적 의의의 해상법은 해상기업에 특유한 법규의 전체를 말한다. 즉 실질적 의미의 해상법은 해상기업의 조직과 해상운송활동, 해상위험과 이에 따른 이해관계의 조정 등 해상기업에 특유한 법률관계를 규율하는 법이다. 해상기업은 바다를 무대로 선박에 의하여 이루어지고, 바다에서는 육상에서와는 달리 바다에 특유한 각종 위험이 상존하고 있다. 따라서 해상법에서는 해상기업을 보호하기 위하여 육상기업에서는 인정되지 않는 특수한 이해관계의 조정이 요구되며, 육상운송법에서와는 현저하게 다른 특수한 법적 규율이 필요하다.

실질적 의미의 해상법에는 해상기업활동과 관련되는 해사관습은 물론, 선박법·해운업법·수난구호법 등과 같이 선박의 안전과 선박공동체의 질서유지를 확보하기 위한 국가적 감독에 관한 공법적 규정과 선박의 안전항해와 해상위험에 관한 국제조약 등을 포함한다.

제2. 形式的 意義의 海商法

형식적 의의의 해상법은 상법전 제5편의 「해상」에 관한 법규를 말한다. 현행 상법의 해상편은 제1장 해상기업, 제2장 운송과 용선, 제3장 해상위험으로 구성되어 있으며, 제1장에서는 선박·선장·선박공유·선박담보·선박소유자 등의 책임제한, 제2장에서는 개품운송ㆍ해상여객운송ㆍ항해용선ㆍ정기용선ㆍ선체용선ㆍ운송증서, 제3장에서는 공동해손ㆍ선박충돌ㆍ해난구조에 관하여 각각 규정하고 있다.

제2절 海商法의 地位

해상법은 해상기업에 관한 법으로 기업법인 상법의 일부이나, 특히 해상기업은 그 조직과 활동 및 해상위험의 특성에 기하여 일반 상거래에서와는 다른 특수한 법적 규율이 요구되므로, 해상법은 일반 상법의 규정에 비하여 특별법의 지위에 있다. 물론 해상법이 상법에 속하는 결과 민법에 대해서도 특별법의 지위에 있음은 당연하다.

제3절 海商法의 構成

해상법은 1962년에 제정되어 1963년 1월 1일부터 시행된 상법의 제5편에 규정되어 있는데, 그 제정 당시 제1장 선박, 제2장 선박소유자, 제3장 선장, 제4장 운송, 제5장 공동해손, 제6장 선박충돌, 제7장 해난구조, 제8장 선박채권으로 구성되어 있었다. 당시 해상편은 1924년의 선박소유자유한책임조약과 선하증권통일에 관한 헤이그규칙 등을 수용한 것이었으나, 해상운송의 발전에 따른 각국의 입법과 국제적 통일조약에 맞지 아니하여, 1968년의 헤이그 비스비 규칙과 1976년 런던해상채책임제한조약 등을 반영한 해상편 개정안이 1991년에 국회를 통과하여 1993년 1월1일부터 시행되었다.

그러나 이 개정법은 해상물건운송에 개품운송과 용선운송을 포함하는 등 법체계가 국제무역실무에 맞지 않고, 또 국제무역환경이 변화하여 해상법을 개정해야 할 필요성이 제기됨으로써, 2007년에 상법의 해상편이 대폭 개정되어 2008년부터 시행되었다.

이 개정상법의 해상편은 종래 해상운송에 포함시켰던 용선을 해상운송과 구분, 해상운송에서는 개품운송과 여객운송에 대하여 규정하고, 특히 복합운송에 대하여 복합운송인의 책임에 관한 조항을 신설하는 한편, 용선에 관하여는 항해용선과 정기용선

및 선체용선으로 구분하여 규정하고 있다. 또한 해상운송의 운송증서에 관하여 선하증권 외에 전자선하증권과 해상화물운송장에 관한 규정을 신설하였다. 이 밖에 개정상법은 선박소유자 등의 책임한도 금액을 상향조정하는 한편 중량에 따른 책임제한 제도를 새로 도입하는 등 전면적인 손질이 있었다.

제4절 海商法의 國際的 統一

선박에 의한 해상기업활동은 바다에서 대부분 국가 사이에 전개되므로 각국의 해상법의 상이에 따른 불편을 해소하기 위해서는 각국의 해상법을 통일하는 것이 바람직하다. 이러한 해상법의 통일화를 위하여 1860년 영국 사회과학진흥협회(The National Association for the Promotion of Social Science)에 의해 제정된 「공동해손에 관한 통일규칙」을 비롯, 국제법협회(International Law Association)와 만국해법회(Comite Maritime International), UN 산하 국제해사기구(International Maritime Organization) 등 각종 국제기구들에 의한 많은 국제통일조약들이 체결되었다.

이들 조약 중 선박소유자의 책임제한에 관하여 1924년 및 1957년의 「선박소유자의 책임제한에 관한 조약」, 1976년의 「해사채권에 대한 책임제한에 관한 조약」 등이 있으며, 현행 상법은 1991년 상법개정에서 선박소유자의 책임제한에 관하여 1976년 조약을 반영하여 금액책임주의로 일원화하였다. 해상물건운송에 관하여는 1924년의 「선하증권에 관한 통일조약」, 1968년의 「선하증권에 관한 개정통일조약」(Hague-Visby Rukes), 1978년의 「UN해상물건운송조약」 등이 있다. 1991년 상법개정에서는 이 1924년 조약에 따랐으나, 2007년 개정상법은 1968년 조약을 대폭 반영했다. 복합운송에 관하여는 1980년 「UN국제복합운송조약」이 성립되었는데, 2007년 개정상법은 복합운송인의 책임에 관한 규정을 신설하면서 이 조약을 반영하였다.

선박채권의 담보에 관하여는 1926년의 「선박우선특권 및 저당권에 관한 통일조약」이 있고, 선박충돌과 해난구조에 관하여는 1910년의 「선박충돌에 관한 규정의 통일을 위한 조약」과 「해상구조에 관한 통일조약」 등이 있다. 선박담보와 선박충돌, 해난구조에 관한 현행 상법의 규정은 이들 조약을 반영한 것이다.

이 외에도 해상운송에 관하여 1961년의 「해상여객운송에 관한 통일조약」과 1969

년의 「유류오염손해에 대한 민사책임에 관한 국제조약」, 1971년의 「유류오염손해배상을 위한 국제기금의 설치에 관한 국제조약」, 1974년의 「해상여객 및 수하물의 운송에 관한 아테네조약」 등 수많은 조약들이 성립, 각국의 해상 관련 입법에 많은 영향을 미치고 있다.

특히 공동해손에 관한 1890년 「요크안트워프 규칙」은 조약이 아니라 하나의 규약에 지나지 않지만, 세계 대다수의 해운업들이 이를 약관에 채택하여 이용하고 있다.

제2장

海上企業組織

제1절 船 舶

제1. 船舶의 槪念

1. 海商法上의 船舶

상법 해상편에서 선박이라 함은 상행위 기타 영리를 목적으로 항해에 사용하는 선박을 말한다(상법 §740).

(1) 船 舶

선박이라 하기 위해서는 일반적으로 수상이나 수중을 항행하는 데 사용할 수 있는 구조물이어야 한다. 항행할 수 있는 한 반드시 스스로의 동력에 의하여 항행하는 것이어야 하는 것은 아니다. 구체적으로 어떤 형태의 구조물이어야 하는가에 대해서는 사회통념에 따라 정할 수밖에 없다. 따라서 잠수선이나 자력항행능력이 없는 부선(浮船)도 선박에 포함되나, 뗏목이나 부표(浮漂), 부선거(浮船渠), 해상호텔, 해상작업을 위한 준설선 등은 선박이 아니다.

(2) 營利船

상법 해상편의 적용대상인 선박은 상행위 기타 영리를 목적으로 항해에 사용하는 선박을 말한다(상법 §740). 상행위를 목적으로 하는 선박은 해상운송활동에 종사하는 선박을 말하고, 기타 영리를 목적으로 하는 선박은 어선과 예선(曳船)·도선(導船) 등을 말한다.

(3) 航海船

해상법상의 선박은 해상에서 항해하는 항해선을 말한다. 해상은 호천(湖川)과 항만을 제외한 해면이며, 호천과 항만의 범위는 평수구역에 의하여 정해진다. 따라서 호천과 항만의 내수면에서 운항하는 내수선(內水船, 平水航行船)은 해상법상의 선박이 아니며, 그 운항에 관해서는 육상운송에 관한 규정이 적용된다(상법 §125). 다만 예외적으로 상법 해상편 중 선박충돌과 해난구조에 관한 규정은 그 기술적 특성으로 인하여 내수선에도 적용된다(상법 §876①, §882).

(4) 短艇 또는 櫓櫂船이 아닐 것

주로 노(櫓) 또는 상앗대로 운전하는 노도선이나 단정은 해상법의 적용대상에서 제외된다(상법 §741②). 이러한 선박은 규모가 작으므로 상법의 복잡하고 기술적인 해상편 규정을 적용하는 것이 부적절하기 때문이다.

2. 海商法 規定의 準用

개정 상법은 상행위 기타 영리를 목적으로 하지 않더라도 항해용 선박에 대해서는 상법 해상편의 규정을 준용한다(상법 §741①본문). 따라서 국유 또는 공유의 선박이나 학술탐사선 등의 비영리선에 대해서도 상법 해상편의 규정이 적용되는 것이다. 다만 국유 또는 공유의 선박에 대하여는 선박법 제29조 단서에도 불구하고 항해의 목적·성질 등을 고려하여 해상편의 규정을 준용하는 것이 적합하지 아니한 경우로서 대통령령으로 정하는 경우에는 상법 해상편의 규정을 준용하지 아니한다(상법 §741① 단서). 여기서 '대통령령으로 정하는 경우'란 군함, 경찰용 선박, 어업지도선, 밀수감시선, 그 밖에 영리행위에 사용되지 아니하는 선박으로서 비상용·인명구조용 선박 등 사실상 공용(公用)에 사용되는 선박의 어느 하나에 해당하는 국유 또는 공유의 선박인 경우를 말한다(상법의일부규정의시행에관한규정 §6의2).

제2. 船舶의 法的 性質

1. 合成物

선박은 선체·선창·기관·돛·갑판·객실 등의 각 부분이 유기적으로 결합되어 있는 하나의 독립된 합성물이다. 다만 속구는 선박의 일상적인 용도에 사용하기 위하여 선박에 부속된 물건으로서 선박과는 독립된 물건이다. 나침반·구명보트·해도·닻 등이 이에 해당한다. 선장은 속구목록을 작성하여 선박 내에 비치하여야 하며(선원법 20①6호, 동법시행규칙 §13②), 속구목록에 기재한 물건은 선박의 종물로 추정된다(상법 §742).

2. 不動産類似性

선박은 동산이지만, 고가의 대형 구조물로서 일정한 규모 이상의 선박은 등기 및 등록을 하여야 하며, 소유권 외에 임차권과 저당권의 목적이 되고, 그 강제집행과 경매는 부동산과 같이 취급된다. 또한 선박은 형법상 건조물과 같이 취급되며(상법 §319), 국제법상으로는 영토의 연장으로 인정되므로 선박은 부동산에 유사한 특성이 인정된다.

3. 擬人的 取扱

선박은 부동산에 유사한 동산으로서 권리의 객체이며 그 자체 인격을 가지는 것은 아니나, 총톤수 20톤 이상의 선박은 국적을 가지며, 선명(船名)과 사람의 주소와 같은 선적항이 있으므로 사람과 비슷한 인격적 성질을 가진다.

제3. 船舶의 登記와 登錄

1. 船舶의 登記

선박의 등기는 선박등기부에 선박의 소유권과 저당권 및 임차권에 관한 사항을 기재하여 공시하는 것으로서 선적항을 관할하는 지방법원 또는 등기소에 한다(선박법 §8④, 선박등기법 §4). 등기의 대상인 선박은 총톤수 20톤 이상의 기선과 범선 및 총톤수 100톤 이상의 부선(艀船)이다(선박등기법 §2 본문). 다만 부선 중에서 선박계류용 또는 저장용 등으로 사용하기 위하여 수상에 고정하여 설치하는 부선은 등기하지 아니한다(선박등기법 §2 단서). 이 밖에 건조 중의 선박도 저당권의 설정에 관하여 등기가 인정된다(상법 §790, §787).

선박의 등기 사항은 선박에 대한 소유권과 저당권 및 임차권(선체용선)에 관한 사항이다(선박등기법 §3). 선박등기의 효력은 등기사항에 따라 다르다. 선박소유권등기는 대항요건이고(상법 §743), 선박저당권등기는 효력요건이며(상법 §787③), 선체용선등기는 제3자에 대한 효력요건이다(선박법 §849②).

[판례] 대법원 1999.6.22. 선고 99다7602 판결

항진추진기가 없어서 선박등기의 대상이 되지 아니하는 부선에 대하여 관할 해운관청에 해운항만청 훈령인 부선등록사무처리요령에 의하여 작성 · 비치되어 있는 부선등록원부는 부선소유자의 의뢰를 받아 그 부선에 관한 소유권을 등록받아 놓은 것에 불과하고 부선등록원부에의 등록만으로는 권리의 설정 · 보존 · 이전 · 변경 · 처분의 제한 또는 소멸 등 어떠한 효력도 발생하는 것이 아니어서 부선등록원부에의 등록을 선박에 관한 등기와 동일하게 볼 수 없는 것이고, 선박등기의 대상이 되지 아니하는 부선에 대하여는 민법 제188조 제1항이 정하는 바에 따라 유체동산인 그 부선을 인도하여야 물권 양도의 효력이 생기는 것인바, 이 사건 변경등록이 있었다 하여 그로써 동산 물권변동의 요건인 인도에 갈음할 수 있는 것으로 볼 수는 없다.

2. 船舶의 登錄

선박의 소유자는 선적항을 관할하는 지방해양항만청장에게 선박의 등록을 신청하여야 한다(선박법 §8① 1문). 이 경우 총톤수 20톤 이상의 기선과 범선 및 총톤수 100톤 이상의 부선은 선박등기를 한 후에 선박의 등록을 신청하여야 한다(선박법 §8① 2문). 선박의 등록신청이 있으면 지방해양항만청장은 선박원부에 등록하고, 신청인에게 선박국적증서를 교부하여야 한다(선박법 §8② 2문).

제4. 船舶의 國籍

1. 意 義

선박의 국적은 선적(船籍)으로서 그 선박이 어느 국가에 속하는가를 정하는 기준이다. 선박은 공해상에서 국적을 가지고 있는 본국법의 적용을 받으며 섭외사법과 공법의 적용에 있어서 중요한 의미를 가진다.

2. 國籍取得에 관한 立法注意

선박의 국적 취득 요건에 관하여 그 선박의 제조장소를 기준으로 하는 선박제조지주의, 승선원의 국적을 기준으로 하는 승선원국적주의, 선박소유자의 국적을 기준으로 하는 선박소유자국적주의 등이 있다. 현행 상법은 선박소유자국적주의를 취하고 있다.

3. 船舶國籍의 取得

(1) 取得의 要件

선박이 대한민국의 국적을 취득하기 위해서는 ① 국유 또는 공유의 선박, ② 대한민국 국민이 소유하는 선박, ③ 대한민국의 법률에 의하여 설립된 상사법인이 소유하는 선박, ④ 대한민국에 주된 사무소를 둔 ③ 이외의 법인으로서 그 대표자(공동대표의 경우에는 그 전원)가 대한민국 국민인 경우에 그 법인이 소유하는 선박 중 하나에 해당하여야 한다(선박법 §2).

(2) 取得의 節次

한국선박의 소유자는 선적항을 관할하는 지방해양항만청장에게 당해 선박의 등록을 신청하여야 한다(선박법 §8① 1문). 선박등기를 하여야 하는 선박은 선박등기를 한 후에 선박의 등록을 신청하여야 한다(선박법 §8① 2문). 선박의 등록신청이 있는 경우에 지방해양항만청장은 이를 선박원부에 등록하고, 신청인에게 선박국적증서를 교부해야 한다(선박법 §8②).

4. 韓國 船舶의 特權

한국선박은 대한민국 국기를 게양하여 항행할 수 있고, 불개항장(不開港場)(개항장에 관하여는 개항질서법 §2, §4, 동시행령 §2, §3 참조)에 기항하며, 여객과 화물의 운송(연안무역)을 할 수 있다(선박법 §6).

제5. 船舶의 所有權

1. 取得原因

(1) 原始取得

선박을 제조하거나 비등기선을 선의취득한 경우이다. 공법상의 원시적 취득원인으로는 국제법상의 포획과 선박법 위반으로 인한 몰수(선박법 §32③) 등이 있다.

(2) 承繼取得

선박소유권은 조선계약이나 매매 이외에 일반 동산의 경우와 같이 증여, 교환, 회사의 합병, 상속 등에 의하여 취득되고, 해상법상 선박공유지분의 매수 또는 경매(상법 §760), 선박공유지분매수청구(상법 §761), 선장의 선박경매(상법 §753), 보험위부(상법 §710) 등에 의하여도 취득된다.

2. 所有權의 讓渡

(1) 要 件

선박의 양도요건은 등기선과 비등기선에 따라 다르다. 등기 및 등록할 수 있는 선박의 소유권 이전은 당사자 간의 합의만으로 그 효력이 생기나(의사주의), 이를 제3자에 대항하기 위해서는 선박소유권의 양도를 등기하고 선박국적증서에 기재하여야 한다(상법 §743). 비등기선인 총톤수 20톤 미만의 기선 및 범선과 총톤수 100톤 미만의 부선의 소유권 이전은 민법의 일반원칙에 따라 선박 양도의 합의를 하고 선박을 인도하는 외에 그 소유권 이전을 등록하여야 효력이 생긴다(선박법 §8의2, §1의2②).

(2) 效 果

선박소유권이 이전되는 경우에는 양도 당사자 간에 다른 의사표시가 없는 한, 속구목록에 기재된 속구도 양수인에게 이전한다(상법 §742). 특히 항해 중인 선박이나 그 지분이 양도되는 경우에는 그 항해로부터 생긴 이익 또는 손실은, 당사자 간에 다른 약정이 없으면, 양수인에게 귀속한다(상법 §763).

선박소유권의 이전으로 선박소유자가 변경된 경우(상속 · 포괄승계의 경우는 제외)에는 구소유자와의 선원근로계약은 종료되며, 그때부터 신소유자와 선원 간에 종전의 선원근로계약과 같은 조건의 새로운 선원근로계약이 체결된 것으로 본다(선원법 §37② 1문). 이 경우 신소유자 또는 선원은 72시간 이상의 예고기간을 두고 서면으로 통지함으로써 선원근로계약을 해지할 수 있다(선원법 §37② 2문).

3. 所有權의 喪失

선박소유권은 포획과 몰수, 공유지분의 강제매수 또는 경매, 지분매수, 선장의 선박매각, 보험위부 등에 의하여 상대적으로 상실하게 되나, 이 밖에 선박의 침몰이나 해체, 소유권의 포기 등에 의하여 선박소유권은 절대적으로 소멸한다.

제2절 海上企業의 主體

제1. 總 說

해상기업활동은 선박에 의하여 이루어지며, 그 주체에는 자기 소유의 선박을 이용하여 해상기업을 경영하는 자선의장자(自船艤裝者)로서 선박소유자와 선박공유자가 있으며, 타인 소유의 선박을 이용하여 해상기업을 경영하는 타선의장자(他船艤裝者)로서 선체용선자와 정기용선자 등이 있다.

제2. 船舶所有者

선박소유자란 광의로는 선박을 소유하고 있는 자를 말하며, 그 선박을 영리목적으로 항해에 사용하는가 그렇지 않는가는 묻지 아니한다. 그러나 협의의 선박소유자는 선박을 소유하여 영리를 목적으로 항해에 이용하는 자를 말한다. 해상법상의 선박소유자는 이 협의의 선박소유자를 의미한다. 선박소유자는 그 소유의 형태에 따라 단독소유와 선박공유의 두 가지가 있다.

제3. 船舶共有者

1. 意 義

선박공유자는 광의로는 단순히 선박을 공유하는 자를 말하나, 협의의 선박공유자는 선박을 공유하여 영리의 목적으로 항해에 사용하는 자를 가리킨다. 전자는 민법상의 공유관계로서 상법상 특별한 규율이 필요하지 않으나, 후자는 해상기업조직으로서 상법 해상편의 특수한 규율을 받는다.

2. 法的 性質

선박공유는 민법상의 단순한 공유관계가 아니라 하나의 공동기업형태로서 지분 다수결에 의해 의사를 결정하며, 지분의 양도가 자유이고, 탈퇴 또는 제명제도가 인정되지 않으므로 조합이나 인적회사보다 물적 회사에 가깝다.

3. 船舶管理人

(1) 意 義

선박관리인은 선박공유의 업무집행기관으로서 필요적 기관이다. 선박관리인은 대내적인 업무집행권을 가짐과 동시에 대외적으로는 선박의 이용에 관하여 포괄적인 대리권을 가진다.

(2) 선임과 종임

선박관리인의 선임은 원칙적으로 각 공유자의 지분 가격의 과반수에 의한다(상법 §756①, §764①). 선박공유자가 아닌 자를 선박관리인으로 선임할 때에는 공유자 전원의 동의가 있어야 한다(상법 §764① 후단). 선박관리인의 선임과 그 대리권의 소멸은 이를 등기하여야 한다(상법 §764②).

(3) 권 한

선박관리인은 대내적인 업무집행과 함께 대외적으로 선박의 이용에 관한 재판상 또는 재판외의 모든 행위를 할 권한을 가진다(상법 §765①). 이 대리권에 대한 제한은 선의의 제3자에게 대항하지 못한다(상법 §765②). 그러나 선박의 양도·임대 또는 담보에 제공하는 일, 신항해를 개시하는 일, 선박을 보험에 붙이는 일, 선박을 대수선하는 일, 차재하는 일은 선박공유자의 서면에 의한 위임을 얻어야 하며, 그 위임이 없으면 하지 못한다(상법 §766).

(4) 의 무

선박관리인은 선박공유자와 위임관계에 있으므로 선량한 관리자의 주의의무를 부담한다. 선박관리인은 업무집행에 관한 장부를 비치하고 그 선박의 이용에 관한 모든 사항을 기재하여야 한다(상법 §767). 또 선박관리인은 매 항해의 종료 후에 지체없이 그 항해의 경과상황과 계산에 관한 서면을 작성하여 선박공유자에게 보고하고 그 승인을 얻어야 한다(상법 §768).

4. 船舶共有의 內部關係

(1) 업무집행

선박의 이용에 관한 사항의 결정은 공유자의 지분의 가격에 따라 그 과반수에 의하나(상법 §756①), 선박공유에 관한 계약을 변경하는 사항의 결정에는 공유자 전원의 일치로 결정하여야 한다(상법 §756②).

(2) 費用負擔 및 損益分配

선박공유자는 그 지분의 가격에 따라 선박의 이용에 관한 비용과 이용에 관하여 생긴 채무를 부담한다(상법 §757). 선박공유자의 손익 분배는 매 항해의 종료 후에 있어서 선박공유자의 지분의 가격에 따라서 한다(상법 §758).

(3) 지분의 양도

선박공유자 사이에 조합관계가 있는 경우에도 각 공유자는 다른 공유자의 승낙 없이 그 지분을 타인에게 양도할 수 있다(상법 §759 본문). 다만 선박관리인인 공유자는 다른 공유자 전원의 승낙이 없으면 그 지분을 양도할 수 없다(상법 §759 단서). 선박공유자의 지분 이전 또는 그 국적 상실로 인하여 선박이 대한민국의 국적을 상실할 때에는 다른 공유자는 상당한 대가로 그 지분을 매수하거나 그 경매를 법원에 청구할 수 있다(상법 §760).

(5) 持分買受請求權

1) 決議反對者의 持分買受請求權 선박공유자가 새로운 항해를 개시하거나 선박을 대수선할 것을 결의한 때에는, 그 결의에 이의가 있는 공유자는 다른 공유자에 대하여 상당한 가액으로 자기의 지분을 매수할 것을 청구할 수가 있다(상법 §761①). 이 경우 지분의 매수를 청구하고자 하는 공유자는 그 결의에 참가한 때에는 그 결의가 있은 날부터, 결의에 참가하지 아니한 때에는 그 결의의 통지를 받은 날로부터 3일 이내에 다른 공유자 또는 선박관리인에 대하여 지분매수청구의 통지를 발송하여야 한다(상법 §761②).

2) 解任 船長의 持分買受請求權 선박공유자인 선장이 그 의사에 반하여 해임된 때에는 다른 공유자에 대하여 상당한 가액으로 그 지분을 매수할 것을 청구할 수 있다(상법 §762①). 이 경우에는 지체없이 다른 공유자 또는 선박관리인에게 그 통지를 발송하여야 한다(상법 §762②).

5. 船舶共有의 外部關係

선박공유자는 선박의 이용에 관하여 생긴 채무에 대하여는 그 지분의 가격에 따라 이를 분담한다(상법 §757). 민법상 조합의 채무에 대한 조합원의 균등분담주의(민법 §712)나 상법상 다수당사자의 상행위로 인한 채무의 연대책임주의(상법 §57①), 주주의 간접 유한책임과는 다른 지분책임주의이다.

공유선박의 이용에 관하여 부담하는 선박공유자의 채무에 대하여는 선박소유자와 동일하게 제769조 이하의 책임 제한을 주장할 수 있다.

제4. 船體傭船者

선체용선자는 선체용선계약에 의하여 선박소유자로부터 선박을 제공받아 자신의 관리·지배 아래 선박을 운항하고 선박소유자에게 용선료를 지급하는 용선자를 말한다. 선체용선자는 선박을 직접 관리·지배하고 선장을 직접 선임·감독한다는 점에서 선박에 대한 관리·지배를 선박소유자가 하는 정기용선계약의 정기용선자와 다르며, 상법 해상편 개정 전의 선박임차인에 유사하다. 상법은 선체용선계약에 관하여 그 성질에 반하지 아니하는 한 민법의 임대차에 관한 규정을 준용하도록 규정하고 있다(상법 §848①). 선체용선계약의 법률관계에 관하여는 제4장 제3절에서 본다.

제5. 定期傭船者

정기용선자는 정기용선계약의 용선자로서 일정한 기간 선원이 승무하고 항해 장비를 갖춘 타인 소유의 선박을 사용하여 자기의 해상기업 활동에 이용하는 해상기업의 주체를 말한다. 정기용선계약에서는 선박소유자가 선원을 통하여 선박의 간접점유를 하고 정기용선자는 그 선박의 사용권만을 갖는다는 점에서, 용선자가 선박을 관리·지배하는 선체용선계약과 구별된다. 또 정기용선계약은 정기용선자가 선원이 승무한 선박의 사용권을 확보하여 해상기업 활동을 직접 수행한다는 점에서, 타인의 선박을 이용하여 물건을 운송하고 운임을 지급하는 항해용선계약과 다르다.

제3절 海上企業의 補助者

제1. 總 說

해상기업의 보조자에는 해상보조자와 육상보조자가 있다. 해상보조자에는 선장과 해원·도선사·예선업자 등이 있고, 육상보조자에는 지배인 등 영업소의 상업사용인과 선박대리점·선박중개인·운송주선인 등이 있다.

제2. 船 長

1. 意 義

선장은 넓은 의미에서는 특정 선박의 항해지휘자로서, 선박소유자 또는 선박공유자이면서 동시에 선장인 동시선장(同時船長) 또는 자선선장(自船船長)도 포함한다. 좁은 의미의 선장은 선박소유자의 피용자로서 특정 선박의 항해를 지휘하고 그 대리인으로서 항해에 관한 여러 가지 법정 권한을 가지는 자를 말한다. 선장은 선박에 관하여 법정의 포괄적인 대리권을 가진다는 점에서 지배인에 유사하나, 대리권이 항해를 단위로 선적항의 내외에 따라 그 범위를 달리하며, 그 선임과 해임의 등기를 하지 아니한다는 점 등에서 지배인과 다르다.

2. 選任과 終任

(1) 選 任

선장은 선박소유자가 선임한다(상법 §745). 선박공유에 있어서는 선박관리인이 선임하고(상법 §765①), 선체용선에 있어서는 선체용선자가 선임한다(상법 §847① 참조). 정기용선자는 선원과 함께 선박을 용선하는 자이므로 선장을 선임할 수 없다.

선장의 자격에 관하여는 상법상의 제한이 없으나, 선박직원법상 선장은 선박과 항해구역에 맞는 해기사면허를 가진 자이어야 한다(동법 §4, §11).

(2) 終 任

선장은 고용기간의 만료 또는 선장의 사임·사망·파산 또는 금치산 등에 의하여 그 지위를 상실하나, 선박소유자는 언제든지 선장을 해임할 수 있다(상법 §745). 다만 선박소유자가 정당한 사유 없이 선장을 해임한 때에는 선장은 이로 인하여 생긴 손해의 배상을 청구할 수 있다(상법 §746).

선장이 항해 중에 해임 또는 임기가 만료된 경우에는, 다른 선장이 그 업무를 처리할 수 있을 때 또는 그 선박이 선적항에 도착할 때까지 선장의 직무를 집행할 책임이 있다(상법 §747). 이 밖에 선장이 불가항력으로 인하여 그 직무를 집행할 수 없는 때에는 법령에 다른 규정이 있는 경우를 제외하고는 자기의 책임으로 대선장(代船長)을 선정하여 선장의 직무를 집행하게 할 수 있다(상법 §748).

3. 船長의 權限

(1) 船舶所有者를 위한 代理權

1) **意 義** 선장은 선박소유자 등의 위임에 의한 임의대리인이나 그 대리권의 범위는 상법 해상편에서 법정되어 있다. 선박소유자가 선장의 대리권을 제한하여도 그 제한으로써 선의의 제3자에게 대항하지 못한다(상법 §775).

2) **立法例** 선장의 대리권의 범위를 정하는 기준에 관하여 ㉠ 선박소유자 또는 그 대리인의 소재지에 따라 구별하여 그 소재지 내에서는 특별한 수권을 요하는 선박소유자소재지주의, ㉡ 선박의 선적항의 내외에 따라 구별하여, 그 권한을 선적항외에서는 확대하는 선적항주의, ㉢ 선장의 행위의 종류에 따라 일정한 지역 외에서는 특정된 종류의 행위에 대한 권한을 인정하는 선장행위주의가 있다. 현행 상법은 선적항주의를 채택하고 있다.

3) **代理權의 範圍**

① **船籍港內에서의 代理權** 선장은 선적항 내에서는 특히 위임을 받은 경우 외에는 해원의 고용과 해고를 할 권한만을 가진다(상법 §749②). 다만 선장은 선박소유자 등의 위임에 의하여 이 밖에 선적항 내에서는 물론 선적항 외에서도 선하증권의 발행과 적하의 인도, 운임 기타 체당금의 수령, 운송물의 유치 및 공탁 등의 행위를 할 수 있다.

② **船籍港外에서의 代理權**

ⓐ **通商代理權** 선장은 선적항 외에서는 특정 선박의 항해를 위하여 필요한 재판상 또는 재판 외의 모든 행위를 할 권한이 있다(상법 §749①). 특정 선박의 항해란 선적항을 떠나서 그 곳에 귀항하기까지의 항해의 전 과정을 말한다. 항해에 필요한

재판 외의 행위는 구체적인 항해를 하는 데 필요한 모든 행위를 말한다. 선원의 고용, 도선사의 사용, 연료와 식량 및 속구 기타 필요품의 구입, 해난구조계약의 체결, 감항능력보충 등 선박운항에 관한 것은 물론 운송계약의 체결과 그 의무의 이행 및 운임의 수령 등 해상기업의 경영에 관한 행위까지 포함한다. 이러한 대리권에 대한 제한은 선의의 제3자에게 대항하지 못한다(상법 §751).

ⓑ 非常代理權 선장은 선적항 외에서는 포괄적인 대리권을 가지나 신용행위에 관한 대리권은 선박소유자의 이익을 위하여 일정한 경우에 한하여 허용된다. 즉 선장은 선박수선료ㆍ해난구조료 그 밖에 항해의 계속에 필요한 비용을 지급하여야 할 경우 외에는, 선박 또는 속구의 담보제공ㆍ차재(借財)ㆍ적하의 전부나 일부의 처분 등의 행위를 하지 못한다(상법 §750①). 따라서 선장이 선박수선료ㆍ해난구조료 등과 같이 항해의 계속에 필요한 비용을 지급하여야 할 경우에만 이러한 신용행위를 할 수 있는 것이다.

이 경우의 적하처분행위는 선장이 선박소유자의 대리인으로서 하는 것이므로 선박소유자는 적하이해관계인에 대하여 손해배상책임을 부담한다. 적하를 처분할 경우의 손해배상액은 그 적하가 도달할 시기의 양륙항의 가격에 의하여 정한다(상법 §750② 본문). 이때 그 가격 중에서 지급을 요하지 아니하는 비용을 공제하여야 한다(상법 §750② 단서).

ⓒ 船舶競賣權 선장의 임무는 항해의 계속에 있으므로 선박을 처분할 권한은 없으나, 선적항 외에서 선박의 수선이 불가능하게 된 때에는 선장은 해무관청의 인가를 얻어 선박을 경매할 수 있다(상법 §753).

선박의 수선이 불가능한 때라 함은 선박의 수선이 절대적으로 불가능한 경우뿐만 아니라, 선박이 그 현재지에서 수선을 받을 수 없고 또 수선을 할 수 있는 곳에 도달하기 불가능한 때(지리적 수선불능), 수선비가 선박가액의 4분의 3을 초과할 때(경제적 수선불능)를 포함한다(상법 §754①). 이 경우 선박의 가액은 선박이 항해 중 훼손된 경우에는 그 발항한 때의 가액으로 하고, 그 밖의 경우에는 그 훼손 전의 가액으로 한다(상법 §754②).

(2) 積荷利害關係人을 위한 代理權

1) 積荷處分權 선장은 적하를 안전하게 운송하여야 할 임무를 가지고 있을 뿐 적하이해관계인과는 직접적인 법률관계가 없으나, 항해 중에 해상위험 등으로 적하를 처분하지 않으면 안 되는 경우가 있다. 이와 같이 선장이 항해 중에 적하를 처분하는 경우에는 그 이해관계인의 이익을 위하여 가장 적당한 방법으로 하여야 한다(상법 §752①). 여기서 적하이해관계인은 적하소유자 외에 용선자ㆍ송하인ㆍ선하증권소지인ㆍ수

하인 등을 말하며, 적하의 처분이란 매각 등의 법률행위뿐만 아니라 해상투기 등의 사실행위도 포함한다.

적하이해관계인을 위한 선장의 적하처분권은 선장이 적하이해관계인의 법정대리인으로서 가지는 것이므로, 선장이 선박소유자의 대리인으로서 가지는 상법 제750조 제1항의 적하처분권과는 그 성질을 달리한다.

2) **積荷處分의 效果** 선장의 적하처분권은 선장이 이들 이해관계인의 법정대리인의 지위에서 가지는 권한이므로, 적하처분의 효과는 모두 본인인 이해관계인에게 귀속한다. 따라서 선장의 적하 처분으로 인하여 생긴 채무에 대해 이해관계인은 적하의 가액을 한도로 책임을 진다(상법 §752② 본문). 그러나 선장의 처분행위에 관하여 적하이해관계인에게 과실이 있는 때에는 그 이해관계인이 모든 책임을 진다(상법 §752② 단서).

(3) 救助料債務者를 위한 代理權

해난구조에 있어서 선장은 구조료를 지급할 채무자에 갈음하여 그 지급에 관한 재판상 또는 재판 외의 모든 행위를 할 권한이 있다(상법 §894①). 선장은 그 구조료에 관한 소송의 당사자가 될 수 있고, 그 확정판결은 구조료 채무자에 대하여도 효력이 있다(상법 §894②).

(4) 代船長 選任權

선장이 불가항력으로 인하여 그 직무를 집행할 수 없는 때에는 법령에 다른 규정이 있는 경우를 제외하고는 자기의 책임으로 대선장을 선정하여 선장의 직무를 집행하게 할 수 있다(상법 §748). 선장이 직무를 수행할 수 없을 때에는 선박소유자가 다른 선장을 선임할 것이나, 선박소유자에게 연락을 취할 수도 없는 급박한 경우에 선장의 직무를 집행할 수 있는 타인을 대선장으로 선임할 수 있도록 한 것이다.

대선장은 선장이 선임한 민법상의 복대리인으로서 선박소유자 등과 제3자에 대하여 선장과 동일한 권리와 의무가 있다. 다만, 선장은 복대리의 경우와는 달리 대선장의 선임에 대해서만 책임을 지며, 그 감독상의 책임은 지지 아니한다.

이 밖에 선장은 재선의무(在船義務)를 부담하므로, 부득이한 사유로 선박을 떠날 때에는 선원법상의 직원 중에서 그 직무를 대행할 자를 정해야 하는데(선원법 §10①), 그 선장의 직무를 대행하는 자를 특히 수임선장(受任船長)이라 한다.

(5) 기타 권한

1) **려객의 遺留品에 대한 권한** 여객의 운송 중에 여객이 사망하거나 행방불명된 경우에 선장은 법령에 특별한 규정이 있는 경우를 제외하고는 국토해양부령이 정하는 바에 의하여 선박 안에 있는 유류품에 대하여 보관 그밖에 필요한 조치를 하여야 한다(선원법 §18). 사망자가 휴대한 수하물을 선장이 처분하고자 하는 때에는 그 상속인에게 가장 이익이 되는 방법으로 처분하여야 한다(상법 §824).

2) **違法船積物의 處分權** 선장은 법령 또는 계약에 위반하여 선적한 운송물을 언제든지 양륙할 수 있고, 그 운송물이 선박 또는 다른 운송물에 위해를 미칠 염려가 있을 때에는 이를 포기할 수 있다(상법 §800①). 선장이 이러한 위법 선적물을 운송하는 때에는 선적한 때와 곳에서의 동종 운송물의 최고 운임의 지급을 청구할 수 있으며(상법 §800②), 이와 별도로 운송인과 그 밖의 이해관계인에게 손해배상을 청구할 수 있다(상법 §800③).

3) **危險物處分權** 인화성 또는 폭발성 기타의 위험성이 있는 운송물은 운송인이 그 성질을 알고 선적한 경우에도 그 운송물이 선박이나 다른 운송물에 위해를 미칠 위험이 있는 때에는 선장은 언제든지 이를 양륙, 파괴 또는 무해조치(無害措置)를 할 수 있다(상법 §801①). 이 경우 그 운송물에 발행한 손해에 대하여는 공동해손분담책임을 지는 경우를 제외하고 운송인은 손해배상책임을 면한다(상법 §801②).

4) **船舶權力** 선장은 선원법상 해원에 대한 지휘감독권과 함께 선박 내에 있는 자에 대한 명령권(선원법 §6)과 해원에 대한 징계권을 갖는다(선원법 §24). 재선하고 있는 승객이 선장의 명령을 따르지 않는 경우에는 강제조치를 취하고, 또 재선자가 사망한 경우에는 수장(水葬)을 할 수 있는 권한(선원법 §17) 등도 가진다.

4. 船長의 義務

(1) 商法上의 義務

선장은 선박소유자의 수임자로서 선량한 관리자의 주의의무로 항해에 관한 직무를 수행하여야 하며, 항해에 관한 중요한 사항을 지체없이 선박소유자에게 보고하여야 하고(상법 §755①), 항해가 종료한 때마다 지체없이 항해에 관한 계산서를 선박소유자에게 제출하여 그 승인을 얻어야 한다(상법 §755②). 또한 선장은 선박소유자의 청구가 있는 경우에는 언제든지 항해에 관한 사항과 계산에 관하여 보고를 하여야 한다(상법 §755③).

(2) 船員法上의 義務

선장은 선원법상 감항능력검사의무(선원법 §7), 항해성취의무(선원법 §8), 직접지휘의무(선원법 §9), 재선의무(선원법 §10), 급박한 위험이 있는 경우의 조치의무(선원법 §11), 선박충돌시의 조치의무(선원법 §12), 다른 선박 또는 항공기 조난 시 구조의무(선원법 §19), 유류품에 대한 조치의무(선원법 §18), 재외국민의 송환의무(선원법 §19), 서류의 비치의무(선원법 §20), 항해에 관한 보고의무(선원법 §21) 등의 각종 공법상의 의무를 부담한다.

제3. 海 員

선박 안에서 임금을 받을 목적으로 근로를 제공하기 위하여 고용된 자를 선원이라 하는데, 이 선원은 선장과 해원 및 예비원(豫備員)을 포함한다(선원법 §3). 이 중 해원은 선박 안에서 선장의 지휘·감독 아래 근무하는 선장이 아닌 선원을 말한다. 해원 중에서도 특히 항해사·기관장·기관사·통신장·통신사·운항장·운항사 그밖에 대통령령이 정하는 해원을 선원법상 직원이라 한다(선원법 §3).

이러한 해원은 선박의 운항의 단순한 보조자에 불과하므로, 해상기업 주체를 위한 대리권은 인정되지 아니한다. 이들은 해상기업주체와 고용계약관계에 있으며, 선박소유자나 용선자 등 해상기업주체와의 관계는 노동법 내지 특별법인 선원법 또는 선박직원법에 의하여 규율된다.

제4. 導船士

도선사는 일정한 도선구에서 선박에 탑승하여 당해 선박을 안전한 수로로 안내하는 자를 말한다(도선법 §2). 도선사는 독립된 도선업의 주체이나, 특정 항구에서 항해의 안전과 위험의 예방을 위하여 선장의 요청에 의하여 선박에 일시 승선, 선박의 입·출항을 안내하는 해상기업 보조자의 지위도 가진다.

도선사가 되고자 하는 자는 총톤수 6천톤 이상인 선박의 선장으로서 5년 이상의 승무경력 등 일정한 자격요건을 갖추어 국토해양부장관의 면허를 받아야 한다(도선법 §4①, §5). 국토해양부장관이 도선사면허를 한 때에는 그 사실을 도선사면허원부에 등록하고 도선사면허증을 교부하여야 한다(도선법 §4④).

도선사의 고용은 원칙적으로 선장의 자유이며, 도선구에서 선박의 운항 시 도선사의 승무를 희망하는 선장은 당해 도선구에 입·출항하기 전에 미리 통신수단 등에 의하여 도선사의 도선을 요청하여야 한다(도선법 §18①). 이를 임의도선이라 한다.

그러나 대한민국 선박이 아닌 총톤수 500톤 이상의 선박이나 국제항해 취항 총톤수 500톤 이상의 한국 선박, 국제항해 비취항 총톤수 2천톤 이상인 한국 선박의 선장은 도선구에서 선박을 운항할 때에는 원칙적으로 도선사를 승무하게 해야 한다(도선법 §4①). 이를 강제도선이라 한다.

도선사는 임의도선이든 강제도선이든 선장의 항해보조자에 지나지 않으므로, 도선사의 고의 또는 과실로 제3자에게 손해가 발생한 때에는 그 사용자인 선박소유자가 손해배상책임을 부담한다. 또한 선박의 충돌이 도선사의 과실로 인하여 발생한 때에도 그 선박충돌이 선원에 의하여 일어난 경우와 동일하게 선박소유자가 선박충돌로 인한 손해를 배상할 책임을 진다(상법 §880).

제5. 曳船業者

예선업자는 예선계약에 의하여 특정 선박을 일정한 지점 또는 기간 예인 항해를 하고 보수를 받는 자로서 선박의 안전한 운항을 보조하는 해상기업의 보조자를 말한다. 예선계약은 당사자 일방이 특정된 선박을 일정한 기간 또는 지점까지 예인 항해하고, 상대방이 이에 대해 보수를 지급할 것을 약정하는 계약이다.

예선계약은 예선이 피예선의 운항을 지휘하는 운송계약 형태와 피예선이 예선의 운항을 지휘하는 도급계약 또는 고용계약 형태의 두 가지가 있다. 전자의 경우에는 예선업자가 운송인의 지위에 있으며, 후자의 경우에는 예선업자는 피예선의 운항을 보조하는 운항보조자의 지위에 있다.

예선업자의 예선료채권은 선박·속구, 항해의 운임, 선박과 운임에 부수한 채권에 대하여 우선특권이 있다(상법 §777① 1호).

제4절 船舶所有者 등의 責任制限

제1. 總 說

1. 意 義

상법은 선박소유자나 선박공유자, 선체용선자 등의 해상기업주체가 해상기업활동에 관하여 부담하는 채무에 대한 책임을 일정한 한도로 제한하고, 그 책임제한을 주장할 수 있도록 규정하고 있다. 이들 해상기업의 주체도 기업상의 채무에 대하여 무한책임을 부담하여야 할 것이나, 중세 이후 유럽에서 해상기업의 유지·발전을 위하여 선박소유자의 책임을 일정한 범위에서 제한하였으며, 오늘날 대부분의 국가에서 선박소유자 등의 책임을 일정한 한도로 제한하고 있다.

2. 責任制限의 根據

해상기업주체의 책임을 제한하는 근거에 관하여 종래 선장의 대리권이 광범위하고 선장 기타 고급 해원은 국가의 공인자격을 가지며, 선적항 외에서 항해 중인 선원들의 행위를 선박소유자가 지휘·감독하는 것이 곤란하므로, 선박소유자에게 무한책임을 지우는 것은 형평에 반한다는 점 등이 지적되었다. 그러나 오늘날에는 해상기업의 위험과 그 손해가 크므로 해운산업의 보호 육성이라는 산업정책적 목적에서 선박소유자의 책임을 제한한다고 보는 것이 일반적이다.

제2. 責任制限의 立法主義

1. 沿 革

선박소유자의 책임제한에 관하여 과거 각국은 위부주의, 집행주의, 선가책임주의, 금액책임주의 등 나라마다 다양한 입법을 취하였으나, 20세기에 들어와 각국 사이에 선박소유자의 책임제한을 통일시키려는 국제적 노력이 경주되어 책임제한에 관한 국제조약이 성립되었고, 각국은 이 조약에 따라 자국 입법을 하였다.

2. 過去의 立法例

(1) 委付主義

선박소유자는 항해와 관련하여 부담하는 채무에 대해 인적 무한책임을 부담하나, 채권자에 대하여 선박과 운임 등 항해 종료 시의 해산(海産)을 위부함으로써 그 책임을 면할 수 있는 입법주의이다. 이 입법주의에서는 책임의 한도를 매 항해 종료 시의 해산에 한하므로 항해주의이다. 이 입법주의는 해산이 멸실되거나 가액이 감소되는 경우에는 채권자가 채권을 확보할 수 없게 되는 문제점이 있다.

(2) 執行主義

선박소유자는 원칙적으로 무한책임을 지나 그 책임이 항해 종료 시의 해산에 제한되어, 채권자는 그 해산에 대해서만 강제집행을 할 수 있는 입법주의이다. 선박소유자의 책임이 해산에 제한되나, 채권자에게 선박을 위부할 필요가 없으며, 선박소유자가 선박을 사용할 수 있다는 점에서 위부주의와 다르나, 해산이 멸실되거나 가액의 감소된 때에는 위부주의와 같은 문제점이 있다.

(3) 船價責任主義

선박소유자는 원칙으로 사고 후의 해산의 가액을 한도로 인적 유한책임을 부담하나, 동시에 선택적으로 해산을 위부함으로써 그 책임을 면하게 하는 입법주의이다. 이 입법주의에서도 해산의 위부에 있어서 해산의 가액 감소 등의 경우에 위부주의에서와 유사한 문제점이 있다.

(4) 金額責任主義

선박소유자의 책임을 매 사고 마다 정하는 것을 원칙으로 하고, 손해는 물적 손해와 인적 손해로 구별하여 선박의 톤수에 따라 일정한 비율로 산출한 금액을 한도로 책임을 지게 하는 입법주의이다. 이 입법주의에서는 해산의 멸실 등이 책임액에 아무런 영향을 미치지 못한다는 점에서 그 장점이 있다.

(5) 選擇主義

선박소유자의 책임에 관하여 위부주의와 선가책임주의 및 금액책임주의 등을 병용하여 선박소유자에게 선택권을 인정하는 주의이다.

3. 統一條約

(1) 1924年 船舶所有者責任制限統一條約

1924년 선박소유자 책임제한통일조약은 선가책임주의를 원칙으로 하고 금액책임주의를 병용하는 조약으로, 물적 손해에 대해서는 선가책임을 원칙으로 하되, 공동해손과 구조료 등을 제외한 채무에 대해서는 매 톤당 8파운드의 한도 내에서 책임을 부담하며, 인적 손해에 대해서는 매 톤당 8파운드의 한도 내에서 금액책임을 지고, 이로써 배상받지 못한 부분은 물적 손해를 위한 금액에 다른 채권자와 경합하여 배상받도록 하였다.

(2) 1957年 船舶所有者責任制限統一條約

1957년 선박소유자책임제한통일조약은 물적 손해와 인적 손해 모두 금액책임주의로 일원화하여 물적 손해만 생긴 때에는 매 톤당 1,000金프랑, 인적 손해만 생긴 때에는 매 톤당 3,100金프랑의 비율로 산출한 금액을 한도로 책임을 제한하고, 동일 사고로 물적 손해와 인적 손해가 동시에 발생한 때에는 선박적량톤수에 3,100金프랑을 곱한 총액에서 인적 손해에는 매 톤당 2,100金프랑의 비율로 산출한 금액을 우선 배당하고, 물적 손해에 대해서는 매 톤당 1,000金프랑으로 산출한 금액을 배당하도록 하였다.

(3) 1976年 海事債權責任制限條約

1976년 해사채권책임제한조약은 1957년 조약을 보완·개정한 것인데, 금액책임주의를 기조로 하되 책임한도액을 선박톤수에 따라 인상하고, 구조선을 떠나 구조작업에 종사하는 구조자에게도 책임제한을 인정하고, 특히 책임한도액의 기준단위로서 국제통화기금(IMF)의 특별인출권(SDR)을 도입하고 있다.

4. 現行 商法의 立場

우리나라 상법은 과거 1924년의 통일조약에 따라 선가책임주의를 원칙으로 하고 금액책임주의를 병용하였으나, 1991년의 상법 개정에 의하여 1976년의 책임제한조약에 따라 규정하였고, 2007년의 개정상법은 여객의 사망에 대한 책임제한액에 대해 국제조약의 책임제한액을 고려하여 상향조정하였다.

제3. 現行 商法上 責任制限의 내용

1. 責任制限의 主體

(1) 船舶所有者 등

법정채권에 대하여 책임제한을 주장할 수 있는 자는 선박소유자, 용선자, 선박관리인, 선박운항자 등이다(상법 §774①). 여기서 선박소유자는 국유선과 비영리선박의 소유자, 공유선박의 지분 소유자를 포함한다. 용선자에는 정기용선자, 항해용선자, 기간용선자, 선박의 일부를 용선한 용선자가 포함된다. 선박운항자는 이 밖의 선박운항 주체로서 선체용선자, 선박운항수탁자, 어선운항자 등을 말한다. 동일한 사고에서 발생한 선박소유자, 용선자, 선박관리인, 선박운항자 등의 책임이 경합하는 경우에 그 책임제한의 총액은 선박마다 법정책임한도액을 초과하지 못한다(상법 §774②).

(2) 無限責任社員

선박소유자, 용선자, 선박운항자 등이 합명회사 또는 합자회사인 경우에 그 항해에 관한 회사의 채무에 대해 사원들이 무한책임을 지는 때에는 합명회사의 사원 또는 합자회사의 무한책임사원도 책임제한 주체가 된다(상법 §774①). 이 때 동일한 사고에서 발생한 모든 채권에 대하여 무한책임사원의 책임과 합명회사 또는 합자회사의 책임이 경합하는 경우에 그 책임제한의 총액은 선박마다 법정책임한도액을 초과하지 못한다(상법 §774②).

(3) 船長 기타 船舶使用人 등

자기의 행위로 인하여 선박소유자, 용선자, 선박관리인, 선박운항자 등이 책임을 지는 경우에 그 책임의 원인행위를 한 선장, 해원, 도선사 그 밖의 선박소유자 등의 사용인 또는 대리인도 책임제한의 주체가 된다(상법 §774①). 이 때 동일한 사고에서 발생한 모든 채권에 대한 선박소유자 등의 책임과 선장, 해원 등의 책임이 경합하는 경우에 그 책임제한의 총액은 선박마다 법정책임한도액을 초과하지 못한다(상법 §774②).

(4) 救助者

구조자가 자기 또는 피용자의 구조활동과 직접 관련하여 제3자에 대해 손해배상책임을 지는 경우에 책임제한을 주장할 수 있다(상법 §775①). 여기서 구조자는 구조활동에 직접 관련된 용역을 제공한 자를 말하며, 구조활동이란 구조선에서 하든 피구조선에서 하든 또는 선박에 의하지 않고 하는 경우이든, 해난구조 시의 구조활동은 물론 침몰 · 난파 · 좌초 · 유기, 그 밖의 해양사고를 당한 선박 및 그 선박 안에 있거나 있었던 적하와 그 밖의 물건의 인양 · 제거 · 파괴 또는 무해조치 및 이와 관련된 손해를 방지 또는 경감하기 위한 모든 조치를 말한다(상법 §775④).

(5) 保險者

선박소유자 등의 책임제한이 인정되는 채권에 대한 보상책임을 인수한 보험자도 피보험자와 동일한 책임제한을 주장할 수 있다. 이에 관하여 상법의 명문규정은 없으나, 책임보험의 피해자는 보험자에 대해 보험금직접청구권을 가지며, 피해자의 직접청구가 있는 경우에 보험자는 피보험자가 그 사고에 관하여 가지는 항변으로써 제3자에게 대항할 수 있기 때문이다.

2. 責任制限債權의 範圍

(1) 一般責任制限債權

1) **死亡 · 傷害 또는 物件의 滅失 · 毁損 등의 損害債權** 선박에서 또는 선박의 운항에 직접 관련하여 발생한 사람의 사망, 신체의 상해 또는 그 선박 이외의 물건의 멸실 또는 훼손으로 인하여 생긴 손해에 관한 채권(상법 §769 제1호)은 선박소유자 등의 책임이 제한되는 채권이다. 여기서 '사람'에는 당해 선박에 승선한 여객과 선원 기타 비여객, 육상의 하역업무 종사자, 충돌한 상대 선박의 여객과 선원 기타 비여객 등을 포함한다. '그 선박 이외의 물건'은 당해 선박을 제외한 물건으로서 그 선박에 적재된 운송물과 가령 선박충돌의 경우 상대 선박의 선체 · 운송물, 항구의 정박시설 · 안전시설 등을 의미한다.

2) **運送遲延損害債權** 운송물 · 여객 또는 수하물의 운송의 지연으로 인하여 생긴 손해에 관한 채권(상법 §769 제2호)은 선박소유자 등의 책임이 제한되는 채권에 포함된다. 위 1)의 손해채권은 운송물의 멸실 · 훼손에 관한 것으로서 운송물의 연착 등 운송지연으로 인한 손해에는 적용되지 아니하며, 또 운송지연으로 인한 손해에 대해 선박소유자 등이 무한책임을 지게 하는 것은 멸실 등의 경우와 균형이 맞지 아니하므로 이를 책임제한채권으로 한 것이다.

3) **기타 非契約上의 損害債權** 위 1)과 2) 이외에 선박의 운항에 직접 관련하여 발생한 계약상의 권리 이외의 타인의 권리의 침해로 인하여 생긴 손해에 관한 채권(상법

§769 제3호)도 책임제한채권에 속한다. 선박의 운항에 직접 관련하여 타인의 어업권 등 권리를 침해하는 불법행위 또는 법률의 규정에 의하여 손해를 배상하여야 하는 경우가 이에 해당한다.

4) **損害 防止·輕減 關聯 債權** 위 1)과 2) 및 3)의 채권의 원인이 된 손해를 방지하거나 경감하기 위한 조치에 관한 채권 또는 그 조치의 결과로 인하여 생긴 손해에 관한 채권(상법 §769 제4호)도 책임제한채권에 포함된다. 손해의 방지·경감 조치는 가령 선박에서 유출되는 원유를 제거하거나 또는 그 확산을 방지하기 위한 조치 등을 말하며, 그 소요비용에 관하여 선박소유자 등에 대해 제3자가 가지는 비용 또는 보수에 관한 채권이 이에 해당한다. 따라서 그 조치에 관하여 선박소유자 등이나 그 사용인이 가지는 채권 등은 책임제한의 대상에서 제외된다.

5) **反對債權額의 控除** 책임제한권자가 책임의 제한을 받는 채권자에 대하여 동일한 사고로 인하여 생긴 손해에 관한 책임을 부담하는 경우에는 그 채권액을 공제한 잔액에 한하여 책임제한을 주장할 수 있다(상법 §771). 책임제한권자와 채권자 간의 공평을 기하고 다른 채권자의 이익을 보호하기 하기 위한 것이다.

⑵ 救助者의 責任制限債權

구조자는 지기 또는 그 피용자의 구조활동과 직접 관련하여 발생한 사람의 사망·신체의 상해, 재산의 멸실이나 훼손, 계약상 권리 외의 타인의 권리의 침해로 인하여 생긴 손해에 관한 채권 및 그러한 손해를 방지 혹은 경감하기 위한 조치에 관한 채권 또는 그 조치의 결과로 인하여 생긴 손해에 관한 채권에 대하여 책임을 제한할 수 있다(상법 §775①). 즉 구조자가 구조활동을 하면서 과실로 제3자에게 인적 또는 물적 손해를 발생시킨 경우에 그 제3자가 구조자에 대하여 가지는 손해배상청구권 등이 책임제한채권으로 되는 것이다. 따라서 구조자의 책임제한채권에는 선박소유자 등의 책임제한채권 중 운송물·여객 또는 수하물의 운송의 지연으로 인하여 생긴 손해에 관한 채권과 여객의 사망 또는 신체의 상해로 인한 손해에 관한 채권은 제외되는 것이다.

3. 責任制限排除債權

⑴ 故意 등에 의한 損害債權

책임제한의 대상인 채권이 선박소유자 등 책임제한권자의 고의로 또는 손해발생의 염려가 있음을 인식하면서 무모하게 한 작위 또는 부작위로 인하여 생긴 손해에 관한 것인 때에는 책임제한이 인정되지 않는다(상법 §769 단서). 고의 또는 무모하게 한 행위 등은 책임제한의 각 주체별로 판단한다. 따라서 이러한 주관적 요소가 선박소유자 또는 용선자에게는 없고 그 피용자에게 있는 때에는 선박소유자 등은 그 책임제한을 주장할 수 있고, 피용자는 책임제한을 주장할 수 없다. 선박소유자 등이 법인인 경우에는 대표기관, 즉 주식회사의 경우에는 대표이사, 인적회사의 경우에는 대표권이 있는 무한책임사원의 고의 등은 선박소유자의 고의와 동일하게 취급된다.

(2) 船舶所有者 등에 대한 船長 기타 使用人의 債權

선장, 해원 기타의 사용인으로서 그 직무가 선박의 업무에 관련된 자 또는 그 상속인, 피부양자 기타 이해관계인의 선박소유자에 대한 채권은 사회정책적인 측면에서 책임제한이 인정되지 아니한다(상법 §773 제1호). 이러한 사용인의 채권은 고용관계에 따른 채권뿐만 아니라 불법행위로 인한 손해배상채권을 포함한다.

(3) 海難救助 또는 共同海員分擔에 관한 債權

해난구조 또는 공동해손분담에 관한 채권은 선박소유자 등의 책임제한의 대상에서 제외된다(상법 §773 제2호). 해난구조에 관한 채권은 위험에 조우한 선박 또는 적하를 의무 없이 구조한 자가 취득하는 구조료채권(상법 §882)이고, 공동해손분담에 관한 채권은 선장이 공동위험을 면하기 위하여 선박 또는 적하를 공동해손으로 처분함으로써 생긴 손해 또는 비용에 관하여 선장의 공동해손처분의 결과 보존된 선박 또는 적하의 이해관계인에 대해 가지는 채권을 말한다(상법 §868). 구조료채권에 대해서는 상법이 다른 약정이 없으면 구조된 목적물의 가액을 초과하지 못하고(상법 §884), 공동해손의 분담책임이 있는 자에 대해서는 선박이 도달하거나 적하를 인도한 때에 현존하는 가액의 한도에서 책임을 지도록 하고 있으므로(상법 §868) 책임제한의 대상에서 제외한 것이다.

(4) 油類汚染損害에 관한 債權

1969년의 유류오염손해에 대한 민사책임에 관한 국제조약 또는 그 조약의 개정조항이 적용되는 유류오염손해에 관한 채권은 선박소유자 등의 책임제한의 대상에서 제외된다(상법 §773 제3호). 유조선에 의한 유류오염손해에 관하여는 유류오염손해배상보장법에 의하여 선박소유자의 책임이 제한되므로(동법 §6, §7), 상법의 책임제한의 대상에서 배제하고 있는 것이다. 다만 동법은 산적유류(散積油類)를 화물로서 운송하는 유조선(동법 §2 제1호)에 의한 유류오염손해에 대해서만 적용되므로, 유조선 이외의 선박에 의한 유류오염손해에 관한 채권은 상법의 비계약상의 손해채권 등으로서 책임제한채권에 포함된다.

⑸ 沈沒船舶의 引揚·除去 등에 관한 債權

침몰·난파·좌초·유기 그 밖의 해난을 당한 선박 및 그 선박 안에 있거나 있었던 적하 기타의 물건의 인양·제거·파괴 또는 무해조치(無害措置)에 관한 채권도 선박소유자의 책임제한의 대상에서 제외된다(상법 §480 제4호). 이러한 난파물의 제거는 선박의 안전항행을 위하여 필요한 것인데, 이러한 채권에 대한 책임제한은 그 제거비용의 회수를 곤란하게 하고 나아가 그 제거작업을 회피하게 할 우려가 있으므로, 책임제한의 대상에서 제외한 것이다.

⑹ 原子力損害에 관한 債權

원자력손해는 핵연료물질의 핵분열과정에서 생긴 손해로서 원자력손해배상법에 의하여 원자력손해배상책임보험계약의 체결 등 손해배상을 위하여 필요한 법적 의무가 부과되어 있으므로 책임제한의 대상에서 제외하고 있다.

4. 責任制限의 限度額

⑴ 總 說

선박소유자 등의 책임제한액은 선박마다 사고별로 정하여지며(상법 §770②), 동일한 선박의 동일한 사고에서 발행한 손해라도 책임한도액은 ① 여객의 사상으로 인한 인적 손해, ② 여객 이외의 사람의 사상으로 인한 인적 손해 및 ③ 물적 손해의 세 가지 그룹별로 정하여진다.

해난구조와 관련하여 발생한 채권에 대한 구조자의 책임한도액은 구조선에서 구조활동을 한 경우에는 구조선마다, 구조활동을 선박에서 행하지 아니하거나 또는 구조를 받는 선박에서만 행한 경우에는 구조자마다, 동일한 사고로 인하여 생긴 모든 채권에 미친다(상법 §775③).

책임한도액은 선박의 여객정원 또는 톤수를 기초로 산출하며, 선박의 톤수는 국제항해에 종사하는 선박의 경우에는 선박법에서 규정하는 국제총톤수로 하고, 그 밖의 선박의 경우에는 동법에서 규정하는 총톤수로 한다(상법 §772). 책임한도액을 산정하는 계산단위는 국제통화기금의 특별인출권(SDR: Special Drawing Right)을 기준으로 한다(상법 §770① 제1호).

(2) 旅客의 人的 損害에 대한 責任限度額

여객의 사망 또는 신체의 상해로 인한 손해에 관한 채권에 대한 책임한도액은 그 선박의 선박검사증서에 기재된 여객의 정원에 175,000계산단위를 곱하여 얻은 금액으로 한다(상법 §770① 제1호).

(3) 旅客 이외의 人的 損害에 대한 責任限度額

여객 이외의 사람의 사망 또는 신체의 상해로 인한 손해에 관한 채권에 대한 책임의 한도액은 그 선박의 톤수에 따라서 계산된 금액으로 한다. 즉 이 책임한도액은 ① 300톤 미만의 선박의 경우에는 167,000계산단위에 상당하는 금액, ② 500톤 이하의 선박의 경우에는 333,000계산단위에 상당하는 금액, ③ 500톤을 초과하는 선박의 경우에는 ②의 금액에 500톤을 초과하여 3,000톤까지의 부분에 대하여는 매 톤당 500계산단위, 3,000톤을 초과하여 30,000톤까지의 부분에 대하여는 매 톤당 333계산단위, 30,000톤을 초과하여 70,000톤까지의 부분에 대하여는 매 톤당 250계산단위 및 70,000톤을 초과한 부분에 대하여는 매 톤당 167계산단위를 각각 곱하여 얻은 금액을 순차로 가산한 금액으로 한다(상법 §770① 제2호).

(4) 物的 損害에 관한 責任限度額

인적 손해 이외의 물적 손해에 관한 채권에 대한 책임한도액은 그 선박의 톤수에 따라서 계산된 금액으로 하며, 그 구체적인 기준은 ① 300톤 미만의 선박의 경우에는 83,000계산단위에 상당하는 금액, ② 500톤 이하의 선박의 경우에는 167,000계산단위에 상당하는 금액, ③ 500톤을 초과하는 선박의 경우에는 ②의 금액에 500톤을 초과하여 30,000톤까지의 부분에 대하여는 매 톤당 167계산단위, 30,000톤을 초과하여 70,000톤까지의 부분에 대하여는 매 톤당 125계산단위 및 70,000톤을 초과한 부분에 대하여는 매 톤당 83계산단위를 각 곱하여 얻은 금액을 순차로 가산한 금액으로 한다(상법 §770① 제3호).

(5) 海難救助에 관한 債權에 대한 責任限度額

1) 救助船舶에 의한 救助의 경우 구조선박에 의하여 구조활동이 행해지고 그 구조와 관련하여 손해가 발생한 경우의 책임한도액은, 그 손해가 구조자 또는 그 피용자의 구조활동과 직접 관련하여 발생한 사람의 사망·신체의 상해에 관한 것인가 또는 물적 손해 기타에 관한 것인가에 따라 각각 선박소유자 등의 책임제한권자가 부담하

는 한도액(상법 §770① 제2호~3호)과 동일한 금액이 책임한도액으로 된다.

2) 救助船舶에 의하지 아니한 救助의 경우 구조활동을 선박으로부터 하지 아니한 경우 및 피구조선에 의하여 구조활동을 하고 그와 관련하여 인적 또는 물적 손해가 생긴 경우에 구조자가 부담할 책임한도액은 상법 제770조에 따른 책임의 한도액에 관하여 획일적으로 1,500톤의 선박을 사용한 구조자로 본다(상법 §775②). 즉 구조선박에 의하지 아니한 구조자의 책임한도액은 1,500톤 선박의 경우와 같이 사람의 사상에 따른 손해의 경우에는 833,000계산단위, 물적 손해 기타 손해에 대해서는 334,000계산단위로 되는 것이다.

(6) 責任制限 總額의 制限

동일한 사고에서 발생한 모든 채권에 대한 선박소유자와 각 책임제한주체의 책임제한총액은 선박마다 상법 제770조에 의한 법정책임한도액을 초과하지 못한다(상법 §774②). 가령 동일한 사고로 용선자와 선박소유자가 재운송계약의 송하인에게 책임을 지는 경우에 용선자의 책임한도액과 선박소유자의 책임한도액의 총액이 당해 선박에 대한 법정책임한도액을 초과하지 못하는 것이다. 따라서 이 경우에 송하인이 각 책임제한주체를 상대로 청구하는 경우에도 선박소유자의 책임한도액을 넘어 배상받을 수 없는 것이다.

(7) 責任限度額에 대한 債權의 競合

선박소유자 등의 책임한도액은 선박마다 사고별로 정하여지므로 동일사고로 인한 여객의 사망 또는 신체의 상해로 인한 손해에 관한 채권, 여객 이외의 사람의 사망 또는 신체의 상해로 인한 손해에 관한 채권, 기타 손해에 관한 채권 등에 대한 각 책임한도액은 각각 별도로 산정되며, 선박마다 동일한 사고에서 생긴 각 책임한도액에 대응하는 선박소유자 등에 대한 모든 채권에 미친다(상법 §770③).

이 경우 여객 이외의 자의 사망 또는 신체 상해로 인한 손해채권에 대한 책임한도액이 그 손해에 대한 채권의 변제에 부족한 때에는 물적 손해에 대한 책임한도액을 그 잔액채권의 변제에 충당한다. 또 동일한 사고에서 물적 손해에 관한 채권도 발생한 때에는 이 채권과 비여객의 손해에 대한 잔액채권은 물적 손해에 따른 책임한도액에 대하여 각 채권액의 비율로 경합한다(상법 §770④). 구조자에 대한 채권의 책임한도액에 있어서 채권자가 경합하는 경우에도 이와 동일하다(상법 §775①).

5. 責任制限節次

(1) 意 義

책임제한절차개시의 신청, 책임제한기금의 형성, 공고, 참가, 배당 기타 필요한 사항은 따로 법률로 정한다(상법 §776 ②). 이 법률이 선박소유자등의책임제한절차에관한 법률이다. 동 법률은 책임제한사건에 관하여는 동 법률의 규정 외에 민사소송법 및 민사집행법의 규정을 준용한다(책임제한절차법 §4).

(2) 責任制限節次開始의 申請

책임제한권자가 채권자로부터 책임한도액을 초과하는 청구금액을 명시한 서면에 의한 청구를 받은 경우에 그 책임을 제한하고자 할 때에는 청구를 받은 날로부터 1년 내에 법원에 서면으로 책임제한절차개시의 신청을 하여야 한다(상법 §776①).

(3) 責任制限節次의 開始

법원은 책임제한절차 개시의 신청이 타당하다고 인정할 때에는 책임제한절차개시의 결정을 하여야 한다. 법원이 책임제한절차개시결정을 하는 경우에는 관리인을 선임하고 제한채권의 신고기간과 조사기일을 정하여야 한다(책임제한절차법 §20). 관리인은 법원의 감독 아래 제한채권의 조사기일 동안 의견의 진술, 배당, 그 밖에 각종 직무를 수행할 권한을 가진다(동법 §34).

(4) 基 金

법원은 책임제한절차의 개시 신청이 타당하다고 인정할 때에는 신청인에 대하여 14일을 넘지 아니하는 공탁지정일에 상법상의 책임한도액에 상당하는 금전과 이에 대하여 사고발생일이나 그 밖에 법원이 정하는 기산일부터 공탁지정일까지 연 6퍼센트의 비율로 산정한 이자를 더한 합계액을 법원에 공탁할 것을 명하여야 하며(동법 §11①). 신청인은 공탁지정일에 그 합계액을 공탁하여야 한다. 다만, 신청인은 책임제한절차개시의 신청을 함에 있어서 법원의 허가를 얻어 이러한 현금공탁에 갈음하여 공탁보증인이 작성한 공탁보증서를 제출하여 현금공탁에 갈음할 수 있다(동법 §13).

(5) 配 當

관리인은 신고된 채권이 제한채권인지 여부와 제한채권인 경우에는 그 내용 및 분류를 조사한 후 배당표를 작성하여 법원의 인가를 받은 후 그 내용을 공고하고 법원에 비치하여야 하며(동법 §66, §67), 이의기간이 지나면 지체없이 배당을 하여야 한다(동법 §69①). 배당은 관리인이 공탁관에게 기금으로부터의 지급을 위탁하는 방법으로 한다(동법 §69③).

제3장

海上運送

제1절 序 說

제1. 海上運送의 意義

해상운송은 호천이나 항만 이외의 해상에서 선박에 의하여 물건 또는 여객을 운송하는 것으로서 해상물건운송과 해상여객운송이 있다. 해상운송은 해상에서 선박에 의하여 운송하는 것이고, 호천이나 항만에서의 운송은 육상운송에 속한다. 다만 운송구역의 일부가 호천 또는 항만이더라도 주된 운송구역이 해상인 때에는 그 전부를 해상운송으로 본다. 해상운송의 주체는 선박소유자, 선체용선자, 정기용선자, 항해용선자, 재운송인 등이다.

해상운송은 바다에서 선박에 의하여 한다는 점에서 그 특징이 있다. 해상운송은 운송장소가 해상이어서 육상운송에 비하여 위험성이 많고 또 운송에 장기간이 소요된다는 점에서, 육상운송에서와는 다른 특별한 규율이 필요하므로 상법은 해상운송에 관하여 해상편에서 따로 정하고 있다. 2007년 개정상법은 개정 전 상법과는 달리 해상운송계약과 용선계약을 구분하고, 해상운송에서는 개품운송과 여객운송에 대하여 규정하고 있다.

제2. 海上運送의 種類

1. 個品運送契約

개품운송계약이란 해상운송인이 개개 물건의 운송을 인수하고 송하인이 이에 대하여 운임을 지급할 것을 약속함으로써 성립되는 해상운송계약이다(상법 §791). 개품운송계약에 있어서는 물건의 운송이라는 결과가 중요하고 선박의 개성이 중시되지 아니하므로 주로 대형선박에 의한 정기항해에서 부합계약의 형태로 이루어진다는 점에서, 선박의 개성이 중시되고 주로 부정기항해에서 선박의 전부 또는 일부를 용선자에게 제공하고 용선자가 선박소유자와 비교적 대등한 지위에서 계약을 체결하는 용선계약과 구별된다.

2. 旅客運送契約

여객운송계약은 운송인이 특정한 여객을 출발지에서 도착지까지 해상에서 선박으로 운송할 것을 인수하고, 이에 대하여 상대방이 운임을 지급하기로 약정함으로써 그 효력이 생기는 계약이다(상법 §817), 해상여객운송계약은 운송의 목적이 사람이라는 점에서 개품운송계약과 다르나, 그 법적 성질이 운송이라는 일의 완성을 목적으로 하는 도급계약이라는 점은 동일하다. 해상여객운송계약에 대해서는 상법에 특별규정을 두고 있는 외에 육상여객운송계약과 해상물건운송계약에 관한 규정이 준용되고 있다(상법 §826).

3. 再運送契約

(1) 意 義

재운송계약은 용선자가 용선계약에 의하여 선박소유자 등으로부터 빌린 선복을 이용하여 다시 제3자와 체결하는 제2의 개품운송계약을 말한다(상법 §809). 용선자가 선박소유자와 처음 체결한 용선계약을 주운송계약이라 한다. 재운송계약은 용선자가 제3자와 체결하는 계약으로서 용선자가 운송인의 지위에 있으므로 주운송계약과는 독립된 별개의 운송계약이다.

(2) 效 力

1) 傭船者와 船舶所有者의 관계 용선자와 선박소유자와의 관계는 용선계약에서 정하는 바에 의하며, 용선계약에서 다른 약정이 없는 한 용선자는 선박소유자의 동의가 없더라도 재운송계약을 체결할 수 있다.

2) 傭船者와 送荷人의 관계 용선자와 송하인의 관계는 재운송계약에서 정하는 바에 의한다. 용선자는 다른 약정이 없는 한 선박소유자의 승낙 없이 재운송계약을 체

결할 수 있으며, 재운송계약에서 운송인으로서 권리를 취득하고 의무를 부담한다. 따라서 용선자가 선박의 운항에 직접 관련하여 송하인이나 수하인 또는 선하증권소지인에게 인적·물적 손해를 입힌 경우에 용선자는 선박소유자의 책임제한과 동일한 책임제한을 주장할 수 있다(상법 §774①).

3) **船舶所有者와 送荷人의 관계** 선박소유자와 송하인 간에는 원칙적으로 직접적인 법률관계가 없으나, 재운송계약의 이행이 선장의 직무에 속하는 범위 내에서는 선박소유자도 송하인에 대하여 감항능력주의의무(§794)와 운송물에 관한 주의의무(상법 §795)를 부담하며, 그 의무위반에 관하여는 송하인에 대하여 손해배상책임을 진다(상법 §809). 이 경우 선박소유자는 주운송계약인 용선계약에 기한 항변과 함께 재운송계약에 기한 항변으로도 대항할 수 있으며, 선박소유자의 책임제한(상법 §770) 뿐만 아니라 운송인으로서의 책임제한(상법 §797)도 주장할 수 있다.

또한 송하인이나 수하인 또는 선하증권소지인이 용선자에게 운임을 지급한 경우에도 선박소유자는 주운송계약의 운임 그 밖의 비용을 지급받을 때까지 재운송계약의 운송물을 유치할 수 있다(상법 §807②).

4. 通(連絡)運送契約

(1) 意 義

통(연락)운송계약은 하나 또는 수인의 해상운송인이 여러 구간의 운송에 관하여 전구간의 운임을 받고 그 운송 전부를 인수하는 운송을 말한다. 이것은 수인의 운송인의 연락운송인 점에서 순차운송(상법 §138)과 유사하나, 하나의 계약에 의하여 운송인과 운송수단의 복수가 예정되어 있다는 점이 다르다.

통운송은 각 운송구간의 운송수단이 동종인 경우와 다른 종류인 경우가 있다. 각 운송구간의 운송수단이 동종인 통운송을 단순통운송이라 한다. 일반적으로 통운송이라고 하면 이 단순통운송을 가리킨다. 이와는 달리 운송구간이 해상 이외에 육상이나 항공 또는 이 양자에 걸쳐 있고, 그 운송수단이 2 종류 이상인 통운송을 특히 복합운송이라 한다.

(2) 種 類

통운송계약에는 수인의 운송인 중에서 최초의 운송인이 전구간의 운송을 인수하고 그 전부 또는 일부를 다른 운송인에게 맡기는 하수운송(下受運送)과, 수인의 운송인이 공동으로 전구간의 운송을 인수하고 운송인 간에 내부적으로 담당구간을 정하는 동일운송(同一運送)이 있다. 하수운송은 제1운송인만이 계약의 당사자가 되므로 단독통운송계약이라 하며, 동일운송은 운송인 전원이 공동으로 계약의 당사자가 되므로 공동통운송계약이라 한다.

(3) 效 力

1) **單獨通運送契約의 效力** 하수운송인은 최초의 운송인의 이행보조자(민법 §391)에 불과하므로 송하인과 계약을 체결한 최초의 원수운송인만이 단독선하증권을 발행하고, 전구간의 운송에 대하여 운송인으로서 책임을 진다.

2) **共同通運送契約의 效力** 공동통운송계약에 있어서는 수인의 운송인 전원이 공동으로 기명날인 또는 서명한 공동통선하증권(共同通船荷證券)이 발행된다. 운송계약상의 의무이행에 관하여는 수인의 운송인 전원이 계약의 당사자로서 상행위에 의하여 채무를 부담하는 것이므로, 그 수인의 운송인은 연대책임을 진다(상법 §57①).

다만 공동통운송계약에 있어서도 실제로는 선하증권에 각 운송인이 자신의 운송구간에만 책임을 진다는 책임한도약관이나 분할책임을 정하는 분할책임약관에 의하여 연대책임을 배제하는 것이 보통이다.

5. 複合運送契約

(1) 意 義

복합운송계약은 해상운송과 함께 육상운송 또는 항공운송을 이용하는 단일 운송계약을 말한다. 즉 복합운송은 선박만에 의한 전통적인 단일해상운송과는 달리 하나의 운송계약에 의하여 선박에 의한 해상운송 이외에 자동차나 항공기 등의 다른 운송수단이 사용된다는 점에 그 특징이 있다. 따라서 복합운송의 송하인은 해상운송계약 외에 육상운송계약 또는 항공운송계약 등의 운송계약을 별도로 체결할 필요 없이 복합운송인과 하나의 운송계약을 체결함으로써 해상운송구간 외에 육상운송구간 또는 항공운송구간을 포함하는 전 구간의 운송을 위탁할 수 있는 것이다.

복합운송에 있어서는 복합운송인은 송하인으로부터 운송물을 인수하여 전 운송구간에 대한 복합운송증권을 발행하고, 각 운송구간에 대해 자신이 직접 운송을 하거나 또는 하수운송인을 통하여 운송을 실행하게 된다.

(2) 複合運送人의 責任

복합운송인도 운송계약의 당사자로서 운송물에 발생한 손해에 대하여 운송인으로서 책임을 진다. 각 운송구간의 운송인은 하수운송인으로서 복합운송인의 이행보조자의 지위에 있으므로 그 과실에 대해서는 복합운송인이 책임을 지고, 추후 구상권을 행사할 수 있다.

다만 복합운송에 있어서는 각 운송구간이 서로 다르므로 그 책임의 범위가 문제된다. 즉 운송구간을 구별하여 해상운송구간에 대해서는 해송운송에 관한 규정, 육상운송구간에 대해서는 육상운송에 관한 규정을 각각 적용할 것인지, 아니면 전 운송구간에 대해 동일한 규정을 적용할 것인가 하는 점이다. 1978년 함부르크 규칙과 1980년의 유엔 국제복합운송조약 등은 복합운송인의 책임에 관하여 복합운송인이 운송물을 인수한 때로부터 인도할 때까지의 전 구간에 관하여 단일한 책임을 지되, 그 책임한도액은 각 구간에 적용되는 법률에 따라 정하도록 하였다.

현행 상법은 2007년 개정에 의하여 복합운송인의 책임에 관하여 원칙적으로 각 운송구간에 적용될 법규정에 의하도록 하고 있다. 즉 운송인이 인수한 운송에 해상 외의 운송구간이 포함된 경우 운송인은 손해가 발생한 운송구간에 적용될 법에 따라 책임을 진다(상법 §816①). 다만, 어느 운송구간에서 손해가 발생하였는지 불분명한 경우 또는 손해의 발생이 성질상 특정한 지역으로 한정되지 아니하는 경우에는 운송인은 운송거리가 가장 긴 구간에 적용되는 법에 따라 책임을 진다(상법 §816②본문). 운송거리가 같거나 가장 긴 구간을 정할 수 없는 경우에는 운임이 가장 비싼 구간에 적용되는 법에 따라 책임을 진다(상법 §816②단서).

▌제2절 個品運送契約▐

제1. 個品運送契約의 意義

개품운송계약은 해상운송인이 개개의 물건을 해상에서 선박으로 운송할 것을 인수하고, 송하인이 이에 대하여 운임을 지급하기로 약정함으로써 성립하는 계약이다. 개품운송계약은 낙성·불요식의 유상·쌍무계약으로서 물건의 운송이라는 일의 완성을 목적으로 하는 도급계약이다.

제2. 個品運送契約의 締結

1. 契約의 當事者

개품운송계약의 당사자는 개품운송인과 송하인이다. 개품운송인은 물건의 해상운송을 인수하는 자이며, 송하인은 개품운송인에게 그 물건의 운송을 맡기는 계약의 상대방이다. 개품운송인은 선박소유자가 직접 운송을 하는 경우에는 그 선박소유자이나, 이 밖에 해상에서의 물건운송을 인수하는 선체용선자・정기용선자・재운송계약의 용선자도 송하인 등에 대하여 개품운송인의 지위에 있다. 개품운송인은 해운업법에 의하여 면허를 취득하고 운송약관의 인가를 받아야 한다(동법 §4, §26, §10).

이 외에 송하인이 운송주선인에게 해상물건운송의 주선을 위탁하고 운송주선인이 개품운송인과 운송계약을 체결하는 경우도 있다. 이 경우에 운송주선인은 자기 명의로 위탁자의 계산으로 운송계약을 체결하므로(상법 §114), 운송계약의 상대방은 운송주선인이며, 개품운송인과 송하인 사이에는 아무런 법률관계가 없다. 따라서 이 경우에 운송물에 손해가 발생한 때에도 위탁자인 송하인은 선하증권을 소지하지 않는 한 개품운송인에게 운송계약상의 권리를 행사할 수 없다.

2. 契約締結의 方式

개품운송계약은 일반적으로 개품운송인의 대리인(대리상 등)과 송하인 간에 체결된다. 개품운송계약은 낙성·불요식 계약으로서 당사자 간의 청약과 승낙의 합치에 의하여 성립되며, 그 내용과 방식에 대한 별다른 제한이 없다.

다만 실제 개품운송계약은 동일한 개품운송인이 다수의 송하인과 체결하는데, 계약시 마다 계약내용을 일일이 정하는 것이 번거로우므로 계약의 주요내용을 약관에서 정하고 계약체결 시에 그 약관을 계약내용으로 편입하는 부합계약 방식에 의하는 것이 보통이다.

상법은 운송인에 대하여 운송물을 수령한 후 송하인의 청구에 의하여 1통 또는 수통의 선하증권 또는 해상화물운송장을 교부하도록 하고 있으나(상법 §852, §863), 이러한 운송증서는 개품운송계약이 체결된 후 송하인의 청구에 의하여 개품운송인이 작성하여 교부하는 것으로서 그 교부가 운송계약의 성립 내지 효력발생 요건이 아니다.

개품운송계약이 대리점 등 개품운송인의 대리인에 의하여 체결되는 경우 대리권 유무나 표현대리 또는 무권대리 성립 여부는 민법 또는 상법의 규정에 의한다.

제3. 個品運送契約의 效力

1. 個品運送人의 義務

개품운송인은 송하인과 수하인 등에 대하여 운송물의 선적과 항해 및 양륙에 있어서 일정한 의무를 부담한다.

(1) 船積에 관한 義務

1) 運送物의 受領 · 積付義務

① 受領義務 개품운송인이 운송물을 운송하기 위해서는 송하인은 개품운송계약에 따라 당사자 사이의 합의 또는 선적항의 관습에 의한 때와 곳에서 개품운송인에게 운송물을 제공하여야 하며(상법 §792①), 개품운송인은 이를 수령할 의무가 있다. 다만 운송물이 법령 또는 계약에 위반한 것이거나 타인이나 다른 운송물에 위해를 미칠 염려가 있는 위험물은 그 수령을 거부할 수 있다.

송하인이 당사자 사이의 합의 또는 선적항의 관습에 의한 때와 곳에서 운송물을 제공하지 않는 경우에는 계약을 해제한 것으로 의제되며, 선장은 즉시 발항할 수 있고, 송하인은 운임의 전액을 지급하여야 한다(상법 §792②).

② 船積義務 개품운송인은 송하인으로부터 수령한 운송물을 선적하여야 한다. 선적은 운송물을 선박에 싣는 것을 말한다. 이 경우에도 개품운송인은 위법선적물이나 위험물에 대해서는 선적을 거부할 수 있다.

③ 積付義務 개품운송인은 운송물을 선적하여 선창 내의 적당한 장소에 적부하여야 한다(상법 §795①). 적부는 운송물이 선박 내에서 움직이지 않도록 고정하는 것을 말한다. 운송물의 적부장소는 선창 안에 운송물의 종류와 성질 등 제반사정을 고려하여 배치하여야 한다. 갑판적은 폭풍우나 바닷물 등에 의한 피해를 입기 쉽고, 공동해손 시 불이익한 처분을 받을 우려가 있으므로 송하인과의 특약이나 다른 관습이 없는 한 갑판적은 허용되지 아니한다.

컨테이너선의 경우에는 선하증권에 갑판적을 할 수 있다는 뜻이 기재되어 있다. 선하증권이나 그 밖에 운송계약을 증명하는 문서의 표면에 갑판적(甲板積)으로 운송할 취지를 기재하여 갑판적으로 행하는 운송에 대하여는 개품운송인의 책임이 경감된다(상법 §799②).

2) 船荷證券交付義務 개품운송인은 운송물의 수령 또는 선적 후 용선자 또는 송

하인의 청구에 의하여 수령선하증권 또는 선적선하증권을 1통 또는 수통 교부하여야 한다(상법 §852①、②). 수령선하증권은 운송물을 수령한 후 발행하여 교부하는 것이고(상법 §852①), 선적선하증권은 운송물의 선적 후에 발행하는 것으로 새로 발행하거나 기존의 수령선하증권에 선적의 뜻을 표시한 것이다(상법 §852②). 개품운송인은 선하증권의 교부나 선적의 표시를 선장 그 밖의 대리인에게 위임할 수 있다(상법 §852③).

⑵ 航海에 관한 義務

1) 勘航能力注意義務

① **意 義** 개품운송인은 송하인에 대하여 운송에 제공하는 선박이 선적항 발항 당시에 안전하게 항해할 수 있는 능력을 갖추도록 해야 할 주의의무를 부담한다(상법 §794). 선박의 감항능력은 당해 운송계약에 있어서 항로와 해상위험, 항해의 계절과 기간, 선박의 종류와 구조, 운송물의 성질과 종류 등 제반사정을 고려하여 결정된다. 이 의무는 선박의 안전운항에 관한 의무로서 당사자 간의 특약으로도 감경 또는 면제할 수 없다.

② **義務의 內容** 개품운송인의 감항능력주의의무의 내용은, 첫째 선박이 안전하게 항해할 수 있도록 할 것(航海能力), 둘째 필요한 선원을 승선시키고 선박의장과 필요품을 보급할 것(運航能力), 세째 선창、냉장실 그 밖에 운송물을 적재할 선박의 부분을 운송물의 수령、운송과 보존을 위하여 적합한 상태에 둘 것(堪荷能力)(상법 §794) 등이다. 즉 선박이 특정항해를 감당하고 운송물을 안전하게 운송할 수 있는 능력을 갖추도록 해야 하는 것이다.

판례에 의하면 선박이 통상 예견할 수 있는 파랑이나 해상부유물의 충격을 견디지 못하여 침몰한 경우, 약 2개월의 경험 밖에 없는 항해사를 고용하여 그의 항해상의 과실로 사고가 발생한 경우에는 감항능력주의의무의 위반이 된다.

③ **注意의 時期** 감항능력에 관한 주의의 시기는 발항 당시이다(상법 §794). 발항 당시란 최초의 항에서 운송물의 선적을 개시한 때로부터 선적항을 발항할 때까지를 말한다.

④ **注意의 程度** 개품운송인은 선박의 감항능력에 관하여 상당한 주의를 하여야 한다. 상당한 주의라 함은 특정 항해에서 주의 깊고 경험과 전문지식이 있는 개품운송인이 발항 당시의 기술수준과 정보를 바탕으로 일반적으로 예상되는 항해상의 위험을 극복하는데 필요한 것으로 기대되는 주의를 말한다.

⑤ **義務違反의 效果** 선박소유자를 비롯한 개품운송인은 자기 또는 선장 기타

선박사용인이 발항 당시에 감항능력에 관한 주의를 다하였음을 증명하지 아니하면 운송물의 멸실, 훼손 또는 연착으로 인한 손해를 배상할 책임이 있다(상법 §794). 이러한 감항능력주의의무의 위반으로 인한 책임은 당사자 간의 특약으로도 경감하거나 면제할 수 없으며, 그러한 당사자 사이의 특약은 무효이다(상법 §799① 1문). 다만 산 동물의 운송 및 선하증권이나 그 밖에 운송계약을 증명하는 문서의 표면에 갑판적(甲板積)으로 운송할 취지를 기재하여 갑판적으로 행하는 운송에 있어서는 감항능력에 관한 개품운송인의 의무 또는 그 위반책임을 경감 또는 면제하는 당사자 사이의 특약은 유효하다(상법 §799① 1문).

또한 개품운송인은 운송물에 발생한 손해에 관하여 해상 기타 항행할 수 있는 수면에서의 위험 또는 사고나 불가항력 등의 일정한 면책사유에 해당하는 사실로 인하여 그 손해가 보통 생길 수 있는 것임을 증명한 때에는 손해배상책임을 지지 아니한다. 그러나 이 경우에도 송하인 또는 선하증권소지인 등이 개품운송인에 대하여 감항능력주의의무를 다하였더라면 그 손해를 피할 수 있었음에도 불구하고 그 주의를 다하지 아니하였음을 증명한 때에는 개품운송인은 그 책임을 면하지 못한다(상법 §796).

2) **發航 및 直航 義務** 개품운송인은 운송물의 선적과 적부 등 항해준비를 완료한 때에는 즉시 발항하여야 하며(선원법 §8), 해난구조 등 부득이한 경우를 제외하고는 예정항로를 변경하지 아니하고 도착항까지 직항하여야 한다(선원법 §8 참조). 다만 해상에서의 인명이나 재산의 구조행위 또는 이로 인한 항로이탈이나 그 밖의 정당한 사유로 인한 항로이탈은 예외적으로 허용된다(상법 §796 8호). 이러한 항로이탈의 경우에도 그 정당한 사유가 소멸되면 본래의 항로로 복귀하여 직항하여야 함은 물론이다.

3) **運送物의 保管·處分義務** 개품운송인은 운송물을 수령한 때부터 인도할 때까지 선량한 관리자의 주의로서 운송물을 보관하여 운송할 의무를 진다(상법 §795①). 또한 송하인이나 선하증권소지인이 운송의 중지, 운송물의 반환 기타 처분을 청구할 때에는 개품운송인은 그 지시에 따라야 한다(상법 §815, §139).

그러나 법령 또는 계약에 위반하여 선적한 운송물은 선장이 언제든지 양륙할 수 있고, 그 운송물이 선박 또는 다른 운송물에 위해를 미칠 염려가 있을 때에는 이를 포기할 수 있다(상법 §800①). 또 인화성 또는 폭발성 기타의 위험성이 있는 운송물은 개품운송인이 그 성질을 알고 신직한 경우에도 그 운송물이 신빅이나 다른 운송물에 위해를 미칠 위험이 있는 때에는 선장은 언제든지 이를 양륙, 파괴 또는 무해조치(無害措置)를 할 수 있다(상법 §801①).

(3) 揚陸에 관한 義務

1) **揚陸通知義務** 선박이 양륙항에 입항하여 운송물의 양륙에 필요한 준비가 완료된 때에는 선장은 지체 없이 수하인에게 그 통지를 발송하여야 한다(상법 §802).

2) **待泊義務** 개품운송인은 양륙항에서 약정한 양륙기간 동안 양륙을 위하여 선박을 정박시켜야 할 의무가 있다.

3) **運送物引渡義務**

① **意 義** 개품운송인은 양륙항에서 수하인 또는 선하증권의 소지인에게 운송물을 인도하여야 한다. 개품운송인의 운송물인도의무는 선하증권이 발행되지 아니한 경우와 선하증권이 발행된 경우에 차이가 있다.

② **船荷證券이 發行되지 아니한 경우** 선하증권이 발행되지 아니한 경우에는 개품운송인은 운송계약에서 정해진 수하인에게 운송물을 인도하여야 한다. 수하인은 운송물이 도착지에 도착한 때에 송하인과 동일한 권리를 취득하며(상법 §815, §140①), 수하인이 그 운송물의 인도를 청구한 때에는 수하인의 권리가 송하인의 권리에 우선한다(상법 §815, §140②).

③ **船荷證券이 發行된 경우**

(가) **相換證券性** 선하증권은 해상운송에 있어서 해상운송물의 인도청구권을 표창하는 유가증권이므로, 선하증권이 발행된 경우에는 개품운송인은 선하증권소지인에 대하여 그 증권과 상환하여 운송물을 인도하여야 한다(상법 §861, §129). 그러나 운송물이 목적지에 도착하고 수하인이 그 인도를 청구한 후에 선하증권이 발행된 경우에는 선하증권의 소지인은 개품운송인에 대하여 운송물인도청구권을 행사할 수 없다. 이 경우에는 수하인의 운송물인도청구에 의하여 수하인의 권리가 송하인에 우선하기 때문이다.

[판례] 대법원 2003.10.24, 선고 2001다72296 판결

선하증권이 발행되지 아니한 해상운송에 있어 수하인은 운송물이 목적지에 도착하기 전에는 송하인의 권리가 우선되어 운송물에 대하여 아무런 권리가 없지만(상법 제815조, 제139조), 운송물이 목적지에 도착한 때에는 송하인과 동일한 권리를 보유하고(상법 제815조, 제140조 제1항), 운송물이 목적지에 도착한 후 수하인이 그 인도를 청구한 때에는 수하인의 권리가 송하인에 우선하게 되는바(상법 제815조, 제140조 제2항), 그와 같이 이미 수하인이 도착한 화물에 대하여 운송인에게 인도 청구를 한 다음에는 비록 그 운송계약에 기한 선하증권이 뒤늦게 발행되었다고 하더라도 그 선하증권의 소지인이 운송인에 대하여 새로이 운송물에 대한 인도청구권 등의 권리를 갖게 된다고 할 수는 없다.

(나) 數通의 船荷證券이 發行된 경우 선하증권이 수통 발행된 경우에 개품운송인은 1통의 소지인에 대해서도 운송물을 인도하여야 하는가는 그 청구하는 곳이 양륙항인가 또는 그 외의 곳인가에 따라 다르다. 즉 양륙항에서는 수통의 선하증권 중 1통의 소지인이 운송물의 인도를 청구할 때에는 개품운송인은 그 인도를 거절하지 못한다(상법 §857①). 수통의 선하증권 중 1통의 소지인이 운송물을 인도 받은 때에는 다른 선하증권은 효력을 잃는다(상법 §857②). 그러나 양륙항 외에서는 선장은 선하증권의 각통의 반환을 받지 아니하면 운송물을 인도하지 못한다(상법 §858).

2인 이상의 선하증권소지인이 동시에 운송물의 인도를 청구한 때에는 그 청구를 한 곳이 양륙항이든 아니든 선장은 지체 없이 운송물을 공탁하고 각 청구자에게 그 통지를 발송하여야 한다(상법 §859①). 1인의 선하증권소지인에게 운송물의 일부를 인도한 후 다른 소지인이 운송물의 인도를 청구한 경우에도 그 인도하지 아니한 운송물은 공탁하고 각 청구인에게 그 통지를 발송하여야 한다(상법 §859②).

(다) 空渡·保證渡 선하증권이 발행된 경우에도 증권에 의하지 않고 후에 선하증권을 입수하면 이를 교부하겠다는 약정으로 운송물을 인도하는 공도(空渡) 또는 가도(假渡)와 은행 기타 제3자의 보증서를 받고 운송물을 인도하는 보증도(保證渡)의 관습이 있다.

그러나 개품운송인이 공도 또는 보증도에 의하여 운송물을 인도함으로써 후에 선하증권의 정당한 소지인에게 운송물을 인도하지 못하게 된 때에는 그 소지인에게 채무불이행으로 인한 손해배상책임을 부담하여야 한다.

[판례] 대법원 1992.2.25, 선고 91다30026 판결

운송인 또는 운송취급인이 보증도를 하는 경우에는 그 화물선취보증장이 진정하게 성립된 것인지의 여부를 확인할 책임이 있다고 보아야 할 것이고, 이를 게을리 하여 화물선취보증장의 위조사실을 제대로 발견하지 못한 채 선하증권과의 상환 없이 운송물을 인도하고 그로 인하여 정당한 선하증권소지인이 손해를 입은 것이라면 그 운송인 또는 운송취급인은 보증장 없이 선하증권과 상환하지 아니하고 화물을 인도한 결과가 되어 특별한 사정이 없는 한 고의 또는 중대한 과실에 따른 책임을 진다고 보는 것이 상당하며, 그 보증장이 화물선취보증장으로서의 형식과 외관을 갖추고 있었다고 하여 그와 같은 확인을 할 책임이 없다거나 위법성이 조각된다고 할 수 없고, 이와 같은 보증장이 신용장 개설은행 명의로 발행된 경우라고 하여도 운송인에게 그 보증장이 진정한 것인지 확인할 책임이 있음은 마찬가지로서 그 위조사실을 발견하지 못하고 운송물을 선하증권의 소지인 아닌 사람에게 인도하였다면 특별한 사정이 없는 한 중대한 과실에 따른 책임을 져야 할 것이다.… 보증도 등으로 운송물이 멸실된 경우에 채무불이행으로 인한 책임은 물론이고 불법행위로 인한 손해배상청구권도 선하증권에 화체되어 선하증권이 양도됨에 따라 선하증권의 소지인에게 이전되는 것이므로, 운송물이 멸실된 후에 선하증권을 취득(양수)하였거나 배서를 받았다 하더라도 그 선하증권의 소지인은 손해배상청구권을 행사할 수 있고, 별도의 채권양도 통지가 필요치 않다.

(마) 荷渡指示書 선하증권이 발행된 경우에도 실무에서는 선박이 양륙항에 도착하기 전에 개품운송인은 수하인으로부터 선하증권을 회수하고 운임 기타 비용을 지급받은 후에 수하인에게 하도지시서를 교부하며, 수하인 등은 이를 하역업자 또는 선장에게 제시하여 운송물을 인도받는 것이 일반적이다. 하도지시서는 개품운송인이 하역업자 또는 선장에게 이 증권과 상환하여 선적운송물을 인도하라는 취지의 지시를 기재한 문서로서 선박의 명칭, 운송물의 종류와 개수 및 수량, 선하증권 번호 등이 기재되어야 한다.

하도지시서는 운송물의 인도를 지시하는 서면으로서 그 유통성도 인정되지 아니하나, 실무상 선하증권을 회수하여 대조한 후에 발행되는 것이므로, 선하증권을 대신하는 증권으로 보아 상관습상 이에 물권적 효력을 인정할 수 있다는 견해도 있다.

4) 供託의 通知義務

① 受荷人의 受領 遲滯 수하인이 운송물의 수령을 게을리 한 때에는 선장은 이를 공탁하거나 세관 기타 법령이 정하는 관청의 허가를 받은 장소에 인도할 수 있다. 이 경우에는 지체 없이 수하인에게 그 통지를 발송하여야 한다(상법 §803①). 운송물을 공탁하거나 세관 등에 인도한 때에는 수하인에게 운송물을 인도한 것으로 본다(상법 §803③).

② 受荷人의 不明 · 受領拒否 수하인을 확실히 알 수 없거나 수하인이 운송물의 수령을 거부하는 때에 선장은 그 운송물을 공탁하거나 세관 기타 관청의 허가를 받은 곳에 인도하고 지체 없이 용선자 또는 송하인 및 알고 있는 수하인에게 그 통지를 발송하여야 한다(상법 §803②). 수하인을 확실히 알 수 없는 경우란 운송계약상의 수하인이 누구인지 확실히 알 수 없는 때와 선하증권 소지인이 누구인지 알 수 없는 때를 포함한다.

이 경우 운송물을 공탁하거나 세관 등에 인도한 때에는 선하증권소지인이나 그 밖의 수하인에게 운송물을 인도한 것으로 본다(상법 §803③).

③ 數人의 船荷證券所持人에 의한 請求 2인 이상의 선하증권소지인이 운송물의 인도를 청구한 때에는 선장은 지체 없이 운송물을 공탁하고 각 청구자에게 그 통지를 발송하여야 한다(상법 §859①). 1인의 선하증권소지인에게 운송물의 일부를 인도한 후 다른 소지인이 운송물의 인도를 청구한 경우에도 그 인도하지 아니한 운송물은 공탁하고 각 청구인에게 그 통지를 발송하여야 한다(상법 §859②).

공탁한 운송물에 대하여는 수인의 선하증권소지인에게 공통되는 전 소지인으로부터 먼저 교부를 받은 증권소지인의 권리가 다른 소지인의 권리에 우선한다(상법 §860①). 교부 시기와 관련하여 격지자에 대하여 발송한 선하증권은 그 발송한 때를 교부받은 때로 본다(상법 §860②).

2. 個品運送人의 責任

(1) 總 說

개품운송인의 손해배상책임에 관하여 상법은 과실책임주의를 원칙으로 하고, 과실의 범위를 상사과실과 항해과실로 구분하고 있다. 그리하여 개품운송인의 책임은 감항능력주의의무 위반과 상사과실이 있는 경우에 발생하고, 항해과실과 선박화재의 경우에는 책임이 면제된다.

또 손해배상액에 있어서도 상법은 육상운송인의 경우와 같은 정액배상주의를 취함과 동시에 그 책임한도액을 제한하고 있는데, 특히 2007년 개정 상법은 개정 전 상법에 비하여 1968년의 Hague-Visby Rules에 따라 책임한도액을 상향 조정하고 중량에 따른 책임제한제도를 채택하고 있다.

(2) 責任의 主體

1) 個品運送人 해상물건운송에 관하여 손해배상책임을 부담하는 자는 개품운송인이다. 개품운송인은 해상에서 물건을 운송하는 선박소유자는 물론 선체용선자와 정기용선자를 포함한다. 재운송계약의 용선자도 자기의 명의로 송하인과 운송계약을 체결하는 한 책임의 주체가 되며, 이 때 그 계약의 이행이 선장의 직무에 속한 범위 안에서는 그 선박소유자도 책임의 주체가 된다(상법 §809). 이들 개품운송인은 송하인 등에게 손해배상책임을 부담할 때에는 책임의 제한을 주장할 수 있다.

2) 個品運送人의 使用人·代理人 운송물에 발생한 손해가 개품운송인의 사용인 또는 대리인의 고의나 과실에 의한 경우에는 그 사용인 또는 대리인도 손해배상책임을 진다. 개품운송인의 사용인 또는 대리인에 대하여 운송물에 관한 손해배상청구가 제기된 경우에 그 손해가 그 사용인 또는 대리인의 직무집행에 관하여 생긴 것인 때에는 그 사용인 또는 대리인은 원칙적으로 개품운송인이 주장할 수 있는 항변과 책임제한을 원용할 수 있다(상법 §798② 본문). 다만 그 손해가 그 사용인 또는 대리인의 고의 또는 운송물의 멸실·훼손 또는 연착이 생길 염려가 있음을 인식하면서 무모하게 한 작위 또는 부작위로 인하여 생긴 것인 때에는 그 항변과 책임제한을 원용할 수 없다

(상법 §798② 단서).

여기서 개품운송인의 사용인 또는 대리인은 고용계약 또는 위임계약 등에 의하여 개품운송인의 지휘ㆍ감독아래 그 업무를 집행하는 자를 말한다. 이들에게 개품운송인의 항변과 책임제한의 원용을 허용하지 않을 경우 이들이 개품운송인 보다 더 무거운 책임을 지게 되는 불합리한 결과가 되므로, 종래의 히말라야 약관(Himalaya Clause)을 수용하여 규정한 것이다. 개품운송인의 사용인 또는 대리인이 손해배상책임을 지는 경우에 개품운송인과 그 사용인 또는 대리인의 운송물에 대한 책임제한금액의 총액은 상법상 운송인의 책임한도액(상법 §798①)을 초과하지 못한다(상법 §798③).

운송물에 관한 손해가 개품운송인 외의 실제운송인 또는 그 사용인이나 대리인의 과실로 생긴 경우에, 이들도 운송인이 주장할 수 있는 항변과 책임제한을 원용할 수 있으며, 그 책임제한금액의 총액은 상법상 운송인의 책임한도액(상법 §798①)을 초과하지 못한다(상법 §798④).

[판례] 대법원 2007.4.27, 선고 2007다4943 판결

상법 제798조 제2항은 "운송물에 관한 손해배상 청구가 운송인의 사용인 또는 대리인에 대하여 제기된 경우에 그 손해가 그 사용인 또는 대리인의 직무집행에 관하여 생긴 것인 때에는 그 사용인 또는 대리인은 운송인이 주장할 수 있는 항변과 책임제한을 원용할 수 있다. 그러나 그 손해가 그 사용인 또는 대리인의 고의 또는 운송물의 멸실, 훼손 또는 연착이 생길 염려가 있음을 인식하면서 무모하게 한 작위 또는 부작위로 인하여 생긴 것인 때에는 그러하지 아니하다."고 규정하고 있는바, 여기에서 '사용인 또는 대리인'이란 고용계약 또는 위임계약 등에 따라 운송인의 지휘 · 감독을 받아 그 업무를 수행하는 자를 말하고 그러한 지휘 · 감독과 관계없이 스스로의 판단에 따라 자기 고유의 사업을 영위하는 독립적인 계약자는 포함되지 아니하므로, 그러한 독립적인 계약자는 상법 제814조에 기한 항변을 원용할 수 없다고 할 것이다. 그러나 선하증권 뒷면에 "운송물에 대한 손해배상 청구가 운송인 이외의 운송관련자(anyone participating in the performance of the Carriage other than the Carrier)에 대하여 제기된 경우, 그 운송관련자들은 운송인이 주장할 수 있는 책임제한 등의 항변을 원용할 수 있고, 이와 같이 보호받는 운송관련자들에 하수급인(Subcontractors), 하역인부, 터미널 운영업자(terminals), 검수업자, 운송과 관련된 육상 · 해상 · 항공 운송인 및 직 · 간접적인 하청업자가 포함되며, 여기에 열거된 자들에 한정되지 아니한다는 취지"의 이른바 히말라야 약관(Himalaya Clause)이 기재되어 있다면, 그 손해가 고의 또는 운송물의 멸실, 훼손 또는 연착이 생길 염려가 있음을 인식하면서 무모하게 한 작위 또는 부작위로 인하여 생긴 것인 때에 해당하지 않는 한, 독립적인 계약자인 터미널 운영업자도 위 약관조항에 따라 운송인이 주장할 수 있는 책임제한을 원용할 수 있다고 할 것이다. 상법 제798조 제2항은 '운송인이 주장할 수 있는 책임제한'을 원용할 수 있는 자를 '운송인의 사용인 또는 대리인'으로 제한하고 있어 운송인의 사용인 또는 대리인 이외의 운송관련자에 대하여는 적용되지 아니한다고 할 것이므로 당사자 사이에서 운송인의 사용인 또는 대리인 이외의 운송관련자의 경우에도 운송인이 주장할 수 있는 책임제한을 원용할 수 있다고 약정하더라도 이를 가리켜 상법 제798조 제2항의 규정에 반하여 운송인의 의무 또는 책임을 경감하는 특약이라고는 할 수 없고, 따라서 상법 제799조 제1항에 따라 그 효력이 없다고는 할 수 없다고 할 것이다.

한편, 이른바 히말라야 약관은 운송인의 항변이나 책임제한을 원용할 수 있는 운송관련자의 범위나 책임제한의 한도 등에 관하여 그 구체적인 내용을 달리 하는 경우가 있으나, 해상운송의 위험이나 특수성과 관련하여 선하증권의 뒷면에 일반적으로 기재되어 국제적으로 통용되고 있을 뿐만 아니라, 간접적으로는 운송의뢰인이 부담할 운임과도 관련이 있는 점에 비추어 볼 때, 약관의 규제에 관한 법률 제6조 제1항에서 정하는 '신의성실의 원칙에 반하여 공정을 잃은 조항'이라거나 같은 법 제6조 제2항의 각 호에 해당하는 조항에 해당한다고도 할 수 없다.

3) **責任保險者** 개품운송인의 책임보험자는 적하이해관계인이 보험금의 지급을 직접 청구하는 경우에 피보험자인 개품운송인의 면책사유나 책임제한을 주장할 수 있다(상법 §724).

⑶ 責任의 原因

1) **堪航能力注意義務 違反** 개품운송인이 감항능력주의의무를 위반하여 운송물에 손해가 발생한 때에는 송하인 등에 대하여 손해배상책임을 진다. 즉 개품운송인은 자기 또는 선원이나 그 밖의 선박사용인이 발항 당시 첫째 선박이 안전하게 항해를 할 수 있게 할 것, 둘째 필요한 선원의 승선 및 선박의장(船舶艤裝)과 필요품의 보급, 셋째 선창ㆍ냉장실 기타 운송물을 적재할 선박의 부분을 운송물의 수령ㆍ운송과 보존을 위하여 적합한 상태에 둘 것 등의 사항에 관하여 주의를 해태하지 아니하였음을 증명하지 아니하면 운송물의 멸실ㆍ훼손 또는 연착으로 인한 손해를 배상할 책임이 있다(상법 §794).

2) **商事過失** 개품운송인은 자기 또는 선원이나 그 밖의 선박사용인이 운송물의 수령ㆍ선적ㆍ적부(積付)ㆍ운송ㆍ보관ㆍ양륙과 인도에 관하여 주의를 해태하지 아니하였음을 증명하지 아니하면 운송물의 멸실ㆍ훼손 또는 연착으로 인한 손해를 배상할 책임이 있다(상법 §795①). 이 책임은 개품운송인 등의 과실을 요건으로 하는 과실책임이나, 그 무과실의 입증책임이 개품운송인에게 있다는 점에서 육상물건운송인의 책임(상법 §135)의 경우와 같다. 여기서 말하는 주의는 상당한 주의를 말한다. 운송물의 멸실은 물리적 멸실 뿐만 아니라 운송물이 제3자의 선의취득으로 회복할 수 없는 경우를 포함하며, 연착은 해상운송의 특성상 도착일이 예정된 도착일자보다 현저하게 지연된 경우를 일컫는다.

3) **法定免責事由**

① **船員의 航海過失** 선원의 항해과실은 항해상의 과실과 선박관리에 관한 과실을 말한다. 항해상의 과실은 선박의 항해와 조종 등 항해상의 기술에 관한 과실이

며, 선박관리에 관한 과실은 선박의 안전항해를 위한 기관·선창의 유지 등에 관한 과실이다. 이러한 항해과실로 인한 손해에 대해서는 개품운송인은 면책된다. 즉 개품운송인은 선장·해원·도선사 기타 선박사용인의 항해 또는 선박의 관리에 관한 행위로 인하여 생긴 손해에 대하여는 책임을 지지 않는다(상법 §795② 전단). 항해과실은 바다에서 항행하고 있는 선박의 운항에 관한 기술적인 사항으로서 개품운송인이 직접 관여할 수 없는 사항이고, 선원 등의 사소한 과실로 막대한 손해가 생기므로 개품운송인을 보호하기 위하여 면책사유로 한 것이다.

② **船舶火災** 개품운송인은 선장·해원·도선사, 그 밖의 선박사용인의 행위로 인한 화재로 인하여 생긴 운송물에 관한 손해를 배상할 책임을 면한다(상법 §795② 후단). 선원 등의 행위로 선박에서 화재가 발생하는 경우에 사소한 실화에 의하여 운송물의 소실 등 그 손해가 매우 크고, 또 적하는 적하보험에 의하여 그 손해의 전보가 가능하므로 항해과실의 경우와 같이 개품운송인의 책임을 면제하는 것이다. 여기서 화재란 운송물의 운송에 사용된 선박 안에 발화원인이 있는 화재 또는 직접 그 선박 안에서 발생한 화재에만 한정되는 것이 아니고, 육상이나 인접한 다른 선박 등 외부에서 발화하여 당해 선박으로 옮겨 붙은 화재도 포함한다. 그러나 개품운송인 자신의 행위로 인하여 선박화재가 발생한 경우에는 보호할 필요가 없으므로 개품운송인의 고의 또는 과실로 인한 화재의 경우에는 손해배상책임이 면제되지 아니한다(상법 §795② 단서).

③ **高價物의 不告知** 송하인이 화폐·유가증권 기타 고가물의 운송을 위탁할 때에 그 종류와 가액을 명시하지 아니한 때에는 개품운송인은 그 고가물에 발생한 손해를 배상할 책임이 원칙적으로 없다(상법 §815, §136).

④ **運送物의 不實告知** 송하인이 개품운송인에게 운송물을 인도할 때에 송하인이 운송물의 종류 또는 가액을 고의로 현저하게 부실의 고지를 한 때에는 개품운송인은 자기 또는 그 사용인이 악의인 경우를 제외하고 운송물에 발생한 손해에 대하여 책임을 면한다(상법 §797③ 단서).

⑤ **기타 免責事由** 개품운송인은 다음의 일정한 사실이 있는 경우에 그 사실이 있었다는 것과 운송물에 발생한 손해가 그러한 사실에 의하여 보통 생길 수 있음을 증명한 때에는 운송물에 관한 손해배상책임을 면한다(상법 §789②). 그러나 개품운송인이 감항능력주의의무(상법 §794)와 운송물에 관한 주의의무(상법 §795①)를 다하였더라면 그 손해를 피할 수 있었음에도 불구하고 그 주의를 다하지 아니하였음을 수하인이나

선하증권소지인이 증명한 때에는 개품운송인은 그 손해에 대한 배상책임을 면하지 못한다(상법 §796 단서).

(가) 海上 또는 航行할 수 있는 수면에서의 위험 또는 사고 해상 또는 항행할 수 있는 수면에서의 위험은 운송인이나 사용인이 예방할 수 없는 해상에 특유한 위험으로서 폭풍이나 해일, 선박충돌 등을 말한다.

(나) 不可抗力 해상에 특유한 위험을 제외한 낙뢰나 결빙 등의 자연적 재해를 말한다.

(다) 戰爭 · 暴動 또는 內亂 전시에 군함에 의한 포격이나 반란군에 의한 선박 또는 운송물의 침탈 등이 그 예이다.

(라) 海賊行爲 그 밖에 이에 준한 행위 선박 또는 그 운송물이 해적에 의하여 탈취된 경우 등이 여기에 속한다.

(마) 裁判上의 押留 · 檢疫上의 제한 기타 공권에 의한 제한 재판상의 압류는 개품운송인의 귀책사유로 인한 것이 아니어야 하며, 검역상의 제한은 광우병에 감염된 쇠고기의 반송 등 보건위생의 목적에 기한 수출입 제한 등을 가리킨다. 기타 공권에 의한 제한은 금수조치 등에 의하여 선박의 항만출입이나 운송물에 대한 선적 또는 양륙의 제한 등이 해당된다.

(바) 送荷人과 運送物 소유사나 그 사용인의 행위 송하인이나 운송물 소유자 등의 귀책사유로 인한 손해에 대해 개품운송인이 책임을 질 까닭이 없음은 당연하다.

(사) 同盟罷業 기타의 쟁의행위 또는 船舶閉鎖 선원 또는 육상 하역업종사자들의 쟁의행위나 이에 대응하는 선박소유자의 선박폐쇄로 인한 손해에 대해 그 쟁의행위에 개품운송인의 귀책사유가 없으면 개품운송인은 면책된다.

(아) 해상에서의 인명이나 재산의 救助行爲 또는 이로 인한 항로이탈 기타 정당한 이유로 인한 航路離脫 구조 또는 급박한 해상위험을 회피할 목적 등으로 예정항로를 벗어나는 경우에는 면책되나, 이러한 정당한 사유가 없거나 가령 감항능력을 갖추지 아니한 상태에서 출항한 후 레이더 수리 또는 선용품 공급 등을 위하여 예정항로를 이탈한 경우에는 해당되지 아니한다.

(자) 運送物 包裝의 불충분 또는 기호의 표시의 불완전 운송물 포장 등은 송하인이 자신의 책임 아래 하는 것이므로 개품운송인의 면책사유로 한 것이다. 다만 운송물의 포장 또는 기호의 표시에 관하여 개품운송인이 검사의무를 부담하는 경우에는 포장의 불충분이나 기호 표시의 불완전에 대한 과실의 정도에 따라 책임을 질

수 있다.

(차) **運送物의 특수한 성질 또는 숨은 瑕疵** 이러한 사유는 송하인에게 귀책사유가 있지 개품운송인에게는 귀책사유가 없으므로 면책사유로 한 것이다.

(타) **船舶의 숨은 瑕疵** 선박의 숨은 하자는 개품운송인이 상당한 주의를 하여도 발견할 수 없는 하자이므로 개품운송인의 면책사유로 한 것이다.

(4) 損害賠償額

1) **定額賠償主義** 개품운송인의 손해배상액의 산정에 관하여 상법은 육상물건운송인의 경우와 같이 정액배상주의를 규정하고 있다. 즉 운송물이 전부 멸실 또는 연착된 경우의 손해배상액은 인도한 날의 도착지의 가격에 의하며(상법 §815, §137①), 운송물이 일부 멸실 또는 훼손된 경우의 손해배상액은 인도한 날의 도착지의 가격에 의한다(상법 §815, §137②).

이러한 정액배상주의는 개품운송인을 보호하기 위한 것으로서 그 손해가 개품운송인의 경과실로 인한 경우에 적용되며, 운송물의 멸실·훼손 또는 연착이 개품운송인의 고의나 중대한 과실로 인한 때에는 개품운송인은 모든 손해를 배상하여야 한다(상법 §815, §137③). 손해배상액의 산정에 있어서 운송물의 멸실 또는 훼손으로 인하여 지급을 요하지 아니하는 운임 기타 비용은 그 손해배상액에서 공제하여야 한다(상법 §815, §137④).

2) **損害賠償額의 制限**

① **原 則** 개품운송인의 손해배상책임액은 당해 운송물의 매 포장당 또는 선적단위당 666.67계산단위의 금액과 중량 1킬로그램 당 2계산단위의 금액 중 큰 금액을 한도로 제한할 수 있다(상법 §797① 본문). 운송물의 포장 또는 선적단위의 수를 산정함에 있어서는 컨테이너나 그 밖에 이와 유사한 운송용기가 운송물을 통합하기 위하여 사용되는 경우에 그러한 운송용기에 내장된 운송물의 포장 또는 선적단위의 수를 선하증권이나 그 밖에 운송계약을 증명하는 문서에 기재한 때에는 그 각 포장 또는 선적단위를 하나의 포장 또는 선적단위로 본다. 이 경우를 제외하고는 이러한 운송용기 내의 운송물 전부를 하나의 포장 또는 선적단위로 보며, 개품운송인이 아닌 자가 공급한 운송용기 자체가 멸실 또는 훼손된 경우에는 그 용기를 별개의 포장 또는 선적단위로 본다(상법 §797②).

[판례] 대법원 2004. 7. 22. 선고 2002다44267 판결

여기서 '포장'이란 운송물의 보호 내지는 취급을 용이하게 하기 위하여 고안된 것으로서 반드시 운송물을 완전히 감싸고 있어야 하는 것도 아니며 구체적으로 무엇이 포장에 해당하는지 여부는 운송업계의 관습 내지는 사회 통념에 비추어 판단하여야 할 것이고, 선하증권의 해석상 무엇이 책임제한의 계산단위가 되는 포장인지의 여부를 판단함에 있어서는 선하증권에 표시된 당사자의 의사를 최우선적인 기준으로 삼아야 할 것이며, 그러한 관점에서 선하증권에 대포장과 그 속의 소포장이 모두 기재된 경우에는 달리 특별한 사정이 없는 한 최소포장단위에 해당하는 소포장을 책임제한의 계산단위가 되는 포장으로 보아야 할 것인바, 비록 '포장의 수'란에 최소포장단위가 기재되어 있지 아니하는 경우라 할지라도 거기에 기재된 숫자를 결정적인 것으로 본다는 명시적인 의사표시가 없는 한 선하증권의 다른 난의 기재까지 모두 살펴 그 중 최소포장단위에 해당하는 것을 당사자가 합의한 책임제한의 계산단위라고 봄이 상당하다. 그리고 포장의 수와 관련하여 선하증권에 'Said to Contain' 또는 'Said to Be'(…이 들어 있다고 함 또는 …라고 함)와 같은 유보문구가 기재되어 있다는 사정은 포장당 책임제한조항의 해석에 있어서 아무런 영향이 없다. 기록에 비추어 살펴보면, 이 사건 선하증권의 '포장의 종류 및 화물의 내역(Kind of package : Description of goods)'란에 기재된 '유니트'는 운송물의 개체 수를 세는 단위에 불과할 뿐 그 자체가 포장에 해당하는 것은 아니지만, 다른 한편 '포장의 수'란의 옆에 기재된 봉인번호(Seal No.)란에 'P/NO. 1-104, C/NO. 1-2,496'이라고 기재되어 있고 여기서 'P'는 팰리트(pallet)를, 'C'는 종이상자(carton)를 의미하는 것이 분명하므로, 결국 이 사건에서 유니트의 숫자가 기재된 것은 당사자의 의사해석상 포장(carton)의 숫자로 볼 수 있고, 그 숫자 대신에 팰리트의 숫자가 '컨테이너 또는 포장의 수'란에 컨테이너의 수와 함께 병기(괄호 안에)되어 있다 할지라도 거기에 기재된 숫자를 다른 난의 기재보다 우선하여 결정적인 것으로 본다는 명시적인 의사표시가 있었다는 특별한 사정이 인정되지 아니하는 이 사건에 있어서는 종이상자의 숫자가 최소포장단위의 숫자로서 책임제한의 계산단위가 됨에는 영향이 없고, 또한 종이상자의 숫자와 관련하여 'Said to Be'와 같은 유보문구가 들어 있다는 사정 역시 결론을 달리할 사정이 되지 못한다. 그렇다면 이 사건에 있어서 포장당 책임제한액은 손상된 유니트의 숫자를 기준으로 계산하여야 함에도, 이와 달리 손상된 팰리트의 숫자를 계산단위로 보고 그에 따라 피고의 책임을 제한한 원심의 판단에는 해상운송인의 포장당 책임제한에 관한 법리를 오해한 나머지 판결에 영향을 미친 위법이 있다.

② 例 外

(가) 個品運送人의 故意 등으로 인한 損害　운송물에 관한 손해가 개품운송인 자신의 고의 또는 손해발생의 염려가 있음을 인식하면서 무모하게 한 작위 또는 부작위로 인하여 생긴 것인 때에는 책임제한이 적용되지 아니하며, 개품운송인은 이로 인하여 발생한 모든 손해를 배상하여야 한다(상법 §797① 단서). 이 경우 고의 등은 개품운송인 본인에게 있어야 하며, 그 사용인에게 고의 등이 있는 때에는 책임제한이 인정된다.

개품운송인이 법인인 경우에 관하여 판례는 법인의 대표기관 뿐만 아니라 적어도 법인의 내부적 업무 분장에 따라 당해 법인의 관리업무의 전부 또는 특정 부분에 관하여 대표기관에 갈음하여 사실상 법인의 의사결정 등 모든 권한을 행사하는 관리직 담당직원도 개품운송인인 법인 자신의 행위로 보고 있다. 개품운송인의 고의 등에 대한 입증책임은 개품운송인에게 손해배상을 청구하는 자에게 있다.

(나) **送荷人이 종류·가액을 고지한 運送物의 損害** 송하인이 개품운송인에게 운송물을 인도할 때에 그 종류와 가액을 고지하고, 선하증권이나 그 밖에 운송계약을 증명하는 문서에 이를 기재한 경우에는 책임제한은 인정되지 아니하며, 개품운송인은 그 문서에 기재된 금액에 따라 배상하여야 한다(상법 §797③ 본문). 다만 이 경우 송하인이 운송물의 종류 또는 가액을 고의로 현저하게 부실의 고지를 한 때에는 개품운송인은 자기 또는 그 사용인이 악의인 경우를 제외하고 운송물의 손해에 대하여 책임을 면한다(상법 §797③ 단서).

(다) **運送物의 멸실·훼손·연착 이외의 損害** 상법상 정액배상주의에 의한 개품운송인의 손해배상책임과 그 제한은 운송물의 멸실·훼손 또는 연착으로 인한 손해에 대한 것이므로(상법 §795①), 그 밖의 원인으로 발생한 손해에 대한 개품운송인의 책임은 민법의 채무불이행에 관한 일반원칙에 의한다.

(5) 高價物에 대한 責任

화폐, 유가증권 기타의 고가물에 대하여는 송하인이 운송을 위탁할 때에 그 종류와 가액을 명시한 경우에 한하여 개품운송인이 손해를 배상할 책임이 있다(상법§815, §136).

(6) 不法行爲責任과의 관계

개품운송인의 책임에 관한 상법의 규정은 개품운송인에 대하여 불법행위로 인한 손해배상책임에도 적용된다(상법 §798①).

(7) 二重責任制限

개품운송인의 손해배상책임에 대한 개별적 제한은 선박소유자의 책임제한에 영향을 미치지 않는다(상법 §797④). 가령 선박소유자 또는 선체용선자가 개품운송인인 경우에는 개품운송인으로서 운송물 하나하나에 상법 제797조에 의한 개별적인 책임제한을 받고, 이와 아울러 그가 부담할 채무의 전부에 대해 선박소유자 등의 책임제한규정에 따른 책임제한도 받게 되는 것이다.

(8) 免責特約의 금지

1) **운송인의 責任輕減特約 금지** 개품운송인의 감항능력주의의무(상법 §794), 운송물에 관한 주의의무(상법 §795), 운송인의 법정면책사유(상법 §796), 책임의 한도(상법 §797), 운송인의 불법행위 책임 및 운송인의 사용인 또는 대리인의 책임제한 원용 등(상법 §798)에 관한 규정에 반하여 개품운송인의 의무 또는 책임을 경감 또는 면제하는 당사

자 간의 특약은 효력이 없다(상법 §799① 전문).

2) **保險金請求權의 양도 약정 금지** 운송물에 관한 보험의 이익을 개품운송인에게 양도하는 약정 또는 이와 유사한 약정도 무효이다(상법 §799① 전문).

3) **例 外** 산 동물의 운송 및 선하증권이나 그 밖에 운송계약을 증명하는 문서의 표면에 갑판적으로 운송할 취지를 기재하여 갑판적으로 행하는 운송에 있어서는 개품운송인의 의무 또는 책임을 경감 또는 면제하는 당사자 간의 특약은 유효하다(상법 §799②). 살아있는 동물의 운송이나 갑판적 화물은 일반 운송물에 비하여 항해상 손해를 입을 위험이 크므로 개품운송인의 책임을 예외적으로 감면할 수 있도록 한 것이다.

(9) 個品運送人의 損害賠償責任의 소멸

1) **短期除斥期間** 개품운송인의 송하인 또는 수하인에 대한 책임은 청구원인의 여하에 불구하고 개품운송인이 수하인에게 운송물을 인도한 날 또는 인도할 날부터 1년 이내에 재판상 청구가 없으면 소멸한다(상법 §814① 본문). 이 기간은 제척기간이나, 당사자의 합의에 의하여 그 기간을 연장할 수 있다(상법 §814① 단서). 수하인에는 선하증권의 소지인을 포함하며, 이 제척기간은 개품운송인 또는 그 사용인의 선의·악의에 상관없으며, 채무불이행 책임에 대해서는 물론 불법행위 책임에도 적용된다.

2) **除斥期間의 延長** 개품운송인이 인수한 운송을 다시 제3자에게 위탁한 경우에 송하인 또는 수하인이 1년의 단기제척기간 이내에 개품운송인과 배상 합의를 하거나 개품운송인에게 재판상 청구를 하였다면, 그 합의 또는 청구가 있은 날부터 3개월이 경과하기 이전에는 그 제3자에 대한 개품운송인의 책임은 1년의 제척기간에 불구하고 소멸하지 아니한다(상법 §814② 1문).

개품운송인과 그 제3자 사이에 1년의 제척기간을 연장하는 약정을 한 경우에도 그 연장기간 이내에 개품운송인과 배상 합의를 하거나 개품운송인에게 재판상 청구를 하였다면, 그 합의 또는 청구가 있은 날부터 3개월이 경과하기 이전에는 그 제3자에 대한 개품운송인의 책임은 그 연장된 기간에 불구하고 소멸하지 아니한다(상법 §814② 2문).

이 재판상 청구를 받은 개품운송인이 그로부터 3개월 이내에 그 제3자에 대하여 소송고지를 하면 3개월의 기간은 그 재판이 확정되거나 그 밖에 종료된 때부터 기산한다(상법 §814③).

3. 個品運送人의 權利

(1) 運賃請求權

1) **意 義** 개품운송인은 운송을 완료한 때에 운송이라는 일의 완성에 대한 보수로서 운임을 청구할 권리가 있다(상법 §791).

2) **운임청구의 상대방** 운임의 지급의무를 부담하는 자는 송하인이지만, 송하인이 운임을 지급하지 아니한 때에는 운송물을 수령하는 수하인 또는 선하증권소지인도 그 운임을 지급할 의무를 부담한다(상법 §807①). 운임을 지급하여야 하는 의무자가 수인인 때에는 운임지급의무는 부진정연대채무가 된다.

3) **運賃의 支給時期** 운송계약은 도급계약이므로 운임은 운송이 완료된 때에 지급하는 것이 원칙이나, CIF매매계약 등에 있어서는 선적 시에 운임을 지급하여야 한다.

4) **運賃請求權의 發生要件**

① **原 則** 운임청구권은 원칙적으로 운송물이 목적지에 도착하여야 발생하며, 운송물이 목적지에 도착하지 아니한 때에는 운임청구권이 발생되지 않는다. 따라서 운송물의 전부 또는 일부가 송하인의 책임 없는 사유로 인하여 멸실한 때에는 개품운송인은 그 운임을 청구하지 못하며, 개품운송인이 그 운임의 전부 또는 일부를 미리 받은 때에는 이를 반환하여야 한다(상법 §815, §134①).

② **例 外**

(가) **운송물의 성질 등에 의한 멸실** 운송물의 전부 또는 일부가 그 성질이나 하자 또는 송하인의 과실로 인하여 멸실한 때에는 송하인은 운임의 전액을 지급하여야 한다(상법 §815, §134②).

(나) **운송계약의 종료** 항해 도중에 선박의 침몰 또는 멸실、선박의 수선불능、선박의 포획 등으로 운송계약이 종료된 경우에 송하인은 운송의 비율에 따라 현존하는 운송물의 가액의 한도에서 운임을 지급하여야 한다(상법 §810②).

(다) **船長의 積荷處分** 선장이 선박수선료、해난구조료, 그 밖에 항해의 계속에 필요한 비용을 지급하기 위하여 또는 선박과 적하의 공동위험을 면하기 위한 공동해손처분으로서 적하를 처분하였을 경우에는 개품운송인은 운임의 전액을 청구할 수 있다(상법 §813).

(라) **法定事由로 인한 계약 해지** 항해 또는 운송이 법령을 위반하게 되거나 그 밖에 불가항력으로 인하여 계약의 목적을 달성할 수 없게 된 경우에 그 사유가 항

해 도중에 생겨 계약을 해지한 때에는 개품운송인은 송하인에 대하여 운송의 비율에 따라 운임을 청구할 수 있다(상법 §811②).

5) **運賃의 算定** 운임의 산정에 있어서 운임을 운송물의 중량 또는 용적으로 정한 때에는 운송물을 인도하는 때의 중량 또는 용적에 의하여 그 액을 정한다(상법 §805). 항해 중에 운송물의 보관상태 여하에 따라 운송물의 중량이나 용적이 변할 수 있기 때문이다.

운임을 기간으로 정한 때에는 운송물의 선적을 개시한 날부터 그 양륙을 종료한 날까지의 기간에 의하여 그 액을 정한다(상법 §806①). 이 기간에는 불가항력으로 인하여 선박이 선적항이나 항해 도중에 정박한 기간 또는 항해 도중에 선박을 수선한 기간을 산입하지 아니한다(상법 §806②).

⑵ 附遂費用請求權

개품운송인은 수하인 또는 선하증권소지인이 운송물을 수령하는 때에는 운임 외에 운송물의 운송 및 인도에 부수된 부수비용과 체당금、정박료、공동해손 또는 해난구조로 인한 부담액을 송하인, 또는 운송물을 수령하는 수하인에게 청구할 수 있다(상법 §807①).

⑶ 留置權

수하인 또는 선하증권소지인이 운송물을 수령하는 때에 개품운송인에게 운송계약에 따라 운임、부수비용、체당금、정박료、공동해손 또는 해난구조로 인한 부담액을 지급하지 아니하는 경우에 선장은 그 금액의 지급과 상환하지 아니하면 운송물을 인도하지 않고 유치할 수 있다(상법 §807②).

⑷ 競賣權

수하인 또는 선하증권소지인이 운임、부수비용、체당금、정박료、공동해손 또는 해난구조로 인한 부담액을 지급하지 아니하는 경우에 개품운송인은 그 금액의 지급을 받기 위하여 법원의 허가를 받아 운송물을 경매하여 우선변제를 받을 권리가 있다(상법 §808①).

개품운송인은 선장이 수하인에게 운송물을 인도한 후에도 그 운송물에 대하여 이 경매권을 행사할 수 있다(상법 §808② 본문). 다만, 수하인 등에게 그 운송물을 인도한 날부터 30일을 경과하거나 제3자가 그 운송물에 점유를 취득한 때에는 그 권리행사가 제한된다(상법 §808② 단서).

(5) 個品運送人의 權利의 소멸

개품운송인이 송하인 또는 수하인에 대하여 가지는 채권은 그 청구원인의 여하에 불구하고 개품운송인이 수하인에게 운송물을 인도한 날 또는 인도할 날부터 1년 이내에 재판상 청구가 없으면 소멸한다(상법 §814① 본문). 이 기간은 당사자의 합의에 의하여 연장할 수 있다(상법 §814① 단서).

개품운송인이 인수한 운송을 다시 제3자에게 위탁한 경우에 송하인 또는 수하인이 위의 기간 내에 개품운송인과 배상 합의를 하거나 개품운송인에게 재판상 청구를 하였다면, 그 합의 또는 청구가 있은 날부터 3개월이 경과하기 이전에는 그 제3자에 대한 개품운송인의 채권은 위 기간이 경과하여도 소멸하지 아니한다(상법 §814② 1문). 개품운송인과 그 제3자 사이에 그 기간의 연장에 관한 약정이 있는 경우에도 같다(상법 §814② 2문). 이 경우 제3자에게 운송을 위탁한 개품운송인이 송하인 또는 수하인으로부터 이 기간 내에 재판상 청구를 받은 경우에 그로부터 3개월 이내에 그 제3자에 대하여 소송고지를 하면 3개월의 기간은 그 재판이 확정되거나 그 밖에 종료된 때부터 기산한다(상법 §814③).

4. 受荷人 등의 義務

(1) 運送物 受領義務

수하인은 운송물의 도착통지를 받은 때에는 당사자간의 합의 또는 양륙항의 관습에 의한 때와 곳에서 지체 없이 운송물을 수령하여야 한다(상법 §802).

(2) 運送物 一部滅失 등의 通知義務

수하인 또는 선하증권소지인이 운송물을 수령한 후 운송물의 일부 멸실 또는 훼손을 발견한 때에는 수령 후 지체 없이 그 개요에 관하여 개품운송인에게 서면에 의한 통지를 발송하여야 한다(상법 §804① 본문). 운송물의 멸실 또는 훼손이 즉시 발견할 수 없는 것인 때에는 수령한 날부터 3일 이내에 그 통지를 발송하여야 한다(상법 §804① 단서).

이 통지가 없는 경우에는 운송물이 멸실 또는 훼손 없이 수하인 또는 선하증권소지인에게 인도된 것으로 추정한다(상법 §804②). 따라서 이 통지를 하지 아니하면 운송물의 일부 멸실 또는 훼손의 사실에 관하여 수하인이 입증책임을 진다. 그러나 개품운송인 또는 그 사용인이 운송물의 일부 멸실 또는 훼손에 관하여 악의인 경우에는 수하인 등은 그 통지의무를 지지 아니하며, 또 이러한 추정력도 생기지 아니한다(상법

§804③). 운송물의 일부멸실 또는 훼손의 통지의무에 관한 규정에 반하여 수하인 등에게 불리한 당사자 사이의 특약은 효력이 없다(상법 §804⑤).

운송물에 멸실 또는 훼손이 발생하였거나 그 의심이 있는 경우에는 개품운송인과 수하인 등은 서로 운송물의 검사를 위하여 필요한 편의를 제공하여야 한다(상법 §804④).

(3) 運賃 등 支給義務

수하인 또는 선하증권소지인이 운송물을 수령하는 때에는 운송계약에 따라 운임·부수비용·체당금·정박료·공동해손 또는 해난구조로 인한 부담액을 지급하여야 하며(상법 §807①), 선장은 그 금액의 지급과 상환하지 아니하면 운송물을 인도할 의무가 없다(상법 §807②).

제4. 個品運送契約의 終了

1. 送荷人의 意思에 의한 解除·解止

(1) 發航 前의 解除·解止

1) 要 件 개품운송계약의 송하인은 발항 전에 운송계약을 해제 또는 해지할 수 있다. 이 때 다른 용선자와 송하인 전원이 공동으로 해제 또는 해지하는 경우에는 단일항해에서는 운임의 반액을 지급하면 되고, 왕복항해 또는 다른 항에서 선적항으로 항행하는 때에는 그 운임의 3분의 2를 지급하면 된다(상법 §833①, §832). 그 해제 또는 해지에 용선자 및 송하인 전원과 공동으로 하지 않는 경우에는 송하인이 발항 전에 계약을 해제 또는 해지하더라도 운임의 전액을 지급하여야 한다(상법 §833②).

그러나 발항 전이라도 일부용선자나 송하인이 운송물의 전부 또는 일부를 선적한 경우에는 다른 용선자와 송하인의 동의를 받지 아니하면 계약을 해제 또는 해지하지 못한다(상법 §833③). 운송물의 양륙으로 인하여 선박의 정박기간이 길어지거나 환적으로 다른 운송물에 피해를 줄 수 있기 때문이다.

2) 效 果 송하인이 운송계약을 해제 또는 해지를 한 때에도 부수비용과 체당금을 지급할 책임을 면하지 못하며(상법 §834①), 이 외에도 운송물의 가액에 따라 공동해손 또는 해난구조로 인하여 부담할 금액을 지급하여야 한다(상법 §834②). 또 송하인의 계약 해제 또는 해지로 운송물의 전부 또는 일부를 선적한 때에는 그 선적과 양륙의 비용은 송하인이 부담하여야 한다(상법 §835).

(2) 發航 後의 解除·解止

발항 후에는 송하인은 운임의 전액, 체당금·체선료와 공동해손 또는 해난구조의 부담액을 지급하고 그 양륙하기 위하여 생긴 손해를 배상하거나 이에 대한 상당한 담보를 제공하지 아니하면 계약을 해지하지 못한다(상법 §837). 여기서 양륙하기 위하여 생긴 손해에는 양륙을 위한 회항 비용과 체선료 등 발항 후 회항하여 양륙에 소요된 모든 손해를 말한다.

2. 法定事由로 인한 終了

(1) 發航 前의 解除

항해 또는 운송이 법령을 위반하게 되거나 그 밖에 불가항력으로 인하여 계약의 목적을 달할 수 없게 된 때에는 각 당사자는 계약을 해제할 수 있다(상법 §811①). 이 때 송하인은 운임을 지급할 필요가 없다.

이 경우 선박의 발항 전에 운송물의 일부에 불가항력이 생겨 계약의 목적을 달할 수 없는 때에는 송하인은 개품운송인의 책임이 가중되지 아니하는 범위 안에서 다른 운송물을 선적할 수 있다(상법 §812①). 송하인이 이 권리를 행사하고자 하는 때에는 지체 없이 운송물의 양륙 또는 선적을 해야 하고, 그 양륙 또는 선적을 게을리한 때에는 운임의 전액을 지급하여야 한다(상법 §812②).

(2) 發航 後의 解除

항해 또는 운송의 법령 위반 그 밖의 불가항력이 발항 후 항해 도중에 생긴 경우에는 각 당사자는 언제든지 운송계약을 해지할 수 있으며, 이때 송하인은 운송의 비율에 따라 운임을 지급하여야 한다(상법 §811②).

3. 當然終了

개품운송계약은 선박이 침몰 또는 멸실한 때, 선박이 수선할 수 없게 된 때, 선박이 포획된 때, 운송물이 불가항력으로 인하여 멸실된 때 종료한다(상법 §810①). 이 경우 선박의 침몰 또는 멸실·선박의 수선 불능·선박의 포획 등의 사유가 항해 도중에 생긴 때에는 송하인은 운송의 비율에 따라 현존하는 운송물의 가액의 한도에서 운임을 지급하여야 한다(상법 §810②).

또 불가항력에 의한 운송물의 멸실로 개품운송계약이 종료된 때에는 송하인은 운임을 지급할 필요가 없다. 다만 그 불가항력에 의한 멸실이 운송물의 일부에 생긴 때에는 송하인은 개품운송인의 책임이 가중되지 아니하는 범위 안에서 다른 운송물을 선적할 수 있다(상법 §812①). 송하인이 이러한 대체 선적의 권리를 행사하고자 하는 때에는 지체 없이 운송물의 양륙 또는 선적을 하여야 하며, 그 양륙 또는 선적을 게을리 한 때에는 운임의 전액을 지급하여야 한다(상법 §812②).

제3절 海上旅客運送契約

제1. 總 說

1. 海上旅客運送契約의 意義

해상여객운송계약은 운송인이 특정한 여객을 출발지에서 도착지까지 해상에서 선박으로 운송할 것을 인수하고, 이에 대하여 상대방이 운임을 지급하기로 약정함으로써 그 효력이 생기는 계약이다(상법 §817). 해상여객운송계약은 운송의 목적이 사람이라는 점에서 개품운송계약과 다르나, 그 법적 성질이 운송이라는 일의 완성을 목적으로 하는 도급계약이라는 점은 동일하다. 해상여객운송계약에 대해서는 상법에 특별규정을 두고 있는 외에 육상여객운송계약과 개품운송계약에 관한 규정이 준용되고 있다(상법 §826).

2. 海上旅客運送契約의 種類

해상여객운송계약에는 여객 개개인의 운송을 목적으로 하는 개별여객운송계약과 여객운송을 목적으로 하는 항해용선계약이 있다. 여객운송을 목적으로 하는 항해용선계약에는 그 성질에 반하지 아니하는 한 상법의 항해용선에 관한 규정이 준용된다(상법 §827②).

제2. 海上旅客運送契約의 成立

해상여객운송계약은 낙성·불요식 계약으로서 해상여객운송인과 여객 사이에 의사표시의 합치만으로 성립되며, 그 체결에 특별한 방식이 요구되지 않는다. 실무에서는 보통거래약관에 의하여 정형적으로 체결되며, 운송인이 운임을 받고 선표(船票)를 발행하는 방식이 일반적이지만, 소아의 경우와 같이 무상인 때도 있다. 선표는 지명식이나 지시식 또는 무기명식으로 발행된다. 기명식의 선표는 타인에게 양도하지 못하며(상법 §818), 단순한 증거증권으로서의 효력만 있다. 지시식이나 무기명식 선표는 유가증권으로서의 성질을 가지며, 일반적으로 타인에게 양도할 수 있으나, 발항 후에는 그 양도성이 상실된다.

제3. 海上旅客運送契約의 效力

1. 海上旅客運送人의 義務

(1) 堪航能力注意義務

해상여객운송인은 여객에 대하여 운송에 제공하는 선박이 선적항 발항 당시에 안전하게 항해할 수 있는 능력을 갖추도록 해야 할 주의의무를 부담한다(상법 §826①, §794). 이 의무의 내용은 개품운송계약에서와 같다.

(2) 食事提供義務

해상여객운송인은 다른 약정이 없으면 자기의 부담으로 선박내의 여객에게 식사를 제공할 의무가 있다(상법 §819①).

(3) 手荷物의 無賃運送義務

여객이 계약에 의하여 선내에서 휴대할 수 있는 수하물에 대하여는 해상여객운송인은 다른 약정이 없으면 별도로 운임을 청구하지 못한다(상법 §820).

(4) 船舶修繕 중의 居處 및 食事提供義務

항해 도중에 선박을 수선하는 경우에는 해상여객운송인은 그 수선 중 여객에게 상당한 거처와 식사를 제공하여야 한다(상법 §819② 본문). 다만 여객의 권리를 해하지 아니하는 범위 안에서 상륙항까지의 운송의 편의를 제공한 때에는 식사를 제공할 의무가 없다(상법 §819② 단서).

⑸ 死亡한 旅客의 手荷物處分義務

여객이 사망한 때에는 선장은 그 상속인에게 가장 이익이 되는 방법으로 사망자가 휴대한 수하물을 처분하여야 한다(상법 §824).

2. 海上旅客運送人의 責任

⑴ 旅客의 損害에 대한 責任

1) **責任의 內容** 해상여객운송인은 자기 또는 사용인이 감항능력주의의무의 위반 등 운송에 관한 주의를 해태하지 않았음을 증명하지 않으면 여객이 운송으로 인하여 받은 손해를 배상할 책임을 면하지 못한다(상법 §826①, §148①). 해상여객운송인의 책임의 요건과 손해액의 산정에 있어서 법원이 피해자와 가족의 정상을 참작하여야 하는 것은 육상운송에서와 같다(상법 §826①, §148②). 해상여객운송인의 책임에 관한 상법의 규정과는 달리 면책약관에 의하여 운송인의 책임을 경감 또는 면제하는 당사자 간의 특약은 무효이다(상법 §826①, §779①).

2) **責任制限의 限度** 여객의 사망 또는 신체의 상해로 인한 손해에 관한 채권에 대한 책임한도액은 그 선박의 선박검사증서에 기재된 여객의 정원에 175,000계산단위를 곱하여 얻은 금액으로 한다(상법 §770① 제1호). 따라서 승선여객의 수가 아무리 많아도 운송인은 피해여객에 대하여 이 금액을 한도로 책임을 진다.

⑵ 手荷物에 대한 責任

1) **託送手荷物에 대한 責任** 해상여객운송인은 여객으로부터 위탁받은 수하물에 관하여는 운임을 받지 아니하여도 개품운송인과 동일한 책임을 진다(상법 §826②, §794~801, §804, §807, §809, §811). 탁송수하물에 대한 해상여객운송인의 손해배상책임에 관하여 육상물건운송에 있어서와 같이 운송물의 멸실과 운임에 관한 규정(상법 §134), 고가물에 대한 책임(상법 §136), 육상여객운송인의 수하물 공탁、경매권(상법 §149②) 등의 규정이 준용된다(상법 §826②).

2) **携帶手荷物에 대한 責任** 해상여객운송인은 여객으로부터 인도받지 않은 수하물의 멸실 또는 훼손에 대하여는 자기 또는 사용인의 과실이 있는 때에 한하여 손해

배상책임을 진다(상법 §826③, §150). 해상여객운송인 또는 그 사용인의 과실에 대한 입증책임은 여객에게 있다. 개품운송인의 손해배상책임의 한도(상법 §819①·④), 개품운송인의 책임경감특약금지(상법 §799①), 항해용선자 등의 재운송계약 시 선박소유자의 책임(상법 §809), 운송인의 채권·채무의 소멸(상법 §814) 등의 규정은 휴대수하물에 대한 책임에 준용된다(상법 §830③).

3. 海上旅客運送人의 權利

(1) 運賃請求權

해상여객운송인은 여객의 운송에 대한 보수로서 운임을 청구할 수 있다. 운임액은 당사자간의 약정에 의할 것이나, 여객이 승선을 하지 아니한 채 선박이 발항한 때에도 운임의 전액을 청구할 수 있다(상법 §821). 여객이 발항 전에 계약을 해제하는 경우에는 운임의 반액을 지급하고, 발항 후에 계약을 해제하는 경우에는 운임의 전액을 지급하여야 한다(상법 §822).

해상여객운송에 있어서 운임청구권의 소멸시효에 관하여 상법의 규정은 없으므로, 그 시효기간은 일반상사채권의 경우와 같이 5년으로 보아야 한다(상법 §64). 다만 수하물에 관한 해상여객운송인의 채권은 개품운송인의 경우와 같이 그 수하물을 인도할 날 또는 인도한 날로부터 원칙적으로 1년이 경과되면 소멸한다(상법 §826②③, §814).

(2) 發港權

여객이 승선시기까지 승선하지 아니한 때에는 선장은 즉시 발항할 수 있다(상법 §821① 전문). 항해 도중의 정박항에서도 또한 같다(상법 §821① 후문). 이 경우에 여객은 운임의 전액을 지급하여야 한다(상법 §821②).

제4. 海上旅客運送契約의 終了

해상여객운송계약에 있어서 여객은 발항 전에는 물론 발항 후에도 계약을 해제할 수 있다. 여객이 발항 전에 계약을 해제하는 경우에는 운임의 반액을, 발항 후에 계약을 해제하는 경우에는 운임의 전액을 지급하여야 한다(상법 §822).

선박의 발항 전 또는 발항 후에 여객이 사망·질병 그 밖의 불가항력으로 인하여 항해할 수 없게 된 경우에도 계약을 해제할 수 있다. 선박의 발항 전에 이러한 사유로 인하여 항해할 수 없게 된 때에는 운송인은 운임의 10분의 3을 청구할 수 있고, 발항 후에 그 사유가 생긴 때에는 운송인의 선택으로 운임의 10분의 3 또는 운송의 비율에 따른 운임을 청구할 수 있다(상법 §823).

이밖에 여객운송계약은 선박이 침몰 또는 멸실한 때, 선박이 수선할 수 없게 된 때, 선박이 포획된 때에도 당연히 종료한다. 이 때 그 종료사유가 항해 도중에 생긴 때에는 여객은 운송의 비율에 따른 운임을 지급하여야 한다(상법 §825).

[판례] 대법원 1987.10.28. 선고 87다카1191 판결

원심판결 이유에 의하면, 원심은 그 증거에 의하여 망 유OO이 1986. 1. 18. 19 : 30 부산항을 출항하여 그 다음날 07 : 00경 제주항에 도착 예정인 피고 소유의 훼리 제5호 승선권을 매수하여, 출항할 무렵에는 그 여객선에 승선한 사실과 그 망인이 익사체로 발견되었을 때 위 승차권을 소지하고 있었던 사실을 인정하면서도 그 익사체가 발견된 것이 위 여객선이 부산항을 출발한지 8일이나 지난 그해 1. 26. 02 : 30경이었음을 들어 위 망인이 승차권을 반환하지 아니한 채 하선하였다가 그 후 사망할 가능성도 배제할 수 없다고 보고 이 사건 사고가 위 망인이 위 여객선에 승선도중 그 운송으로 인하여 사망하였다고 인정할 만한 증거가 없다고 하여 피고에게 상법 제830조, 제148조에 의한 손해배상책임을 물을 수 없는 것이라고 판시하고 있다.

기록에 비추어 위 망인이 위 여객선이 출항한지 8일이나 지난 뒤에 익사체로 발견되었고 위 망인이 위 여객선에 승선하여 가다가 그 무렵에 익사하였다고 볼만한 증거가 없고 보면(위 익사체에 대한 사망일시를 감정한 흔적도 없다.)위 망인이 승선권을 소지한 채 익사체로 발견되었다는 사실만으로는 그가 운송 도중 운송으로 인하여 사망하였다고 단정할 수 없다 하겠으므로 같은 취지의 원심의 판단은 옳게 수긍이 간다. 그리고 해상여객운송에 있어서 운송인이 승선자의 수와 하선자의 수를 확인하지 아니하였다고 하여 그것이 이 사건 사고의 원인이 될 운송에 관한 주의의무의 범위에 속한다고 할 수 없으므로 같은 취지의 원심판단도 정당하다.

상법 제830조에 의하여 준용되는 같은 법 제148조의 규정은 여객이 해상운송도중 그 운송으로 인하여 손해를 입었고 또 그 손해가 운송인이나 그 사용인의 운송에 관한 주의의무의 범위에 속하는 사항으로 인하였을 경우에 한하여 운송인은 자기 또는 사용인이 운송에 관한 주의를 게을리 하지 아니하였음을 증명하지 아니하는 한 이를 배상할 책임을 면할 수 없는 것이지 여객이 피해를 입기만 하면 그 원인을 묻지 않고 그 책임을 지우는 취지는 아니라 할 것이므로, 여객이 입은 손해라도 그것이 운송으로 인한 것이라거나 운송인 또는 그 사용인의 운송에 관한 주의의무의 범위에 속하지 아니하는 한 운송인은 그로인한 손해를 배상할 책임이 없다 할 것이다. 원심의 판단도 이 사건 사고가 운송으로 인한 것이거나 그 운송에 관한 주의의무의 범위에 속한 사항으로 인하여 발생한 것이라고 보지 아니하고 있는 것이므로 더 나아가 피고에게 운송에 관한 주의의무를 해태하지 아니하였는지의 여부에 관하여는 더 심리할 필요도 없다 하겠다. 다만 원심은 가정판단으로 위 망인이 위 여객선에 승선도중 그 운송으로 하여 사망하였다 하더라도 그 판시와 같은 사실을 바탕으로 하여 피고회사에게 운송에 관한 주의의무를 다 하였다고 판시하고 있는 것이다. 결국 원심판결에 주장하는 바와 같은 여객이 입은 손해의 배상책임에 관한 법리를 오해하였거나 채증법칙을 어기고 심리를 다하지 아니한 위법이 없다.

[참고] 대법원 1969.7.29. 선고 69다832 판결

여객운송인의 배상책임에 관한 상법 제148조의 규정은 여객이 운송 도중 그 운송으로 인하여 손해를 입었고 또 그 손해가 운송인이 나 그의 사용인의 운송에 관한 주의의무의 범위에 속하는 사항으로 인한 것이었음을 전제로 하여 그러한 사유로 인한 여객의 손해에 대하여는 운송인은 자기 또 사용인이 운송에 관한 주의를 해태하지 아니하였음을 증명하지 아니하는 한 이를 배상할 책임을 면할 수 없다는 취지를 명시하였을 뿐으로 운송 중에 여객이 입은 손해는 그 원인의 여하를 막론하고 운송인에게 그 책임을 부담시키려는 것이 아니었음이 그 명문상 뚜렷하다 할 것이다.

원판결에 의하면 원심은 원고들이 본소 청구의 원인으로서 주장한 그 판시와 같은 사고(원고 권OO가 1967.4.6 19:55 경 서울발 함백행 509열차를 타고 용산역과 서빙고역간을 통과하던 중 그 열차의 창문으로 날아 들어온 어떤 사람이 한강연변에서 던진 돌에 얼굴을 맞아 그 판시와 같은 상해를입게 되었던 사고)가 비록 피고가 위 열차로서 운송하던 여객인 원고 권영호에게 손해를 입힌 것이었다 할지라도 그 사고의 원인은 이를 운송인인 피고에게 상법 제148조 소정의 책임을 부담케 할 성질의 것이었다고는 할 수 없는 것이었다고 단정하였음이 … 명백하다. 그러한 견지에서 원판결을 기록과 대조 검토하여 보건대 위와 같이 단정한 위 판결이 그 후단 부분에서 원고가 원심당시 위 사고를 운송인인 피고의 위 상법 제148조 소정의 책임사유에 해당되는 것이었다는 주장(위 사고 장소가 본건과 같은 투석사고가 빈번하였던 장소였다는 사실, 그러한 사고는 피고의 투석방지를 위한 계몽, 간수인의 배치 또는 열차의 창문에 철망을 부치는 등의 대책을 강구함으로써 이를 미연에 방지할 수 있었다는 주장)을 그 판시와 같은 이유로서 배척한 조치에 위 상법의 규정에 대한 해석상의 잘못 또는 법리의 오해가 있었다거나 판결에 이유를 붙이지 않았고 또 이유에 불비가 있었던 것이라고 인정할 만한 사유는 발견되지 않는 …다.

제4장

傭船契約

제1절 總 說

용선계약은 선박소유자의 선박 자체 또는 그 선복을 자신의 해상기업활동에 이용하고 용선료를 지급하는 계약을 말한다. 현행 상법은 용선계약에 관하여 항해용선계약과 정기용선계약 및 선체용선계약에 관하여 규정하고 있다.

항해용선계약은 선박소유자가 용선자에게 선박의 선복의 전부 또는 일부를 제공하여 그 적재된 물건을 운송하고 이에 대해 용선자가 용선료를 지급하는 계약이며, 정기용선계약은 선박소유자가 선원이 승무하고 항해장비를 갖춘 선박을 용선자로 하여금 일정한 기간 항해에 사용하게 하고, 이에 대해 용선자가 용선료를 지급하는 용선계약이다. 선체용선계약은 선박소유자가 선박을 용선자의 관리·지배 아래 운항하도록 하고 이에 대해 용선자가 용선료를 지급하는 계약이다.

이들 용선계약 사이에는 용선의 목적과 용선자의 지위, 선박의 점유 등에 있어서 상당한 차이가 있다. 항해용선계약에서는 선박소유자가 해상기업활동의 주체로서 항해 및 운송에 관한 사항을 관장하며, 용선자는 선복에 적재할 운송물의 운송을 위탁받아 운송하고 그 운임액과 용선료의 차액을 취득하는 것을 목적으로 한다.

이와는 달리 정기용선계약에서는 선박소유자가 그 선원을 통하여 선박을 점유하여 관리하고, 용선자는 그 선박의 사용권만을 취득하여 해상기업활동을 하는 것이다. 또 선체용선계약은 용선자가 선박을 점유하고 선장의 선임 및 감독권을 가지고 항해 및 운송에 관한 모든 사항을 관장한다는 점에서 정기용선계약과 다르다.

제2절 航海傭船契約

제1. 航海傭船契約의 槪念

1. 航海傭船契約의 意義

항해용선계약은 특정한 항해를 할 목적으로 선박소유자가 용선자에게 선원이 승무하고 항해장비를 갖춘 선박의 전부 또는 일부를 물건의 운송에 제공하고 용선자가 이에 대하여 운임을 지급하기로 약정함으로써 그 효력이 생긴다(상법 §827①).

항해용선계약은 선박소유자가 해상기업의 주체로서 선원을 통해 선박을 간접점유하여 물건 또는 여객을 운송하는 계약이라는 점에서 용선자가 선박을 점유하는 선체용선계약과 다르며, 또한 항해용선계약에서 용선자는 해상기업의 주체가 되지 못한다는 점에서 용선자가 해상기업의 주체가 되는 정기용선계약과 다르다. 항해용선계약은 개품운송계약과 함께 전형적인 해상운송계약에 속하나, 선박의 선복(船腹)을 이용하는 것이 계약의 목적이므로 선박의 개성이 중시되며 부정기항해에서 주로 이용된다.

2. 航海傭船契約의 種類

(1) 全部傭船契約과 一部傭船契約

용선자에게 제공하는 선복이 그 선박의 전부인 경우를 전부용선이라 하고, 일부인 경우를 일부용선이라 한다. 발항 전 용선계약의 해제 또는 해지에 관하여 전부용선자는 운임의 반액을 지급하고 계약을 해제할 수 있으나(상법 §832①), 일부용선자는 다른 용선자와 송하인 전원과 공동으로 하는 경우에 한하여 해제 또는 해지를 할 수 있다(상법 §833①).

(2) 物件傭船契約과 旅客傭船契約

항해용선계약은 그 용선의 목적이 물건의 운송인 경우를 물건용선계약이라 하고, 그 용선의 목적이 여객의 운송인 경우를 여객용선계약이라 한다. 물건운송을 목적으로 하는 항해용선계약에 관한 규정은 그 성질에 반하지 아니하는 한 여객운송을 목적으로 하는 항해용선계약에도 준용한다(상법 §827②).

(3) 航海傭船契約과 期間傭船契約

항해용선계약은 그 계약의 존속이 특정 항해에 한정되는 용선계약을 말하고, 기간용선계약은 그 계약의 존속이 일정한 기간에 한정되는 용선계약을 말한다. 상법은 선박소유자가 일정한 기간 동안 용선자에게 선원이 승무하고 항해장비를 갖춘 선박을 항해에 사용하게 할 것을 약정하는 계약을 정기용선계약으로 규정하고 있으며(상법 §842), 선박소유자가 일정한 기간 동안 용선자에게 선박을 제공할 의무를 지지만 항해를 단위로 운임을 계산하여 지급하기로 약정한 경우에는 그 성질에 반하지 아니하는 한 항해용선계약에 관한 규정을 준용한다(상법 §827③).

제2. 航海傭船契約의 締結

1. 契約의 當事者

항해용선계약은 특정한 항해를 할 목적으로 선박소유자가 용선자에게 선원이 승무하고 항해장비를 갖춘 선박의 전부 또는 일부를 물건의 운송에 제공하기로 약정하고 용선자가 이에 대하여 운임을 지급하기로 약정함으로써 그 효력이 생기므로 항해용선계약의 당사자는 선박소유자와 항해용선자이다.

이밖에 선박소유자 또는 용선자를 위하여 선박의 용선을 알선하는 선박중개인과 용선자를 위하여 자기의 명의로 운송물을 선적하는 선적인(船積人) 등이 있으나, 이들은 항해용선계약의 직접 당사자는 아니다.

2. 契約締結의 方式

항해용선계약은 법령에 특별한 제한이 없는 한 선박소유자 또는 그 대리인과 용선자 또는 그 대리인 사이에 체결되며, 그 방식도 당사자의 자유로운 합의에 의한 불요식의 낙성계약이다. 각 당사자는 용선계약서를 작성하고 상대방의 청구가 있으면 이를 교부하여야 하나(상법 §828), 용선계약서의 작성도 계약의 성립 또는 효력발생요건이 아니며, 용선계약서는 단순한 증거증권에 지나지 않는다.

제3. 航海傭船契約의 效力

1. 船舶所有者의 義務

(1) 船積에 관한 義務

1) **船舶提供義務**　선박소유자는 선적지에서 용선계약에서 정한 선박을 용선자에게 제공하여야 한다. 선박소유자가 용선계약에서 정한 선박을 변경하고자 하는 경우에는 용선자의 동의를 얻어야 하나, 용선계약에서 다른 선박으로 대체할 수 있다는 대선약관(代船約款) 또는 환적약관(換積約款)을 정하고 있는 것이 보통이다.

2) **船積準備完了通知義務**　선박소유자는 운송물을 선적함에 필요한 준비가 완료된 때에는 지체 없이 용선자에게 그 통지를 발송하여야 한다(상법 §829①). 선적에 필요한 준비가 완료된 때라 함은 선박이 선적항에 단순히 정박한 때가 아니라 특정된 선적지점에서 운송물을 수령하여 적재할 준비가 완료되어 바로 선적이 개시될 수 있는 때를 말한다(정찬형(하), 891).

선적준비완료 통지는 용선자에게 하여야 하나, 용선자 외의 제3자가 운송물을 선적할 경우에 선장이 그 제3자를 확실히 알 수 없거나 그 제3자가 운송물을 선적하지 아니한 때에는 선장은 지체 없이 용선자에게 선적준비완료의 통지를 발송하여야 한다(상법 §830 전문). 이 경우 용선자는 선적기간 내에 한하여 운송물을 선적할 수 있다(상법 §830 후문).

3) **待泊義務**　선박소유자는 선적준비완료의 통지를 발송한 때로부터 운송물의 선적에 필요한 선적기간 동안 선적장소에 선박을 정박시킬 의무가 있다. 선적기간은 보통 용선계약에서 정하나, 그러한 정함이 없으면 선적항의 관습에 의한다. 운송물의 선적기간은 그 기간의 약정이 있는 경우에는 그 기간은 선적준비완료의 통지가 오전에 있은 때에는 그 날의 오후 1시부터 기산하고, 오후에 있은 때에는 다음날 오전 6시부터 기산한다(상법 §829② 전문). 이 기간에는 불가항력으로 인하여 선적할 수 없는 날과 그 항의 관습상 선적작업을 하지 아니하는 날을 산입하지 아니한다(상법 §829② 후문).

선적기간의 경과 후에는 용선자가 운송물의 전부를 선적하지 아니한 경우에도 선장은 즉시 발항할 수 있다(상법 §831②). 이 경우 용선자는 운임의 전액과 운송물의 전부를 선적하지 아니함으로 인하여 생긴 비용을 지급하고, 또한 선박소유자의 청구가 있는 때에는 상당한 담보를 제공하여야 한다(상법 §831③). 선적기간을 경과한 후에 용선자가 운송물을 선적한 때에는 선박소유자가 상당한 보수를 청구할 수 있음은 물론이다(상법 §829③).

4) **運送物受領·積付義務** 선박소유자는 용선계약에 따라 용선자 등이 인도하는 운송물을 수령하여 이를 선박에 적부하여야 한다. 운송물 수령 및 적부의무의 내용과 위법선적물 및 위험물에 대한 수령 거부 또는 그 포기, 감판적의 제한 등에 관하여는 개품운송계약의 경우와 같다(상법 §841①, §839②, §795①, §800, §801, §799②).

5) **船荷證券交付義務** 선박소유자는 운송물을 수령한 후에 용선자의 청구가 있는 경우에는 선하증권을 발행하여 교부하여야 한다(상법 §855①). 이 경우에 선박소유자는 선하증권에 기재된 대로 운송물을 수령 또는 선적한 것으로 추정되며(§855②), 선하증권을 발행한 선박소유자는 선하증권을 취득한 선의의 제3자에 대하여 운송인으로서 권리와 의무가 있다(상법 §855③전문). 용선자의 청구에 따라 선박소유자가 제3자에게 선하증권을 발행한 경우에도 같다(상법 §855③ 후문).

선박소유자가 용선자의 청구에 의하여 발행한 선하증권을 선의의 제3자가 취득한 경우와 선박소유자가 용선자의 청구에 따라 제3자에게 선하증권을 발행한 경우에는 선박소유자는 개품운송인의 경우와 동일하게 상법 제799조를 위반하여 그 책임을 감경 또는 면제하는 특약을 하지 못한다(상법 §855⑤).

(2) 航海에 관한 義務

1) **堪航能力注意義務** 선박소유자는 송하인에 대하여 운송에 제공하는 선박이 선적항 발항 당시에 안전하게 항해할 수 있는 능력을 갖추도록 해야 할 주의의무를 부담한다(상법 §841①, §794). 이 의무의 내용은 개품운송계약에서와 같다.

2) **發航義務** 선박소유자는 운송물 전부의 선적이 완료된 때에는 지체 없이 발항하여야 한다. 그러나 운송물의 전부가 선적되지 아니한 경우에도 전부용선자는 선장에게 발항을 청구할 수 있다(상법 §831①). 또한 선적기간이 경과된 후에는 용선자가 운송물의 전부를 선적하지 아니한 경우에도 선장은 즉시 발항할 수 있다(상법 §831②).

용선자의 발항청구에 의하여 또는 용선자가 선적 지체로 인하여 선장이 발항하는 경우에 용선자는 운임의 전액과 운송물의 전부를 선적하지 아니함으로 인하여 생긴 비용을 지급하고, 또한 선박소유자의 청구가 있는 때에는 상당한 담보를 제공하여야 한다(상법 §831③).

3) **直航義務** 선박소유자는 해난구조 등 정당한 사유로 인한 항로이탈의 경우를 제외하고는 도착항까지 직항하여야 한다(선원법 §8, 상법 §841①, §796).

4) **運送物의 保管·處分義務** 선박소유자는 운송물을 수령한 때부터 인도할 때까지 선량한 관리자의 주의로서 운송물을 보관하여 운송할 의무를 진다(상법 §795①). 법령 또는 계약에 위반하여 선적한 운송물의 양륙 또는 포기, 인화성 또는 폭발성 기타 위험성이 있는 운송물의 양륙·파괴 또는 무해조치 처분 등은 개품운송계약의 경우와 같다(상법 §841①, §800, §801①).

(3) 揚陸에 관한 義務

1) **入港義務** 선박소유자는 목적항에 도착한 때에는 용선계약에서 정해졌거나 또는 용선자가 지정하는 양륙항에 입항하여 양륙장소에 정박하여야 한다.

2) **揚陸準備完了通知義務** 선박소유자 또는 선장은 운송물을 양륙함에 필요한 준비가 완료된 때에는 지체 없이 수하인에게 그 통지를 발송하여야 한다(상법 §838①).

3) **碇泊義務** 선박소유자는 양륙항에서 용선자가 운송물을 양륙하는데 필요한 기간 동안 선박을 양륙지점에 정박시켜야 한다. 양륙기간은 당사자의 약정으로 정하나, 약정이 없으면 양륙항의 관습에 의한다.

운송물의 양륙기간은 양륙준비완료 통지가 오전에 있은 때에는 그 날의 오후 1시부터 기산하고, 오후에 있은 때에는 다음날 오전 6시부터 기산하나, 이 기간에는 불가항력으로 인하여 양륙할 수 없는 날과 그 항의 관습상 양륙작업을 하지 아니하는 날은 산입하지 아니한다(상법 §838②, §829②).

양륙기간을 경과한 후 운송물을 양륙한 때에는 선박소유자는 상당한 보수를 청구할 수 있다(상법 §838③).

4) **運送物引渡義務** 선박소유자는 양륙항에서 운송물을 정당한 수하인에게 인도할 의무가 있다(상법 §841①, §795①). 정당한 수하인은 항해용선계약에서 지정된 수하인을 말한다. 선하증권이 발행되지 아니한 경우에는 선박소유자는 용선계약에서 정해진 수하인에게 운송물을 인도하여야 한다. 수하인은 운송물이 도착지에 도착한 때에 송하인과 동일한 권리를 취득하며(상법 §841①, §140①), 수하인이 그 운송물의 인도를 청구한 때에는 수하인의 권리가 송하인의 권리에 우선한다(상법 §841①, §140②).

선박소유자가 용선자의 청구에 의하여 선하증권을 발행한 경우에는 선박소유자는 선하증권의 정당한 소지인에 대하여 그 증권과 상환하여 운송물을 인도하여야 한다(상법 §861, §129). 선하증권이 수통 발행된 경우의 운송물 인도에 관하여는 개품운송계약의 경우와 같다.

5) 供託의 通知義務 수하인이 운송물의 수령을 게을리 한 때에는 선장은 이를 공탁하거나 세관 기타 법령이 정하는 관청의 허가를 받은 장소에 인도할 수 있다. 이 경우에는 지체 없이 수하인에게 그 통지를 발송하여야 한다(상법 §841①, §803①). 운송물을 공탁하거나 세관 등에 인도한 때에는 수하인에게 운송물을 인도한 것으로 본다(상법 §841①, §803③).

수하인을 확실히 알 수 없거나 수하인이 운송물의 수령을 거부하는 때에 선장은 그 운송물을 공탁하거나 세관 기타 관청의 허가를 받은 곳에 인도하고 지체 없이 용선자 또는 송하인 및 알고 있는 수하인에게 그 통지를 발송하여야 한다(상법 §841①, §803②). 수하인을 확실히 알 수 없는 경우란 운송계약상의 수하인이 누구인지 확실히 알 수 없는 때와 선하증권 소지인이 누구인지 알 수 없는 때를 포함한다.

운송물을 공탁하거나 세관 등에 인도한 때에는 선하증권 소지인이나 그 밖의 수하인에게 운송물을 인도한 것으로 본다(상법 §841①, §803③).

2. 受荷人의 義務

(1) 通知義務

1) 義務의 內容 수하인 또는 선하증권소지인이 운송물을 수령한 후 운송물의 일부 멸실 또는 훼손을 발견한 때에는 수령 후 지체 없이 그 개요에 관하여 선박소유자에게 서면에 의한 통지를 발송하여야 한다(상법 §841①, §804① 본문). 운송물의 멸실 또는 훼손이 즉시 발견할 수 없는 것인 때에는 수령한 날부터 3일 이내에 그 통지를 발송하여야 한다(상법 §841①, §804① 단서). 다만 선박소유자 또는 그 사용인이 운송물의 일부 멸실 또는 훼손에 관하여 악의인 경우에는 수하인 등은 그 통지의무를 지지 아니한다(상법 §841①, §804③).

2) 義務不履行의 效果 수하인 등이 운송물의 멸실 또는 훼손 등의 통지를 하지 아니한 경우에는 운송물이 멸실 또는 훼손 없이 수하인 등에게 인도된 것으로 추정한다(상법 §841①, §804②). 이 경우에도 선박소유자 또는 그 사용인이 운송물의 일부 멸실 또는 훼손에 관하여 악의인 경우에는 이같은 추정의 효력이 생기지 않음은 물론이다(상법 §841①, §804③). 운송물에 멸실 또는 훼손이 발생하였거나 그 의심이 있는 경우에는 운송인과 수하인 등은 서로 운송물의 검사를 위하여 필요한 편의를 제공하여야 한다(상법 §804④).

3) 特約의 效力　운송물의 일부멸실 또는 훼손의 통지의무에 관한 규정에 반하여 수하인 등에게 불리한 당사자 사이의 특약은 개품운송계약에서는 무효이나(상법 §804⑤), 항해용선계약에서는 유효하다(상법 §841① 참조).

(2) 運賃 등 支給義務

수하인 또는 선하증권소지인이 운송물을 수령하는 때에는 운송계약에 따라 운임·부수비용·체당금·정박료·공동해손 또는 해난구조로 인한 부담액을 지급하여야 하며(상법 §841①, §807①), 선장은 그 금액의 지급과 상환하지 아니하면 운송물을 인도할 의무가 없다(상법 §841①, §807②).

3. 船舶所有者의 責任

(1) 責任의 內容

항해용선계약에 있어서 선박소유자의 책임에 관하여 상법은 개품운송인의 책임에 관한 감항능력주의의무(상법 §794) 운송물에 관한 주의의무(상법 §795), 운송인의 면책사유(상법 §796), 책임의 한도(상법 §797), 불법행위로 인한 손해배상책임에 대한 적용(상법 §798①~③)에 관한 규정을 준용하므로(상법 §841①), 그 책임의 내용은 개품운송인의 경우와 거의 같다.

(2) 責任減免에 관한 特則

항해용선계약에 있어서 선박소유자의 책임 감면에 관하여 상법은 특칙을 두고 있다. 즉 감항능력주의의무에 관한 상법 제794조에 반하여 선박소유자의 의무 또는 책임을 경감 또는 면제하는 당사자 사이의 특약은 원칙적으로 그 효력이 없다(상법 §839① 전문). 감항능력주의의무는 공익을 위한 의무이므로 그 위반 책임의 감면을 금지한 것이다.

이 규정은 항해용선계약에 있어서 선박소유자의 책임 감면을 광범하게 허용하는 것이다. 즉 개품운송계약에 있어서는 감항능력주의의무(상법 §794)위반의 경우 외에도 운송물에 관한 주의의무(상법 §795)·운송인의 면책사유(상법 §796)·책임의 한도(상법 §797)·불법행위로 인한 손해배상책임에 대한 적용(상법 §798①)에 반하는 개품운송인의 책임감면을 금지하고 있으나(상법 §799), 항해용선계약에 있어서는 감항능력주의의무 위반에 따른 책임 감면만을 금지하고 있을 뿐이고 그 밖의 경우에는 특약으로 책임을 감면할 수 있게 한 것이다.

운송물에 관한 보험의 이익을 선박소유자에게 양도하는 약정 또는 이와 유사한 약정도 그 효력이 무효이다(상법 §839① 후문).

⑶ 例 外

1) **산 動物 또는 甲板積의 경우** 산 동물의 운송 및 선하증권이나 그 밖에 운송계약을 증명하는 문서의 표면에 갑판적으로 운송할 취지를 기재하여 갑판적으로 행하는 운송에 대하여는 감항능력주의의무 위반으로 인한 책임도 특약에 의하여 감경 또는 면제할 수 있다(상법 §839②).

2) **선하증권이 발행된 경우** 항해용선계약에 있어서도 선박소유자가 용선자의 청구에 의하여 선하증권을 발행한 경우에 제3자가 선의로 그 선하증권을 취득한 경우와 선박소유자가 용선자의 청구에 따라 제3자에게 선하증권을 발행한 경우에는 선박소유자는 개품운송인의 경우와 동일하게 상법 제799조를 위반하여 그 책임을 감경 또는 면제하는 특약을 하지 못한다(상법 §855⑤).

⑷ 責任의 소멸

선박소유자의 용선자 또는 수하인에 대한 채무는 그 청구원인의 여하에 불구하고 선박소유자가 운송물을 인도한 날 또는 인도할 날부터 2년 이내에 재판상 청구가 없으면 소멸한다(상법 §840① 전문). 이 기간이 제척기간임은 개품운송계약의 경우와 같으나, 개품운송계약의 경우 이 제척기간이 1년인데 반하여 항해용선계약에서는 2년으로 하고 있다는 점이 다르다. 이 기간은 당사자의 합의에 의하여 연장할 수도 있으며(상법 §840① 후문, §814①단서), 또 단축할 수도 있는데, 이 기간을 단축하는 선박소유자와 용선자의 약정은 이를 운송계약에 명시적으로 기재하지 아니하면 그 효력이 없다(상법 §840②).

4. 船舶所有者의 權利

⑴ 運賃請求權

1) **意 義** 선박소유자는 항해용선계약에 의하여 용선자에게 선원이 승무하고 항해장비를 갖춘 선박의 전부 또는 일부를 물건의 운송에 제공하고, 그 대가로서 운임을 청구할 권리가 있다(상법 §827①).

2) **운임청구의 상대방** 운임의 지급의무를 부담하는 자는 용선자이지만, 용선자가

운임을 지급하지 아니한 때에는 운송물을 수령하는 수하인 또는 선하증권소지인도 그 운임을 지급할 의무를 부담한다(상법 §841①, §807①). 운임을 지급하여야 하는 의무자가 수인인 때에는 운임지급의무는 부진정연대채무가 된다.

3) **運賃의 지급시기** 항해용선계약은 해상운송계약으로서 도급계약이므로 운임은 운송이 완료된 때에 지급하는 것이 원칙이나, 해운실무에서는 운임을 미리 지급한다.

4) **運賃請求權의 발생요건**

① **原 則** 선박소유자의 운임청구권은 원칙적으로 운송물이 목적지에 도착하여야 발생하며, 운송물이 목적지에 도착하지 아니한 때에는 운임청구권이 발생되지 않는다. 따라서 운송물의 전부 또는 일부가 용선자의 책임 없는 사유로 인하여 멸실한 때에는 선박소유자는 그 운임을 청구하지 못하며, 선박소유자가 그 운임의 전부 또는 일부를 미리 받은 때에는 이를 반환하여야 한다(상법 §841①, §134①).

② **例 外**

(가) **運送物의 성질 등에 의한 멸실** 운송물의 전부 또는 일부가 그 성질이나 하자 또는 용선자의 과실로 인하여 멸실한 때에는 용선자는 운임의 전액을 지급하여야 한다(상법 §841①, §134②).

(나) **운송계약의 종료** 항해 도중에 선박의 침몰 또는 멸실ㆍ선박의 수선불능ㆍ선박의 포획 등으로 운송계약이 종료된 경우에 용선자는 운송의 비율에 따라 현존하는 운송물의 가액의 한도에서 운임을 지급하여야 한다(상법 §841①, §810②). 또 선박의 발항 전에 용선자가 용선계약을 임의로 해제 또는 해지하는 경우에 용선자는 운임의 반액 등 일정한 운임을 지급하여야 한다.

(다) **船長의 積荷處分** 선장이 선박수선료ㆍ해난구조료, 그 밖에 항해의 계속에 필요한 비용을 지급하기 위하여 또는 선박과 적하의 공동위험을 면하기 위한 공동해손처분으로서 적하를 처분하였을 경우에는 선박소유자는 운임의 전액을 청구할 수 있다(상법 §841①, §813).

(라) **법정사유로 인한 계약 해지** 항해 또는 운송이 법령을 위반하게 되거나 그 밖에 불가항력으로 인하여 용선계약의 목적을 달할 수 없게 된 경우에 그 사유가 항해 도중에 생겨 계약을 해지한 때에는 선박소유자는 용선자에 대하여 운송의 비율에 따라 운임을 청구할 수 있다(상법 §841①, §811②).

5) **運賃의 算定**

① **運賃을 운송물의 重量 또는 容積으로 정한 경우** 운임의 산정에 있어서 운임

을 운송물의 중량 또는 용적으로 정한 경우에는 운송물을 인도하는 때의 중량 또는 용적에 의하여 그 액을 정한다(상법 §841①, §805).

② **運賃을 기간으로 정한 경우** 운임을 기간으로 정한 경우에는 운송물의 선적을 개시한 날부터 그 양륙을 종료한 날까지의 기간에 의하여 그 액을 정한다(상법 §841①, §806①). 이 기간의 산정에는 선적을 개시한 날과 양륙을 종료한 날을 포함하므로 기간의 계산에 관한 민법의 원칙이 적용되지 않는다. 이 기간에는 불가항력으로 인하여 선박이 선적항이나 항해 도중에 정박한 기간 또는 항해 도중에 선박을 수선한 기간을 산입하지 아니한다(상법 §841①, §806②).

선적기간 또는 양륙기간이 경과한 후에 운송물을 선적 또는 양륙한 경우에는 그 기간 경과 후의 선적 또는 양륙기간은 선적 또는 양륙기간에 산입하지 아니하고 정박료로 별도로 청구할 수 있다(상법 §841②).

(2) 碇泊料請求權

항해용선계약에 있어서 용선자 등이 선적기간을 경과한 후에 운송물을 선적하거나, 수하인 등이 양륙기간을 경과한 후 운송물을 양륙한 때에는 선박소유자는 상당한 정박료를 청구할 수 있다(상법 §829③, §838③, §841①, §807①))

(3) 附遂費用請求權

선박소유자는 수하인 또는 선하증권소지인이 운송물을 수령하는 때에는 운임 외에 운송물의 운송 및 인도에 부수된 부수비용과 체당금ㆍ정박료ㆍ공동해손 또는 해난구조로 인한 부담액을 용선자, 또는 운송물을 수령하는 수하인에게 청구할 수 있다(상법 §841①, §807①).

(4) 留置權

수하인 또는 선하증권소지인이 운송물을 수령하는 때에 운송계약에 따라 운임ㆍ부수비용ㆍ체당금ㆍ정박료ㆍ공동해손 또는 해난구조로 인한 부담액을 지급하지 아니하는 경우에 선박소유자 또는 선장은 그 금액의 지급과 상환하지 아니하면 운송물을 인도하지 않고 유치할 수 있다(상법 §841①, §807②).

(5) 競賣權

수하인 또는 선하증권소지인이 운임ㆍ부수비용ㆍ체당금ㆍ정박료ㆍ공동해손 또는 해난구조로 인한 부담액을 지급하지 아니하는 경우에 선박소유자는 그 금액의 지급을 받기 위하여 법원의 허가를 받아 운송물을 경매하여 우선변제를 받을 수 있다(상법 §841①, §808①). 선박소유자의 경매권은 선장이 수하인에게 운송물을 인도한 후에도 행사할 수 있다(상법 §841①, §808② 본문). 다만, 수하인 등에게 그 운송물을 인도한 날부터 30일을 경과하거나 제3자가 그 운송물에 점유를 취득한 때에는 그 경매권의 행사가 제한된다(상법 §841①, §808② 단서).

(6) 權利의 소멸

선박소유자의 용선자 또는 수하인에 대한 채권은 그 청구원인의 여하에 불구하고 선박소유자가 운송물을 인도한 날 또는 인도할 날부터 2년 이내에 재판상 청구가 없으면 소멸한다(상법 §840① 전문). 이 기간은 제척기간이다. 당사자는 합의에 의하여 이 기간을 연장하거나 단축할 수 있다(상법 §840①후문, §840②). 이 기간을 단축하는 선박소유자와 용선자의 약정은 이를 운송계약에 명시적으로 기재하지 아니하면 그 효력이 없다(상법 §840②).

제4. 航海傭船契約의 終了

1. 傭船者에 의한 契約 終了

(1) 發航 前의 契約 解除 또는 解止

1) 全部傭船契約의 경우

① 單一航海 단일항해의 용선계약에 있어서 전부용선자는 운임의 반액을 지급하고 발항 전에 계약을 해제할 수 있다(상법 §832①). 용선자가 지급하여야 하는 운임의 반액은 공선(空船)운임 또는 공적(空積)운임이라고 하는데, 그 법적 성질은 일종의 법정해약금이다(정찬형(하), 904). 용선자가 선적기간 내에 운송물의 선적을 하지 아니한 때에는 계약을 해제 또는 해지한 것으로 본다(상법 §836). 전부용선자는 이 때에도 운임의 반액을 지급해야 한다.

② 往復航海 왕복항해의 경우에 전부용선자가 그 회항 전에 계약을 해지하는 때에는 운임의 3분의 2를 지급하여야 한다(상법 §832②). 선박이 다른 항에서 선적항에 항행하여야 할 경우에 전부용선자가 선적항에서 발항하기 전에 계약을 해지하는 때에도 운임의 3분의 2를 지급하여야 한다(상법 §832③).

2) 一部傭船契約의 경우

① 共同解除 일부용선자는 다른 용선자 및 송하인 전원과 공동으로 하는 경우에 한하여 발항 전에 용선계약을 해제 또는 해지할 수 있는데, 이 때 단일항해에서는 운임의 반액을 지급하여야 하고, 왕복항해에서는 운임의 3분의 2를 지급하여야 한다(상법 §833①). 선박이 다른 항에서 선적항에 항행하여야 할 경우에 일부용선자가 선적항에서 발항하기 전에 계약을 해지하는 때에도 다른 용선자와 송하인 전원과 공동으로 하는 경우에 한하며, 운임의 3분의 2를 지급하여야 한다(상법 §833①, §832③).

② 單獨解除 일부용선자가 다른 용선자 및 송하인 전원과 공동으로 하는 경우 외에는 일부용선자가 발항 전에 계약을 해제 또는 해지한 때에도 운임의 전액을 지급하여야 한다(상법 §833②). 또 발항 전이라도 일부용선자나 송하인이 운송물의 전부 또는 일부를 선적한 경우에는 다른 용선자와 송하인의 동의를 받지 아니하면 계약을 해제 또는 해지하지 못한다(상법 §833③). 일부용선계약에서는 계약이 해제되더라도 선박소유자의 선박 사용이 제한되고, 또 선적한 운송물의 양륙에 따른 초과정박과 운송지연 등이 염려되기 때문이다.

3) 解除 또는 解止의 效果 전부용선자나 일부용선자가 발항 전에 운임의 일부 또는 전부를 지급하고 계약을 해제 또는 해지를 한 때에도 부수비용과 체당금을 지급할 책임을 면하지 못한다(상법 §834①). 특히 왕복항해의 용선계약에 있어서 전부용선자가 그 회항 전에 계약을 해지하거나, 또는 선박이 다른 항에서 선적항에 항행하여야 할 경우에 용선자가 선적항에서 발항하기 전에 계약을 해지하는 때에는 부수비용과 체당금 외에 운송물의 가액에 따라 공동해손 또는 해난구조로 인하여 부담할 금액을 지급하여야 한다(상법 §834②). 이 밖에 계약을 해제 또는 해지하더라도 운송물의 전부 또는 일부를 선적한 때에는 그 선적과 양륙의 비용은 해제 또는 해지를 하는 용선자가 부담한다(상법 §835).

(2) 發航 後의 契約 解止

용선자는 선박이 발항한 후에도 계약을 해지할 수 있다. 다만 이 때에는 용선자는 운임의 전액, 체당금·체선료와 공동해손 또는 해난구조의 부담액을 지급하고 그 양륙하기 위하여 생긴 손해를 배상하거나 이에 대한 상당한 담보를 제공하여야 계약의 해지가 가능하다(상법 §837). 양륙하기 위하여 생긴 손해는 양륙을 위한 회항비용과 정박비용 등 양륙과 상당인과관계 있는 모든 손해를 말한다(정찬형(하), 905). 발항 후에는 선박이 항해 중인 상태이므로 용선계약의 해지에 따른 비용을 용선자에게 부담시키는 것이다.

2. 法定事由로 인한 終了

(1) 發航 前의 解除

항해 또는 운송이 법령을 위반하게 되거나 그 밖에 불가항력으로 인하여 계약의 목적을 달할 수 없게 된 때에는 각 당사자는 용선계약을 해제할 수 있다(상법 §841①, §811①). 이 때 용선자는 운임을 지급할 필요가 없다.

이 경우 선박의 발항 전에 운송물의 일부에 불가항력이 생겨 계약의 목적을 달할 수 없는 때에는 용선자는 선박소유자의 책임이 가중되지 아니하는 범위 안에서 다른 운송물을 선적할 수 있다(상법 §841①, §812①). 용선자가 이 권리를 행사하고자 하는 때에는 지체 없이 운송물의 선적을 하여야 하고, 이를 게을리한 때에는 운임의 전액을 지급하여야 한다(상법 §841①, §812②).

(2) 發航 後의 解止

항해 또는 운송의 법령 위반 그 밖의 불가항력이 발항 후 항해 도중에 생긴 경우에는 각 당사자는 언제든지 용선계약을 해지할 수 있으며, 이때 용선자는 운송의 비율에 따라 운임을 지급하여야 한다(상법 §841①, §811②).

3. 當然終了

용선계약은 선박이 침몰 또는 멸실한 때, 선박이 수선할 수 없게 된 때, 선박이 포획된 때, 운송물이 불가항력으로 인하여 멸실된 때 종료한다(상법 §841①, §810①). 이 경우 선박의 침몰 또는 멸실ㆍ선박의 수선 불능ㆍ선박의 포획 등의 사유가 항해 도중에 생긴 때에는 용선자는 운송의 비율에 따라 현존하는 운송물의 가액의 한도에서 운임을 지급하여야 한다(상법 §841①, §810②).

또 불가항력에 의한 운송물의 멸실로 용선계약이 종료된 때에는 용선자는 운임을 지급할 필요가 없다. 다만 그 불가항력에 의한 멸실이 운송물의 일부에 생긴 때에는 용선자는 선박소유자의 책임이 가중되지 아니하는 범위 안에서 다른 운송물을 선적할 수 있다(상법 §841①, §812①). 용선자가 이 권리를 행사하고자 하는 때에는 지체 없이 운송물의 선적을 하여야 하며, 그 선적을 게을리 한 때에는 운임의 전액을 지급하여야 한다(상법§841①, §812②).

제3절 定期傭船契約

제1. 定期傭船契約의 槪念

1. 意 義

정기용선계약은 선박소유자가 용선자에게 선원이 승무하고 항해 장비를 갖춘 선박을 일정한 기간 동안 항해에 사용하게 할 것을 약정하고, 용선자가 이에 대하여 기간으로 정한 용선료를 지급할 것을 약정함으로써 그 효력이 생긴다(상법 §842). 정기용선계약은 선박소유자가 선원을 통하여 선박의 간접점유를 하고 정기용선자는 그 선박의 사용권만을 갖는다는 점에서 용선자가 선박을 관리·지배하는 선체용선계약과 구별된다. 또 정기용선계약은 정기용선자가 선원이 승무한 선박의 사용권을 확보하여 해상기업활동을 직접 수행한다는 점에서, 타인의 선박을 이용하여 물건을 운송하고 운임을 지급하는 항해용선계약과 다르다.

2. 契約의 標準化

국제해운실무상 정기용선계약의 표준양식으로서 1905년 발틱 백해회의에서 제정되어 1950년에 개정된 Baltime Form과 1913년 뉴욕 물품거래소에서 제정되고 1946년에 개정된 New York Produce Exchange Form의 두 가지 양식이 있는데, 이중 후자가 주로 이용되고 있다.

3. 法的 性質

정기용선계약의 법적 성질에 관하여 순수한 운송계약이라는 용선계약설과, 정기용선계약은 선박임대차계약과 선원 등의 노무공급계약이 혼합된 혼합계약이라는 혼합계약설이 있다. 후자가 다수설이다.

제2. 定期傭船者와 船舶所有者의 關係

정기용선자와 선박소유자의 내부관계에 대해서는 상법과 당사자 간의 합의 또는 전형약관에 의하며, 여기에 규정이 없는 때에는 해사관습에 의하고 해사관습도 없으면 민법에 의한다.

1. 定期傭船者의 船長指揮權

정기용선자는 약정한 범위 안의 선박의 사용을 위하여 선장을 지휘할 권리가 있다(상법 §843①). 선장과 해원 기타 선박사용인이 정기용선자의 정당한 지시에 위반하여 정기용선자에게 손해가 생긴 경우에는 선박소유자가 이를 배상할 책임이 있다(상법 §843②).

2. 定期傭船者의 傭船料支給義務

정기용선자는 선박소유자에 대하여 약정기일에 용선료를 지급하여야 한다.

3. 船舶所有者의 留置權과 競賣權

정기용선자가 선박소유자에게 용선료와 체당금 기타 이와 유사한 정기용선계약에 의한 채무를 이행하지 않는 경우에 선박소유자는 그 금액과 상환하지 아니하면 운송물을 유치할 수 있으며(상법 §844①, §807②), 그 금액의 지급을 받기 위하여 법원의 허가를 얻어 운송물을 경매하여 우선변제를 받을 권리가 있다(상법 §844①, §808①). 이 경매권은 선장이 수하인에게 운송물을 인도한 후에도, 인도한 날로부터 30일이 경과되거나 제3자가 운송물에 대하여 점유를 취득한 때를 제외하고 행사할 수 있다(상법 §844①, §808②). 다만 선박소유자는 정기용선자가 운송물에 관하여 약정한 용선료 또는 운임의 범위를 넘어 그 권리를 행사할 수 없으며(§844②), 또한 정기용선자가 발행한 선하증권을 선의로 취득한 제3자에 대해서도 이러한 권리를 대항하지 못한다(상법 §844①단서).

4. 船舶所有者의 契約解止 및 解除權

정기용선자가 용선료를 약정기일에 지급하지 아니한 때에는 선박소유자는 용선계약을 해제 또는 해지할 수 있다(상법 §845①). 이 경우 정기용선자가 제3자와 운송계약을 체결하여 운송물을 선적한 후 선박의 항해 중에도 선박소유자가 용선료의 연체를 이유로 계약을 해제 또는 해지할 수 있다(§845②). 용선료의 연체를 이유로 한 계약의 해지 또는 해제와 운송의 계속은 선박소유자의 정기용선자에 대한 손해배상청구에 영향을 미치지 아니한다(상법 §845④).

5. 債權의 消滅

정기용선계약에 관하여 발행한 당사자 간의 채권은 선박이 선박소유자에게 반환된 날부터 2년 내에 재판상의 청구가 없으면 소멸한다(상법 §846①전문). 이 기간은 제척기간이나, 합의로 연장할 수 있다(상법 §846①후문, §814①단서).

제3. 定期傭船者와 第3者의 關係

정기용선자는 선박의 이용에 관한 사항에 대하여 해상기업 주체로서 제3자에 대하여 선박소유자와 동일한 권리의무를 가지며, 선박의 운항에 관련하여 생긴 인적 및 물적 손해에 대하여 책임을 진다. 다만 이 경우에 정기용선자는 선박소유자와 동일한 책임제한을 주장할 수 있다(상법 §769~§771, §774①).

제4. 船舶所有者와 第3者의 關係

정기용선계약에 있어서 선박소유자와 제3자 사이에 직접적인 관계가 없으나, 정기용선계약을 해제히기나 해지한 때에는 일정한 법률관계를 가진다.

1. 船舶所有者의 運送義務

정기용선자가 제3자와 운송계약을 체결하여 운송물을 선적한 후 선박의 항해 중에 선박소유자가 용선료의 지급 연체 등을 이유로 계약을 해제 또는 해지한 때에는, 선박소유자는 적하이해관계인에 대하여 정기용선자와 동일한 운송의무를 진다(§845②). 운송물을 선적하여 항해를 하고 있는 선박의 정기용선계약이 선박소유자에 의하여 해제 또는 해지되더라도 적하이해관계인을 보호하기 위하여 선박소유자로 하여금 그 운송을 완성하도록 한 것이다.

2. 質權設定의 擬制

선박소유사가 용선료지급연체를 이유로 계약을 해제 또는 해지한 경우에 그 해제·해지 및 운송계속의 뜻을 적하이해관계인에게 서면으로 통지하여야 한다. 이때에 선박소유자는 성기용선사에 대한 용선료·체낭금 기나 정기용선세약상의 채권을 담보하기 위하여 정기용선자가 적하이해관계인에 대하여 가지는 용선료 또는 운임 채권을 목적으로 질권을 설정한 것으로 본다(§845③).

제4절 船體傭船契約

제1. 船體傭船契約의 概念

1. 意 義

선체용선계약은 용선자의 관리·지배 하에 선박을 운항할 목적으로 선박소유자가 용선자에게 선박을 제공하고 용선자가 이에 따른 용선료를 지급하기로 약정하는 계약을 말한다(상법 §847①).

2. 種 類

선체용선계약에는 선박소유자가 선체만을 제공하는 단순한 선체용선계약과 선박소유자가 선장 그 밖의 해원을 공급할 의무를 지는 선원부선체용선계약이 있다. 이 후자도 해원이 용선자의 관리·지배 아래 선박을 운항하는 것을 목적으로 하면 선체용선계약으로 본다(상법 §847②). 선체용선계약에는 용선기간이 종료된 후에 용선자가 선박을 매수 또는 인수할 권리를 가지는 선체용선계약(상법 §848② 전단)과 본래의 선박소유자가 금융의 담보를 목적으로 채권자를 선박소유자로 하여 체결하는 선체용선계약(상법 §847①)이 있다.

3. 法的 性質

상법은 선체용선계약의 법률관계에 대해 그 성질에 반하지 아니하는 한 민법의 임대차에 관한 규정을 준용한다(상법 §848①). 따라서 선체용선계약의 법적 성질은 선박을 목적으로 하는 민법상의 임대차계약이라 할 수 있다.

제2. 船體傭船者와 船舶所有者의 內部關係

1. 船員選任 · 監督權

선체용선계약에서는 용선자는 선장과 해원을 스스로 고용하여 선박의 운항에 이용할 수 있으나, 선박소유자가 선장 및 해원을 공급한 경우에도 그 선원에 대한 지휘 · 감독권은 용선자에게 있다.

2. 船體傭船者의 船體傭船登記請求權

선체용선자는 선박소유자에 대하여 선체용선등기에 협력할 것을 청구할 수 있다(상법 §849①). 이 등기청구권은 선체용선계약에서 당사자 간에 반대의 약정이 있는 경우에도 인정된다.

3. 船舶買受權의 留保 등

용선자가 용선기간이 종료된 후에 선박을 매수 또는 인수할 권리를 가지는 경우 및 금융의 담보를 목적으로 채권자를 선박소유자로 하여 선체용선계약을 체결한 경우에도 용선기간 중에는 선체용선자와 선박소유자 간에는 선체용선계약에 관한 상법 해상편의 규정에 따라 권리 · 의무가 있다(상법 §848②).

4. 債權의 除斥期間

선체용선계약에 관하여 발생한 당사자 사이의 채권은 선박이 선박소유자에게 반환된 날부터 2년 이내에 재판상 청구가 없으면 소멸한다(상법 §851① 본문). 다만 이 제척기간은 당사자가 용선계약에서 명시적으로 기재한 합의로 연장할 수 있다(상법 §851① 단서, §840②).

제3. 船體傭船者와 第3者의 關係

1. 船舶所有者와 同一한 地位

선체용선자가 상행위나 그 밖의 영리를 목적으로 선박을 항해에 사용하는 경우에는 그 이용에 관한 사항에는 제3자에 대하여 선박소유자와 동일한 권리 · 의무가 있다(상법 §850①). 선체용선자는 선박의 운항에 관한 한 해상기업주체로서 자신의 관리·지배 아래 선박을 운항하므로, 그 운항에 관련하여 발생하는 채무와 책임은 선체용선자에게 귀속되며, 선박소유자와 동일한 책임제한(상법 §769~§771, §774①)을 주장할 수 있다.

2. 船體傭船登記의 對抗力

선체용선을 등기한 때에는 그 등기한 때부터 제3자에 대하여 효력이 생긴다(상법 §849②). 즉 선체용선자가 선체용선의 등기를 한 후에는 그 등기 후에 선박에 대한 물권을 취득한 양수인이나 경락자 또는 선박저당권자에 대해서도 대항할 수 있다.

제4. 船舶所有者와 第3者의 關係

선체용선계약에 있어서 선박소유자와 제3자 사이에는 선박의 이용에 관하여 직접적인 관계가 없다. 다만 선박의 이용에 관하여 제3자가 가지는 우선특권은 선박소유자에 대하여도 그 효력이 있다(상법 §850② 본문). 그러나 이 경우에 우선특권자가 그 이용이 계약에 반함을 안 때에는 선박소유자에 대하여 우선특권을 행사할 수 없다(상법 §850② 단서).

[판례] 대법원 1999.2.5. 선고 97다19090 판결

선박의 이용계약이 선박임대차계약인지, 항해용선계약인지 아니면 이와 유사한 성격을 가진 제3의 특수한 계약인지 여부 및 그 선박의 선장·선원에 대한 실질적인 지휘·감독권이 이용권자에게 부여되어 있는지 여부는 그 계약의 취지·내용, 특히 이용기간의 장단(장단), 사용료의 고하(고하), 점유관계의 유무 기타 임대차 조건 등을 구체적으로 검토하여 결정하여야 할 것이다. 이 사건의 경우, … 사실관계에 의하면, 해상구난업체를 운영하는 망인이 좌초된 101인경호를 구조하기 위하여 예인선인 이 사건 선박을 선장 및 선원이 딸린 채로 빌리면서, 그 이용기간은 101인경호를 구조 완료할 때까지로, 그 이용료는 인천 예인선선주협회가 정한 예인선 용선요금표에 의한 … 용선요금은 1일당 금 660,000원으로 하되, 구역 및 작업현장 사정에 따라 다소 조정하기로 정해져 있는 점, 해상구난업무의 성격상 선장은 용선자가 지정하는 장소로 이동하여야 하고, 구조업무를 행하기 위하여는 단순한 항해기술 외에 전문기술을 필요로 하는 점, 망인과 선박소유자 사이에 적용하기로 한 예인선 용선요금표의 부대조항에 의하면, 작업중 발생하는 사고에 관하여는 용선자가 책임지기로 한 점, 망인은 이 사건 선박의 정원이 총 4명임에도 자신의 직원 6명과 101인경호 선원 6명 등 총 15명이나 승선시키고, 자신이 시의회 의원이니 책임지겠다며 출항신고도 하지 아니한 채 출항한 점 등을 고려하면, 이 사건 선박의 이용계약은 항해용선계약으로는 볼 수 없고, 선박임대차와 유사하게 선박사용권과 아울러 선장과 선원들에 대한 지휘·감독권을 가지는 노무공급계약적 요소가 수반된 특수한 계약관계로 봄이 상당하다.

제5장

海上運送證書

제1절 序 說

해상운송증서는 운송물의 해상운송계약에 관한 사항을 기재한 증서를 말한다. 현행 상법은 2007년 상법개정에 의하여 종래의 선하증권에 관한 규정 외에 해상화물운송장에 대한 규정을 신설하였다. 해상화물운송장은 선하증권 대신에 발행하는 것으로서 선하증권과 같은 유가증권은 아니나, 개정상법은 추정적 효력과 면책적 효력을 인정하고 있다. 또한 개정상법은 선하증권에 있어서 전자선하증권에 관한 규정을 신설하였고, 해상화물운송장의 전자식 발행도 가능하게 하였다.

제2절 船荷證券

제1. 船荷證券의 意義

선하증권은 해상물건운송인이 해상물건운송계약에 따라 운송물을 수령 또는 선적하였음을 증명하고 해상운송인에 대한 운송물인도청구권을 표창하는 채권적 유가증권이다. 선하증권은 해상물건운송계약의 존재를 전제로 하는 요인증권이다. 또한 선하증권은 법률상 당연한 지시증권으로서 그 기재사항이 법정되어 있는 요식증권이며, 문언증권성, 인도증권성, 처분증권성 등의 성질을 갖는다.

선하증권은 연혁적으로 화물상환증보다 먼저 발달하여 왔으나, 운송물인도청구권을 표창한다는 점에서 그 성질과 효력이 화물상환증에 유사할 뿐만 아니라 또 법전에서도 상행위편에 규정되어 있으므로, 상법은 선하증권에 관하여 화물상환증에 대한 상법의 규정을 다수 준용하고 있다.

제2. 船荷證券의 種類

1. 受領船荷證券과 船積船荷證券

수령선하증권은 해상운송인이 운송물을 수령한 후에 송하인의 청구에 의하여 발행하는 선하증권이고(상법 §852①), 선적선하증권은 운송물을 선박에 선적한 후에 발행하는 선하증권이다(상법 §852②). 운송인이 운송물을 선적한 후에는 송하인의 청구에 의하여 1통 또는 수통의 선적선하증권을 교부하여야 하나, 수령선하증권이 교부된 경우에는 그 수령선하증권에 선적의 뜻을 표시하여야 한다(상법 §852②).

2. 通船荷證券과 中間船荷證券, 複合船荷證券

통선하증권은 하나의 운송에 운송인이 수인인 통운송의 경우에 발행하는 선하증권이다. 최초의 운송인만이 기명날인 또는 서명한 것을 단독통선하증권이라 하고, 각 구간의 중간운송인이 자기의 운송구간에 대하여 발행한 것을 중간선하증권이라 한다. 복합선하증권은 복합운송에서 복합운송인이 발행하는 선하증권을 말하다.

3. 赤船荷證券

적선하증권은 증권의 기재사항이 적색문자(赤色文字)로 기재되어 있는 선하증권을 말한다. 적선하증권은 법령이나 조약에 의하여 면책되는 손해에 대하여도 해상운송인이 책임을 진다는 특약이 있는 경우와 해상운송인이 보험자의 대리인으로서 운송물에 대하여 보험계약을 체결하는 경우에 발행된다. 후자의 적선하증권은 보험증권도 겸용하게 된다.

4. 無留保船荷證券과 留保船荷證券

무유보선하증권은 해상운송인이 운송물의 수량과 포장상태 등에 관한 부지약관(不知約款)을 기재하지 않고 발행한 선하증권이다. 유보선하증권이란 운송인이 운송물에 관한 부지약관을 기재하여 발행한 선하증권을 말한다. 운송인이 무유보선하증권을 발행한 때에는 포장의 불충분, 운송물의 하자 등에 의한 면책사유가 있더라도 이를 선의의 선하증권 소지인에게 대항할 수 없다.

제3. 船荷證券의 發行

1. 意 義

해상물건운송의 운송인은 운송물을 수령한 후 송하인의 청구에 의하여 1통 또는 수통의 선하증권을 교부하여야 한다(상법 §852①). 항해용선계약에서는 선박소유자는 용선자의 청구가 있는 경우에 운송물을 수령한 후에 선하증권을 발행한다(상법 §855①). 운송인 또는 선박소유자의 위임이 있는 때에는 선장 기타 대리인도 발행할 수 있다(상법 §852③). 이 밖에 해상물건운송의 주선에 있어서 운송주선인도 확정운임운송주선계약을 체결하거나(상법 §119②), 개입권을 행사하는 때에는(상법 §116①) 해상운송인의 지위에서 선하증권을 발행할 수 있다.

선하증권의 교부를 받은 용선자 또는 송하인은 발행자의 청구가 있는 때에는 선하증권의 등본에 기명날인 또는 서명하여 교부하여야 한다(상법 §856).

2. 記載事項

(1) 法定記載事項

선하증권에는 선박의 명칭ㆍ국적 및 톤수, 송하인이 서면으로 통지한 운송물의 종류ㆍ중량 또는 용적ㆍ포장의 종별ㆍ개수와 기호, 운송물의 외관상태, 용선자 또는 송하인의 성명ㆍ상호, 수하인 또는 통지수령인의 성명ㆍ상호, 선적항, 양륙항, 운임, 발행지와 그 발행연월일, 수통의 선하증권을 발행한 때에는 그 수, 운송인의 성명 또는 상호, 운송인의 주된 영업소 소재지를 기재하고 운송인 또는 선박소유자가 기명날인 또는 서명을 하여야 한다(상법 §853①, §855①). 이 밖에 강행법규에 위반되지 않는 범위 내에서 면책약관 등의 임의적 사항도 기재할 수 있다.

선하증권은 요식증권이나 그 요식성이 엄격한 것은 아니므로 어느 사항의 기재가 없더라도 중요한 사항이 아닌 한 증권의 효력에는 영향이 없다. 특히 선하증권의 기재사항 중 운송물의 중량ㆍ용적ㆍ개수 또는 기호가 운송인 또는 선박소유자가 실제로 수령한 운송물을 정확하게 표시하고 있지 아니하다고 의심할 만한 상당한 이유가 있는 때 또는 이를 확인할 적당한 방법이 없는 때에는 그 기재를 생략할 수 있다(상법 §853②).

(2) 記載의 效力

선하증권에 송하인이 운송인 또는 선박소유자에게 서면으로 통지한 운송물의 종류·중량 또는 용적·포장의 종별·개수와 기호가 기재된 경우에는 송하인은 그 기재사항이 정확함을 운송인 또는 선박소유자에게 담보한 것으로 본다(상법 §853③, §855①). 따라서 선하증권의 기재가 운송계약의 내용과 상이해 운송인이 선의의 선하증권소지인에게 손해배상책임을 지는 경우에 송하인은 운송인 또는 선박소유자가 입은 모든 손해를 배상하여야 한다.

또한 선하증권에 통지수령인이 기재되어 있는 경우에 운송인이나 선박소유자가 선하증권에 기재된 통지수령인에게 운송물에 관한 통지를 한 때에는 송하인 및 선하증권소지인과 그 밖의 수하인에게 통지한 것으로 본다(상법 §853④, §855①). 따라서 선하증권에 기재된 통지수령인에게 통지를 한 때에는 선하증권의 소지인에게 별도로 통지하지 않더라도 그 통지의 효력이 생긴다.

제4. 船荷證券의 讓渡

선하증권은 기명식이나 지시식 또는 무기명식으로 발행할 수 있다(상법 §861, §130 본문). 선하증권은 기명식으로 발행되더라도 법률상 당연한 지시증권으로서 증권상에 배서금지의 뜻이 기재되어 있지 않는 한 배서·교부에 의하여 양도될 수 있으며(상법 §861, §130 단서), 무기명식인 경우에는 단순한 교부에 의하여 양도된다.

선하증권의 양도배서·교부 또는 양도를 위한 단순한 교부에는 증권상의 권리가 상대방에게 이전되는 권리이전적 효력과 권리자로서의 정당한 자격이 인정되는 자격수여적 효력이 있다.

제5. 船荷證券의 效力

선하증권은 해상운송인이 운송물을 수령한 것을 증명하고 양륙항에서 그 소지인에게 운송물을 인도할 채무를 부담하는 유가증권이며, 그 효력으로서 채권적 효력과 물권적 효력이 있다. 선하증권의 물권적 효력에 관하여 상법은 화물상환증의 물권적 효력에 관한 상법의 규정을 준용하고 있으나, 채권적 효력에 관하여는 화물상환증의 채권적 효력에 관한 상법 제131조를 준용하지 아니하고, 악의의 선하증권 소지인에 대해서는 추정적 효력을, 선의의 선하증권소지인에 대해서는 문언적 효력을 명문으로 규정하고 있다.

1. 債權的 效力

(1) 推定的 效力

법정사항을 기재한 선하증권이 발행된 경우 운송인과 송하인 사이에는 선하증권에 기재된 대로 개품운송계약이 체결되고 운송물을 수령 또는 선적한 것으로 추정한다(상법 §854①). 용선계약에서도 용선자의 청구에 의하여 선박소유자가 선하증권을 발행한 경우 선박소유자는 선하증권에 기재된 대로 운송물을 수령 또는 선적한 것으로 추정한다(상법 §855②). 따라서 운송계약의 내용과 증권의 기재가 다른 경우에는 운송인 또는 선박소유자는 악의의 선하증권소지인에 대하여 그 상위한 사실을 입증하여 실제 계약의 내용대로 주장할 수 있다.

(2) 文言的 效力

운송인은 선하증권을 선의로 취득한 소지인에 대하여는 선하증권에 기재된 대로 운송물을 수령 혹은 선적한 것으로 보고 선하증권에 기재된 바에 따라 운송인으로서 책임을 진다(상법 §854②). 용선계약에서도 선하증권을 발행한 선박소유자는 그 선하증권을 취득한 선의의 제3자에 대해 선하증권에 기재된 바에 따라 운송인으로서 권리와 의무가 있다(상법 §855③ 전문). 용선자의 청구에 따라 선박소유자가 제3자에게 선하증권을 발행한 경우에도 이와 같다(상법 §855③후문).

따라서 선하증권이 공권(空券)이거나 증권상의 운송물과 계약상의 실제 운송물이 다른 경우에도 선의의 증권소지인에 대해서는 운송인이나 선박소유자가 그 증권이 공권이라거나 또는 실제의 운송물이 증권상의 운송물과 다름을 주장할 수 없으며, 증권상의 기재에 따른 채무불이행 책임을 지게 된다. 다만 대법원 판례는 선하증권이 공권인 경우에는 무효로서 선의의 소지인은 운송인에 대해 불법행위로 인한 손해배상책임을 추궁할 수 있다고 한다.

[판례] 대법원 2008.2.14, 선고 2006다47585 판결

선하증권은 운송물의 인도청구권을 표창하는 유가증권인바, 이는 운송계약에 기하여 작성되는 유인증권으로 상법은 운송인이 송하인으로부터 실제로 운송물을 수령 또는 선적하고 있는 것을 유효한 선하증권 성립의 전제조건으로 삼고 있으므로 운송물을 수령 또는 선적하지 아니하였는데도 발행된 선하증권은 원인과 요건을 구비하지 못하여 목적물의 흠결이 있는 것으로서 무효라고 봄이 상당하고, 이처럼 무효이어서 담보로서의 가치가 없는 선하증권을 담보로서의 가치가 있는 유효한 것으로 기망을 당한 나머지 그 소지인으로부터 수출환어음과 함께 매입한 은행으로서는 운송물을 수령하지 않고 선하증권을 발행함으로써 위와 같은 기망행위에 가담한 운송인에 대하여 달리 특별한 사정이 없는 한 수출환어음의 매입대금액 상당의 손해배상을 청구할 수 있는 것이며, 설사 함께 매입되었던 수출환어음의 지급인이 사후에 이를 인수하였다 하더라도 위 불법행위와 그로 인한 손해의 발생과 사이의 인과관계가 단절된다고 할 수는 없고, 또한 현실적으로 위 수출환어음의 지급이 이루어지지 아니하는 한 위 불법행위로 인한 은행의 손해가 전보되어 소멸하게 되는 것도 아니라고 할 것이다.

(3) 不知約款

상법이 운송인으로 하여금 선의의 선하증권 소지인에 대하여 선하증권에 기재된 대로 운송물을 수령 혹은 선적한 것으로 간주하여 그 책임을 지게 하는 것은 선하증권의 기재문언을 신뢰한 선의의 증권소지인을 보호함으로써 증권의 유통성을 확보하기 위한 것이다. 그러나 대량의 운송물을 취급하는 운송인으로서는 개개 운송물의 내용물을 정확하게 확인하여 선하증권에 기재하는 것은 현실적으로 곤란하므로, 실무에서는 '내용불명'(contents unknown), '송하인이 적입하고 수량을 셈'(shipper's load & count), '…이 들어 있다고 함'(said to contain) 등의 문언을 기재하여 그 책임을 면한다. 이를 부지약관 또는 부지문구(不知文句)라 한다.

그러나 운송인이나 선박소유자가 이러한 부지약관을 남발하는 경우에는 선하증권의 유통성을 해칠 우려가 있으므로, 상법은 운송인 또는 선박소유자에 대하여 선하증권의 기재사항 중 운송물의 중량·용적·개수 또는 기호가 운송인 또는 선박소유자가 실제로 수령한 운송물을 정확하게 표시하고 있지 아니하다고 의심할 만한 상당한 이유가 있는 때 또는 이를 확인할 적당한 방법이 없는 때에는 그 기재를 생략할 수 있도록 규정함으로써(상법 §853②) 이 부지약관의 효력을 제한적으로 인정하고 있다.

이러한 부지약관의 기재가 유효한 경우에는 선하증권의 추정적 효력과 문언적 효력이 배제된다.

[판례] 대법원 2001. 2. 9. 선고 98다49074 판결

상법의 규정에 의하면, 운송인은 선하증권에 기재된 대로 운송물을 수령 또는 선적한 것으로 추정되므로, 선하증권에 운송물이 외관상 양호한 상태로 선적되었다는 기재가 있는 무고장선하증권이 발행된 경우에는 특별한 사정이 없는 한 운송인은 그 운송물을 양호한 상태로 수령 또는 선적한 것으로 추정된다 할 것이고, 따라서 무고장선하증권의 소지인이 운송물의 훼손으로 인한 손해를 입증함에 있어서는 운송인으로부터 운송물을 수령할 당시의 화물의 손괴사실만 입증하면 되는 것이고 나아가 이러한 손해가 항해 중에 발생한 것임을 입증할 필요는 없다 할 것이다. 그러나 선하증권에 기재되어 추정을 받는 '운송물의 외관상태'는 상당한 주의를 기울여 검사하면 발견할 수 있는 외관상의 하자에 대하여서만 적용되는 것이지 상당한 주의를 기울이더라도 발견할 수 없는 운송물의 내부상태에 대하여서는 위 추정규정이 적용될 수 없다 할 것이다. 그리고 송하인측에서 직접 화물을 컨테이너에 적입하여 봉인한 다음 운송인에게 이를 인도하여 선적하는 형태의 컨테이너 운송의 경우에 있어서는, 선하증권의 법정기재 사항을 충족하기 위하여 혹은 그 선하증권의 유통편의를 위하여 부동문자로 "외관상 양호한 상태로 수령하였다."는 문구가 선하증권상에 기재되어 있다고 할지라도, 이와 동시에 "송하인이 적입하고 수량을 셈(Shipper's Load & Count)" 혹은 "…이 들어 있다고 함(Said to Contain…)" 등의 이른바 부지문구가 선하증권상에 기재되어 있고, 선하증권을 발행할 당시 운송인으로서 그 컨테이너 안의 내용물 상태에 대하여 검사, 확인할 수 있는 합리적이고도 적당한 방법이 없는 경우 등 특별한 사정이 있는 경우에는 이러한 부지문구는 유효하고, 위 부지문구의 효력은 운송인이 확인할 수 없는 운송물의 내부상태 등에 대하여도 미친다고 할 것이다. 따라서 선하증권상에 위와 같은 부지문구가 기재되어 있다면, 이와 별도로 외관상 양호한 상태로 선적되었다는 취지의 기재가 있다 하여 이에 의하여 컨테이너 안의 내용물의 상태에 관하여까지 양호한 상태로 수령 또는 선적된 것으로 추정할 수는 없다고 할 것이므로, 이러한 경우 선하증권 소지인은 송하인이 운송인에게 운송물을 양호한 상태로 인도하였다는 점을 입증하여야 할 것이다.

(4) 數通의 船荷證券에 의한 運送物引渡請求의 경우

양륙항에서 수통의 선하증권 중 1통을 소지한 자가 운송물의 인도를 청구하는 경우에도 선장은 그 인도를 거부하지 못한다(상법 §857①). 이 경우 1통의 소지인이 운송물의 인도를 받은 때에는 다른 선하증권은 그 효력을 잃는다(상법 §857②). 양륙항 외에서는 선장은 선하증권의 각 통의 반환을 받지 아니하면 운송물을 인도하지 못한다(상법 §858).

그러나 2인 이상의 선하증권소지인이 운송물의 인도를 청구한 때에는 선장은 지체 없이 운송물을 공탁하고 각 청구자에게 그 통지를 발송하여야 한다(상법 §859①). 선장이 운송물의 일부를 인도한 후 다른 소지인이 운송물의 인도를 청구한 경우에도 그 인도하지 아니한 운송물에 대하여 지체 없이 운송물을 공탁하고 각 청구자에게 그 통지를 발송하여야 한다(상법 §859②).

이 경우 공탁한 운송물에 대한 수인의 선하증권소지인의 순위는 그 수인의 선하증권소지인에게 공통되는 전 소지인으로부터 먼저 교부를 받은 증권소지인의 권리가 다른 소지인의 권리에 우선한다(상법 §860①). 격지자에 대하여 발송한 선하증권은 그 발송한 때를 교부받은 때로 본다(상법 §860②).

2. 物權的 效力

선하증권이 발행된 경우에는 운송물에 관한 처분은 선하증권으로써 하여야 한다(상법 §861, §132). 선하증권에 의하여 운송물을 받을 수 있는 자에게 선하증권을 교부한 때에는 운송물 위에 행사하는 권리의 취득에 관하여 운송물을 인도한 것과 동일한 효력이 있다(상법 §861, §133). 선하증권의 물권적 효력의 내용과 법적 구성은 화물상환증의 경우와 동일하다.

[판례] 대법원 1998.9.4, 선고 96다6240 판결

선하증권은 해상운송인이 운송물을 수령한 것을 증명하고 양륙항에서 정당한 소지인에게 운송물을 인도할 채무를 부담하는 유가증권으로서, 운송인과 그 증권소지인 간에는 증권 기재에 따라 운송계약상의 채권관계가 성립하는 채권적 효력이 발생하고(상법 제820조, 제131조), 운송물을 처분하는 당사자 간에는 운송물에 관한 처분은 증권으로서 하여야 하며 운송물을 받을 수 있는 자에게 증권을 교부한 때에는 운송물 위에 행사하는 권리의 취득에 관하여 운송물을 인도한 것과 동일한 물권적 효력이 발생하므로(상법 제820조, 제132조, 제133조) 운송물의 권리를 양수한 수하인 또는 그 이후의 자는 선하증권을 교부받음으로써 그 채권적 효력으로 운송계약상의 권리를 취득함과 동시에 그 물권적 효력으로 양도 목적물의 점유를 인도받은 것이 되어 그 운송물의 소유권을 취득한다.

제6. 電子船荷證券

1. 電子船荷證券의 意義

전자선하증권은 선하증권을 전자화한 것을 말한다. 종래 종이문서로 된 전통적인 선하증권은 선박의 고속화와 운송물의 선적·양륙 시간 단축, 무역업무의 전산화로 그 경제적 효용가치가 떨어지면서 선하증권상의 권리를 전자화하는 방안이 1980년대부터 본격 추진되어 왔으며, 우리나라 은행과 기업을 비롯한 세계 다수 국가의 수출입기업과 은행·해운회사 등이 선하증권의 전자화에 참여하고 있다. 그리하여 2007년 개정상법은 그 이용의 안전성과 유통성을 확보하고 전자적 방법에 의한 권리의 이전에 법적 효력을 부여하기 위한 규정을 두고 있다.

2. 電子船荷證券의 發行

해상화물운송계약의 운송인 또는 항해용선계약의 선박소유자는 운송물을 수령하거나 선적한 후에 종래의 종이 선하증권을 발행하는 대신에 송하인 또는 용선자의 동의를 받아 법무부장관이 지정하는 등록기관에 등록을 하는 방식으로 전자선하증권을 발행할 수 있다(상법 §862①전문). 전자선하증권의 등록기관의 지정요건, 발행 및 배서의 전자적인 방식, 운송물의 구체적인 수령절차와 그 밖에 필요한 사항은 대통령령으로 정한다(상법 §862⑤).

전자선하증권에는 선하증권의 법정기재사항(상법 §853①)에 속하는 정보가 포함되어야 하며, 운송인이 전자서명을 하여 송신하고 용선자 또는 송하인이 이를 수신하여야 그 효력이 생긴다(상법 §862②). 이 경우 전자선하증권은 종래의 전통적인 선하증권과 동일한 법적 효력을 갖는다(상법 §862① 후문).

3. 電子船荷證券의 讓渡

전자선하증권의 양도는 증권의 권리자가 배서의 뜻을 기재한 전자문서를 작성한 다음 전자선하증권을 첨부하여 지정된 등록기관을 통하여 상대방에게 송신하는 방식으로 한다(상법 §862③). 전자선하증권의 배서의 전자적인 방식은 대통령령으로 정한다(상법 §862⑤). 전자선하증권에 전자적인 방식에 따라 배서의 뜻이 기재되어 있는 전자문서를 상대방이 수신하면 종이 선하증권을 배서하여 교부한 것과 동일한 효력이 있고, 전자선하증권과 배서의 전자문서를 수신한 권리자는 종이 선하증권을 교부받은 소지인과 동일한 권리를 취득한다(상법 §862④).

▌제3절 海上貨物運送狀 ▌

제1. 海上貨物運送狀의 意義

해상화물운송장은 개품운송인 또는 선박소유자가 선하증권 대신에 송하인에게 발행하는 증서로서 해상화물운송계약의 존재와 그 내용을 증명하는 증거증권이며, 운송계약에서 정해진 수하인 또는 그 대리인에게 운송물을 인도하면 책임을 면하는 면책증권이다. 해상화물운송장은 증거증권 및 면책증권이라는 점에서 운송물인도청구권을 표창하는 유가증권인 선하증권과 다르다.

종래 종이서면으로 된 선하증권은 증권의 작성과 보관, 재발급 등의 관리비용 부담이 적지 않고 그 우송과정의 지연과 불확실성 등의 비효율성이 지적되어 왔다. 선하증권이 유통되는 과정에서 증권의 위조 또는 변조로 유통의 안전성을 확보하기 어렵고, 선박의 고속화와 선적 및 하역 시간 단축으로 운송기간이 대폭 줄어 선하증권 보다 운송물이 먼저 목적지에 도착하고, 선하증권을 기다리는 동안 보관중인 운송물이 부패하거나, 보관료 부담이 늘어났다. 보증도에 있어서도 은행의 보증이 까다롭고 은행보증장의 위조에 따른 운송인의 책임문제도 빈번하게 발생하는 등 여러 가지 문제가 제기되었다.

해상화물운송장은 선하증권의 이러한 문제점을 해결하기 위한 대안으로서 국제적으로 널리 이용되어 왔으며, 현행 상법은 2007년 개정에서 이에 관한 명문규정을 두게 되었다.

제2. 海上貨物運送狀의 法的 性質

해상화물운송장은 개품운송인 또는 선박소유자가 개품운송계약 또는 항해용선계약에 따라 운송물을 수령 또는 선적한 후에 일정한 법정기재사항을 기재하여 발행하여야 하고, 개품운송인 또는 선박소유자가 그 증서에 기재된 수하인 또는 그 대리인에게 운송물을 인도하면 책임을 면한다는 점에서 요인증권、요식증권、면책증권 등의 성질을 가진다.

그러나 해상화물운송장은 선하증권과는 달리 운송물인도청구권을 표창하는 권리증서가 아니므로 유통성이 인정되지 않는다. 선하증권은 법률상 당연한 지시증권으로서 기명식으로 발행된 것이라도 배서금지문언이 없는 한 증권의 교부에 의하여 증권상의 권리가 이전되며, 그 정당한 소지인은 운송물의 인도를 청구할 수 있다. 이에 비하여 해상화물운송장에서는 지시식 발행이 허용되지 아니하며, 송하인이 지정한 수하인 또는 그 대리인만이 권리를 가질 뿐이고, 그 증서가 제3자에게 교부되더라도 권리가 이전되지 아니한다.

또 선하증권에 있어서는 증권을 선의로 취득한 소지인에 대하여는 증권에 기재된 대로 운송물을 수령 또는 선적한 것으로 간주하는 문언증권성, 운송물에 관한 처분은 선하증권으로서 하여야 하는 처분증권성, 증권의 교부가 운송물의 인도와 동일한 효력을 갖는 인도증권성 등의 성질이 있으나, 해상화물운송장에는 후술하는 바와 같이 추정적 효력과 면책적 효력이 있을 뿐 이러한 문언증권성과 처분증권성, 인도증권성은 인정되지 않는다.

따라서 운송물의 인도 시에도 개품운송인 또는 선박소유자는 선하증권에 있어서는 증권 소지인으로부터 증권의 제시를 받고 이와 상환하여 운송물을 인도하여야 하나, 해상화물운송장에서는 지정된 수하인 또는 그 대리인 여부만 확인하여 운송물을 인도하면 되고, 증서의 제시를 받거나 운송물의 인도 시에 증서를 상환해야 할 필요가 없다.

제3. 海上貨物運送狀의 發行

1. 意 義

해상운송인은 용선자 또는 송하인의 청구가 있으면 선하증권을 발행하는 대신 해상화물운송장을 발행할 수 있다(상법 §863① 전문). 해상화물운송장은 선하증권 대신에 발행하는 것이므로 그 발행자와 그 발행을 청구할 수 있는 당사자는 선하증권의 경우와 같다. 해상화물운송장은 당사자 사이의 합의에 따라 전자식으로도 발행할 수 있다(상법 §863① 후문).

2. 方 式

해상화물운송장은 요식증권으로서 해상화물운송장임을 표시하는 외에 일정한 기재사항을 기재하고 운송인이 기명날인 또는 서명하여야 한다(상법 §863②).

3. 記載事項

해상화물운송장의 기재사항은 선하증권의 경우와 같다(상법 §863②, §853①). 해상화물운송장에 있어서도 그 기재사항 중 일부의 기재가 없더라도 중요한 사항이 아닌 한 증권의 효력에는 영향이 없다. 따라서 해상화물운송장의 기재사항 중 운송물의 중량·용적·개수 또는 기호가 운송인 또는 선박소유자가 실제로 수령한 운송물을 정확하게 표시하고 있지 아니하다고 의심할 만한 상당한 이유가 있는 때 또는 이를 확인할 적당한 방법이 없는 때에는 그 기재를 생략할 수 있다(상법 §863③, §853②).

4. 通知受領人 記載의 效力

해상화물운송장에 통지수령인이 기재되어 있는 경우에 운송인이나 선박소유자가 그 통지수령인에게 운송물에 관한 통지를 한 때에는 송하인 또는 용선자 및 해상화물운송장 소지인과 그 밖의 수하인에게 통지한 것으로 본다(상법 §863③, §853④, §855①). 따라서 해상화물운송장에 기재된 통지수령인에게 통지한 때에는 해상화물운송장 소지인에게 별도로 통지하지 않더라도 그 통지의 효력이 생긴다.

제4. 海上貨物運送狀의 效力

1. 推定的 效力

해상화물운송장이 발행된 경우 운송인 또는 선박소유자는 그 운송장에 기재된 대로 운송물을 수령 또는 선적한 것으로 추정한다(상법 §864①). 선하증권에 있어서는 추정적 효력은 악의의 증권소지인에 대하여 생기고, 선의의 증권소지인에 대해서는 증권에 기재된 문언대로 효력이 생기나, 해상화물운송장에서는 악의의 증서 소지인에 대해서는 물론이고 선의의 증서 소지인에 대해서도 추정적 효력만 있다.

2. 免責的 效力

운송인이 운송물을 인도함에 있어서 수령인이 해상화물운송장에 기재된 수하인 또는 그 대리인이라고 믿을만한 정당한 사유가 있는 때에는 수령인이 권리자가 아니라고 하더라도 운송인은 그 책임을 면한다(상법 §864②).

해상화물운송장은 제시증권·상환증권이 아니므로, 운송인이 그 운송장 소지인에게 운송물을 전부 또는 일부 인도한 때에는 그 증서에 운송물의 영수를 기재하는 문언을 기재할 것을 요구할 수 있다(민법 §526, §520).

제6장

海上危險

제1절 序 說

해상기업 활동이 이루어지는 해상에는 폭풍, 좌초, 해적, 선박충돌 등 다양한 위험이 상존해 있어 선박소유자와 적하이해관계인 등에게 막대한 손해를 야기할 가능성이 있다. 이와 같은 각종 해상위험으로부터 해상기업을 보호하기 위한 제도로서 상법은 보험편의 해상보험제도와 함께 해상편에서 공동해손과 선박충돌 및 해난구조 등의 제도를 규정하여 이해당사자들의 손실을 조정하고 있다.

제2절 共同海損

제1. 總 說

1. 共同海損의 意義

공동해손이란 선박과 적하의 공동위험을 면하기 위한 선장의 선박 또는 적하에 대한 처분으로 인하여 생긴 손해 또는 비용을 말한다(상법 §865). 공동해손은 해상운송에서 선박 또는 적하에 통상적으로 생기는 손해나 비용, 즉 소해손(少海損) 또는 통상해손(通常海損)이나 선박 또는 적하에만 발생하는 단독해손(單獨海損)과 구별된다. 소해손은 운임에 포함되므로 특별히 해손으로 취급할 여지가 없으며, 단독해손은 선박소유자 또는 적하소유자가 단독으로 부담하며 특히 단독해손 중 선박충돌에 대해서는 별도의 규정을 두고 있다. 공동해손은 비상적인 사고로 인하여 선박과 적하가 공동의 위험에 처하게 되고, 그 위험을 피하기 위한 손해와 비용을 모든 이해관계인이 선박·적하·운임을 가지고 공동으로 분담하는 제도라는 점에 그 특성이 있다.

2. 共同海損의 根據

공동해손제도의 근거에 관하여 형평설, 공동대리설, 부당이득설 등이 있었으나 오늘날의 통설은 공동위험단체설이다. 즉 항해 중인 선박과 그 적하는 해상의 위험에 당하여 하나의 공동위험단체를 구성하므로 공동의 위험을 면하기 위한 선장의 처분행위로 생긴 손해와 비용은 그 위험단체의 모든 구성원들이 공평하게 부담하여야 한다는 것이다.

이러한 공동해손의 법적 성질은 민법의 사무관리나 부당이득과는 달리 해상기업의 위험공동체적 성격이 반영된 해상법상의 특수한 법률요건이라고 보는 것이 통설이다.

3. 요크 안터워프 規則

공동해손은 선박의 해상 항행에 있어서 필연적으로 발생하므로 각국은 오래전부터 공동해손에 관한 법의 통일을 위한 노력을 해 왔으며, 그 결과 1890년에 요크 앤트워프 규칙(York Antwerp Rules)이 성립되었고, 이 규칙이 그 이후 수차의 부분적인 개정을 거쳐 1974년과 1994년에 대폭 개정되어 오늘에 이르고 있다. 이 규칙은 세계 각국의 해상거래약관에 채택돼 시행되고 있으며, 공동해손에 관한 현행 상법 규정도 이 규칙을 채택하여 입법화한 것이다.

제2. 共同海損의 要件

1. 危險要件

공동해손이 성립하기 위하여는 먼저 선박과 적하에 공통되는 현실적인 공동위험이 존재하여야 한다. 따라서 선박이나 적하의 어느 한쪽에만 위험이 있는 단독해손은 제외된다. 위험이 객관적으로 존재하는 것이어야 하는가에 대해서는 위험은 현실적으로 절박한 것이어야 한다는 견해와 공동위험이 있다는 선장의 판단이 합리적이라고 인정할만한 사정이 있는 때에는 위험이 객관적으로 존재하지 않더라도 공동해손이 성립된다는 견해가 대립하고 있다.

위험의 발생원인은 동일하여야 하나, 그 위험의 발생원인이 선박 또는 적하의 하자인가 제3자의 행위인가 등은 묻지 아니한다. 다만 선박과 적하의 공동위험이 선박 또는 적하의 하자나 그 밖의 과실 있는 행위로 인하여 생긴 경우에는 공동해손의 분담자는 그 책임이 있는 자에 대하여 구상권을 행사할 수 있다(상법 §870).

2. 處分要件

공동해손이 성립하기 위해서는 선박 또는 적하에 대하여 선장의 고의에 의한 처분행위가 있어야 한다. 선장의 처분은 적하의 투하 등 사실행위와 예선계약의 체결 등과 같은 법률행위를 포함하나, 그 처분은 공동위험을 피하기 위한 비상처분이어야 한다. 따라서 우연적인 사정이나 불가항력에 의한 처분 또는 운송계약상의 의무로서 하는 통상적인 처분행위는 제외된다. 공동해손의 처분을 할 수 있는 선장에는 대선장(代船長)과 대행선장(代行船長) 및 선장의 의뢰를 받은 사람도 포함하나 그 밖의 사람에 의한 처분은 비록 비상처분이라도 공동해손이 되지 않는다. 처분의 목적물은 선박 또는 적하이어야 하나, 그 처분이 반드시 선박과 적하 양쪽 모두에 행해져야 하는 것은 아니며, 어느 한 쪽에만 처분이 있어도 공동해손이 성립된다.

3. 損害 또는 費用要件

공동위험을 면하기 위한 선장의 선박 또는 적하에 대한 처분으로 손해 또는 비용이 생겨야 한다. 손해나 비용은 선박과 적하의 양쪽에 모두 생기는 경우는 물론 어느 한쪽에만 생겨도 무방하나 처분행위와 상당인과관계가 있어야 한다(상법 §865). 종래 공동해손으로 되는 손해나 비용의 범위에 관하여, 선박과 적하의 공동안전을 위하여 생긴 손해와 비용만을 공동해손으로 하는 공동안전주의, 항해의 계속을 위하여 필요한 손해나 비용도 공동해손으로 인정하는 공동이익주의, 공동안전이나 공동이익에 관계없이 공동해손처분과 상당인과관계 있는 손해와 비용을 공동해손으로 하는 희생주의가 있다. 이 중에서 현행 상법은 희생주의를 채택하고 있다. 따라서 피난항의 출입비와 정박료 등은 공동해손이 되지만, 선박의 수선비는 처분과 관계가 없으므로 해손이 되지 아니한다.

4. 保存要件

선장의 처분에 의하여 선박 또는 적하의 일부가 그 공동위험을 면하고 잔존하여야 한다(§866). 처분과 선박 또는 적하 일부의 잔존에 관하여 처분과 보존 사이에 인과관계가 있어야 한다는 인과주의(因果主義)와 이러한 인과관계나 처분의 실효성 여부에 관계없이 처분 후 선박이나 적하가 잔존하면 된다는 잔존주의(殘存主義)가 있는데, 현행 상법은 잔존주의를 취하고 있다. 이때 잔존물의 범위에 관하여 선박이 잔존해야 된다는 선박잔존주의(船舶殘存主義)와 선박과 적하 양쪽이 모두 잔존해야 한다는 병존주의(併存主義), 선박이나 적하 중 어느 한쪽이라도 잔존하면 된다는 종류불문주의(種類不問主義)가 있다. 현행 상법은 종류불문주의를 취하고 있다. 따라서 선박 또는 적하의 전부 또는 일부 어느 것이라도 잔존하면 된다.

제3. 共同海損의 效果

1. 共同海損債權

(1) 債權者

선장의 공동해손 처분으로 인하여 선박 또는 적하에 손해를 입거나 비용을 지출한 해상운송인 또는 적하이해관계인은 공동해손채권자로서 공동해손채무자에게 그 손해 또는 비용의 분담을 청구할 수 있다(상법 §865). 해상운송인에는 선박소유자와 선체용선자, 정기용선자가 포함된다.

(2) 債權의 범위

1) 原 則 공동해손의 분담을 청구할 수 있는 채권액의 범위는 선장의 공동해손 처분으로 인하여 생긴 손해 또는 비용의 전액이다.

2) 例 外 속구목록에 기재하지 아니한 속구, 선하증권 기타 적하의 가격을 정할 수 있는 서류 없이 선적한 하물, 종류와 가액을 명시하지 아니한 화폐·유가증권 기타 고가물이 선장의 공동해손 처분으로 손실된 경우에는 공동해손의 채권액에 산입하지 아니한다(상법 §872①). 그러나 이러한 물건이 보존된 경우에는 그 가액에 따라 공동해손채무를 부담한다(상법 §872①). 또 갑판에 적재한 하물도, 갑판적이 관습상 허용되거나 그 항해가 연안 항행에 해당되는 경우를 제외하고는, 공동해손 채권액에 산입하지 아니한다(상법 §872②).

(3) 債權額의 산정

1) 原 則　공동해손채권자가 그 분담을 청구할 수 있는 채권액의 산정에 있어서는 선박의 가액은 도달한 때와 곳의 가액으로 하고, 적하의 가액은 양륙한 때와 곳의 가액으로 한다(상법 §869 본문). 다만 적하에 관하여는 그 손실로 인하여 지급을 면하게 된 모든 비용을 공제하여야 하나(상법 §869 단서), 운임은 공동해손에 있어서도 그 전부를 지급하여야 하므로 공제되지 아니한다.

이러한 손해 또는 비용을 산정함에 있어서는 상당한 기일이 소요되므로 산정되는 손해 또는 비용의 수액에는 법정이자를 가산하여야 한다.

2) 例 外　선하증권 기타 적하의 가격을 정할 수 있는 서류에 적하의 실가보다 저액의 기재를 한 경우에 그 하물이 손실된 때에는 그 기재액을 공동해손의 액으로 한다(상법 §873① 후단). 또한 적하의 가격에 영향을 미칠 사항에 관하여 허위의 기재를 한 경우에도 같다(상법 §873②).

(4) 共同海損債權의 담보

공동해손채권을 가진 자는 선박ㆍ그 속구, 그 채권이 생긴 항해의 운임, 그 선박과 운임에 부수한 채권에 대하여 우선특권이 있다(상법 §777① 3호).

(5) 共同海損債權의 소멸

공동해손으로 인하여 생긴 채권 및 공동위험의 책임 있는 자에 대한 구상채권은 그 계산이 종료한 날부터 1년 내에 재판상 청구가 없으면 소멸한다. 이 기간은 제척기간이나 당사자의 합의에 의하여 연장할 수 있다(상법 §875).

2. 共同海損分擔債務

(1) 分擔債務者

공동해손을 분담하여야 할 채무자는 선장의 공동해손처분으로 그 위험을 면하게 된 해상운송인 또는 적하이해관계인이다.

(2) 分擔債務의 범위

공동해손을 분담할 채무액은 선박 또는 적하의 가액과 운임의 반액이다. 공동해손의 손해 또는 비용은 그 위험을 면한 선박 또는 적하의 가액 및 운임의 반액과 공동해손의 액과의 비율에 따라 각 이해관계인이 이를 분담한다(상법 §866). 다만 선박에 비치한 무기, 선원의 급료, 선원과 여객의 양식과 의류가 보존된 경우에 그 가액은 공동해손 분담 채무에 산입하지 아니한다(상법 §871 전단). 이것들은 공동위험의 방지에 필요하거나 또는 생활필수품으로서 공익상 또는 사회정책적 요구에 기한 것이다. 그러나 이러한 것들이 공동해손 처분으로 손실을 입은 때에는 그 가액을 공동해손채권액에 산입한다(상법 §838).

(3) 分擔債務額의 算定基準

1) **原 則** 공동해손분담 채무액의 산정에 있어서 그 산정기준에 관하여 선장이 공동해손 처분을 한 때 즉시 확정하는 즉시주의와 항해가 종료한 때를 기준으로 하는 항해주의가 있다. 현행 상법은 대부분의 국가들과 마찬가지로 항해주의를 취하고 있다. 그리하여 선박의 가액은 도달한 때와 곳의 가액으로 하고, 적하의 가액은 양륙한 때와 곳의 가액으로 한다(상법 §867 본문). 다만 적하의 분담채무액의 산정에 있어서는 그 가액 중에서 멸실로 인하여 지급을 면하게 된 운임 기타의 비용을 공제하여야 한다(상법 §867 단서).

또한 속구목록에 기재하지 아니한 속구와 적하의 가격을 정할 수 있는 서류 없이 선적한 하물, 종류와 가액이 명시되지 아니한 고가물이 선장의 공동해손 처분으로 보존된 경우에는 그 가액에 따라 공동해손채무를 분담하는데(상법 §872①), 이 경우에도 선박이 도달한 때 또는 하물과 고가물을 양륙한 때와 곳의 가액을 기준으로 채무를 부담한다고 보아야 할 것이다.

2) **例 外** 선하증권 기타 적하의 가액을 정할 수 있는 서류에 적하의 실제 가액보다 높은 금액을 기재한 경우 또는 적하의 가격에 영향을 미칠 사항에 관하여 허위의 기재를 한 경우에 그 하물이 보존된 때에는 적하이해관계인은 기재된 가액에 따라 공동해손을 분담하여야 한다(상법 §873①②). 이와는 반대로 실제보다 낮은 가액을 기재한 때에는 실제의 가액에 따라 분담하여야 한다.

(4) 分擔債務者의 有限責任

공동해손분담채무자는 선박이 도달하거나 적하를 인도한 때에 현존하는 가액의 한도에서만 유한책임을 진다(상법 §867).

(5) 分擔債務者의 求償權

선박과 적하의 공동위험이 선박 또는 적하의 하자나 그 밖의 과실 있는 행위로 인하여 생긴 경우에는 공동해손을 분담한 채무자는 그 책임이 있는 자에 대하여 구상권을 행사할 수 있다(상법 §870).

3. 共同海損의 精算

(1) 精算의 방법

공동해손의 정산은 공동해손의 액을 산정하여 각 이해관계인의 분담액을 확정하고 변제를 하는 일련의 절차를 말한다. 정산은 특약 또는 다른 관습이 없는 한 선장이 담당한다고 보는 것이 통설이다.

(2) 精算地

공동해손의 정산지는 항해가 종료된 곳으로서 선박과 적하가 분리되는 최후의 적하 양륙항이다(상법 §867, §868 참조). 항해가 중단된 때에는 그 중단된 곳이 정산지로 된다.

(3) 정산시기

선장은 공동해손으로 인한 분담액과 상환하여 운송물을 인도하여야 하므로 공동해손의 정산도 최후의 양륙항에 도달할 때까지 하여야 한다. 그러나 정산에는 상당한 시일이 소요되므로 양륙항에 도달할 때까지 정산을 다하지 못한 때에는 보증금을 공탁시키거나 보증서를 제출시켜 운송물을 인도하고 난 후에 정산을 하는 것이 보통이다.

(4) 海損의 회복

해상운송인과 송하인 등의 적하이해관계인이 공동해손액을 분담한 후 선박과 속구 또는 적하의 전부나 일부가 그 소유자에게 복귀된 때에는, 그 소유자는 공동해손의 상금(償金)으로서 받은 금액에서 구조료와 일부손실로 인한 손해액을 공제한 후의 잔액을 반환하여야 한다(상법 §874). 이 경우 반환된 금액은 공동해손의 분담 비율에 따라 이해관계인 전원에게 다시 분배된다.

제3절 船舶衝突

제1. 總 說

1. 船舶衝突의 意義

선박충돌은 2척 이상의 선박이 해상이나 평수구역에서 접촉하여 선박 또는 선박 내에 있는 물건이나 사람에 관하여 손해가 발생하는 것을 말한다(상법 §876). 선박의 충돌은 민법상의 불법행위에 속하나, 해상항행의 기술적 성격과 관련해 그 법률관계가 복잡하고 손해도 거액에 달하는 결과 특수한 법적 규율이 요구되므로 상법 해상편에서 특별규정을 두고 있다. 뿐만 아니라 선박충돌은 해상사고에서 빈번하게 발생하며, 그 피해규모도 크므로 선박충돌을 예방하기 위한 해상교통안전법과 선박안전법 등이 제정·시행되고 있다.

2. 船舶衝突에 관한 國際協約

선박충돌에 관한 각국의 법적 규율의 통일을 위한 노력으로 1910년에 「선박충돌에 관한 규정의 통일을 위한 조약」이 성립되었으며, 현행 상법의 선박충돌에 관한 규정은 1910년 조약에 따른 것이다. 1952년에는 선박충돌에 관한 재판관할의 국제적 통일을 위한 "선박충돌에 관한 민사재판관할에 관한 규칙의 통일을 위한 조약"과 "선박충돌 및 항해상의 사고에 관한 형사재판관할에 관한 규칙의 통일을 위한 조약"이 성립되었으나, 거의 비준을 받지 못하고 있다. 이 밖에 선박충돌의 예방을 위한 국제조약으로서 1972년의 국제해상충돌예방규칙협약이 있는데, 현행 해상교통안전법은 이 협약에 기한 것이다.

제2. 船舶衝突의 要件

1. 航海船과의 衝突

선박충돌이 성립되기 위해서는 2척 이상의 선박이 접촉하여야 하며, 충돌선박의 한 쪽은 항해선이어야 한다. 따라서 항해선 간의 충돌은 물론 항해선과 내수항행선(內水

航行船)간의 충돌도 선박충돌이 되나, 해상법의 적용대상이 아닌 내수항행선 상호간의 충돌이나 노도선 또는 국공유선 사이의 충돌은 선박충돌에 속하지 아니한다. 또한 충돌선박의 소유자가 동일한 경우에도 각 선박의 이해관계인이 다를 수 있으므로 해상법상의 선박충돌이 된다. 예선(曳船)과 피예선간의 충돌은 예선계약에 따라야 할 것이므로 선박충돌이 아니다. 충돌의 장소는 수면 또는 수중이어야 하나, 해상인가 내수인가는 묻지 아니한다.

선박충돌은 선박 간의 접촉이어야 하므로, 선박과 부두 또는 부표 등의 항만시설이나 암벽, 빙산 등과의 접촉은 선박충돌이 아니다. 선박충돌은 직접적인 접촉의 유무를 묻지 아니하며, 2척 이상의 선박이 그 운용상 작위 또는 부작위로 선박 상호 간에 다른 선박 또는 선박 내에 있는 사람 또는 물건에 손해를 생기게 하는 것이면 모두 선박충돌에 해당된다(상법 §876②).

2. 損害의 發生

선박간의 충돌로 선박 또는 선박 내의 물건이나 사람에 대한 손해가 발생하여야 한다. 선박 또는 선박 내의 물건이나 사람에 대한 손해에는 충돌로 인하여 발생한 직접손해뿐만 아니라, 선박소유자 등이 충돌과 관련하여 변호사 등 제3자에게 지출한 부수비용과 적하이해관계인 또는 여객에게 지급한 간접비용도 포함된다. 선박충돌로 인하여 파손된 항만시설 또는 어장시설의 복구비 등은 선박 또는 선박 내의 물건이나 사람에 대해 발생한 손해가 아니므로 손해의 범위에서 제외된다.

제3. 船舶衝突의 效果

1. 不可抗力 또는 原因不明의 衝突

선박의 충돌이 불가항력으로 인하여 발생하거나, 충돌의 원인이 명백하지 아니한 때에는, 피해자는 충돌로 인한 손해의 배상을 청구하지 못하며 각 선박이 그 손해를 부담한다(상법 §877). 불가항력이란 폭풍、사변 등 일반적인 불가항력 뿐만 아니라 항해에 있어서 기울이는 통상적인 주의와 항해기술로 피할 수 없었던 불가피한 사고를 의미한다. 충돌의 원인이 명백하지 아니한 때라 함은 피해자가 상대방 선원의 고의나 과실을 입증할 수 없는 경우를 말한다.

2. 一方過失에 의한 衝突

(1) 相對方 船舶에 대한 責任

선박의 충돌이 일방의 선원의 과실로 인하여 발생한 것인 때에는 그 과실 있는 선박의 소유자는 상대방 선박소유자에게 충돌로 인한 손해를 배상할 책임이 있다(상법 §878). 이 때의 선원에는 선박소유자 및 그 피용자가 모두 포함된다. 선박의 충돌이 도선사의 과실로 인하여 발생한 때에도 선박소유자는 피해자에 대해 그 손해를 배상할 책임이 있다(상법 §880). 이 도선사에는 임의도선사는 물론 강제도선사도 포함된다(이기수 외, 554면). 가해선박의 과실과 그 손해의 발생에 관하여는 피해자가 입증책임을 지나, 과실 있는 선박의 소유자는 선원 등의 선임 및 감독에 상당한 주의를 하였음을 입증하더라도 그 책임을 면하지 못한다. 다만 과실 있는 선박소유자는 피해자에 대하여 선박소유자의 책임제한을 주장할 수 있으며(상법 §769), 과실 있는 선원 또는 도선사에게 구상권을 행사할 수 있다.

(2) 第3者에 대한 責任

일방선박의 과실로 충돌이 생긴 경우에는 그 과실 있는 선박의 소유자는 피해 선박의 적하와 여객이 받은 손해에 대하여 불법행위로 인한 손해배상책임을 지며(민법 §750), 이와 동시에 자기 선박의 여객 또는 적하에 발생된 손해에 대하여는 채무불이행으로 인한 손해배상책임을 진다(상법 §878). 다만 이 경우에 과실 있는 선박의 소유자 등은 자기 선박에 있는 적하의 손해가 선원의 항해과실로 인한 것인 때에는 그 책임을 면한다(상법 §795②).

3. 雙方過失에 의한 衝突

(1) 衝突船舶 相互間의 關係

선박의 충돌이 충돌선박 쌍방의 과실로 인하여 발생한 경우에 쌍방의 과실의 경중을 판정할 수 있는 때에는 각 선박소유자는 그 과실의 경중에 따라 손해배상책임을 분담하고, 과실의 경중을 판정할 수 없는 때에는 쌍방의 선박소유자가 손해배상책임을 균분하여 부담한다(상법 §879①).

이 경우 쌍방 선박소유자가 부담하는 손해배상책임에 관하여 단일책임설과 교차책임설이 대립한다. 단일책임설은 각 선박소유자의 손해분담액을 정산하여 그 잔액에 대해 과실이 큰 선박의 소유자만이 상대방 선박소유자에게 손해배상책임을 부담한다고 한다. 교차책임설은 각 선박의 소유자는 서로 상대방에 대하여 과실의 경중에 비례하여 불법행위책임을 부담하며, 대등액에서 상계할 수 있다고 한다.

교차책임설이 우리나라 통설이나, 가령 A선박과 B선박의 충돌로 발생한 손해가 A선박은 48만달러, B선박은 60만달러, A선박과 B선박의 과실 비율이 각각 75%대 25%, 책임한도액이 A선박은 10만달러, B선박은 15만달러인 경우 A선박은 B선박의 손해 60만달러 중 그 과실비율에 해당하는 45만달러의 손해배상책임을 지고 B선박은 A선박의 손해 48만달러 중 그 과실비율에 해당하는 12만달러의 배상책임을 지는데, 교차책임설에 의할 경우 A선박은 그 책임이 한도액 10만달러로 제한되나, B선박의 책임액은 책임한도액 이내이므로 결국 과실이 적은 B선박이 과실이 큰 A선박에게 오히려 2만달러를 지급하게 되므로 단일책임설이 타당하다는 견해(서헌제 (하) 432)가 있다.

생각건대 상법은 선박소유자가 책임의 제한을 받는 채권자에 대하여 동일한 사고로 인하여 생긴 손해에 관한 채권을 가지는 경우에는 그 채권액을 공제한 잔액에 한하여 책임의 제한을 받는 채권으로 한다(상법 §771). 이 규정에 따라 위 예에서 교차책임설에 의하더라도 A선박은 그 손해배상채무 45만달러와 B선박의 손해배상채무 12만날러를 상계한 잔액 33만달러의 단일채무를 부담하고 이 채무에 대해서만 책임한도액을 적용하여 10만달러의 책임을 지게 된다. 통설이 타당하다.

⑵ 第3者에 대한 責任

1) **人的 損害** 쌍방과실로 인하여 선박이 충돌하고 그로 인해 선원이나 승객 등 제3자가 사상에 이른 경우에 쌍방의 선박소유자는 연대하여 책임을 진다(상법 §879②). 이러한 인적 손해에 대해서는 자기 선박의 승선자에 대해서는 채무불이행책임을 지고, 상대방 선박의 승선자에 대해서는 불법행위책임을 져야 할 것이나, 상법은 이를 구분하지 않고 공동불법행위의 경우와 같이 모두 연대책임을 지도록 한 것이다. 물론 이 때 쌍방 선박 내부의 책임분담은 과실의 경중에 따르고, 과실의 경중을 판정할 수 없는 때에는 균분하여 부담한다(상법 §879①).

2) **物的 損害** 쌍방선박의 과실로 물적 손해가 생긴 경우에 관하여는 상법의 규정은 없으며, 이에 관하여 충돌선박 소유자간의 내부관계에 관한 상법 제879조 제1항이 적용되는가에 관하여 긍정설과 부정설이 있다. 긍정설은 각 선박소유자는 제879조 제1항에 의하여 과실의 경중에 따라 손해배상책임을 분담하고, 과실의 경중을 판

정할 수 없는 때에는 선박소유자 쌍방이 손해배상책임을 균분하여 부담하는 분할책임(상법 §879①)을 진다고 한다. 부정설에 의하면 민법의 공동불법행위에 관한 규정에 따라 연대책임을 지게 된다. 긍정설이 통설 · 판례이다.

쌍방선박의 과실로 어느 한쪽 선박의 적하에 손해가 생긴 경우, 당해 선박소유자가 그 적하소유자에 대해 항해과실 면책 또는 면책약관을 주장할 수 있는 때에 상대방 선박소유자도 그 면책을 원용할 수 있는가 문제된다. 통설인 긍정설에서는 쌍방 선박소유자가 분할책임을 지므로 이러한 문제가 생기지 않는다. 부정설과 같이 쌍방 선박소유자가 연대책임을 지는 경우에는 가령 A선박소유자가 그 면책을 주장하여 책임을 지지 않는 경우에 B선박소유자가 이 면책을 원용할 수 없다면 B선박소유자는 A선박소유자가 면책되는 부분을 포함한 손해액 전부의 책임을 져야 하므로 그 원용을 허용하지 않을 수 없다.

4. 衝突債權의 소멸

선박충돌로 인한 손해배상청구권은 충돌이 있은 날로부터 2년 내에 재판상의 청구가 없으면 소멸하나, 이 기간은 당사자 간의 합의에 의하여 연장할 수 있다(상법 §881). 이 기간은 제척기간이다.

제4절 海難救助

제1. 總 說

1. 海難救助의 意義

해난구조는 광의로는 해난에 조우한 선박 또는 적하를 구조하는 모든 경우를 의미하나, 협의로는 구조계약상의 의무 없이 해난을 당한 선박 또는 적하를 구조하는 것을 말한다. 상법 해상편의 해난구조는 이 협의의 해난구조로서 항해선 상호간에 또는 항해선과 내수항행선 간에 선박 또는 그 적하 그 밖의 물건이 어떠한 수면에서 위난에 조우한 경우에 의무 없이 이를 구조하는 것을 가리킨다(상법 §882). 다만 상법은 당사자가 미리 구조계약을 하고 그 계약에 따라 구조가 이루어진 경우에도 그 성질에 반하지 아니하는 한 구조계약에서 정하지 아니한 사항은 상법 해상편의 해난구조에 관한 규정에 따르도록 하고 있다(상법 §887①).

2. 法的 性質

해난구조의 법률상의 성질에 관하여는 사무관리설, 준계약설, 부당이득설 등의 학설이 있으나, 통설은 해상법상의 특수한 법률요건이라고 본다. 구조계약에 의한 구조는 구조라는 일의 완성에 대해 보수인 구조료를 지급하므로 그 법적 성질은 도급계약이다.

제2. 海難救助의 要件

1. 海難 遭遇

해난구조가 성립되기 위해서는 우선 선박 또는 적하가 해난에 조우하고 있어야 한다. 해난은 항해에 관한 위난으로서 선박이나 적하의 전부 또는 일부가 멸실 또는 훼손될 염려가 있는 것을 말한다. 이러한 해난은 반드시 급박한 것이어야 할 필요가 없으며, 구조 시에 그 급박성을 예견할 수 있으면 된다. 또한 해난은 수면에서 발생한 것인 한 폭풍 등 자연력에 의한 것이든 선원의 반란 등 인위적인 것이든 묻지 아니하며, 그 발생 장소도 해상뿐만 아니라 호천이나 항만이라도 무방하다.

2. 救助의 目的物

해난구조의 목적물은 선박 또는 그 적하 그 밖의 물건이다. 선박은 항해선에 한하는 것은 아니며, 구조선과 피구조선 중 한쪽이 항해선인 경우도 해난구조에 포함되나, 내수항행선 상호간의 구조나 국·공유선 상호간의 구조는 상법상의 해난구조가 아니다. 또 구조선과 피구조선의 선박소유자가 동일하여도 해난구조가 성립된다(상법 §891). 적하 그 밖의 물건은 운송계약의 목적물뿐만 아니라 선박속구나 여객의 수하물, 선원의 의류 등을 말한다. 인명만의 구조가 있는 때에는 해난구조가 성립되지 않으나, 재산구조와 함께 인명구조가 있는 때에는 인명구조에 대한 보수를 청구할 수 있다(상법 §885②).

3. 義務 없는 救助

해난구조가 성립되기 위해서는 사법상의 의무 없이 구조한 경우이어야 한다. 따라서 해난에 조우한 선박의 선원이 당해 선박 또는 그 적하 등을 구조하는 행위나 도선사가 도선의 목적인 선박을 구조하는 행위는 해난구조가 아니다. 예선의 본선 또는 그 적하에 대한 구조에 있어서도 예선계약의 이행으로 볼 수 없는 특수한 노력을 제공한 경우가 아니면 구조료를 청구하지 못한다(상법 §890). 사법상의 구조의무가 없는 한 수난구호법 등의 공법상 구조의무를 부담하는 자의 구조도 해난구조가 된다.

4. 救助의 成功

해난구조의 보수청구권이 발생하기 위해서는 구조의 결과가 있어야 한다. 구조료청구권의 발생요건에 관하여 반드시 구조의 결과가 있을 것을 요건으로 하는 결과주의와, 구조의 결과가 없더라도 구조의 노력이 있으면 무방하다는 노력주의가 있다. 현행 상법은 원칙으로 결과주의에 의하되, 환경손해방지작업에 있어서는 노력주의를 병행하고 있다(상법 §885①). 구조의 결과는 구체적인 사실에 따라 판단하여야 하나, 해난으로부터 선박 또는 적하를 구조하여 상대적으로 안전한 상태에 둠으로써 충분하다. 구조 후에 새로 생긴 다른 해난으로 인하여 손해가 생기더라도 해난구조의 성립에는 영향이 없다.

제3. 海難救助의 效果

1. 救助料請求權

(1) 意 義

해난구조의 요건이 갖추어진 때에 구조자는 피구조자에 대하여 구조료청구권을 가진다. 민법의 사무관리에 대한 예외로서 해난구조를 장려하기 위한 것이다. 구조료는 구조에 대한 보수로서, 해난구조의 결과 발생을 조건으로 구조작업을 시작한 때에 발생한다(정찬형(하), 944).

(2) 救助料請求權者

구조료청구권을 가지는 자는 구조행위에 종사한 모든 자이다. 구조에 종사한 선박소유자, 선장, 해원 등은 각자 독립하여 구조료청구권을 가진다. 구조에 직접 종사하지 않은 선박소유자에게는 보수로서의 구조료청구권이 없으나, 선박의 손해액과 구조에 소요된 비용의 지급청구권은 인정된다(상법 §889①). 동일소유자에 속한 선박의 상호 간에 있어서도 구조에 종사한 자는 상당한 구조료를 청구할 수 있다(상법 §891).

그러나 구조 받은 선박에 종사하는 자, 고의 또는 과실로 인하여 해난을 야기한 자, 정당한 거부에 불구하고 구조를 강행한 자, 구조된 물건을 숨기거나 정당한 이유 없이 처분한 자는 구조료를 청구하지 못한다(상법 §892).

(3) 救助料額

1) **救助料의 決定** 해난 당시에 구조료의 금액에 대하여 구조자와 피구조자 간에 약정을 한 경우에는 구조료의 수액은 그 약정에 의하여 정할 것이나, 그 금액이 현저하게 부당한 때에는 법원은 선박·재산의 가액과 위난의 정도 등 제반사정을 참작하여 그 금액을 증감할 수 있다(상법 §887②).

구조의 보수에 관한 약정이 없는 경우에 그 액에 대하여 당사자 사이에 합의가 성립하지 아니한 때에는 법원은 당사자의 청구에 의하여 구조된 선박·재산의 가액, 위난의 정도, 구조자의 노력과 비용, 구조자나 그 장비가 조우했던 위험의 정도, 구조의 효과, 환경손해방지를 위한 노력, 그 밖의 제반사정을 참작하여 그 액을 정한다(상법 §883).

2) **救助料의 限度** 구조의 보수액은 다른 약정이 없으면 구조된 목적물의 가액을 초과하지 못하며(상법 §884①), 또 선순위의 우선특권이 있는 때에는 그 우선특권자의 채권액을 공제한 잔액을 초과하지 못한다(상법 §884②).

2. 環境損害防止作業에 대한 特別補償

(1) 救助者의 特別補償請求權

선박 또는 그 적하로 인하여 환경손해가 발생할 우려가 있는 경우에 손해의 경감 또는 방지의 효과를 수반하는 구조작업에 종사한 구조자는 구조의 성공 여부 및 구조료의 한도(상법 §884)와 상관없이 구조에 소요된 비용을 특별보상으로 청구할 수 있다(상법 §885①). 상법이 해난구조에 있어서 구조의 결과를 요건으로 하는 결과주의 원칙에 대한 예외로 노력주의를 취하고 있는 것이다. 즉 해양오염을 방지하기 위한 환경손해방지작업을 장려하는 차원에서 구조의 성공 여부에 관계없이 노력주의에 의하여 그 구조작업에 소요된 비용을 청구할 수 있도록 한 것이다.

(2) 特別補償請求額

환경손해의 경감 또는 방지의 효과를 수반하는 구조작업에 종사한 구조자는 구조에 소요된 비용을 특별보상으로 청구할 수 있다(상법 §885①). 구조자가 특별보상으로 청구할 수 있는 비용은 구조작업에 실제로 지출한 합리적인 비용 및 사용된 장비와 인원에 대한 정당한 보수를 말한다(상법 §885②). 이 때 구조자는 발생할 환경손해가 구조작업으로 인하여 실제로 감경 또는 방지된 때에는 보상의 증액을 청구할 수 있고, 법원은 위난의 정도, 구조자의 노력과 비용, 구조자나 그 장비가 조우했던 위험의 정도, 구조의 효과, 환경손해방지를 위한 노력, 그 밖의 제반사정을 참작하여 증액 여부 및 그 금액을 정하여야 한다. 이 경우 그 증액되는 구조료는 특별보상으로 청구할 수 있는 비용(상법 §885②)의 배액을 초과할 수 없다(상법 §885③).

그러나 구조자의 고의 또는 과실로 인하여 손해의 감경 또는 방지에 지장을 가져온 경우 법원은 특별보상액 및 그 증액되는 금액을 감액하거나 혹은 부인할 수 있다(상법 §885④).

(3) 救助料請求權과 特別補償請求權의 競合

하나의 구조작업을 시행한 구조자가 환경손해방지작업에 대한 특별보상청구권과 구조료청구권을 동시에 행사할 수 있는 경우에는 그 중 큰 금액을 구조료로 청구할 수 있다(상법 §885⑤).

3. 救助料의 分配

(1) 共同救助의 救助料 分配

공동구조는 수척의 선박이 공동으로 구조에 종사한 경우를 말한다. 공동구조의 경우 그 구조료의 분배비율에 관하여는 상법 제883조를 준용한다(상법 §888①). 즉 당사자간에 정한 분배비율에 관한 약정이 있는 때에는 그 약정에 의하고, 분배비율에 관한 약정이 없는 경우에 그 액에 대하여 당사자 사이에 합의가 있으면 그 합의에 의하며, 합의가 성립하지 아니한 때에는 법원은 당사자의 청구에 의하여 구조된 선박·재산의 가액, 위난의 정도, 구조자의 노력과 비용, 구조자나 그 장비가 조우했던 위험의 정도, 구조의 효과, 환경손해방지를 위한 노력, 그 밖의 제반사정을 참작하여 그 액을 정한다(상법 §883).

⑵ 人命救助에 대한 救助料 分配

인명의 구조에 종사한 자도 구조료의 분배를 받을 수 있다(상법 §888②). 이 규정의 문언상으로는 인명만의 구조에 대해서도 구조료를 분배받을 수 있는 것으로 이해될 수 있으나, 선박 또는 적하의 구조와 함께 인명의 구조가 있는 경우에 인명구조에 대해서도 공동구조에 관한 규정에 따라서 독립된 구조료의 분배를 받을 수 있는 것으로 해석되고 있다(정찬형(하) 947, 이기수외(보) 570). 또 인명구조자의 구조료청구권은 당해 피구조자가 아니라 재산의 피구조자에 대하여 인정되며, 인명구조자가 분배받을 구조료는 선박 또는 적하 등 재산의 피구조자가 부담하는 것으로 해석되고 있다.

그러나 인명의 구조가 재산구조 보다 더욱 중요하고, 인명구조에 대해 그 구조료를 재산의 소유자로 하여금 부담시키는 것은 불합리하다. 인명만의 구조에 대해서도 구조료청구권을 인정하고, 그 인명구조에 대한 구조료의 지급을 위한 기금을 선박 단위로 조성하도록 하는 것이 합리적이다.

⑶ 同一 船舶 內部의 救助料 分配

선박이 구조에 종사하여 그 구조료를 받은 경우에는 먼저 선박의 손해액과 구조에 들어간 비용을 선박소유자에게 지급하고 잔액을 절반하여 선장과 해원에게 지급하여야 한다(상법 §889①).

해원에게 지급할 구조료는 선장이 분배한다. 해원에게 지급할 구조료를 분배함에 있어서 선장은 각 해원의 노력, 그 효과와 사정을 참작하여 그 항해의 종료 전에 분배안을 작성하여 해원에게 고시하여야 한다(상법 §889②).

4. 救助料 등의 支給

⑴ 救助料 등의 債務者

구조료와 특별보상금을 지급하여야 할 채무자는 구조된 선박소유자와 적하 그 밖에 구조된 재산의 권리자이다(상법 §886). 따라서 선박소유자는 선박에 대한 구조료를 지급할 의무를 지나, 다른 약정이 없는 한 운송물에 대한 구조료를 지급할 의무는 없다. 또 인명의 피구조자는 구조료지급의무가 없으며, 그 구조료지급채무자는 그 당시에 구조된 재산의 소유자이다.

(2) 救助料의 支給比率

선박소유자와 구조된 재산의 권리자는 그 구조된 선박 또는 재산의 가액에 비례하여 구조에 대한 보수를 지급하고, 특별보상을 하는 등 구조료를 지급할 의무가 있다(상법 §886).

(3) 救助料支給에 관한 船長의 權限

피구조선의 선장은 구조료 채무자를 위한 법정대리권을 갖는다. 즉 피구조선의 선장은 구조료를 지급할 채무자에 갈음하여 그 지급에 관한 재판상 또는 재판 외의 모든 행위를 할 권한이 있다(상법 §894①). 구조료채무자를 보호하기 위하여 상법이 피구조선의 선장에게 광범위한 법정대리권을 부여하고 있는 것이다. 구조료채무자를 위한 선장의 법정대리권은 구조료채무자의 편의를 위하여 특히 선적항 내에서도 인정된다는 점에 그 의의가 있다(이기수외(보) 569). 선장은 구조료에 관한 소송의 당사자가 될 수 있고, 그 확정판결은 구조료의 채무자에 대하여도 효력이 있다(상법 §894②).

5. 救助料債權의 擔保

(1) 優先特權

해난구조로 인한 선박에 대한 구조료 채권을 가지는 자는 선박·속구, 그 채권이 생긴 항해의 운임, 그 선박과 운임에 부수한 채권에 대하여 우선특권이 있으며(상법 §893②, §777① 3호), 이 우선특권은 그 선박소유권의 이전으로 인하여 영향을 받지 아니한다(상법 §785). 적하의 구조에 종사한 자의 구조료채권은 구조된 적하에 대하여 우선특권이 있으나(상법 §893① 본문), 채무자가 그 적하를 제3취득자에게 인도한 후에는 그 적하에 대하여 이 권리를 행사하지 못한다(상법 §893① 단서). 이 우선특권에는 그 성질에 반하지 아니하는 한 선박우선특권에 관한 상법 제777조의 규정이 준용된다(상법 §893②).

(2) 留置權

구조자가 구조료채권의 변제 받지 못하고 있는 때에는 자신이 구조한 재산에 대하여 민법상의 유치권을 행사할 수 있다(민법 §320).

6. 救助料債權의 소멸

구조료청구권은 구조가 완료된 날부터 2년 이내에 재판상 청구가 없으면 소멸하는데, 이 기간은 당사자의 합의에 의하여 연장할 수 있다(상법 §895).

제 7 장

海上企業金融

제1절 序 說

해상기업은 선박의 제조·수선·의장 및 항해의 계속에 많은 자금이 소요될 뿐만 아니라, 선박의 충돌 등 해상사고가 발생할 가능성도 높아 일시에 막대한 자금이 필요해질 수 있다. 따라서 해상기업의 자금조달을 원활하게 함과 동시에 해상운송인에게 자금을 제공한 채권자나 선박사고의 피해자에 대한 채무의 변제를 담보할 수 있는 해상기업금융제도의 확립이 요구된다.

이러한 해상기업금융제도로서 역사적으로 그리스의 해상대차를 비롯해 각종 해상금융제도가 발전해 왔으며, 특히 19세기에 이르기까지 모험대차가 광범위하게 이용되었다. 19세기 이후에는 해상보험과 은행 등 금융제도가 정비되면서 모험대차는 쇠퇴되고 선박금융의 담보제도로서 선박우선특권제도와 선박저당권제도가 확립되어 발전하였으나, 나라마다 상당한 차이가 있었다.

이에 각국은 1885년 이후 해사관계 국제회의에서 해상기업금융에 관한 각국 법의 통일을 위한 노력을 계속한 결과 1926년에 「선박우선특권 및 저당권에 관한 통일조약」이 체결되었으며, 동 조약은 1967년에 부분 개정되었다. 그 후 1993년에는 이 조약을 대체하는 「선박우선특권 및 저당권에 관한 국제조약」이 체결되었다.

현행 상법은 해상기업금융제도에 관하여 1926년의 통일조약에 따라 선박우선특권과 선박저당권제도를 규정하고 있으며, 1991년 상법 개정 시에는 1967년의 개정조약을 부분적으로 반영하여 오늘에 이르고 있다. 그러나 선박우선특권은 아무런 공시방법이 없고, 그 성립시기에 관계없이 선박저당권에 우선하여 선박저당제도의 이용을 제한한다는 비판이 제기되고 있다.

제2절 船舶優先特權

제1. 船舶優先特權의 意義

선박우선특권이란 일정한 법정채권에 대하여 채권자가 선박과 속구, 채권이 생긴 항해의 운임 및 부수채권으로부터 다른 채권자보다 우선하여 변제를 받을 수 있는 해상법상의 특수한 법정담보물권을 말한다(상법 §777). 선박우선특권은 당사자 간의 계약에 의한 것이 아니라 법률상 당연히 인정되며 피담보채권이 상법상 제한되고, 공시되지 아니하며, 그 순위가 저당권에 앞선다는 점에서 저당권과 다르나, 담보물권으로서 경매권과 우선변제권이 인정된다는 점에서 저당권에 유사하다. 따라서 상법은 선박우선특권에 관하여 그 성질에 반하지 않는 한 저당권에 관한 민법의 규정을 준용하고 있다(상법 §777② 2문).

제2. 船舶優先特權의 被擔保債權

1. 總 說

선박우선특권은 선박저당권에 우선하는데도 불구하고 공시방법이 없으므로, 피담보채권을 광범위하게 인정하게 되면 선박저당권자의 이익을 해칠 우려가 크다. 따라서 상법은 선박우선특권의 피담보채권을 다음과 같이 제한적으로 열거하고 있다. 피담보채권의 구체적인 범위는 다음과 같다.

2. 被擔保債權의 範圍

(1) 債權者의 共同利益을 위한 債權

채권자의 공동이익을 위한 소송비용, 항해에 관하여 선박에 과한 각종 세금, 도선료ㆍ예선료, 최후 입항 후의 선박과 그 속구의 보존비ㆍ검사비가 이에 해당한다(상법 §777① 1호). 채권자의 공동이익을 위한 소송비용과 도선료ㆍ예선료 및 최후 입항 후의 선박 등의 보존비ㆍ검사비는 선박채권자들의 공동이익을 위한 것이고, 선박에 과한 각종 세금은 입항세ㆍ등대세 등과 같이 공익에 관한 채권이므로 우선특권 있는 채권으로 한 것이다.

여기서 '최후 입항 후의 선박과 그 속구의 보존비·검사비'는 당초 목적했던 항해가 종료되어 입항한 경우뿐만 아니라, 항해 도중에 선박이 경매 또는 양도처분으로 항해가 중지된 경우에 그 상태 및 기능의 유지를 위한 검사비와 수리비 등을 포함한다. 따라서 출항 준비 중에 화재가 발생하여 그 수리를 한 후에 항해를 계속한 경우 그 수리비는 이 채권에 포함되지 아니한다.

⑵ 賃金債權

선원과 그 밖의 선박사용인의 고용계약으로 인한 채권은 그 생계 보호를 위한 사회정책적 관점에서 우선특권이 인정된다(상법, §777① 2호).

⑶ 救助料債權과 共同海損分擔債權

해난구조로 인한 선박에 대한 구조료 채권과 공동해손의 분담에 대한 채권은 우선특권이 인정된다(상법 §777① 3호). 이 때 구조료채권은 협의의 구조계약에 의하지 않은 구조료채권뿐만 아니라 구조계약에 의한 구조료채권도 포함한다. 다만 이 선박우선특권은 선박을 구조한 자의 구조료채권에 대한 것이고, 적하의 구조에 종사한 자의 구조료채권은 구조된 적하에 대하여 우선특권을 가진다(상법 §893①). 적하우선특권에 대해서는 선박우선특권에 관한 규정이 준용된다(상법 §893②).

⑷ 航海事故로 인한 債權

선박의 충돌과 그 밖의 항해사고로 인한 손해, 항해시설·항만시설 및 항로에 대한 손해와 선원이나 여객의 생명·신체에 대한 손해의 배상채권은 선박우선특권을 가진다(상법 §777① 4호). 이들 채권은 선박소유자 등의 책임제한의 대상이 되므로 형평에 기하여 그 채권의 행사에 우선특권을 인정한 것이다.

제3. 船舶優先特權의 目的物

1. 意 義

선박우선특권의 목적물은 선박·속구, 그 채권이 생긴 항해의 운임, 그 선박과 운임에 부수한 채권이다.

2. 船舶과 屬具

선박우선특권의 목적이 되는 선박과 속구는 피담보채권을 발생시킨 선박과 그 속구이다. 선박과 그 속구는 피담보채권이 발생한 당해 선박과 그 속구를 말하며, 동일 선박소유자가 소유하는 다른 선박과 그 속구에는 우선특권이 미치지 아니한다. 선박이 건조 중인 때에는 건조 중인 선박에 대해서도 우선특권이 인정된다(상법 §790).

3. 運 賃

운임에 대한 우선특권은 선박소유자 또는 그 대리인이 지급을 받지 아니한 운임과, 지급을 받은 운임으로서 선박소유자나 그 대리인이 소지한 금액에 한하여 이를 행사할 수 있다(상법 §779). 운임에 대한 우선특권은 일반적으로 피담보채권이 발생한 항해에 관하여 생긴 운임에 한정되나, 선원 그 밖의 선박사용인의 고용계약으로 인한 채권은 고용계약의 존속 중에 이루어진 모든 항해에서 발생한 운임의 전부에 대하여 우선특권을 가진다(상법 §781).

4. 船舶과 運賃에 附隨한 債權

선박과 운임에 부수한 채권은 선박 또는 운임의 손실로 인하여 선박소유자가 지급받을 손해배상금, 공동해손으로 인한 선박 또는 운임의 손실에 대하여 선박소유자가 지급받을 공동해손분담금, 해난구조로 인하여 선박소유자가 지급 받을 구조료를 말한다(상법 §778). 그러나 보험계약에 의하여 선박소유자가 지급받을 보험금과 그 밖의 장려금이나 보조금은 이러한 부수채권에 포함되지 아니한다(상법 §780).

제4. 船舶優先特權의 順位

1. 船舶優先特權 相互間의 順位

(1) 數回의 航海에서 생긴 債權이 競合하는 경우

수회의 항해에 관한 채권의 우선특권이 경합하는 때에는 후의 항해에 관한 채권이 전의 항해에 관한 채권에 우선한다(상법 §783①). 선박사용인의 고용계약으로 인한 채권의 우선특권은 그 최후의 항해에 관한 다른 채권과 동일한 순위로 한다(상법 §783②).

(2) 同一航海에서 생긴 債權이 競合하는 경우

동일항해로 인한 채권의 우선특권이 경합하는 때에는 그 우선순위는 채권자의 공동이익을 위한 채권, 임금채권, 구조료채권과 공동해손분담채권, 항해사고로 인한 채권의 순서로 한다(상법 §782①). 구조료채권과 공동해손분담채권의 우선특권이 경합하는 때에는 후에 생긴 채권이 전에 생긴 채권에 우선하며, 동일한 사고로 인한 채권은 동시에 생긴 것으로 본다(상법 §782②).

(3) 同一順位의 債權이 競合하는 경우

동일순위의 우선특권이 경합하는 때에는 각 채권액의 비율에 따라 변제한다(상법 §784).

2. 다른 擔保物權과의 順位

선박채권자의 우선특권은 질권과 저당권에 우선한다(상법 §788). 선박우선특권을 이러한 약정담보물권에 우선시키지 아니하면 우선특권을 인정하는 의미가 없기 때문이다. 선박우선특권과 임금우선특권이 경합하는 경우에 그 순위에 관하여 판례는 선박우선특권은 임금우선특권에 우선하지 못한다고 해석하고 있다.

선박우선특권과 유치권이 경합하는 경우에는 유치권자가 변제를 받을 때까지 그 선박을 사실상 유치하고 있는 한 선박우선특권의 행사도 곤란하므로, 유치권이 선박우선특권에 사실상 우선한다고 보아야 한다.

[판례] 대법원 2005.10.13, 선고 2004다26799 판결

선박우선특권제도는 원래 해상기업에 수반되는 위험성으로 인하여 해사채권자에게 확실한 담보를 제공할 필요성과 선박소유자에게 책임제한을 인정하는 대신 해사채권자를 두텁게 보호해야 한다는 형평상의 요구에 의하여 생긴 제도임에 비하여, 임금우선특권제도는 근로자의 생활안정, 특히 사용자가 파산하거나 사용자의 재산이 다른 채권자에 의해 압류되었을 경우에 사회·경제적 약자인 근로자의 최저생활보장을 확보하기 위한 사회정책적 고려에서 일반 담보물권자 등의 희생 아래 인정되어진 제도로서 그 공익적 성격이 매우 강하므로, 양 우선특권제도의 입법 취지를 비교하면 임금우선특권을 더 강하게 보호할 수밖에 없고, 상법 제777조 제2항에 의하면, 선박우선특권 있는 채권자에 대한 우선변제에 관하여 그 성질에 반하지 아니하는 한 민법상의 저당권에 관한 규정을 준용하도록 되어 있는 점, 조세채권우선 원칙의 예외사유를 규정한 국세기본법 제35조 제1항 단서나 지방세법 제31조 제2항에서 임금우선특권은 그 예외사유로 규정되어 당해 세보다도 우선하는 반면에 선박우선특권은 예외사유에서 빠져 있는 점, 상법 제777조 제1항은 '항해에 관하여 선박에 과한 제세금'을 선박우선특권 내부에서 가장 앞선 순위로 규정하고 있는 점 등을 감안하면, 임금우선특권을 선박우선특권보다 우선시키는 것이 합리적인 해석이라고 할 것이다.

제5. 船舶優先特權의 效力

1. 優先辨濟權

우선특권을 가진 선박채권자는 상법과 그 밖의 법률의 규정에 따라 선박우선특권의 목적인 재산에 대하여 다른 채권자보다 자기채권의 우선변제를 받을 권리가 있으며(상법 §777②1문), 이를 위한 경매권이 인정된다(상법 §274, §269). 선박우선특권의 우선변제권에 관하여는 그 성질에 반하지 아니하는 한 민법의 저당권에 관한 규정을 준용한다(상법 §777②).

2. 追及權

선박채권자의 우선특권은 그 선박소유권의 이전으로 인하여 영향을 받지 아니한다(상법 §785). 따라서 선박소유권이 제3자에게 양도되더라도 선박채권자는 그 선박에 대하여 양도 전에 발생한 우선특권을 실행할 수 있는 것이다. 이 경우 양도된 선박의 등기 여부나 선박양수인의 선의ㆍ악의 여부는 묻지 아니한다.

제6. 船舶優先特權의 消滅

선박채권자의 우선특권은 그 채권이 생긴 날부터 1년 이내에 실행하지 아니하면 소멸한다(상법 §786). 이 기간은 제척기간이며, 선박충돌채권 등의 경우와는 달리 당사자 간의 합의에 의하여 연장하지 못한다. 그리고 선박채권자가 우선특권의 목적인 선박에 대하여 경매청구권을 행사하여 그 경매절차가 종료된 때에는 그 선박 위에 존재하였던 모든 우선특권이 소멸된다.

제3절 船舶抵當權

제1. 船舶抵當權의 意義

선박저당권이란 등기선박을 목적으로 계약에 의하여 설정되는 상법상의 특수한 저당권이다(상법 §871①). 저당권은 민법상 부동산에 대해서만 인정되는 것이 원칙이나, 등기선박은 선박등기에 의하여 공시되고, 부동산에 유사한 성질을 가지므로 해상금융 조달의 원활을 도모하기 위하여 상법은 등기선박에 한하여 저당권제도를 인정하고 있다. 선박저당권에 관하여는 그 성질에 반하지 않는 한 민법의 부동산 저당권에 관한 규정이 준용된다(상법 §871③).

제2. 船舶抵當權의 目的物

1. 船 舶

선박저당권의 목적은 등기선박에 한한다(상법 §787①). 등기한 선박은 질권의 목적으로 할 수 없다(상법 §789). 비등기선박과 미등기선박은 질권의 목적으로 할 수 있으나, 저당권의 목적으로 될 수 없다. 건조중인 선박에 대해서도 저당권을 설정할 수 있다(상법 §790).

2. 屬 具

선박의 저당권은 그 속구에도 미친다(상법 §787②). 속구목록에 기재된 속구는 물론이고 속구목록에 기재되지 아니한 속구에도 저당권의 효력이 미친다(정찬형 959, 서헌제 455). 저당권이 미치는 속구의 범위를 결정하는 시기는 저당권을 실행하는 때이다.

3. 共有船舶의 共有持分

선박공유자의 공유지분은 선박관리인의 지분을 제외하고는 저당권의 목적으로 할 수 있다(상법 §759 참조).

제3. 船舶抵當權의 設定

선박저당권을 설정하기 위해서는 민법의 일반원칙에 따라 선박저당권을 설정하는 자와 채권자가 선박저당권설정의 합의를 하고, 선박저당권설정등기를 하여야 한다. 다만 건조중인 선박에 저당권을 설정하는 경우에는 건조중인 선박에 대해서는 소유권보존등기가 없으므로, 건조중인 선박에 대해 선박소유권등기 없이 선박저당권의 실정등기만을 하여야 하며, 선박의 건조가 완성된 경우에는 그 저당권설정등기를 한 등기용지에 소유권보존등기를 해야 한다(선박등기처리규칙 §36~40 참조).

제4. 船舶抵當權의 順位

선박저당권 상호간의 순위는 그 설정등기의 전후에 의한다(상법 §787③, 민법§370、§333). 선박저당권과 선박우선특권이 경합하는 경우에는 선박우선특권이 항상 우선한다(상법 §788). 선박저당권이 선체용선권과 경합하는 경우에는 등기의 전후에 따라 그 우선순위가 결정된다.

제5. 船舶抵當權의 效力

선박저당권에 관하여는 그 성질에 반하지 않는 한 민법의 부동산저당권에 관한 규정이 준용되므로(상법 §871③), 선박저당권의 효력도 민법의 부동산 저당권의 경우와 같이 선박과 속구에 대한 경매권과 우선변제권이 인정된다(상법 §787③, 민법 §356, §363). 또 선박의 경매대금이나 선박의 멸실、훼손으로 등으로 인해 발생한 채권, 선박소유자가 받을 공동해손분담금 또는 구조료, 선박보험금 등에 대해 물상대위권이 인정된다. 다만 통상적인 선박 이용의 대가인 운임과 용선료 등에 대해서는 물상대위권이 인정되지 않는다(이기수외 588).

▌제4절 船舶에 대한 强制執行▐

제1. 總 說

선박에 대한 강제집행절차는 민사집행법에서 규정하고 있다(동법 §172~§186). 등기할 수 있는 선박에 대한 강제집행은 사물의 성질에 따른 차이가 있거나 특별한 규정이 있는 경우를 제외하고는 부동산의 강제경매에 관한 규정에 따른다(민사집행법 §172). 선박우선특권과 선박저당권의 실행을 위한 선박의 임의경매절차는 선박에 대한 강제집행절차와 부동산담보권실행을 위한 경매절차(동법 §264~§268)에 의한다(민사집행법 §269).

제2. 船舶에 대한 强制執行節次

1. 執行節次

선박에 대한 강제집행의 집행법원은 압류 당시에 그 선박이 있는 곳을 관할하는 지방법원으로 한다(민사집행법 §173). 법원은 경매개시결정을 한 때에는 집행관에게 선박국적증서 그 밖에 선박운행에 필요한 문서를 선장으로부터 받아 법원에 제출하도록 명하여야 한다(민사집행법 §174①). 경매개시결정이 송달 또는 등기되기 전에 집행관이 선박국적증서등을 받은 경우에는 그 때에 압류의 효력이 생긴다(민사집행법 §174②). 법원은 선박에 대한 집행절차를 행하는 동안 선박이 압류 당시의 장소에 계속 머무르도록 명하여야 한다(민사집행법 §176①).

2. 船舶運行의 許可

선박에 대한 집행절차가 개시되면 선박의 운행은 금지되나, 법원은 영업상의 필요 그 밖에 상당한 이유가 있다고 인정할 경우에는 채무자의 신청에 따라 채권자·최고가 매수신고인·차순위 매수신고인 및 매수인의 동의를 얻어 선박의 운행을 허가할 수 있다(민사집행법 §176②). 이 선박운행허가결정에 대하여는 즉시항고를 할 수 있다(민사집행법 §176③). 선박운행허가결정은 확정되어야 그 효력이 생긴다(민사집행법 §176④).

제3. 押留·假押留의 禁止

1. 原 則

항해의 준비를 완료한 선박과 그 속구는 압류 또는 가압류를 하지 못한다(상법 §744 ① 본문). 항해준비를 완료한 선박이란 항해에 필요한 감항능력을 갖추고, 적하의 선적 및 여객의 승선이 완료되는 등 선박이 항해를 할 수 있는 모든 준비를 갖춘 상태를 말한다. 이와 같이 항해준비를 완료한 선박을 압류 또는 가압류할 경우 다수의 적하이해관계인과 여객 등의 이해에 심각한 영향을 주게 되는데, 이들을 희생시키면서까지 행해준비를 완료하기 전에 압류 등의 필요한 조치를 취하지 아니한 채권자를 보호할 필요가 없기 때문이다. 항해의 준비를 완료한 선박과 속구의 압류 또는 가압류는 항해를 종료할 때까지 금지된다. 이러한 선박에 대해서는 당해 선박이 중간항에 기항하여도 압류 또는 가압류가 제한된다(이기수외(보), 590, 정찬형(하), 962).

2. 例 外

(1) 航海準備債務

항해의 준비를 완료한 선박과 그 속구에 대한 압류 또는 가압류가 제한되나, 다만 항해를 준비하기 위하여 생긴 채무에 대하여는 선박채권자가 그 선박과 속구를 압류 또는 가압류할 수 있다(상법 §744① 단서). 항해를 준비하기 위한 채무라 함은 당해 항해의 준비를 위한 연료와 식량 등에 관한 채권을 말한다. 이러한 채무는 항해준비가 완료된 때가 그 변제기인 것이 보통이고, 그 압류나 가압류를 금지할 경우 항해준비에 필요한 금융의 편의를 얻는 것이 곤란하기 때문이다.

(2) 總噸數 20噸 未滿의 船舶

총톤수 20톤 미만의 선박에 대해서도 압류 또는 가압류금지규정이 적용되지 않는다(상법 §744②). 이러한 소규모의 선박에는 일반적으로 그 이해관계인이 적기 때문에 압류 또는 가압류를 허용하고 있다.

찾아보기

ㄱ

ㄴ

ㄷ

ㄹ

ㅁ

ㅂ

ㅅ

ㅇ

ㅈ

ㅊ

ㅋ

ㅌ

ㅍ

ㅎ

정쾌영(鄭快永)

〈저자약력〉

- 동아대학교 법학과 졸업
- 부산대학교 대학원 석사과정 수료
- 부산대학교 대학원 박사과정 수료
- 법학박사
- 동아대 · 경성대 · 부산대 · 울산대 · 경남대 · 경상대 강사 역임
- 현 신라대학교 교수

〈저서 및 논문〉

- 商法原論(校書館)
- 主 · 客觀式 商法(考試研究院)
- 理事의 第 3 者에 대한 責任
- 어음금청구소송의 소송물에 관한 연구
- 지배회사의 자회사 채무에 대한 책임
- 포이즌필의 도입에 관한 입법론적 고찰
- 임원제도의 도입에 관한 연구
- 전자선하증권의 도입에 관한 고찰
- 집행임원제도에 관한 상법개정안의 문제점 검토
- 내부통제제도에 관한 고찰
- 독일주주포럼제도의 도입에 관한 연구
- 실권된 주식 · 전환사채의 제3자 배정에 관한 문제점

상법(下)

1판 1쇄 발행 2010년 07월 15일
1판 4쇄 발행 2022년 02월 21일
저　　자 정쾌영
발 행 인 이범만
발 행 처 **21세기사** (제406-00015호)
경기도 파주시 산남로 72-16 (10882)
Tel. 031-942-7861　　Fax. 031-942-7864
E-mail : 21cbook@naver.com
Home-page : www.21cbook.co.kr
ISBN 978-89-8468-328-0

정가 26,000원